新编21世纪经济学系列教材

产业经济学

第三版

高志刚 主编

Industrial Economics

中国人民大学出版社
·北京·

图书在版编目（CIP）数据

产业经济学 / 高志刚主编 . -- 3 版 . -- 北京：中国人民大学出版社，2022. 8
新编 21 世纪经济学系列教材
ISBN 978-7-300-30875-3

Ⅰ. ①产… Ⅱ. ①高… Ⅲ. ①产业经济学-高等学校-教材 Ⅳ. ①F260

中国版本图书馆 CIP 数据核字（2022）第 138916 号

新编 21 世纪经济学系列教材
产业经济学（第三版）
高志刚　主编
Chanye Jingjixue

出版发行	中国人民大学出版社		
社　　址	北京中关村大街 31 号	**邮政编码**	100080
电　　话	010－62511242（总编室）		010－62511770（质管部）
	010－82501766（邮购部）		010－62514148（门市部）
	010－62515195（发行公司）		010－62515275（盗版举报）
网　　址	http://www. crup. com. cn		
经　　销	新华书店		
印　　刷	北京昌联印刷有限公司	**版　　次**	2016 年 4 月第 1 版
开　　本	787 mm×1092 mm　1/16		2022 年 8 月第 3 版
印　　张	29. 25 插页 1	**印　　次**	2025 年 3 月第 4 次印刷
字　　数	669 000	**定　　价**	65. 00 元

内容简介

本教材是在新疆财经大学产业经济学获批国家级精品课程（2010年）的基础上撰写完成的。第三版的修订使得内容更加完整。根据党的十九大精神和习近平新时代中国特色社会主义思想进教材的要求，本教材在坚持新发展理念的基础上，初步形成了新时代有中国特色的中国产业经济学体系，在主要阐述产业组织、产业发展、产业结构、产业关联、产业布局、产业规制、产业政策等一般理论的基础上，引入了产业转移、产业竞争力、产业安全、产业发展战略与规划等前沿领域，聚焦中国的供给侧结构性改革、新发展格局、科技创新、企业和企业家精神、产业规划、数字经济、产业转移、产业链供应链及产业安全等实践问题，充分体现了产业经济发展的新态势和新政策。

本教材是在前人研究产业经济的基础上编著的，采用学术界公认的研究观点进行科学阐述，书中穿插了大量的案例、思考题和知识点视频，与同类教材相比，展现出“理论体系完整、内容新颖前沿、突出问题导向、注重课程育人”的特色，重点阐释了产业经济学理论在中国现实经济发展中的应用和发展，力求反映产业经济学的经典理论、相关前沿知识和最新产业发展动态。

作者简介

高志刚 2001年7月毕业于中国科学院地理科学与资源研究所，获得理学博士学位。现任新疆科技学院党委副书记、院长，二级教授，新疆财经大学博士生导师，国家百千万人才工程入选者、国家有突出贡献中青年专家、国务院特贴专家、教育部高校经济学类专业教指委委员、自治区有突出贡献优秀专家、自治区专家顾问团专家（循环经济组组长）、入选新疆“天山英才”计划和新疆“天山雪松”计划；兼任全国经济地理研究会副会长，中国区域科学协会副理事长，新疆“十三五”“十四五”规划咨询专家委员会委员，国家级一流专业建设点经济学带头人，新疆优势学科应用经济学带头人，“产业经济学”国家精品课程负责人、“产业经济学”全国首批课程思政示范课程负责人、“产业经济学”（线上线下混合）国家一流课程负责人、新疆“黄大年式教师团队培育团队”负责人，先后荣获全国五一劳动奖章、全国优秀教师、全国课程思政教学名师、新疆教学名师、新疆青年科技奖、新疆优秀专业技术工作者、新疆师德先进个人等荣誉称号。

主要研究方向为区域经济高质量发展、“一带一路”区域合作、循环经济与绿色发展等。2001年以来，主持国家社科基金重点项目和国家自然科学基金项目7项、国家社科重大项目3项、省级课题13项、横向课题40余项，在《经济学动态》《经济社会体制比较》《国际贸易问题》《中国软科学》《南开学报（哲学社会科学版）》等核心期刊发表论文160余篇。出版专著10部，科研成果荣获省级奖11项，其中一等奖6项，二等奖2项。

序言　构建新时代有中国特色的产业经济学体系

一、构建新时代有中国特色的产业经济学体系的时代背景

产业经济学教材如何体现出有中国特色的学科体系？如何才能更好地满足立德树人根本任务的要求？如何深入理解习近平新时代中国特色社会主义经济思想、习近平生态文明思想和习近平法治思想对中国产业发展的指导作用？如何更好地服务于产业发展的实践需求？产业发展如何更好地服务于满足人民对美好生活的需要？这是作者团队在把党的十九大精神、二十大精神、习近平新时代中国特色社会主义思想融入教材之后，在本次修订中尝试做出的新的探索。党的二十大报告指出，习近平新时代中国特色社会主义思想主要概括为“十个明确”“十四个坚持”“十三个方面成就”，必须长期坚持并不断丰富发展。习近平新时代中国特色社会主义思想提出一系列治国理政新理念新思想新战略，实现了马克思主义中国化时代化新的飞跃，为构建有中国特色的产业经济学体系提供了根本遵循。

构建新时代有中国特色的中国产业经济学体系是深入贯彻习近平新时代中国特色社会主义思想和习近平关于中国特色哲学社会科学思想的重要体现。2016 年 5 月 17 日，习近平在哲学社会科学工作座谈会上的讲话中指出：“坚持马克思主义在我国哲学社会科学领域的指导地位……我国广大哲学社会科学工作者要自觉坚持以马克思主义为指导，自觉把中国特色社会主义理论体系贯穿研究和教学全过程，转化为清醒的理论自觉、坚定的政治信念、科学的思维方法。”[①]2022 年 4 月 25 日，习近平在中国人民大学考察时的讲话中指出：“要坚持把马克思主义基本原理同中国具体实际相结合、同中华优秀传统文化相结合，立足中华民族伟大复兴战略全局和世界百年未有之大变局，不断推进马

① （授权发布）习近平：在哲学社会科学工作座谈会上的讲话（全文）[EB/OL]. 新华社，2016－05－18.

克思主义中国化时代化。加快构建中国特色哲学社会科学，归根结底是建构中国自主的知识体系。要以中国为观照、以时代为观照，立足中国实际，解决中国问题，不断推动中华优秀传统文化创造性转化、创新性发展，不断推进知识创新、理论创新、方法创新，使中国特色哲学社会科学真正屹立于世界学术之林。”①

《国家“十四五”时期哲学社会科学发展规划》提出，要切实发挥马克思主义对哲学社会科学的引领作用，深入实施马克思主义理论研究和建设工程，深化拓展习近平新时代中国特色社会主义思想研究阐释，形成党的创新理论学术支撑体系。要加快中国特色哲学社会科学学科体系、学术体系、话语体系建设。按照突出优势、拓展领域、补齐短板、完善体系的要求，促进基础学科健全扎实、重点学科优势突出、新兴学科和交叉学科创新发展、冷门学科代有传承，打造具有中国特色和普遍意义的学科体系。

改革开放 40 多年来，我国各领域发展取得了巨大成就，经济实力、科技实力、综合国力和人民生活水平跃上新的大台阶，创造了世所罕见的经济快速发展奇迹和社会长期稳定奇迹。党的二十大报告指出，新时代的十年，我国完成了脱贫攻坚、全面建成小康社会的历史任务，实现了第一个百年奋斗目标，经济实力实现历史性跃升，我国发展站在了更高历史起点上。但受目前国际政治环境和世界经济下行的影响，国内经济增长速度出现放缓趋势，传统产业发展模式面临转型，中国经济进入高质量发展的新阶段，需要中国化的产业经济学体系的理论指导与实践探索。

二、构建新时代有中国特色的产业经济学体系的理论基础

构建新时代有中国特色、中国气度的产业经济学体系，不仅需要传统产业经济学的相关理论，更需要马克思主义经济发展理论、中国特色社会主义政治经济学、习近平新时代中国特色社会主义思想，以及习近平其他相关论述作为理论基础。这些理论基础之间也存在着层层递进的关系。

（一）马克思主义经济发展理论

马克思主义经济发展理论是马克思主义的重要组成部分，其具有强大的科学性、鲜明的时代性，蕴藏着深刻的真理力量。马克思主义经济发展理论内容丰富，主要观点如下：经济发展的根本目的是满足人的需要，实现人的全面自由发展；生产力决定生产关系，经济基础决定上层建筑，生产力是经济发展的决定性力量，当特定的上层建筑形成后，又会对生产力和生产关系的运动与发展产生重要的反作用；人类劳动是经济增长（价值形式的社会财富）的唯一源泉；积累和劳动生产率的提高是经济发展的重要条件；社会生产各部门之间保持适当的比例关系是经济持续发展的条件；资本追逐利润的动机和市场竞争是驱动资本主义经济发展的主要动力；资本主义私有制和社会化大生产之间的矛盾是制约资本主义经济持续发展的根本原因；经济制度和政治制度在经济发展过程中具

---

① 习近平在中国人民大学考察时强调：坚持党的领导 传承红色基因 扎根中国大地 走出一条建设中国特色世界一流大学新路 王沪宁陪同考察［EB/OL］. 新华社，2022-04-25.

有重要作用。[①]马克思主义经济发展理论从一般意义上科学地回答了什么是经济发展以及社会应当如何发展经济这一基本问题。马克思主义经济发展理论所运用的历史唯物主义和辩证唯物主义的方法论历久弥新，也是进行产业经济学研究的方法论。马克思主义经济发展理论的方法论和基本观点一直是指导中国社会主义经济发展实践探索和理论创新的思想基础。

（二）中国特色社会主义政治经济学[②]

中国特色社会主义政治经济学是马克思主义经济发展理论中国化的具体体现，是对中国特色社会主义经济制度和经济发展道路的理论概括。中国特色社会主义政治经济学研究的主要目标就是增进社会财富、谋求全体人民的幸福，建立解放、发展和保护生产力的系统化的经济学说。

中国特色社会主义政治经济学内容充实、内涵丰富，突出表现在以下几个方面：社会主义初级阶段理论的提出，明确了我国经济改革和发展所处的发展阶段，进而明确了改革所要解决的社会主要矛盾；社会主义市场经济理论的突破，推动了资源配置方式的改革，并且明确了市场化改革的方向；所有制结构和产权制度理论的突破，推动了基本经济制度和国有企业的改革；要素参与收入分配的理论突破，推动了基本分配制度的改革，激发了创造财富的各种源泉。

中国特色社会主义政治经济学坚持马克思主义经济学的研究范式，即：第一，基本立场是代表无产阶级的根本利益，其当代特征是以人民为中心的经济学；第二，研究对象是在一定生产力水平基础上的生产关系，其当代特征是更为关注解放、发展和保护生产力；第三，基本任务是阐述经济规律，尤其是社会主义代替资本主义的必然性，其当代特征是更为关注社会主义初级阶段的经济规律研究；第四，研究方法是唯物辩证法和历史唯物主义。

这些研究范式可以为中国特色的产业经济学研究提供借鉴和参考。

（三）习近平新时代中国特色社会主义思想

党的二十大报告指出，习近平新时代中国特色社会主义思想的主要内容可以用“十个明确”“十四个坚持”“十三个方面成就”进行概括。“十个明确”体现了这一思想的主要观点和基本精神，是最为核心关键的组成部分，构成这一思想的“四梁八柱”；“十四个坚持”是对新时代我们党治国理政重大原则方针的高度凝练和概括，构成了新时代坚持和发展中国特色社会主义的基本方略；“十三个方面成就”全景展示了习近平新时代中国特色社会主义思想指引下党和国家事业取得的历史性成就、发生的历史性变革，集中呈现了新时代原创性思想、变革性实践、突破性进展、标志性成果，深刻揭示了这一思想的真理力量和实践伟力。[③]

---

① 朱方明．论马克思主义经济发展理论中国化的新发展［J］．四川大学学报（哲学社会科学版），2018（5）：15－25．

② 洪银兴．中国特色社会主义政治经济学的体系构建及研究重点［N］．光明日报，2019－08－20．

③ 中央党史和文献研究院院务会理论学习中心组．全面系统掌握习近平新时代中国特色社会主义思想的科学体系［N］．光明日报，2023－06－08．

以下主要介绍习近平经济思想、生态文明思想、法治思想和外交思想。

1. 经济思想①

习近平经济思想是中国特色社会主义政治经济学理论在新时代取得的重大突破，也是马克思主义政治经济学中国化的最新理论成果。党的十八大以来，以习近平同志为核心的党中央高瞻远瞩、统揽全局、把握大势，提出一系列新理念新思想新战略，指导我国经济发展取得历史性成就、发生历史性变革，在实践中形成和发展了习近平新时代中国特色社会主义经济思想。习近平新时代中国特色社会主义经济思想体系严整、内涵丰富、博大精深，深刻回答了新时代经济发展怎么看、怎么干等一系列重大理论和实践问题，是习近平新时代中国特色社会主义思想的重要组成部分，是中国共产党不懈探索社会主义经济发展道路形成的宝贵思想结晶，是马克思主义政治经济学在当代中国、21 世纪世界的最新理论成果，是我国经济高质量发展、全面建设社会主义现代化国家的科学指南。②

（1）新发展理念。

2015 年 10 月，党的十八届五中全会通过了《中共中央关于制定国民经济和社会发展第十三个五年规划的建议》，首次提出了创新、协调、绿色、开放、共享五大发展理念。习近平总书记对五大发展理念之间的逻辑关系进行了科学阐释：创新发展注重的是解决发展动力问题；协调发展注重的是解决发展不平衡问题；绿色发展注重的是解决人与自然和谐问题；开放发展注重的是解决发展内外联动问题；共享发展注重的是解决社会公平正义问题。党的二十大报告指出，必须完整、准确、全面贯彻新发展理念，坚持社会主义市场经济改革方向，坚持高水平对外开放，加快构建以国内大循环为主体、国内国际双循环相互促进的新发展格局。新发展理念是习近平新时代中国特色社会主义经济思想的核心和灵魂。

（2）“七个坚持”。

2017 年 12 月召开的中央经济工作会议明确强调“七个坚持”：坚持加强党对经济工作的集中统一领导，保证我国经济沿着正确方向发展；坚持以人民为中心的发展思想，贯穿到统筹推进“五位一体”总体布局和协调推进“四个全面”战略布局之中；坚持适应把握引领经济发展新常态，立足大局，把握规律；坚持使市场在资源配置中起决定性作用，更好发挥政府作用，坚决扫除经济发展的体制机制障碍；坚持适应我国经济发展主要矛盾变化完善宏观调控，相机抉择，开准药方，把推进供给侧结构性改革作为经济工作的主线；坚持问题导向部署经济发展新战略，对我国经济社会发展变革产生深远影响；坚持正确工作策略和方法，稳中求进，保持战略定力、坚持底线思维，一步一个脚印向前迈进。

（3）一系列重要理论判断。

一是坚持社会主义初级阶段理论，坚持公有制为主体、多种所有制经济共同发展，按劳分配为主体、多种分配方式并存，社会主义市场经济体制等社会主义基本经济制度。二是坚持统筹发展和安全。三是推动高质量发展。四是建设现代化经济体系。五是推进供给侧结构性改革。六是加快构建以国内大循环为主体、国内国际双循环相互促进的新发展

① 经济日报课题组．习近平经济思想研究评述［N］．经济日报，2021－11－29．

② 《习近平经济思想学习纲要》出版发行［EB/OL］．http：//politics. people. com. cn/n1/2022/0621/c1001－32451425. html．

格局。七是促进社会公平正义、逐步实现全体人民共同富裕。

2. 习近平生态文明思想①

党的十八大以来，以习近平同志为核心的党中央把生态文明建设作为统筹推进“五位一体”总体布局和协调推进“四个全面”战略布局的重要内容，系统形成了习近平生态文明思想。

坚持人与自然和谐共生，良好生态环境是人和社会持续发展的根本基础，是最基本的公共产品和最普惠的民生福祉。绿水青山就是金山银山，应在发展中保护，在保护中发展，实现经济社会发展与人口、资源、环境相协调，让良好生态环境成为人民生活改善的增长点、成为经济社会持续健康发展的支撑点、成为展现我国良好形象的发力点，推动形成绿色发展方式和生活方式。山水林田湖草沙是生命共同体，遵循生态系统的内在规律，根据促进生产空间集约高效、生活空间宜居适度、生态空间山清水秀的总体要求，坚持开发和保护并重，污染防治和生态修复并举，着力扩大环境容量和生态空间，不断增强生态系统自我循环和净化能力，维护生态平衡，形成生产、生活、生态的协调统一，完成绿色低碳转型。推动绿色发展、建设生态文明，重在建章立制，尽快把生态文明制度的“四梁八柱”建立起来，把生态文明建设纳入制度化、法治化轨道，强化制度监督和执行。合力保护人类共同的地球家园，实现碳达峰、碳中和是一场广泛而深刻的经济社会系统性变革，要把碳达峰、碳中和纳入生态文明建设总体布局；通过“一带一路”等多边合作机制，携手打造“绿色丝绸之路”，努力实现合作共赢，建设清洁美丽世界，共创人类绿色福祉。

3. 习近平法治思想②

2020 年 11 月 16—17 日，中央全面依法治国工作会议在北京召开，首次提出并系统阐述了习近平法治思想，系统阐述了新时代推进全面依法治国的重要思想和战略部署。习近平法治思想主要体现为“十一个坚持”：坚持党对全面依法治国的领导；坚持以人民为中心；坚持中国特色社会主义法治道路；坚持依宪治国、依宪执政；坚持在法治轨道上推进国家治理体系和治理能力现代化；坚持建设中国特色社会主义法治体系；坚持依法治国、依法执政、依法行政共同推进，法治国家、法治政府、法治社会一体建设；坚持全面推进科学立法、严格执法、公正司法、全民守法；坚持统筹推进国内法治和涉外法治；坚持建设德才兼备的高素质法治工作队伍；坚持抓住领导干部这个“关键少数”。

4. 习近平外交思想③

习近平外交思想是习近平新时代中国特色社会主义思想的重要组成部分，是新时代中国特色大国外交的根本遵循和指导思想。在 2018 年 6 月召开的中央外事工作会议上，习近平总书记发表重要讲话，对习近平外交思想做出精辟概括，包括十个方面：坚持以维护党中央权威为统领加强党对对外工作的集中统一领导，坚持以实现中华民族伟大复兴为使命推进中国特色大国外交，坚持以维护世界和平、促进共同发展为宗旨推动构建人

---

① 杨发庭．科学把握习近平生态文明思想的理论体系［N］．中国纪检监察报，2022－06－09.

② 徐显明．习近平法治思想的核心要义［J］．长安，2021（10）：41.

③ 马朝旭．学懂弄通做实习近平外交思想［N］．学习时报，2019－03－20.

类命运共同体，坚持以中国特色社会主义为根本增强战略自信，坚持以共商共建共享为原则推动“一带一路”建设，坚持以相互尊重、合作共赢为基础走和平发展道路，坚持以深化外交布局为依托打造全球伙伴关系，坚持以公平正义为理念引领全球治理体系改革，坚持以国家核心利益为底线维护国家主权、安全、发展利益，坚持以对外工作优良传统和时代特征相结合为方向塑造中国外交独特风范。

（四）习近平其他相关论述

除习近平新时代中国特色社会主义经济思想、生态文明思想、法治思想、外交思想以外，习近平关于科技创新、供给侧结构性改革与需求侧管理、新发展格局、企业和企业家精神、统筹发展与安全等相关论述也是本书的理论基础。

1. 关于科技创新的论述①

习近平关于科技创新的论述的科学内涵与时代特征主要体现在以下十个方面。一是在更为宽广的全球视野和历史纵深中准确把握科技创新的极端重要性。二是深刻总结中外经济社会发展历史经验，科学阐明科技创新与经济规模之间的辩证关系。三是明确提出紧紧抓住科技创新战略机遇，进一步丰富、发展和深化了对重大战略机遇期的认识。四是从世界科技发展趋势和我国国情实际出发，全面立体地提出我国科技创新重点领域和主攻方向。五是结合国情实际，准确把握、深刻阐述了当代中国科技创新的基本特征。六是准确判断我国科技创新大趋势，科学设计中国科技创新发展的战略选择。七是坚持以科技创新与产业发展相结合为导向，着力推动科技与经济协同发展。八是明确阐释科技创新与科学普及之间的关系，强调两者对创新发展来说同等重要。九是突出问题导向，把科技体制改革作为调动激发科技创新活力的点火系。十是突出强调人才资源是第一资源，创新驱动本质上是人才驱动。党的二十大报告进一步指出，坚持创新在我国现代化建设全局中的核心地位。

2. 关于供给侧结构性改革与需求侧管理的论述②

习近平总书记在 2015 年中央财经领导小组第十一次会议上强调，在适度扩大总需求的同时，着力加强供给侧结构性改革。从当下和长远来看，要实现经济高质量发展，必须处理好供给侧结构性改革和需求侧管理的关系，建设一个充满韧性、满足最终需求的供给体系。供给侧结构性改革重在解决长期结构性问题，主要通过改革的办法，优化要素配置来提高供给体系质量和效率，更好适应、引领和创造新需求。需求侧管理重在通过宏观政策保持总需求稳定，实施扩大内需战略，持续壮大国内市场。两者缺一不可、相互促进，共同构成供给创造需求、需求牵引供给的国民经济供需循环。为做好供给侧结构性改革，2015 年底召开的中央经济工作会议提出，要抓好去产能、去库存、去杠杆、降成本、补短板五大任务。2018 年的中央经济工作会议提出，我国经济运行应更多运用市场化、法治化手段，在“巩固、增强、提升、畅通”八个字上下功夫。

---

① 王春法．习近平科技创新思想的科学内涵与时代特征［N］．学习时报，2017-01-23.

② 何欣荣．习近平经济思想系列讲解：加强供给侧结构性改革［J］．半月谈，2022（6）：18-20.

3. 关于新发展格局的论述①

加快构建以国内大循环为主体、国内国际双循环相互促进的新发展格局，是《中共中央关于制定国民经济和社会发展第十四个五年规划和二〇三五年远景目标的建议》提出的一项关系我国发展全局的重大战略任务。构建新发展格局的关键在于经济循环的畅通无阻，在我国发展现阶段，畅通经济循环最主要的任务是供给侧有效畅通，有效供给能力强可以穿透循环堵点、消除瓶颈制约，可以创造就业和提供收入，从而形成需求能力。构建新发展格局最本质的特征是实现高水平的自立自强。构建新发展格局，实行高水平对外开放，必须具备强大的国内经济循环体系和稳固的基本盘，并以此形成对全球要素资源的强大吸引力、在激烈国际竞争中的强大竞争力、在全球资源配置中的强大推动力。

4. 关于企业和企业家精神的论述②

2020 年 7 月 21 日，习近平在企业家座谈会上的讲话中，强调要保护和激发市场主体活力，主要包括：落实好纾困惠企政策，打造市场化、法治化、国际化营商环境，构建亲清政商关系，高度重视支持个体工商户发展。弘扬企业家精神，主要包括：希望大家增强爱国情怀，勇于创新，诚信守法，承担社会责任，拓展国际视野。集中力量办好自己的事，在当前保护主义上升、世界经济低迷、全球市场萎缩的外部环境下，我们必须充分发挥国内超大规模市场优势，通过繁荣国内经济、畅通国内大循环为我国经济发展增添动力，带动世界经济复苏。要提升产业链供应链现代化水平，大力推动科技创新，加快关键核心技术攻关，打造未来发展新优势。党的二十大报告指出，推动国有资本和国有企业做强做优做大，优化民营企业发展环境，依法保护民营企业产权和企业家权益，完善中国特色现代企业制度，弘扬企业家精神，加快建设世界一流企业。

5. 关于统筹发展与安全的论述③

强调统筹好发展和安全，体现了以习近平同志为核心的党中央对大势的科学研判，以及对经济社会运行中不良苗头的精准把握。必须坚定不移把发展作为第一要务，同时确保政治安全、经济安全、科技安全、公共卫生安全、社会安全等，为发展创造有利条件。坚持统筹发展和安全，既要善于运用发展成果夯实国家安全的实力基础，又要善于塑造有利于经济社会发展的安全环境，实现发展和安全互为条件、彼此支撑，实现更高质量、更有效率、更加公平、更可持续、更为安全的发展。

以上内容作为构建有中国特色的产业经济学体系的理论基础，亦为本教材体现中国立场、中国智慧、中国价值提供了理论指导，同时也保障了本书所构建的产业经济学框架既立足全球视野又扎根中国大地，既总结历史经验又走在时代前沿，既拓展研究领域又深入挖掘内涵。正是这些理论基础使本书能做到坚持真理、守正出新。

三、本教材构建的中国特色产业经济学理论体系框架

产业经济学是一门比较年轻的学科，产业经济学研究者在学习借鉴西方产业经济学

① 习近平．把握新发展阶段，贯彻新发展理念，构建新发展格局［J］．求是，2021（9）：4-18.
② 习近平：在企业家座谈会上的讲话［EB/OL］．学习强国学习平台，2020-07-21.
③ 经济日报评论员．统筹好安全与发展两件大事［N］．经济日报，2022-03-09.

理论及研究成果的基础上，结合我国经济和产业发展实际，逐步形成并构建了具有中国特色的产业经济学理论体系框架。中国产业经济学主要研究产业内部各企业之间相互作用关系的规律、产业本身的发展规律、产业与产业之间互动联系的规律，以及产业在空间区域中的分布规律等，主要包括产业组织理论、产业发展理论、产业结构理论、产业关联理论、产业布局理论、产业政策等。近年来，随着产业发展的安全问题、生态环境问题日益凸显以及中国部分产业遭遇其他国家的“围追截堵”等现象浮出水面，产业安全理论、产业竞争力理论、产业发展战略与规划也被纳入产业经济学的研究范畴，进一步拓展了产业经济学的研究视野。

（一）构建思路

1. 立足中国实践，研究本土产业问题

构建中国特色的产业经济学理论体系，就要立足中国实践，研究本土产业问题，特别是研究重大的本土产业问题，关注本土产业发展热点和难点问题。必须立足我国社会主义经济建设和改革开放伟大实践，认真总结我国产业发展过程中的成功经验与不足，全面客观地总结我国产业发展的历史脉络、产业结构不断优化升级的演进历程，把其中最核心、最实质的内容总结提炼成为理论，更好地解释实践、指导实践。

2. 聚焦前沿领域，助力中国特色产业理论发展

从产业经济学的课程性质来看，该门课程强调理论与实践并重，突出产业经济学的基础理论知识点、知识体系、基本原理、理论前沿和动态，与产业发展和产业政策实际相结合。中国特色产业理论的发展需要我们全面系统地总结提炼改革开放以来我国产业发展的实践经验，研究新时代我国产业经济发展的重大课题，努力概括出我国经济发展新时代的产业发展规律，从而补充和完善中国的产业理论发展。

3. 体现中国特色，讲好“产业”故事

除了在理论体系的构建上立足中国实践外，本教材还将具有中国特色的产业“故事”融入其中，力求完整准确地理解和阐释党和国家在产业经济发展方面的战略和政策。教材以专栏或案例的形式，以对具有中国特色的产业经济学发展的重大问题，如绿色发展、供给侧结构性改革、企业和企业家精神、产业竞争力、产业安全、数字经济等问题为导向，对与此相关的产业问题进行探索和阐述。注重理论与实践的结合，注重给学生以宽阔的学术视野，有助于其深入理解和把握产业经济学的基本理论和产业经济学理论的研究方法，认识当前所面临的国际性产业经济问题，分析现实中的产业经济现象。

（二）中国特色产业经济学理论体系框架

目前，学者对产业经济学研究内容的认识尚不统一，大体可以分为“窄派”和“宽派”两种观点。

“窄派”认为，产业经济学和产业组织理论是同义语，产业经济学的主要研究内容是市场结构、企业行为、经济绩效和产业政策。这一派的观点主要接近于欧美学者的产业组织理论。他们认为，产业组织理论是国际公认的产业经济学。

"宽派"则认为，产业经济学以"产业"为研究对象，研究产业之间、产业内企业之间的关系结构及其经济运行的规律性。本教材研究的领域和内容属于"宽派"。从我国产业发展的实际出发，把产业结构理论、产业组织理论、产业布局理论及其相应的政策纳入产业经济学，形成一个比较完整的理论体系，在基本理论体系的构建中，增加了产业转移、产业竞争力、产业安全、产业发展战略与规划等前沿理论内容，力求反映产业经济学的经典理论、前沿知识和最新产业发展动态。

笔者根据以上基本构建思路，结合本教材的主要理论建树，形成了具有中国特色的产业经济学理论体系框架（详见图1）。本教材构建的中国特色产业经济学理论体系框架在研究内容方面，力求通过对中国产业经济现实中的热点、焦点、重大问题及发展态势进行深入研究，对相关前沿领域进行分析研究并上升到理论层面，从而形成独特的中国特色分析范式。

在中国特色产业经济学理论体系框架的构建中，要继续保持并增强产业经济学研究的中国特色，中国产业经济学理论研究必须以中国现实情况、发展阶段和制度条件为研究背景，探索并提出新理论，从而提高产业经济学理论对中国现实问题的解释能力和解决能力。本教材以习近平新时代中国特色社会主义经济思想、习近平生态文明思想、习近平法治思想、习近平外交思想以及习近平相关论述为理论指导，在主要阐述产业组织、产业发展、产业结构、产业关联、产业布局、产业规制、产业政策等一般理论的基础上，引入产业转移、产业竞争力、产业安全、产业发展战略与规划等前沿领域，聚焦中国的供给侧结构性改革与需求侧管理、新发展格局、科技创新、企业和企业家精神、发展与安全、产业规划、数字经济、对外开放、产业转移、对口援疆、产业链供应链及产业安全等实践问题。本教材不仅可以加快创新发展中国特色产业经济学，而且可为我国转变经济发展方式、建设现代化经济体系、推进产业结构调整与优化升级进而顺利实现产业高质量发展提供理论支撑和实践指导。

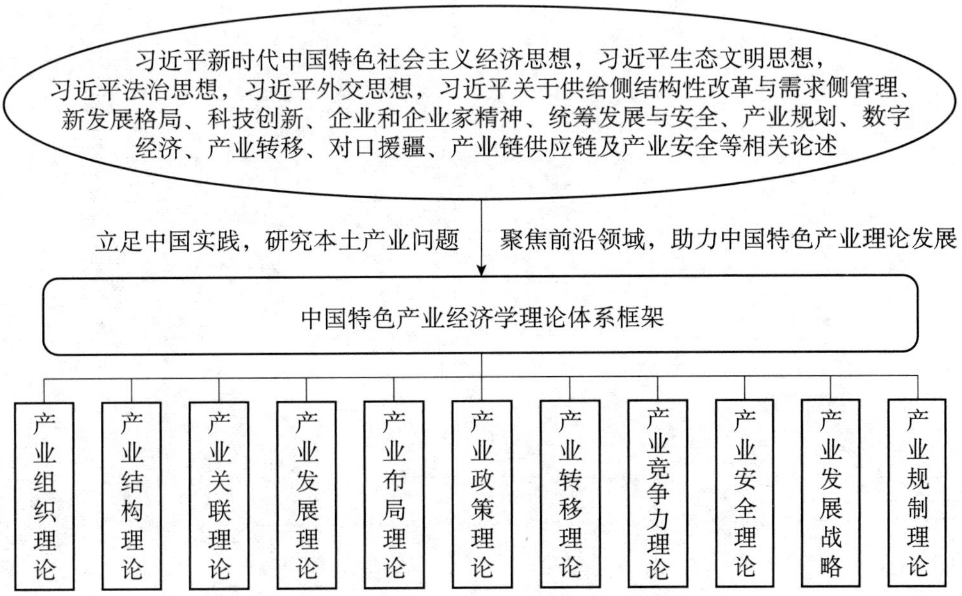

图1　中国特色产业经济学理论体系框架

第三版前言

《产业经济学》（第二版）自 2020 年 10 月由中国人民大学出版社出版以来，被全国 20余所高校采用，累计发行 14 000 余册，获得了广大师生的好评。2017 年 10 月，党的十九大召开，中国经济已由高速增长转向高质量发展，新时代中国特色社会主义必须坚持新发展理念，必须坚持质量第一、效益优先，以供给侧结构性改革为主线，推动经济发展质量变革、效率变革、动力变革，提高全要素生产率。新产业、新业态、新模式和新技术日益成为经济增长的新动能。党的十九届五中全会通过了《中共中央关于制定国民经济和社会发展第十四个五年规划和二〇三五年远景目标的建议》（以下简称《建议》），明确了“十四五”时期经济社会发展的基本思路、主要目标以及 2035 年远景目标，完整准确全面贯彻创新、协调、绿色、开放、共享的新发展理念，以推动高质量发展为主题，以深化供给侧结构性改革为主线，以改革创新为根本动力，以满足人民日益增长的美好生活需要为根本目的，统筹发展和安全，加快建设现代化经济体系，加快构建以国内大循环为主体、国内国际双循环相互促进的新发展格局，推进国家治理体系和治理能力现代化，奋力夺取全面建设社会主义现代化国家新胜利。2022 年 10 月，党的二十大召开，二十大报告系统总结了新时代十年党和国家事业取得的历史性成就、发生的历史性变革，提出中国共产党的中心任务就是团结带领全国各族人民全面建成社会主义现代化强国、实现第二个百年奋斗目标，以中国式现代化全面推进中华民族伟大复兴。

在此背景下，需要把党的十九大精神、二十大精神和习近平新时代中国特色社会主义思想尤其是习近平新时代中国特色社会主义经济思想、习近平生态文明思想、习近平法治思想以及习近平关于供给侧结构性改革、新发展格局、科技创新、扶贫、企业、发展与安全、规划、疫情防控等相关论述融入教材，并根据使用过《产业经济学》（第二版）的部分师生的建议，在第二版的基础上对教材进行了一定程度的修订。

作为全国产业经济学国家精品课程（2010 年）建设教材，第三版在保持第二版完整性、系统性、权威性、学术性、前沿性和实践性的基础上，进一步体现出“理论体系完整，内容新颖前沿，聚焦问题导向，重视案例教学，突出课程育人”的特色。

根据党的十九大精神、二十大精神、习近平新时代中国特色社会主义思想进教材的要求，以及产业发展的新态势、新趋向、新政策的变化，每一章修订的主要内容如下。

第一章：在产业经济学学科地位与重要性的结构调控部分，补充了当前中国正在通过供给侧结构性改革解决结构性失衡的问题；在产业经济学研究的方法论部分，补充了习近平谈坚持系统观念，党的十九届五中全会审议通过的《建议》，将“坚持系统观念”作为“十四五”时期我国经济社会发展必须遵循的五项原则之一。系统观念、系统方法是组织管理重大工程、重大事业不可或缺的方式方法。

第二章：在企业在产业经济中的地位与作用部分，增加了党的十九大报告中关于“建设现代化经济体系，必须把发展经济的着力点放在实体经济上”和二十大报告中关于“建设现代化产业体系”的相关论述；党的十九届五中全会关于“加快构建以国内大循环为主体、国内国际双循环相互促进的新发展格局”“毫不动摇鼓励、支持、引导非公有制经济发展”的相关论述；习近平在国有企业和民营企业工作会议上的讲话等。新增这些内容有助于学生理解企业的地位和作用。

第三章：在 2000 年后产业组织理论的新发展部分，结合“政府官员行为问题研究也是近年产业组织理论的一个重点”的新动态，补充了党的十九届四中全会关于“突出坚持和完善支撑中国特色社会主义制度的根本制度、基本制度、重要制度……把我国的制度优势更好转化为国家治理效能”的相关论述；在创新行为部分，补充了习近平总书记关于创新的论述。

第四章：在产业发展部分，增加了一个专栏，即习近平总书记关于新发展阶段、新发展理念、新发展格局的论述和习近平在省部级主要领导干部学习贯彻党的十九届五中全会精神专题研讨班上的讲话的部分内容。在现代农业部分，增加了习近平关于“农业供给侧结构性改革”的相关论述。在产业生态化、产业信息化和产业融合化部分，分别增加了习近平关于“加快绿色低碳科技革命”“数字经济和数字技术”“核能产业、交通业和新一代数字技术深度融合”等相关论述。在产业形成的关键因素（产业创新和企业创新）部分，增加了习近平关于“科技创新的四个面向和国有企业创新”的相关论述。在农业循环和工业循环理论部分，增加了习近平关于“双碳目标”的相关论述。新增的这些内容有助于读者深入理解产业发展的新态势和新要求。

第五章：在产业结构演变的基本规律部分，补充了一个专栏，即习近平总书记在中国科学院第二十次院士大会、中国工程院第十五次院士大会、中国科协第十次全国代表大会上的讲话中提到的中国“战略高技术领域取得新跨越”，用以说明在现代社会，高新技术产业和现代服务业成为国民经济的支柱产业，创新成为驱动经济发展的主要动力，产业结构进入一个全新的时代。在产业结构变动的影响因素之技术创新能力部分，增加了一个专栏，即习近平总书记关于“科技攻关的论述”。在生态环境因素部分，补充了 2021 年 6 月 7—9 日，习近平在青海考察时的讲话：“要优化国土空间开发保护格局，坚持绿色低碳发展”，实施好“黄河流域生态保护和高质量发展等区域重大战略”。在产业结构的生态化部分，补充了习近平总书记在十九届中央政治局第二十九次集体学习时的讲话内容“推动绿色低碳发展是国际潮流所向、大势所趋，绿色经济已经成为全球产业竞争制高点。”新增的这些内容有助于学生深入理解“创新发展成为第一动力，绿色发展成为普遍形态”的新发展理念的内涵。

第六章：在产业关联概述部分，引入党的十九届五中全会关于“加快发展现代产业体系，推动经济体系优化升级”“提升产业链供应链现代化水平”等相关内容。在产业的直接联系和间接联系部分，增加了一个专栏，即习近平关于“如何优化和稳定产业链、供应链”的相关论述，以此来说明学习产业关联的相关内容具有重要战略意义和现实意义。

第七章：在中国产业布局的实践部分，增加了一个专栏，即习近平 2019 年在《求是》杂志上发表的文章《推动形成优势互补高质量发展的区域经济布局》的主要内容，增加了“十三五”和“十四五”时期产业布局的内容。

第八章：在我国推进产业转移的政策与措施部分，补充了 2021 年 4 月 8 日习近平对深化东西部协作和定点帮扶工作作出的重要指示：开展东西部协作和定点帮扶，是党中央着眼推动区域协调发展、促进共同富裕作出的重大决策。此外，还补充了 2021 年国家工信部和发改委等部委联合下发的《关于促进制造业有序转移的指导意见》，增加了案例分析“产业援疆及新疆承接援疆省份产业转移分析”。

第九章：在产业竞争力微观内涵理解部分，补充了党的十八大以来，党中央出台的一系列保护支持企业发展的政策措施，增加了一个专栏，即习近平总书记“关于建设世界一流企业”的相关论述。 在产业集群理论部分，补充了习近平总书记在党的十九大报告中、在全面推动长江经济带发展座谈会上（2020 年 11 月 14 日）、在中共中央政治局第三十四次集体学习时（2021 年 10 月 19 日）强调的“培育若干世界级先进制造业集群”“打造具有国际竞争力的数字产业集群”的相关内容。 在提升产业竞争力的对策——“通过环境规制，提升产业竞争力”“完善人才培养机制，提高劳动者素质，形成对产业竞争力的支撑”“关注产业安全问题，力争形成自身产业竞争力生成能力”部分，分别增加了“习近平生态文明思想”“习近平总书记谈人才自主培养”“习近平总书记谈产业链、供应链及产业安全”三个专栏，要求产业发展要生态化、绿色化和循环化，提升产业竞争力要立足人才的自主培养，形成完善的产业链、供应链和自身产业竞争力生成能力，才能从根本上保障我国的产业安全和经济安全。

第十章：在中国的产业安全部分，补充了两个专栏，即“习近平总书记谈粮食安全这个‘国之大者’”“习近平关于统筹发展与安全的论述”，有助于理解“粮食安全就是产业安全的重要组成部分”“统筹发展和安全的辩证关系”。此外，对部分数据进行了更新。

第十一章：在社会经济发展战略部分，补充了 2021 年 3 月第十三届全国人大四次会议通过的《中华人民共和国国民经济和社会发展第十四个五年规划和 2035 年远景目标纲要》的相关内容和《求是》杂志 2020 年第 21 期发表的习近平总书记的重要文章《国家中长期经济社会发展战略若干重大问题》，有助于学生深入理解社会经济发展战略的具体内容，同时可以引导学生了解国家“十四五”时期发展的重大问题。

第十二章：在法律规制部分，补充了《中华人民共和国反垄断法》以及 2021 年 11 月 9 日第十三届全国人大常委会第三十一次会议审议并向社会征求意见的《中华人民共和国反垄断法（修正草案）》的主要内容。在放松规制的中国的实践部分，补充了 2021 年中央经济工作会议关于“稳步推进电网、铁路等自然垄断行业改革”的相关内容。

第十三章：把中国“十三五”时期的中小企业政策、产业结构政策和产业布局政策替换为“十四五”时期的中小企业政策、产业结构政策和产业布局政策，增加了一个专栏，即《2021中国制造强国发展指数报告》来说明我国2015—2020年制造强国建设进程及经验。在中国当前的产业技术政策部分，增加了一个专栏，即习近平总书记在《求是》杂志2022年第9期上发表的重要文章《加快建设科技强国 实现高水平科技自立自强》，用以说明中国当前产业技术政策的落脚点是提高科技自主创新能力，实现高水平科技自立自强。

笔者希望通过以上修订，尽可能把党的十九大精神、二十大精神、习近平新时代中国特色社会主义思想以及习近平相关论述有机融入教材，注重结合中国产业发展的理论和实践，形成有中国特色的产业经济学教材体系，实现“培养学生正确的价值观、人生观和社会主义核心价值观，具有强烈爱国情怀、靠得住、留得下、用得上的熟悉产业管理工作、具有国际视野和创新思维的产业经济人才”的育人目标。

第三版在第二版的基础上重点对习近平新时代中国特色社会主义思想等内容进行了补充和完善，更加体现了与时俱进和课程育人的要求，各章育人元素有机融入由教育部高校课程思政示范建设项目（国家级）“产业经济学”教学团队主要成员完成，具体如下：序言 构建新时代有中国特色的产业经济学体系：高志刚、梁江艳、陈静、杨习铭；第一章：高志刚；第二章：杨习铭；第三章：高志刚；第四章：陈静；第五章：陈静；第六章：张艳；第七章：肖春梅；第八章：肖春梅；第九章：高志刚；第十章：梁江艳；第十一章：杨习铭；第十二章：张艳；第十三章：梁江艳。本书主编、课程负责人新疆财经大学副校长高志刚教授负责第三版的统稿与审定。

本教材主要适用对象为经济学和管理学类本科生，也可作为产业经济学和区域经济学研究生的参考教材或辅助教材。

本教材引用了国内外许多专家、学者的研究成果，并尽可能给出了标注，在此表示感谢！同时，中国产业发展的实践和相关政策变化较快，本教材难以做到实时更新，敬请读者批评指正。

本教材的出版得到了中国人民大学出版社与新疆财经大学产业经济学在线开放课程和课程思政示范课程的大力支持，借此表示衷心的感谢！

新疆财经大学 高志刚

第一版前言

产业经济学以理论经济学为基础，研究产业经济活动的条件及其形成因素，阐述产业组织、产业结构和产业布局演变的一般规律，探讨制定产业政策的理论和方法，用于指导国民经济中各产业的运行和发展，实现资源在产业内和产业间的有效配置，具有鲜明的实践性和应用性。

20 世纪 80 年代，中国才开始引进、学习和研究产业经济学。中国产业经济学形成的初始阶段更多地受到日本学者的影响，随后学者结合中国经济改革和发展的实践，逐渐发展和完善产业经济学。

目前，我国学者对产业经济学研究内容的认识尚不统一，大体可以分为“窄派”和“宽派”两种观点。

“窄派”认为，产业经济学和产业组织理论是同义语，两者是一回事。主要研究内容是市场结构、企业行为、经济绩效和产业政策。这一派的观点主要接近于欧美学者的产业组织理论。

“宽派”则认为，产业经济学以“产业”为研究对象，研究产业之间、产业内企业之间的关系结构及其经济运行的规律性。因此，产业经济学的研究领域比较宽，主要包括产业结构理论、产业关联理论、产业组织理论和产业政策。目前我国大多数学者均属于这一派，他们主要与日本某些学者的观点相近。

本教材研究的领域和内容属于宽派。从我国产业发展的实际出发，把产业组织理论、产业结构理论、产业分布理论及其相应的政策纳入产业经济学中，形成一个比较完整的理论体系，正是建设有中国特色的产业经济学的客观要求。

教材是一门学科在一个国家或地区发展与传播的重要载体。学科发展与教学规律的有机结合是教材编写的基本原则。教材不同于专著，要注意内容的完整性、系统性、权威性，兼顾学术性和前沿性。在“教学理论与应用相结合”“理论研究与社会实践互相促进”的理念指导下，基于对产业经济学学科发展规律的认识、理解和对教学规律的把握，我们编写了这本教材。与一般的产业经济学教材相比，本教材增加了产业转移、产业竞争力、产业安全、产业发展战略与规划等内容，力求反映产业经济学的经典理论和相关前沿知识。

本教材主要由 13 章构成。

第一章是产业经济学导论。从界定产业的内涵出发，比较全面地总结了各种产业的分类方法，描述了产业经济学产生、发展的历史进程，介绍了产业经济学的研究对象与内容、学科性质与定位、学科体系与研究意义以及产业经济学的研究方法。

第二章是产业的主体——企业。重点讨论企业的内涵、新古典经济学厂商理论所解释的企业的本质、交易费用理论框架下的现代企业理论、两权分离条件下的委托- 代理问题，进一步探讨企业在产业经济中的地位和作用。

第三章是产业组织理论。阐述了产业组织理论的形成发展及 SCP［即市场结构（S）、企业行为（C）、经济绩效（P）］分析框架，介绍了产业组织理论的最新发展和博弈论的基础知识。

第四章是产业发展理论。主要讨论了产业发展的含义、历程和未来发展趋势，并在此基础上对产业周期理论、产业均衡发展理论、产业非均衡发展理论、主导产业理论、雁行发展理论、产业分工理论以及产业循环理论等重要理论进行了介绍。

第五章是产业结构。主要介绍了产业结构的概念、理论及其影响因素，分析了产业结构优化（高度化、合理化）和实现途径以及区域产业结构优化的路径（主导产业选择），阐述了产业结构演变的新趋势（产业结构软化和产业结构生态化）。

第六章是产业关联与投入产出分析。主要讨论了产业关联的内涵和实质，总结了产业关联的类型，系统地介绍了产业关联分析的研究方法和基本工具——投入产出法，并把投入产出分析应用于结构分析、经济分析、产业波及效果分析以及产业空间关联分析。

第七章是产业布局与集群。主要介绍了产业布局理论的形成和发展，影响产业布局的因素和产业布局的一般规律，产业集群的概念和特征、形成的条件、动力机制以及测度方法，新产业区的概念、划分标准和类型以及我国新产业区的发展情况。

第八章是产业转移。主要介绍了产业转移的概念、特征、理论、效应、动因和国际产业转移的趋势及我国产业转移的实践。

第九章是产业竞争力。以产业竞争力理论为切入点，讲述了产业竞争力的内涵、理论和影响因素，通过构建产业竞争力体系与方法对产业竞争力进行实证分析，提出提升产业竞争力的途径。

第十章是产业安全。阐述了产业安全的概念、特征及影响因素，构建了产业安全的评价体系以及预警模型，介绍了我国产业安全的基本现状以及今后的发展思路。

第十一章是产业发展战略与规划。介绍了产业发展战略的内涵、模式及战略内容，阐述了产业发展规划的概念、内容、编制程序、分析方法、分析工具以及公众全程参与的创新型产业发展规划编制思路，并以《“十二五”国家战略性新兴产业发展规划》为例给出了规划样本。

第十二章是产业规制。介绍了产业规制的内涵、依据、规制目标及西方三种规制模式，阐述了政府规制、经济性规制、社会性规制的含义和内容以及自然垄断产业的放松规制。

第十三章是产业政策。介绍了产业政策的内涵与起源、作用与局限性、目标与手段、类型与特征、演变与趋势，阐明了政策评估的意义、原则和基本标准，阐述了产业组织政策、产业结构政策、产业布局政策、产业技术政策的主要内容。

新疆财经大学产业经济学课程于 2009 年获批为校级精品课程，2010 年 4 月和 7 月分别获批新疆精品课程和国家精品课程。作为产业经济学国家精品课程建设教材，本教材理论体系完整，内容新颖前沿，以充分调动学生学习积极性和参与性为目的，强调理论与实践并重，突出产业经济学的基础理论知识点、知识体系、基本原理、理论前沿和动态，与产业政策和产业发展实际相结合，重视案例教学，突出问题导向，注重培养学生的思辨和探索问题的意识和能力，关注产业发展热点和难点问题，使学生能运用所学的产业经济理论知识解释和分析问题，培养学生发现问题、分析问题和解决问题的能力，帮助学生弄清产业经济运行的基本规律，使学生将来能较好地适应产业管理工作。

本书主编是新疆财经大学经济学院院长高志刚教授，被评为全国优秀教师、享受国务院政府特殊津贴专家，其负责教材的修改、统稿与审定。其余作者主要来自新疆财经大学产业经济学精品课程团队，中国人民大学著名学者孙久文教授的加盟增强了团队的实力。各章编写分工如下。第一章：高志刚、陈静（博士）；第二章：苏来曼（博士、副教授）；第三章：高志刚、付铭（博士）；第四章：高志刚、陈静、黄福江（博士）；第五章：孙久文（中国人民大学教授）、姚鹏（中国人民大学博士）；第六章：张艳（副教授）；第七章：肖春梅（博士、副教授）；第八章：肖春梅、孙久文；第九章：高志刚、刘晨跃（博士）；第十章：马远（博士、副教授）；第十一章：任群罗（博士、教授）、高志刚；第十二章：苏来曼、高志刚、付铭；第十三章：刘雅轩（博士、副教授）。

本教材主要适用对象为经济学和管理学类本科生，也可作为产业经济学研究生的参考资料。

本教材引用了国内外众多学者的研究成果，并尽可能给出了脚注，对于前人的工作，编著者总是怀着崇高的敬意吸取其精华，他们的研究成果对本教材有很大的启发，在此表示衷心的感谢！由于编著者疏忽未能标注的成果，在此深表歉意。由于时间仓促，本教材难免存在一些不足，甚至有些观点可能失之偏颇，不妥之处，敬请同行专家和广大读者不吝指正，以求不断完善。

本教材的出版得到了中国人民大学出版社和新疆财经大学经济学院产业经济学精品课程的大力支持，借此表示衷心的感谢！

新疆财经大学 高志刚

2016 年 1 月

目录

第五章
产业结构

第六章
产业关联与投入产出分析

第七章
产业布局与集群

第八章
产业转移

第九章
产业竞争力

第十章
产业安全

第十一章
产业发展战略与规划

第十二章
产业规制

第十三章
产业政策

第一章

产业经济学导论

内容提要

本章是总领全书的导论部分，在对产业经济学进行系统研究之前，要对产业和产业经济学的相关内容有基本的认知。本章从界定产业的内涵出发，比较全面地总结了各种产业的分类方法，描述了产业经济学产生、发展的历史进程，介绍了产业经济学的研究对象与内容、学科性质与定位、学科体系与研究意义以及产业经济学的研究方法。

本章重点

- 产业的内涵
- 产业的分类方法
- 产业经济学的研究对象
- 产业经济学的研究内容
- 产业经济学的学科体系
- 产业经济学研究的一般方法

第一节　产业的内涵与分类方法

理解和把握产业的含义，是产业经济学研究的首要问题。从不同的学科领域、不同的角度、不同的目的、不同的场合进行考察研究，产业具有丰富的内涵和外延。

一、产业的内涵

（一）产业属于中观经济的范畴

宏观经济的研究对象主要是指国民经济的总量，例如国民生产总值、国内生产总值、国民收入、总投资、总消费、国际收支、货币发行量、通货膨胀（简称通胀）、失业等，以及总量的变化规律和相互关系。微观经济的研究对象主要是企业和家庭的经济行为。在国民经济中，从各类物质生产部门到提供服务的各行各业，都可以称为产业。微观企业的集合构成产业，产业的集合与消费者、政府的经济活动构成国民经济。因此产业既不属于微观经济的范畴，也不属于宏观经济的范畴，而是介于二者之间的中观经济的范畴。揭示这种中观经济活动的规律以及中观经济体之间各种经济技术联系的方式则是产业经济学的研究领域。①

（二）产业是具有共同属性的企业的集合

产业既是一个常用概念，又是一个因内涵太过广泛而边界模糊的概念。“产业”一词与“工业”“行业”“部门”“实业”等词汇含义相似。因此产业可以被理解为，包含工业在内的国民经济的各行各业，大至门类、部门，小至行业，从生产到流通、服务，以至文化、艺术、科技、教育等，无所不包。② 从逻辑学的角度看，产业是一个集合概念。从供给的角度来说，产业是国民经济中以社会分工为基础，使用相同原材料、相同工艺技术、在相同价值链上生产具有替代关系的产品或服务的企业集合；从需求的角度来说，产业是在产品和劳务的生产和经营上具有某些相同特征的企业或单位及其活动的集合。这里所指的企业的共同属性，是服从于企业市场关系的共同属性。③ 简而言之，产业是具有某种同类属性的企业经济活动的集合。例如，可以将农业定义为直接从自然界获取产品、直接依赖自然的农作物栽培和牲畜饲养等生产活动的产业，可以将工业定义为采掘自然资源，制造生产资料、生活资料，或对农产品、半成品等初级产品进行加工的生产活动的产业。

（三）产业伴随分工的发展而发展

产业是国民经济中按照一定的社会分工原则，为满足社会分工需要而划分的从事产品生产和作业的各个部门，是社会生产力和社会分工不断发展的产物。④ 在农业社会之前，没有社会分工，不存在不同的生产部门，也就不存在产业。当农业从狩猎和采集活动中分离出来时，社会分工开始出现，之后相继发生的三次社会大分工，逐渐形成了农业、畜牧业、手工业和商业等诸多产业部门。分别于 18 世纪 60 年代、19 世纪 60 年代、

---

① 简新华．产业经济学［M］．武汉：武汉大学出版社，2001：5－15．
② 石奇．产业经济学［M］．2 版．北京：中国人民大学出版社，2011：6－10．
③ 杨建文，等．产业经济学［M］．上海：学林出版社，2004：7－11．
④ 肖兴志，张嫚．产业经济学［M］．北京：首都经济贸易大学出版社，2007：3－20．

20 世纪 40 年代开始的三次工业革命的浪潮，使各个产业内部分工细化，大量新的产业部门涌现出来。当今的产业不仅包括生产领域的活动，而且包括流通领域和服务领域的活动；不仅包括物质资料部门的生产、流通和服务活动，而且包括非物质资料部门的生产、流通和服务活动。[①]

（四）产业具有多层次性

随着社会生产力的不断进步，产业也逐渐形成了多层次的经济系统。较低的社会生产力水平只能形成农业、工业、服务业等简单的第一层次的大类。当社会生产力水平提高时，产业在第一层次的基础上细分，例如农业内部分为种植业、畜牧业、林业和渔业；工业内部分为基础工业、制造业、建筑业等。社会生产力水平进一步提高，产业形成了新的层次，例如制造业分为冶金、造船、机械、电子、食品、纺织、造纸等产业部门，服务业则分化为商业、金融、通信、旅游、教育、信息、生活服务等部门。[②]

二、产业的分类方法

为了正确认识产业的本质，应从多角度探索产业发展的规律性，根据产业研究的出发点和目的的不同，有多种产业分类方法可供选择。常见的产业分类主要有马克思的两大部类分类法、农轻重产业分类法、霍夫曼的产业分类法、三次产业分类法、国际标准产业分类法、中国标准产业分类法、生产要素集约分类法、产业功能分类法以及产业发展阶段分类法等。

（一）马克思的两大部类分类法[③]

这是以产品的最终用途不同作为分类标准的分类方法。卡尔·海因里希·马克思（Karl Heinrich Marx，1818—1883 年）根据产品是作为生产资料用于生产消费，还是作为生活资料用于生活消费，把社会生产部门分为两大部类——生产生产资料的产业部类和生产消费资料的产业部类，目的是分析不同物质生产部门的相互关系，揭示社会再生产的实现条件，见图 1-1。

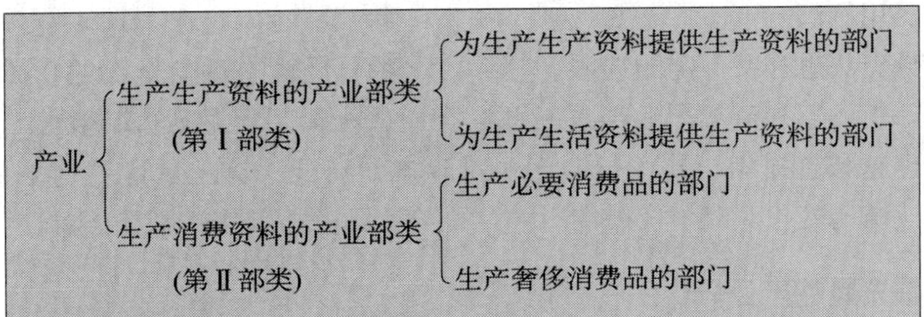

图 1-1　两大部类分类法

---

① 苏东水．产业经济学［M］．3 版．北京：高等教育出版社，2010：1-50.
② 李悦，李平．产业经济学［M］．大连：东北财经大学出版社，2002：5-25.
③ 马克思，恩格斯．马克思恩格斯全集：第 24 卷［M］．北京：人民出版社，1972：112-123.

马克思的两大部类分类法揭示了社会再生产顺利进行时两大部类产业间的实物和价值构成的比例平衡关系。它不仅是研究社会再生产过程的理论基础，而且是产业结构理论的基本来源之一。马克思的两大部类分类法对于研究现代市场经济条件下政府如何通过宏观调控来正确处理两大部类之间的关系，如何实现社会再生产的总量平衡和结构平衡，保持国民经济持续、快速、健康发展具有重要价值。

但由于马克思运用两大部类分类法分析社会再生产过程的目的在于揭示剩余价值的产生，因而存在一定的局限。其一，从分类范围来看，两大部类分类法未能将所有物质资料生产领域和非物质资料生产领域包括进去。诸如运输、生产性服务等物质资料生产部门，以及教育、科学技术、卫生、商业等非物质资料生产部门都未在其列。其二，从分类界限来看，难以确定有些产品是两大部类中的生产资料还是消费资料。由于使用价值存在多样性，产品新的使用价值不断被发现，以及在技术进步基础上存在产品的综合利用，相当一部分产品同时具有生产资料和消费资料的双重属性，这时就无法进行归类。其三，从分类层次上看，两大部类分类法太过简单，不够细化，不能深入反映和揭示产业结构的变化与经济发展的内在规律性。

（二）农轻重产业分类法[①]

这是以物质生产的不同特点为标准的分类方法。生产特点主要指劳动对象、劳动资料、生产过程、加工方式和劳动产品的不同。农轻重产业分类法将社会经济活动中的物质生产划分成农业、轻工业和重工业（简称农、轻、重）三个产业大类，见图 1－2。

产业
- 农　业：种植业、畜牧业、渔业和林业
- 轻工业：纺织、食品、缝纫（服装）、制革、毛皮、家具、造纸、印刷等
- 重工业：燃料、冶金（如钢铁）、煤炭、石油、化工等

图 1－2　农轻重产业分类法

农轻重产业分类法具有比较直观和简便易行的特点，可以大致反映社会再生产过程中两大部类之间的比例关系，对于安排国民经济计划、进行宏观调控、研究工业化进程具有较大的实用价值。

但这种分类法也存在一定的局限。其一，这种分类没有涵盖全部的物质生产部门和非物质生产部门，不利于对产业经济问题进行比较全面系统的研究；其二，农、轻、重三者的界限也越来越模糊，导致很多产业难以确定归类；其三，这种划分也不够细致，不能反映产业结构变化对经济发展的影响，也给实际分析工作带来了困难。

（三）霍夫曼的产业分类法[②]

为了研究工业化及其发展阶段，德国经济学家 W. C. 霍夫曼（W. C. Hoffmann）在 1931 年出版的《工业化的阶段和类型》一书中，将产业划分为三大类：第一类为消费资

①② 郭万达．现代产业经济词典［M］．北京：中信出版社，1991：35．

料工业，包括食品工业、纺织工业、皮革工业和家具工业等；第二类为资本资料工业，指形成固定资产的生产资料，包括冶金及金属材料工业、运输机械工业、一般机械工业和化学工业等；第三类为其他工业，包括橡胶、木材、造纸、印刷等工业。

霍夫曼的产业分类法的主要目的在于区分消费资料工业和资本资料工业，研究二者比例的变化趋势。为避免出现既属于消费资料工业，又属于资本资料工业的分类界限问题，霍夫曼确定了产业分类原则：当某工业产品用途的75%以上是消费资料时，将其归入消费资料工业；当某工业产品用途的75%以上是资本资料时，将其归入资本资料工业；除此之外，归入其他产业。霍夫曼的产业分类法是工业化过程中工业结构演变规律及工业化阶段理论的基础。但这一分类方法也有缺点，即75%的划分界限在实践中是难以划分和度量的。

（四）三次产业分类法①

澳大利亚经济学家 A. G. B. 费希尔（A. G. B. Fisher）是三次产业分类法的创始人。1940 年，英国经济学家、统计学家科林 · G. 克拉克（Colin G. Clark，1905—1989 年）基于费希尔的研究成果在他的著名经济学著作《经济进步的条件》中，对三次产业做了详细的划分，并总结了伴随经济发展的产业结构演变规律，从而开创了产业结构理论。克拉克关于三次产业的实证分析结果被经济学界普遍接受，使三次产业分类法得到广泛普及，成为世界通行的统计方法，并成为分析国家或地区产业发展的有力工具。这是以产业发展的层次顺序及其与自然界的关系作为标准的分类方法。三次产业分类法把全部的经济活动划分为第一产业、第二产业和第三产业，每一产业内部还有更细致的划分。

三次产业分类法以人们生产活动的发展阶段性为主要依据，以资本的流向为主要标准，把产业分为三个层次：第一产业是指产品直接取自自然界的物质生产部门，即广义的农业，包括种植业、畜牧业、林业、渔业等；第二产业是指加工取自自然界物质的物质生产部门，即广义的制造业或工业，包括采矿业、制造业、建筑业等；第三产业，即广义的服务业，是指除第一产业、第二产业以外的所有社会经济活动，提供服务是其主要特征，包括交通运输、仓储和邮政业，信息传输、计算机服务和软件业，批发和零售业，住宿和餐饮业等。如果说第一产业、第二产业是有形物质财富的生产，那么第三产业主要是服务业并繁衍于有形物质生产之上的无形财富的生产。

三次产业分类法是一种简明、实用的经济分析工具，从而成为世界通行的产业统计分析方法，但三次产业分类法本身存在一定的局限性。其一，有些产业的归类尚存争议。例如，按照定义，采掘业和矿业应该划分为第一产业，煤气、电力等产业划分为第二产业或第三产业均可。其二，第三产业涵盖的领域过于庞杂，很难准确概括其规律和特点，不利于分析和研究。

知识讲解

以下视频节选自新疆财经大学“产业经济学”慕课，可登录中国大学慕课网站搜索查看完整视频。

视频 1-1：三次产业分类法

① 郭万达．现代产业经济词典［M］．北京：中信出版社，1991：26，30.

（五）国际标准产业分类法[①]

全面、精确、统一的经济活动统计中关于经济理论的探讨，对政府制定经济政策和进行国民经济的宏观管理都是十分必要的。国际标准产业分类法（International Standard Industrial Classification，ISIC）是为统一国民经济统计口径而由权威部门制定和颁布的一种产业分类方法。联合国统计司于1948年设计了全部经济活动国际标准产业分类的最初方案，并于1958年、1968年、1990年和2007年进行了四次修订。

国际标准产业分类第四版与国际标准产业分类第三版相比，在结构上更为具体详细（见表1-1），适合众多新兴行业的需要。这一点在服务行业中尤为突出。国际标准产业分类第四版通过引入全新的高级分类，分类的关联性更强，因而能够更好地反映当前的经济现象，如“信息和通信”的新设门类就是此类创新的一个例子。其统计单位为活动类型（kind of activity），采用四级结构：一级为21个门类（categories），以1位字母A～U编码；二级为88个大类（divisions），以2位数字编码；三级为238个中类（groups），以3位数字编码；四级为419个小类（classes），以4位数字编码。

表1-1　国际标准产业分类第三版与第四版类目变动对照

	国际标准产业分类第三版	国际标准产业分类第四版
门类	17	21
大类	60	88
中类	159	238
小类	292	419

国际标准产业分类最细层次的小类是根据大多数国家统计单位中所习惯的活动组合来描述的，而组和类则是根据生产的特征、技术、组织及财务来合并统计单位的。21个门类产业是：

（1）农业、林业和渔业；

（2）采矿和采石业；

（3）制造业；

（4）电力、煤气和水的供应；

（5）供水、污水处理、废物管理和补救活动；

（6）建筑业；

（7）批发和零售贸易；

（8）运输和仓储业；

（9）食宿服务活动；

（10）信息和通信业；

① 郭万达．现代产业经济词典［M］．北京：中信出版社，1991：47；李国秋，吕斌．国际标准产业分类新版（ISIC Rev. 4）的信息产业分类分析［J］．图书情报知识，2010（5）：118-124.

(11) 金融和保险服务；
(12) 房地产活动；
(13) 专业服务、科学和技术服务；
(14) 行政和支持服务活动；
(15) 公共行政和国防；
(16) 教育；
(17) 卫生和社会服务；
(18) 艺术、休闲和娱乐活动；
(19) 其他服务业；
(20) 住户活动；
(21) 国际机构。

国际标准产业分类法与三次产业分类法有一致性：第（1）门类为第一产业；第（2）～（6）门类为第二产业；第（7）～（21）门类为第三产业。这种分类方法具有权威性、统一性、完整性和实用性。它既便于调整和修订，也为各国制定标准产业分类、进行各国产业结构的比较研究提供了便利。

（六）中国标准产业分类法①

《国民经济行业分类》国家标准（GB/T 4754）自 1984 年首次制定，后于 1994 年、2002 年、2011 年、2017 年四次实施修订，越来越广泛地应用于统计、计划、财务核算、工商、税务管理等领域，对我国的行业和部门管理起到了规范化、标准化的作用。《国民经济行业分类》2017 年新标准 GB/T 4754—2017 保留了 GB/T 4754—2011 的主要内容，对个别大类及若干中类、小类的条目、名称和范围做了调整，此标准采用经济活动的同质性原则来划分国民经济行业，而不是依据编制、会计制度或部门管理等划分。

GB/T 4754—2017 按照国际通行的经济活动同质性原则划分行业，调整了以往标准中与分类原则不相符的内容，大量充实了第三产业的新兴活动。GB/T 4754—2017 仍保持 20 个门类。行业大类由 96 个增加至 97 个，增加了"土地管理业"；行业中类由 432 个增加至 473 个，调整新增 41 个；行业小类由 1 094 个增加至 1 380 个，调整新增 286 个，体现了新产业、新业态、新商业模式，更好地反映了我国目前的行业结构状况。这 20 个门类依次是：

A. 农、林、牧、渔业（含 5 个大类）；
B. 采矿业（含 7 个大类）；
C. 制造业（含 31 个大类）；
D. 电力、煤气及水的生产和供应业（含 3 个大类）；
E. 建筑业（含 4 个大类）；
F. 交通运输、仓储和邮政业（含 2 个大类）；
G. 信息传输、计算机服务和软件业（含 8 个大类）；

① 参见国家统计局网站。

H. 批发和零售业（含 2 个大类）；
I. 住宿和餐饮业（含 3 个大类）；
J. 金融业（含 4 个大类）；
K. 房地产业（含 1 个大类）；
L. 租赁和商务服务业（含 2 个大类）；
M. 科学研究、技术服务和地质勘查业（含 3 个大类）；
N. 水利、环境和公共设施管理业（含 4 个大类）；
O. 居民服务和其他服务业（含 3 个大类）；
P. 教育（含 1 个大类）；
Q. 卫生、社会保障和社会福利业（含 2 个大类）；
R. 文化、体育和娱乐业（含 5 个大类）；
S. 公共管理和社会组织（含 6 个大类）；
T. 国际组织（含 1 个大类）。

（七）生产要素集约分类法①

生产要素集约分类法是根据不同产业在生产过程中对资源的需求种类和依赖程度的差异，以生产要素集约程度的不同作为标准划分产业的一种分类方法。这里的资源是指劳动、资本、土地、知识和技术、管理、自然资源等生产要素。以生产要素的集约度或密集度为标准，可以将产业划分为资源密集型产业、劳动密集型产业、资本密集型产业、技术密集型产业和知识密集型产业。

资源密集型产业亦称土地密集型产业，是指在生产要素的投入中需要使用较多的土地、矿产资源等自然资源才能进行生产的产业，包括种植业，林、牧、渔业，采掘业等。劳动密集型产业是指在生产过程中对劳动力的需求依赖程度较大、资本有机构成水平较低，产品中活劳动所占比例较大的产业，如传统种植业、食品业、服装业等产业。资本密集型产业是指在生产过程中对资本的需求依赖程度较大、资本有机构成水平较高，产品中物化劳动所占比例较大的产业，如钢铁、石油、机械、造纸、化工、汽车等产业。技术密集型产业是指在生产过程中对技术的需求依赖程度较大、产品中技术含量高的产业，如航天、电子、计算机、新材料、新能源、测控仪器等产业。知识密集型产业是指在生产和服务过程中对知识的需求依赖程度较大的产业，也就是以知识的生产和传播为主体的产业，如微电子工业、新材料工业、生物工程、海洋工程等。

生产要素集约分类法被广泛应用，其优点表现为：其一，有利于比较各个产业使用的生产要素；其二，有利于判断整个国家的经济发展水平；其三，有利于研究产业之间对生产要素依赖程度的差异，对于寻求最佳宏观经济效益和制定经济发展战略具有重要意义。但同时，生产要素集约分类法也存在局限性。各种产业类型的划分范围不易界定，由于各种生产要素在生产过程中具有一定的可替代性，导致同一产业在不同地区可能属于不同的产业类型。此外，伴随着技术进步，产业的类型也会呈现动态变化的趋势。

① 苏东水．产业经济学［M］．3 版．北京：高等教育出版社，2010：1－50.

（八）产业功能分类法[①]

不同产业对国民经济发展所起的作用是不相同的，按照产业在国民经济中的地位和作用的不同，可以将产业划分为基础产业、瓶颈产业、支柱产业、主导产业等。这样分类有利于研究产业与经济发展的关系，有利于政府制定相关产业政策和进行相关产业管理，促进产业发展并带动整个国民经济发展。

基础产业是指在产业结构体系中为其他产业的发展提供基本条件并为大多数产业提供服务的产业。基础产业的具体内容或种类结构会随着经济发展而不断发生变化。由于基础产业是其他产业赖以发展的基础和前提条件，因此，应该先行发展基础产业。

瓶颈产业是指在产业结构体系中未得到应有发展而严重制约其他产业和国民经济发展的产业。瓶颈产业的存在会使产业结构体系的综合产出能力受到较大的限制。如果基础产业未得到先行、充分的发展，就可能成为瓶颈产业。

支柱产业是指在产业结构体系的总产出中占较大比例的产业。支柱产业是财政收入的主要来源，对国内生产总值的增长和整个国民经济的发展都具有重要的作用，应重点支持发展。处于成熟期的支柱产业的地位也不是固定不变的，随着产业结构的演进，新兴产业逐渐成熟而发展成为新的支柱产业，原有的支柱产业会逐渐进入衰退期而失去支柱产业的地位。

主导产业是指对一个产业结构系统的未来发展具有决定性引导作用的产业。主导产业具有较强的关联效应，能够创造出新的市场需求，迅速吸收先进的科技成果，创造较高的生产效率和更多的附加价值。

（九）产业发展阶段分类法[②]

产业发展阶段分类法是按照产业发展所处的不同阶段进行产业分类的方法。一般可以分为幼小产业、新兴产业、朝阳产业、衰退产业、夕阳产业等。

幼小产业是指在开发初期生产规模小、成本高、技术不成熟而不能达到规模经济，并且缺乏国际竞争力的产业。新兴产业是指由于科技的发展和生产力水平的提高，出现的度过幼小产业阶段的新的细分产业。朝阳产业是指其产品需求量逐步上升、产业增长率高于国民经济各产业的平均增长率且呈上升趋势、在国民经济和整个产业结构中的地位和作用不断上升的产业。衰退产业是指由于技术逐渐老化，以及需求逐渐萎缩、平均成本不断上升，在国民经济和整个产业结构中的地位和作用不断下降的产业。夕阳产业是指不再具备盈利能力、即将退出市场的产业。

产业发展阶段分类法有利于了解影响产业变化的因素，准确掌握产业变化的趋势和规律，进而制定合理的相关产业政策。不足之处在于，处于不同发展阶段的产业界限不甚明晰，归类较为模糊。

---

①② 苏东水．产业经济学［M］．3版．北京：高等教育出版社，2010：1－50．

（十）其他分类方法

1. 产业供求分类法

产业供求分类法是根据产品供求情况的不同进行的分类，分为长线产业和短线产业。长线产业是指生产规模较大、产品已经满足市场需求甚至过剩的产业。短线产业是指生产规模较小、产品不能满足需求的产业。

2. 生产流程分类法

生产流程分类法是根据工艺技术生产流程的先后顺序划分产业的方法。一般分为上游产业、中游产业和下游产业。上游产业是指生产工序比较接近原材料的产业，下游产业是生产工序比较接近最终产品的产业，处于这两者之间的产业被称为中游产业。

3. 物质资料生产与非物质资料生产分类法①

我国根据目前的生产发展水平和劳动分工情况，把国民经济全部活动按照是否为社会提供物质产品划分为两大领域共十个大部门。其中，属于物质资料生产领域的有工业、农业、建筑业、交通邮电业（指货物运输和为生产服务的邮电业）、商业（指物资供应、商品流通及饮食、缝纫、洗染、日用品修理）等五大部门，这是国民经济的主体；属于非物质资料生产领域的有城乡公用服务业、科学研究、文教卫生（指文化艺术、教育、卫生、广播电视、体育、社会福利）、金融业、机关团体五大部门。

除了以上产业分类方法以外，还有许多其他分类方法。例如将产业分为初期、中期、后期的钱纳里-泰勒分类法，以及建立在三次产业分类法基础上的四次产业分类法等。不同的分类方法都是为了更好地总结和归纳产业的性质和特征，以方便更加系统、完善地分析和研究产业。

第二节　产业经济学的研究对象与学科体系

一、产业经济学的产生与发展

（一）产业经济学的产生

任何经济学都是社会经济发展的产物，都是为了说明和解决现实经济生活中存在的问题才形成和发展起来的。产业经济学在第一次产业革命之后开始形成其理论雏形，产生了各自独立的几个理论部分，还没有形成比较完整的理论体系。第二次世界大战以后，产业经济学逐步成为一门新的经济学学科。理论经济学经历了由微观经济学到宏观经济学，再到中观即产业经济学的过程。在产业经济学的学科体系中，产业组织理论是最先建立起来的，随后产业结构理论、产业关联理论等相继建立。

---

① 李悦，李平．产业经济学［M］．大连：东北财经大学出版社，2002：5－25.

产业组织理论最早可以追溯到英国古典经济学家亚当·斯密（Adam Smith，1723—1790年）的名著《国民财富的性质和原因的研究》（简称《国富论》）中提出的自由竞争市场和分工协作原理。当代产业组织理论的渊源主要来自英国经济学家阿尔弗雷德·马歇尔（Alfred Marshall，1842—1924年）、琼·罗宾逊（Joan Robinson，1903—1983年）和美国经济学家张伯伦（Chamberlin，1899—1967年），他们被人们视为产业组织理论的鼻祖。英国经济学家马歇尔在1890年出版的《经济学原理》一书中提出，组织是与劳动、资本和技术并列的生产的第四个要素。马歇尔注意到对规模经济的追求伴随着组织规模的扩张，由此又导致垄断问题的产生，竞争机制与垄断形成伴生的弊端被称为“马歇尔冲突”，成为产业组织理论中的核心问题。①

1933年，张伯伦和琼·罗宾逊分别出版了《垄断竞争理论》《不完全竞争经济学》，并分别提出垄断竞争和不完全竞争理论。垄断竞争和不完全竞争理论的提出可以被看作对“马歇尔冲突”的一种新解释，在完全竞争与完全垄断市场之间建立了具有过渡特征的市场结构，揭示了厂商行为变异，从而对整体经济效率产生了影响。

1938年，E. S. 梅森（E. S. Mason）在哈佛大学成立了产业组织研究小组（被称为哈佛学派），开始以明确的目标和稳定的组织研究产业组织问题。1959年，以这些前期研究为基础，梅森的弟子乔·S. 贝恩（Joe S. Bain）出版了《产业组织》一书，第一次系统地阐述了产业组织理论，被认为这一理论的开山之作。

产业结构理论最早可以追溯到英国古典经济学家威廉·配第（William Petty，1623—1687年），他在《政治算术》中提出，不同产业的收入差距会引起劳动力的流动。1931年，德国经济学家霍夫曼在专著《工业化的阶段和类型》中，提出了工业结构存在重工业化趋势的霍夫曼定律。1935年，日本经济学家赤松要（Kaname Akamatsu，1896—1974年）则提出了产业结构国际化的雁行发展理论。1940年，英国经济学家克拉克提出了著名的配第-克拉克定律，明确指出劳动力在三次产业中的结构变化和人均国民收入提高的规律性问题。1954年，美国著名发展经济学家威廉·阿瑟·刘易斯（William Arthur Lewis，1915—1991年）提出了二元经济结构理论。钱纳里也提出了经济发展过程中的产业结构变化理论。以上理论构成了产业结构理论的基本框架。20世纪50—60年代，日本经济高速成长，被称为“东亚奇迹”，创造这一奇迹的原因在于其推行的产业结构改革，基于对这一经济现象的认知，日本经济学家拓宽了产业经济学的研究领域，把对产业结构的研究囊括到产业经济学中。

产业关联理论最早可以追溯到法国重农学派经济学家弗朗斯瓦·魁奈（Francois Quesnay，1694—1774年）的《经济表》和马克思的社会资本再生产理论，这是最早分析国民经济中不同物质生产部门之间互相交换产品的数量比例关系的理论，是产业关联理论的思想渊源。20世纪50—60年代，美国经济学家华西里·列昂惕夫（Wassily Leontief，1906—1999年）创立了投入产出分析体系，其基本思想在于从数量上揭示经济体系内部不同生产部门之间在投入和产出之间体现出的现实关系。美国经济学家阿尔伯特·赫希曼（Albert Hirschman）在随后的研究中将产业间的投入产出关系进一步区分

① 马歇尔．经济学原理：上卷［M］. 北京：商务印书馆，1964：99-123.

为两种联系，即前向联系和后向联系。在赫希曼看来，经济增长的过程应该是非均衡的，部门之间不同的发展顺序将会产生完全不同的结果，投资应该尽量首先投入前后向联系效应大的部门。不同部门前后向联系的大小成为赫希曼用于选择主导产业的标准尺度。

东西方经济学家对产业经济学的认识有很大差异，欧美发达国家的产业经济学实际上只是产业组织理论。日本经济学家宫泽健一在1975年出版的《产业经济学》一书中，明确提出了由产业组织理论、产业结构理论、产业关联理论组合而成的产业经济学的理论体系。此外，不同国家对产业结构的界定也不尽相同。按照欧美主流经济学家的界定，产业结构主要是指某一具体产业内部的组织形态，不涉及不同产业间的关系，而中国、日本学者则认为产业结构是某一个产业外部的、不同产业间的组织形态。①

（二）产业经济学的发展

20世纪70年代以来，产业经济学得到了较大发展，主要表现在以下几个方面。

1. 产业组织理论的发展

产业组织理论的发展主要包括芝加哥学派的产业组织理论、可竞争市场理论和新奥地利学派的产业组织理论。

芝加哥学派是在对哈佛学派的批判中建立起来的。芝加哥学派信奉竞争机制的作用，强调产业活动分析中的适用性，力图重新把价格理论中的完全竞争和垄断这两个传统概念作为剖析产业组织问题的基本出发点。1968年，乔治·施蒂格勒（George Stigler，1911—1991年）的名著《产业组织》出版，标志着芝加哥学派在理论上的成熟。芝加哥学派认为，即使市场中存在着某些垄断势力或不完全竞争，只要市场绩效是良好的，就不需要政府的规制，长期的竞争均衡状态在现实中也能够成立。芝加哥学派批驳哈佛学派的集中度-利润率假说，在市场结构、企业行为、经济绩效三者的关系上形成了与哈佛学派不同的看法，认为生产效率造就了产业的高利润，因此，芝加哥学派也被称为“效率主义者”。

威廉·杰克·鲍莫尔（William Jack Baumol）等学者在芝加哥学派的产业组织理论的基础上形成了可竞争市场理论。1982年，《可竞争市场与产业结构理论》的出版标志着该理论的形成。该理论以完全可竞争市场和沉没成本等概念的分析为中心，推导可持续的、有效率的产业组织的基本态势及其内生的形成过程。该理论认为，良好的生产效率和技术效率等市场绩效在任何市场结构下都可以实现。

以路德维希·冯·米塞斯（Ludwig von Mises，1881—1973年）、弗里德里希·奥古斯特·哈耶克（Friedrich August Hayek，1899—1992年）为代表的新奥地利学派注重个体行为的逻辑分析，在理解市场时注重过程分析，其研究目标是从个人效用和行为到价格的非线性因果传递。

此外，以梯若尔（Tirole）、克雷普斯（Kreps）等为代表的经济学家将博弈论引进产业组织理论的研究，分析了非市场的制度安排对企业行为的影响，发展了传统的产业

① 臧旭恒，徐向艺，杨蕙馨．产业经济学［M］．北京：经济科学出版社，2002：4-14.

组织理论。

2. 产业结构理论的发展

产业结构理论的发展主要包括罗斯托的主导产业扩散效应理论和经济成长阶段理论、钱纳里的产业结构理论、费景汉和拉尼斯对刘易斯二元结构理论的补充和发展，以及丁伯根的经济政策理论等。

美国经济学家沃尔特·惠特曼·罗斯托（Walt Whitman Rostow，1916—2003 年）的主导产业扩散效应理论和经济成长阶段理论认为，产业结构的变化对经济增长有重大影响，在经济发展中注重主导产业的扩散效应，决定社会经济发展的最终动因是人的主观倾向。

美国经济学家霍利斯·钱纳里（Hollis Chenery，1918—1994 年）关于产业结构理论的研究认为，经济发展中资本与劳动的替代弹性是不变的，在经济发展过程中产业结构会发生变化。

古斯塔夫·拉尼斯（Gustav Ranis）和美籍华人学者费景汉将二元经济结构的演变分为三个阶段，揭示了农业和工业两个部门共同发展的可能性。

荷兰经济学家简·丁伯根（Jan Tinbergen，1903—1994 年）认为经济政策包含数量政策、性质政策和改革。其中，性质政策就是调整产业结构的政策。丁伯根还采用大型联立方程体系和投入产出法研究产业结构调整问题。

此外，加拿大经济学家希金斯（Higgins）和日本经济学家筱原三代平（Miyohei Shinohara）等学者对产业结构理论的发展和完善也做出了贡献。

3. 产业政策研究的发展

20 世纪 90 年代，日本陷入了长达 10 年的经济衰退的困境。日本政府的产业政策受到质疑，学者认为政府对产业发展的干预在短期内可能有一定效果，但对经济长远的发展可能产生不利影响。与此同时，美国“信息高速公路”和“星球大战计划”极大地推动了美国以信息产业为主导的高新技术产业的发展，带来了 20 世纪 90 年代“新经济”的繁荣，让学者再次对适当的政府引导和支持政策鼓起信心。日本、美国经济发展的巨大反差和对照加深了人们对产业政策目标、手段和作用的认识，促进了产业政策研究的发展。

4. 中国经济学界的贡献

改革开放以前，中国的学者对产业经济学知之甚少。20 世纪 80 年代，中国才开始引进、学习和研究产业经济学。中国产业经济学形成的初始阶段更多地受到日本学者的影响，随后学者结合中国经济改革和发展的实践，逐渐发展和完善了产业经济学。首先，明确了产业经济学与微观经济学、宏观经济学、工业经济学、区域经济学、产业组织学等学科的区别和联系，深化了对产业经济学研究对象和学科性质的认识；其次，提出了产业结构调整和优化升级的理论，丰富和发展了产业结构理论；最后，健全和充实了产业政策理论，使产业政策的研究更为全面、深入。中国经济学界对产业经济学研究最大的贡献在于，将产业发展、产业布局等内容充实到产业经济学的学科体系中。

二、产业经济学的研究对象与内容

（一）产业经济学的研究对象

产业经济学作为一门经济学的分支学科，是研究产业及其发展规律的经济学。因此，产业经济学的研究对象就是产业。产业是具有某种同类属性并相互作用的经济活动组成的集合或系统，或者说是具有某类共同特性的企业的集合。具有某种同类属性是将企业划分为不同产业的基准。① 产业经济学的任务就是揭示产业经济活动的规律，产业经济学的目的是促进资源在产业层次上的优化配置。

产业经济学的研究内容一方面包括各个具体产业内部的关系，另一方面包括各个具体产业之间的相互关系。研究产业内部的关系在某种意义上与市场同义，研究的是某一具体产业或市场中生产可以替代的产品的企业之间的关系。这种研究通常涉及三个密切相关的方面，即市场结构、市场行为和市场绩效。研究产业之间的相互关系则是研究不同产业发展体现出来的长期趋势差异，以及产业在经济总体中的结构变动对经济总体增长产生的影响等。因此，产业经济学是一门新兴的研究现实经济问题的应用经济学科，是研究产业内部各企业之间相互关系、产业本身发展规律、产业与产业之间互动规律以及产业空间分布规律的学科。

（二）产业经济学的研究内容

欧美国家主流的产业经济学被称为产业组织学（industrial organization），主要的研究内容是市场的运行，尤其是企业拥有市场势力（market power）的不完全竞争市场的运行，关注市场上的企业行为与市场结构演变的关系，以及与此相关的公共政策。

目前，我国学者对产业经济学研究内容的认识尚不统一，大体可以分为“窄派”和“宽派”两种观点。

“窄派”认为，产业经济学和产业组织理论是同义语，两者是一回事。由于产业经济学主要研究产业组织问题，在这个意义上，产业经济学又称为产业组织学或产业组织理论。产业经济学以“企业行为”为主要研究对象，研究的是“如何通过某种组织机制，使各种生产活动与社会对各种商品（包括物品和劳务）的需求相协调”。产业经济学的主要研究内容是市场结构、企业行为、经济绩效和产业政策。这一派的观点主要接近于欧美学者的产业组织理论。他们认为，产业组织理论是国际公认的产业经济学。

“宽派”则认为产业经济学以“产业”为研究对象，研究产业之间、产业内企业之间的关系结构及其经济运行的规律性。因此，产业经济学的研究领域比较宽，主要包括产业结构理论、产业关联理论、产业组织理论和产业政策。目前我国大多数学者属于这一派，他们主要与日本某些学者的观点相近。

本教材研究的领域和内容也属于“宽派”。从我国产业发展的实际出发，把产业结构

---

① 苏东水．产业经济学［M］. 3版．北京：高等教育出版社，2010：1-50.

理论、产业组织理论、产业布局理论及其相应的政策纳入产业经济学，形成一个比较完整的理论体系，正是建设有中国特色的产业经济学的客观要求。

在我国，产业经济学并不等同于产业组织学。第二次世界大战以后，日本经济增长的奇迹表明产业政策是经济增长的重要推动力量，因而产业政策、产业布局调整和产业结构优化成为20世纪80年代产业经济学的重要内容。由于我国的市场体系仍然不够完善，产业结构的非均衡问题不可能完全通过市场调节得到解决，仍需要发挥产业政策的调控作用。

因此，我国产业经济学的研究内容既包括以产业组织和公共政策为主要内容的欧美产业经济学体系，也包括以产业结构和产业政策等为重点的日本产业经济学体系；既研究生产同类或有密切替代关系的产品或服务的企业竞争行为及其对经济绩效的影响和相关公共政策，也研究产业结构、产业关联、产业布局以及相应的产业政策等。①

（1）产业组织理论：主要研究生产同类或有密切替代关系的产品、服务的企业组成的产业，分析市场和产业的运行，尤其是企业之间的竞争和合作行为。随着市场和技术的发展，市场逐渐趋于寡占结构，企业间基于策略互动的竞争行为日益成为产业组织的核心内容。

（2）产业结构理论：主要研究产业间的相互联系与联系方式。产业结构及其演化规律反映了经济发展过程中产业间的资源占有关系，体现了资源在产业间配置的基本状况和变动趋势，也是制定促进产业发展和经济增长政策的理论依据。

（3）产业关联理论：主要研究不同产业之间的投入品和产出品相互运动而形成的实物或价值形态的技术经济联系。运用较为细致的产业分类和数量分析方法，可以精确、量化地研究产业之间的相互依存关系，能很好地反映各产业的中间投入和中间需求。

（4）产业布局理论：主要研究地区产业结构的合理化问题，即根据不同地区的资源优势和产业特征，在一定地区（甚至全国）范围内实行合理的产业布局，使各地区的资源得到充分、有效的利用。

（5）产业发展理论：研究产业发展过程中的发展规律、发展周期、影响因素、产业转移、资源配置、发展政策等问题。只有深入研究产业发展规律才能增强产业发展的竞争能力，才能更好地促进产业的发展，进而促进整个国民经济的发展。

（6）产业政策理论：不仅研究产业政策本身的制定、实施、修正和效果的科学性，而且研究根据特定产业的现状，如何制定合理的产业组织政策和产业结构政策，在产业内形成规模经济与竞争活力兼容的有效竞争格局，促进产业之间协调发展，不断实现产业结构优化。

（7）产业转移理论：主要研究产业转移的相关理论、产业转移效应和动因以及模式和类型，分析国际产业转移对世界经济的影响。

（8）产业竞争力理论：主要研究产业竞争力理论和影响因素，构建产业竞争力评价模型，提出提升产业竞争力的途径。

（9）产业安全理论：主要研究产业安全的内涵、特征及影响因素，构建产业安全的

---

① 石奇．产业经济学［M］．2版．北京：中国人民大学出版社，2011：6－10.

评价体系及预警模型，提出产业安全的对策。

（10）产业规制理论：主要研究产业规制的目标及三种规制模式，介绍政府规制、经济性规制、社会性规制的内容以及自然垄断产业的基本特征及其规制内容。

三、产业经济学的学科性质、定位与地位

（一）产业经济学的学科性质

根据我国教育部和国务院学位委员会颁布的学科分类目录，经济学分为理论经济学和应用经济学两大类，产业经济学属于应用经济学中的二级学科。产业经济学以理论经济学为基础，研究产业经济活动的条件及其形成因素，阐述产业组织、产业结构和产业分布演变的一般规律，探讨制定产业政策的理论和方法，用于指导国民经济中各产业的运行和发展，实现资源在产业内和产业间的有效配置，具有鲜明的实践性和应用性。同时，产业经济学是介于微观经济学和宏观经济学之间的中观经济学。

（二）产业经济学的学科定位

产业经济学的学科定位在其与西方经济学、政治经济学、发展经济学、工业经济学等学科的区别与联系中体现。

1. 产业经济学与西方经济学

西方经济学包括微观经济学和宏观经济学，属于理论经济学。微观经济学以价格理论为核心，研究单个经济主体（企业、家庭）在市场上的行为规律。其特点是个量分析，考察企业如何利用有限的资源，决定生产什么、生产多少和怎样生产，以求利润最大化；考察消费者或家庭如何把有限的收入在各种商品和劳务的消费之间适当分配，以求效用最大化。宏观经济学以国民收入理论为核心，研究国民收入的生产、分配和使用的规律，其特点是总量分析。宏观经济学分析国民生产总值、国民收入、总投资、总消费、物价水平、外汇收支等总量的变化及其相互关系；分析国民收入支出与国民收入来源之间的均衡状况以及由于不均衡所产生的通胀、失业等问题。

长期以来，微观经济学和宏观经济学是相互分裂的两大部分，如何使二者联系在一起，一直是一个难题。产业经济学可以作为中介，使二者有机结合起来。产业经济学中的产业组织理论可以看作微观经济学的延伸和发展，其与微观经济学紧密联系在一起；产业经济学中的产业结构理论、产业关联理论、产业布局理论、产业发展理论等，实际上是宏观经济总量分析的深化、细化和具体化，它们与宏观经济学紧密联系在一起。宏、微观经济学可以通过产业经济学联系起来，构成一个有机的整体。

2. 产业经济学与政治经济学

政治经济学的研究对象是社会生产关系，属于理论经济学科，它从生产力和生产关系的相互作用出发，研究人类社会发展不同阶段支配物质资料的生产、交换、分配、消费的一般规律。产业经济学并不研究社会生产关系的一般经济规律，而是研究产业发展变化的规律，并按照产业发展规律的要求，制定正确的产业政策，促进国民经济中各产

业的协调发展。

3. 产业经济学与发展经济学

在一定程度上，产业经济结构理论与发展经济学的内容有交叉。发展经济学认为，不同产业部门的边际生产率是有差异的，资源在不同产业部门的重新配置能够导致总产出的增加，即存在钱纳里所说的“总配置效应”。因此，经济增长应该等于要素投入量的增加、技术进步加上结构转变。据此，发展经济学十分重视研究经济结构的变动，并且认为经济结构中最重要的是产业结构，产业结构分析成为发展经济学的主要研究内容之一。[①]

4. 产业经济学与工业经济学

尽管英文词汇“industry”既有产业又有工业的含义，但产业经济学与工业经济学是两个不同的经济学科。工业经济学是研究工业部门中的经济关系和经济活动规律的科学；产业经济学是研究产业的科学。但是，两者也有紧密的联系。工业经济的研究必须以产业经济学为理论基础，运用产业结构、产业关联、产业布局、产业组织、产业发展等理论去研究工业经济中的相关问题。作为产业经济学研究对象的产业，首先就是工业。工业经济学的研究成果为产业经济学的研究提供材料，产业经济学的基本理论为工业经济学的研究提供指导，两者是相辅相成的关系。[②]

尽管产业经济学和其他相关经济学科有明显的区别，但产业经济学在形成过程中受到其他相关经济学科的影响，广泛吸收了它们的理论成果，而且和其他相关经济学科的联系更加密切。

（三）产业经济学的学科地位与重要性[③]

如果从经济资源的配置这个角度观察国民经济的运行，生产、流通、消费这三个环节构成了一个三维的经济立体框架。在这个立体框架中存在着总量均衡、结构均衡和市场均衡这三种均衡。这三种均衡构成了国民经济的完整框架，从而形成了国民经济运行的立体调节、调控和优化过程。

市场均衡是指经济主体之间，也就是生产者与生产者之间、生产者与消费者之间、企业和家庭之间、要素使用者和要素供应者之间在市场上的供求状况与均衡关系。市场均衡的基础是价值规律和价格机制。

由于市场经济存在市场失灵，一切现代经济的运行不可能仅凭市场调节就可以解决合理市场均衡的全部问题。因此，政府还需根据市场均衡的实际状况，在充分考虑市场价格规律的前提下，在必要的时候对必要的商品及要素价格的形成予以间接的干预和直接的介入。可见，一定的市场均衡状态是市场这只“看不见的手”和计划（国家调节）这只“看得见的手”共同作用的结果，当然两者的作用有主有次。此外，政府担负着维护价格机制有效运行和维护市场法制秩序的任务。一切有损于价格机制运行和开展平等

---

① 石奇．产业经济学［M］．2版．北京：中国人民大学出版社，2011：6－10.
② 简新华．产业经济学［M］．武汉：武汉大学出版社，2001：5－15.
③ 杨治．产业政策与结构优化［M］．北京：新华出版社，1999：1－15.

竞争的垄断因素和不正当的交易行为，都将阻碍资源的合理移动和有效配置。市场如同球场，不能没有规则，也不能没有公正的执法者。

总量均衡即国民经济的总供给与总需求之间的均衡关系，具体表现为国民收入与最终产品实现之间的均衡关系。

在现实国民经济的宏观运行中，在一定时间里，实现最终产品的现实购买力（即有效需求）不一定与同期的国民收入（最终产品的价值）相等。用于实现最终产品的有效需求小于最终产品的价值，就会生产过剩。用于实现最终产品的有效需求大于最终产品的价值，就会引起经济过热和通货膨胀。这种有效需求与国民收入相背离的情况在国民经济的宏观运行中是会经常发生的。总量均衡一旦遭到严重破坏，就会使国民经济陷入不稳定的状态。

总量调控就是国家对总供给和总需求的均衡关系进行控制。只靠自发的市场机制往往是无法有效地实现总量均衡的。实施总量调控的核心环节就是调控有效需求。一般地说，调控有效需求有两种思路：一是直接控制最终产品的实现规模，也就是控制投资（包括固定资产投资和库存投资）、消费（包括个人、企业和政府的消费性支出）和出口等构成有效需求规模的主要因素，达到调控有效需求的目的。二是控制货币供应量，从而间接地影响有效需求的规模。因为有效需求是以货币购买力为根据的需求，因此，从总体上调控货币供应总量会对有效需求的形成产生重大影响。其办法有公开市场操作、调整商业银行的准备金率等。总量调控是现代市场经济必不可少的一种资源配置机制。

结构均衡是社会再生产过程中的资源配置结构的综合均衡关系。结构均衡是总量均衡和市场均衡的媒介，也是实现总量均衡和市场均衡的基础。

结构调控就是政府对产业结构、产业组织（或称企业组织结构）、产业区位（产业布局结构）等资源配置结构的调节。结构调控同总量调控一样，是主观对客观的控制，因此，正确的、成功的结构调控首先立足于对资源配置结构及其进化规律的科学认识。成功和有效的结构调控还要靠有力的结构调控手段体系来实现。

中国供需关系正面临着不可忽视的结构性失衡。“供需错位”已成为阻碍中国经济持续增长的最大路障：一方面，过剩产能已成为制约中国经济转型的一大包袱。另一方面，中国的供给体系与需求侧不配套，出现了结构性矛盾，总体上是中低端产品过剩，高端产品供给不足。当前中国进行的供给侧结构性改革的目的就是进行结构调控，优化产业结构，使要素实现最优配置，在适度扩大总需求的同时，去产能、去库存、去杠杆、降成本、补短板，从生产领域加强优质供给，减少无效供给，扩大有效供给，提高供给结构的适应性和灵活性，提高全要素生产率，使供给体系更好地适应需求结构的变化，促进经济高质量发展。

产业经济学的研究内容之一就是资源配置结构及其发展、变化的规律，以及结构调控的有效手段体系。产业经济学是国家制定和实施产业政策的理论基础。

市场均衡、总量均衡和结构均衡是有机联系和相互制约的整体。一个快速发展的国民经济有赖于市场、总量和结构这三种均衡都处于健康的、相互协调的状态。如果其中任何一种均衡出现了失衡问题，都会累及其他两种均衡。比如，总量失衡会殃及结构均衡和市场均衡；同时，恢复任何一种失调的均衡都需要其他两种均衡的支持。

总之，市场、总量和结构构成国民经济运行的三维系统。市场、总量和结构这三种均衡的调节和调控在不同的国家、不同的社会经济制度下乃至一个国家不同的经济发展阶段，存在的形态是有差异的。在发展中国家、后起的新兴工业化国家、社会主义国家，结构调控受到特别的重视，具有特殊的重要性。

四、产业经济学的学科体系与研究意义

（一）产业经济学的学科体系

产业经济学从产生至今已经取得了巨大的发展，学科体系趋于完备。结合国内外学者的研究，有中国特色的产业经济学的学科体系包含以下几个方面：

首先，是对产业的内涵、产业经济学的产生与发展、产业经济学的研究对象与内容、产业经济学的研究方法等基本理论和内容的阐释。

其次，是对产业的主体即企业的定位、现代企业理论、企业在产业经济中的地位与作用的阐释。

再次，是对产业组织理论、产业发展理论、产业结构理论、产业关联理论以及产业布局理论的阐释。其中，产业组织理论包括产业组织理论的渊源及形成、产业组织的SCP分析框架、产业组织理论的新发展以及博弈与企业策略性行为等内容。产业发展理论包括产业发展概述、产业发展周期以及具体的产业发展理论。产业结构理论包括产业结构内涵及演变规律、产业结构优化、主导产业及其选择以及产业结构演变的新趋势等内容。产业关联理论包括产业关联的内涵与类型、投入产出分析方法以及空间关联分析方法等。产业布局理论包括产业布局理论的形成与发展、产业集群以及新产业区等内容。

最后，是对当前产业经济学所面临的新的研究领域及产业转移、产业竞争力、产业安全、产业发展战略与规划、产业规制等理论和内容的阐释，并在此基础上提出能够解决实际问题的相关产业政策。

（二）产业经济学的研究意义

产业经济学为建立完善的经济学学科体系，在经济学和管理学之间建立沟通的途径，认识和解决在经济发展和体制转轨过程中产业政策的制定和实施等问题，提供了理论基础和实践依据，有重要的理论意义和实践意义。

1. 理论意义

第一，有利于建立完善的经济学体系。微观经济学与宏观经济学的研究对象截然不同，相互割裂。而在现实中存在的产业问题，二者都没有涉猎。经济学没有形成一个存在内在逻辑联系的完整统一的科学体系。产业经济学以产业为研究对象，使经济学的研究形成了从微观、中观到宏观的完整体系，完善了经济学的研究内容，使我们明白经济总量如何从个体的相互作用中产生，个体的变动如何影响产业进而影响总量的变动，从而形成对经济活动完整的认识体系。产业经济学的产生把微观经济和宏观经济联系起来，

形成了完整、统一、联系紧密的科学体系。

第二，有利于沟通经济学和管理学。经济学主要研究资源的有效配置问题，其解决方案是市场机制；管理学则主要研究如何对组织内的有限资源进行整合以实现既定目标，其解决方案是指令指挥。近年来，随着新制度经济学的兴起，经济学的研究领域已经逐渐扩展到企业的组织以内，但管理学始终未能应用于传统的企业组织以外。研究产业经济学可以在经济学和管理学之间架起沟通的桥梁，寻找管理产业的先进方法，促进经济进步。

2. 实践意义

产业组织的合理性关系到企业的效益能否提高、产业能否顺利发展，研究产业组织理论能够帮助我们认识市场结构和企业行为间的相互关系及其对市场配置资源效率的影响，指导我们通过产业组织政策来维护市场竞争秩序、规范市场行为，形成有利于创新的竞争环境，提高市场对资源的动态配置效率。产业关联的加强和产业结构的优化使得国民经济能够高效发展，研究产业关联和结构变动规律能够帮助我们制定合理的产业政策、优化产业结构及增强产业的国际竞争力。产业布局的合理性关系到地区经济能否协调、健康发展。研究产业布局理论能够帮助我们制定正确的产业布局政策，形成合理的产业布局和调整机制，使产业布局与区域的资源优势相结合，实现区域间的分工协作利益，促进区域间的协调发展。总之，产业经济学全面系统地研究了产业组织、关联、结构、布局等的状况和变化规律，为明确产业政策制定的原则、确定政策目标、选择实现手段提供了有力的理论指导，减少了盲目性，提高了自觉性，能够使产业政策更合理、执行更有效。

尤其在发展中国家，产业发展普遍落后，产业结构普遍不合理，地区发展极不平衡，如果仅靠市场机制的作用去推进产业的优化和发展，可能过程较长，因此特别需要以产业经济学作为指导，制定正确的产业政策，进行结构调整，促进产业结构的优化升级、产业转移和产业布局的合理化，重视先导产业和主导产业的选择和扶持，以制定正确的经济发展战略，更好地带动整个经济快速增长。

中国供需关系正面临着不可忽视的结构性失衡。“供需错位”已成为阻挡中国经济持续增长的最大路障：一方面，过剩产能已成为制约中国经济转型的一大包袱；另一方面，中国的供给体系与需求侧不配套，出现了结构性矛盾，总体上是中低端产品过剩，高端产品供给不足。

当前中国进行的供给侧结构性改革的目的就是优化产业结构，使要素实现最优配置，在适度扩大总需求的同时，去产能、去库存、去杠杆、降成本、补短板，从生产领域加强优质供给，减少无效供给，扩大有效供给，提高供给结构的适应性和灵活性，提高全要素生产率，使供给体系更好地适应需求结构变化，促进经济高质量发展。

专栏 1-1

习近平谈供给侧结构性改革

推进供给侧结构性改革是我国经济发展进入新常态的必然选择，是经济发展新常态下我国宏观经济管理必须确立的战略思路。必须把改善供给侧结构作为主攻方向，从生产端入手，提高供给体系质量和效率，扩大有效和中高端供给，增强供给侧结构对需求变化的适应性，推动我国经济朝着更高质量、更有效率、更加公平、更可持续的方向发展。

——在十八届中央政治局第三十八次集体学习时的讲话（2017 年 1 月 22 日）

推进供给侧结构性改革，首先要解决好思路和方向问题，着力在三个层面上下功夫。一是优化现有生产要素配置和组合，提高生产要素利用水平，促进全要素生产率提高，不断增强经济内生增长动力。二是优化现有供给结构，通过调整现有产品供给结构、提高产品和服务质量，从深层次上解决供给同需求错位问题，满足现有产品和服务需求。三是优化现有产品和服务功能，大力培育发展新产业和新业态，提供新的产品和服务，创造新的供给，以此来创造新的需求。三个层面归结到一点，就是要进一步解放和发展社会生产力，提高供给体系质量和效率，使供给体系有效适应需求结构变化，实现由低水平供需平衡向高水平供需平衡跃升。

——在青海省考察工作结束时的讲话（节选）（2016 年 8 月 24 日）

第三节 产业经济学的研究方法

一、产业经济学研究的方法论

（一）系统分析方法论

系统分析方法论是指把要解决的问题作为一个系统，对系统要素进行综合分析，找出解决问题的可行方案的咨询方法。系统分析方法论来源于系统科学，系统科学是 20 世纪 40 年代以后迅速发展起来的一个横跨各个学科的新的科学领域，它从系统的角度去考察和研究整个客观世界，为人类认识和改造世界提供了科学的理论和方法。产业经济学的研究对象——产业是一个系统，因而产业经济学的研究方法论首先必须着眼于系统分析的角度，既要研究组成系统的各个单元即单个经济主体间的相互作用关系，又要研究这些相互作用的关系结构是怎样通过各个层次的整合最后达到一个总体的结果的，所以系统分析方法论是产业经济学的研究方法论之一。通过产业系统目标分析、产业系统要素分析、产业系统环境分析、产业系统资源分析和产业系统管理分析，可以准确地诊断产业发展问题，深刻地揭示问题起因，有效地提出产业发展策略。

党的十九届五中全会审议通过的《中共中央关于制定国民经济和社会发展第十四个五年规划和二〇三五年远景目标的建议》（以下简称《建议》），将“坚持系统观念”作为“十四五”时期我国经济社会发展必须遵循的五项原则之一。2021 年 1 月 28 日下午，习近平总书记在十九届中央政治局第二十七次集体学习时强调，完整、准确、全面贯彻新发展理念，必须坚持系统观念，统筹国内国际两个大局，统筹“五位一体”总体布局和

“四个全面”战略布局，加强前瞻性思考、全局性谋划、战略性布局、整体性推进。①

系统观念是马克思主义基本原理的重要内容，强调系统是由相互作用、相互依赖的若干组成部分结合而成的、具有特定功能的有机体；要从事物的总体与全局上、从要素的联系与结合上研究事物的运动与发展，找出规律、建立秩序，实现整个系统的优化。我国的“两弹一星”、北斗卫星导航系统、“神舟”系列飞船等重大工程就是坚持系统观念、运用系统方法的成功案例。实践表明，系统观念、系统方法是组织管理重大工程、重大事业不可或缺的方式方法。

（二）辩证唯物主义方法论

辩证唯物主义方法论是研究包括产业经济在内的任何事物、任何系统的基本方法论。习近平总书记在《求是》2019 年第 1 期上发表了重要文章《辩证唯物主义是中国共产党人的世界观和方法论》。对于产业经济系统也不例外，产业之间、产业本身、产业内部都存在复杂多样的经济技术联系，只有运用唯物辩证法分析研究产业，才能全面正确地认识产业的各个方面，把握产业经济发展的规律性。在产业结构、产业关联、产业布局的研究中，不能孤立地、静止地研究某个产业、某个地区的产业分布，必须联系其他产业、其他地区的产业分布进行动态研究，才能正确认识变动的趋势，研究才更有预见性、更有价值。根据辩证唯物主义方法论中实事求是的观点，既要一切从实际出发，承认各国的产业分工、产业结构在某个特定的时刻确实有差异、有静态比较优势等，又要以发展、普遍联系的观点以及解放思想的态度来看待这个问题，研究产业之间的关联性，实现产业结构优化和产业的高质量发展。辩证唯物主义认为事物的矛盾既有主要矛盾也有次要矛盾，矛盾本身有矛盾的主要方面和矛盾的次要方面，所以研究整个产业系统时，应重点抓住主要产业或产业的主要部门，例如要重点发展主导产业、确保支柱产业，推动整个产业结构的升级和产业的发展演化。

研究整个产业系统时，应重点抓住主要产业或产业的主要部门，例如重点发展主导产业，推动整个产业结构的升级。当前，中国特色社会主义进入新时代，我国社会主要矛盾已经转化为人民日益增长的美好生活需要和不平衡不充分的发展之间的矛盾。解决这个主要矛盾，还需要产业向形态更高级、结构更优化、分工更合理、产品更精细，以及供给更有效的方面发展，这凸显了产业经济学在国家经济发展中的重要地位。

知识讲解

以下视频节选自新疆财经大学“产业经济学”慕课，可登录中国大学慕课网站搜索查看完整视频。

视频 1－2：辩证唯物主义方法论

专栏 1－2

习近平发表《辩证唯物主义是中国共产党人的世界观和方法论》

《求是》杂志 2019 年第 1 期发表了习近平总书记的重要文章《辩证唯物主义是中国共产党人的世界观和方法论》。文章指出，辩证唯物主义是中国共产党人的世界

① 习近平主持中央政治局第二十七次集体学习［EB/OL］. 新华网，2021－01－29.

观和方法论，我们党要团结带领人民实现“两个一百年”奋斗目标、实现中华民族伟大复兴的中国梦，必须不断接受马克思主义哲学智慧的滋养，更加自觉地坚持和运用辩证唯物主义世界观和方法论，增强辩证思维、战略思维能力，努力提高解决我国改革发展基本问题的本领。文章强调，要学习掌握世界统一于物质、物质决定意识的原理，坚持从客观实际出发制定政策、推动工作；学习掌握事物矛盾运动的基本原理，不断强化问题意识，积极面对和化解前进中遇到的矛盾；学习掌握唯物辩证法的根本方法，不断增强辩证思维能力，提高驾驭复杂局面、处理复杂问题的本领；学习掌握认识和实践辩证关系的原理，坚持实践第一的观点，不断推进实践基础上的理论创新。

资料来源：习近平．辩证唯物主义是中国共产党人的世界观和方法论［J］．求是．2019（1）．

二、产业经济学研究的一般方法

由于产业经济学的研究对象具有多层次性，并且在不断变化和发展，产业经济学的目的和任务也决定了对产业及其发展必须进行深入、广泛的分析研究，才能全面、正确地认识产业经济活动的规律，更好地促进产业经济的优化和发展，因此产业经济学的研究方法较多。产业经济学是经济学中的一个分支学科，因此从一般意义上，进行经济学研究的所有方法都会在产业经济学研究中被用到。

（一）实证研究与规范研究相结合的方法

实证研究和规范研究是经济学研究的基本方法，也是产业经济学研究的基本方法。实证研究是对社会经济的实际运行情况进行描述、分析和解释的方法。实证研究分析实际经济运行的过程及其规律，要说明的是社会经济现象“实际是什么”，不涉及对实际经济运行的状况和后果的评价，不回答社会经济现象是好还是坏的问题。规范研究是分析社会经济应该怎样运行的方法。规范研究会对社会经济运行的过程和结果做出伦理分析和价值判断，评价利弊得失、功过是非，回答社会经济现象“应该是什么”的问题。产业经济学既要实事求是地分析产业的现状、变化过程、实际结果和发展规律，又要研究产业结构、布局、组织的合理化，判断市场绩效的优劣，获得对产业应该如何发展的正确认识，由此提出合理的产业政策建议。所以，产业经济学既要进行实证研究，又要进行规范研究。必须把二者紧密结合起来，首先进行实证研究，然后进行规范研究，真正发挥产业经济学揭示规律、促进发展的作用。

（二）定性分析与定量分析相结合的方法

定性分析与定量分析是经济学研究常用的方法，也是产业经济学必须运用的研究方法。定性分析也就是质的分析，是分析事物的内涵、性质、特征、内在联系、因果关系等的方法，要解决事物“是什么”的问题；定量分析也就是量的分析，是分析事物的数量比例及其变动关系的方法，要解决事物“是多少”的问题。定性分析和定量分析虽然是不同的方法，但二者不是互相对立、排斥的关系，而是互相补充、相辅相成的关系。产业之间、产业内部的企业之间都在质和量上存在极其复杂的经济技术联系，要准确地把握产业结构、布局、组织、政策的合理化，全面分析市场绩效、产业关联、产业资源的优化配置等，既要进行定性分析，又要进行定量分析，并且必须把二者有机结合起来。只有这样，对产业的研究才能真正做到全面、准确。

（三）静态分析与动态分析相结合的方法

静态分析和动态分析也是经济学研究的重要方法，产业经济学的研究也必须结合使用这两种方法。静态分析是分析事物在某一时间点或横截面上的状况和带有规律性特征的方法，这种方法有助于认识事物的现状，有助于进行比较研究，进一步考察事物的变化情况；动态分析是分析事物随着时间的推移而发生的变化和显现出来的规律的方法，这种方法更有利于揭示事物发展的规律。静态分析是动态分析的起点和基础，动态分析是静态分析的深化和发展。产业经济学需要运用静态分析方法考察产业结构、产业关联、产业布局、产业组织的现状和特征，更需要采用动态分析方法，引入时间变量，研究产业各层次、各方面变化和发展的规律。

（四）统计分析和比较分析相结合的方法

产业发展、产业间联系都处于特定国家的特定经济发展阶段，我们不能将某国一定时期的产业发展与产业间联系的演化过程当作一切国家产业发展与产业间联系必须有的过程，因为个别样本不能代表总体。所以，就必须选取较多的样本国，用统计分析的方法归纳总结出具有代表性的一般发展规律。在归纳时需要运用统计分析方法，而在具体研究一国的产业问题时又不得不运用比较分析方法，运用比较分析方法对不同国家的产业发展及产业间联系状况进行比较，从而得出一些可参照的经验，对发展本国的产业经济大有裨益。实际上，在产业经济学中，回答产业经济应是什么样时，必然要运用比较分析方法，比较分析现在与过去、本国与他国，从而揭示产业经济今后的发展趋向。

（五）结构分析方法

结构分析方法就是对结构的起源和结构的演化进行分析的方法。结构分析方法有三个原则：结构的整体性、结构转换和结构的自身调整性。结构分析方法认为系统的行为（或功能）是由系统的结构决定的，所以从产业经济的研究初始，就十分注重研究产业与产业之间的关系结构以及产业内各企业相互作用的关系结构，并由此结构出发研究产业的整体行为（功能）。产业经济学既要分析研究产业间联系，各具体产业的功能、结构，又要研究产业结构的转换规则和各产业在产业结构中的转换能力等。

（六）博弈论方法

博弈论也称为对策论，它研究决策主体的关联行为如何决策并最终实现均衡。在产业组织理论中，若市场结构的基本特征表现为垄断竞争和寡头垄断，那么此时，决策主体的行为是相关联的，其收益的状态不仅取决于决策主体的行为，而且与竞争对手的反应有关。因此，决策者不仅要考虑自身决策的问题，而且要考虑竞争对手的反应。这种决策以及由此形成的均衡就是博弈论研究的内容。博弈论包括博弈方、博弈规则、行动策略和收益函数四个基本要素，考虑信息的对称与不对称问题、博弈过程的可重复性问题、博弈过程中的共谋与否等问题，形成特殊的均衡与非均衡状态。学者将这一理论引入产业经济学中，研究不完全竞争和不完全垄断状态下的市场均衡和厂商行为，使得产业组织理论的研究更加规范化，所以产业组织就成为最早应用博弈论的领域。现在，博弈论常用于研究不完全竞争市场的定价、企业兼并、反垄断规制、产业结构趋同、重复建设等问题。常见的几个典型的博弈问题有囚徒困境、田忌赛马、情侣博弈、智猪博弈、猜硬币博弈、划拳博弈等。

以上研究方法是一个体系，在具体的研究当中，这些方法不是单独使用的，而是相互补充、相互配合使用的。

三、产业经济学研究的具体工具

产业经济学在建立和发展过程中也形成了许多具体的研究工具，包括以下几种。

（一）数学、计量经济学和统计学工具

数学、计量经济学和统计学工具是产业经济学研究不可缺少的常用工具。无论是定量分析还是实证研究，都需要运用包括概率论、线性代数、微积分、各种计量经济方法和统计分析方法在内的许多数学、计量经济学和统计学工具，否则，产业经济学的实证研究和定量分析无法展开。比如，市场集中度和市场竞争状态的分析、市场绩效的判断、产业结构的分析、产业关联度的衡量、主导产业的选择、产业经济的预测等，都离不开数学、计量经济学和统计学方法。

（二）社会调查和案例研究工具

社会调查和案例研究也是产业经济学研究的重要手段。产业经济学的实证研究必须以反映产业各方面实际情况的资料为前提，没有对实际情况的了解，实证分析只能是无米之炊。产业实际情况的收集和了解只能来自社会调查、实践调研和统计。产业组织的研究还离不开典型案例的研究，产业内部企业众多、关系复杂，不可能对所有的企业及其相互关系逐一进行研究，案例研究因此显得特别重要。

（三）投入产出分析工具

投入产出分析是美国经济学家列昂惕夫首先提出的研究产业关联的主要手段，可以说没有投入产出分析法，也就没有现在的产业关联理论。投入产出分析法运用投入产出表和投入产出模型，对一个国家一定时期社会再生产过程中国民经济各个部门、各种生产要素和产品的投入产出关系进行数量分析，从数量比例上揭示产业之间的经济技术联系及其规律性。

本章小结

产业是具有某种同类属性的企业经济活动的集合。常见的产业分类主要有马克思的两大部类分类法、农轻重产业分类法、霍夫曼的产业分类法、三次产业分类法、国际标准产业分类法、中国标准产业分类法、生产要素集约分类法、产业功能分类法以及产业发展阶段分类法等。产业经济学的研究对象就是产业。产业经济学理论起源于马歇尔对组织的阐述，经过诸多学者的研究，产业经济学的内涵和外延不断扩大，逐渐形成了较为完整的理论体系。东西方学者对产业经济学的研究领域持不同观点。英国、美国以及很多欧洲国家认为产业经济学就是产业组织理论；而以中国和日本为代表的部分国家则认为，除了产业组织理论以外，产业结构理论、产业关联理论、产业布局理论和产业发展理论都是产业经济学的研究领域。

产业经济学有与其他应用经济学类似的方法论、研究方法和研究工具，这些方法和工具的使用进一步促进了产业经济学学科的发展和完善。

复习思考题

1. 如何理解产业的含义？
2. 产业如何分类？
3. 产业经济学的研究对象是什么？
4. 产业经济学的研究意义有哪些？
5. 产业经济学的研究方法包含哪些？

参考文献

1. 郭万达．现代产业经济词典 [M]. 北京：中信出版社，1991.
2. 简新华．产业经济学 [M]. 武汉：武汉大学出版社，2001.
3. 李悦，李平．产业经济学 [M]. 大连：东北财经大学出版社，2002.
4. 马歇尔．经济学原理：上卷 [M]. 北京：商务印书馆，1964.
5. 芮明杰．产业经济学 [M]. 上海：上海财经大学出版社，2012.
6. 石奇．产业经济学 [M]. 2 版．北京：中国人民大学出版社，2011.
7. 苏东水．产业经济学 [M]. 3 版．北京：高等教育出版社，2010.
8. 肖兴志，张嫚．产业经济学 [M]. 北京：首都经济贸易大学出版社，2007.
9. 杨建文，等．产业经济学 [M]. 上海：学林出版社，2004.
10. 杨治．产业政策与结构优化 [M]. 北京：新华出版社，1999.
11. 臧旭恒，徐向艺，杨蕙馨．产业经济学 [M]. 北京：经济科学出版社，2002.
12. 臧旭恒．从哈佛学派、芝加哥学派到后芝加哥学派：反托拉斯与竞争政策的产业经济学理论基础的发展与展望 [J]. 东岳论丛，2007 (1).

第二章

产业的主体：企业

内容提要

产业理论的微观基础在于企业理论。企业理论通过界定企业定义，回答企业的本质内容。本章重点讨论企业的内涵、新古典经济学厂商理论（简称新古典厂商理论）所解释的企业的本质、交易费用理论框架下的现代企业理论、两权分离条件下的委托-代理问题，进一步探讨企业在产业经济中的地位和作用。本章的重点在于掌握现代企业理论的实质、纵向和横向一体化的理论依据，能够区分不同理论视角下的企业定义以及企业动机。

本章重点

- 交易费用和现代企业理论
- 委托-代理理论

第一节　企业理论

一、企业的定义与分类

（一）企业的产生和发展

企业是社会经济发展到一定阶段后，在生产力水平提高和专业化分工深化的基础上产生的，随着社会生产力水平的不断提高、经济活动组织形式的不断演化、专业化分工的不断深化而不断发展变化。从人类发展历史角度看，人类社会进入资本主义社会后，才有了现代意义上的企业这一经济组织。企业组织诞生后，其发展演变经过了三个阶段。

第一阶段为工场手工业时期。在这一阶段，封建制度瓦解，资本主义生产关系建立。16 世纪末期到 18 世纪初期的第一次工业革命前夕，欧洲国家尤其是英国等国家率先废除封建制度，实现了资本主义制度的历史性转变，资本的原始积累加快，大量农民离开田园，家庭手工业瓦解，逐步采取资本主义工厂制度，工场手工业成为工业企业的雏形。

第二阶段为工厂制时期，从 18 世纪到 19 世纪 20 年代之前。工业革命使大量机器设备普遍应用于生产领域，为工厂制经济组织的发展奠定了基础条件。19 世纪初期，英国、德国、法国等国家普遍建立了工厂制，实现了生产的社会化。大量劳动力集中在工厂从事生产活动，生产效率因规模效益大幅提高，劳动分工越来越细化，技术进步的作用开始凸显，企业表现出活跃的生命力，成为主要的经济组织形式。

第三阶段为现代企业时期。19 世纪初期，资本主义结束残酷的自由竞争阶段，对规模效益的追逐和激烈的市场竞争导致资本的进一步集中，开始出现垄断性的经济组织。技术的进步、劳动分工的细化、产业的集中等，导致工厂生产这一模式的企业组织发生了复杂而深刻的变化。不断涌现的新技术在快速提高经济效益的同时，导致生产规模的快速扩张，经济周期性越来越明显，经济危机频发。与此同时，金融市场规模的扩大进一步加速了经济危机的风险。企业规模的庞大以及剧烈的市场竞争迫使所有权和经营权分离，出现了职业管理层，管理制度越来越复杂化，企业组织形式、企业组织模式、企业发展路径等都发生了实质性的变化。

（二）企业的含义

“企业”一词的使用频率虽然很高，但是对企业的定义或企业概念的界定比较困难。从中文词义来看，“企业”一词来源于日语，在《辞海》中被解释为从事生产、流通或服务活动的独立核算经济单位。新古典经济学所讨论的企业实际上被译成“厂商”（firm）。厂商就是销售或生产东西和提供服务的组织。常用的企业（enterprise）的原意常指中小商业组织或刚刚创业不久的商业组织。

按照罗纳德·哈里·科斯（Ronald Harry Coase，1910—2013 年）的交易费用理论，企业就是因节约交易费用而存在的，以计划和雇佣关系中的权力为本质内容的组织。根据哈罗德·德姆塞茨（Harold Demsetz）的观点，企业这一组织实际上是一个监督装置，是一个团队生产过程中的报酬契约，其本质就是提高生产效率。根据张五常的观点，企业就是契约安排的结果，不同的契约安排产生了不同的企业组织形式。本书从管理学和管理文化的角度对企业进行定义。从西方观点来看，新古典经济学讨论的传统意义的厂商就是企业，厂商理论可以用于讨论企业行为理论，企业的本质就是利润最大化。东方观点的企业多数以日本学者的观点为基础，认为在东方文化的影响下，企业的本质不再是追求利润最大化，而是以家族或血脉关系为基础的集体效益最大化，因而东方人眼里的企业是一个以人本主义为中心，最终追求集体或社会整体利益最大化的经济组织。

综合上述观点，笔者认为，企业可以从狭义和广义角度理解。狭义的企业是指通过组织各种生产要素从事产品的生产销售或提供服务，追求盈利的经济组织。广义的企业就是在生产过程中对人力资源要素实施有效的报酬契约并实现团队生产，对不同要素实行计划权力，在要素投入和产品或服务的销售过程中实现间接定价机制，旨在提高经济效益、实现盈利目标的经济组织。

（三）理解企业含义应把握的内容

首先，企业是经济组织。企业的经济性体现在两个方面。一方面，生产经营活动的最终目的是获得盈利。另一方面，生产经营组织过程中必须做到成本最低。就是说，投入要素必须通过特定的组织方式和组织手段实现低成本运作，为实现利润最大化或企业特定的经济指标最大化提供组织保障。

其次，企业通过生产要素的有机组合来生产或销售产品或提供服务。任何企业都必须借助所投入的生产要素获利。企业对不同的生产要素进行各式各样的组合，按照特定的计划对其进行管理，沿着企业所定的战略目标和具体目标从事生产经营活动，使生产要素在经济活动中增值。投入要素是否得到有机组合、是否按一定的技术比例配置等直接影响企业资源配置效率。资源配置不当的企业将被市场竞争所淘汰。

再次，企业是营利性组织。企业根据投入产出来进行经济核算，将追求盈利作为核心动力来组织生产经营过程。企业在生产中将会投入资本、劳动力、土地、技术等生产要素，在投入要素的价值总量与通过企业这一组织生产出来的产品和服务的总价值之间进行核算。如果产出价值总量大于投入价值总量，一般认为会获利。企业作为营利性组织，不同于非营利性组织。非营利性组织追求的并不是利润最大化，而是把社会效益最大化作为基本目标。虽然企业和非营利性组织都从事产品的生产经营或提供服务，但是作为企业，其追求的就是企业本身的利润最大化这一目标。

最后，企业是自主决策的组织。企业对生产什么、生产多少、如何生产以及为谁生产等问题，根据市场和其他影响因素的情况做出自主决策。具体来说，企业在到底生产什么样的产品、以多大规模生产或提供商品、采取什么样的组织形式和方式、以什么样的组织手段来生产和提供产品、对产品和服务如何定位、如何进入市场、如何组织销售活动、是否采取竞争行为，以及是否采取合作等问题上必须拥有基本的自主权和自主决策能力。

（四）企业的分类

企业根据不同的角度可以分为很多类型。根据企业的财产组织形式可分为个体企业、合伙企业、合作制企业和公司制企业。根据企业组合方式可分为单一企业、多元企业、经济联合体、企业集团、连锁企业等。根据所有制形式可分为国有企业、集体企业、民营企业、股份制企业、外商投资企业等。根据企业的行业性质可分为工业企业、商贸企业、服务企业等。根据企业生产经营领域可分为工业企业、商业企业、生产型企业、流通型企业、服务型企业和金融型企业等。根据企业规模可分为大型企业、中型企业、小型企业、微型企业等。根据企业组织形式可分为公司企业和非公司企业。公司企业又分为有限责任公司、股份有限公司、无限责任公司以及两合公司等。① 有限责任公司也包括独资公司，股份有限公司又分为上市公司和非上市公司。

二、新古典厂商理论

（一）新古典厂商理论的产生

新古典厂商理论虽然在阿尔弗雷德·马歇尔的《经济学原理》中以价格理论的方式得到一定的体现，但是真正研究厂商理论、对厂商理论做出杰出贡献的经济学家包括意大利经济学家皮埃罗·斯拉法（Piero Sraffa，1898—1983 年）、英国经济学家琼·罗宾逊和美国经济学家张伯伦。② 自那以后，西方经济学中出现了当代主流意义上的企业（厂商）理论。

新古典厂商理论是研究企业行为的经典理论，经过一百多年的精炼，形成了十分完美的研究体系。新古典厂商理论基于以下两个假设：其一是厂商具有经济理性。理性的厂商具备有用的信息，将追求利润最大化作为其终极追求目标。其二是厂商在市场经济中已经存在并有效运转。其以利润最大化作为目标，组织生产要素从事生产销售活动或提供服务，是一个十分完整的经济活动组织。厂商既可以是个体企业，也可以是巨大的财团。

从这个假设出发，新古典厂商理论重点研究厂商生产行为、内部组织行为、外部市场环境的反应行为、收益变化规律以及利润最大化实现的均衡条件等。研究厂商生产行为基于生产函数，研究内部组织行为基于成本函数，分析外部市场环境基于市场结构理论，分析收益变化规律基于厂商在不同生产环境下的收益分析，分析厂商规模调整基于厂商短期和长期行为分析。最终均衡条件根据成本-收益分析法则，从利润最大化的角度进行分析。

厂商的生产函数被看作生产要素投入和产出之间的一一对应关系，表示投入要素与产出的函数关系。

厂商的收益可以描述为销售量与市场价格的乘积。暂时不考虑价格是怎么决定的，在既定的市场价格上，产出量决定了销售收益。厂商的收益可以用总收益（TR）、平均收益（AR）和边际收益（MR）来刻画。其中，平均收益是指单位产品的销售所带来的收益，等于总收益除以销售产品数量。平均收益曲线在刻画厂商市场需求曲线和定价问题中具有很大的研究价值。边际收益是指销售量的单位增加所带来的总收益的增加量，等于总收益增量除以销售量的增量。当销售量的变化十分平滑并连续变化时，边际收益可以通过对总收益函数求解产量的导数获得。边际收益在刻画厂商利润最大化条件时具有决定性意义。

---

① 两合公司是指由一人以上的无限责任股东与一人以上的有限责任股东组成的公司。两合公司又分为一般两合公司和股份两合公司。

② 斯拉法于 1926 年出版了《竞争条件下的收益规律》，对厂商理论的建立有着重要的作用，是该理论产生的标志。罗宾逊于 1933 年出版的《不完全竞争经济学》、张伯伦于 1933 年出版的《垄断竞争理论》是厂商理论的经典著作。

厂商的最终目标是利润最大化。利润被描述为总销售收益减去总成本。成本是产量的函数，产量是投入要素的函数，因此成本实际上表现为投入要素的复合函数。这样一来，利润函数全部表现为投入要素的复合函数。新古典厂商理论认为，随着时间的推移，厂商根据利润状况可以调整生产规模，以便获得更大的利润。一般认为，至少有一种要素的投入量保持不变的时间叫作短期，所有要素的投入量均发生变化的时间叫作长期。为了简单起见，假设只有两种投入要素——资本和劳动，其中，资本投入量不变，劳动投入量可变。由于要素投入之间存在特定的技术比例，随着可变要素投入量的变化，不同要素之间的技术替代率（$MRTS_{KL}$）改变，甚至出现负数，因此边际产量的正负确定了短期内的投入规模。同时，每一种要素投入量的变化都会导致成本函数的变化。因此，新古典厂商的成本行为表现为短期成本和长期成本函数。

短期内，成本被划分为总成本（TC）、可变成本（VC）、不变成本（FC）、平均成本（AV）、平均可变成本（AVC）、平均固定成本（AFC）和边际成本（MC）七种。其中，最为重要的成本概念是边际成本、平均可变成本和平均成本。平均可变成本在确定企业是否继续生产或经营问题上具有决定性意义。平均成本是判断企业是否获得正常利润、是否亏损或是否存在超额利润的重要指标。平均可变成本通过可变成本除以产量来计算获得。边际成本是决定企业利润最大化条件的核心概念，企业的供给曲线实际上就是该企业的边际成本曲线。边际成本通过总成本增量除以产量增量来计算获得。如果产量的变动足够光滑并满足连续性，边际成本通过对总成本函数求产量的导数获得。

长期内，成本划分为总成本、平均成本和边际成本三类。长期总成本曲线作为短期总成本曲线的包络线计算获得。长期平均成本曲线作为短期平均成本曲线的包络线计算获得。唯独长期边际成本曲线无法通过包络线法则得到。

假设利润函数只有一个拐点，满足负定性，则可通过简单的微积分知识算出厂商利润最大化条件以及利润最大化条件下的产量水平和要素投入规模。

由于已假定利润函数只有一个拐点，是一个凹函数，因此一阶导数等于 0 的时候所求解的要素投入规模就是使利润最大化的要素规模。这一要素投入组合下的产量也是利润最大化的产量水平。这样一来，令利润的导函数等于 0 就可以获得利润最大化的条件，即 $MR=MC$。

刻画完厂商的生产函数、收益函数、成本函数和利润函数后，新古典经济学转而讨论厂商的外部市场环境。外部市场环境其实是围绕着厂商能否影响产品价格而展开的。假设厂商生产出来的产品必须按照市场价格销售。市场价格在市场需求和供给两种力量的作用下达到均衡水平。因此，一家厂商生产产品后，产品价格的高低取决于其所处的市场的竞争结构。这种竞争结构由产品市场和要素市场的竞争状况同时决定。一般而言，产品市场中面对的竞争结构是厂商理论重点探讨的内容。根据厂商所面对市场的竞争性质、厂商数量、信息完整性和完美性以及所提供产品或服务的差异性，新古典市场理论把市场划分为两大类型、四个具体的市场结构。两大类型就是完全竞争市场和不完全竞争市场。具体的市场结构包括完全竞争市场、完全垄断市场、垄断竞争市场、寡头垄断市场。其中，完全竞争市场和完全垄断市场作为参照物具有研究意义，垄断竞争市场和寡头垄断市场作为现实市场结构被重点分析。

新古典经济学认为，在完全竞争条件下，厂商是价格接受者而不是价格制定者。因此，面对完全竞争市场结构，厂商的利润最大化决策就是成本既定条件下的产量最大化或产量既定条件下的成本最小化问题。只要刻画了厂商的上述几个函数，构造拉格朗日条件函数，通过简单的微积分就可计算出利润最大化的条件。

无论是完全竞争还是完全垄断，厂商利润最大化的条件都是唯一的。也就是说，无论厂商面对什么样的市场结构，其利润最大化的条件即边际收益等于边际成本这一决定性条件都不变。唯独有变化的是，在不同的市场结构中，由于厂商对价格的影响程度不同，边际收益曲线和平均收益曲线可能出现重合或分离。因而，单个厂商面临的需求曲线和整个市场的需求曲线有所不同，进而导致市场价格的制定问题。

在完全竞争市场结构中，由于单个厂商没有定价权，厂商的边际收益曲线和平均收益曲线相互重合，单个厂商面临的需求曲线完全富有弹性，市场需求曲线和单个厂商的需求曲线严格分离。厂商的边际收益、平均收益全部等于市场价格，即 $AR=MR=P$。结果厂商实现利润最大化的条件满足时确定的产量就是能够获得正常利润并使厂商利润最大化的产量。

在不完全竞争市场类型中，在完全垄断条件下，一个厂商垄断整个市场，单个厂商面对的需求曲线表现为整个市场的需求曲线。由于垄断厂商具有定价权，按照需求定理，多销售产品意味着降低价格，因而垄断厂商的边际收益曲线和平均收益曲线相互分离，在边际收益曲线与边际成本曲线相交的点上决定了厂商的产量，但是在平均收益曲线上决定了销售价格，因而垄断厂商在长期内会获得超额利润。然而，这种做法造成了大量的资源浪费，降低了资源配置效率。一般情况下，产品或服务的需求价格弹性将对厂商的总收益产生较大影响，尤其在垄断竞争条件下，产品之间的替代性使这一影响显得更为突出，也表现为平均收益曲线和边际收益曲线的分离。

在垄断竞争条件下，厂商生产的产品具有差异性。从差异性角度，厂商的产品在主观上具有垄断特征；从产品的替代性角度，厂商的产品具有可替代性。因此，厂商的行为特征既有竞争性行为特征，也有垄断性行为特征。垄断竞争市场上的厂商由于主观上的垄断特点，其边际收益曲线和平均收益曲线相互分离，造成厂商的均衡产量在满足利润最大化的条件点（边际收益和边际成本相交的点）确定。而此时的产品价格要分两步确定：首先通过与均衡产量点所对应的平均收益曲线来确定实际需求点，然后在与此点相对应的价格坐标轴上寻找对应点来确定价格。因此，实际产量可能小于潜在产量水平，也会造成资源浪费、资源配置效率的下滑。

在寡头市场中，厂商决策的重点不在于价格的确定，而在于市场的瓜分。因此，寡头市场中厂商之间的博弈结果决定产量和市场价格。具体定价方法一般采用成本加成法、价格领导制、市场跟随法等。

新古典厂商理论认为，在完全竞争市场上，厂商在短期内可能会因亏损而退出该行业，也可能会获得短暂的超额利润，长期内只能获得正常利润。在完全垄断市场上，厂商在短期内也可能获得超额利润、正常利润或处于亏损状态，但长期内肯定会获得超额利润。在垄断竞争市场上，厂商在短期内可能会获得超额利润、正常利润或处于亏损状态，但在长期内只能获得正常利润。对于寡头市场的利润状况无法确定，长期内既可能获得超额利润，也可能获得正常利润。

新古典厂商理论建立在十分严密的逻辑体系上，按照这一逻辑体系，该理论几乎回答了厂商或企业关注的所有问题。一方面解决了利润最大化的条件、厂商的均衡问题，另一方面解决了厂商的要素投入规模的问题。通过分析要素技术替代率解决了各种投入要素的技术比例问题，因而这一理论在企业理论中占据了主导地位。

（二）新古典厂商理论的发展

新古典厂商理论自始至终贯穿一个核心假设，即厂商永无止境地追求利润最大化。但是这一假设条件遇到了来自其他学派的批评。至少在短期内，厂商不一定只追求利润最大化，追求的可能是利润最大化以外的其他目标，从而出现了非利润最大化的厂商理论。非利润最大化的厂商理论就是在新古典厂商理论框架的基础上，适当地改变原有的利润最大化假设条件，研究厂商不以利润最大化为目标时的厂商行为和决策的理论。其代表人物之一就是赫伯特·亚历山大·西蒙（Herbert Alexander Simon，1916—2001年）。

西蒙首先就新古典厂商理论中对厂商提出的第一个假设提出质疑，认为厂商不可能满足完全理性，只能满足有限理性。有限理性就是厂商在做出决策时会犯错，可能出现非理性决策，但厂商不可能做出系统性的错误决策。因此，西蒙以有限理性原理为基本假设条件，讨论厂商的决策过程，批评新古典厂商理论提出的厂商趋于最优策略的观点。西蒙通过分析厂商认知的有限性、面对环境的复杂性、所获取信息的不完全性并由此导致的预测的困难性，以及穷尽可行性的困难性等问题，最终得出厂商在有限理性的条件下，依靠不太充分的认知能力不可能做出最优的决策，有限理性导致厂商寻求符合要求的或令人满意的措施，所以，西蒙用“令人满意”来代替“最优化”。①

令人满意原则认为，在厂商最初的目标不确定，或者处在不完全竞争的市场结构条件下时，厂商追求的就是达到令厂商满意的利润水平，而不是传统意义上的最大化利润。

在考虑到厂商规模十分庞大，厂商实现了所有权和经营权分离的状态下，股东利益和实际经营者利益之间出现不一致是不可避免的。这时企业经营者所追求的不一定是利润最大化，既可能是经营业绩最大化或销售量最大化，也可能是市场占有率最大化等。市场占有率最大化与厂商规模、竞争能力和经营者能力有关。② 在所有权和经营权分离的条件下，一方面，经营者为了实现既定的业绩，从而实现自己的利益最大化，可能过分追求销售总量或市场占有份额，反而不追求单位利润最大化这一核心目标。另一方面，厂商在不断变化的市场环境中，可能会采取不同的成长战略。如果战略要求提高市场占有率，或实现厂商生产规模的快速扩张，则可能采取销售量最大化、市场占有率最大化或厂商成长目标最大化的行为方式。当市场出现景气和不景气的周期性变化，或者企业之间的竞争加剧，潜在进入者之间的竞争预期提高时，厂商可能会采取相机抉择的利润最大化目标等。

---

① Herbert Alexander Simon. *Models of Bounded Rationality and Other Topics in Economic Theory*. vol. 3. Cambridge: MIT Press，1997.

② 胡建绩，陆雄文．企业经营战略管理．3 版［M］．上海：复旦大学出版社，2004：214－215.

虽然新古典厂商理论的上述发展对传统厂商理论无法解释现实问题的这一缺点进行了有效的弥补，也确实解释了现实企业运行中出现的许多新问题，但是新古典厂商理论固有的缺点逐步暴露出来。20 世纪初期，对新古典厂商理论的批判声音逐渐成为主流，到 20 世纪中期，以新古典厂商理论为核心体系的企业理论直接受到来自新制度学派的挑战，企业理论逐步进入现代企业理论阶段。

三、现代企业理论

（一）科斯对新古典厂商理论的批判

新古典厂商理论有一个基本问题并没有得到明确的答案或几乎没有涉及。换句话说，新古典厂商理论直接假设厂商是已经有效存在的。但在市场中可以获得一切商品和服务的情况下，为什么还存在厂商？换句话说，厂商内部的生产组织活动为什么不能由市场来协调？按照新古典经济学理论，在市场机制资源配置完全有效的情况下，在内部以计划机制为基本运作模式进行资源配置并组织生产的企业没有存在的意义。

现代企业理论的奠基人科斯认为，厂商是一个经济活动空间中的微观子区域，其中的资源配置是通过计划或指令，而不是通过市场进行。而且这种根据指令而不是通过价格协调方式组织生产的企业能以更低的成本完成生产，实现资源更为有效的配置。①

科斯指出，新古典厂商理论在刻画企业行为时存在严重缺陷。这些缺陷可以归结为：第一，关注价格体系而忽略了制约交换过程的各种制度因素；第二，过分强调厂商功能而忽略了厂商内部组织生产经营的不同制度结构；第三，仅界定了企业最佳要素投入规模，而没有明确界定企业自身规模的大小。

科斯认为，新古典厂商理论忽略的上述缺陷使得该理论不能够令人信服地解释现代企业所面临的众多决策问题。忽略交易成本意味着企业所获得的利润并不是最大化了的利润。交易成本无处不在，交换过程中的不同制度安排将会产生不同的交易费用，信息的获取、实际交易过程中的讨价还价以及搜寻最佳进入时间和市场空间都需要花费很大的交易费用。上述交易费用与企业所处的制度环境相关。在不同的制度安排下，企业的交易费用不同，因而实际绩效也不同。科斯强调，企业内部制度结构不同，生产活动的组织过程和生产本身的安排过程有所不同，结果企业内部依靠指令性计划来完成的资源配置效率有所不同。他认为在市场机制能够实现资源最优配置的情况下，社会经济资源集中在某一企业内部，依靠行政命令体系来得到配置是不合乎逻辑的。科斯还认为，新古典厂商理论把关注点放在使利润最大化的要素投入规模上，而并没有界定企业实际规模。他设想，假定存在两家企业，这两家企业具有相同的生产函数和成本函数，在完全竞争市场结构中两家企业所接受的价格水平都一样。如果是这样，根据新古典厂商理论，当该行业和两家厂商各自实现均衡状态时，行业总产量正好是每家厂商生产出来的产量的总和。这说明，全世界可以一直只存在一家厂商，通过内部指令性计划来组织生产，

---

① 科斯于 1937 年发表的《企业的性质》一文提出了上述问题，并系统阐述了企业的产生及其在资源配置中的作用，正是在这篇文章中科斯提出了交易成本的概念。

企业内部计划机制同样也会实现资源的最优配置。但是每家企业都有一定的规模，达到这一规模以后持续膨胀将会降低效率，导致资源配置效率的下滑。这是由厂商内部指令性制度安排的交易成本无限膨胀造成的。因此，忽略交易费用的新古典厂商理论同样忽略了企业边界的界定。

（二）交易成本理论

一般意义上，交易成本就是在一定的制度安排下，相互交往或交易，彼此合作达成某项交易行为所付出的代价。科斯提出交易成本理论后，其追随者认为交易成本是与一般意义上的生产成本相对应的成本，是一种人与人之间或企业生产经营过程因社会制度的存在而产生的一种社会性成本。奥利弗·伊顿·威廉姆森（Oliver Eaton Williamson）指出，当一项物品或劳务越过技术上可分的结合部而转移时，交易就发生了。[①] 他认为在人性因素和实际交易过程中的制度环境因素的影响下，市场出现失灵造成实际交易过程更加复杂化是交易成本产生的根本原因。根据这一观点，威廉姆森把交易成本区分为商品和交易对象的信息搜集过程中产生的搜寻成本、获得交易对象信息以及与交易对象进行信息交换所需要的信息成本、对价格和品质讨价还价过程中发生的议价成本、做出决策和签订合同过程中所需要的决策成本、为维护契约如实履行而产生的监督成本和违约时所产生的违约成本六种成本。达尔曼把交易活动内容类别化处理，认为科斯提出的交易成本应该包含搜寻信息、协商与决策、订立契约、监督、执行以及转换等成本，进一步说明了交易成本的形态及基本内涵。[②] 1985 年，当威廉姆森再论交易成本时，他把上述成本重新汇总并区分为事前的交易成本和事后的交易成本两种类型。[③]

威廉姆森认为，交易成本产生的主要原因可以归结为有限理性、投机主义、不确定性或复杂性、专用性投资、信息不对称和社会氛围六个方面。有限理性说明，交易的参与者因为智力、素质、整体能力等限制，在追求效益最大化时总是受到制约，因而导致交易成本的产生。交易过程中的投机主义或机会主义行为使得参与交易的各方为寻求自我利益而采取欺诈手法，同时增加彼此的不信任与怀疑，因而导致交易过程监督成本的增加，降低经济效率。不确定性或复杂性说明实际交易过程中无法预见或不可抗力的因素较多，不可能把所有可能的因素考虑到位，合同或合约无法做到完全、完美和完备，总是面临违约的风险，导致实际交易的成本比预算或预期的成本多，也会使交易无法按照预期进行。专用性投资说明许多投资品具有一定的专用用途，其专属性或交易双方对投资品需求的异质性导致资源无法在市场上顺利流通，使得市场中的交易对象减少，造成市场被少数人把持，进而导致市场运作失灵。信息不对称说明交易双方对交易客体、交易规则和交易安排等方面信息的掌握有差异。在这种状态下，一方面，信息不能够完全表达导致交

知识讲解

以下视频节选自新疆财经大学“产业经济学”慕课，可登录中国大学慕课网站搜索查看完整视频。

视频 2-1：交易成本产生的原因

---

①③ Williamson, E. *The Economic Institutions of Capitalism*. New York: Free Press, 1985.

② Carl J. Dahlman. The Problem of Externality. *Journal of Law and Economics*, 1979 (1): 141-162.

易混乱或交易秩序受干扰；另一方面，信息表达准确但理解出现偏差也会导致善意或恶意违约或增加交易诉讼等，从而增加交易成本。社会氛围说明社会整体信任等级下滑时，交易频率迅速降低，彼此之间的不信任感最终可能导致监督成本的无限膨胀，甚至交易无法进行。

（三）现代企业理论的基本观点

科斯把交易成本理论纳入经济分析之后，着重讨论企业的性质和起源问题。他将重点放在生产的制度结构分析上，提出并回答了企业的基本特征，讨论了市场经济中企业继续存在的原因，阐明了企业边界为什么不能够扩大到整个经济等核心问题。科斯对企业的基本观点如下。

第一，科斯认为市场和企业执行相同的职能，即执行着合理配置要素资源来提供产品或服务的职能，因而是可以相互替代的配置资源的两种机制。换句话说，企业最显著的特征就是对价格机制的替代。他说："在企业之外，价格变动指挥生产，对生产的协调是通过一系列市场交易来实现的。而在企业内部，这些市场交易不存在了，与这些交易相联系的复杂的市场结构被企业家这种协调者所取代，企业家指挥生产。显然，十分清楚的是，以上二者是可以相互替代的协调生产的方式。"[①] 科斯的这一句话可以这样理解：在市场体系中，在专业化分工基础上组织起来的经济活动由"看不见的手"组织和协调，分散的资源由价格的信号作用来实现配置。而在企业内部，专业化的经济活动由"看得见的手"组织和协调，分散的资源通过企业内部的行政指令配置。因此，企业的实质可以看作一个小的统制经济，市场体系不应该也不能够排除或消除诸如企业组织这样的统制经济。

第二，科斯认为任何一种形式的生产组织和协调过程都会有成本。无论运用市场机制还是运用企业组织来协调生产，都会产生成本。科斯指出，企业这一组织形式之所以存在，是因为"利用价格机制是有成本的"[②]。新古典经济学假定了一个无摩擦的世界，认为在市场交换的过程中不存在交易摩擦，在这一假设条件下，想当然地认为不存在交易成本。而现实世界的交换过程并不满足上述假定。交换中存在摩擦，从而不断产生交易成本。这主要是因为在发现相关价格的过程中需要获取有关的市场信息，为此要支付一定费用。此外，交易双方进行交易谈判、签订交易契约也需要支付一定的费用。例如，厂家到市场采购原材料、招聘工人等都需要花费时间，搜集价格信息，以及进行讨价还价来确定价格，总是冒着购买不到想要的原材料或买到了也不能够有效使用的风险，还要对签订的交易合约执行进行监督等，这一切都构成了交易成本。

第三，交易的企业内部化产生的交易成本低于市场中的交易成本是市场经济体系不能够消除或排除企业这一组织，或企业继续存在于市场经济环境的根本原因。交易内部化后降低交易成本的理由如下：一是假定市场中不存在企业这一组织，各生产要素的所有者通过市场机制进行合作生产，必须签订一系列相互交易的契约。而当由企业来组织合作生产时，这一系列契约就被一个契约所替代。这无疑可大大降低交易成本。二是企

①② Coase，R. H. The Nature of the Firm. *Economics*，1937（11）.

业比较稳定的长期契约可以降低重复交易的发生频率，也可以减少不确定性带来的风险，从而节省一部分交易成本。三是企业内部契约具有强有力的指挥和协调约束力。企业组织的生产要素尤其是劳动力的所有者为获得报酬而同意在一定限度内服从或接受企业家的指挥。这就使企业家能够将雇用到的生产要素配置在最有价值的用途上，从而提高生产效率，减少生产费用。由此可见，企业产生的原因在于市场交易成本大于企业组织成本，企业的产生取代了市场上价格机制对生产要素的调节，而代之以企业内部的组织协调。也就是说，“企业是价格机制的替代物。”①

第四，科斯认为企业没有无限扩张成世界上只有一家巨大企业的原因是企业的组织协调也有成本。市场与企业的界限是由以下原则决定的：当一个企业扩张到如此规模，以至于再多组织一项交易所引起的成本既等于别的企业组织这项交易的成本，也等于市场机制组织这项交易的成本时，静态均衡就实现了，企业与市场的界限也就划定了。据此，也就可以说明动态因素的效应和动态均衡的实现，从而说明企业边界的扩张与收缩。

张五常在科斯对企业性质所做探讨的基础上对企业性质进行了更透彻的解释，进一步发展了科斯的企业理论。张五常认为，企业与市场是契约安排的两种不同形式。私有要素的所有者以一定的合约方式将要素使用权转让给代理者以便获取收入，这一动机产生了企业这一组织形式。在企业这一契约安排中，要素所有者必须遵守企业的指挥，不再靠频频计较地参与多种活动的市场价格来决定自己的行为。企业设立的目的不在于取代市场，而在于用要素市场取代产品市场，换句话说，一种合约取代另一种合约。② 市场的交易对象是产品或商品，而企业交易的对象则是生产要素。由于估价某产品的有关信息通常需要支付成本，通过对某些投入品代替物进行估价的定价方式，其成本通常小于对产出物直接定价。然而对代替物的定价并不能获得像直接对产品定价那样充分的信息。因此，对这两种合约安排的选择取决于由对代替物定价所节约的交易成本能否弥补由相应的信息不足而造成的损失。

从 20 世纪 70 年代开始，在以科斯的交易成本理论为核心概念基础上发展起来的现代企业理论沿着两个分支发展。一是交易成本理论，着眼点在于企业与市场的关系。二是代理理论，侧重于分析企业内部组织结构及企业成员之间的委托-代理关系。这两种理论的共同点是都强调企业的契约性，故一般将现代企业理论又称为企业的契约理论。③

（四）交易成本和企业纵向一体化

1. 交易成本的进一步界定

正如前面所分析的一样，科斯仅仅提出交易成本或交易费用这一概念，但是并没有对交易成本的产生原因进行深入的研究。对科斯交易成本理论全面的分析来自其追随者威廉姆森的相关论述。威廉姆森认为，交易通过某种明确或不明确的契约行为来进行，

---

① Coase，R. H. The Nature of the Firm. *Economics*，1937 (11).

② Steven N. S. Cheung. The Contractual Nature of the Firm. *Journal of Law and Economics*，1983 (1)：1-21.

③ 20 世纪 80 年代后期，出现了格罗斯曼（Grossman）、哈特（Hart）和穆尔（Moor）的不完全合同理论，由于强调所有权的重要性，因此又被称为现代产权理论。转引自张维迎．企业的企业家契约理论．上海：上海三联书店，上海人民出版社，1995.

所以，交易成本从契约的角度定义比较妥当，从而提出交易成本就是运用经济体制的成本的命题。[①] 具体来说，交易成本包含事前成本和事后成本两个部分。事前成本包括起草协议的成本、谈判的成本和保障协议被执行所需的成本。事后成本包括四种形式：一是实际交易行为偏离契约转换曲线相关联的序列引起的错误应变成本，二是校正事后的错误序列所引起的争议成本，三是建立和运转解决纠纷的治理结构的成本，四是完全兑现承诺而引起的制约成本。[②]

2. 契约人行为的基本假定

与新古典厂商理论的经济人行为假定相区别，威廉姆森提出了契约人的概念，将其作为研究和分析企业等经济组织的出发点。威廉姆森认为，契约人的行为特点不同于经济人的理性行为特点，主要体现在契约人的有限理性和机会主义两方面。有限理性是指“主观上追求理性，但客观上只能有限地做到这一点”[③] 的行为特征。契约人的有限理性行为表明人们对交易过程中出现的偶然事件进行考虑和订约是有代价的。首先，人们无法事前在契约中预定好所有可能出现的风险，或者说设计或制定合同的事前成本很高，无法预测各种偶然事件或无法在合同中一一列出各种偶然事件。其次，合约中事先无法考虑到的偶然事件会增加事后成本。当偶然事件发生时就需要重新进行谈判和缔约。最后，偶然事件的无法预料性迫使契约人在订立合约时事先做出“善后”的安排条款，这就进一步增加了交易成本。这充分说明，现实生活中的合同都是不完全或不完整的。[④]

机会主义行为指人们以欺诈手段追求自身利益的行为倾向。它可分为事前和事后两种。事前机会主义行为指的是逆向选择行为。逆向选择是指契约签订过程中风险较大的一方不愿意坦率地披露与自己的真实风险条件有关的信息，甚至制造扭曲虚假或模糊的信息，使得合约另一方履行契约时蒙受损失。事后机会主义行为指的是道德风险行为。道德风险行为是指契约人一方一旦订立契约行为，就不再按照原有的行为模式行事，甚至以完全不负责的态度行事，不采取应当采取的降低风险的行为，使得契约另一方履行契约责任时蒙受损失。无论是事前机会主义行为还是事后机会主义行为，都会导致交易成本的进一步增加。

3. 刻画了交易的三个维度

威廉姆森认为，上述两个行为假定要求契约人必须在不同的经济组织（主要指企业与市场）之间进行选择。实际上，契约人的关注点放在了不同经济组织的内部治理结构上。不同的治理结构意味着不同的交易方式和交易模式，影响着交易成本和效率。因此，威廉姆森进一步提出了描述交易性质的三个维度。第一个维度即最为核心的维度就是交易所涉及的资产专用性或专属性。资产专用性是指当一项耐久性投资被用于支持某些特定的交易时，所投入的资产就具有专用性。资产专用性预示着契约一旦订立，就会面临因资产专属性导致的沉没成本风险。契约双方中有一方投入专用性资产时，一旦另一方采取机会主义行为而提前终止交易，投资方就可能蒙受损失。所以，契约或组织的保障

---

①② Williamson，E. *The Economic Institutions of Capitalism*. New York：Free Press，1985.

③ 赫伯特·西蒙. 管理行为：管理组织决策过程的研究［M］. 北京：北京经济学院出版社，1988：74－75.

④ 张维迎. 西方企业理论的演进与最新发展［J］. 经济研究，1994（11）：70－81.

可大大降低交易成本。非市场治理结构（主要指企业）替代市场治理结构的基本原因，就在于前者比后者能为这类交易提供更有效的保障。① 威廉姆森强调的第二个维度是交易所涉及的不确定性。不确定性导致契约人必须面对随机多变的、连续的决策问题。当交易受制于不同程度的不确定性时，对治理结构的选择就很重要。不同的治理结构要求不同的应变能力。第三个维度是交易发生的频率。一般情况下，确立和运转一种治理结构的成本在多大程度上被所带来的利益抵消取决于在这种治理结构中所发生的交易的频率。多次发生的交易与一次发生的交易相比，更容易抵消治理结构的成本。据此，威廉姆森根据两种交易频率类型和三种资产专用性程度，通过将具有不同性质的交易分派给不同的治理结构，提出了六种交易类型及必须与之相匹配的各种治理结构，以使交易成本达到最小化。据此，威廉姆森为不同的交易分别找到了与之最相适宜的、使交易成本最小化的组织形式，即从节约交易成本的角度，解释并确定了各种经济组织（主要指企业和市场）的性质和存在的理由及其边界或作用的范围。②

4. 企业纵向一体化

威廉姆森用资产的专用性解释了企业纵向一体化现象。经济学上，沿产业链占据若干环节的业务布局叫纵向一体化，是企业在两个可能的方向上扩展现有经营业务的一种发展战略，它包括前向一体化和后向一体化。纵向一体化是用企业组织的内部协调代替市场交易协调的典型方式。在纵向一体化的企业内部，由企业家运用管理机制协调，而在其外部，则由市场交易协调。纵向一体化是否发生，发生到什么程度，取决于纵向一体化前后的成本-收益比较。节约交易费用的动机是促进纵向一体化的因素，管理费用的增加则是限制纵向一体化的因素。当两者之间达到均衡时，就会产生最优的纵向一体化企业组织。在威廉姆森看来，资产专用性对认识企业纵向一体化有十分重要的意义，只有懂得了资产专用性对交易成本的影响，才能理解为什么有些市场采购会让位给企业自己生产。威廉姆森把企业看成连续生产过程之间不完全合约所导致的纵向一体化实体，指出企业之所以会出现，是因为当合约不可能完全时，纵向一体化能够消除或至少减少资产专用性所产生的机会主义问题。威廉姆森认为，如果交易中包含一种关系的专用性投资，则事先的竞争将被事后的垄断或买方独家垄断所取代，从而导致将专用性资产的准租金据为己有的机会主义行为。这种机会主义行为在一定意义上使合约双方相关的专用性投资不能达到最优，并且使合约的谈判和执行变得更加困难，因而造成市场交易的高成本。当专用性投资变得更为重要时，用传统市场去处理纵向关系的交易成本就会上升。因此，企业的纵向一体化就被用来替代市场。因为在纵向一体化的企业组织内，机会主义要受到权威（企业家）的督察，从而大大降低了相应的市场交易成本。③

（五）横向一体化与代理理论

1. 横向一体化的内涵

科斯和威廉姆森的交易成本理论的关注点在于市场和企业的选择问题。科斯强调为

①② Williamson, E. *The Economic Institutions of Capitalism*. New York: Free Press, 1985.
③ 苏东水．产业经济学［M］．2版．北京：高等教育出版社，2005：84-85.

什么企业组织在市场经济中继续存在，威廉姆森重点讨论企业这一纵向一体化组织的存在基础。但是企业组织形式的内在结构没有得到很好的阐释。以阿曼·阿尔钦（Armen Alchian，1914—2013 年）和德姆塞茨为先导的经济学家，通过代理理论把关注点放在了企业内部结构（横向一体化）上。①

实际上，当代社会企业的横向一体化格外引人注目。横向一体化是指为了扩大生产规模、降低成本、巩固企业的市场地位、提高企业竞争优势、增强企业实力而与同行业企业进行的联合。通过横向一体化，企业可以有效地实现规模经济，快速获得互补性的资源和能力。此外，通过收购或合作的方式，企业可以有效地建立与客户之间的固定关系，遏制竞争对手的扩张意图，维持自身的竞争地位和竞争优势。这不仅关系到企业边界的界定问题，还关系到企业内部管理组织结构的优化等问题。阿尔钦和德姆塞茨等认为，科斯有关市场交易的费用越高时企业内部组织资源的比较优势越明显的观点是无可非议的。但是，也可以从企业的管理费用角度来确立。也就是说，从管理费用角度来看，在其他条件不变的情况下，企业内部的管理费用越低，在企业内部组织资源的比较优势就越大。

2. 代理理论

代理理论主要涉及企业资源的提供者与使用者之间的契约关系。按照代理理论，经济资源的所有者是委托人，负责使用以及控制这些资源的经理人员是代理人。代理理论认为，当经理人员本身就是企业资源的所有者时，他们拥有企业全部的剩余索取权，经理人员会努力地为自己工作，在这种情况下就不存在代理问题。但是，当管理人员通过发行股票方式，从外部吸取新的经济资源，管理人员就有一种动机去提高在职消费，自我放松并降低工作强度。显然，如果企业的管理者是一个理性经济人，他的行为与原先自己拥有企业全部股权时将有显著的差别。如果企业不是通过发行股票而是通过举债方式取得资本，也同样存在代理问题，只不过表现形式略有不同。这就形成了詹森（Jensen）和迈克林（Meckling）所说的代理问题。詹森和迈克林将代理成本区分为监督成本、守约成本和剩余损失。其中，监督成本是指外部股东为了监督管理者的过度消费或自我放松（磨洋工）而耗费的支出；代理人为了取得外部股东信任而发生的自我约束支出（如定期向委托人报告经营情况、聘请外部独立审计等）称为守约成本；由于委托人和代理人的利益不一致导致的其他损失就是剩余损失。②

3. 现代企业理论的发展

阿尔钦和德姆塞茨的理论更多地关注对企业意义的阐释，尤其是古典企业的意义，在此基础上进一步阐明了影响资源管理成本的各种环境，讨论和比较企业内部管理资源的成本和市场交易配置资源的成本，从另一条路径将科斯的理论向前推进了一步，提出了团队生产、测度、监控、偷闲、剩余权利等一系列概念，进一步发展了现代企业理论。③

---

① 张维迎．企业理论与中国企业改革［M］．上海：上海人民出版社，2015：62－63.

② Michael C. Jensen，William H. Meckling. Theory of the Firm：Managerial Behavior，Agency Costs and Ownership Structure. *Journal of Financial Economics*，1976（4）：305－360.

③ 苏东水．产业经济学［M］．2 版．北京：高等教育出版社，2005：85－87.

第一，提出了计量问题。他们认为经济组织存在着两个至关重要的计量需求，一是对投入生产率的计量，另一个是对各种报酬的计量。如果计量正确，就能使报酬的支付与生产率相一致，所有生产要素的所有者之间的合作更加紧密，每个要素所有者在专业化分工与协作中发挥出各自的比较优势，提高整个企业组织的生产率。如果生产率和报酬的计量不准确或是随机的，那么所有者之间的矛盾不断，对组织而言是毁灭性的反作用。在很多情况下，市场机制很好地解决了计量问题，能够使生产率和报酬相一致，实现资源的最优配置。但是市场要做到这一点，必须做到产出准确和直接衡量。但现实世界里，有些产出无法被直接计量，尤其是团结协作条件下的产出水平无法直接计量出来，或准确计量的难度很大、成本很高，使得市场发挥不了有效配置资源的作用。这就导致了能够准确计量且节约计量费用的经济运行方式（企业）的出现。阿尔钦和德姆塞茨以计量问题作为切入点来解释企业的存在以及古典企业的结构等问题。

第二，提出了团队生产理论。阿尔钦和德姆塞茨给出的团队生产的定义如下：任何产出属于一个团队，而且这种产出绝对不是每个分成员的分产出的简单总和。团队生产的意义在于：多项投入在一起合作生产得出的产出要大于各项投入分别生产的产出之和，即实现 1＋1＞2 的功能。他们指出，如果通过团队生产所获得的产出大于各队员分别生产的产出加上组织和约束团队成员的成本，就会使用团队生产。也就是说，产品生产要素的投入不是简单的组合，产品也不是由各个生产要素简单地相加，生产要素归属于不同的成员而不是个别成员。由此可见，团队生产向市场提供的产品是联合产品，因此，对参与合作生产的成员的边际产品不可能直接地、分别地、无成本地观察和计量，从而导致“搭便车”问题。他们进一步分析了团队成员将偷闲的成本转嫁给别人获得偷闲的激励的问题，并提出正是这一“搭便车”行为使团队生产的效率受到损害。这就要求必须对此进行监督，监督意味着成本的提高，因此就有必要寻找监督成本尽可能低的组织方式来进行生产。我们可以证明，完全依靠市场不能解决有效监督的问题。① 团队生产之所以演变为企业，是因为团队生产带来的生产高效率产生了激励需求与产出难以计量这一对矛盾，企业的特征不是拥有优于市场的权威权力，而是企业对要素生产率和报酬的计量能力以及对内部机会主义的监督能力优于市场，能节约更多的交易成本。

第三，系统阐述了新古典企业应该解决的核心问题。生产过程既然是一个团队生产过程，那么团队生产过程中不可避免地会出现“搭便车”行为，要减少偷闲现象，必须由某人专门作为监督者来检查队员的投入绩效。问题是：由谁来监督监督者呢？如果监督者本身出现偷闲怎么办？谁能保证监督者没有偷闲行为？他们认为这不仅是一个激励机制的设计问题，而且对所有权和经营权分离的当代企业而言是一个产权制度的安排问题。由于所有权人关注的是剩余索取，经营权的实施者关注的是企业效益，因此有效的解决办法就是将剩余索取权赋予监督者。由此导致了由监督者充当中心代理人的合同安排形式的产生，而众所周知的古典资本主义企业就是一种有这样的合约安排的组织。

通过上述分析，他们认为古典企业的实质是一个合约结构，其形成必须具备以下两个前提条件：第一，通过团队生产可以提高生产效率。当合作性投入存在时，无法通过

① 科斯，阿尔钦，诺斯．财产权利与制度变迁［M］．上海：上海三联书店，上海人民出版社，1994：59－96.

简单的市场交换对偷闲行为加以限制，而且直接衡量合作性投入的边际产品很难，衡量也需要支付成本。第二，通过观察或确定投入的行为来估计边际生产率是经济的，这正是企业存在的原因。在企业中，雇主利用监督等诸多投入的机会，以比市场更为廉价的代价获得投入的生产技能等方面的信息。因此，企业可以更有效地发布指令，向团队成员提供比在企业外更加有利的机会，使投入资源得到更经济、更优良的组合。从这个意义上讲，又可以把企业看作一种专门收集、整理和出售信息的市场制度。① 此外，他们还阐明了以合作性生产为基础形成的"团队精神"与忠诚的重要性。这才是企业家实行团队生产，获得高于队员单独生产的产出优势的根本保证，从而在生产的制度结构层面科学地揭示出团队意识、团队文化以及企业共同价值赖以生成的内在机制。

四、委托-代理理论

委托-代理理论由威尔逊（Wilson，1969）、斯宾塞和泽克豪森（Spence and Zeckhauser，1971）、罗斯（Ross，1973）、米里斯（Mirrlees，1974，1976）、霍姆斯特姆（Holmstrom，1979）等经济学家提出。委托-代理理论虽然带有代理一词，但它是与前面介绍的代理理论完全不同的一种理论观点。张维迎认为，委托-代理理论与代理理论的区别是，"它（委托-代理理论）的所有结论都来源于正式的模型，同时，它的主要发展又受到理论预测合约和可观察到的合约之间差异的促进"②。从产生背景来看，委托-代理理论是 20 世纪 60 年代末 70 年代初一些经济学家深入研究企业内部信息不对称和激励问题而发展起来的。其中心任务是研究在利益相冲突和信息不对称的环境下，委托人如何设计最优契约激励代理人。主要研究的委托-代理关系是指一个或多个行为主体（委托人）根据一种明示或隐含的契约，指定、雇用另一些行为主体（代理人）为其服务，同时授予代理人一定的决策权，并根据代理人提供的服务数量和质量对代理人支付相应的报酬。

委托-代理理论是过去 30 多年里契约理论最重要的发展之一。该理论在现代企业理论中具有很高的地位，尤其是在所有权和经营权分离的当代企业运行过程中，出资人与实际运作人之间的关系可以用委托-代理理论来刻画并得到很好的解释。在国有企业实际运行过程中，委托-代理理论的很多观点具有很强的借鉴意义和实践价值。

早期委托-代理理论主要建立在两个基本假设之上。其一是委托人对随机的产出没有（至少没有直接的）贡献。其二是代理人的行为除非通过间接信号察觉，否则一般不易直接地被委托人观察到。在上述假设前提下，该理论得出如下两个命题：一是在任何满足代理人的参与约束和激励相容约束，从而使委托人预期效用最大化的激励性合约中，代理人都必须承受部分风险。换句话说，委托人设计的激励机制非常高明，对代理人提供再好的激励约束，代理人也会承担一些风险。二是如果代理人是一个风险中性者，则可以通过某种机制设计，使代理人承受完全风险的办法来实现最优结果。换句话说，委托

① 刘有贵，蒋年云．委托代理理论述评［J］．学术界（双月刊），2006（1）：69－78.

② 张维迎．西方企业理论的演进与最新发展［J］．经济研究，1994（11）：70－81.

人通过某种制度安排或机制设计，能够使风险中性的代理人情愿去接受这一风险并承担所有责任来实现委托人的最优期望值。①

委托-代理理论的核心研究领域是非对称信息条件下的委托人和代理人的行为方式以及由此产生的行为后果。非对称信息是指活动参与人之间拥有的信息不完全、不完美或信息掌握和处理中出现不对称的现象。这种非对称性可能发生在当事人签约之前，即出现逆向选择行为；也可能发生在签约之后，即出现道德风险行为。

在对称信息情况下，代理人的行为可以被观测到。委托人根据观测到的代理人行为对其实行奖惩。此时，帕累托最优风险分担和帕累托最优努力水平都可以达到。但是在非对称信息情况下，委托人不能观测到代理人的行为，只能观测到相关变量，这些变量由代理人的行为和其他外生的随机因素共同决定。因而，委托人不能使用"强制合同"来迫使代理人选择委托人希望的行动，激励兼容约束是起作用的。② 于是委托人的问题是选择满足代理人参与约束和激励兼容约束的激励合同，以最大化自己的期望效用。

当信息不对称时，最优分担原则应满足米里斯-霍姆斯特姆条件。该条件说明，代理人的收入随似然率的变化而变化，似然率度量了代理人选择偷懒时特定可观测变量发生的概率与给定代理人选择勤奋工作时此观测变量发生的概率的比率，也就是说，对于一个确定观测变量，它在多大程度上是由偷懒导致的问题。较高的似然率意味着产出有较大的可能性来自偷懒的行为。相反，较低的似然率说明产出更有可能来自努力的行动。③

委托-代理理论的研究主要靠一系列的模型来展开。拉德纳（Radner）④ 和鲁宾斯坦（Rubinstein）⑤ 通过重复博弈模型探讨动态的委托-代理问题。他们认为，如果委托人和代理人保持长期的关系，贴现因子足够大或双方对合作的信心十足，帕累托一阶最优风险分担和激励是可以实现的。换句话说，在长期的关系中，委托人从观测到的变量中推断出代理人的努力水平，代理人不可能用偷懒的办法提高自己的福利。长期合同等于向代理人提供了"个人保险"，从而使委托人可以免除代理人的风险。

法玛（Fama）认为，委托-代理理论不应该过度关注激励问题或不应该认为只有有效的激励机制才能解决委托-代理问题。他强调代理人市场对代理人的制约作用，指出委托-代理中的偷懒问题可以让"时间"去解决。在竞争的市场上，经理的市场价值取决于其过去的经营业绩，从长期来看，经理必须对自己的行为负责。因此，即使没有显性的激励合同，经理也会积极努力地工作。这就是委托-代理理论中的声誉模型回答的问题。该模型进一步提出了努力度和年龄之间的关系，解释了努力度随年龄的增长而递减的原因，进一步解释了为什么越年轻的经理越努力，说明隐性激励机制可以达到和显性激励机制同样的效果。⑥

---

① 我国学者张维迎对此持怀疑的态度。

② Bengt Holmstrom. Moral Hazard and Observability. *The Bell Journal of Economics*，1979（1）：74－91.

③ Ariel Rubinstein and Menaheme Yaari. Repeated Insurance Contracts and Moral Hazard. *Journal of Economic Theory*. 1983（30）：74－97.

④ Radner，Roy. Monitoring Cooperative Agreements in a Repeated Principal-Agent Relationship. *Econometrica*. 1981（5）：1127－1148.

⑤ Ariel Rubinstein. Perfect Equilibrium in a Bargaining Model. *Econometrica*，1982（1）：97－110.

⑥ Eugene F. Fama. Agency Problems and the Theory of the Firm. *The Journal of Political Economy*，1980（2）：288－307.

效应模型又叫棘轮效应，关注的是计划经济条件下的委托-代理问题。该理论认为，委托人将同一代理人过去的业绩作为标准，而过去的业绩与经理人的主观努力相关。代理人越努力，取得好业绩的可能性越大，自己给自己定的“标准”也越高。当代理人意识到努力带来的结果是进一步提高下一年度的“标准”时，努力的积极性就会降低。这种标准业绩上升的倾向被称为“棘轮效应”。[①] 在计划体制下，企业的年度生产指标根据上年的实际生产不断调整，好的表现反而会受到惩罚。于是“聪明”人用隐瞒生产能力来对付计划当局。

拉齐尔（Lazear，1979）通过研究强制退休的情况证明了长期的雇佣关系中通过“工龄工资”遏制偷懒行为的可能性，认为雇员在早期阶段的工资低于其边际生产率，二者的差距等于一种“保证金”。当偷懒被发现时，雇员被开除，损失了保证金。因此，偷懒的成本增加，努力的积极性提高。该模型认为到了一定的年龄，雇员的工资将大于其边际生产率，当然不会有人愿意退休，必须强制退休。[②]

霍姆斯特姆和米尔格罗姆研究的任务模型认为，当一个代理人从事多项工作时，对任何给定工作的激励都不仅取决于该工作本身的可观测性，而且取决于其他工作的可观测性。[③] 代理人被委托的工作不止一项，即使是一项，也有多个维度。因此，同一代理人在不同工作之间分配精力是有冲突的。委托人对不同工作的监督能力不同，有些工作不易被监督。生产线上工人的产品数量是容易监督的，而监督产品的质量有难度。当代理人从事多项工作时，从简单的委托-代理模型得出的结论不太适用。在有些情况下，固定工资合同可能优于根据可观测的变量奖惩代理人的激励合同。

委托-代理理论中的预算模型认为，委托人的作用并不是监督团队成员，而是打破预算平衡，使激励机制得以发挥作用。满足预算平衡约束时的努力水平严格小于帕累托最优的努力水平。就是说，只要坚持预算平衡约束，就不可能达到帕累托最优状态。[④] 其原因是“搭便车”问题。预算模型认为要引入索取剩余的委托人，目的是打破预算平衡。如果放弃预算平衡，帕累托最优则可以通过纳什均衡达到。打破预算平衡的目的是产生团体惩罚和团体激励，这足以消除代理人“搭便车”的行为。因为每个人都害怕受到惩罚且渴望得到奖金，每个人都不得不选择帕累托最优努力水平。

选择模型认为，不论委托人是观测团队产出，还是每个人的贡献，均衡结果都是一样的。个人贡献的不可观测性并不一定会带来“搭便车”的问题，监督并不是消除偷懒的必要手段。重要的是监督的作用应该是约束委托人自己，而不是代理人。解决委托人道德风险问题的办法是，让委托人监督代理人，因为在委托人监督的情况下，代理人本身的产出越高，委托人的剩余越多，委托人就越没有破坏生产的动机。[⑤]

---

① Weitzman，Martin L. The New Soviet Incentive Model. *Bell Journal of Economics*，Spring，1976：251－256.

② Edward P. Lazear. Why Is There Mandatary Retirement. *The Journal of Political Economy*，1979（6）：1261－1284.

③ Bengt Holmstrom and Paul Milgrom. Multitask Principal-Agent Analyses：Incentive Contracts，Asset Ownership，and Job Design. *Journal of Law*，*Economics & Organization*，Special Issue，1991：24－52.

④ Bengt Holmstrom. Moral Hazard in Teams. *Bell Journal of Economics*，1982，13：324－340.

⑤ McAfee，R. Preston and McMillan，John. Optimal Contracts for Teams. *International Economic Review*，1991（3）：561－577.

合作模型证明，如果代理人自己工作的努力和帮助同伴付出的努力在成本函数上是独立的，但在工作上是互补的，用激励机制诱使“团队工作”则是最优的。即使代理人对来自别人的帮助的最优反应是减少自己的努力，所导致的努力下降会大大地降低努力水平的效用成本，诱使“团队工作”仍然是最优的。委托人诱使专业化的激励机制是每个人的工资只依赖于自己的工作业绩，诱使团队工作的激励机制是每个人的工资主要依赖于团队产出。决定团队工作是否最优的两个主要因素是代理人之间战略的依存（互补还是替代）和他们对工作的态度。①

评估模型认为，如果几个代理人从事相关工作，即一个代理人的工作能够提供另一个代理人工作的信息，那么代理人的工资不仅要依赖自己的产出，而且要考虑其他代理人的产出。这就是“相对业绩评估”。相对业绩评估的一个很重要的方法是“锦标制度”。用锦标制度作为工资的基础在基本的委托-代理模型中不是最优的，但是锦标制度很容易操作，可以解决委托人的道德风险问题。

风险模型则认为委托人也同样存在道德风险。在许多委托-代理关系中，有关代理人业绩的信息是非对称的。其度量存在很大的主观随意性。代理人可能无法观测到委托人观测到的东西。在这种情况下，就存在委托人的道德风险问题。根据合同，当观测到的产出高时，委托人应该支付给代理人高的报酬，但委托人可以谎称产出不高，逃避责任，而把本应支付给代理人的收入占为己有。如果代理人预计委托人可能要赖，就不会积极努力工作。② 风险模型认为，类似于锦标制度的激励合同是解决委托人道德风险问题的一个有效的办法。如果一个企业雇用多个工人，合同规定一定的工人将被支付较高的工资，那么，委托人就必须对给定比例的工人支付较高的工资，他完全有积极性将较高的工资支付给努力的工人，因为这样可以在不增加成本的情况下激励工人努力工作。③

监督模型认为，只要存在委托-代理关系，就无法避免监督问题。事实上，在非对称信息的情况下，委托人对代理人信息的了解程度可以由委托人自己选择。但信息的获取又是有成本的，于是，委托人面临着选择最优监督力度的问题。该模型认为，代理人的边际生产率越高，监督带来的边际收益越高，委托人监督的积极性也越高；代理人努力的边际成本越高，任何给定激励下的努力供给越低，且给定代理人行为的观测信息的方差下最优的激励也越低，监督的边际收益也越低，委托人监督的积极性自然也越低。④

安排模型认为，在标准的委托-代理模型中，委托人、代理人都是给定的。但张维迎（1994）提出了委托-代理关系中更为基本的问题：在一个特定组织中，谁应是委托人，谁应是代理人？或者说，委托权应该如何在不同成员之间分配？在现实的组织中，信息

① Hideshi Itoh. Incentives to Help in Multi-agent Situations. *Econometrica*: *Journal of the Econometric Society*, 1991, 59: 611-636.

② Green, Jerry R. and Stokey, Nancy L. A Comparison of Tournaments and Contracts. *Journal of Political Economy*, 1983 (3): 349-364.

③ Malcomson, James M. Work Incentives, Hierarchy, and Internal Labor Markets. *Journal of Political Economy*, 1984 (3): 486-507.

④ Carl Shapiro, Joseph E. Stiglitz. Equilibrium Unemployment as a Worker Discipline Device. *The American Economic Review*, 1984 (3): 433-444.

不对称是相互的。以企业为例，企业中有直接的生产者，也有制定生产决策的经营者。经营者不易完全观测生产者的行为，工人更不易观测经营者的行为。张维迎证明，最优委托权安排的决定因素是企业成员在生产中的相对重要性和监督上的相对有效性。经营者在生产上更为重要，且经营者监督生产者比生产者监督经营者更容易，因此将委托权分配给经营者是最优的。这一模型对古典资本主义企业及合伙制企业的委托权安排都做出了合理的解释。在古典资本主义企业里，不确定的环境使经营者的决策相当重要，而且经营者的行为很难监督，于是经营者拥有委托权。在合伙企业当中，两个或更多成员同等重要，因此，采用合伙制是最优的。①

由于委托-代理关系在社会中普遍存在，因此委托-代理理论被用于解决各种问题。如国有企业中，国家与国企经理、国企经理与雇员、国企所有者与注册会计师、公司股东与经理、选民与官员、医生与病人，以及债权人与债务人都是委托-代理关系。

知识讲解

以下视频节选自新疆财经大学“产业经济学”慕课，可登录中国大学慕课网站搜索查看完整视频。

视频 2-2：委托-代理理论

第二节　企业在产业经济中的地位与作用

一、企业的地位

自产生以来，企业作为社会财富生产的主要组织形式在国民经济中的地位不断地巩固和提升，在财富的创造和积累中发挥着巨大的作用。虽然企业追求的是利润，但是这一追求使得企业的“目的和通常的结果是财富的积累”②。作为企业主要形式的公司在当代经济发展中显示出巨大的生命力，其正在塑造着崭新的世界。

企业作为社会生产力发展到一定程度时专业化分工的产物，属于历史范畴。随着生产力的不断提高及社会分工的不断深化，企业的内涵、组织形式、组织手段和内容不断发生变化，在社会经济中的地位不断得到提升，尤其是在产业经济中的地位不断巩固。正如现代企业理论所揭示的那样，企业通过降低交易费用，更为有效地配置生产要素资源，成为社会经济资源配置的主要方式。

企业在国民经济活动中的地位可以通过经济运行图（见图 2-1）来加以分析。企业在产品市场出售产品或提供服务，在要素市场上购进生产资料，组织生产并创造和积累财富。政府部门对产品市场或要素市场的任何一种干预都会给企业带来影响，同时产业作为生产同类产品或提供同类服务的企业集合体，政府对产业优化调整的政策实际上直接影响企业行为。所以政府对市场或国民经济活动的任何形式的干预或影响，实质上就是

① 张维迎．西方企业理论的演进与最新发展［J］．经济研究，1994（11）：70-80.

② 凡勃伦在其《企业论》一书中精辟地指出：“企业的动机就是金钱利益……它的目的和通常的结果是财富的积累。”转引自苏东水．产业经济学［M］．2 版．北京：高等教育出版社，2005：94.

对企业的干预和对企业行为的影响。因为要素市场的干预将会改变企业成本函数，产品市场的干预将会改变企业收入函数，对产业的影响将会改变企业的范围经济环境，对企业本身的影响将会改变企业的规模经济条件。企业规模影响着产业规模，又影响着产品市场和要素市场的市场结构。这一结构将对企业行为和由此引起的经济绩效产生深远的影响。

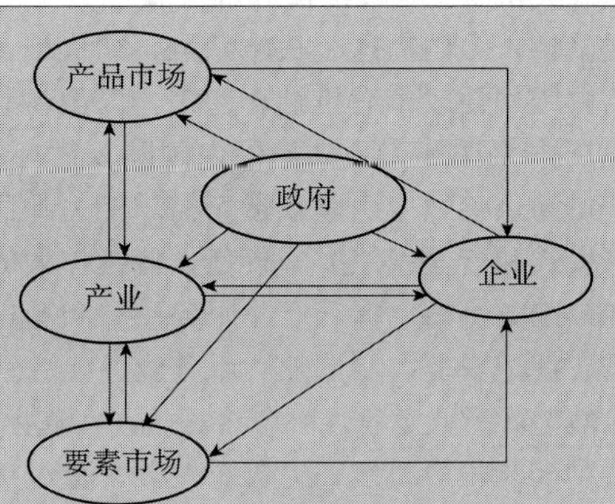

图 2-1　企业在国民经济中的地位

其实，我国在党的十八大以后提出的以供给侧结构性改革为主线推动的产业结构优化升级的最终落脚点在企业实体。党的十九大报告指出，“建设现代化经济体系，必须把发展经济的着力点放在实体经济上，把提高供给体系质量作为主攻方向，显著增强我国经济质量优势。加快建设制造强国，加快发展先进制造业，推动互联网、大数据、人工智能和实体经济深度融合，在中高端消费、创新引领、绿色低碳、共享经济、现代供应链、人力资本服务等领域培育新增长点、形成新动能。支持传统产业优化升级，加快发展现代服务业，瞄准国际标准提高水平。促进我国产业迈向全球价值链中高端，培育若干世界级先进制造业集群。”① 党的二十大报告指出，“建设现代化产业体系。坚持把发展经济的着力点放在实体经济上，推进新型工业化，加快建设制造强国、质量强国、航天强国、交通强国、网络强国、数字中国……推动战略性新兴产业融合集群发展，构建新一代信息技术、人工智能、生物技术、新能源、新材料、高端装备、绿色环保等一批新的增长引擎。”② 建设制造强国和培育增长引擎都要求企业这一微观经济组织发挥重要作用。产业优化升级的过程也是在企业这一经济组织的动态调整中实现的。因而，企业在产业经济学中的地位主要表现在以下几个方面。

第一，企业是分析和研究产业经济的出发点。从某种意义上，企业是产业经济学的微观基础。产业是具有某类共同特性的企业群或企业集合体，企业的类型和性质是产业分类的基础。企业与企业之间的关联方式是产业关联分析的核心。产业组织理论所讨论的实际上就是企业的组织问题。产业组织理论中讨论的市场结构实际上就是企业的形态所决定的市场结构

---

① 习近平．决胜全面建成小康社会 夺取新时代中国特色社会主义伟大胜利：在中国共产党第十九次全国代表大会上的报告［M］．北京：人民出版社，2017：30-31.

② 习近平．高举中国特色社会主义伟大旗帜 为全面建设社会主义现代化国家而团结奋斗：在中国共产党第二十次全国代表大会上的报告［M］．北京：人民出版社，2022：30.

及由此产生的企业决策行为问题，以及不同的决策行为带来的经济绩效的分析问题。

党的十九大报告强调供给侧结构性改革的重要性，具体措施包括“坚持去产能、去库存、去杠杆、降成本、补短板，优化存量资源配置，扩大优质增量供给，实现供需动态平衡。激发和保护企业家精神，鼓励更多社会主体投身创新创业。”① 党的十九届五中全会审议通过的《中共中央关于制定国民经济和社会发展第十四个五年规划和二〇三五年远景目标的建议》提出坚持扩大内需这个战略基点，加快培育完整内需体系，把实施扩大内需战略同深化供给侧结构性改革有机结合起来，以创新驱动、高质量供给引领和创造新需求，加快构建以国内大循环为主体、国内国际双循环相互促进的新发展格局。深化供给侧结构性改革，提高供给适应引领创造新需求能力。适应个性化、差异化、品质化消费需求，推动生产模式和产业组织方式创新，持续扩大优质消费品、中高端产品供给和教育、医疗、养老等服务供给，提升产品服务质量和客户满意度，推动供需协调匹配。优化提升供给结构，促进农业、制造业、服务业、能源资源等产业协调发展。完善产业配套体系，加快自然垄断行业竞争性环节市场化，实现上下游、产供销有效衔接。健全市场化法治化化解过剩产能长效机制，完善企业兼并重组法律法规和配套政策。建立健全质量分级制度，加快标准升级迭代和国际标准转化应用。开展中国品牌创建行动，保护发展中华老字号，提升自主品牌的影响力和竞争力，率先在化妆品、服装、家纺、电子产品等消费品领域培育一批高端品牌。上述每一个具体措施和具体要求都会影响企业的决策行为，进而改变企业绩效。因此，离开了企业和企业理论的产业经济发展理论实际上是空洞的理论。同时，不同类型的企业总体规模决定着产业结构的核心内容和发展方向，所以，企业是分析和研究产业经济的出发点。

第二，企业理论是产业组织理论的核心内容。以当代主流经济学为核心内容的产业组织理论建立在新古典经济学的厂商理论基础上。该理论强调企业所处的市场结构、企业根据市场环境所采取的市场行为以及不同的市场行为所带来的最终经济绩效之间的内在关系，即 SCP 分析框架。事实上，市场结构并不是独立于企业存在的。企业数量、企业产品的差异程度以及企业规模决定着市场结构。对于新进入企业而言，已经存在的企业特点所刻画的市场结构成为最大的环境，影响着在位企业和即将进入企业的行为模式。行为既可能采用竞争模式，也可能采用合作模式。竞争行为包括价格竞争行为和非价格竞争行为。其中，价格竞争主要以弹性理论为基础，非价格竞争主要以差异化理论为基础。这些都是厂商理论的核心研究内容。而企业之间的合作行为，包括兼并、收购或者合并都是以现代企业理论为基础的。因此，企业理论或企业在产业组织理论中占有很重要的地位。

第三，产业政策的最终落脚点还是企业。政府干预经济活动，尤其是干预经济结构、实现产业结构优化升级的一切政策措施最终落脚点还是企业。无论是支持类产业、限制类产业还是禁止类产业，一系列的措施旨在影响企业的进入和退出决策，改变企业规模和数量，改变企业的生产组织过程和劳动生产率。产业规制也是根据该产业现有企业的规模、行为方式等，通过改变市场结构，间接地或直接地影响企业行为，进而改变企业绩效。

党的十九大报告强调，要“加快完善社会主义市场经济体制。经济体制改革必须以

---

① 习近平．决胜全面建成小康社会 夺取新时代中国特色社会主义伟大胜利：在中国共产党第十九次全国代表大会上的报告［M］. 北京：人民出版社，2017：31.

完善产权制度和要素市场化配置为重点，实现产权有效激励、要素自由流动、价格反应灵活、竞争公平有序、企业优胜劣汰。要完善各类国有资产管理体制，改革国有资本授权经营体制，加快国有经济布局优化、结构调整、战略性重组，促进国有资产保值增值，推动国有资本做强做优做大，有效防止国有资产流失。深化国有企业改革，发展混合所有制经济，培育具有全球竞争力的世界一流企业。全面实施市场准入负面清单制度，清理废除妨碍统一市场和公平竞争的各种规定和做法，支持民营企业发展，激发各类市场主体活力。深化商事制度改革，打破行政性垄断，防止市场垄断，加快要素价格市场化改革，放宽服务业准入限制，完善市场监管体制。”① 党的十九届五中全会审议通过的《中共中央关于制定国民经济和社会发展第十四个五年规划和二〇三五年远景目标的建议》提出要毫不动摇巩固和发展公有制经济，毫不动摇鼓励、支持、引导非公有制经济发展，培育更有活力、创造力和竞争力的市场主体。围绕服务国家战略，坚持有进有退、有所为有所不为，加快国有经济布局优化、结构调整和战略性重组，增强国有经济竞争力、创新力、控制力、影响力、抗风险能力，做强做优做大国有资本和国有企业。健全支持民营企业发展的法治环境、政策环境和市场环境，依法平等保护民营企业产权和企业家权益。保障民营企业依法平等使用资源要素、公开公平公正参与竞争、同等受到法律保护。鼓励民营企业改革创新，提升经营能力和管理水平。引导有条件的民营企业建立现代企业制度。支持民营企业开展基础研究和科技创新、参与关键核心技术研发和国家重大科技项目攻关。完善民营企业参与国家重大战略实施机制。推动民营企业守法合规经营，鼓励民营企业积极履行社会责任、参与社会公益和慈善事业。弘扬企业家精神，实施年轻一代民营企业家健康成长促进计划。

可以看出，产业经济的微观主体即企业发挥作用的市场环境、政府调控以及企业组织形式等是产业经济政策制定考虑的主要因素。因此，从产业政策的作用对象、作用机制以及产业发展战略的具体载体来看，产业政策的最终落脚点还是组成这一产业的企业本身。

专栏 2-1

习近平在国有企业和民营企业工作会议上讲话

坚持党对国有企业的领导不动摇，开创国有企业党的建设新局面。要通过加强和完善党对国有企业的领导、加强和改进国有企业党的建设，使国有企业成为党和国家最可信赖的依靠力量，成为坚决贯彻执行党中央决策部署的重要力量，成为贯彻新发展理念、全面深化改革的重要力量，成为实施“走出去”战略、“一带一路”建设等重大战略的重要力量，成为壮大综合国力、促进经济社会发展、保障和改善民生的重要力量，成为我们党赢得具有许多新的历史特点的伟大斗争胜利的重要力量。要坚持有利于国有资产保值增值、有利于提高国有经济竞争力、有利于放大国有资本功能的方针，推动国有企业深化改革、提高经营管理水平，加强国有资产监管，坚定不移把国有企业做强做优做大。

——习近平在全国国有企业党的建设工作会议上的讲话（2016 年 10 月）

---

① 习近平．决胜全面建成小康社会 夺取新时代中国特色社会主义伟大胜利：在中国共产党第十九次全国代表大会上的报告［M］．北京：人民出版社，2017：33-34.

非公有制经济要健康发展，前提是非公有制经济人士要健康成长。希望广大民营经济人士加强自我学习、自我教育、自我提升。民营企业家要珍视自身的社会形象，热爱祖国、热爱人民、热爱中国共产党，践行社会主义核心价值观，弘扬企业家精神，做爱国敬业、守法经营、创业创新、回报社会的典范。民营企业家要讲正气、走正道，做到聚精会神办企业、遵纪守法搞经营，在合法合规中提高企业竞争能力。守法经营，这是任何企业都必须遵守的原则，也是长远发展之道。要练好企业内功，特别是要提高经营能力、管理水平，完善法人治理结构，鼓励有条件的民营企业建立现代企业制度。新一代民营企业家要继承和发扬老一辈人艰苦奋斗、敢闯敢干、聚焦实业、做精主业的精神，努力把企业做强做优。民营企业还要拓展国际视野，增强创新能力和核心竞争力，形成更多具有全球竞争力的世界一流企业。

——习近平在民营企业座谈会上的讲话（2018 年 11 月）

第四，国家产业竞争力实际上就是企业竞争力的综合体现。在国际分工环境下，国与国之间的贸易往来和竞争能力表现为产业竞争力，因此产业安全和产业竞争力成为产业经济学研究的重要内容。产业竞争力作为企业竞争力的合力，虽然整体效应大于部分效应之和，但是产业竞争力的根本立足点在于企业竞争力。

党的十九大报告指出，“我国经济已由高速增长阶段转向高质量发展阶段，正处在转变发展方式、优化经济结构、转换增长动力的攻关期，建设现代化经济体系是跨越关口的迫切要求和我国发展的战略目标。必须坚持质量第一、效益优先，以供给侧结构性改革为主线，推动经济发展质量变革、效率变革、动力变革，提高全要素生产率，着力加快建设实体经济、科技创新、现代金融、人力资源协同发展的产业体系，着力构建市场机制有效、微观主体有活力、宏观调控有度的经济体制，不断增强我国经济创新力和竞争力。”①

党的十九届五中全会审议通过的《中共中央关于制定国民经济和社会发展第十四个五年规划和二〇三五年远景目标的建议》提出实施领航企业培育工程，培育一批具有生态主导力和核心竞争力的龙头企业。立足产业规模优势、配套优势和部分领域先发优势，巩固提升高铁、电力装备、新能源、船舶等领域全产业链竞争力，从符合未来产业变革方向的整机产品入手打造战略性全局性产业链。优化区域产业链布局，引导产业链关键环节留在国内，强化中西部和东北地区承接产业转移能力建设。实施应急产品生产能力储备工程，建设区域性应急物资生产保障基地。推动中小企业提升专业化优势，培育专精特新“小巨人”企业和制造业单项冠军企业。加强技术经济安全评估，实施产业竞争力调查和评价工程。深入实施增强制造业核心竞争力和技术改造专项，鼓励企业应用先进适用技术、加强设备更新和新产品规模化应用。建设智能制造示范工厂，完善智能制造标准体系。深入实施质量提升行动，推动制造业产品“增品种、提品质、创品牌”。

因此，研究产业竞争力的培育看起来脱离了企业竞争力这一微观层次，但是任何提高产业竞争力的政策措施如果离开了提升企业竞争力的微观主体，都不会产生预期的结果。

---

① 习近平．决胜全面建成小康社会 夺取新时代中国特色社会主义伟大胜利：在中国共产党第十九次全国代表大会上的报告［M］．北京：人民出版社，2017：30.

专栏 2-2

习近平《关于加快建设世界一流企业的指导意见》

加快建设一批产品卓越、品牌卓著、创新领先、治理现代的世界一流企业，在全面建设社会主义现代化国家、实现第二个百年奋斗目标进程中实现更大发展、发挥更大作用。要始终坚持以人民为中心的发展思想，推进普惠金融高质量发展，健全具有高度适应性、竞争力、普惠性的现代金融体系，更好满足人民群众和实体经济多样化的金融需求，切实解决贷款难贷款贵问题。要全方位谋划基础学科人才培养，科学确定人才培养规模，优化结构布局，在选拔、培养、评价、使用、保障等方面进行体系化、链条式设计，大力培养造就一大批国家创新发展急需的基础研究人才。要推动国有企业完善创新体系、增强创新能力、激发创新活力，促进产业链创新链深度融合，提升国有企业原创技术需求牵引、源头供给、资源配置、转化应用能力，打造原创技术策源地。要推动有为政府和有效市场更好结合，提高政府监管和服务效能，保护和激发企业活力，注重维护好公平竞争的市场环境，推动更多优秀企业在市场竞争中脱颖而出。要统筹发展和安全，引导企业积极稳妥开拓国际市场。

——习近平主持召开中央全面深化改革委员会第二十四次会议（2022 年 2 月）

企业是创新的主体，是把科学技术变成现实生产力的载体，其竞争力的提升体现为资源配置效率及获利能力的提高、比较优势能力的提升、从劳动密集型到资本密集型再到技术密集型和知识密集型的发展轨迹。党的十九大报告特别强调建设创新型国家，并指出要“加强国家创新体系建设，强化战略科技力量。深化科技体制改革，建立以企业为主体、市场为导向、产学研深度融合的技术创新体系，加强对中小企业创新的支持，促进科技成果转化。倡导创新文化，强化知识产权创造、保护、运用。培养造就一大批具有国际水平的战略科技人才、科技领军人才、青年科技人才和高水平创新团队。”①

从产业层面，这种竞争力体现为贸易条件的改善、出口能力的提高、资本和生产输出能力的强化。因此，企业组织能力、企业资源配置能力和企业创新能力表现为企业竞争力，最终以综合的形态表现为该国或地区的产业竞争力。

二、企业的作用

前面的分析说明，企业在现代经济社会中具有不可替代的地位。在现代经济社会中，企业越来越发挥着重要的作用。根据企业的生产经营特征和性质，企业发挥的作用可以总结为如下几点。

首先，企业是社会财富的主要创造者。企业通过投入要素的合理配置来完成生产过程，也完成新价值的创造和财富的不断积累。企业在生产中不仅创造了新的价值，而且

---

① 习近平．决胜全面建成小康社会 夺取新时代中国特色社会主义伟大胜利：在中国共产党第十九次全国代表大会上的报告［M］．北京：人民出版社，2017：31-32.

完成了收入的初次分配。在某种意义上，整个社会的收入都依赖于企业的生产活动。在现代经济社会中，企业一方面为整个社会提供所必需的商品和服务，另一方面是不同要素所有者获得收入的主要源泉。也就是说，在当今社会，企业是整个人类社会赖以生存和发展的物质资料的生产者，是社会财富的主要创造者。

其次，企业已成为推动生产力发展和社会进步的关键力量。企业谋求利润最大化的内在动力机制以及企业所处的市场竞争机制迫使企业必须不断采用新技术、新设备，不断扩大生产规模，提高生产效率。正如现代企业理论所揭示的，企业必须不断地采用新技术降低交易成本，才能在日益激烈的市场竞争中求生存、求发展，才能更好地通过内部化作用提高资源配置效率，推动整个社会生产力不断向前发展。企业在经济活动中通过生产和经营活动，在竞争中不仅创造和实现了社会财富，而且是先进技术和先进生产工具的积极采用者和制造者，这在客观上推动了整个社会经济技术的进步。

最后，企业是社会经济发展的微观动力。经济发展首先表现为经济的增长。经济的增长就是当年生产出来或提供的服务量的增加。企业作为主要的生产主体，每一家企业的生产能力以及实际生产出来的产品或提供的服务数量之和构成了该地区的经济增长能力和增长总规模。市场经济活动的顺利进行离不开企业的生产和销售活动，若离开了企业的生产和销售活动，市场就成了无源之水、无本之木。社会经济活动的主要过程即生产和流通都是由企业来承担和完成的。离开了企业，社会经济活动就会中断或停止。企业的生产状况和经济效益可直接影响国家经济实力的增长、人民物质生活水平的提高。因此，企业是推动现代经济增长的主要动力。

从企业在社会经济活动中的作用我们不难看出，企业就好比国民经济的细胞，国民经济体系就是由数以百万计的不同形式的企业组成的。千千万万家企业的生产和经营活动不仅决定着市场经济的发展状况，而且决定着社会经济活动的生机和活力。所以，我们说企业是最重要的市场主体，在社会经济生活中发挥着巨大作用。

专栏 2-3

习近平谈推动企业发挥更大作用实现更大发展

习近平在京主持召开企业家座谈会提出推动企业发挥更大作用实现更大发展，要千方百计把市场主体保护好，激发市场主体活力，弘扬企业家精神，推动企业发挥更大作用实现更大发展，为经济发展积蓄基本力量。要增强爱国情怀，把企业发展同国家繁荣、民族兴盛、人民幸福紧密结合在一起，主动为国担当、为国分忧，带领企业奋力拼搏、力争一流，实现质量更好、效益更高、竞争力更强、影响力更大的发展。要勇于创新，做创新发展的探索者、组织者、引领者，勇于推动生产组织创新、技术创新、市场创新，重视技术研发和人力资本投入，有效调动员工创造力，努力把企业打造成为强大的创新主体。要拓展国际视野，立足中国，放眼世界，提高把握国际市场动向和需求特点的能力，提高把握国际规则能力，提高国际市场开拓能力，提高防范国际市场风险能力，带动企业在更高水平的对外开放中实现更好发展。

——习近平在企业家座谈会上的讲话（2020 年 7 月）

企业对产业的发展也发挥着非常重要的作用。企业对我国产业发展的影响可以概括为如下两点。

第一，企业是我国产业改革的主体和突破口。党的十八届三中全会把改革作为主要内容，其中涉及国有企业改革以及产业结构转变等内容。经过40多年的改革开放，我国经济综合实力提升到一定的高度，但若不改变目前的产业结构，单纯依靠高投入、高消耗的粗放型经济增长，则无法持续推动经济发展。党的十九大报告指出，明确新时代我国社会主要矛盾是人民日益增长的美好生活需要和不平衡不充分的发展之间的矛盾，必须坚持以人民为中心的发展思想，不断促进人的全面发展、全体人民共同富裕。因此，要坚定不移地贯彻创新、协调、绿色、开放、共享的新发展理念，以供给侧结构性改革为主线，主动调结构，转变发展方式。因此，通过产业结构的优化来推动经济增长，从而形成持续发展的动力成为当前的主要选择。这就要求对以国有企业为重点的企业内部治理结构、外在环境、准入领域等都要进行大胆的改革。只有这样才能顺利地完成产业领域的改革，提升我国产业竞争力，为以人民为中心的可持续发展打下坚实基础。

第二，企业是产业结构升级和发展方式转变这一系统工程的中心环节。提升产业结构、转变发展方式主要依靠提高生产要素（资源、资金、劳动、知识和技术）的使用效率，把实现生产力质的飞跃作为发展经济的首要任务。实现生产力的质的飞跃是一项系统工程，应从教育开始，构成一个链条，即教育（人才培养）—研究与开发（R&D）—科技成果转化（基本建设、技术改造、技术引进、技术市场等）—企业技术进步—产业技术进步—经济增长质量提高和经济增长方式转变—经济发展方式转变。[①] 从另一个层次来看，在实施可持续发展战略的情况下，企业投入结构和生产组织结构、内部动力机制都要发生适当的变化。以高投入、高消耗、高污染为代价追求利润最大化的企业生产模式必须让位于投入少、技术含量高、产出高、污染少的生产模式，通过企业生产模式的变化来构建以循环经济为核心的循环产业体系，实现产业结构的升级，进而持续推动经济增长和经济结构的优化，实现发展方式的彻底转变。企业作为微观基础，其生产行为追求的企业个体目标与社会目标从相互“排斥”向着相互“兼容”的方向转变是我国经济发展方式转变的核心。

案例分析2-1

三大央企负责人：新时期国企改革应聚焦核心问题重点突破

中国经济时报：《政府工作报告》关于国企改革的表述和往年相比有哪些不同？

葛红林：与往年相比着力点更加集中、焦点更聚、指向更明、操作性更强。一是把国有资本投资、运营公司试点改革放在了更加重要的位置。中铝集团作为第三批国有资本投资公司试点企业，目前已经制定完成改革的总体方案，国务院国有资产监督管理委员会（简称国资委）正式批复后将全面组织实施。二是对僵尸企业处置提出了明确要求。今年明确提出依法处置僵尸企业，反映出党中央、国务院深化供给侧结构性改革和提高供给侧发展质量的决心和信心。三是进一步突出了深化重

① 苏东水．产业经济学［M］．2版．北京：高等教育出版社，2005：96-97.

点领域改革，加快完善市场机制的主题。下一步，中铝集团要继续完善现代企业制度，探索推进职业经理人试点改革，健全市场化经营机制，不断增强企业发展的活力和动力。

凌文：与往年关于国企改革的论述比较，有几点值得注意的变化：一是从2018年推进国资国企改革，到今年的加快国资国企改革，明显感觉国资国企改革“一个行动胜过一打纲领”、集中力量攻坚克难的紧迫感。二是对于混合所有制改革，2018年提出稳妥推进混合所有制改革，今年在稳妥推进前增加了“积极”两字，表示混合所有制改革将是接下来国有企业改革的主基调。三是今年提出“建立职业经理人制度”。这表示从近年来试点取得的经验看，我国已经具备在国企全范围建立职业经理人制度的条件，进而推进市场化经营机制和国有企业领导人员管理体制机制的转变。四是今年明确提出“网运分开”。根据不同行业特点实行网运分开，会推动多数领域引入竞争，走向市场，推进公共资源配置市场化。

奚国华：今年进一步强调了国有企业要更加符合市场化的要求，即要将自然垄断行业中的竞争性业务全面推向市场。对于已经处于竞争性市场的企业来说，就要进一步接受和融合市场化的要求。在市场化条件下，进一步完善公司的治理结构、健全市场化经营机制、建立职业经理人等制度。

资料来源：中国经济新闻网，2019－03－18. 本案例因篇幅需要对原文内容进行了删减处理。

思考题：

1. 根据委托-代理理论，如何理解本案例中建立职业经理人制度的问题？

案例分析 2－2

“放管服” 为中国经济加油助力

2019年上半年中国经济总体平稳、稳中向好，一个重要方面就在于市场主体的活力、创造力。据统计，2019年上半年我国日均新设企业1.94万户，同比增长7.1%，继续保持较快增长，这是营商环境向好的反映，也是保持平稳增长的基础。接下来，按全国深化“放管服”改革优化营商环境电视电话会议的部署，工业生产许可证种类再压减一半以上，中央层面再取消下放50项以上行政许可，企业注册开办时间减到5个工作日以内，水、气、暖等公用事业要大力推行App（应用程序）办事、移动支付等，大幅压减办电时间……种种为企业和民众带来的改革“大礼包”，对有效应对各类风险挑战的针对性和操作性极强。

“放管服”改革往深里推、向实处走，首要目标是更大激发市场主体的活力。应当看到，在内外部环境错综复杂的情况下，各类企业有各自的难处，但共时共性的问题还是成本难降。降成本离不开更大规模减税降费、更大力度解决融资难融资贵问题，也需要简政放权、强化监管服务的“制度性减负”。要看到，删繁就简、便民利企的“简约”之道，无论是压减审批种类，还是压减办事时间，都会切实降低企业经营成本。这对贯彻落实党中央提出的“六稳”方针，尤其是“稳投资”“稳预期”，将产生雪中送炭的效果，释放国内市场巨大潜力。

“放管服”是手段，优化营商环境是目的。良好的营商环境包括交通基础设施等“硬件”的配套，更在于市场化、法治化、国际化的“软件”支撑。破除不合理的体制机制障碍，以公开透明的规则、公平公正的监管依法保护各类所有制企业的合法权益，持续扩大开放，加强与国际通行经贸规则对接，“稳外贸”“稳外资”才能基础坚实，“稳金融”“稳就业”才能底气十足。其中最重要的还是要加大力度“刀刃向内”、转变政府职能。各个省、市、县情况千差万别，沿海地区和内陆地区、东北地区和西部地区很不一样，既有自我完善、自我革新的一致要求，又应充分授权各地各部门因地制宜，积极探索放权、监管、服务的区域特色新路径。

资料来源：人民网，2019-07-11. 本案例因篇幅需要对原文内容进行了删减处理。

思考题：

1. 根据交易成本理论，如何理解本案例中“‘放管服’是手段，优化营商环境是目的”这一句话？

案例分析 2-3

减税降费，助力企业“智造升级”

减税降费减的是税费，增的是活力。两万亿元的减税降费大红包、不断加码的税收优惠政策，给实体经济注入了转型发展的内生动力，不仅使大中型企业得到实惠，而且小微企业收获了实实在在的真金白银，拥有了满满的获得感。

“对于我们公司来说，目前在技术瓶颈或者量产瓶颈方面，我们可以投入大量的人力和研发费用去攻关。”沈阳精锐数控机床有限公司是一家专注于数控机床研制与生产的高新技术企业。在企业的研发实验室里，董事长荣志军正谋划着要在新产品上追加研发投入，而他的底气正是得益于研发费用加计扣除等一系列税收优惠政策带来的资金红利。“我们把省下来的钱投入工厂扩建和产品研发工作，这样才能巩固研发成果，使我们的研发成果走向市场变成生产力、变成资本，创造出更大的价值。”

研发费用加计扣除比例提高，增值税税率下调，新一轮更大规模减税降费政策落地，使像沈阳精锐数控机床有限公司这样的高新技术企业得到了大红包，这个红包到底有多大，荣志军给我们算了一笔账。“我们公司今年能减少费用 120 万元左右，和原来相比这相当于又有 20%左右的研发投入补充进去，它带来的效果就是今年我们的销售收入能达到 7 000 多万元，我们的利润也会大大提高。”

辽宁中金欧亚珠宝集团总经理曲国刚说：“对我们来讲，增值税税率降下来的这三个百分点真的是不得了。我们要把减下来的税费用到终端，惠及广大顾客，使消费者买到更优惠的商品。”

目前，沈阳市已明确对小微企业减征资源税、城市维护建设税（简称城建税）、房产税、城镇土地使用税、印花税（不含证券交易印花税）、耕地占用税、教育费附加、地方教育附加，这“六税两费”按 50%幅度顶格减征。截至 2019 年 5 月征期结束，全市 14.35 万户增值税小规模纳税人受益于“六税两费”优惠政策，共减免税费 1.61 亿元。

资料来源：国家税务总局，2019－06－27. 本案例因篇幅需要对原文内容进行了删减处理。

思考题：

1. 根据新古典厂商理论，如何理解本案例中“减税降费减的是税费，增的是活力”这一句话？

本章小结

本章界定了企业的定义，系统介绍了新古典厂商理论、以科斯的交易成本理论为基础的企业理论、张五常提出的企业契约理论和威廉姆森提出的企业纵向一体化问题，进而讨论了阿尔钦和德姆塞茨提出的企业横向一体化问题，转而讨论委托-代理理论，较为系统地回答了企业的性质、企业的动机、企业决策行为的不同机制以及企业内部的制度安排问题，最终探讨了企业在产业经济学中的地位和作用。

复习思考题

1. 名词解释

企业　交易费用　资产专用性　团队生产　代理理论　委托-代理理论　强制退休　棘轮效应　声誉模型

2. 简述新古典厂商理论的核心内容。
3. 简述交易成本理论和企业纵向一体化。
4. 简述有限理性和令人满意原则。
5. 简述代理理论、团队生产和企业横向一体化。
6. 简述委托-代理理论以及其主要解决的问题。
7. 简述企业在产业经济学中的地位和作用。

参考文献

1. 赫伯特·西蒙．管理行为：管理组织决策过程的研究［M］. 北京：北京经济学院出版社，1988.

2. 胡建绩，陆雄文．企业经营战略管理．3 版［M］. 上海：复旦大学出版社，2004.

3. 科斯，阿尔钦，诺斯．财产权利与制度变迁［M］. 上海：上海三联书店，上海人民出版社，1994.

4. 苏东水．产业经济学［M］. 2 版．北京：高等教育出版社，2005.

5. 张维迎．企业理论与中国企业改革［M］. 上海：上海人民出版社，2015.

6. 张维迎．西方企业理论的演进与最新发展［J］. 经济研究，1994（11）.

7. Ariel Rubinstein，Menaheme Yaari. Repeated Insurance Contracts and Moral Haz-

ard. *Journal of Economic Theory*, 1983 (30).

8. Ariel Rubinstein. Perfect Equilibrium in a Bargaining Model. *Econometrica*, 1982 (1).

9. Bengt Holmstrom, Paul Milgrom. Multitask Principal-Agent Analyses: Incentive Contracts, Asset Ownership, and Job Design. *Journal of Law, Economics & Organization*, Special Issue, 1991.

10. Bengt Holmstrom. Moral Hazard and Observability. *The Bell Journal of Economics*, 1979 (1).

11. Carl J. Dahlman. The Problem of Externality. *Journal of Law and Economics*, 1979 (1).

12. Carl Shapiro, Joseph E. Stiglitz. Equilibrium Unemployment as a Worker Discipline Device. *The American Economic Review*, 1984 (3).

13. Edward P. Lazear. Why Is There Mandatary Retirement. *The Journal of Political Economy*, 1979 (6).

14. Eugene F. Fama. Agency Problems and the Theory of the Firm. *The Journal of Political Economy*, 1980 (2).

15. Green Jerry R. and Stokey Nancy L. A Comparison of Tournaments and Contracts. *Journal of Political Economy*, 1983 (3).

16. Herbert Alexander Simon. *Models of Bounded Rationality and Other Topics in Economic Theory*. vol. 3. Cambridge: MIT Press, 1997.

17. Hideshi Itoh. Incentives to Help in Multi-agent Situations. *Econometrica*, 1991 (3).

18. Malcomson James M. Work Incentives, Hierarchy, and Internal Labor Markets. *Journal of Political Economy*, 1984 (3).

19. McAfee R. Preston and McMillan John. Optimal Contracts for Teams. *International Economic Review*, 1991 (3).

20. Michael C. Jensen, William H. Meckling. Theory of the Firm: Managerial Behavior, Agency Costs and Ownership Structure. *Journal of Financial Economics*, 1976 (4).

21. Radner Roy. Monitoring Cooperative Agreements in a Repeated Principal-Agent Relationship. *Econometrica*, 1981 (5).

22. Ross S. The Economic Theory of Agency: The Principal's Problem. *The American Economic Review*, 1973, 63.

23. Steven N. S. Cheung. The Contractual Nature of the Firm. *Journal of Law and Economics*, 1983 (1).

24. Weitzman Martin L. The New Soviet Incentive Model. *Bell Journal of Economics*, Spring, 1976.

第三章

产业组织理论

内容提要

本章共分为四节。第一节阐述了产业组织理论的渊源及形成，包括产业组织的含义、产业组织理论的哈佛学派和芝加哥学派；第二节介绍了产业组织理论的新发展，包括新奥地利学派和新产业组织理论；第三节着重讲解产业组织的 SCP 分析框架，对市场结构、企业行为和经济绩效及三者之间的关系进行了比较深入的分析；第四节介绍了博弈论的基础知识，包括博弈的含义、组成要素和分类等。

本章重点

- 产业组织的含义
- 哈佛学派的 SCP 框架
- 芝加哥学派与可竞争市场理论的内容
- 市场结构类型
- 决定市场结构的主要因素
- 市场竞争行为和市场协调行为
- 市场绩效的综合评价
- SCP 三者之间的关系

第一节 产业组织理论的渊源及形成

一、产业组织的含义

经济学中的组织概念最初是由著名经济学家马歇尔提出的。他在《经济学原理》一书中，把组织列为一种新的生产要素，将其看作一种能够强化知识作用的要素，组织的内容包括企业内部组织、同一产业中各种企业间的组织、不同产业间的组织形态以及政府组织等。①

产业组织（industrial organization）通常是指同一产业内企业间的组织或者市场关系。这种企业间的市场关系主要包括交易关系、行为关系、资源占用关系和利益关系。对产业组织的研究主要是以竞争和垄断及规模经济的关系和矛盾为基本线索，对企业间的市场关系进行具体描述和说明。②

产业组织考察的是同一产业内的企业，即处于同一商品市场的企业之间的市场关系。商品的同一性指企业之间或同一企业生产的商品的主要性能必须基本相同，商品之间具有高度的替代关系。

产业组织经济学研究包括理论研究和经验研究。前者被称为产业组织理论（theory of industrial organization）或理论产业组织学（theoretical industrial organization），后者主要是市场结构、企业行为、经济绩效及其相互关系的实证与政策研究。

二、产业组织理论的渊源

1. 产业组织的思想渊源可追溯到亚当·斯密的市场机制

产业组织理论研究各产业内企业之间的关系，企业、产业和市场为什么以现有的一定形式组织起来，以及这种组织形式和结构如何影响市场的运行和绩效。产业组织理论的思想渊源可追溯到亚当·斯密关于市场机制的论述。亚当·斯密在《国富论》中论述了竞争机制如何使每个人都无意识地参与促进社会全体利益的发展中，通过“看不见的手”的作用，创造出一个理想的市场秩序和最优的经济社会，能自然而然地达到资源在产业间和产业内企业间的合理分配，实现资源最优配置和经济福利的最大化。“看不见的手”就是由竞争的力量自发决定的价格体系。

2. 产业组织的萌芽始于马歇尔的经济理论

尽管产业组织理论的思想渊源可追溯到亚当·斯密关于市场竞争机制的论述，但最初把产业组织概念引入经济学的，是新古典学派经济学家马歇尔。马歇尔于1890年出版了《经济学原理》一书。该书提出了含义广泛的产业组织的概念，既包括企业内的组织

---

① 马歇尔．经济学原理［M］．北京：华夏出版社，2017：287－291.

② 苏东水．产业经济学．2版［M］．北京：高等教育出版社，2005：59.

形态，也包括产业内企业之间的组织形态，还包括产业之间的组织形态，甚至包括国家组织。他进而提出“组织”是萨伊的生产三要素（劳动、资本和土地）基础上的第四生产要素。

在产业组织这个概念下，马歇尔既观察了企业内的生产组织形式，也观察了企业之间的组织形式。马歇尔发现，善于利用大规模生产，即规模经济，并善于经营的企业家会不断扩大他的营业规模，以至如果这种情况能维持 100 年，则他和其他一两个像他这样的人就会瓜分他所经营的工业部门。①

尽管马歇尔没有直说，但可以预感到，如果这个推论真的成了现实，那么，推动一切经济进步的动力——竞争将由于生产的高度集中而荡然无存。这无异于说，现代大工业的发展将倾覆市场经济。于是马歇尔编了一个在经济学说史上著名的“大森林的故事”。这是一个大森林中新、老树木更新换代的故事。马歇尔说，在这里，我们可以在森林中新生的树木从老树的浓荫里用力向上挣扎的情况中得到教训。许多新生的树木中途夭折了，只有少数得以生存。这些少数生存的树木一年比一年壮大，它们的高度每有增加，就可多得一些阳光和空气，终能耸然高出邻近的树木，似乎它们会永远这样生长下去，随着它们这样生长，似乎会永远壮大下去。但是它们不是这样。一株树比另一株树维持活力更久和更茂密，但迟早年龄对它们是有影响的。虽然较高的树木能比它的竞争者得到更多的阳光和空气，但它也会逐渐失去生命力，相继地让位于物质力量虽小，而青春的活力较强的其他树木。②

马歇尔以“大森林的故事”比喻企业之间的关系也应如此。因此，马歇尔的意思是，虽然某企业可能一时处于垄断地位，但这种垄断地位不可能是永久的，从而竞争绝不会泯灭。

现代产业组织论的研究家一般都认定，马歇尔的“大森林的故事”包含了产业组织及有关理论的基本问题——规模经济和竞争效益的矛盾与统一，从而把马歇尔尊为产业组织理论的鼻祖，并把规模经济和竞争效益之间的两难选择称为“马歇尔冲突”。即大规模生产能为企业带来规模经济，使这些企业的产品单位成本不断下降、市场占有率不断提高，其结果必然导致市场结构中的垄断因素不断增强，而垄断的形成又必然阻碍竞争机制在资源合理配置中所发挥的作用，使经济丧失活力，从而扼杀自由竞争。面对这一矛盾，马歇尔试图用任何企业的发展都有的“生存—发展—衰退”过程即“大森林的故事”来说明垄断是不会无限蔓延的，规模经济和竞争是可以获得某种均衡的。

传统产业组织理论考察的是市场结构，产业组织理论在此阶段研究价格理论的扩展及应用、形成这一结构的原因以及结构对市场的影响。与其他经济研究领域相比，它更强调对影响市场结构和绩效的因素进行经验研究，并考察由反托拉斯法及管制引发的公共政策问题。马歇尔的产业组织研究被西方学者视为产业组织理论的先驱。但是，他把“组织”的概念应用到诸多领域而没有进行有效区分。把产业内企业间关系结构从马歇尔相当混杂的“组织”概念中分离出来，是由梅森及其弟子贝恩（J. S. Bain）完成的。

---

①② 马歇尔．经济学原理［M］．北京：商务印书馆，1964：325-326.

3. 产业组织理论主要来源于张伯伦的“垄断竞争理论”

20世纪初，随着生产日趋集中，企业规模不断扩大，垄断、寡头垄断的统治已成为发达资本主义国家的普遍现象，卡特尔、托拉斯等垄断组织和形式已有了相当的发展。因此，竞争与垄断问题吸引了大量经济学家研究。以完全竞争的市场为基本前提的新古典经济学理论无法解释垄断条件下的生产和价格决定问题，于是引发了一场有关“马歇尔冲突”的理论争论。1933年，英国经济学家罗宾逊总结了有关“马歇尔冲突”的理论探讨，研究了规模经济和竞争效益的对立，写出了《不完全竞争经济学》一书。美国哈佛大学教授张伯伦于1933年出版的《垄断竞争理论》对垄断和完全竞争之间的各种形态进行了分类和分析。两位经济学家都围绕着竞争机制与垄断的关系进行了更接近实际的全面研究，奠定了垄断价格理论的基础。尤其是张伯伦提出的一些观点和概念成为现代产业组织理论的重要来源，为后来的产业组织理论及实证研究指明了方向。这些观点和概念主要有[①]：

（1）否定了纯粹竞争存在的条件，提出了垄断竞争的概念。张伯伦认为，实际的市场既不是竞争的，也不是垄断的，而是这两种因素的混合。在他看来，许多市场价格既具有竞争因素，又具有垄断因素，因此，企业家心目中没有纯粹竞争，只有垄断竞争的概念。

（2）界定了“产品差别”的内涵及对市场竞争的影响。张伯伦认为，垄断与竞争力量的混合来源于产品差别，产品差别是造成垄断的一个决定性因素。只要有任何一种明显的标准使一个销售者的产品能与其他销售者的产品区别开来，这种产品就是有差别的。一种产品具有差别，就意味着卖者对他自身的产品拥有绝对的垄断，却要遭受非常接近的替代品的竞争。这样每一个卖者都是垄断者，同时也是竞争者，因此是“垄断的竞争者”。

（3）提出了企业在市场上的进入与退出问题。张伯伦在进行市场结构分析时指出，决定一个企业成本-收益关系的基本因素是企业进入该产业的难易程度。

（4）对垄断竞争的市场结构进行了分类。张伯伦提出了一套处在两种极端之间的“垄断竞争”的市场模式。市场模式分为四种类型，即完全竞争、垄断竞争、寡头垄断和完全垄断。垄断竞争更加符合资本主义进入垄断阶段的实际情况。

（5）提出了垄断竞争价值理论。张伯伦根据产品差别的概念建立了他的垄断竞争价值理论。他认为，在垄断竞争情况下，每家厂商的销售量都受价格、产品性质和销售开发三个因素的影响。垄断竞争价值理论就是研究这三个因素和销售量的均衡关系。他依次确定了单个厂商的均衡状态和一个行业所有厂商的集团均衡状态。

三、产业组织理论体系的形成

（一）产业组织理论体系的建立[②]

比较完整的产业组织理论体系是20世纪30年代以后在美国以哈佛大学为中心逐步

---

① 毛林根．产业经济学［M］．上海：上海人民出版社，1996：234－236；百度百科中的《张伯伦垄断竞争理论中的价格思想》。

② 夏大慰．西方产业组织流派：方法论与基本观点［M］//于立．产业经济学理论与实践问题研究．北京：经济管理出版社，2000：3－5.

形成的。

经济学原理认为，竞争是一切经济进步不可缺少的一种原动力。而企业之间追求经济利益最大化的竞争，主要是企业间在追求规模经济上的竞争。这种竞争的必然结果是产业内的资源配置结构趋于集中，进而出现垄断。实际上，占有更大份额的市场是每一个生存于市场经济中的企业的现实目标之一。然而，垄断不可避免地造就了歪曲市场供求关系的垄断价格和扼杀公平竞争原则的不正当企业行为。这些东西又成为破坏公平竞争的条件，阻断价格的自动调节作用，成为干扰市场机制有效和合理配置资源的元凶。

然而，在实践中，分清什么是垄断行为、什么是合理的竞争行为是相当困难的，因为竞争的手段总是与垄断的后果相通。实现规模经济与竞争效益的有效统一的出路何在？其答案与其他经济学上的许多两难命题一样，只能依靠一定约束条件下的优化组合的相对选择来解决。

1938 年，梅森在哈佛大学建立了一个产业组织研究小组，开始对市场竞争过程的组织结构、竞争行为方式和市场竞争结果进行经验性研究。在继承张伯伦等人垄断竞争理论的基础上，梅森提出了产业组织的理论体系和研究方向，并于 1939 年出版了《大企业的生产价格政策》一书。

1940 年，美国经济学家克拉克的《论有效竞争的概念》的发表对产业组织理论的发展和体系的建立产生了重大影响。克拉克认为，不完全竞争存在的事实表明，长期均衡和短期均衡的实现条件是不协调的，这种不协调反映了市场竞争与实现规模经济的矛盾，为研究现实条件下降低这种不协调的方法和手段提出了有效竞争概念。所谓有效竞争，简单说就是既有利于维护竞争，又有利于发挥规模经济作用的竞争格局，或者说要形成既保证有活力的企业竞争，又能最大限度地享有规模经济的市场绩效。其中，政府的公共政策将成为协调两者关系的主要方法或手段。但是，克拉克在理论上没有解决有效竞争的评估标准和实现条件问题。自克拉克之后，许多产业组织理论学者对有效竞争的定义和实现条件进行了比较深入的研究。

1939 年，梅森在张伯伦等的基础上，提出产业组织理论体系和研究方向，将有关有效竞争的定义和实现有效竞争条件的论述归纳为两大基本的有效竞争标准：市场结构标准和经济绩效标准。这就是有效竞争标准的二分法。继梅森的研究之后，一些经济学家将有效竞争的标准从二分法扩展为三分法，即市场结构标准、企业行为标准和经济绩效标准，并采用三分法概括了判断有效竞争的 11 条标准。市场结构标准包括：①集中度不太高；②市场进入容易；③没有极端的产品差别化。企业行为标准包括：①对于价格没有共谋；②对于产品没有共谋；③对竞争者没有压制政策。经济绩效标准包括：①存在不断改进产品和生产过程的压力；②随着成本大幅下降，价格也向下调整；③企业与产业处于适度规模；④销售费用在总费用中的比重不存在过高现象；⑤不存在长期的过剩生产能力。

1959 年，梅森的弟子 J. S. 贝恩出版了第一部系统论述产业组织理论的教科书——《产业组织》，从而成为产业组织理论的集大成者。贝恩的《产业组织》被奉为这一学科的经典之作。同年，经济学家 C. 凯森（C. Kaysen）和法学家 D. F. 特纳（D. F. Turner）合作出版了著名的《反托拉斯政策》一书。此外，R. E. 凯维斯（R. E. Cawes）、F. M.

谢勒（F. M. Scherer）、W. H. 谢菲尔德（W. H. Shepherd）和 W. S. 科曼诺（W. S. Comanor）等人对产业组织理论的发展和体系都做出了重要贡献。

谢勒在 1970 年出版了《产业市场结构和经济绩效》一书，进一步揭示了市场行为与经济绩效之间的关系，总结了有关市场行为特别是价格形成、广告活动、研发等方面的研究成果，弥补了《产业组织》一书中对市场行为论述的不足，并考察了微观和宏观的周边条件对市场结构、市场行为和经济绩效的影响，从而将哈佛学派的产业组织理论体系又向前推进了一步。同时，凯维斯在当助理教授和担任哈佛大学教授期间，在美国及主要西方国家产业组织的实证研究、国际经济学与产业组织理论的结合等方面也进行了许多卓有成效的研究，为产业组织理论的体系化发展做出了重要贡献。由于这些研究主要以哈佛大学为中心展开，因此学术界称之为产业组织的哈佛学派。

（二）哈佛学派的 SCP 分析框架

哈佛学派的产业组织理论以新古典学派的价格理论为基础，在承袭了前人一系列理论研究成果的同时，以实证研究为主要手段把产业分解成特定的市场，按结构、行为、绩效三个方面对其进行分析，构造了一个既能深入具体环节又有系统逻辑体系的市场结构（structure）-企业行为（conduct）-经济绩效（performance）的分析框架，即 SCP 分析框架；并通过对市场关系的各方面进行实际测量，从市场结构、企业行为和经济绩效三个方面提出政府公共政策（产业组织政策），从而规范了产业组织的理论体系。

在哈佛学派的 SCP 分析框架中，产业组织理论由市场结构、企业行为、经济绩效这三个基本部分和政府的产业组织政策组成，其基本分析程序是按市场结构-企业行为-经济绩效-产业组织政策展开的。

市场结构、企业行为、经济绩效之间存在着因果关系，即：市场结构决定企业在市场中的行为，而企业行为又决定市场运行的经济绩效。为了获得理想的经济绩效，最重要的是通过公共政策（产业组织政策）来调整和直接改善不合理的市场结构，见图 3－1。

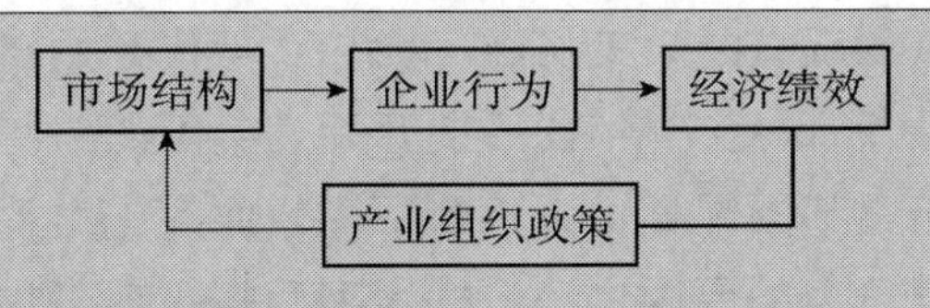

图 3－1 哈佛学派的 SCP 分析框架

这种 SCP 分析框架所依据的微观经济理论将完全竞争和垄断作为两极，将现实的市场置于中间，因而这一分析将市场中企业数量的多寡作为相对效率改善程度的判定标准，认为随着企业数量的增加，接近完全竞争状况基本就能实现较为理想的资源配置效率。用凯维斯的话来说："市场结构之所以重要，是因为结构决定了该产业有利厂商的行为，这种行为又决定了产业绩效的好坏。"由于哈佛学派将市场结构作为产业组织理论的分析重点，因此信奉哈佛学派理论的人通常也被称为"结构主义者"。

在 SCP 分析框架中，对作为市场结构指标之一的集中度和作为经济绩效基准之一的利润率之间关系的研究处于核心地位。贝恩调查了美国制造业的 42 个产业，并将它们分为两组：一组是CR8（最大8家企业的市场集中度）大于70%的21个产业；另一组是CR8小于70%的21个产业。调查结果显示，这两个不同集中度的产业群之间存在着明显的利润率差异，前者利润率平均为11.8%，而后者平均只有7.5%。据此，贝恩认为："如果存在着集中的市场结构，厂商就有可能成功地限制产出，把价格提高到正常收益以上的水平。"

在哈佛学派看来，在具有寡占或垄断市场结构的产业中，少数企业间的共谋、协调行为以及通过高进入壁垒限制竞争的行为削弱了市场的竞争性，其结果往往是产生超额利润，破坏资源配置效率。这就是"集中度-利润率"假说。如果具有市场支配力的企业增加，整体经济就会受到垄断弊病的侵害，因此该假说必须采取企业分割、禁止兼并等直接作用于市场结构的公共政策，以恢复和维护有效竞争的市场秩序。

在分析框架中突出市场结构，在研究方法上偏重实证研究，这是哈佛学派区别于其他学派的两个重要特征。在贝恩等人看来，寡占的市场结构会产生寡占的市场行为，进而导致不良的经济绩效，特别是资源配置的非效率，因此，有效的产业组织政策应该着眼于形成和维护有效竞争的市场结构，并对经济生活中的垄断和寡占采取规制政策。哈佛学派的这种主张对战后以美国为首的西方发达市场经济国家反垄断政策的出台和强化都曾经产生过重大的影响。

第二次世界大战后，在积极推进反垄断政策的美国，哈佛学派的观点作为正统派的产业组织理论而被长期接受。其中，最为典型的是1968年总统特别咨询委员会的关于反托拉斯政策的报告书。依照报告书起草的法律草案于1972年正式在国会被提出，这是一个试图通过结构规制和企业分割来构筑竞争性市场的法案。

然而，即便在结构主义兴盛的20世纪70年代前期，企业分割带来的社会收益将超过由此产生的社会损失的见解也未能得到社会的支持。因此，哈佛学派结构主义者的上述法律提案以失败而告终。其后，结构主义的反垄断政策开始向在充分广泛地考虑其他市场结构、经济绩效形成要因的基础上，更严格地选择作为分割对象的产业、企业方向转变。

但是，这种结构主义的反垄断政策从20世纪80年代开始在美国逐步失去了主导地位，这主要是因为：①从20世纪70年代后期开始，美国的一些传统优势产业受到日本等经济体出口的巨大冲击，其国际竞争力不断下降，而实施世界最严厉的反垄断政策则被认为是削弱美国产业竞争力的要因之一。②大型反托拉斯事件导致了巨额的诉讼费用和大量时间的消耗，如IBM公司案前后诉讼长达13年，案件产生了6 600万页的文件，并花费了纳税人和IBM公司数十亿美元。在这种情况下，人们对结构规制的实施所花费的大量社会成本究竟能否带来更大的实际效果产生了疑问，而放松政府规制反而更能促进竞争效果的观点被越来越多的人所接受。③产业组织的芝加哥学派在理论上对结构主义的哈佛学派展开了有力的批判。20世纪80年代里根政府执政的8年中，基本采用了自由放任的芝加哥学派的主张，在反托拉斯方面采取了缓和政策。20世纪60年代末和70年代初提起诉讼的IBM公司案、凯洛特等四家早餐谷物公司案、埃克森等八家石油精炼公司案等都经历了长达近十年甚至十几年的诉讼，最后分别在里根政府执政后的1981年、1982年以司法部的撤诉而告终。

四、产业组织理论的发展

(一)芝加哥学派

1. 芝加哥学派体系的形成及主要观点

产业组织理论的芝加哥学派是20世纪60年代后期在对哈佛学派的批判中崛起的,代表人物是乔治·约瑟夫·施蒂格勒、哈罗德·德姆塞茨、Y. 布罗曾(Y. Brozen)、R. 波斯纳(R. Posner)等。芝加哥学派继承了芝加哥传统的自由主义经济思想,信奉竞争机制的作用,强调新古典学派价格理论在产业活动分析中的适用性,认为产业组织及公共政策问题仍然应该通过价格理论视角来研究,力图重新把价格理论中的完全竞争和垄断这两个传统概念作为剖析产业组织问题的基本概念。1968年,施蒂格勒的《产业组织》一书问世,标志着芝加哥学派在理论上的成熟。

芝加哥学派的基本观点是:即使市场中存在着某些垄断势力或不完全竞争,只要不存在政府的进入规制,长期竞争均衡状态在现实中也是能够成立的。

芝加哥学派认为,如果一个产业持续出现高利润率,这完全可能是该产业中的企业高效率和创新的结果,而并不是哈佛学派所指出的因为产业中存在着垄断势力。因为只要没有政府的进入规制,这种高集中度产生的高利润率就会由于新企业的大量进入或卡特尔协定的破裂而难以长期为继。即使市场是垄断或高集中寡占的,只要经济绩效是良好的,政府规制就没有必要。因此,芝加哥学派特别注重判断集中及定价结果是否提高了效率,而不是像结构主义者那样只看是否损害了竞争。

德姆塞茨等人通过大量的实证研究,批驳了哈佛学派的"集中度-利润率"假说,指出高集中产业的高利润率与其说是资源配置非效率的指标,不如说是生产效率的结果。德姆塞茨认为,集中度与利润率的正相关很可能并不反映高集中产业内主要企业相互勾结从而提高价格的行为,倒是更能反映高集中产业内主要大企业更高的效率和更低的成本。因为如果市场集中和大企业利润率的正相关关系是协调定价和价格上升的结果,那么按照这种逻辑,产业寡头垄断定价行为能获得利益,即它们的利润率也应该与该产业内的小企业或该产业中不同规模企业的利润率相关。德姆塞茨通过比较不同集中水平、规模的企业,发现最小资产规模的企业利润率并没有随不同产业集中程度的上升而提高,这表明,高度集中导致企业垄断、勾结定价,从而获得垄断利润的假定并不符合实际情况。[①]

布罗曾的研究也表明,在贝恩最初研究的42个产业中,高度集中的产业群(CR8>70%)和较不集中产业群(CR8<70%)之间存在4.3%的利润率差异,到20世纪50年代中期,它已降至1.1%。因此在芝加哥学派看来,如果高度集中的市场上长期出现高利润率,这只能说明是该市场大企业高效率经营的结果。不是建立在高效率经营基础上的高利润水平都会招致其他企业的大量进入,从而使利润率很快降至平均水平。正是各

---

① 夏大慰. 产业组织与公共政策:芝加哥学派 [J]. 外国经济与管理,1999 (9):4.

个企业通过合理选择采取最优行为，在适者生存的法则下效率高的企业的市场占有率不断扩大，才导致高集中度市场的出现。[①]

因此，芝加哥学派指出，高集中产业中的高利润率与其说是资源配置非效率的指标，倒不如说是生产效率的结果；与其说是存在市场结构决定了企业行为进而决定经济绩效这样的因果关系，倒不如说是经济绩效或企业行为决定了市场结构。与哈佛学派注重市场结构不同的是，芝加哥学派认为经济绩效起决定性作用，由于芝加哥学派注重效率标准，因此信奉芝加哥学派理论的人通常被称为“效率主义者”。[②]

芝加哥学派信奉自由竞争，认为除了政府的进入规制以外，真正的进入壁垒在实际中几乎不存在，因此市场中的现存企业都面临着潜在进入者的竞争压力[③]，坚信唯有自由企业制度和自由市场竞争秩序才是提高产业活动的效率性、保证消费者福利最大化的基本条件。他们认为，应尽可能减少政府对产业活动的介入，以扩大企业和私人自由的经济活动范围。他们断言，现实经济生活中并不存在哈佛学派认为的那样严重的垄断问题，生产日益集中在大企业手里，有利于提高规模经济效益和生产效率；大公司的高利润完全可能是经营活动高效率的结果，而与市场垄断势力无关，因此主张放松反托拉斯法的实施和政府规制政策。除了个别部门，在原则上反对政府以各种形式对市场结构的干预，反对哈佛学派所主张的对长期存在的过度集中的大企业采取分割政策和实行严格的兼并控制的做法。芝加哥学派的这种反垄断政策立场与 20 世纪 60 年代以来积极提倡实施严厉的反垄断政策的哈佛学派形成了鲜明的对立。

在政府作用方面，芝加哥学派认为反托拉斯政策的重点应是对企业的市场行为进行干预，其中主要是对卡特尔等企业间价格协调行为和分配市场的协调行为实行禁止和控制。

2. 芝加哥学派的影响

20 世纪 70 年代后期，由于传统产业的国际竞争力日趋减弱，美国经济出现了大量财政和贸易赤字，一些重要产业的生产活动向国外转移，发生了产业空心化现象。许多人认为，实施过于严格的反垄断政策和过剩的规制政策是使美国经济丧失活力的重要原因，而反垄断政策的目的在于实现经济效率性的芝加哥学派的政策观点被越来越多的人所接受。1981 年，罗纳德·威尔逊·里根（Ronald Wilson Reagan，1911—2004 年）就任美国总统后，就任命信奉自由主义的贝格斯特和米勒分别担任美国司法部反托拉斯局局长和联邦贸易委员会主席。芝加哥学派成了美国反垄断政策的主流，并直接推动了美国反垄断政策的重大转变和规制缓和。20 世纪 80 年代美国这一系列的变化被人们称为反垄断政策的“芝加哥革命”。

知识讲解

以下视频节选自新疆财经大学“产业经济学”慕课，可登录中国大学慕课网站搜索查看完整视频。

视频 3-1：产业组织理论的芝加哥学派

① 夏大慰．产业组织与公共政策：芝加哥学派［J］．外国经济与管理，1999（9）：4.

② 李悦．产业经济学［M］．3 版．大连：东北财经大学出版社，2013：274-277.

③ 施蒂格勒修改了由贝恩创设的进入壁垒理论，把进入壁垒定义为新进入企业必须负担而市场上现存企业不需负担的成本，即新企业比老企业多承担的成本。从这一定义出发，形成了进入壁垒的许多传统因素，如产品差别化等不再被看作进入壁垒，而被看作实现经济效率的手段。

（二）可竞争市场理论

1. 可竞争市场理论的形成及主要观点

可竞争市场理论（theory of contestable markets）是美国著名经济学家威廉·杰克·鲍莫尔、J. C. 帕恩查（J. C. Panzar）和 R. D. 威林（R. D. Willing）等人在芝加哥学派产业组织理论的基础上提出来的。1982 年，《可竞争市场与产业结构理论》一书的出版标志着该理论的形成。该理论认为，良好的生产效率和技术效率等经济绩效在传统哈佛学派的理想的市场结构以外仍然是可以实现的，而无须众多竞争企业的存在。它可以是寡头市场，甚至是垄断市场，但只要保持市场进入的完全自由，只要不存在特别的进出市场成本，潜在竞争的压力就会迫使任何市场结构条件下的企业采取竞争行为。在这种环境条件下，包括自然垄断在内的高集中度的市场结构是可以和效率并存的。可竞争市场理论以完全可竞争市场与沉没成本（sunk cost）等概念的分析为中心，来推导可持续、有效率的产业组织的基本态势及其内生的形成过程。完全可竞争市场是指当市场内的企业从该市场退出时完全不用负担不可回收的沉没成本，从而能够完全自由地进入和退出市场。沉没成本是指企业进入市场所投入的、退出该市场时不能收回的那部分投资。从这一定义出发，市场是不是可竞争的，仅仅取决于是否存在沉没成本，而与产业内企业数量的多少无关。由此可见，鲍莫尔等人所特别重视的沉没成本的沉没程度主要取决于所投入资本向其他市场转移或资产出让回收的可能性，而与投入的固定费用无关。无论固定费用或资产的未折旧部分有多大，只要能够回收，就不是沉没成本。

在存在新企业随时进入市场的潜在竞争压力的条件下，即使市场上仅有一家垄断企业，没有其他竞争对手，这家垄断企业所能获取的资本收益率也不会高于完全竞争市场众多企业所能获取的正常收益率。因为任何能使垄断企业获取高于资本正常收益的利润的垄断定价行为都会立即招致其他竞争者的进入。[①]

因此可竞争市场理论的基本观点是：包括自然垄断在内的高集中度的市场结构是可以和效率并存的。沉没成本决定了企业从市场退出的难易程度，从而影响着企业的进入决策。在这一点上，可竞争市场理论与传统产业组织理论中将规模经济性、产品差别化和绝对费用差别等作为进入壁垒的决定因素有很大差别。由于在完全可竞争市场中闪电般的进入退出压力经常存在，因此，无论是垄断市场还是寡占市场，任何企业都不能维持能带来垄断超额利润的价格和低效率的生产组织。

与芝加哥学派的观点类似，可竞争市场理论依据的也是新古典经济学的均衡分析方法，并强调长期分析。在长期中达到的均衡是市场进入与退出过程均处于静态。即一方面，处于现存市场中的企业不存在退出市场的动机，因为它们都没有亏损；另一方面，处于潜在竞争地位的企业也不存在进入这个市场的动机，因为这个市场不存在高额利润。

按照可竞争市场理论，在近似完全的可竞争市场中，自由放任政策比通常的政府规制政策更为有效。在鲍莫尔等人看来，政府的竞争政策与其说重视市场结构，倒不如说重视是否存在充分的潜在竞争压力，而确保潜在竞争压力存在的关键是要尽可能地降低

---

① 夏大慰．产业组织与公共政策：可竞争市场理论［J］．外国经济与管理，1999（11）：9－10．

沉没成本。因此，他们主张一方面要积极研究能够减少沉没成本的新技术、新工艺，另一方面要排除一切人为的进入和退出壁垒。

2. 可竞争市场理论的影响

尽管现实中真正符合可竞争市场理论假定条件的产业并不多，且该理论在适用范围方面存在着很大的局限性，但其对近 20 年来发达资本主义国家政府规制政策思路的转换及措施调整产生了重大影响。①

第二节　产业组织理论的新发展

一、新奥地利学派②

产业组织理论的新奥地利学派是芝加哥学派之外一个颇具实力和影响力的学派，其在理论上的多方面成就是建立在卡尔·门格尔（Carl Menger，1840—1921 年）、欧根·冯·庞巴维克（Eugen von Bohm-Bawerk）创建的奥地利学派的传统思想和方法之上的。其代表人物是路德维希·冯·米塞斯（Ludwig von Mises，1881—1973 年）、弗里德里希·奥古斯特·哈耶克、伊斯雷尔·M. 柯兹纳（Israel M. Kirzner）、莫瑞·N. 罗斯巴德（Murray N. Rothbard，1926—1995 年）、多明尼克·阿门塔诺（Dominick Armentano）、L. M. 斯巴达罗（L. M. Spadaro）、S. C. 利特柴尔德（S. C. Littlechild）、W. D. 里基（W. D. Reekie）等。他们均活跃在美国和英国学术界，但是由于他们继承了奥地利学派的思想和传统，所以被称为新奥地利学派。

1. 新奥地利学派的方法论特征

新奥地利学派有关竞争的观点与新古典经济理论有着显著的不同。新古典经济理论把竞争解释为现实的和潜在的竞争使价格趋向均衡点的边际成本，而新奥地利学派以市场竞争为基本的分析前提，忽视了垄断问题，认为市场竞争是一个动态的过程，不能用传统的静态的方法来分析研究，因此他们否定作为新古典经济学核心的价格理论。对新古典经济学家而言，高于正常利润是垄断力量作用的典型形式，而新奥地利学派则从不完全信息出发，认为竞争性市场过程是分散的知识、信息的发现和利用过程，考察了个别人充分协调的作用，由此他们发现了被新古典经济学家所忽视的一个重要因素——企业家，并且认为企业家在寻求新的利润机会中起着关键的作用，强调在竞争的市场上企业家的行为是如何指导资源的流动，以最好地满足消费者的需要的。

新奥地利学派致力于个人行为的逻辑分析，着重研究逐步的过程分析，而不是注重未必实际存在的静态一般均衡。而且对新奥地利学派来说，研究目标是从个人效用和行为到价格的非线性因果传递，而不是为人熟知的新古典主义数学函数的相互决定。因此，

① 夏大慰．产业组织与公共政策：可竞争市场理论［J］．外国经济与管理，1999（11）：11.

② 夏大慰．产业组织与公共政策：新奥地利学派［J］．外国经济与管理，1999（10）：26－29；苏东水．产业经济学［M］．2 版．北京：高等教育出版社，2005：72－73.

新奥地利学派虽然和芝加哥学派一样也奉行自由主义，赞赏市场有秩序的结构，但在理解这种结构实际是怎样取得时，又与新古典主义有分歧。他们是按照自己独特的方法论对市场过程进行剖析的，与芝加哥学派相比，其基础理论有很大区别，这是新奥地利学派最主要的特征。

自然科学的研究对象主要是自然现象，自然现象通常存在着某种规律性，因此不仅可以用数量化表示，而且可以通过实验来验证。新奥地利学派从主观主义的立场出发，将经济学看作不同于自然科学的“人类行为科学”的一个领域，所研究的是本质上与自然现象不同的经济现象。在经济学领域采用与自然科学相同的工具进行分析是不合适的，因此，该学派极力否定作为经济分析工具的现代数学方法，主张研究经济现象应运用人类行为科学的方法，通过语言进行阐述。

2. 新奥地利学派的政策主张

新奥地利学派对传统的哈佛学派的反垄断政策基本持批判态度，与芝加哥学派有一致之处。新奥地利学派反对政府干预，认为政府的信息也是不完备的。既然政府的知识和信息也是不完全的，政府对经济运行的干预就会扭曲市场调整过程，最终损害经济绩效，那么，政府所能做的最好的事情就是建立制度体系，而最恰当的体系就是最大的个人自由和最少的政府干预。

新奥地利学派重视人类行为的研究，认为经济生活的手段和目的之间的关系并非一成不变，而要受有创造性的人的行为制约，这种创造性的作用被定义为创新精神。新奥地利学派认为市场竞争源于企业家的创新精神，只要确保自由的进入机会，就能形成充分的竞争压力，唯一能真正成为进入壁垒的就是政府的进入规制政策和行政垄断。因此最有效的促进竞争的政策首先应该是废除那些过时的规制政策和不必要的行政垄断，实行自由放任政策。新奥地利学派认为，社会福利的提高源于生产效率而非哈佛学派强调的配置效率，只要不是依赖行政干预，垄断企业实际上是生存下来的最有效率的企业，这导致新奥地利学派对大规模的企业组织持宽容的态度，认为市场竞争过程本来就是淘汰低效率企业的过程。新奥地利学派在政策主张上提出以完全的自由市场来获得充分的竞争，完全否定反垄断和规制政策，这使得该学派理论的适用性有较大的局限性，但其在产业组织理论中注重人类行为科学的研究，以及从不完全信息出发，把竞争性的市场看作分散的知识、信息的发现和利用过程。将市场竞争作为一种过程的理论分析丰富了产业组织理论，有很强的借鉴意义。

二、新产业组织理论

由梅森、贝恩于20世纪30年代创立的正统产业组织理论，在20世纪50—70年代虽然有了很大的发展，但是其研究的局限性也很快被学界发现，主要表现为两个方面：

一是企业目标假定单一。它假定所有企业（不论是垄断企业还是完全竞争企业）都是以利润最大化为目的，甚至不对经营者控制的企业和所有者控制的企业进行区分。这种单一的目标假定忽视了企业类型的差异带来的企业目标进而企业行为的差异。另外，与利润最大化假定相联系，正统产业组织理论假定生产者和消费者都是完善的，能获得完全的信息（也就没有所谓的交易费用），从而能够实现完全均衡。正是由于缺乏交易费用的概念，正统产业组织理论也就不能正确认识现代大公司的出现在资源配置中的作用。

二是研究方法的静态和单向。他们采取了市场结构决定企业行为进而决定组织运行状况的单向研究框架（S→C→P）。在这种严格的形式中，企业行为是内生的，是市场结构的结果，而无法发现市场结构也受企业行为的影响，以及本期市场结构受上期企业行为的影响。

鉴于上述两大缺陷，从 20 世纪 60 年代末起，一些经济学家在不放弃 SCP 分析框架的前提下，对正统的产业组织理论进行了修正和补充，并在 20 世纪 80 年代将其发展成了新产业组织理论（或称现代产业组织理论）。它与传统理论相比，主要特点如下。①

1. 理论范式的突破

新产业组织理论在理论范式上的创新表现在三个“突破”上：一是突破了传统产业组织理论只重视市场结构的分析框架，从重视市场结构的研究转向重视市场行为的研究，即由结构主义转向厂商行为主义；二是突破了传统产业组织理论单向、静态的研究范式，建立了双向、动态的研究框架，即强调企业行为对市场结构的反作用和市场效果对企业行为进而对市场结构的影响；三是突破了传统产业组织理论的新古典假定，建立了不完全信息条件下市场行为的分析范式。

2. 研究方法的创新

20 世纪 70 年代以来，产业组织理论在研究方法上发生了巨大变化，博弈论及与其相关的信息经济学、数理经济学、福利经济学等方法相继被引入产业组织理论分析。研究方法的创新推动了产业组织理论的长足发展，不仅推进了其研究深度，而且拓展了研究的广度，产业组织理论的诸多创新在很大程度上得益于研究方法的演变，甚至可以说研究方法的演进在某种意义上体现了产业组织理论的发展脉络。产业组织理论的研究方法有很多，包括实证与规范分析、定性与定量分析、静态与动态分析、博弈分析、结构分析以及系统动力学分析方法等，但是对新产业组织理论影响最大的是博弈论（game theory）分析方法。

3. 研究领域的拓展

近年来，新产业组织理论的经济学家不断拓展研究视野，在借鉴其他学科的研究方法的同时，运用产业组织理论的基本原理和研究方法分析一些新的经济问题，使产业组织理论得到极大的丰富。在这些新的领域中，取得明显成就的主要有：一是对企业制度问题的研究。新产业组织理论打开企业“黑箱”，深入分析企业内部组织结构和治理结构，在企业理论方面取得了长足进步。二是将产业组织理论运用于国际经济现象的研究。新产业组织理论对跨国投资、国际贸易、国际寡占、跨国并购以及跨国公司的策略性行为等国际经济现象进行了深入研究，形成了一些具有创新意义的研究成果。三是对网络经济等新经济因素的研究。

4. 对产业组织的综合性研究

进入 20 世纪 90 年代以后，产业组织理论一方面已经表现出与其他经济理论融合发

---

① 余东华．新产业组织理论及其新发展［J］．中央财经大学学报，2004（2）：50.

展的趋势，产生了诸如法经济学、管制经济学等交叉学科；另一方面与传统产业组织理论出现交错共存与综合发展的现象，以至有学者认为，将产业组织理论区分为传统产业组织理论和新产业组织理论的时代正在结束。

三、2000年后产业组织理论的新发展

2000 年以后，产业组织研究领域又表现出一些新的发展动态。①

一是行为不确定性和不完全信息问题成为当今西方产业组织理论的研究重点。针对近年来欧美一些发达国家连续发生的金融诈骗和财务丑闻事件，西方产业组织理论界从不同角度展开了分析和讨论，思考是什么原因导致了这些欺诈行为的产生，美国现行的制约体制为什么无法阻止这些欺诈行为的发生，以及应当如何改革现行的治理体制等问题。在这场讨论中，许多学者和分析家提出，导致这些事件发生的主要原因是社会监督机制作用的降低和诚信的缺失，而这一切又都与个人行为的不确定性和信息不完全相联系。首先，信息不完全和诚信缺失导致公司管理人员实行欺诈。由于金融市场缺乏效率，公司的股票价格不能正确反映公司的经营状况，在这一信息不完全的条件下，持有股票的公司管理人员就有了制造假账的行为动机，例如，安然公司的欺诈事实就是该公司的高级管理人员利用会计欺诈手段夸大公司的报表利润，哄抬股价，然后抢在公司巨额损失最终暴露之前将手中的股票高价出售，以获取暴利的行为结果。其次，信息不完全和诚信缺失使社会中介环节的社会监督机制失效。例如，为安然公司做审计业务的安达信会计公司除了为安然提供审计业务外，还为安然提供其他的业务咨询收费业务，正因为如此，众多会计、审计人员在自身利益的驱使下，放弃了自己的职责，与安然公司一道作弊，蒙骗公众和政府。从有关欺诈行为例证的众多研究来看，当今西方产业组织理论的研究重点明显偏向于行为不确定性和不完全信息问题，与此相适应，有关财务公开制度、公司股权问题和金融诚信问题也成为当代的热门话题。

二是政府官员行为问题研究也是近年产业组织理论的一个重点。近年来，一些产业组织学者为了深入考察政府规制对产业结构的影响，还对政府官员的行为问题进行了大量实证研究。例如，赫尔曼和考夫曼在《解决转轨国家中的政府俘获问题》(2002) 一文中提出了一种衡量政府整体腐败情况的方法，对 22 个转轨国家的政府俘获问题进行调查和研究，分析企业是通过什么样的途径来获取政府官员的扶持，以便获取高利的。他们的研究表明，俘获问题对一个国家的长期发展来说危害性是非常大的，俘获行为不仅会扭曲竞争环境，耗费企业家的才能，而且会损害一个国家的创新能力，阻碍竞争，破坏可持续的经济增长。他们认为，解决政府俘获问题的根本在于改善政府的治理结构和加强法制建设。

党中央一直高度重视反腐败问题。尤其是党的十八大以来，以习近平同志为核心的党中央持续保持高压反腐态势，以“刮骨疗毒、壮士断腕”的决心和勇气，“打虎、拍蝇、猎狐”，铁腕反腐，向党和人民交出沉甸甸的成绩单，构建不敢腐、不能腐、不想腐的体制机制，推动形成反腐败斗争压倒性胜利态势，凝聚党心、赢得民心，获得国际社会尊重。

---

① 彭泽军．当代产业组织理论研究的新进展 [J]. 企业经济，2008 (6)：45－46.

“清醒认识腐蚀和反腐蚀斗争的严峻性、复杂性，认识反腐败斗争的长期性、艰巨性，切实增强防范风险意识，提高治理腐败效能。”[①] 习近平总书记在党的十九届中央纪委四次全会上深刻阐明了新形势下反腐败斗争的新任务、新要求，为不断巩固发展反腐败斗争压倒性胜利、深入推进全面从严治党提供了重要遵循。党的十九届四中全会提出，突出坚持和完善支撑中国特色社会主义制度的根本制度、基本制度、重要制度，着力固根基、扬优势、补短板、强弱项，构建系统完备、科学规范、运行有效的制度体系，加强系统治理、依法治理、综合治理、源头治理，把我国的制度优势更好转化为国家治理效能，为实现“两个一百年”奋斗目标、实现中华民族伟大复兴的中国梦提供有力保证。

三是信息时代的产业结构问题研究是产业组织理论的一项新课题。随着信息技术对经济活动的影响日益广泛，社会经济活动的各种关系正在发生重大变化，产业结构也发生了实质性的转变。20 世纪 90 年代以来，信息技术的巨大发展使得企业之间能够方便、快捷地互换和共享数字化信息，这样一来，原有企业的组织结构效率就相对降低了，而一种更有效的“模块化”产业组织结构随即产生，通过共享某些资源，行业内部就自然分解为一些固定的模块，分别集中力量设计、制造特定的产品，然后在行业间开展合作，这样就可以大大节约资本，提高行业竞争力。例如，在当今的汽车制造业中，各种重要零配件的设计和生产正在趋于通用化和标准化，一些工艺技术也趋于共享化，这些新的行业发展趋势意味着社会资源将得到更加有效的配置和利用，产品的生产成本和交易成本也有可能大大降低。AI、大数据、云计算等技术正在深入改变汽车生产和出行领域。利用数字工厂将传统汽车生产制造方式转变为柔性化生产方式，以便快速响应消费者的个性化需求，以及降低为了满足消费者需求而产生的一切不确定性和风险。[②] 这一新的产业结构变化趋势预示着未来产业组织政策的取向也将随之发生调整和改变。以现代信息网络为主要载体，以信息通信技术融合应用、全要素数字化转型为重要推动力的数字经济产业，正推动生产方式、生活方式和治理方式深刻变革，成为重组全球要素资源、重塑全球经济结构、改变全球竞争格局的关键力量。[③]

专栏 3-1

习近平：不断做强做优做大我国数字经济

2022 年 1 月 16 日出版的第 2 期《求是》杂志发表了习近平总书记的重要文章《不断做强做优做大我国数字经济》。近年来，互联网、大数据、云计算、人工智能、区块链等技术加速创新，日益融入经济社会发展各领域全过程，各国竞相制定数字经济发展战略、出台鼓励政策，数字经济发展速度之快、辐射范围之广、影响程度之深前所未有。

党的十八大以来，党中央高度重视发展数字经济，将其上升为国家战略。党的十八届五中全会提出，实施网络强国战略和国家大数据战略，拓展网络经济空间，促进互联网和经济社会融合发展，支持基于互联网的各类创新。党的十九大提出，推动互联网、大数据、人工智能和实体经济深度融合，建设数字中国、智慧社会。

① 习近平在中央纪委四次全会上发表重要讲话 [EB/OL]. 新华网，2020-01-13.
② 2021 年中国车企数字化转型趋势研究报告：生产数字化篇 [EB/OL]. 艾瑞咨询，2021-09-09.
③ 国务院关于印发“十四五”数字经济发展规划的通知（国发〔2021〕29 号）. 2022-01-12.

党的十九届五中全会提出，发展数字经济，推进数字产业化和产业数字化，推动数字经济和实体经济深度融合，打造具有国际竞争力的数字产业集群。我们出台了《网络强国战略实施纲要》《数字经济发展战略纲要》，从国家层面部署推动数字经济发展。这些年来，我国数字经济发展较快、成就显著。根据2021全球数字经济大会的数据，我国数字经济规模已经连续多年位居世界第二。

面向未来，我们要站在统筹中华民族伟大复兴战略全局和世界百年未有之大变局的高度，统筹国内国际两个大局、发展安全两件大事，充分发挥海量数据和丰富应用场景优势，促进数字技术和实体经济深度融合，赋能传统产业转型升级，催生新产业新业态新模式，不断做强做优做大我国数字经济。第一，加强关键核心技术攻关。第二，加快新型基础设施建设。第三，推动数字经济和实体经济融合发展。第四，推进重点领域数字产业发展。第五，规范数字经济发展。第六，完善数字经济治理体系。第七，积极参与数字经济国际合作。

资料来源：习近平．不断做强做优做大我国数字经济［J］．求是，2022（2）.

四是产业组织研究也表现出一些新趋势，产业组织理论与其他经济相关学科的联系越来越紧密。① 在产业组织理论借鉴其他学科研究方法的同时，经济学家也开始运用产业组织理论分析市场竞争问题，解决经济领域的一些问题，在这个过程中，产业组织理论得到了极大的丰富和发展。随着互联网的不断发展，许多传统产业加入了互联网元素，具有了互联网的技术经济特征，共享经济、平台经济以及网络经济的发展给产业组织带来了新的活力，形成了网络经济条件下的产业组织变革，即企业之间的竞争与合作关系、行为范式、生产经营模式等产业组织要素都发生了显著变化。企业竞争的焦点转移到对技术、标准、组织网络等的竞争上。形成垄断的市场进入壁垒主要是技术、标准、专利、网络生态系统等。在网络经济条件下，技术因素已经成为市场竞争和垄断的核心因素，企业合作越来越多，合作组织非常广泛，因此企业的基本行为范式就是合作行为。企业为了更好地满足消费者快速变化的个性化需求，网络化、扁平化、平台化企业组织迅速发展。

第三节 产业组织的 SCP 分析框架

一般认为，由贝恩所著的《产业组织》的问世标志着产业组织理论框架的确立。贝恩建立了正统产业组织理论的三个基本范畴：市场结构（structure）、企业行为（conduct）、经济绩效（performance），构成了 SCP 分析框架。S 指市场结构，包括企业所在行业的集中程度、生产差别、进入壁垒。C 指企业行为，包括企业目标、战略和企业的各种竞争行为（如创新、合并、广告等）。P 指企业运行的经济绩效，主要包括收益率、技术进步等效果。SCP 分析框架至今仍是主流产业组织理论的基本框架。

① 朱政，张振鹏．产业组织理论回溯与研究展望［J］. 产业创新研究，2018（6）：58－63.

一、市场结构

（一）市场结构的内涵

市场结构指的是市场的组织特征，从实用的目的看，特指决定买者之间、卖者之间、买卖双方之间、在位卖者与潜在卖者之间关系的特征。换句话说，市场结构特指对市场竞争性质和价格行为产生战略影响的市场组织特征。[①] 市场结构是反映市场内竞争程度的概念。

在产业组织理论中，产业的市场结构是指企业市场关系的特征和形式。内容包括：(1) 卖方（企业）之间的关系；(2) 买方（企业或消费者）之间的关系；(3) 买卖双方的关系；(4) 市场内已有的买方和卖方与正在进入或可能进入市场的买方、卖方之间的关系。上述关系在现实市场中的综合反映就是市场的竞争和垄断关系。因此，市场结构本质上是一个反映市场竞争和垄断关系的概念。[②]

（二）市场结构的基本类型

根据竞争和垄断程度，一般把市场结构分为四种类型。

1. 完全竞争市场

完全竞争市场是不存在垄断、竞争程度最高的市场，它具有以下特征：

(1) 市场集中度很低，市场上有大量互相独立的买方和卖方，企业规模小，以致不能影响市场价格。价格是由市场总供给和总需求决定的，每个买方或卖方只能是价格的接受者，而不是影响者。

(2) 产品无差异，所有企业都提供同质的标准化产品，产品无差异，具有完全的可替代性。

(3) 企业能够自由进入和退出市场，没有任何限制资源流动和价格变化的壁垒。换句话说，新企业的进入或原有企业的退出都是完全自由的。

(4) 完全信息，所有的买方和卖方都掌握与交易有关的一切信息，不存在由信息产生的交易成本。

显然，完全具有上述特征的完全竞争市场在现实中是不存在的，只具有理论研究上的意义。现实中的农产品市场类似于完全竞争市场。

2. 完全垄断市场

完全垄断市场是指不存在任何竞争，只有一个买方或卖方的市场。完全垄断市场具有以下特征：

(1) 市场集中度为 100%，只有一家提供产品的企业，企业就是产业。

(2) 没有替代产品，完全垄断企业所提供的产品没有完全替代品，所以产品的需求的交叉弹性[③]为零。

---

① Joe S. Bain. *Industrial Organization*. New York: John Wiley & Sons, Inc., 1968: 7.

② 苏东水．产业经济学［M］．3 版．北京：高等教育出版社，2010：94.

③ 需求的交叉弹性是指一种产品的价格变动比例对另一种产品的需求变动比例所产生的影响。$Ec=(\Delta Q_x/Q_x)/(\Delta P_y/P_y)$。

（3）进入壁垒非常高，其他企业难以进入完全垄断产业与该企业竞争。

和完全竞争市场一样，完全垄断市场在现实中也几乎不存在，公用事业近似符合完全垄断市场。

3. 垄断竞争市场

垄断竞争市场是垄断和竞争并存但偏向于竞争的市场，是一种比较接近现实经济状况的市场结构，具有以下特征：

（1）产业集中度较低。市场上有很多企业，每家企业的市场占有率较低，它们对市场可以施加有限影响，但不能控制价格。

（2）产品有差别。产业内各企业的产品在质量、商标、外观、广告及销售服务等方面存在差别，产品有差异，但也可以替代。

（3）进入和退出壁垒较低。垄断竞争市场上企业的规模都不大，原始投入资本也比较低，因而新企业进入或原有企业退出的资本壁垒和技术壁垒都比较低，这是垄断竞争市场和寡头垄断市场的一个很重要的差异。

这是一种比较接近现实的市场类型。垄断竞争企业在食品工业、服装工业及日用品工业中是普遍存在的现象。

4. 寡头垄断（寡占）市场

寡头垄断市场是指少数大企业控制着产业市场大部分产品的供给，它们具有较高的市场份额。这是一种介于完全竞争和完全垄断之间、以垄断因素为主的市场结构，是一种很普遍的市场结构形式，是产业组织理论重点研究的市场结构。许多国家的汽车、钢铁、铝、石油化工、电子设备和计算机行业都属于寡头垄断的市场结构。寡头垄断市场具有以下特征：

（1）产业集中度高。由于产业市场被少数大企业控制，它们生产和销售的产品在产业总生产量和总销量中占据了很高的比例，能对价格产生一定影响。

（2）产品基本同质或差别较大。存在两种情况：一种是几家大企业提供的产品基本同质，无大的差别；另一种是产品有较大差别。

（3）进入和退出壁垒较高。新企业进入市场和老企业退出市场都相当困难。

完全竞争、完全垄断、寡头垄断、垄断竞争这四种基本类型的市场结构的基本特点可以通过表 3-1 来简单概括。

表 3-1 四种基本类型的市场结构的特征

	产业集中度	可替代性	进入或退出壁垒	信息完备性
完全竞争	很低	很高	不存在	完备
完全垄断	100%	没有	很高	不完备
寡头垄断	高	较高/较低	较高	不完备
垄断竞争	较低	较高	较低	不完备

（三）决定市场结构的主要因素

市场集中度、产品差别化程度，以及进入与退出壁垒是影响市场结构或市场竞争和垄断关系的三个主要因素。

1. 市场集中度

（1）市场集中度的含义。

市场集中度包括卖方市场集中度和买方市场集中度，本书所介绍的市场集中度是指卖方市场集中度。市场集中度是指特定产业的生产经营集中程度，一般用该产业中最大的、主要的企业所拥有的生产要素或其产销量占整个产业的比重来表示。一般来说，集中度高就表明在特定产业中少数大企业拥有较大的垄断能力。因此，不管这些少数大企业在主观上是否有使用垄断力量的动机，市场集中度高都已经表明它们在客观上具有了垄断力量。

（2）市场集中度的衡量指标。

①绝对集中度。绝对集中度是最常用、最简单易行的衡量指标，通常采用行业内规模最大的前几位企业的有关数值 X（可以是产值、产量、销售额、销售量、职工人数、资产总额等）占整个行业的份额来表示。计算公式为：

$$CR_n = \sum_{i=1}^{n} X_i / \sum_{i=1}^{N} X_i$$

式中，CR_n 表示市场上规模最大的前 n 位企业的市场集中度（一般来说，n 在 4～8 之间，最常见的是 CR_4，测量市场或产业中最大的 4 家企业的资源份额），X_i 为按照资源份额排列的第 i 位企业的生产额或销售额、资产额、职工人数，N 为市场上卖方企业的数量（计量买方集中度时指买方企业的数量）。即 X_i 为 X 产业内第 i 位企业的生产额或销售额、资产额、职工人数，N 为 X 产业的全部企业数量。CR_n 接近于 0 意味着最大的 n 家企业仅供应了市场很小的部分。相反地，CR_n 接近于 1 意味着非常高的集中程度。贝恩最早运用绝对集中度对产业的垄断与竞争程度进行分类研究，见表 3－2 和表 3－3。

表 3－2　贝恩的市场结构分类

市场结构类型		CR_4 值（%）	CR_8 值（%）	该产业的企业数量	列入该类型的产业
Ⅰ. 极高寡占型	A	$75 \leqslant CR_4$	—	20 家以内	轿车、电解铜、氧化铝
	B	$75 \leqslant CR_4$	—	20～40 家	卷烟、电灯、石膏、平板玻璃
Ⅱ. 高集中寡占型		$65 \leqslant CR_4 < 75$	$85 \leqslant CR_8$	20～200 家	轮胎、洋酒、变压器、洗衣机
Ⅲ. 中（上）集中寡占型		$50 \leqslant CR_4 < 65$	$75 \leqslant CR_8 < 85$	较多	粗钢、钢琴、轴承
Ⅳ. 中（下）集中寡占型		$35 \leqslant CR_4 < 50$	$45 \leqslant CR_8 < 75$	很多	肉类制品、壁纸、杀虫剂
Ⅴ. 低集中寡占型		$30 \leqslant CR_4 < 35$	$40 \leqslant CR_8 < 45$	很多	面粉、鞋、水果、罐头、涂料
Ⅵ. 原子型		$CR_4 < 30$	$CR_8 < 40$	极多，不存在集中	服装、纺织、大多数木制品

资料来源：王俊豪．产业经济学［M］．2 版．北京：高等教育出版社，2012：37.

表 3-3 贝恩提出的制造业集中度标准

CR_4	CR_8	集中程度
75%以上	90%以上	非常高
65%～75%	85%～90%	高
50%～65%	70%～85%	比较高（适度集中）
35%～50%	45%～70%	比较低
35%以下	45%以下	低

资料来源：Joe S. Bain. *Industrial Organization*. New York：John Wiley & Sons，Inc.，1968.

绝对集中度综合反映了企业数量和规模这两个决定市场结构的重要方面，但是，绝对集中度也有一些不足：首先，绝对集中度反映的只是最大的几家企业的总体规模，却忽略了其余企业的规模分布情况，是不全面的；其次，绝对集中度无法反映最大的几家企业之间的相对情况；最后，这个指标难以反映产品差异程度的变化情况。①

②*HHI* 指数。*HHI* 指数即 *H* 指数，也叫赫芬达尔-赫希曼指数，是某特定行业市场上所有企业的市场份额的平方和，计算公式为：

$$HHI = \sum_{i=1}^{n}(X_i/X)^2 = \sum_{i=1}^{n}S_i^2$$

式中，X 为产业市场的总规模；X_i 为产业中第 i 位企业的规模；S_i 为产业中第 i 位企业的市场占有率；n 为产业内的企业数量。

比如，市场上共有 3 家企业，每家企业的市场份额分别为 0.4、0.25、0.35，那么这一市场的 $HHI=(0.4)^2+(0.25)^2+(0.35)^2=0.345$；如果有 6 家企业，市场份额分别为 0.6、0.15、0.1、0.05、0.06、0.04，则 $HHI=0.4$。说明 *HHI* 值越大，市场集中度越高。当市场处于完全垄断时，$HHI=1$；当市场有 n 家规模相同的企业时，$HHI=1/n$。企业数量越多，即 n 越趋向无穷大，*HHI* 值就越趋向 0。

与绝对集中度指标相比，*HHI* 有明显的优势。第一，*HHI* 包含了所有企业的规模信息，能够反映出绝对集中度无法反映的集中度的差别。例如，假定有两个市场，一个由 10 家企业组成，另一个由 15 家企业组成，这两个市场规模最大的前 4 家企业的市场占有率是相同的，也就是说，这两个市场的 CR_4 相等。如果使用 *HHI*，则可以反映出这两个市场集中度的差别。第二，由于“平方和”计算的“放大性”，*HHI* 对规模最大的前几家企业的市场份额的变化反应特别敏感，因此，*HHI* 能够真实地反映市场中企业之间规模的差距。但是，*HHI* 的优越性是有代价的，为了计算某个特定市场的 *HHI*，必须收集到该市场上所有企业的市场份额信息，成本比较高。

③相对集中度。相对集中度是反映产业内企业的规模分布状况的市场集中度指标，常用洛伦兹曲线和基尼系数表示。

洛伦兹曲线反映的是市场占有率与市场中从小企业到大企业的累计百分比之间的关系（见图 3-2）。横轴表示的是从最小企业开始的企业累计百分比，纵轴表示的是这些企

① 苏东水．产业经济学［M］．3 版．北京：高等教育出版社，2010：98.

业的市场占有率。洛伦兹曲线反映产业内全部企业的市场规模分布情况。当产业内所有企业规模都相同时，其就是对角线，又被称为均等分布线；当企业规模不完全相同时，洛伦兹曲线就是对角线下方的曲线。曲线越偏离对角线、凸向右下角，表明企业规模分布的不均匀程度越大，也就是市场集中度越高。

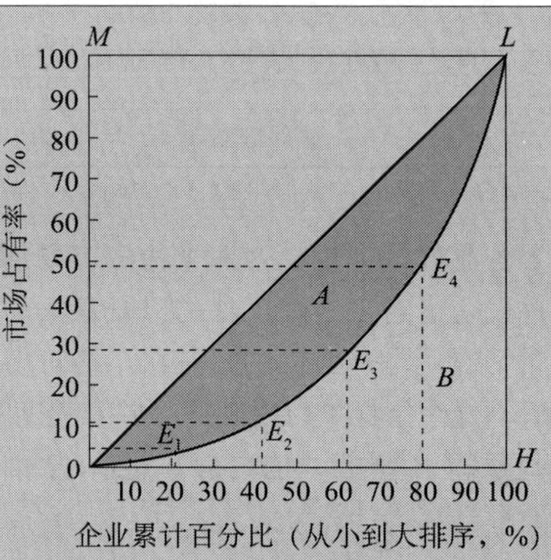

图 3-2　洛伦兹曲线

基尼系数建立在洛伦兹曲线的基础上，等于均等分布线（对角线）与洛伦兹曲线之间的面积（图 3-2 中深灰色阴影部分的面积）和以均等分布线为斜边、以横纵轴为直角边构成的三角形的面积之比。基尼系数的计算方法如下：首先将企业按其销售收入由低到高排列，然后分别计算出各企业销售收入占各企业销售收入总和的比重。

$$Y=\sum_{i=1}^{n}Y_i,\ y_i=Y_i/Y(\sum y_i=1;Y_1\leqslant Y_2\leqslant\cdots\leqslant Y_n)$$

基尼系数的计算公式为：

$$G=\frac{2}{N}\cdot\sum_{i=1}^{n}c_i\cdot y_i-\frac{N+1}{N}(c_1=1,c_2=2,\cdots,c_n=n)$$

式中，Y_i 为第 i 家企业的销售收入；Y 为各企业销售收入总和；y_i 为 i 企业销售收入占各企业销售收入总和的比重；G 为基尼系数；N 为企业数量。

基尼系数越大，表明企业规模差异越大。

其实，洛伦兹曲线和基尼系数是经济学家用来反映收入分配不均的一对指标。基尼系数的经济含义是：在全部居民收入中不平均分配的百分比。基尼系数最小等于 0，表示收入分配绝对平均；最大等于 1，表示收入分配绝对不平均；实际的基尼系数介于 0 和 1 之间。国际上通常认为基尼系数在 0.2 以下为绝对平均或高度平均，0.2～0.3 之间为比较平均，0.3～0.4 之间为比较合理，0.4～0.5 之间为差异较大，大于 0.5 为高度不平均，0.6 以上为差异极其悬殊。国际上通常将 0.4 作为收入差异的警戒线。

产业组织学者利用它们来反映行业内部企业规模的不均。当基尼系数等于 0 时，表明洛伦兹曲线与均等分布线重合，即所有企业规模完全相等；当基尼系数趋向 1 时，表明企业的规模分布越来越不均等。

与绝对集中度指标相比，洛伦兹曲线和基尼系数作为相对集中度指标，可以反映出某一特定行业市场上所有企业的规模分布状况，但是它们也有一定的局限性。第一，洛伦兹曲线和基尼系数是对特定市场中企业规模分布情况的一种相对度量，而不是绝对度量，所以，5 家各自拥有 20%的市场占有率的企业组成的市场，会与 100 家各自拥有 1%的市场占有率的企业组成的市场具有相同的洛伦兹曲线，即均等分布线，它们的基尼系数都等于 0，但是显然，这两种情况下的市场结构的性质是完全不同的。第二，当两条不同形状的洛伦兹曲线所围成的面积相等时，计算出来的基尼系数也相等，因此，基尼系数并不能代表某一特定市场中唯一的企业规模分布的状况。[①] 由于洛伦兹曲线和基尼系数存在这样的缺陷，所以在使用它们衡量市场集中度和判断市场结构时，必须谨慎。

（3）影响市场集中度的因素。

市场集中度反映的是产业生产经营的集中程度，所以该产业内大企业的规模和市场容量就是两个直接影响因素。

如果某产业的市场容量既定，则少数大企业的规模越大，集中度就越高；反之亦然。导致企业规模变化的主要因素有企业扩大规模的动机与策略、技术进步、政府经济政策和法律。导致市场容量发生变化的因素有经济发展速度、收入水平、消费结构以及宏观经济政策等。

2. 产品差别化程度

（1）产品差别化的含义。

产品差别化是指同一产业内不同企业市场的同类产品由于在质量、款式、性能、销售服务、信息提供和消费者偏好等方面存在着差异，从而导致产品之间替代不完全的状况。[②]

企业制造差别产品的目的是引起买方对该企业产品的特殊偏好，从而在市场竞争中占据有利地位，因此对企业来说，产品差别化是一种经营手段、一种非价格竞争手段，也是一种非价格壁垒。其意义在于通过让顾客感知企业产品独特的差异性而影响他们的购买行为，使顾客对企业提供的特定产品产生偏好和忠诚，甚至不惜为此支付更高的价格。例如，生产汽车的企业可以通过各种方法使本企业生产的汽车和同类产品相比具有特色（安全性、舒适性、操控性、内饰与外观等），以至对一部分消费者产生强烈的吸引力，专爱该企业生产的汽车。

研究产品差别化离不开产品之间的替代性分析。对于需求者来说，同类产品可以互相替代，所以被归为同类，完全的替代性是指产品之间在使用性能、结构、外观、广告宣传以及售后服务等方面不存在任何差别，需求者完全把它们视为同一产品。因此，两个产品是完全替代的也就是说这两个产品无差别。但现实中无差别的产品或完全替代性几乎是不存在的，同类产品之间是不完全替代关系或部分替代关系，即它们几乎都是差别化产品。

---

① 苏东水．产业经济学［M］．3 版．北京：高等教育出版社，2010：99.

② 杨公朴，夏大慰．现代产业经济学［M］．上海：上海财经大学出版社，1999：144.

（2）形成产品差别化的原因。

一是产品的物理性差异。产品的用途基本相同，但质量、设计、包装、性能等有所不同，直接影响产品的使用效果。

二是信息闭塞或不完全的原因。即消费者对所要购买的产品的基本性能和质量不了解引起的差异。

三是对买方的服务差异。包括向买方提供有关信息、配送服务、技术维修服务、提供信用支持等。服务可以被看作产品的延伸部分，尤其对于无形的服务产品而言，服务差异化通常是一种更为重要的差异化手段。

四是地理位置差异。因企业或销售点的位置不同而给买方带来的购买时间、方便程度、运输成本的差异，这也会造成买方在产品选择上的差异。

五是特殊促销活动差异。如赠礼品、配附件、进行有奖销售等活动造成买方在产品选择上的差异。

六是由销售者推销行为，特别是广告、促销和服务引起的牌号、商标或企业名称的差异。

（3）产品差别化的测度方法。

1）需求的交叉弹性。产品差别化会导致产品的可替代性降低，而微观经济学正是用需求的交叉弹性来表示产品之间的可替代性的，因此，产品差别化程度可以采用需求的交叉弹性来测量。

需求的交叉弹性＝需求量变动的百分比/替代品价格变动的百分比

如果两种产品的替代关系极为密切，差异性很小，例如两种品牌的矿泉水，则需求的交叉弹性就大。如果两种产品相互没有替代关系，差异性很大，例如报纸与橘子汁，则需求的交叉弹性就小——也许是零。由于计算需求的交叉弹性的数据收集工作难度较大，所以这个指标有理论意义，但实用价值不大。

2）广告密度。广告不仅能够向顾客传递有关产品的价格、质量、功能、服务等方面的信息，会减少购买者的搜寻成本，而且对于顾客感知产品差异、扩大顾客的心理偏好作用很大，尤其是消费品的广告对顾客的购买决策有很大程度的影响。可以说，广告是企业用来传递产品差异信息的最重要和最常用的手段。广告费数据较容易获得，因此各国学者都重视广告活动，并用广告费的绝对额和广告密度两项指标来衡量产品差别化程度。[①]

广告密度的计算公式为：

$$广告密度=AD/SL$$

式中，AD 为广告费的绝对额；SL 为产品销售额。

日本著名产业组织学者植草益对 1977 年日本 31 个产业的广告费和广告密度进行了实证研究，并用广告密度指标对衡量产业市场的产品差别化程度的标准做了如下分类：①$AD/SL \geqslant 3.5\%$，为很高产品差别化产业；②$1\% \leqslant AD/SL < 3.5\%$，为高度产品差别化产业；③$AD/SL < 1\%$，为中度产品差别化产业。

① 毛林根．产业经济学［M］．上海：上海人民出版社，1996：248－249．

（4）产品差别化对市场结构的影响。

通过产品差别化，企业的产品替代性降低，市场结构向着垄断趋势发展，最终可能导致寡头垄断和完全垄断的市场结构。产品差别化主要从两个方面对市场结构产生直接影响。

一是影响市场集中度。市场占有率高的企业通过扩大产品差别化程度，可以保持或提高企业市场占有率，从而保持或提高市场集中度；市场占有率低的企业也可以通过产品差别化提高自身的市场占有率，从而降低市场集中度。

二是形成市场进入壁垒。现有企业的产品差别化可以使顾客对该企业的产品形成偏好甚至一定的忠诚度，这对于意图进入市场的新企业而言，无疑构成了一定程度的进入壁垒，因此，市场的产品差别化程度越高，新企业进入市场的壁垒也就越高。

（5）产品差别化的途径。①

一是产品主体差别化。同类竞争性产品的核心产品部分是一致的，然而它们的延伸产品给企业提供了一个很大的产品差别化的空间，比如设计不同的外观和包装，还可以通过提供不同的服务使顾客对产品产生不同寻常的感觉。产品主体差别化是企业最经常使用的差别化手段，也往往是最有效的一种手段。

二是品牌差别化。企业不仅要给自己的产品设计和注册一个不同的品牌名称，而且必须通过各种促销活动宣传品牌，丰富品牌内涵，提高品牌定位，树立品牌形象，不断提高品牌的知名度和美誉度。对于消费者来说，产品的品牌几乎就是产品所具有的全部差异的浓缩和象征。

三是价格差别化。企业通过制定不同的产品价格，即高于、低于竞争性产品的价格，来提示顾客本企业产品差别的存在。通过实施价格差别化策略，企业能够有效地把自己的产品同其他竞争者的产品区别开来，从而吸引不同偏好的目标顾客。

四是渠道差别化。渠道是企业分销产品的路径，通过为自己的产品选择不同的分销途径，也可以实现一定程度的产品差别化。比如，有的是通过第三方中间商（包括批发商和零售商）销售产品；有的通过自己建立的零售店直接把产品销售给顾客；有的企业采用的是无店铺销售，即没有零售网点，而是通过企业的销售人员直接与顾客打交道；有的企业采用特许经营的分销网络等。随着技术的发展，又出现了许多新的分销渠道、电子商务等。

五是促销差别化。企业通过利用独特的促销手段，包括广告、人员推销和公共关系等，建立顾客对产品差别化的认知。所有这些对不同促销手段的利用，都可以使顾客感知企业的特色。

六是服务差别化。服务可以被看作产品的延伸部分，但是近年来，随着技术进步和激烈竞争的优胜劣汰，核心产品的差别化空间不断缩小，人们普遍高度重视售后服务这个能为产品提供附加值的要素。

（6）不同产业市场的产品差别化程度。

企业进行产品差别化的空间和能力因不同产业的产品特征和性质的不同而有很大

---

① 苏东水．产业经济学［M］．3版．北京：高等教育出版社，2010：103－104．

的差异，根据产品的差别化程度，可以对产业进行分类，即高度产品差别化产业、中度产品差别化产业、轻度产品差别化产业和产品差别化程度可以忽略的产业。贝恩曾就美国经济中的产品差别对不同产业部门的影响进行分析研究。其研究结果表明：产品差别一般对消费品产业，尤其是非耐用消费品产业较为重要，而对工业品产业不那么重要（见表 3-4）。

表 3-4 美国制造业的产品差别化与集中类型

产业	产品差别化的主要手段	产业集中类型
1 高度产品差别化产业		
1.1 卷烟	广告	极高寡占型
1.2 洋酒	广告、质量	高集中寡占型
1.3 汽车	款式、服务、广告	极高寡占型
1.4 大型农业机械	款式、服务	高集中寡占型
1.5 高级钢笔	广告、款式	极高寡占型
1.6 打字机	服务、款式、广告	极高寡占型
2 中度产品差别化产业		
2.1 石油精炼	广告、服务	高集中寡占型
2.2 轮胎	广告、服务、设计差别	高集中寡占型
2.3 高级男式皮鞋	广告、销售渠道控制与系统化	中（上）集中寡占型
2.4 金属容器	服务、款式	高集中寡占型
2.5 小麦粉（零售）	广告、服务	中（上）集中寡占型
3 轻度产品差别化产业		
3.1 钢材	服务、质量	中（上）集中寡占型
3.2 肉类制品	广告、质量	中（下）集中寡占型
3.3 普通钢笔	广告、款式	中集中寡占型
3.4 普通男式皮鞋	广告、销售渠道控制与系统化	低集中寡占型
4 产品差别化程度可以忽略的产业		
4.1 铜		极高寡占型
4.2 水泥		中（下）集中寡占型
4.3 尼龙丝		高集中寡占型
4.4 水果罐头		低集中寡占型
4.5 小麦粉（加工用）		低集中寡占型
4.6 肉类（生鲜品）		中（下）集中寡占型

资料来源：杨公朴，夏大慰．现代产业经济学［M］．上海：上海财经大学出版社，1999：146 147.

消费品产业包括耐用消费品和非耐用消费品两个产业市场。对于耐用消费品而言，消费者的购买决策比较慎重，但是多数消费者又不具备鉴别产品物理特性差异的知识和条件。因此，这类商品在质量、广告、售中和售后服务等方面存在较大的产品差别化空间。对于非耐用消费品而言，多数产品的差别化程度在中等水平和高水平之间，尤其是价格较高的消费品，其产品差别化程度更高。广告宣传对非耐用消费品的顾客作用非常显著，往往可以造成消费者对某个品牌产品强烈的主观偏好。因此，非耐用消费品的产品差别化程度一般比耐用消费品高。

工业品产业包括中间品产业和投资品产业两大类。中间品主要是用作各产业的工业消耗品及原材料等，投资品一般为生产设备和装置。对于中间品而言，产品比较标准化和规格化，物理差异性较小，而且购买者多为企业，具备鉴别产品物理特性差异的知识和测试手段，主观偏好不强烈，不易受广告的影响，因此中间品产业的产品差别化程度都较小。对于投资品来说，产品常常是根据客户的需要定制的，因此产品的物理差异比较显著，同时客户需要得到有关产品性能、使用方法的信息服务和售后维修服务，也容易形成产品的服务差别，广告宣传对投资品消费者的偏好也可以产生一定影响。所以说，投资品产业的产品差别化程度高于中间品产业。但是，从总体上看，工业品产业的产品差别化程度要比消费品产业低很多。

3. 进入与退出壁垒

进入与退出壁垒是产业组织理论的核心问题之一。对进入与退出壁垒的分析主要是从新企业进入市场的角度考察产业内原有企业和准备进入的新企业之间的竞争关系，以及最终反映出来的市场结构的调整和变化。

（1）进入壁垒。

1）进入壁垒的含义。产业组织学中，关于进入壁垒有两个定义。贝恩在《新竞争者的壁垒》一书中指出，进入壁垒（barriers to entry）是“在该产业中在位企业拥有的相对于潜在进入企业的优势，从而使在位企业可以持续地把价格提高到最小平均生产和销售成本之上，而又没有引起新企业进入这个产业”①。从另外一个角度讲，进入壁垒也是指潜在企业或新企业在同原有企业竞争中所遇到的不利障碍因素。而施蒂格勒认为，进入壁垒是新企业寻求进入某一产业时必须承担的高于已有企业的生产成本。② 该定义强调产业内在位企业相对于寻求进入的企业享有成本上的优势，这也是在位企业长期获得经济利润的基础。

我国学者王俊豪在其《产业经济学》（第二版）中给出了进入壁垒的定义，即：使进入者难以成功地进入一个产业，而使在位企业能够持续地获得超额利润，并能使整个产业保持高集中度的因素。他把进入壁垒分为两类：一类是结构性进入壁垒，另一类是策略性进入壁垒。③ 本书所采用的就是这个定义和分类。

2）结构性进入壁垒。构成进入壁垒的结构性因素主要有规模经济、绝对成本优势、产品差别化、必要资本量、政策法律制度等。

①规模经济壁垒。规模经济是指企业生产的平均成本随着产量的增加而下降。根据规模经济规律，新进入市场的企业只有在取得一定的市场份额之后才能获得生产和销售的规模效益，在这之前，新企业的生产和销售成本一定高于原有企业，从而处于竞争劣势。在产业的市场需求有限，同时存在规模经济的前提下，一个或少数几个企业以最小有效规模进行生产并获得经济利润，如果再有新企业以同样的产量进入，则所有企业可能都会亏损。这时新企业无法通过进入这一产业获利，规模经济成为进入壁垒。

---

① Joe S. Bain. *Industrial Organization*. New York：John Wiley & Sons，Inc.，1968：252.

② 施蒂格勒．产业组织和政府管制［M］．上海：上海人民出版社，上海三联书店，1996：69.

③ 王俊豪．产业经济学［M］．2 版．北京：高等教育出版社，2012：51－52.

②绝对成本优势壁垒。绝对成本优势是指原有企业在任一产量水平下的平均成本都低于潜在进入者，使得潜在的企业或新进入的企业与原有企业相比处于一种竞争劣势，原有企业在获得经济利润的同时阻止了潜在进入者的进入，原有企业的绝对成本优势构成了进入壁垒。原有企业的绝对成本优势可能源于以下因素：一是原有企业通过专利或技术秘诀控制了最新的生产工艺。二是原有企业可能控制了高质量或低成本投入物的供应渠道。三是原有企业可能控制了产品的销售渠道。四是原有企业拥有具有特殊经营能力和其他技术专长的人才。五是进入企业在筹集进入资金时可能需要支付更高的资金成本。[①] 绝对成本优势壁垒致使新企业在进入市场时的生产成本总是高于原有企业。

③产品差别化壁垒。在产品差别化程度较高的行业市场中，产品差别往往是构成进入壁垒的一个更为重要的因素。原有企业通过长期的产品差别化努力，已经建立了一定的品牌知名度和美誉度，在保证质量的前提下，只需通过少量广告投入就可维持顾客对本企业产品的忠诚度。但是新企业要付出较大代价才能使顾客相信自己的产品优于老企业，这势必增加新企业的生产和销售成本。这种成本劣势越明显，老企业的产品差别化所造成的进入壁垒就越高。当然，如果新企业掌握着能够淘汰老企业所提供产品的新技术，进入壁垒就低很多。[②]

④必要资本量壁垒。必要资本量是指潜在进入者为进入某一产业市场所必须投入的资本，由此而形成的进入壁垒就称为必要资本量壁垒，也称为资本需要量壁垒。在不同产业，必要资本量随技术、生产、销售的基本特点不同而差异很大。生产过程的资本密集程度越高，必要资本量越大，新企业筹措资金越困难，其资本费用就比原有企业高，因此新企业进入市场的难度越大，该壁垒就越大。

⑤政策法律制度壁垒。在一些国家和某些产业中，企业开业有时需要经过复杂的审批程序，购买国外技术、设备和原材料都需要批准发证，有些产品生产实行许可证制度，资金的筹措要受到政策的制约，专利和知识产权保护制度等都能成为新企业进入时的政策法律制度壁垒。这种壁垒是很难用降低成本或增加广告费用等手段加以克服的。

3）策略性进入壁垒。策略性行为是寡占市场中企业通过对影响竞争对手选择的资源进行投资从而改变竞争环境的行为。随着市场集中程度的不断提高，寡占型市场日益成为主导的市场结构。策略性进入壁垒是在位企业通过其策略性行为设置的进入壁垒，如企业可以利用雄厚的经济实力游说政府改变法规和政策，可以利用强大的研发能力改变行业的技术特点，通过大规模的广告改变消费者的偏好，通过过剩生产能力投资使进入者在寡占市场结构中处于成本劣势等。因此，随着市场结构的演变，策略性进入壁垒日益成为主导形式。

4）进入壁垒的度量。[③] 一是描述性指标。根据经济规模与市场总规模的比例、必要资本量、产品差别化程度、绝对费用、产业和企业的专利特许数量、交易和批准等方面的制度规定指标来衡量产业市场的进入壁垒。二是阻止进入价格指标。一个特定产业的进入壁垒的高低，可以用该产业的最高阻止进入价格高于该产业平均成本的百分比来测

---

① 王俊豪．产业经济学［M］．2版．北京：高等教育出版社，2012：53－54．

②③ 苏东水．产业经济学［M］．3版．北京：高等教育出版社，2010：107，108．

定。最高阻止进入价格是指能阻止新企业进入的价格最高值。当企业把价格定在完全垄断下利润最大化的价格水平时，新企业才无能或无意进入这个市场，那么这个产业市场的进入壁垒很高；如果企业把价格定在略高于完全竞争条件下的竞争价格水平，就能有效阻止新企业进入，那么这个产业市场的进入壁垒就很低。

5）进入壁垒的分类。对进入壁垒进行分类通常包括两个层次。首先根据阻止进入价格水平确定不同产业的进入壁垒程度，然后根据不同产业规模经济壁垒、必要资本量壁垒、产品差别化壁垒及绝对成本优势壁垒对企业进行分类，以分析各种因素对不同产业进入壁垒的影响程度。20 世纪 50 年代，贝恩教授曾根据下列标准对美国部分产业的进入壁垒程度进行了分类。

一是高度进入壁垒产业：当价格比平均费用（包括平均利润）高 10%时，新企业难以进入的产业。属于高度进入壁垒的产业有农用拖拉机、蒸馏酒、卷烟、汽车和钢笔。

二是较高进入壁垒产业：当价格比平均费用高 6%～8%时，新企业仍难以进入的产业。属于这类产业的有钢铁、铜、炼油、肥皂等产业。

三是中等和低进入壁垒产业：当价格不高于平均费用 4%时，新企业难以进入的产业，包括橡胶轮胎、水泥、面粉、人造丝等产业。

6）进入壁垒与市场集中度及利润率的相互关系。贝恩与曼恩认为，进入壁垒、利润率与市场集中度呈正相关关系。[①] 如果其他因素不变，则市场集中度越高，进入行业越困难，进入壁垒越高。另外，进入壁垒越高，行业内企业越容易通过垄断定价或结成某种形式的卡特尔提高市场价格，获取超额垄断利润。因此，进入壁垒越高，则行业内原有企业的利润率越高；反之，利润率越低。因而进入壁垒是影响市场垄断和竞争关系的一个重要因素，也是影响市场结构的一个基本因素。

（2）退出壁垒。

1）退出壁垒的含义。退出是相对于进入而言的，是指一个企业从原来的业务领域中撤出来，即放弃生产或提供某一特定市场上的产品或服务。一般而言，某一企业在市场前景不好准备退出（既可以是主动退出，也可以是被动退出）该产业或市场时受到种种制约企业退出的因素限制，就称存在退出壁垒。或者说退出壁垒是当某一产业的原有企业不能赚取到正常利润（亏损）决定退出时所负担的成本，或原有企业被迫在亏损状态下继续经营所造成的社会福利的损失。

2）构成退出壁垒的因素。

①资产专用性和沉没成本。如果企业投资的资产专用性很强，那么在企业退出这个行业时，这些巨额资产往往很难出售和变现，就要付出很大的沉没成本。沉没成本越大，企业退出市场的壁垒也就越高。

②解雇费用。企业在退出某个市场时，必然会解雇员工。根据合同或国家劳动法的规定，解雇工人可能支付退职金、解雇工资，要向被毁约的一方支付违约金，企业如果需要转产，就必须培训员工从事新工作的技能，这些费用越大，企业退出市场的障碍也就越大。

---

① 王俊豪．现代产业经济学［M］．杭州：浙江人民出版社，2003：22－23.

③战略性退出壁垒。实行多元化战略的企业要退出某一特定业务，可能会导致企业总体战略的损失。这一特定业务可能是企业标志和形象的中心，可能会损害企业与主要分销商的关系，可能会削弱企业总体购买能力，可能会妨碍企业销售其他产品，可能会动摇资本市场对企业的信心从而引发股价的大跌，可能会影响企业纵向整合的其他环节等。

④管理和情感壁垒。退出某一行业通常意味着企业的某种失败和企业认同感的放弃，使得决策者不愿放弃从理智上看非常合理的退出选择。

⑤行政法规壁垒。退出对工人而言意味着失业，对政府而言意味着地方经济的衰退、财政收入的减少和财政支出的增加以及社会矛盾的加剧，因而政府为了一定的目标，经常通过制定政策和法规限制某些行业的企业从市场上退出。尤其是在电力、煤气和自来水供应等基础设施产业中，由于企业所提供的产品和服务是人民的生活必需品，政府不允许企业随意退出产业。

（3）进入壁垒与退出壁垒的关系。

进入壁垒是对准备进入产业的潜在企业而言的，而退出壁垒则是对产业内准备退出产业的现有企业而言的。但从进入壁垒和退出壁垒的要素看，两者具有一定的联系。一般而言，构成进入壁垒的因素往往与构成退出壁垒的因素紧密相关，进入壁垒低的行业，退出壁垒也可能较低，这种行业的竞争性就比较强；相反，进入壁垒高的行业，退出壁垒也可能较高，这种行业的垄断性就比较强。

在产业组织理论中，根据市场进入壁垒和退出壁垒的高低，可以将市场分为易进易出、难进难出、易进难出、难进易出四种情形，见表 3-5。

表 3-5　企业进入壁垒和退出壁垒组合的四种情形

	低退出壁垒	高退出壁垒
低进入壁垒	易进易出，低且稳定的收益	易进难出，低且风险大的收益
高进入壁垒	难进易出，高且稳定的收益	难进难出，高且风险大的收益

二、企业行为

企业行为即企业市场行为，是指企业在市场上为实现其目标（如利润最大化、更高的市场占有率等）而采取的适应市场环境要求不断调整战略和策略的行为。[①] 企业市场行为一般可分成五种具体行为：定价行为、协调行为、广告行为、并购行为、创新行为。企业行为受到市场结构的制约，也作用于市场结构，影响和改变市场结构的状态和特征。产业组织理论主要研究的是寡头垄断市场结构中的企业行为。

（一）定价行为

寡头企业在决定均衡价格和产量时，不仅要考虑自己的决策对市场的影响，而且要

① 臧旭恒，徐向艺，杨蕙馨．产业经济学［M］．北京：经济科学出版社，2002：189.

考虑竞争者对自己的决策的反应，然后根据这种反应进行决策。下面介绍几种有代表性的定价行为。

1. 掠夺性定价

掠夺性定价又称驱逐对手定价，意思是某企业为了把对手挤出市场和阻止试图进入市场的潜在对手，而采取降低价格（甚至低于成本）的策略。掠夺性定价有三个重要的特征：（1）掠夺性定价是一种暂时性的降价（虽然与促销降价有些相似，但它并不是为了扩大需求），其目的是排挤竞争对手；（2）实施掠夺性定价的企业在短期会亏损，等把竞争对手挤出市场之后再盈利，是企业以长期利润最大化为目标的策略性定价行为；（3）实施者一般是实力雄厚的大企业，因为发起企业必须比它的对手更长时期忍受低价造成的亏损。

掠夺性定价并不是经常发生，大企业通常是兼并小企业而不是将其驱逐出产业，因为兼并既能避免短期降低价格的损失，又能达到消灭竞争者的目的。在两种情况下会出现掠夺性定价：一是兼并成本过高；二是在兼并的谈判过程中，大企业会进行一些降价活动，以便提高其讨价还价的条件。显而易见，掠夺性定价对市场结构的竞争性将产生极为不利的影响。因此，有些国家的法律规定这种行为是非法的，但是如何确定企业是否采用了掠夺性定价策略，这一点很困难。

2. 限制性定价

限制性定价又称阻止进入定价，是指寡头垄断市场中的原有企业选择一个既能带来部分垄断利润而又不足以吸引新的竞争对手进入的价格，直接目的是阻止进入，但实质是牺牲部分短期利润而追求长期利润最大化。限制性定价同掠夺性定价一样，都是企业长期定价的策略性行为。有所不同的是，采用限制性定价的企业在短期内仍有“微利”可获，而采用掠夺性定价的企业在短期内处于亏损状态。以上主要指的是静态限制性定价，集中考察了主导性企业为了维持自身的市场地位，最大限度地压低价格。

如果一个企业在长期内确定价格（或产量）来减少或消除新企业进入它所在的市场，那么它采取的就是动态限制性定价策略。市场主导企业经常采取的做法是先订立一个高价，然后随着新企业的进入逐渐降低价格，这样做最符合企业追求长期利润最大化的目标。在现实经济中，我们经常看到的情况正是如此，新产品价格定得很高，然后随着新厂商的逐步进入，价格开始下降，最后一些新进入的跟随型厂商由于无法承受低价造成的亏损，又不得不退出这个市场。相比而言，动态限制性定价可以不设在完全阻止进入的水平上，通常处于完全阻止进入的价格水平之上和短期垄断价格水平之下。

一般来讲，限制性价格的高低取决于以下几个主要因素：（1）市场的初始规模。市场规模越大，在位企业就必须生产越多的产品来阻止进入，因此限制性价格就相应降低；反之，如果市场规模越小，在位企业无须生产较多的产品，相应地，限制性价格就会提高。（2）进入企业的平均成本。如果潜在进入企业在任意产量的平均成本都较高，则需要更高的价格才能获得收益，因此，限制性价格也相应提高。（3）非价格进入壁垒。如果市场不是完全竞争的，则非价格壁垒将使潜在进入企业的进入成本不同程度地加大，限制性价格也会相应地提高。

3. 价格歧视[①]

价格歧视实质上是一种价格差别，通常指商品或服务的提供者在向不同的接受者提供相同等级、相同质量的商品或服务时，实行不同的销售价格或收费标准。经营者没有正当理由，就同一种商品或者服务，对条件相同的若干买方实行不同的售价，则构成价格歧视行为。

根据价格差别的程度，可把价格歧视区分为三个等级：（1）一级价格歧视，又称完全价格歧视，就是每一单位产品都有不同的价格，即假定垄断企业知道每一个消费者对任何数量的产品所要支付的最大货币量，并依此决定其价格，所确定的价格正好等于对产品的需求价格，因而获得每个消费者的全部消费者剩余。这是一种极端的情况，现实中很少发生。（2）二级价格歧视，即垄断企业了解消费者的需求曲线，把这种需求曲线分为不同段，根据不同购买量确定不同价格，垄断企业获得一部分而不是全部买方的消费者剩余。公用事业中的差别价格就是典型的二级价格歧视。（3）三级价格歧视是指垄断企业对不同市场的不同消费者实行不同的价格，在实行高价格的市场上获得超额利润。

价格歧视的实施方式与信息密切相关，一级价格歧视对信息量的要求最大，三级价格歧视次之，二级价格歧视对信息量的要求最小。现实生活中，一级价格歧视不大可能发生，而三级价格歧视和二级价格歧视非常普遍。

实行价格歧视是企业获取超额利润的手段，要使价格歧视得以实行，一般要具备四个条件。第一，市场存在不完善性。当市场不存在竞争，信息不畅通，或者由于种种原因被分割时，垄断者就可以利用这一点实行价格歧视。第二，各个市场对同种商品的需求弹性不同。这时垄断者可以对需求弹性小的市场实行高价格，以获得垄断利润。第三，能有效地把不同市场或市场的各部分分开。地区封锁和限制贸易自由的各种障碍往往有利于垄断者实行价格歧视。第四，企业有能力阻止顾客之间的转卖行为或者套利。

专栏 3-2

价格歧视在电信业中的体现

在电信业定价实践中普遍存在着价格歧视的现象，具体表现在顾客购买其产品或服务时所面临的多种资费选择方式。选择资费的定价模式实际上由多个二部资费定价方案组成，二部资费可进一步包括分时段资费或分距离资费。二部资费是指价格方案由两部分构成：一是与电信用户通信时间无关的基本费，如“月租费”；二是按通信时间支付的从量费。日常的工作生活规律决定了人们在不同时间段对通信服务需求的不同，通过在不同时段制定不同的资费标准，厂商达到了三级价格歧视的目的。更进一步，通过制定包含多个二部资费定价的选择资费，对高需求者索取较低的边际价格（从量费）和较高的基本费，对低需求者索取较高的边际价格和较低的基本费，厂商又达到了二级价格歧视的目的。可见，通过将分时段定价和二部资费定价相结合，电信业厂商实际上对用户同时实施了三级价格歧视和二级价格歧视。

---

① 参见 MBA 智库百科中对价格歧视的解释；刘志彪，王国生，安国良．现代产业经济分析［M］．南京：南京大学出版社，2001：326-335；戴伯勋，沈宏达．现代产业经济学［M］．北京：经济管理出版社，2001：152-155.

4. 两段收费

两段收费又叫二部资费，是指企业先向消费者收取一笔固定费用，再按商品或服务的消费数量收取相应的费用。① 该定价方式在实践中得到了广泛的应用，如电信、移动公司先按月收取月租费，再按用户通话次数、时间收取通话费用；乘坐出租车先支付起步价，再按超出里程数付费等。

5. 搭配销售

搭配销售指企业在出售某种产品时，强迫消费者同时购买正常情况下单独销售的其他产品的一种策略行为。② 如一些打印机生产企业要求消费者在购买其打印机的同时，购买其墨盒或硒鼓；商品房开发商要求消费者在购买其商品房时，购买车库等。

当然强行搭配销售的情况一般多出现在卖方垄断市场，其他市场并不多见。现在常见的搭配销售并不强迫消费者必须购买附属产品，例如，在出售主要产品时销售一些相关产品以吸引顾客和拉动销售是很多销售行业都能用到的技巧。卖女装的商店同时卖配饰，并不是想通过配饰赚钱，商店主要是希望通过配饰使自己的女装显得更漂亮、更新潮、更有档次。同时，漂亮的配饰也会吸引一些顾客的目光，带动女装的销售。

6. 数量折扣

数量折扣又称批量作价，是企业对大量购买产品的顾客给予的一种减价优惠。一般购买量越多，折扣也越大，以鼓励顾客增加购买量，或集中向一家企业购买，或提前购买。尽管数量折扣使产品价格下降，单位产品利润减少，但销量的增加、销售速度的加快使企业的资金周转次数增加了、流通费用下降了、产品成本降低了，导致企业总盈利水平上升，对企业来说利大于弊。

数量折扣又可分为累计数量折扣和一次性数量折扣两种类型。前者是对一定时期内累计购买超过规定数量或金额给予的价格优惠，目的在于鼓励顾客与企业建立长期固定的关系，减少企业的经营风险；后者是对一次购买超过规定数量或金额给予的价格优惠，目的在于鼓励顾客增加每份订单的购买量。

（二）协调行为

协调行为是指同一个市场上的企业为了某些共同的目标而采取相互协调的市场行为。企业间协调行为通常并不是以明确的协定和契约来加以规范的，而是采取暗中共谋形式，因为许多市场经济国家都制定了相应的法律来约束垄断势力形成。协调行为可以分为两大类，即价格协调行为和非价格协调行为。非价格协调行为以产品共谋为主，本书主要讨论价格协调行为。

1. 价格协调行为的类别

价格协调行为是指企业之间在价格决定和调整过程中相互协调而采取的共同行为。企业间协调价格的基本目的是：限制价格竞争，共同控制市场，获取垄断利润。常见的

---

①② 刘志彪，王国生，安国良．现代产业经济分析［M］．南京：南京大学出版社，2001：335，338.

价格协调行为主要有：卡特尔、价格领导制和有意识的平行调整。

（1）卡特尔。

卡特尔也称为共谋或串谋，是指以限制竞争、控制市场、谋求最大利润为目的的同一产业内独立企业间的一种协调形式。卡特尔主要有两种类型：一种是有明确的文字协定，称为明确协定卡特尔；另一种只有口头协定而无文字协定，称为秘密协定卡特尔。

根据卡特尔协定的内容，可以将卡特尔分成：价格卡特尔、条件卡特尔（销售条件、支付条件的规定）、生产数量限制卡特尔和销售卡特尔（销售区域、销售渠道的规定）等。其中，价格卡特尔是最常见和最基本的卡特尔形式。在价格卡特尔中，有的规定了固定价格，有的则规定了允许价格变化的范围。建立价格卡特尔的直接目的是参加卡特尔的企业通过协调提价，或在经济不景气时共同稳定价格，以确保较高的利润。

卡特尔内的单家企业总是有企图违约、暗中削价的倾向，这是因为如果卡特尔内的其他成员仍然守约，那么单个违约者价格上的较小下降就会引起对其产品需求的大量增加，因而导致其总收益大幅增加。由于收益增加的诱惑，当卡特尔内有较多企业违约时，这样的卡特尔就要瓦解了。因此，可以说如果没有强有力的手段维持，卡特尔则难以持久。

卡特尔限制竞争，破坏了价格机制在资源优化配置中的作用，因此在西方发达国家，除了一些有特殊目的、经政府特别批准的所谓的合法卡特尔，如以产业合理化为目的的合理化卡特尔、以增强出口竞争能力为目的的出口卡特尔等以外，通常卡特尔被认为是违反公平交易原则和反垄断原则的，因而是违法的。在国际上，最有影响的卡特尔是1960年成立的由阿拉伯主要产油国家组成的石油输出国组织（OPEC）。

（2）价格领导制。

由于未经政府批准的卡特尔是违法的，因而寡头企业试图暗中串谋。暗中串谋的主要方式是价格领导制，即产业中的一家企业制定和变动价格，其他企业或多或少自动跟着定价和变价。由于不同产业的市场结构条件不同，价格领导的形式也各不相同。价格领导制主要有以下三种模式（见表3-6）。

①主导企业价格领导定价模式。主导企业通常规模很大，甚至占据50%～95%的市场份额。在这种情况下，小企业会自愿或被迫采取跟随策略。

②串谋式价格领导定价模式。适用这种定价模式的产业的市场集中度（如CR_4）大多处于中等以上，其中规模较大的主导企业的市场份额多在20%～30%之间，寡头垄断企业之间成本结构大体相同，它们共同决定适宜的价格水平，并得到其他小企业的追随。

③晴雨表式价格领导定价模式。由于产业的集中度较低，所以这种定价模式更接近于竞争市场，其中的领导企业由于对市场条件的变化更具有敏感性和预测能力，最先宣布价格变化，其他企业以不断的调价行为表示响应。由于实力差距不大，企业之间的行动无法很好地协调，领导者也经常变换。

表 3-6 三种价格领导制模式的比较

特征	主导企业价格领导	串谋式价格领导	晴雨表式价格领导
市场集中度	很高	较高	较低
价格领袖	产业中最大企业	在规模、历史、顾客效率等方面较有优势	预测能力强、反应敏感
成本条件	企业间差别较大	企业间大体相同	企业间差别较大
领袖地位变化	固定不变	偶尔变化	经常变化

（3）有意识的平行调整。

暗中共谋调价方式的另一种常见形式是有意识的平行调整行为。平行调整行为与价格领导的差别在于虽然前者也存在着企业追随调价的表现，但追随者并不是把价格定在与价格领导企业相同的水平上，而是按照一定的价格差平行地追随价格领导企业进行调价。①

2. 价格协调行为与市场结构

包括卡特尔在内的价格协调行为限制了竞争，破坏了价格机制在资源配置中的作用，造成了不公平的分配，形成了垄断势力，因而卡特尔在许多国家都是非法的。市场结构对企业之间的价格协调行为有很大程度的影响。一般而言，市场集中度越高，企业之间的价格协调越容易。如果市场上企业数量众多、实力相差不大，目标价格就难以协调。另外，产品差别小的行业更容易进行价格协调。行业的产品差别程度越高，市场价格协调的难度也越大。

（三）广告行为

广告是一种提供有关产品和服务的价格、质量与销售地点的信息形式。在市场经济中，广告是企业非价格竞争的重要手段。

1. 广告行为对不同产品的作用

对于企业而言，广告最直接的作用就是信息披露。企业的广告费支出与其销售收入有密切的联系。一般认为，广告费与销售收入的比率为广告密度，广告密度取决于产品的特点。通常产品特性有“先验品”“后验品”之分。“先验品”指的是在购买之前可以检验质量的商品，“后验品”指的是必须在购买之后才能检验质量的商品。对于“先验品”，广告主要是向消费者如实地提供有关产品的品质特征等。对于“后验品”，广告主要是向消费者宣传产品的存在和信誉，反复强调企业名称和品牌名称，试图影响消费者的购买决策。经验数据表明，“后验品”的广告密度比“先验品”要高，而且“后验品”必须是高质量的商品，否则就会面临灭顶之灾。

美国著名的产业组织学者凯维斯对生产非耐用消费品、耐用消费品和中间产品的企业的广告行为进行了研究，结果表明：广告对非耐用消费品的消费者形成的主观偏好影响很大，有利于形成产品差异；由于耐用消费品差异程度主要由产品的性能、质量和销

① 杨公朴，夏大慰．现代产业经济学［M］．上海：上海财经大学出版社，1999：153-154.

售服务水平决定，消费者在做出购买决策的过程中相当谨慎，受广告活动影响的程度比非耐用消费品小；中间产品比较标准化和规格化，或者完全根据客户需要定制，产品的购买者一般都是富有经验和鉴别能力的专家，因此企业投入的广告费很少。[①]

2. 广告行为对市场结构的影响

广告是造成产品差别化的重要原因。广告通过电视、报纸等传播媒体，把有关产品的信息提供给消费者，宣传产品的性能和特色，引起消费者对本企业产品的注意，经过一段时间后，会使部分消费者产生对该产品的特殊偏好，最终影响消费者的购买决策。因此，企业通过广告可以让消费者深刻认知其产品与众不同的特点，从而与竞争者的产品区别开来。

广告也会增强进入壁垒。产业内原有企业通过大量的广告投入影响消费者的主观偏好，建立本企业及其产品品牌的知名度，潜在进入者必须大量做广告，以克服原有企业所建立的商誉，并且它的投入将更大，这无疑使新进入的企业在竞争中处于成本劣势，所以市场中原有企业所做的广告造成了一定程度的进入壁垒。当然，这种进入壁垒作用的强度取决于广告效果持续的时间。

因此，在位企业的广告行为一般会导致产业市场集中度的提高。当所有竞争性企业都从事广告活动时，它们的市场份额将随广告活动的效果而变化。在位企业的广告会使企业拥有更多的消费者，市场份额就会提高。实证研究也表明，广告活动是竞争企业市场份额差距扩大的重要原因。

3. 广告的社会福利效果

对消费者而言，广告能够降低搜寻成本，许多实证研究表明，广告能降低消费者支付的平均价格，也能从一定程度上抑制劣质品的问题，但是广告投放过度也会导致资源浪费，广告会导致市场集中度提高，垄断势力的形成最终会损害社会福利。因此，广告对社会总体福利的影响是正负兼有的。

（四）并购行为

1. 并购的内涵

并购是兼并、合并与收购的合称。并购是指企业之间以各种形式的资源有机结合为统一战略整体的组织调整行为，也是企业为获得其他企业的控制权而进行的产权交易活动。从狭义角度考察，兼并与合并、收购的概念存在一定差别。兼并是指在市场经济条件下，一家企业通过市场购买或其他转让的形式，获取其他企业法人的资产，从而实现产权转移的交易行为。这一定义包括五个内涵：第一，企业兼并的存在基础是市场经济，是一个与市场经济相联系的范畴。企业兼并是市场经济中的产权转让。第二，企业兼并的活动是生产要素在企业间的整体流动，如果仅是个别生产要素的流动，则是企业间的购买行为。第三，企业兼并是通过产权有偿转移来实现的，即通过产权转移使被兼并企业的资产流向兼并企业，而且这种产权转移一般要经过市场来实现。第四，如果没有产

---

① 苏东水．产业经济学［M］．3版．北京：高等教育出版社，2010：113-114.

权转移，生产要素在企业间的整体流动可能就是企业组织内部的调整。第五，兼并双方形成一个新的组织，在兼并过程中实施兼并一方因吸纳另一方企业而成为存续企业，并获得被兼并企业的产权，而被兼并企业将不再存续。

合并是指两家以上的企业在平等自愿的基础上通过订立契约并依据法律程序而结合成一家新企业的组织调整行为。在这种行为中，合并双方同时失去法人身份而变成新企业的一部分。收购则是指一家企业以现金、证券以及二者相结合的方式取得另一家企业的控制性权益，从而居于控制地位的交易行为。可见兼并、合并与收购的主要区别在于：前两者指 家企业与其他企业合为一体，而后者并非合为一体，仅仅是一方相对另一方居于控制地位而已；兼并与合并的主要区别在于兼并中一方的法人地位仍然存续，而合并过程中多家企业的法人身份同时消失。[①]

兼并、合并、收购在定义上有很大部分相互重叠，都是以企业产权为对象，获得企业控制权与产权转移是三者共同的特征。从广义角度考察，合并、收购也可以看作广义兼并的一部分，因此，学术界和实业界都习惯将它们合并使用。在本书的一般研究中，不对三者做特别的区分，以并购来涵盖上述企业行为。

2. 企业并购的类型

按不同角度区分，并购可分为不同的类型。按照市场关系的变化角度，并购分为以下三种。

（1）横向并购。横向并购又称水平并购，是指进行并购的企业属于同一产业、生产同一类产品或处于同一加工工艺阶段，如表 3－7 中 X_{11} 与 X_{12} 的并购或 Y_{11} 与 Y_{12} 的并购。例如，两家企业都生产汽车，它们之间进行了并购就可以称为横向并购。

表 3－7　并购类型示意

	X 行业	Y 行业
前阶段	X_{11}　X_{12}	Y_{11}　Y_{12}
后阶段	X_{21}　X_{22}	Y_{21}　Y_{22}

（2）纵向并购。纵向并购又称垂直并购，是指进行并购的企业之间存在着垂直联系，分别处于产业的上下游，如表 3－7 中 X_{11} 与 X_{21} 的并购或 Y_{11} 与 Y_{21} 的并购。例如手机零部件企业和手机组装企业，前者向后者提供原材料，后者是前者的买方，这两家企业之间的并购就是纵向并购。

（3）混合并购。混合并购又称复合并购，是指分属不同产业、生产工艺上没有关联、产品也完全不相同的企业间的并购，如表 3－7 中 X_{11} 与 Y_{21} 的并购或 Y_{12} 与 X_{12} 的并购。例如，服装企业和房地产企业分别属于不同产业，生产工艺上没有关联，产品完全不同，如果它们之间进行了并购，就可称为混合并购。

知识讲解

以下视频节选自新疆财经大学“产业经济学”慕课，可登录中国大学慕课网站搜索查看完整视频。

视频 3－2：并购行为三种分类

① 刘志彪，王国生，安国良．现代产业经济分析［M］．南京：南京大学出版社，2001：384.

3. 企业并购的动因

企业并购的动因多种多样，实施并购的企业和被并购企业的动因也不相同，下面介绍实施并购的企业和被并购企业的几种主要动因。[①]

（1）实施并购的企业的动因。

①获得规模经济效益。通过横向并购扩大经营规模可以降低平均成本，从而提高利润，所以获得规模经济效益是企业并购的重要动因之一。并购企业利用被并购企业更多的生产设施或闲置资源等，使大公司获得低成本相对优势和较大的市场份额，从而获得规模经济效益。而且企业并购后，管理机构可实行一体化改组，在改组过程中可裁并职能重复的部门，减少律师、会计、销售、管理和服务人员，以降低人工成本和平均办公费用，企业并购后生产规模扩大，但宣传费、广告费等促销费并不随着销售额同比例地扩大，单位产品销售费用会下降。

②降低进入新产业的壁垒。企业在进入一个新的产业时将会遇到进入壁垒，纵向并购和混合并购可以有效地降低进入壁垒。一般来说，当企业试图进入新的产业时，它可以采用在新产业里投资新建企业的方式，也可以采用并购新产业里原有企业的方式。采用新建企业的方式，不仅会遇到全部的进入壁垒，而且会打破供给总量，导致产品价格下降。在采用并购方式时，一方面可以大幅降低进入壁垒，另一方面由于并购一般不会增加产业新的生产能力或增加量不大，短期内产业内部的竞争结构保持不变，引起价格战的可能性大大减少。

③实现产业多元化发展，减少经营风险。有些企业通过混合并购某些与自己产品无关的企业实行经营多样化。这样，如果企业在某种产品的经营上出现亏损，往往可以从另一些产品的盈利中得到补偿，从而分散企业的经营风险。

④提高市场竞争力和市场支配力量。通过横向并购，企业的竞争对手减少，市场占有率提高，企业影响和控制市场的能力也得到加强，也就更有可能获得超额垄断利润。与掠夺性定价策略相比，企业往往更愿意采用并购方法。

⑤节省交易费用，实现有效的纵向资源配置。科斯的企业理论指出，企业纵向一体化（企业并购）的根本原因是节省交易费用。当企业通过纵向并购实现一体化后，市场相同数量的最终产品可能会需要更少的中间投入，减少纵向交易关系中的上下游企业因信息不对称而导致的供求上的盲目性，进而减少损失。

⑥获得各类资源，实现发展战略。并购活动收购的不仅是企业的资产，而且使并购企业获得了被并购企业的人力资源、管理资源、技术资源、销售资源等，这些都有利于企业整体竞争力的根本提升，推动公司发展战略目标的实现。

⑦经营者个人功利主义驱动。在相当多的企业并购行为中，许多企业经营者不仅考虑企业规模的扩大，而且具有个人功利主义的目的。并购会扩大企业规模，如果经营管理者的薪水或其他利益与经营规模有内在联系，则并购是经营管理者所期望的。

---

① 苏东水．产业经济学［M］．3版．北京：高等教育出版社，2010：115-116；王俊豪．产业经济学［M］．2版．北京：高等教育出版社，2012：89-99；臧旭恒，徐向艺，杨蕙馨．产业经济学［M］．北京：经济科学出版社，2002：197-202.

（2）被并购企业的动因。

①降低风险。在经济不稳定时期，小企业抵御经济风险能力较弱，如果能被一个实力雄厚的大企业并购，就可以大大降低经营风险。

②避免破产。为了避免破产而同意被其他企业并购是一个非常重要的动因。企业的所有者和经营者通常对自己或自己经营的企业怀有深厚的感情，企业经营如果存在问题，也会导致出现辞退员工、破产清算等一系列不良后果。如果其他企业有足够的资金和丰富的管理经验使濒临破产的企业“起死回生”，该企业就会选择被并购。

③回收资本。通过并购，企业的所有者就可以抽回全部或部分投入资本。这也是很多企业所有者主动寻求被并购的重要动因。

4. 并购对市场结构的影响

企业并购是一把“双刃剑”。就积极效应看，并购是推动产业存量结构调整的重要手段、优化社会资源配置的重要方式。从消极效应看，并购导致的市场集中如果超过一定限度，就会产生垄断，并由此带来垄断的低效率和社会总福利的损失。因此，市场经济国家都非常重视通过适当的产业组织政策来调节企业的并购行为，使其保持在一个适度的水平上。

企业并购行为对市场结构的影响主要表现在两个方面。[①]

（1）市场支配力量的加强和垄断的出现。大企业之间的横向并购很可能使并购企业获得更强大的市场支配力量，表现为提高产品价格，采取行动防止新企业进入或驱逐竞争对手，最终形成垄断，同时在原材料供给方面，大企业又会形成买方垄断。

（2）进入壁垒的形成。若纵向并购导致市场上产品的生产过程高度一体化，则新企业必须在多个生产阶段同时进入，否则不足以与原有企业竞争，这无疑会大大提高新企业进入市场的资金投入和经营风险，实质上就是一种阻止其进入的壁垒。对于实现了混合并购的企业，可以利用多产品和多市场的有利条件，实施限制性定价和掠夺性定价，从而巩固自己的垄断地位，这对新企业而言，也构成一种进入壁垒。

当然，从另一个角度看，如果企业通过混合并购进入一个新的市场，并且具备承担短期亏损的实力，这无疑有利于降低该市场的集中程度，促进竞争。此外，企业并购行为只要不产生或能有效防止、控制其垄断行为，有利于实现规模经济，则对产业组织的合理化就能起到积极的作用。

综上所述，企业并购对市场结构的影响还是以加强集中度为主。

（五）创新行为

1. 创新行为的概念

创新行为（主要指企业创新行为）是企业通过引进新产品或提供产品的新质量、引进新技术或采用新的生产方法、开辟新市场、获得一种新原材料或半成品的新的供给来源、实行新的企业组织形式等方式而获得超额利润、赢得竞争优势的经济活动。企业创新是产业创新、区域创新乃至国家创新最本质的元素，大量的企业创新决策共同作用，最终对产业创新、区域创新乃至国家创新产生综合影响力。

---

① 苏东水．产业经济学［M］．3版．北京：高等教育出版社，2010：116－117.

2. 创新行为的分类

创新行为可以概括为技术创新和制度创新两种类型。技术创新是运用新技术以开发新资源、创造新产品为内容的活动，它与技术变革有密切关系，但也不仅仅限于技术变革本身。新原材料或半成品的新来源就是依赖于技术改变的结果，技术创新强调技术变革的商业价值的实现。制度创新是对企业组织形式的变革，它包括企业制度、企业组织方式和管理体制等方面的创新。实行新的企业组织形式是由适应技术变化而发生的管理创新和组织创新引起的。技术创新和制度创新的主要推动者都是企业家，而不是工程技术人员。

技术创新和制度创新是两个不可分割的范畴。一家企业要想实现可持续发展，必须同时开展技术创新和制度创新，并使二者形成良性互动。否则，只有技术创新而没有制度创新，就会使技术创新出现“闭锁”效应；只有制度创新而没有技术创新，则会使制度创新的意义无法彰显。

3. 市场结构与企业创新①

在哈佛学派的产业组织 SCP 分析框架下，市场结构影响企业行为进而影响经济绩效。企业的创新行为同样会受到市场结构的影响。其基本逻辑是：企业创新的根本驱动力是创新带来的潜在利润，从需求角度看，创新利润在很大程度上取决于一系列与企业所在的市场结构密切相关的外部条件。作为市场结构最为核心的指标，市场集中度在很大程度上决定着企业的战略决策环境与模式，进而决定着企业获取潜在利润的能力，从而影响企业的创新行为。此外，市场规模、创新机会在不同产业的分布以及企业家精神均会对创新产生很大影响。

科技是国家强盛之基，创新是民族进步之魂。党的十八大以来，习近平总书记高度重视创新，发表了一系列关于创新的论述。习近平强调：“要深入实施创新驱动发展战略，推动科技创新、产业创新、企业创新、市场创新、产品创新、业态创新、管理创新等，加快形成以创新为主要引领和支撑的经济体系和发展模式。”② “坚持需求导向和产业化方向，坚持企业在创新中的主体地位。”③ “具有自主知识产权的核心技术，是企业的‘命门’所在。企业必须在核心技术上不断实现突破，掌握更多具有自主知识产权的关键技术，掌控产业发展主导权。”④ “要坚持产业化导向，加强行业共性基础技术研究，努力突破制约产业优化升级的关键核心技术，为转变经济发展方式和调整产业结构提供有力支撑。要以培育具有核心竞争力的主导产业为主攻方向，围绕产业链部署创新链，发展科技含量高、市场竞争力强、带动作用大、经济效益好的战略性新兴产业，把科技创新真正落到产业发展上。要实施一批关系国家全局和长远的重大科技项目，加快形成若干战略性技术和战略性产品，开辟新的产业发展方向和重点领域、培育新的经济增长点。”⑤

习近平同志关于创新的一系列论述，立意高远，内涵丰富，思想深刻，对于深入实

① 王俊豪．产业经济学［M］．2 版．北京：高等教育出版社，2012：108.
② 习近平在浙江召开华东 7 省市党委主要负责同志座谈会［EB/OL］．央广网，2015－05－29.
③ 习近平主持召开中央财经领导小组第七次会议［EB/OL］．新华社，2014－08－18.
④ 习近平在湖北考察［EB/OL］．新华社，2018－04－28.
⑤ 习近平在上海考察［EB/OL］．新华社，2014－05－24.

施创新驱动发展战略，推动以科技创新为核心的全面创新，以创新引领发展，用科技赢得未来，具有重要的理论意义和实践指导意义。

三、经济绩效

经济绩效是指在特定市场结构下，通过一定的企业行为使某一产业在价格、成本、产量、利润、产品质量、品种及技术进步等方面达到的最终经济成果。它实质上反映的是在特定的市场结构和市场行为条件下市场运行的效率。这里的企业行为既包括产业内的企业行为，也包括政府对产业进行组织管理与调节引导的行为。[①] 研究经济绩效就是要通过对市场结构及企业行为的分析，来评价市场结构及企业行为的合理性和有效性，以及产业组织政策与经济运行的契合程度，以期通过政策调整获得最佳的经济绩效。目前，被普遍用来衡量经济绩效的指标有四个，即收益率、价格-成本加成、贝恩指数和托宾 q。

（一）收益率

收益率是一种衡量每一元投资的盈利的方法。在产业组织理论中的收益或利润是指经济利润，而不是会计利润。经济利润等于收入减去机会成本，而会计利润则是根据标准的会计原则所计算的利润。具体来说，经济利润等于收入减去劳动力、物资和资本成本。资本成本等于如果出租资本可获得的总租金。总租金等于一单位资本的租金率乘以资本量。经济利润与资本的租金率有密切的关系。资本的租金率是使资本的所有者在设备折旧以后所能获得的一定收益率。折旧是资本在其使用期间所减少的经济价值，也可以称为经济折旧。[②] 收益率越高，则意味着该产业获取了越多的超额利润，市场就越偏离完全竞争状态，资源配置效率就越低。收益越接近正常利润，市场则越接近完全竞争状态，资源配置效率就越高。

利润率的一般计算公式是：

$$R=(\pi-T)/E$$

式中，R 为税后资本收益率；π 为税前利润；T 为税收总额；E 为自有资本。

以收益率指标来衡量市场绩效，实际上是把超额利润的产生完全归因于市场势力，而市场势力的形成必然会导致偏离完全竞争状态。显然，把超额利润完全归因于市场势力是十分片面的，导致行业、企业利润率升高的因素有很多，绝不仅仅是垄断势力的形成。超额利润的来源至少还有：第一，作为风险性投资报酬的风险利润；第二，由不可预期的需求和费用变化形成的预料之外的利润；第三，因成功地开发和引入新技术而实现的创新利润。

由此，以收益率指标来衡量市场绩效就具有一定的局限性，并且在实际运用过程中，收益率的计算会受到资本、折旧不当估价、通货膨胀以及负债的影响，往往会发生较大

---

① 王俊豪．产业经济学［M］．2 版．北京：高等教育出版社，2012：121.

② 戴伯勋，沈宏达．现代产业经济学［M］．北京：经济管理出版社，2001：203－204.

的偏差。[①]

（二）价格-成本加成（勒纳指数）

为了避免有关收益率计算的问题，许多经济学家使用一种不同的方法来衡量市场绩效，这就是勒纳指数，即价格-成本加成。价格-成本加成度量的是价格与边际成本的偏离率，其公式是：

$$L=(P-MC)/P$$

式中，P 为价格；MC 为边际成本。

微观经济学理论认为，在完全竞争市场中，长期均衡的条件是价格等于边际成本，这时帕累托条件得以满足，资源配置效率最高，社会福利达到最大。也就是说，价格是否等于边际成本也是衡量社会资源配置效率是否达到最优的一个基本定量指标。这是利用勒纳指数来衡量经济绩效的理论依据。

勒纳指数的数值在 0 和 1 之间变动。数值越大，反映价格对边际成本的偏离越大，意味着市场势力越大，市场竞争程度越低，资源配置效率就越低。反之，数值越小，反映价格对边际成本的偏离越小，意味着市场势力越小，市场竞争程度越高，资源配置效率就越高。

必须指出的是，勒纳指数本身反映的是当市场存在支配能力时价格与边际成本的偏离程度，但无法反映企业为了谋取垄断地位而采取的限制性定价和掠夺性定价行为（在这两种情况下，勒纳指数为 0，但不表明该市场是竞争性的）。另外，在实际计算过程中，由于边际成本的数据很难获取，常常会使用平均成本来代替边际成本，即用价格-平均成本加权来作为近似方法，但这会导致两者间的较大偏差。[②]

（三）贝恩指数

贝恩指数是贝恩提出的一个指标。他把利润分为会计利润和经济利润两种，这样就克服了简单利润率计算存在的弊端。其计算公式分别是：

$$\pi_a=R-C-D$$

式中，π_a 为会计利润；R 为总收益；C 为当期总成本；D 为折旧。

$$\pi_e=\pi_a-i\cdot V$$

式中，π_e 为经济利润；i 为正常投资收益率；V 为投资总额。

贝恩指数为：

$$B=\pi_e/V$$

贝恩指数代表的是行业的超额利润率。它的理论依据是：市场中如果持续存在超额利润（或者说经济利润），那么一般情况下就表明该市场上存在垄断势力，且超额利润越高，垄断力量越强。[③]

与勒纳指数相比，贝恩指数所要求的基础数据相对比较容易取得，产生系统偏差的可能性就减少了。但是，这两个指标与利润率指标一样，都建立在不完全的理论假定基

---

① 丹尼斯·卡尔顿，杰弗里·佩罗夫．现代产业组织（上）［M］．上海：上海三联书店，上海人民出版社，1998：482－487.

②③ 王俊豪．产业经济学［M］．2 版．北京：高等教育出版社，2012：126－127.

础上，因为企业或行业所获得的高利润并不一定是通过垄断力量实现的，而确实存在垄断力量的市场的这些指标也不一定就表现得更高，因为垄断企业往往会出于驱逐竞争对手和阻止新竞争者进入的目的而制定低价格，使行业市场显得无利可图。

（四）托宾 q

托宾 q 是衡量市场资源配置状况的一个指标，指一家企业资产的市场价值（通过已经公开发行并售出的股票和债券来衡量）与这家企业资产的重置成本的比率。[①] 其计算公式为：

$$q=(R_1+R_2)/Q$$

式中，q 表示托宾指数；R_1 表示股票市值；R_2 表示债券市值；Q 表示企业资产的重置成本。

托宾 q 根据企业资产价值的变化来衡量市场绩效。[②] 托宾的初始用意是使用该指标进行投资决策，分子部分可视为投资所带来的现金流入现值，分母部分可视为投资所需要的现金流出现值，q 值反映的是在同一时点上每单位投资（现金流出现值）所带来的收益（现金流入现值），表达的是利润率或收益率的含义。后来经济学家发现，托宾 q 能够适当地用于市场绩效的估量。

当 $q>1$ 时，说明企业以股票和债券计量的市场价值大于以当前市场价格评估的资产重置成本，意味着企业在市场中能获得垄断利润。q 值越大，企业能获得的垄断利润就越大，社会福利损失就越大，市场经济绩效就越低。

使用托宾 q 的优点是避免了估计收益率或边际成本的困难，但是需要精确计算企业资产的市值和重置成本。企业资产的市值可以用其发行的股票和债券的市值来计算，但计算企业资产的重置成本比较复杂，因为这需要一个完备的二手市场。而且广告及研发费用产生了难以估价的无形资产，而 q 值在计算中忽略了这些无形资产的重置成本。[③]

四、SCP 三者之间的关系

哈佛学派认为：市场结构决定企业在市场中的行为，而企业行为又决定市场运行的经济绩效。20 世纪 70 年代以前，按照哈佛学派正统产业组织理论的逻辑，SCP 分析范式假定在市场结构、企业行为和经济绩效之间存在着确定的因果关系。市场结构、企业行为、经济绩效之间存在的是一种简单的、单向的、静态的因果关系，即市场结构决定企业行为，市场结构通过企业行为影响经济运行的绩效（见图 3－1）。这种因果关系可以为政府制定竞争政策和产业政策提供理论基础。总的来看，哈佛学派是注重实证研究的，在产业组织理论中特别推崇市场结构的重要性，这也是哈佛学派区别于其他学派的特点。无论如何，市场结构-企业行为-经济绩效之间的关系对某一特定产业的发展和某一特定产业中厂商的进入与退出决策有着重要的影响，是影响企业进入与退出决策的主要因素。

---

① 臧旭恒，徐向艺，杨蕙馨．产业经济学［M］．北京：经济科学出版社，2002：227－228.

② 王俊豪．产业经济学［M］．2 版．北京：高等教育出版社，2012：127－128.

③ 戴伯勋，沈宏达．现代产业经济学［M］．北京：经济管理出版社，2001：206.

但是自 20 世纪 70 年代以来，这种单向的、简单的 SCP 分析范式成为理论界和经济界争论的热点。现实中市场结构是在变化的，市场结构的变化往往是企业行为变化的结果，有时经济绩效的变化也会直接使市场结构发生变化。市场结构、企业行为和经济绩效之间存在着相互作用的复杂关系，如图 3-3 所示。市场结构和企业行为二者都是由需求条件和技术条件决定的。市场结构会影响企业行为；反过来，企业行为也会影响市场结构。市场结构与企业行为的交互作用又决定着经济绩效。企业行为也会影响需求，例如促销活动就会影响需求。经济绩效通过反馈影响技术水平和市场结构，技术进步推动现有技术升级换代，利润率通过影响新企业进入市场的吸引力的大小，对市场结构产生着动态影响。

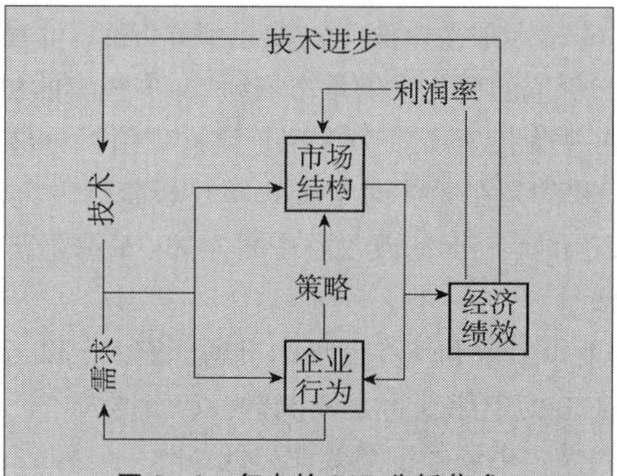

图 3-3 复杂的 SCP 分析范式

第四节 博弈与企业策略性行为

一、博弈论概述

1944 年，约翰·冯·诺依曼（John von Neumann，1903—1957 年）和奥斯卡·摩根斯特恩（Oskar Morgenstern，1902—1977 年）在《博弈论与经济行为》一书中提出了博弈论的概念。该概念被引入经济学，目前博弈论已成为经济分析的主要工具之一，对产业组织理论、委托-代理理论、信息经济学等经济理论的发展做出了非常重要的贡献。1994 年的诺贝尔经济学奖被颁发给了约翰·福布斯·纳什（John Forbes Nash，1928—2015 年）、约翰·C. 海萨尼（John C. Harsanyi，1920—2000 年）和莱茵哈德·泽尔腾（Reinhard Selten，1914—1996 年）三位在博弈论研究中成绩卓著的经济学家，1996 年的诺贝尔经济学奖又被授予了在博弈论的应用方面有着重大成就的经济学家威廉·维克里（William Vickrey，1914—1996 年）。由于博弈论重视经济主体之间的相互联系及其辩证关系，大大拓宽了传统经济学的分析思路，使其更加接近现实市场竞争，从而成为现代微观经济学的重要基石，也为现代宏观经济学提供了更加坚实的微观基础。

（一）定义

博弈（game）是指一些个人、团队或组织面对一定的环境条件，在一定的规则下，同时或先后、一次或多次，从各自可以选择的行为或策略中进行选择并加以实施，各自从中取得相应结果的过程。① 博弈论，也称对策论，是研究相互依赖、相互影响的决策主体的理性决策行为以及这些决策的均衡结果的理论。

（二）博弈的组成要素

通常所说的博弈一般由以下几个要素组成，包括：参与人、行动、策略、信息、得益、结果、均衡等。参与人指以效用最大化为目标的决策主体（既可以是个人，也可以是团体）；行动指参与人在博弈进程中轮到自己选择时所做的某个具体决策；策略是指参与人选择行动的规则，即在博弈进程中，什么情况下选择什么行动的预先安排；信息指的是参与人在博弈中所知道的关于自己以及参与人的行动、策略和得益等；得益是参与人在博弈结束后所得到的效用，一般是指所有参与人的策略或行动的函数，这是每个参与人最关心的东西；结果是指博弈分析者感兴趣的要素组合，常用支付矩阵或收益矩阵来表示；均衡是所有参与人的最优策略或行动的组合。②

（三）博弈的分类

现实中各种博弈可以按不同方法进行分类。根据参与人的多少，可将博弈分为两人博弈和多人博弈；根据博弈结果的不同，又可分为零和博弈、常和博弈与变和博弈；根据参与人是否合作，可将博弈分为合作博弈和非合作博弈；根据行为的时间序列性，分为静态博弈和动态博弈；根据参与人对有关其他参与人的特征、策略空间和支付函数的信息掌握情况，分为完全信息博弈和不完全信息博弈。综合考虑行为的时间序列性和信息的完备性，可以得到四类博弈，即完全信息静态博弈、完全信息动态博弈、不完全信息静态博弈、不完全信息动态博弈。

在一场竞赛或博弈中，每一个有决策权的参与人成为一个局中人。只有两个局中人的博弈现象称为“两人博弈”，而多于两个局中人的博弈称为“多人博弈”。

零和博弈是博弈论的一个概念，属于非合作博弈，指参与博弈的双方在严格竞争下，一方的收益必然意味着另一方的损失，博弈各方的收益和损失相加的总和永远为“零”，双方不存在合作的可能。常和博弈是指所有博弈方的得益总和等于非零的常数，参与者的利益根本对立，各自收益之和是一个常数。变和博弈则是指随着博弈参与人选择的策略不同，各方的得益总和也不同，参与人之间的利益既对立又统一，参与人既竞争又合作，各自收益之和是一个变数。变和博弈是最一般的博弈类型，而常和博弈和零和博弈则是特例。

合作博弈是参与人在事前彼此之间可以达成有约束力的合约。非合作博弈是参与人

①② 杨公朴，夏大慰．现代产业经济学［M］．上海：上海财经大学出版社，1999：172，174．

在事前彼此之间不能达成有约束力的合约。区分非合作博弈与合作博弈就是看是否具有强约束力的协议（binding agreement）。例如，两家企业达成联合起来获取垄断利润的协议，并且各自按协议生产，这就是合作博弈。它们面临的问题是如何分享合作带来的利润。如果这两家企业之间的协议不具有约束力，也就是说没有一方能强制另一方遵守这个协议，每家企业都只是选择自己的最优产量，就是非合作博弈。合作博弈强调的是团体理性或集体理性（collective rationality）和效率（efficiency）。非合作博弈强调的是个人理性、个人最优决策。其结果可能是有效率的，也可能是无效率的。

静态博弈是指参与人同时选择行动，或虽非同时，但后行动者并不知道先行动者采取什么样的行动。动态博弈是指参与人的行动有先后顺序，且后行动者能够观察到先行动者所选择的行动。

完全信息博弈是指每一个参与人都精确掌握了所有其他参与人的特征、策略空间和支付函数等相关信息；否则就是不完全信息博弈。[①]

二、合作策略性行为

合作策略性行为是指企业旨在协调本行业各家企业行动和限制竞争而采取的一些行为。对于合作策略性行为的研究源于卡特尔合谋（collusion）理论。亚当·斯密就曾指出，同行的商人即使为了娱乐或消遣也很少聚集在一起，但是当他们会面时，不是在进行反对公共利益的共谋，就是在筹划哄抬物价。张伯伦也推测，由于任何一方的削价都不可避免地会减少他自己的利润，没有人会削价，尽管销售者是完全独立的，均衡的结果就像他们签订了垄断协议一样。这可以被看作对默契合作策略性行为的一种描述。传统的研究一般是在静态的框架下进行的，从行业集中度、产品差别化、成本的对称性等行业特征方面分析合作策略性行为的存在性与不稳定性。[②]

博弈论的引入使合作策略性行为的研究达到了一个新的层次。一些学者用博弈论的方法在动态的框架下研究合作策略性行为。克雷普斯（Kreps，1982）等认为在重复的囚徒困境博弈中，合作的结果是可能发生的。一些学者如弗里德曼（Friedman，1971）、阿布鲁（Abreu，1986）的论文具有开创性，他们分别证明了在满足一定的限制性条件的情况下，“冷酷”策略和“胡萝卜加大棒”策略下企业合作均衡的存在性。[③] 下面按信息条件将合作策略性行为分为默契合作策略性行为和明确合作策略性行为，并加以分析。

1. 默契合作策略性行为[④]

纳什（Nash，1951）认为合作行动是参与人之间某种讨价还价过程的结果，并且在这个讨价还价过程中，可以预期每个参与人都应该按照某个讨价还价策略来行动，以满足个人效用最大化的准则，就像在任何其他的博弈局势中一样。

（1）重复博弈与“富有的窘境”。

---

① 杨公朴，夏大慰．现代产业经济学［M］．上海：上海财经大学出版社，1999：173－174.

②③ 王俊豪．产业经济学［M］．2版．北京：高等教育出版社，2012：75，76.

④ 干春晖，姚瑜琳，戴榕．合作策略性行为的产业组织分析［J］．上海管理科学，2004（2）：32－34.

默契合作策略性行为的“合作”是参与人某种讨价还价过程的结果。重复博弈（超级博弈）被广泛地运用于研究默契合作策略性行为。重复博弈属于动态博弈的范畴，是指同样的博弈重复多次，其中每次博弈称作阶段博弈（stage game）。重复博弈最重要的特征是阶段博弈之间没有物质上的联系，即后一阶段博弈的结构并不因前一阶段博弈而改变。但是这并不意味着博弈的参与人观察不到对手的历史，相反，假定参与人在 t 时期的价格选择依赖于以前的价格选择历史。

无限期重复均衡就是使得 $T=\infty$。如果博弈中的其他人在每个时期均生产古诺产量（纳什均衡产量），那么其最优产量就是古诺产量。所以每个参与人都生产古诺产量，显然是一个均衡解。但是参与人在重复博弈中的策略空间远远大于每一个阶段博弈中的策略空间。重复博弈会带来一些额外的均衡结果，这些均衡结果是在一次博弈中从来不会出现的。这正是分析重复博弈的意义所在。也就是说，当时期 T 为无限的时候，重复的古诺产量不再是唯一的均衡。

事实上，重复博弈理论在解释默契合作策略性行为方面存在着均衡过多的问题，即陷入了“富有的窘境”（embarrassment of riches）。无名氏定理揭示了子博弈完美纳什均衡可能有无数多个。事实上，对于任何产出水平的组合，只要在该产出水平下每一家企业的利润都不低于在单时期博弈中所能赚取的最低利润，这一产出水平的组合就可以无限期重复。当然为了摆脱这种“富有的窘境”，现在也有很多研究将结果进一步精炼，以期更好地预测何种均衡将发生。

（2）“冷酷”策略。

“冷酷”策略是指在重复博弈中，只要所有的人都采取合作的策略，那么就一直合作下去，如果有一方背叛了合作，比如提高产量，那么合作就永远终止，所有的人均对此行为加以惩罚，大家都提高产量。某寡头企业背叛是一个触发点，在此之后，寡头企业间都是不合作的，所以“冷酷”策略又称“扳机”策略。

（3）“胡萝卜加大棒”策略。

“胡萝卜加大棒”策略则是一个较为温和的策略。开始所有的垄断企业都生产一个合作的低产量，利润也比较高，但是一旦有某家企业背离了这个策略生产高产量，所有的企业都调整为高产量去惩罚它。如果任何一家企业在惩罚期不惩罚（对于不执行惩罚策略的人给予惩罚是给予惩罚者的一个“胡萝卜”），则惩罚期重新开始；如果没有企业在惩罚期不惩罚，则合作期重新开始。

2. 明确合作策略性行为①

明确合作策略性行为是指寡头企业通过公开或秘密的协议来协调行为以使合作组织利润最大化的一种行为。

区分默契合作策略性行为和明确合作策略性行为必须考虑信息是否完全。在信息完全的假设前提下，每家企业都知道与其他企业接触时会确定的协议，并且能够及时发现欺骗行为并加以惩罚，在这种情况下，默契合作和明确合作的区分没有意义。但是现实中信息不对称的情况是广泛存在的，单靠默契很可能难以实现协调，明确合作策略性行

① 干春晖，姚瑜琳，戴榕．合作策略性行为的产业组织分析［J］．上海管理科学，2004（2）：32-34.

为的本质就是解决寡头合作企业间的信息不对称问题。主要包括以下几种形式。

（1）共同成本手册与多产品定价公式。

在寡头企业的明确合谋中，一个显而易见的难题是产品的异质性问题。这种异质性可以有以下两种情况：一种情况是不同企业的产品是不完全替代品；另一种情况是生产多种产品型号的企业。

前一种情形在现实生活中是难以避免的。企业也已经习惯了制定产品差别化策略。在这种情况下，合谋企业可以使用共同成本手册来制定价格。产品是由零部件构成的，零部件一般是标准化的，企业可以通过规定零部件的价格加总来计算产品的价格。使用共同成本手册的企业保证了生产者价格基准的同一性，违反这一基准就被视为背叛行为。后一种情形可以用多产品公式定价法来解决。企业可以协定一个基本单元价格，这个基本单元价格在合谋企业间是通用的，价格的变动是同比例的。

（2）转售价格维持。

转售价格维持通常是指供应商与零售商之间的上下游价格控制关系。如果零售商不按供应商的建议价格销售商品，供应商就拒绝供货。理论界关于转售价格维持到底是一种制造商共谋还是零售商合作行为一直存在争议。其中一派的观点是，转售价格维持是上游制造商合谋的商业惯例。在制造商合谋的过程中会出现这样一个问题：零售商的成本是不同的，那么市场上零售价格波动是由制造商定价不同造成的还是由销售商成本变化或零售加成额变化而造成的呢？这一般难以辨别。即使制造商制定了统一价格，背叛行为也根本无从判别，因为一个厂商可以说这是零售环节造成的，完全不是它的过失，但暗中偷偷降价。转售价格维持通过消除价格波动使背叛行为易于被察觉，因为它要求销售价格不得低于一个底线。另外一派的观点是，转售价格维持是下游销售商之间的合作行为。这时上游供应商成为实际上的监督人，一旦发现零售商超越价格底线就停止供货，以给予惩罚。

（3）基点定价。

基点定价实质上解决了由企业所处地点不同所带来的合谋的困难。基点定价使总的交货价格等于交货定价基点的通行市场价格加上相应的运费，这样就可防止企业将折扣暗含在运费当中。基点定价是涉及价格勾结的另一类常见的商业现象。不少货物，如钢铁和木材，由于产地比较集中，分立的厂商会先把它们集中到某个固定的地点，再从那里向全国各地运送。这样的固定发货地点称为“基点”，而货物在基点的发货价叫“基点价”。接着，当货物从基点运送到各地后，要加上相应的运费，才成为当地的售价。

（4）一致-竞争条款。

现实中有两种一致-竞争条款。一种是“不一致就解除”条款，供应商与顾客签订合同，规定供应商将与竞争对手的价格一致，若不一致就解除顾客购买的义务，顾客就可以寻找更优惠的供应商。另一种“不解除”条款使得供应商对顾客的承诺以合同的形式保存下来，但是没有解除的条款。

一致-竞争条款实质上是将顾客作为监督人，这种机制使得顾客有激励去监督和报告竞争对手的价格。这样价格偏离行为就更容易被察觉。并且竞争对手率先降价的激励也没有了，因为这样它将失去所有的顾客。

（5）价格领导。

具体见本章第三节。

（6）预告价格变动。

预告价格变动实际上减小了率先实行价格变动的企业承担的风险。一家企业率先提价面临着其他企业不跟进的风险，其市场份额可能会大大减小。如果先行提价的企业要比慢慢跟随而动的对手企业多承担一笔损失，就没有哪家企业愿意充当价格领导。预告价格变动就是解决这个问题的一种方法。该行业的其他企业可以在提价生效前决定是否跟进。如果对手均决定不跟进，提倡提价的企业就可以不实施提价。在需求下降的情况下，首先削价的企业相对后削价的企业会获利更多，因此每家企业会争相降价。由于提前通知价格下调，没有企业会从先行削价中获利，这样就能在一定程度上缓和企业的削价冲动。

（7）最惠国待遇条款。

销售商向所有顾客做出承诺，卖方不会以更低的价格销售给其他购买者。有追溯效力的条款保证了现行的消费者也可以因未来的价格折扣而获利。这种类型的最惠国待遇条款具有双重效力。首先，它类似于企业的一种保险条款：我不会打折，因为一旦打折，我还必须将这部分折扣返还给原来的消费者，这就增加了惩罚的力度。其次，它增加了消费者监督的激励，因为消费者一旦发现企业向别的消费者提供折扣，就有追索的权利，从而降低了企业降价的动力。

（8）行业协会。

可以说行业协会是最常见的企业明确合谋的手段。波斯纳曾经指出，在美国所有的反垄断案中，43％涉及行业协会。行业协会的功能是多重的，包括：代表行业中所有企业与政府沟通、游说使得价格变动的提案获得大多数企业认可，公布产品的标准，发布行业数据，设立道德标准，出版行业期刊、报纸，定期集会等。

（9）交换信息。

企业间互有的信息越完全，达成和维持合谋协议就越容易。不确定性使得协议维持较难。交换信息减少了信息的不确定性。企业间交换成本和需求的信息使协定的制定变得更加容易。关于竞争对手的价格和产量的信息一旦公开，就会使背叛行为更容易、更快被察觉。有时为了加快信息的传递速度，企业会采用公开价格策略。当价目单上的价格是公共信息的时候，企业遵从的就是一个公开价格。有时候，明确合作的企业甚至会雇用代理人，使代理人有权审查实际交易的价格和企业的财务状况等。

（10）分割市场与固定市场份额。

有些寡头企业通过分配给每一家企业一定的购买者或者地理区域从而成功地维系了合谋。因为一旦有企业降价，某一地区的销量就会减少，从而背叛行为易于被察觉。波斯纳发现，7.8％的反托拉斯案例涉及客户的分配。

另有一种有效的商业行为是市场份额固定。只要市场份额容易观察到，当然就没有企业愿意降价。因为这易于被察觉，被察觉的企业可以调整产出水平，保持在行业中的适当份额。所有的企业都预期到这一反应，这样就没有企业会有增加产量的动机，因为在报复后只是减少了自己的利润。

三、非合作策略性行为

非合作策略性行为是企业运用多种手段来提高其竞争地位的一种方式。在诸多手段中，有一些是用来吓退潜在竞争者的。企业可以改变对手的想法，使其相信它在将来会进行扩张。为使非合作策略性行为取得成功，首先，企业需要具备某种竞争优势，比如，企业要在对手行动前先发动攻势，以获得先动优势。其次，企业要让对手相信，无论对手如何反应，它必将坚决执行其宣称的策略。如果竞争双方势均力敌，则每一方都有同样的力量来威胁对方。为使策略奏效，一家企业必须获取一定的竞争优势，使其能在对手采取报复行动前先伤害对方。当两家企业力量不对称时，实力强大的一家向其对手做出威胁后，它的对手往往会信以为真。现实生活中，主要有两种非合作策略性行为，即限制性定价和掠夺性定价，具体见本章第三节。

案例分析 3－1

进入壁垒的内涵及其影响因素

1975 年，微软在创立时只是一个为个人电脑编写软件的小公司。1999 年，微软股票市值突破 5 000 亿美元。据美国司法部对微软的调查，Windows 系统在世界市场占据 90%的份额。由此吸引了众多软件开发商为其开发应用软件，目前有 70 000 多种。IBM 曾一度进入个人电脑操作系统市场，1994 年，它用 20 亿美元的开发成本推出了 OS/2 操作系统，但这种操作系统未能获得众多软件开发商的支持，最终退出了个人电脑操作系统。

思考题：

1. IBM 面临哪种进入壁垒？
2. 要克服这种进入壁垒，IBM 可能采取的措施是什么？

讨论目的：

1. 使学生加深对进入壁垒相关理论的理解。
2. 培养学生运用进入壁垒相关理论分析实际问题的能力。

案例分析 3－2

中国搜索引擎市场的 SCP 分析

一、市场结构分析

搜索引擎（search engine）是指根据一定的策略、运用特定的计算机程序搜集互联网上的信息，在对信息进行组织和处理后，为用户提供检索服务的系统。搜索引擎经过几年的发展，越来越贴近人们的需求，搜索引擎的技术也得到了很大的发展。

从 2007 年 9 月开始，中国网民每月的搜索请求超过美国，成为世界上首个月搜索量超过 100 亿次的国家。截至 2019 年 6 月底，我国搜索引擎用户规模达到 6.95 亿，中国搜索引擎网站主要有百度、搜狗、神马、360 搜索、谷歌中国、必应等，以用户使用量为衡量标准的各厂商市场占有率见表3-8。

表3-8 以用户使用量为衡量标准的各厂商市场占有率（%）

中国搜索引擎网站名称	市场占有率	
	2019年7月	2013年9月
百度	76.42	63.02
搜狗	11.35	10.48
神马	4.71	—
360搜索	2.85	19.29
谷歌中国	2.40	1.98
必应	2.06	—

资料来源：中国互联网信息中心；工信部。

按照贝恩对市场结构类型的划分，中国搜索引擎产业为极高寡占型，前四大运营商就占据了约95%的市场份额。

二、企业行为分析

1. 价格策略

由于中国的搜索引擎市场是一个极高寡占型的市场，因此主要的价格行为是价格协调行为中的价格领导制。价格领导制指的是，在某一产业市场中，一家企业首先改变价格，其他企业则跟随这家企业采取相应的行动。在目前的中国搜索引擎市场中，主要是以百度的价格为领导，比如竞争排名服务是按效果收费的，由百度在国内首先推出，推出之后，其他许多企业纷纷效仿。但是在价格策略中，各大厂商也不乏竞争，不断推出新的收费机制来满足不同顾客群的需求和偏好，以争取更大的市场份额。

2. 产品定位策略

产品定位是目前各个搜索引擎厂商竞争的主要法宝。比如，百度推出竞争排名服务主要定位于中小企业，使中小企业在这个平台上能和大企业同台公平竞争；而谷歌中国则定位于国有企业和外资企业。

3. 竞争与兼并行为

搜索引擎行业竞争加剧。2019年7月的搜索引擎市场占有率中，百度的市场占有率上升到76.42%，而360搜索的市场占有率跌至2.85%，与2013年9月相比下降了16.44个百分点，排名跌至第四位；搜狗排名上升至第二位，占有率为11.35%。从2012年开始的“360与百度”大战（网上简称“3B”大战）的累积效应仍在持续，首当其冲的就是360搜索的市场份额被进一步蚕食。尽管和其他搜索引擎相比，无论是市场份额、体量还是营收，百度都拥有绝对的优势，但是它现在正遭遇前所未有的压力，搜狗和神马的市场份额不断提高。360搜索市场份额下降明显，下降的份额主要被神马、谷歌中国、必应的提升所抵消，其中，神马在移动端的表现提升明显。不过，需要注意的是，神马目前只做移动（手机）端搜索引擎，是目前第二大移动端搜索引擎。遗憾的是，神马并没有PC（个人电脑）端，只针对手机等移动用户。2013 年 9 月，中国搜索引擎行业最大并购案诞生，腾讯以 4.48 亿美元注资搜狗，同时将自有搜索引擎搜搜及关联业务并入搜狗，获得了搜狗摊薄后的 36.5%的股份，意味着中国搜索引擎行业的竞争将更加激烈。此外，移动互联网将成为搜索引擎市场的新战场。

三、经济绩效分析

随着国内搜索行业规范化进程的推进，人工智能提供技术支持，搜索广告的市场也在不断扩大。搜索的广告效果得到了多数企业的认可，尤其能够满足广大中小型企业客户的营销需求。因此，近年来搜索引擎广告发展势头较好，已成为比较重要的营销方式。数据显示，我国的搜索广告市场规模保持稳定增长的态势，2018 年为 964.5 亿元。从单家企业来看，市场份额对企业利润的影响很大，企业研发投入的高低也将影响企业的长期绩效。

本章小结

本章详细阐述了产业组织理论的渊源及形成，包括产业组织的含义、产业组织理论体系的形成。作为微观经济学的重要分支，产业组织理论已逐渐发展为一种解释微观市场的主流理论。

西方产业组织理论经历过两个重要发展阶段，先后形成了哈佛学派的 SCP 分析范式和芝加哥学派的产业组织理论。SCP 分析范式构造了一个既能深入具体环节又有系统逻辑体系的分析框架，对美国 20 世纪 70 年代前后实施反垄断政策产生了重要影响。市场结构、企业行为和经济绩效之间的关系也成为许多经济学家讨论的热点。

产业组织理论的最新发展包括新奥地利学派和新产业组织理论等。新奥地利学派提出了影响竞争的一个重要因素——企业家，并且极力反对政府干预经济。新产业组织理论关注动态和双向分析市场结构、企业行为和经济绩效之间的关系，关注政府公共政策的影响，特别是开始注重综合研究产业组织理论，博弈论就是在这一背景下被引入产业组织理论研究中的。

本章对博弈论做了初步的阐述，比较详细地分析了合作策略性行为和非合作策略性行为。

复习思考题

1. 试分析一个企业兼并案例（提示：兼并类型、兼并动因和结果）。
2. 限制性定价和掠夺性定价有哪些差别？试举例说明。
3. 简述 SCP 分析框架。
4. 举例说明产品差别化的含义及形成原因。

参考文献

1. 戴伯勋，沈宏达．现代产业经济学［M］．北京：经济管理出版社，2001.

2. 丹尼斯·卡尔顿，杰弗里·佩罗夫．现代产业组织（上）［M］．上海：上海三联书店，上海人民出版社，1998.

3. 邓伟根．产业经济：结构与组织［M］．广州：暨南大学出版社，1990.

4. 干春晖，姚瑜琳，戴榕．合作策略性行为的产业组织分析［J］．上海管理科学，2004（2）.

5. 刘志彪，王国生，安国良．现代产业经济分析［M］．南京：南京大学出版社，2001.

6. 马歇尔．经济学原理［M］．北京：华夏出版社，2017.

7. 毛林根．产业经济学［M］．上海：上海人民出版社，1996.

8. 彭泽军．当代产业组织理论研究的新进展［J］．企业经济，2008（6）.

9. 苏东水．产业经济学［M］．3版．北京：高等教育出版社，2010.

10. 泰勒尔．产业组织理论［M］．北京：中国人民大学出版社，1997.

11. 王慧炯．产业组织及有效竞争［M］．北京：中国经济出版社，1991.

12. 王俊豪．产业经济学［M］．2版．北京：高等教育出版社，2012.

13. 夏大慰．产业组织学［M］．上海：复旦大学出版社，1994.

14. 夏大慰．产业组织与公共政策：可竞争市场理论［J］．外国经济与管理，1999（11）.

15. 夏大慰．产业组织与公共政策：新奥地利学派［J］．外国经济与管理，1999（10）.

16. 夏大慰．产业组织与公共政策：芝加哥学派［J］．外国经济与管理，1999（9）.

17. 夏大慰．西方产业组织流派：方法论与基本观点［M］//产业经济学理论与实践问题研究．北京：经济管理出版社，2000.

18. 杨公朴，夏大慰．现代产业经济学［M］．上海：上海财经大学出版社，1999.

19. 余东华．新产业组织理论及其新发展［J］．中央财经大学学报，2004（2）.

20. 臧旭恒，徐向艺，杨蕙馨．产业经济学［M］．北京：经济科学出版社，2002.

21. 植草益．产业组织论［M］．北京：中国人民大学出版社，1988.

22. Joe S. Bain. *Industrial Organization*. New York：John Wiley & Sons，Inc.，1968.

第四章

产业发展理论

内容提要

本章是继导论、企业、产业组织理论后承上启下的章节。本章从产业发展的含义出发，从农业、工业和服务业三个层面比较全面地总结了产业发展的历程，并在此基础上对产业未来的发展方向做出了展望。产业发展周期是产业发展中经久不衰的经典理论，本章也对此做出了详尽阐述。此外，本章还对产业均衡发展理论、产业非均衡发展理论、主导产业理论、雁行发展理论、产业分工理论以及产业循环理论等重要理论进行了介绍。

本章重点

- 产业发展的含义
- 产业发展周期
- 主导产业理论
- 产业发展的未来趋势
- 产业非均衡发展理论
- 产业循环理论

第一节　产业发展概述

一、产业发展的含义

产业发展是指产业的产生、成长和演进。产业发展的内容，既包括单个产业的进化，又包括产业总体的演进；既包括产业类型、产业结构、产业关联、产业布局的演进，又包括产业组织的变化、产业规模的扩大、技术的进步、效益的提高。① 产业发展的过程，就是单个具体产业的产生、成长、繁荣、衰亡，或者单个大类产业产生、成长、不断现代化的过程；也是产业总体不断由不合理走向合理、由不成熟走向成熟、由不协调走向协调、由低级走向高级的过程；也是产业组织合理化、主导产业分阶段转化、产业布局合理化、产业结构优化的过程。产业发展的状况是产业类型变化规律、产业结构演进规律、产业布局变动规律、产业组织演变规律及其他单个产业和产业总体发展规律综合作用的结果。从最广泛的意义上来说，产业经济学就是产业经济发展学。产业各个方面的演进规律也是产业发展的规律。

经济发展包含产业发展，产业发展又是经济发展的必要条件、关键因素和强大动力，产业发展的状况直接决定着整个国民经济发展的状况。因此，产业发展的研究对促进国民经济的发展具有特别重大的意义。

2021年3月7日，习近平在参加十三届全国人大四次会议青海代表团审议时的讲话时强调，立足新发展阶段、贯彻新发展理念、构建新发展格局，推动高质量发展，是当前和今后一个时期全党全国必须抓紧抓好的工作。走高质量发展之路，就要坚持以人民为中心的发展思想，坚持创新、协调、绿色、开放、共享发展。

专栏4-1

习近平关于新发展阶段、新发展理念、新发展格局的论述

党的十九届五中全会提出，全面建成小康社会、实现第一个百年奋斗目标之后，我们要乘势而上开启全面建设社会主义现代化国家新征程、向第二个百年奋斗目标进军，这标志着我国进入了一个新发展阶段。从历史依据来看，新发展阶段是我们党带领人民迎来从站起来、富起来到强起来历史性跨越的新阶段。

党的十八大以来，我们党对经济形势进行科学判断，对发展理念和思路作出及时调整，引导我国经济发展取得了历史性成就、发生了历史性变革。经济发展进入新常态。2013年12月10日，在中央经济工作会议上，我提出“新常态”。2014年12月9日，也是在中央经济工作会议上，我从9个方面的趋势性变化分析了我国经济发展进入新常态的原因，强调认识新常态、适应新常态、引领新常态是当前和今后一个时期我国经济发展的大逻辑。

2015年10月，在党的十八届五中全会上，我提出了创新、协调、绿色、开放、共享的发展理念，强调创新发展注重的是解决发展动力问题，协调发展注重的是解决发展不平衡问题，绿色发展注重的是解决人与自然和谐问题，开放发展注重的是解决发展内外联动问题，共享发展注重的是解决社会公平正义问题，强调坚持新发展理念是关系我国发展全局的一场深刻变革。

2017年10月，在党的十九大上，我强调基于我国社会主要矛盾已经转化为人民日益增长的美好生活需要和不平衡不充分的发展之间的矛盾这一事实，以及新发展

---

① 简新华．产业经济学［M］．武汉：武汉大学出版社，2001：164.

理念的要求，我国经济已由高速增长阶段转向高质量发展阶段。

2020 年 4 月 10 日，在中央财经委会议上，我强调要构建以国内大循环为主体、国内国际双循环相互促进的新发展格局。这是“十四五”规划《建议》提出的一项关系我国发展全局的重大战略任务，需要从全局高度准确把握和积极推进。党的十九届五中全会对构建新发展格局作出全面部署。这是把握未来发展主动权的战略性布局和先手棋，是新发展阶段要着力推动完成的重大历史任务，也是贯彻新发展理念的重大举措。

构建新发展格局的关键在于经济循环的畅通无阻，就像人们讲的要调理好统摄全身阴阳气血的任督二脉。经济活动需要各种生产要素的组合在生产、分配、流通、消费各环节有机衔接，从而实现循环流转。在正常情况下，如果经济循环顺畅，物质产品会增加，社会财富会积聚，人民福祉会增进，国家实力会增强，从而形成一个螺旋式上升的发展过程。如果经济循环过程中出现堵点、断点，循环就会受阻，在宏观上就会表现为增长速度下降、失业增加、风险积累、国际收支失衡等情况，在微观上就会表现为产能过剩、企业效益下降、居民收入下降等问题。在我国发展现阶段，畅通经济循环最主要的任务是供给侧有效畅通，有效供给能力强可以穿透循环堵点、消除瓶颈制约，可以创造就业和提供收入，从而形成需求能力。因此，我们必须坚持深化供给侧结构性改革这条主线，继续完成“三去一降一补”的重要任务，全面优化升级产业结构，提升创新能力、竞争力和综合实力，增强供给体系的韧性，形成更高效率和更高质量的投入产出关系，实现经济在高水平上的动态平衡。

资料来源：习近平在省部级主要领导干部学习贯彻党的十九届五中全会精神专题研讨班上的讲话（节选）（2021 年 1 月 11 日）；习近平．把握新发展阶段，贯彻新发展理念，构建新发展格局 [J]. 求是，2021 (9).

二、产业发展的历程

产业发展是人类文明发展的一部分，是随着人类对自然规律的认识、技术的进步，在漫长的人类发展史中逐步产生和发展起来的。产业由简单到复杂，社会分工由粗到细，逐步形成了今天复杂和庞大的产业体系。产业发展的历程俨然就是人类发展的历史。

（一）农业发展历程

农业是随着生产工具的变革而不断地向前发展的，先后经历了古代农业、近代农业和现代农业三个发展历程。[①]

1. 古代农业

随着铁器的大量制造和使用的普及，人类改造自然的能力有了质的飞跃，农业生产

① 芮明杰．产业经济学 [M]. 上海：上海财经大学出版社，2005：19-26.

进入古代农业阶段。这一时期，农业是最主要的经济部门，绝大多数人口从事农业生产，世界人口的迅速增长是促使古代农业发展的最主要动力。古代农业伴随着奴隶制和封建社会的发展而产生和发展，经过长期积累而形成的农业技术适应了当时的自然和社会经济条件。首先，适应各地的气候、土质等自然条件的铁制农具应运而生。其次，耕作制度由原始的烧垦制过渡到既能较充分地利用土地资源、又能较好保护自然植被的轮作制。再次，出现了一系列精耕细作的方法。最后，形成了农牧结合的生产体系。但是，从总体上看，农业生产效率很低，变革和进步十分缓慢，能够提供给社会的产品数量也相对有限。为了维持生存，人们只有依靠扩大土地种植面积的办法，许多地方出现了毁林开荒、毁牧垦荒的情形，引起了自然环境遭到破坏的尖锐矛盾。

2. 近代农业

近代农业从 19 世纪中叶开始到第二次世界大战为止。在这近百年期间，世界经济的各个领域都发生了激烈的变革。这一时期正处于人类社会第二次工业革命时期，各种新技术蓬勃发展，科学的农业生产技术体系开始形成，化学和生物科学在促进近代农业技术发展过程中的作用最为突出。

农业生产专业化和地域分工是近代农业的第一个重要特征，形成了具有明显的“二元”特征的农业形态。一方面是由殖民主义者控制的种植园和现代化农场；另一方面是由占农业人口绝大多数的个体农民从事的自给自足的、小规模的、落后的传统农业。

世界农业格局发生了重大变化是近代农业的第二个重要特征。美国、加拿大、阿根廷、澳大利亚和新西兰等新开垦区，成为世界主要的粮食、棉花、油料及畜产品的生产和供应地，而西欧各国农业出现停滞、萎缩和衰退。欧洲、北非、中非和南亚一些国家是谷物纯进口国，美国、加拿大、澳大利亚和阿根廷是谷物的主要出口国；阿根廷、新西兰、澳大利亚是肉类及其制品的主要供应国，而欧洲地区则是肉类及其制品的主要进口地。

劳动生产率和土地生产率出现了质的飞跃是近代农业的第三个重要特征。近代自然科学和农业科学成果应用于农业，形成了开放式的能量转换循环系统，使农业的产量达到了以往历史上从未有过的水平。但是，能源浪费依然严重，环境污染加剧，农用化学物质使土壤中的有机物质减少，导致土壤肥力下降和土地生产能力萎缩，最终损害了人类福利。此外，在近代工商业发展的过程中，农业一直处于“输血”的地位，逐渐形成了农业落后于工业、农村落后于城市的状况。

3. 现代农业

现代农业阶段是指 20 世纪中叶以来世界农业的最新发展。农业生产和布局发生了重大变革，农业所达到的水平和取得的巨大成就是以往难以企及的。这一时期，农业快速发展和重大变革的原因是农业现代化水平的提高和高新技术在农业中的广泛应用。首先，农业机械化取得巨大发展；其次，现代农业的生产技术获得了突破。农业化学、生物科学、作物育种、农业生物工程技术等方面取得了飞速发展，产业化的步伐加快。

世界农产品国际贸易空前活跃是现代农业的第一个重要特征。欧洲是世界上最大的农产品贸易市场。20 世纪 80 年代以来，日本、中国及中东石油输出国农产品的进口量逐年增长，在世界农产品进口贸易额中所占比重已超过1/4，但农产品的出口额增长有限。美国、加拿大依然是农产品主要出口国。澳大利亚、新西兰和拉丁美洲各国依旧是世界谷物、肉类及热带经济作物的主要净出口国。

人类对自然资源开发、利用的广度和深度不断增加是现代农业的第二个重要特征。但与此同时，人口膨胀，耕地、淡水及生物等资源短缺，农业生态环境恶化，发达国家与发展中国家农业发展的差距日渐悬殊，都成为亟待解决的问题和现代农业发展的瓶颈。

2022年3月6日，习近平在看望参加全国政协十三届五次会议的农业界社会福利和社会保障界委员时的讲话中强调，要积极推进农业供给侧结构性改革，全方位、多途径开发食物资源，开发丰富多样的食物品种，实现各类食物供求平衡，更好满足人民群众日益多元化的食物消费需求。农业供给侧结构性改革为现代农业发展提供了可行路径。①

（二）工业发展历程

工业起源于原始社会，经过漫长的奴隶社会和封建社会手工业的发展，到18世纪中叶第一次工业革命以后进入了近代工业阶段，第二次世界大战以后进入了现代工业阶段。

1. 古代手工业

在距今4 000～5 500年前，东方的四个文明古国，即古埃及、古巴比伦、古印度和中国进入奴隶社会；随后，欧洲的古希腊、古罗马也在大约距今3 000年前进入了奴隶社会。由此开始了古代手工业的发展历程。这一时期，中国、古埃及、古印度、西亚、古希腊和古罗马等少数古代文明发达地区开始了古代手工业，主要集中在制陶、纺织、建筑、造船等产业。手工业发展的一个重要标志是铁器冶炼技术进步，手工业发展的一个重要特点是建立了手工业行会。

金属工具的推广应用是古代手工业最重要的特征。早在原始社会末期，人类就已经开始掌握青铜器的冶炼技术。但到了奴隶社会，青铜器冶炼技术才有了显著的提高，并在手工业生产中比较广泛地推广应用，促进了冶金、工具制造、制陶、纺织、建筑、酿酒、榨油等行业的发展，进而出现了第二次社会大分工，即手工业和农业的分离，从而劳动生产率也大大提高。

2. 近代工业

近代工业起始于工业革命。这一时期，资产阶级革命和资产阶级专政的国家政权的建立为资本主义生产关系的迅速扩大和生产技术的大发展扫清了道路；资本主义工场手工业的广泛发展为近代机器的诞生奠定了物质技术基础；科学技术的发展为近代机器的发明提供了前提；地理大发现也促进了国内外贸易的发展和早期世界市场的出现。一系列政治、经济、社会、技术的准备为工业革命的产生创造了条件。

机器生产代替手工劳动，以及依次以电力、化学、能源工业为中心内容的产业发展进程是近代工业最重要的特征。工业革命创造了比手工劳动高得多的劳动生产率，使自然科学的研究工作在19世纪进入了前所未有的阶段，各个学科几乎都有重大的成就和突

---

① 习近平看望参加全国政协十三届五次会议的农业界社会福利和社会保障界委员［EB/OL］. 新华网，2022-03-06.

破。电能的广泛应用、电力工业的蓬勃发展、化学工业的逐步建立、“钢铁时代”的到来，形成了一系列新的重工业部门，促进了生产力突飞猛进地向前发展。[①]

3. 现代工业

现代工业是在近代工业的基础上逐渐发展起来的，20 世纪 20—30 年代，电子显微镜、电子示波器、质谱仪、同位素测定仪、原子光谱仪、回旋加速器等精密仪器问世，随后，以原子能、电子计算机和空间技术的应用为主要标志的一系列新兴工业部门产生。

第三次科技革命对劳动生产率提高的幅度之大前所未有是现代工业最重要的特征。工业空前迅速发展，劳动对象从依靠大自然的恩赐走向人工合成材料的开发，出现了以知识密集为特征的高技术群体，引起了原子能工业、半导体工业、石化工业、电子工业等一系列新兴工业部门的建立和发展。同时，发达资本主义国家工业的内部结构发生了深刻的变化，出现了“重化工业化”“高加工度化”以及“高技术化”。

（三）服务业发展历程

广义上的服务业就是第三产业，它起源于原始社会，然后分别经历了古代服务业、近代服务业和现代服务业三个阶段。

1. 古代服务业

人类最初的城市是在野蛮时代的高级阶段出现的，城市的出现使服务业有了发展的可能。古埃及、古巴比伦、古印度、中国等重要的文明地域都建立了众多的城市，促进了服务业的发展。古代服务业最主要的产业之一是古代商贸业，此外还有古代交通运输业、古代旅游业、古代通信业以及古代文化教育事业。这些服务业在古代社会发挥了重要的作用。

古代服务业发展缓慢，在古代社会经济中处于从属的地位是古代服务业最重要的特征。由于服务业的发展是由生产力发展水平决定的，在奴隶社会和封建社会，社会生产力的发展水平低，以自给自足的自然经济为基本特征，商品交换的规模和范围十分有限。

2. 近代服务业

从 18 世纪中叶开始，工业革命为服务业提供了新的技术手段和物质基础，使服务业发生了重大变革。近代服务业拥有以往时代难以比拟的发展规模和深度是近代服务业最重要的特征。这种发展还带来了结构性的变革。一方面，传统服务业部门发生了革命性的进步。商业、交通运输业、旅游业、邮电业及城市服务业等产业在发展规模和服务内容上发生了巨大变化。[②] 另一方面，崛起了众多的新兴服务业，主要包括银行、保险和广告等产业。

3. 现代服务业

第二次世界大战以来，特别是 20 世纪 70 年代以来，服务业获得较快发展，成为国

---

① 宋则行，樊亢．世界经济史：上卷［M］．北京：经济科学出版社，1993：237－238.

② 托夫勒．第三次浪潮［M］．北京：生活·读书·新知三联书店，1983：85.

民经济最主要的部门。这是由于物质生产部门发展迅速，对交通、通信和金融等服务业提出了更高、更多的要求。同时，人们对文化娱乐、旅游、体育等服务也有了新的需求。服务业的发展水平及其竞争力在一定程度上反映了一个国家和地区的经济发展水平。在当前和未来的岁月里，现代服务业将会成为国民经济的支柱产业，成为世界经济发展的主要推动力。

新兴服务业的不断涌现和蓬勃发展是现代服务业最重要的特征。这些新兴服务业范围不断拓宽，呈现出多样化和专业化的趋势，主要包括信息服务业、全球物流与航运业、专业服务业、科技服务业、服务外包、创意产业、文化服务、特色旅游业以及会展业等。

三、产业发展的未来趋势

产业发展在新的条件下，出现了生态化、信息化、全球化、融合化以及簇群化的发展趋势。①

（一）产业生态化

产业生态化是指产业自然生态有机循环，在自然系统承载能力内，对特定地域空间内的产业系统、自然系统与社会系统之间进行耦合优化，充分利用资源，消除环境破坏，协调自然、社会与经济的持续发展，是产业发展的高级形态。②

产业生态化的一个核心问题是产业系统内的企业之间能够进行物质传递和循环。然而，生态产业系统的物质循环不是封闭循环，而是内部物质循环、对外具有投入产出功能的开放系统。如图 4-1 所示，企业之间的物质循环与代谢是生态产业作为生命系统的活力与健康的体现。系统内各企业在投入产出的同时，物质循环代谢的功效越高（或总体成本效益越高），生态产业系统越健康，其投入产出效益也越高。③ 实现产业的生态化要加快绿色低碳循环技术攻关和成果转化。

2022 年 1 月 24 日，习近平在十九届中央政治局第三十六次集体学习时强调，加快绿色低碳科技革命。要狠抓绿色低碳技术攻关，加快先进适用技术研发和推广应用。要建

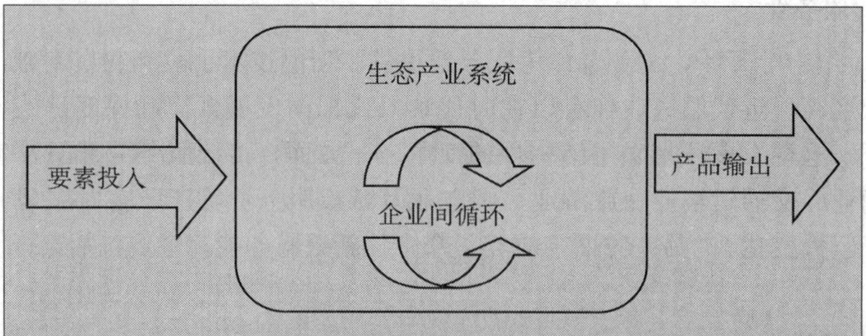

图 4-1　产业生态化循环系统

① 宋胜洲，郑春梅，高鹤文．产业经济学原理［M］．北京：清华大学出版社，2012：115-118.
② 陈柳钦．产业发展的集群化、融合化和生态化分析［J］．华北电力大学学报，2006（1）：16-22.
③ 杨忠直．以生态化标准推进我国产业发展［J］．北京工业大学学报，2004（1）：1-7.

立完善绿色低碳技术评估、交易体系，加快创新成果转化。要创新人才培养模式，鼓励高等学校加快相关学科建设。①

专栏 4-2

坚持人与自然和谐共生

建设生态文明是中华民族永续发展的千年大计。必须树立和践行绿水青山就是金山银山的理念，坚持节约资源和保护环境的基本国策，像对待生命一样对待生态环境，统筹山水林田湖草系统治理，实行最严格的生态环境保护制度，形成绿色发展方式和生活方式，坚定走生产发展、生活富裕、生态良好的文明发展道路，建设美丽中国，为人民创造良好生产生活环境，为全球生态安全作出贡献。

资料来源：习近平．决胜全面建成小康社会 夺取新时代中国特色社会主义伟大胜利：在中国共产党第十九次全国代表大会上的报告［M］. 北京：人民出版社，2017：23-24.

（二）产业信息化

产业信息化是指以信息技术改造和提升传统产业，围绕“四流三周期”，即物流、资金流、业务流、价值流和产品生命周期、企业生命周期、产业生命周期，构造以信息化带动其他要素流动的产业关联，对资源优化配置、整合，对过程优化重组。产业信息化包含三方面内容：企业间信息化、行业信息化以及行业间信息化。产业信息化发挥作用的途径有三个：产品、企业和产业。产业的信息化是产业数字化的初级阶段，数字化是信息化的延伸和升级，信息化易，数字化难。未来的发展趋势是产业数字化转型势在必行，没有数字化转型，产业发展将寸步难行。

专栏 4-3

习近平在三次国际会议上关于产业信息化和产业数字化的论述

2021 年 8 月 23 日，习近平致中国-上海合作组织数字经济产业论坛、2021 中国国际智能产业博览会的贺信中强调，世界正进入数字经济快速发展的时期，5G、人工智能、智慧城市等新技术、新业态、新平台蓬勃兴起，深刻影响全球科技创新、产业结构调整、经济社会发展。近年来，中国积极推进数字产业化、产业数字化，推动数字技术同经济社会发展深度融合。

2021 年 9 月 26 日，习近平致 2021 年世界互联网大会乌镇峰会的贺信中强调，数字技术正以新理念、新业态、新模式全面融入人类经济、政治、文化、社会、生态文明建设各领域和全过程，给人类生产生活带来广泛而深刻的影响。当前，世界百年变局和世纪疫情交织叠加，国际社会迫切需要携起手来，顺应信息化、数字化、网络化、智能化发展趋势，抓住机遇，应对挑战。

2022 年 1 月 25 日，习近平在中国同中亚五国建交 30 周年视频峰会上的讲话中

① 习近平主持十九届中央政治局第三十六次集体学习［EB/OL］. 新华网，2022-01-25.

强调，我们要加强人工智能、大数据、云计算等高技术领域合作，让六国人民享受高技术带来的便利。

资料来源：http：//www. xinhuanet. com/politics/leaders/2021 - 08/23/c_1127785980. htm；http：//cpc. people. com. cn/n1/2021/0926/c64094 - 32236905. html；http：//www. gov. cn/xinwen/2022 - 01/25/content_5670410. htm.

（三）产业全球化

产业全球化也称产业国际化，是指产业的研究与开发的国际合作与交流，根据比较利益原则，在全球范围内通过生产要素的流动进行国际分工。产业国际化包括产业内企业的国际化经营；产品生产的国际化，即产品价值增值的各环节和价值构成的国际化；产业竞争态势和市场结构的国际化等。

产业全球化的基础是该产业内企业的全球化运作达到相当的规模，企业在多国或多区域的生产、营销、科研和组织中实行高度专业化分工，企业内部一体化国际生产的程度很高。产业全球化的本质是提高产业内全球性分工的广度和深度。

2021 年 4 月 20 日，习近平在博鳌亚洲论坛 2021 年年会开幕式上的视频主旨演讲中强调，“要抓住新一轮科技革命和产业变革的历史机遇，大力发展数字经济，在人工智能、生物医药、现代能源等领域加强交流合作，使科技创新成果更好造福各国人民。”①

（四）产业融合化

产业融合化是指不同产业或同一产业不同行业相互渗透、相互交叉，最终融合为一体，逐步形成新产业的动态发展过程。产业融合化是社会进步和产业结构高度化的必然趋势，产业间的关联性和对效益最大化的追求是产业融合发展的内在动力，而技术创新和技术融合则是当今产业融合化发展的催化剂。产业融合可分为产业渗透、产业交叉和产业重组三类。产业融合的主要方式有三种：一是高新技术的渗透融合，二是产业间的延伸融合，三是产业内部的重组融合。

专栏 4 - 4

习近平关于产业融合的论述

2021 年 5 月 19 日，习近平在同俄罗斯总统普京共同见证中俄核能合作项目开工仪式时的讲话中强调，坚持创新驱动，深化核能科技合作内涵。要以核环保、核医疗、核燃料、先进核电技术为重要抓手，深化核能领域基础研究、关键技术研发、创新成果转化等合作，推进核能产业和新一代数字技术深度融合，为全球核能创新发展贡献更多智慧。

2021 年 10 月 14 日，习近平在第二届联合国全球可持续交通大会开幕式上的主旨讲话中强调，坚持创新驱动，增强发展动能。当今世界正在经历新一轮科技革命

① 习近平在博鳌亚洲论坛 2021 年年会开幕式上的视频主旨演讲（全文）[EB/OL]. 新华网，2021 - 04 - 20.

和产业变革，数字经济、人工智能等新技术、新业态已成为实现经济社会发展的强大技术支撑。要大力发展智慧交通和智慧物流，推动大数据、互联网、人工智能、区块链等新技术与交通行业深度融合，使人享其行、物畅其流。

资料来源：http：//cpc.people.com.cn/n1/2021/0519/c64094－32108025.html；http：//cpc.people.com.cn/n1/2021/0926/c64094－32236905.html；http：//www.gov.cn/xinwen/2022－01/25/content_5670410.htm.

（五）产业簇群化

产业簇群化也称产业集群化，是指在某个特定产业中相互关联的、在地理位置上相对集中的若干企业和机构集中的过程。

产业簇群化不是众多企业的简单堆积，企业间的有机联系是产业集群产生和发展的关键。概括起来，产业簇群化一般具有以下特征：（1）特定区域空间上的集聚；（2）产业链的相对完整性；（3）产业领域相对集中，并具有竞争优势；（4）企业数量足够多；（5）产业集群内存在着激烈的竞争以及纵向的合作等。[①]

知识讲解

以下视频节选自新疆财经大学“产业经济学”慕课，可登录中国大学慕课网站搜索查看完整视频。

视频4－1：产业发展的未来趋势

第二节　产业发展周期

20世纪80年代以后逐步兴起的产业发展周期理论来源于产品生命周期理论。根据市场学的研究，产品生命周期是指产品从最初投入市场到最终退出市场的全过程。产品生命周期的具体演变过程一般会依次经过进入期（形成期）、扩张期、成熟期、衰退期四个发展阶段，在图形上表现为一条S形曲线。[②]

产品生命周期理论的许多研究成果可以为产业发展周期理论所借鉴。产品生命周期的四个发展阶段也反映了相关产业兴衰的演变过程。产业如同能动的生命体一样，它的规模和盈利能力并不是固定不变的，而是随着时间的推移发生变化。因此，产业发展周期是指某个产业在市场上从产生到衰退的时间周期。

一般认为，产业发展周期可以划分为形成期、扩张期、成熟期和衰退期。形成期是指某个产业产生以后要素投入、产出规模和市场需求缓慢增长的时期；扩张期是指某个产业的要素投入、产出规模和市场需求迅速增长的时期；成熟期是指某个产业的市场饱和，要素投入、产出规模进入缓慢增长的时期；衰退期是指某个产业的要素开始趋于退出，产出规模和市场需求下降趋势日益增强的时期。在衰退期如果出现了重大技术变革，该产业就可能结束衰退期，开始新的产业生命运动周期。产业发展周期各个阶段的时间

---

① 杨建文，等．产业经济学［M］．上海：学林出版社，2004：274.
② 周新生．产业兴衰论［M］．西安：西北大学出版社，2000：19.

长短依产业的性质、功能以及所处的国家不同而异。

产业发展周期的一般形态可以描述为S形曲线，如图4-2所示。

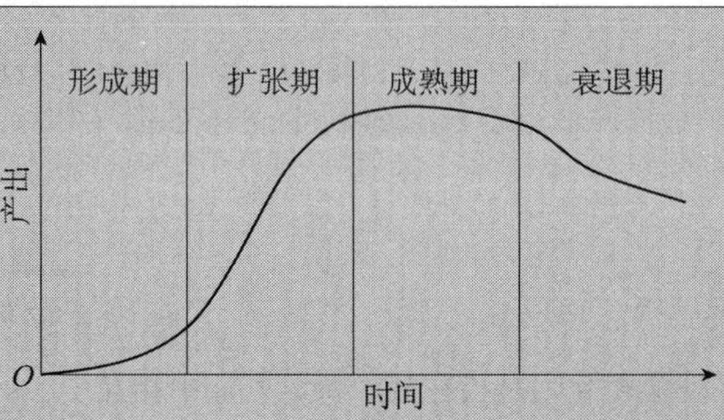

图4-2 产业发展周期的一般形态

资料来源：芮明杰．产业经济学［M］．上海：上海财经大学出版社，2005：47.

注：这四个时期也称为形成阶段、扩张阶段、成熟阶段、衰退阶段。

一、产业形成

（一）产业形成的过程

产业的形成是较为复杂的过程，具有不同的形成过程和方式。一般来说有以下几种。①

第一，产业新生。产业新生是指产业形成既不孕育于原有产业，也不依附于原有产业而存在，而是从萌芽到形成以相对独立的方式进行。这种产业的生长需要一个涉及技术变革、市场需求或经济环境变化的具有相互作用机制的反馈结构。也就是说，企业既要寻找技术上的可能性，又要确定市场机会存在与否，技术创新的程度对该产业的发展具有决定性的影响。② 这种产业的生长往往是科学技术取得突破性进步的结果，一般萌芽于实验室，或科技工业园区，例如，生物医学产业、生物工程产业、海洋产业的形成方式。那些有全新需求、在全新领域、有全新的生产方式和生产性质的产业往往就是以这种方式形成的。

第二，产业分化。产业分化指的是处于萌芽中的新产业经过充分发育后从原有产业中分离出来，分解为一个独立的新产业的过程。产业分化是生产力发展和社会分工深化的必然结果。从人类发展的过程看，三次社会大分工的发展中相继出现了农业、畜牧业、手工业和商业的分化。以分化形式形成产业的机理是：（1）原有产业处于扩张、成熟状态并具备发育和萌芽新产业的能力；（2）外在环境又存在新产业萌生的动力和压力，如社会经济需求的动力或市场竞争的压力；（3）自身出现了新技术、新工艺、新产品或新的组织形式，由于分工、专业化协作的需要，当这些部分在生产体系、生产功能以及规模上与原有产业不能相容时，分离就会出现。③ 这种方式在产业形成中经常出现，如工业

① 芮明杰．产业经济学［M］．上海：上海财经大学出版社，2005：57.

② 刘金友．企业技术创新论［M］．北京：中国经济出版社，2001：84.

③ 王先庆．产业扩张［M］．广州：广东经济出版社，1998：47-70；戴伯勋，沈宏达．现代产业经济学［M］．北京：经济管理出版社，2001：61.

从农业中分离、电子工业从机械工业中分离、石化业从石油业中分离均属这种形式。

第三，产业派生。产业派生是指由于产业之间存在技术联系，一个产业的发展带动另一个与之相关、相配套的新产业产生。产业派生有三种方式：一是后向派生方式，即一个产业部门的快速发展刺激其投入要素的发展而出现新的产业的派生；二是前向派生方式，即一个产业部门的发展创造能够诱发或产生出新的经济部门的派生；三是旁侧派生方式，即一个产业部门的发展刺激和吸引更多相同产业聚集从而出现相关部门的派生。① 派生出的新产业与原产业有很强的关联性，而且在产业成长过程中具有同一命运，即一损俱损、一荣俱荣。

第四，产业融合。产业融合是指不同产业或同一产业内的不同行业相互渗透、相互交融，最终融为一体，逐步形成新产业的动态发展过程。产业融合一般发生在有一定关联性的产业的边界和交叉处，产业融合的结果改变了企业之间的竞争合作关系，从而导致产业界限的模糊化，甚至重新划分产业界限。② 产业融合是新一轮科技革命和产业变革背景下产业发展的趋势。2022 年 1 月 24 日，习近平在十九届中央政治局第三十六次集体学习时强调，“要紧紧抓住新一轮科技革命和产业变革的机遇，推动互联网、大数据、人工智能、第五代移动通信（5G）等新兴技术与绿色低碳产业深度融合，建设绿色制造体系和服务体系，提高绿色低碳产业在经济总量中的比重。要严把新上项目的碳排放关，坚决遏制高耗能、高排放、低水平项目盲目发展。要下大气力推动钢铁、有色、石化、化工、建材等传统产业优化升级，加快工业领域低碳工艺革新和数字化转型。”③

（二）产业形成的条件和标志④

第一，产业萌芽和产业形成的最基本和最重要的条件是人们的社会经济需要。社会经济需要的数量、质量、结构、层次、变化趋势决定着产业的数量、质量、结构、层次和变化趋势。由于人的经济需要处于不断的新旧更替和上升过程中，因而现代产业的更替也日趋频繁。在实际经济生活中，经济需要的进化还表现为人们对产品和服务的需要开始由对纯效用价值的追求转向效用价值与审美价值及精神享受多重价值并重，而这恰恰是大量精神产品生产和信息产业蓬勃发展的重要原因。

第二，资本的支持与资源的稳定供给是产业形成的基本保证。资本是产业运动的基本能量来源，没有资本的注入，产业则难以启动、形成和发展。只有源源不断地从外界获得各种生产资料和各种信息、能源、劳动力等，并有效地吸收和转化，才可使一个新产业茁壮成长。

第三，政府的产业政策对产业的形成具有重要影响。表现在以下方面：首先，政府的产业转型战略客观上为新的产业的形成提供了机会；其次，政府的保护幼小产业政策直接地对产业形成发挥作用；最后，政府的技术政策以及对创新活动和技术应用活动提

---

① 罗斯托．经济成长的阶段：非共产党宣言［M］．北京：商务印书馆，1962：62.

② 马健．产业融合理论研究评述［J］．经济学动态，2002（5）：78-82.

③ 习近平主持中共中央政治局第三十六次集体学习［EB/OL］．新华网，2022-01-25.

④ 王先庆．产业扩张［M］．广州：广东经济出版社，1998：72-75；戴伯勋，沈宏达．现代产业经济学［M］．北京：经济管理出版社，2001：60-61.

供的支持机制间接或直接地对产业形成起作用，现行的科技工业园区、高科技风险基金等形式均在孵化新产业。

产业形成的标志应从其规模、专业化的从业人员及其社会经济功能方面考察，具体来说：（1）该产业应具备一定的规模，至于一定的规模究竟有多大，这要看各类产业的技术经济特点，虽然难以有量的测度，但这一产业必须在与国际同类产业以及国内其他产业的比较中占据一定比例；（2）有专门化的从业人员，其含义是有专门的设计人员、技术人员、管理人员以及工人，且形成群体；（3）该产业具有一定的社会影响，承担着不可或缺的社会经济功能；（4）有专门化的生产技术装备和技术经济特点。

（三）产业形成的关键因素[①]

在现代经济社会，资本的形成是产业形成最核心和最首要的因素。据统计，当今世界上70%的新产品和一半以上的新产业均是在美国首先产生和形成的，这与美国有极强的资本形成能力有关。当然，资本的形成是通过投资实现的。投资使新技术得以开发、推广和应用，从而直接推动新产业的形成。

产业形成的另一关键是产业创新和企业创新。产业创新和企业创新是推动产业形成的重要力量。产业创新指的是原有产业由于技术、分工、组织、管理生产过程的创新有可能分离出新产业，例如，最早的机械工业内部由于分工的原因分离出工业机械和农业机械。产业创新与产业形成直接相关，但两者不是相互对等的，也就是说，产业创新不一定都与产业形成有关，产业形成也不完全是产业创新的结果。产业形成与企业的关系是：产业形成必须以新企业的产生为基础，但新企业的诞生并不一定形成新产业，因为许多新企业的产生可能只是原来某一产业的扩张和发展，而新企业须参与新产业的开拓和形成，新产业才得以萌芽和形成。企业创新指企业对各种生产要素进行新组合的行为，包括产品创新、技术创新、市场创新、管理创新、组织创新。企业创新可以直接引起产业形成，也可引起产业创新，进而在一定条件下引起产业形成。

国家高度重视创新，2022年2月28日，习近平在中央全面深化改革委员会第二十四次会议上的讲话中强调，要推动国有企业完善创新体系、增强创新能力、激发创新活力，促进产业链创新链深度融合，提升国有企业原创技术需求牵引、源头供给、资源配置、转化应用能力，打造原创技术策源地。[②] 2022年4月19日，习近平在中央全面深化改革委员会第二十五次会议上的讲话中强调，要坚持面向世界科技前沿、面向经济主战场、面向国家重大需求、面向人民生命健康，树立勇担使命、潜心研究、创造价值的激励导向，营造有利于原创成果不断涌现、科技成果有效转化的创新生态，激励广大科技人员各展其能、各尽其才。[③]

（四）产业形成阶段的特点

第一，产业形成阶段是为产业扩张打基础、创造条件的阶段。产业形成的基本物质

---

① 王先庆．产业扩张［M］．广州：广东经济出版社，1998：75-98；戴伯勋，沈宏达．现代产业经济学［M］．北京：经济管理出版社，2001：58-90.

② 习近平主持召开中央全面深化改革委员会第二十四次会议［EB/OL］．新华网，2022-02-28.

③ 习近平主持召开中央全面深化改革委员会第二十五次会议［EB/OL］．新华网，2022-04-19.

条件是生产要素，没有生产要素的注入，产业则难以启动、形成和发展，只有源源不断地从外界获得各种生产要素，包括原材料、设备、土地、能源、劳动力、技术、信息等，并有效地吸收和转化，才可能催生一个新产业。

第二，产业形成还要以科学技术的发展为前提，科学技术在产业形成中具有革命性的作用。这些产业生产新产品，技术先进，代表产业发展的方向，发展速度快，增长率高，有的还具有很强的带动其他产业发展的能力，能够引起产业结构的变动，可能发展成为主导产业。

专栏 4－5

习近平关于科技创新重要性的论述

劳动力成本在逐步上升，资源环境承载能力达到了瓶颈，旧的生产函数组合方式已经难以持续，科学技术的重要性全面上升。在这种情况下，我们必须更强调自主创新。因此，在“十四五”规划《建议》中，第一条重大举措就是科技创新，第二条就是突破产业瓶颈。我们必须把这个问题放在能不能生存和发展的高度加以认识，全面加强对科技创新的部署，集合优势资源，有力有序推进创新攻关的“揭榜挂帅”体制机制，加强创新链和产业链对接，明确路线图、时间表、责任制，适合部门和地方政府牵头的要牵好头，适合企业牵头的政府要全力支持。中央企业等国有企业要勇挑重担、敢打头阵，勇当原创技术的“策源地”、现代产业链的“链长”。

科技创新是人类社会发展的重要引擎，是应对许多全球性挑战的有力武器，也是中国构建新发展格局、实现高质量发展的必由之路。中国将加大科技投入，狠抓创新体系建设，加速科技成果向现实生产力转化，加强知识产权保护，推动实现依靠创新驱动的内涵型增长。科技成果应该造福全人类，而不应该成为限制、遏制其他国家发展的手段。中国将以更加开放的思维和举措推进国际科技交流合作，同各国携手打造开放、公平、公正、非歧视的科技发展环境，促进互惠共享。

一流大学是基础研究的主力军和重大科技突破的策源地，要完善以健康学术生态为基础、以有效学术治理为保障、以产生一流学术成果和培养一流人才为目标的大学创新体系，勇于攻克“卡脖子”的关键核心技术，加强产学研深度融合，促进科技成果转化。

资料来源：习近平在省部级主要领导干部学习贯彻党的十九届五中全会精神专题研讨班上的讲话（节选）（2021 年 1 月 11 日）；习近平在世界经济论坛“达沃斯议程”对话会上的特别致辞（节选）（2021 年 1 月 25 日）；习近平在清华大学考察时的讲话（节选）（2021 年 4 月 19 日）。

二、产业扩张

（一）产业扩张的过程

产业扩张是指产业形成以后，通过吸纳各种经济资源而不断扩大自身的过程。产业扩张既包括企业数量增加、投入规模扩大、生产能力提高等外延上的扩张，也包括技术进步、管理水平提高、产品升级、产业组织合理化等内涵上的提高。产业扩张阶段是产业发展周期的重要阶段，决定了该产业的总体发展规模和在国民经济中的地位，决定了产业能否进入成熟阶段，也会对整个产业链和国民经济结构的变化产生很大影响。这是因为产业的总体发展规模主要取决于其在成长阶段的成长速度和成长时间。

产业扩张的过程也是产业选择的过程，符合市场需要、合乎扩张条件的产业会在这一阶段走向成熟，而那些不符合社会需要或条件不成熟，或不能够健康扩张的产业会在进入扩张阶段前或在扩张阶段过程中夭折。优胜劣汰的竞争规律在产业扩张过程中起着重要作用。[①] 在产业扩张期，有大批企业转产加入该行业，投资者亦大量进入，投资流动频繁，促进了产业规模的扩张。

产业扩张的实质是产业的扩大再生产。产业扩张是在产业主体追求高额利润的内在动力以及产业内部竞争压力的推动下进行的。在产业扩张阶段，需求增长的空间比较大，技术进步快，具有较大的利润空间，既构成企业进入的内在动力，也吸引社会资本的不断流入，形成产业内部企业之间激烈竞争的外部压力。产业扩张过程一般要经过启动、加速和加强三个阶段。在启动阶段，即产业扩张的初期，对该产业的投资规模开始扩张，生产要素开始不断向该产业集中，进入企业增加，竞争日趋激烈。在加速期，产业的市场经营以量的扩张为主。在加强期，技术和产业组织形态开始稳定，市场容量达到峰值，产业的投资活动及企业进入活动减弱，产业规模、产业产出份额及增长速度达到高峰。

（二）产业扩张阶段的特点

第一，产出规模迅速上升，在国民经济中的比重迅速提高。产业通过形成期的发展，形成了一定的市场需求，逐渐具备了大批量生产的条件，形成了稳定的产业链和初步的产业群，生产要素开始向该产业集中。如果说产业形成阶段是产业从无到有的过程，那么产业扩张阶段是产业从弱到强、从小到大的充实和发展过程。

第二，生产成本大幅下降。在产业内部生产工艺日臻完善，规模经济效应产生。此外，产业组织日益合理、产业链的完善和产业群的扩大也为成本降低创造了条件。

第三，经济利润迅速增长。在产业扩张阶段，厂商为了占领市场，可能降低销售价格，但由于生产批量大，成本降低快，企业利润仍然迅速增长。

（三）产业扩张的度量[②]

产业扩张不但包含产业在量上的增长，而且包含产业的质的提高。度量产业扩张应从量和质两方面进行。

度量产业扩张的指标和因素如下。

（1）产出增长率。一般说来，处于扩张阶段的产业有较高的产出增长率。资料表明，

---

① 芮明杰．产业经济学［M］．上海：上海财经大学出版社，2005：62－63.

② 王先庆．产业扩张［M］．广州：广东经济出版社，1998：132－143；戴伯勋，沈宏达．现代产业经济学［M］．北京：经济管理出版社，2001：63－64.

近十年，美国十大新兴产业的平均增长率均在20%以上。

（2）产业产值和收入在国民经济中的相对比重和地位变化。各个产业在整体中所占的比重和地位的变化直接反映产业扩张的现状和趋势。一般而言，处于成熟阶段的产业产出份额占工业总产值的8%以上，有些产业甚至占15%以上。

（3）产业资产总规模和劳动力就业人数的变化及就业选择情况。当资产总规模和就业人数份额增加较快时，说明产业处于扩张阶段。当资产总规模达到一定水平后长时间稳定或略有萎缩，则说明产业扩张到了尽头。

（4）产业的主要产品在国民消费总支出中的相对变化率。这一指标反映该产业需求状况。

产业扩张边界受市场需求总量、资源最大供应量、科技水平、产业自身在国民经济中的地位和作用等因素约束。以上因素也构成了产业扩张的动力。

各个产业扩张的能力是有差异的。判定一个产业的扩张能力，可从以下方面进行：①需求弹性。一般而言，需求弹性较高的产业，其扩张能力较强。②技术进步。技术进步快的产业，创新能力强，容易保持优势地位，其成长能力强。③产业关联度。产业关联度强的产业，其扩张能力强。④市场潜力。市场容量大且潜力大可为产业扩张创造良好条件。⑤产业在空间转移上的停止，亦可说明产业扩张达到市场需求边界，扩张亦告结束。⑥在产业扩张过程中，一般伴随产业组织不断向集团化、大型化方向发展，这种扩张有水平兼并和集中与松散的垂直联合两种方式。

在产业扩张过程中要特别注意扩张过程的“和谐”，既要防止发育不足，又要防止过度扩张，出现畸形态势。产业发育不足或过度扩张将导致资源和财富的极大浪费，加剧产业结构的进一步失调，造成国民经济的大起大落。

三、产业成熟

（一）产业成熟的过程

产业经过扩张阶段之后，生产能力和市场空间的扩大趋于停滞，产业进入一个规模稳定、技术稳定、供给与需求稳定、产品稳定、地位显赫的阶段，即产业发展周期的成熟期。产业成熟是一个由量变到质变的逐步实现过程，经历着从局部成熟到整体成熟、从个别产品成熟到少数产品成熟再到大多数产品成熟、从少数企业成熟到整个产业大部分企业成熟的过程。

（二）产业成熟的标志

判断产业成熟相对较为复杂，从一个国家某产业发展的整体水平来考察，当某个产业投入和产出增长速度下降时，可以判断该产业已经进入成熟期。但是产业内部不同产品之间往往处于生命周期的不同发展阶段，一个产品进入成熟期，而另一个产品也许正处于扩张期。一个产业进入成熟期，并不意味着产业内所有产品都进入成熟期。

此外，产业进入成熟期既表现为再投入和产出的增长速度下降，也表现为产业素质的成熟。首先是技术的成熟，意味着这一产业普遍采用的是适用的且至少有一定先进性、稳定性的技术。其次是产品的成熟，其基本性能、功能、结构趋向成熟，且已被消费者习惯使用。再次是生产工艺的成熟，生产工艺日益走向标准化。最后是产业组织的成熟，企业间建立起了良好的分工协作关系，市场秩序良好，市场绩效较高，产业内市场结构合理。[①]

产业成熟预示着产业结束了扩张期，是产业从各个方面完善的时期，也是产业为社会及国民经济做出贡献的时期（扩张期是索取与贡献并存）。这个时期越长，标志着产业贡献越大。显然，这是产业成长一个十分重要的时期。

（三）产业成熟阶段的特点

第一，产业生产能力扩张的速度减慢，要素投入的增长率下降，进入的企业减少，产业重组的速度加快。同时，与其他阶段相比，进入成熟阶段的产业在国民经济中的地位也处于最高的时期。因为一个产业只有到了成熟阶段，社会对它的需求和市场的占有份额才能达到最大，才能有长期和稳定的产出与收入，发挥主导作用和支柱作用，对其他产业发展产生较大影响，支撑着整个国民经济的发展。

第二，产业的市场销售量虽然还会有所增加，但增长的速度趋于缓慢，市场需求量已趋向饱和，社会普及率比较高。

第三，竞争往往转向更注重成本和服务方面。由于增长较缓慢，竞争就会变得越来越具有成本导向和服务导向。在成本方面增加的压力还可能通过迫使厂商获得最现代化的设施和装备而增加对资本的要求。

第四，利润下降。市场销售增长率减缓使厂商生产能力过剩，导致激烈的价格竞争而迅速压低价格水平。竞争也使广告等促销费用提高以及利润下降。因此，在产品进入成熟期后，产业的销售量仍有增加，但利润非但不能维持增长的势头，反而由比较稳定逐步走向下降。

四、产业衰退

（一）产业衰退的过程

产业衰退是产业从兴盛走向不景气进而走向衰落的过程。一个产业进入衰退阶段是该产业发展的必然结果。由于经济的发展，人们的收入水平提高，生产、生活方式也发生了转变，消费结构的升级和产品社会普及率的提高等引起了市场需求的衰减。此外，技术进步造成产品结构的变化以及国际比较优势的转移，也促使产业进入衰退阶段。在衰退阶段，产业的市场需求逐渐萎缩，生产能力过剩，丧失了增长潜力，在整个产业结构中的地位和作用不断下降。

（二）产业衰退的表现形式和本质

产业衰退就其原因来说，有绝对衰退和相对衰退两种情况：绝对衰退指的是产业本身内

---

① 王先庆．产业扩张［M］．广州：广东经济出版社，1998：165－167．

在的衰退规律起作用而发生的规模萎缩，产品老化、退化、功能衰退，以及产业的物质实体缩减。相对衰退指的是产业因结构性原因或技术原因引起产业地位和功能发生衰减的状况，这种状况没有发生物质实体的萎缩，但整个产业衰退了。例如，铁路产业的衰退可能就是因为高速公路技术导致的相对衰退，电影业的相对衰退也可能起源于电视业的兴起。①

需要注意的是，不应将产业发生的虚假衰退误认为产业衰退。产业在扩张和成熟期不是一帆风顺的，往往会发生短暂的走下坡路的情况，这不是产业的真正衰退，因为产业没有老化。

产业衰退的本质是产业创新能力的衰退或降低。现代创新理论认为，创新是新产业形成和产业发展的根本动力。创新能力不足或衰退必然导致生产量的减少、产品老化、利润水平下降、产品成本升高，从而使该产业竞争力下降。产业衰退是对产业自身的否定并孕育新的产业和新的产品的过程。老产业衰退与新产业形成并存使产业体系不断推陈出新，从而保持旺盛的活力，推动产业经济和国民经济不断发展。②

（三）产业衰退阶段的特征

第一，产能过剩。生产能力过剩表现为开工严重不足，产品普遍性地供过于求，产品积压。世界钢铁、造船、自行车、缝纫机、钟表、打火机、半导体、纺织品、酿酒、重型设备等产业出现生产能力严重过剩，标志着这些产业在世界范围内出现衰退。与经济周期引起的短期性的过剩不同，产业衰退造成的生产能力过剩在本质上是没有增长潜力的产业的收入弹性变低，在整个国民经济总产出中所占的比重大幅下降。

第二，过度竞争。过度竞争是指某个产业由于进入的企业过多，使许多企业甚至全行业处于低利润率甚至负利润率的状态，但退出障碍使得生产要素和企业仍不能从这个行业中退出，使全行业的低利润率或负利润率的状态持续下去。

第三，财务状况恶化。衰退产业导致生产能力不能有效利用，利润率下降，现金流入减少，支付能力和偿债能力下降，利息支出剧增，债务负担加重，甚至要变现短期和长期资产。

第四，企业退出现象大量发生。在产业衰退期之前，产业作为一个系统，基本上处于一个吸纳资源的阶段，或者是一个资源净流入的过程。到了衰退期，产业则进入一个退出资源的阶段，产生大量企业转产的现象。

第五，衰而不退。多数产业在进入衰退阶段后，并没有消失，甚至会与人类长期共存。例如，钢铁、纺织、烟草和卷烟等产业在衰退，但看不到它的消亡。此外，衰退产业也有可能转移到经济发展水平较低、产业结构演进也处于低级阶段的国家和地区，开发新的市场，焕发新的生机；还有部分衰退产业运用高新技术进行改造和武装，重新焕发青春和活力，再次走上发展之路。

（四）衰退产业的退出障碍③

产业进入衰退阶段之后没有消亡的原因是存在着退出障碍，主要包括：

---

①② 戴伯勋，沈宏达．现代产业经济学［M］．北京：经济管理出版社，2001：66.

③ 芮明杰．产业经济学［M］．上海：上海财经大学出版社，2005：65－67.

第一，资本专用性障碍。资本专用性障碍包括物质资本的专用性障碍和人力资本的专用性障碍。物质资本的专用性障碍是指投入企业的生产性资产由于专用性强，只能用于特定性的生产和服务，并且具有不可移动性和不可复用性的特征。这样，企业从原有产业中退出时难以收回其投资，就形成了物质资本的专用性障碍。人力资本的专用性障碍是指企业中员工的知识、技术能力和操作技能的专用性。企业员工由于长期在一个行业或一个技术工作岗位工作，加上行业和岗位自身的专业化程度较高，形成了较强的人力资本的专用性。在企业停产、破产和转产时，人力资本的专用性造成了再就业的困难。

第二，巨大的退出成本。包括劳动者安置费用、企业债务负担以及一些隐蔽的退出成本。这些共同形成巨大的退出成本。

第三，关联性障碍。如果退出的生产经营单位只是企业内部的一个组成部分，那么它有可能遇到关联性障碍，包括损害其他生产经营单位的利益、影响资本市场的融资、影响垂直一体化等。

第四，体制性障碍。主要包括产权障碍，如企业从某些产业退出时，不能很好地利用产权市场实现资产的变现，进而损害内部人的利益，即经理人员失去工作，同时，职工的住房、医疗和养老保险等利益也难以维系等。此外，还有由于法律、法规不健全形成的障碍等。

第五，政府及社会的障碍。企业退出某些产业往往意味着使员工失业，还意味着削弱地方经济。政府对就业问题和地方经济发展问题的关注可能会给退出的企业施加压力。

随着产业发展周期的更迭，各个产业的结构、在国民经济中的性质和地位是不同的。依照产业发展周期四个阶段的顺序，产业依次为新兴产业、朝阳产业、支柱产业和夕阳产业，这一发展趋势既反映了产业发展周期不同阶段产业类型演变的特点，又体现了产业发展的一般规律（见表 4－1）。

但是并非所有的产业都存在明显的发展周期，部分产业如种植业、旅游业等几乎不

表 4－1　产业发展周期特征

周期阶段	形成阶段	扩张阶段	成熟阶段	衰退阶段
市场需求	新需求	快速增长	稳定	下降
市场规模	规模小	规模较大	规模大	规模下降
市场成长	很快	较快	缓慢	下降
企业数量	多	很多	稳定	减少
企业规模	新企业	中小企业	大企业	大企业
产业利润	高	较高	稳定	下降
产业投资	很多	较多	稳定	下降
产品品种	单一	多样化	差异化	减少
企业品牌	新品牌	品牌多	大品牌	品牌减少
技术创新	创新涌现	新技术应用	技术成熟	技术换代
竞争特征	完全竞争	垄断竞争	寡头竞争	寡头竞争

资料来源：芮明杰．产业经济学［M］．上海：上海财经大学出版社，2005：120.

存在明显的发展周期。同时，在当今社会，随着科技革命的迅猛发展，技术开发周期缩短，知识更新速度加快，产品升级换代也加速前行，使得产业发展周期存在缩短的趋势，有的产品生命周期只有几年甚至几个月。

第三节　产业发展理论

一、产业均衡发展理论

（一）产业均衡发展理论概述

产业均衡发展是指通过国民经济各部门的相互支持、相互配合、全面发展来实现工业化的一种发展。① 产业均衡发展包括两个方面的内容：一个是投资应大规模进行；另一个是各部门均衡发展。从供给平衡的角度看，通过全面投资使各部门相互提供投入，避免了供给“瓶颈”以及辅助生产要素缺乏所引起的资本浪费；从需求平衡的角度讲，各部门的均衡发展使所创造的收入刚好吸收各部门的产品。产业均衡发展战略克服了发展中的各种供求阻碍，有利于实现规模经济，从而保证经济中各部门的获利，推动经济迅速发展。产业均衡发展理论认为，由于发展中国家市场不完善，单靠价格机制很难在短期内调集大量资金并在各部门按比例配置以寻求平衡发展，而必须借助国家的行政手段通过宏观计划才有可能实现。②

专栏 4-6

罗森斯坦·罗丹的大推动理论

这是主张发展中国家在投资上以一定的速度和规模持续作用于各产业，从而冲破其发展瓶颈的经济发展理论。著名发展经济学家罗森斯坦·罗丹（Rosenstein-Rodan）是该理论的倡导者和集大成者。该理论在发展中国家较有市场，它的理论基础为“三个不可分性”，即社会分摊资本的不可分性、需求的不可分性、储蓄供给的不可分性。

但它也存在不足之处。首先，大推动理论的立论基础是“三个不可分性”，但实际中出现了某种程度的可分趋势，而且忽略了专业化分工和比较优势的客观存在。其次，在实践中，大推动所需的巨额资本难以找到。发展中国家收入水平低，自身无法筹集，国外支持也难以保证。最后，大推动理论过分重视和强调计划的作用，而忽视发挥市场经济的自组织作用。因此，大推动理论具有很大的局限性，在实践中也没有成功的案例。

---

① 邬义俊，邱钧．产业经济学［M］．北京：中国统计出版社，1997：139.

② Rosenstein-Rodan，P. N. Problems of Industrialization of Eastern and South-eastern Europe. *The Economic Journal*，1943，53（6）：202－211.

（二）产业均衡发展理论的局限性

产业均衡发展的实质是要克服经济中的不可分性的障碍，以获取内部经济的好处和扩大经济规模而获得外部经济的好处，进而迅速推动发展中国家的工业化。但是，产业均衡发展需要各部门齐头并进、同时发展，在资金短缺、外汇稀缺、人才不足的条件下，这是发展中国家很难做到的。此外，产业均衡发展理论对国家的管理水平、统计资料的丰富性和准确性都提出了很高的要求，这也是发展中国家很难做到的。因此，尽管产业均衡发展理论的策略从理论上看十分完美，但实际上实施起来很难成功。产业均衡发展理论因此受到一些发展经济学家的批评。他们指出，产业均衡发展所需要的资源正是发展中国家所缺乏的，否则它们就不被称为发展中国家了。

二、产业非均衡发展理论

（一）产业非均衡发展理论概述

产业非均衡发展理论主张发展中国家应将有限的资源有选择地集中配置在某些产业部门和地区，首先使这些部门和地区得到发展，然后通过投资的诱导机制和产业间、地区间的联系效应与驱动效应，带动其他产业部门和地区发展，从而实现整个经济的发展。对于在产业非均衡发展战略中怎样选择部门先后顺序这一问题，赫希曼提出了“产业联系”的概念。[①] 如钢铁工业在生产中必须向采矿业、运输业、机械制造业等提出需求，这对钢铁工业是一种“后向联系”，而钢铁工业产品又被其他产业买走，这对钢铁工业是一种“前向联系”。产业联系的概念为经济发展提供了一个与传统经济分析不同的概念。为了保证生产性投资不断进行，赫希曼建议选择具有最大后向联系和前向联系的部门优先发展。因此，在进行社会初始投资时，不是选择生产最后制成品的产业，而是应当选择靠近投入产出矩阵中间部分的部门，即既有后向联系又有前向联系的部门。

（二）产业非均衡发展理论的适用条件

实施产业非均衡发展战略要求政府做出优先发展某些产业的决策时，必须收集大量数据，并选择一些部门和领域，比较它们的相对利益，决定适当的制度以刺激投资等。在决策中要充分考虑阻碍经济发展的因素是政策因素、人为因素、要素因素以及其他多种影响经济发展的因素等。一般来说，在一个贸易收入比率比较高的国家中，执行非均衡发展战略较为合适。

产业均衡发展理论与产业非均衡发展理论都具有各自的合理性，但同时也都有片面性。从长期看，产业均衡发展应当是一个目标，而产业非均衡发展可以作为实现产业均衡发展这一长期目标的手段。两种理论适用于不同的环境与不同的时期。[②] 一般说来，在

---

① 赫希曼．经济发展战略［M］．北京：经济科学出版社，1991：74－79.
② 苏东水．产业经济学［M］．3版．北京：高等教育出版社，2010：482.

资源稀缺和经济发展的初始阶段，产业非均衡发展理论更符合发展中国家的实际情况。在这一时期，先用产业非均衡发展理论作为指导，取得经济增长和工业化的初步成果，积累资本，开拓市场。待经济增长达到一定水平时，基础工业与加工工业、农业与工业等的矛盾就会加剧，甚至成为制约经济进一步发展的因素，这时就要用产业均衡发展理论作为指导，调整投资战略，完善经济结构，协调经济矛盾，使国民经济能够长期、稳定、协调地增长，社会经济全面发展。

专栏 4-7

区域非均衡发展理论

区域非均衡发展理论强调重点发展的区域和重点发展的部门将带动整个区域共同发展，与产业非均衡发展理论异曲同工。著名的区域非均衡发展理论有增长极理论、循环累积因果理论、不平衡增长理论、梯度推移理论等。

(1) 增长极理论。

1957 年，增长极理论由法国经济学家佩鲁（Perroux）提出，最初目的是解释经济如何增长的问题。该理论主张把有限的生产要素集中投入发展潜力大、投资效应明显的部门和区域，使这些“点”“极”快速增长，和周边区域经济形成一个“位势差”，再通过市场机制的传导媒介力量引导整个区域经济发展。增长极是一种推进型组织，具有规模大、增长快、创新能力强以及与其他工业产业联系广泛而密切的性质和特点。增长极就是高度联合的工业群，迅速增长并通过乘数效应推动其他经济部门的增长。20 世纪 60 年代中期，法国经济学家布代维尔（Boudeville）拓展了佩鲁的增长极理论，将其从抽象空间转换到地理空间中，强调了增长极的空间特征。布代维尔认为，经济空间不仅包括与一定地理范围相联系的经济变量之间的经济关系，而且包括经济现象的地域结构关系。

(2) 循环累积因果理论。

瑞典经济学家缪尔达尔（Myrdal）分别在 1957 年《经济理论和不发达地区》和 1968 年《亚洲的戏剧：对一些国家贫困问题的研究》两篇文章中，提出扩散和回波的概念，形成了循环累积因果理论的框架。缪尔达尔认为增长极的弊端是很容易出现“地理上的二元经济”结构。循环累积因果理论阐述了“地理上的二元经济”的形成原因。由于某种最初契机，一些条件较好的地区出现早期优势，比其他区域优先发展。优势区域在持续增长的过程中会产生两种效应：一种是扩散效应，另一种是回波效应。扩散效应是当经济发展到一定阶段时，资本、劳动力、技术等要素从发达地区流向落后地区，促使落后地区发展的现象。回波效应则是资本、劳动力、技术等要素受收益差异吸引而由落后地区向发达地区流动的现象。这两种效应共同作用的结果或许可以达到暂时的平衡，但事实上回波效应总是远远大于扩散效应，如此循环累积，最终造成落后地区的经济发展缓慢，区域差距越来越大。

(3) 不平衡增长理论。

著名经济学家赫希曼对区域经济发展不平衡的认识比缪尔达尔更为深入，他在《经济发展战略》一书中，系统地论述了不平衡增长的理论和战略。他认为经济进步并不同时出现在每一处，经济进步巨大的推动力将使经济增长集中围绕着最初的出发点。在经济发展的过程中，往往一个或几个区域实力中心优先得到发展，增长极的出现必然意味着增长在区域间的不平等是经济增长不可避免的伴生物，是经济发展的前提条件。他提出了与缪尔达尔的回波效应和扩散效应相对应的极化效应和涓滴效应。在经济发展的初期阶段，极化效应占主导地位，因此区域差异会逐渐扩大；但从长期看，涓滴效应将缩小区域差异。他还认为，从主要稀缺资源充分利用的角度出发，经济发展并不主要取决于资本的形成，而是取决于使用现有资源并最大限度地发挥其效益的能力。

（4）梯度推移理论。

哈佛大学经济学教授弗农（Vernon）在杜能（Thunen）的农业圈理论、韦伯（Weber）和马歇尔的“产业集聚理论”的基础上提出了梯度推移理论。该理论认为，区域经济的发展兴衰主要取决于该地区主导产业部门所处的发展阶段。如果一个地区的主导产业部门主要由新兴产业构成，则该地区就为高梯度地区；反之，则为低梯度地区。随着经济发展，高梯度地区会将自己淘汰的、过时的产业和技术向低梯度地区推移。在一定时期、一定范围内就逐渐形成按照技术或生产力水平有梯度地依次迁移的态势。

三、主导产业理论

（一）主导产业理论概述

主导产业就是指在一国经济发展的某阶段，若干产业部门中对产业结构和经济发展起主导作用的产业。[①] 具体是在产业结构系统中占有一定比重、技术先进、增长率高、关联强，能够最迅速、最有效地吸收创新成果，满足不断增长的市场需求，并获得较高和持续发展的产业。其主要特征包括：第一，具有良好的发展前景。新兴主导产业的形成一般在技术革命出现后的一段时期。随着新技术涌现速度的加快，这一更替的周期也在不断地缩短。由于引入了创新，主导产业具有较高的产出能力和增长率，从而创造了新的市场需求。第二，具有前瞻效应、回顾效应和旁侧效应，即主导产业对新产业、新技术的出现有诱导作用，也可刺激为其提供投入物的产业和部门的发展和人力资源质量的提高，还会引起其他产业的一系列变革，对地区经济的发展产生影响。每一时期主导产业部门都与其相关产业部门有千丝万缕的联系，现代技术革命的多种重大发明和突破产生了广泛的新技术群，导致主导产业部门具有多维化的特征。第三，具有序列更替特性。主导产业部门随着技术、市场、资源等因素的重大变动而不断更替，即产业结构的变革。不同发展阶段的主导产业在更替的同时相互作用，前一时期的主导产业为后一时期的主导产业奠定发展的基础。主导产业部门沿着从劳动密集向资本密集，进而向技术密集和

① 芮明杰．产业经济学［M］．上海：上海财经大学出版社，2005：207.

知识密集演变的路径发展。同时，主导产业部门的演变具有从低附加价值向高附加价值发展的产出特征。①

（二）主导产业的选择基准

主导产业会随其所依赖的资源、环境、政策等因素的变化而变化，因此主导产业会被新的主导产业所替代。对于主导产业的选择基准问题，不同的学者有不同的看法。日本经济学家筱原三代平提出了二基准，即生产率上升率基准和需求收入弹性基准；美国经济学家赫希曼提出了产业关联效应基准；罗斯托提出了扩散效应最大基准，日本产业结构审议会提出了过密环境基准和丰富劳动内容基准；此外还有就业功能基准、技术密集度基准以及国情原则等。这些选择基准都具有一定的适用性，各个国家在确定其主导产业时一般会通盘考虑。综合学者的研究，主导产业的选择基准一般如下。

1. 产业关联效应基准

应选择关联效应高的产业作为主导产业，通过政府重点支持和优先发展带动整个经济的发展。主导产业对经济发展和产业结构的引导带动作用主要通过其关联效应表现出来，主导产业的关联效应有三种形式：一是前向关联效应。主导产业广阔的市场前景和持续发展必然扩大对相关设备、技术和原材料等要素的需求，从而带动为其提供这些要素的产业的迅速发展。二是后向关联效应。主导产业关联性强，技术领先，发展快速，能够为其后续产业的发展提供更多的产品和技术，创造更好的条件，感应这些后续产业的发展。三是旁侧关联效应。主导产业的发展还会引起一系列经济、社会、文化等方面的变化，对主导产业主要分布地区的市场繁荣、就业面扩大、基础设施建设以及其他产业的形成和壮大产生积极的影响。

2. 增长潜力（需求收入弹性）基准

产业的增长潜力从根本上说取决于产业的需求收入弹性，因而也称需求收入弹性基准。需求收入弹性基准是指在国际和国内市场上某种产品的需求增长率与国民收入增长率之比，它表明产品的需求增长对收入增长的敏感程度。需求收入弹性大于1的产品和行业，其增长速度将高于国民收入的增长；需求收入弹性小于1的产品和行业，其增长速度低于国民收入的增长。随着人均国民收入的增长，需求收入弹性高的产品在产业结构中的比重逐渐提高，选择这些产业作为主导产业将促进整个产业持续高增长，有利于创造更多的国民收入。需求收入弹性高的产品的产业部门将获得更快的发展，占有更大的比重。

3. 生产率上升率基准

它是指某一产业的要素生产率与其他产业的要素生产率之比，一般用全要素生产率进行比较。全要素生产率的上升主要取决于技术进步，按生产率上升率基准选择主导产业，就是选择技术进步快、技术要素密集的产业，因此，也被称为比较技术进步率基准。该基准反映了主导产业迅速有效地吸收技术进步成果的特征，优先发展全要素生产率上

① 芮明杰．产业经济学［M］．上海：上海财经大学出版社，2005：208.

升快的产业，有利于技术进步，提高创汇能力，改善贸易条件和贸易结构，提高经济资源的使用效率。

4. 技术密集度基准

产业的技术密集度不仅通过影响产业技术进步来影响产业的生产率上升率，而且具有提高产业增加值率的作用（技术含量高使附加值高）。产业的生产率上升率与就业功能有一定的反向变动关系。全要素生产率指标包括劳动、资本、中间投入等要素生产率的变动，但劳动生产率毕竟是其中的一个重要方面，劳动生产率增长会相对减少就业量；而产业的技术密集度带来的技术进步、生产率上升率和增加值率不一定影响产业的就业功能。

5. 就业功能基准

从产业的要素密集度看，劳动密集型产业的就业功能强，资本密集型产业的就业功能弱，技术密集型产业则分为两种情况：劳动-技术密集型产业的就业功能相对较强，资本-技术密集型产业的就业功能相对较弱。但是，各个产业的实际就业功能及其差别还取决于产业的发展水平、趋势和特点。从产业的相对就业密度看，一方面是每亿元工业增加值或产品销售收入所对应的就业人数，另一方面可以从产业的资本与劳动力比率来分析提供一个就业机会所需要的资本量。

6. 可持续发展基准

产业的可持续发展水平主要表现在资源消耗（物耗和能耗）低和环境污染小两个方面。这两个方面基本上可以通过产业的经济效益水平来考察，因为物耗和能耗本身就是经济效益的部分内容，而环境污染的大小一般可以通过治理污染的成本反映出来。高污染产业有负的外部性，因此可以将这些产业排除在外。

> **知识讲解**
>
> 以下视频节选自新疆财经大学“产业经济学”慕课，可登录中国大学慕课网站搜索查看完整视频。
>
> **视频 4－2：主导产业及其选择基准**

四、雁行发展理论

（一）雁行发展理论概述

雁行发展理论又称雁行形态论或雁行模式①，是指日本著名经济学家赤松要于 20 世纪 30 年代提出的一国产业发展具有雁行形态的观点，战后该观点经赤松要本人及小岛清、山泽逸平等著名学者加以完善，成为从理论上解释以东亚为中心的亚洲经济发展的颇有影响的一种学说，用于阐述东亚各国经济依次起飞的客观过程，即后起国某一特定产业的产生、发展和趋向衰退的生命周期或过程。②

赤松要认为，日本的产业发展实际上经历了进口、进口替代、出口、重新进口四个阶段，因为这四个阶段呈倒 V 形，酷似依次展飞的大雁，故得此名（见图 4－3）。雁行

① 赤松要．我国产业发展的雁行形态：以机械仪表工业为例［J］．一桥论丛，1956（36）：5.

② 史忠良．产业经济学［M］．2 版．北京：经济管理出版社，2005：163.

发展理论已被用来说明一国产业结构的内在变动，即不同产业的兴衰变化过程。

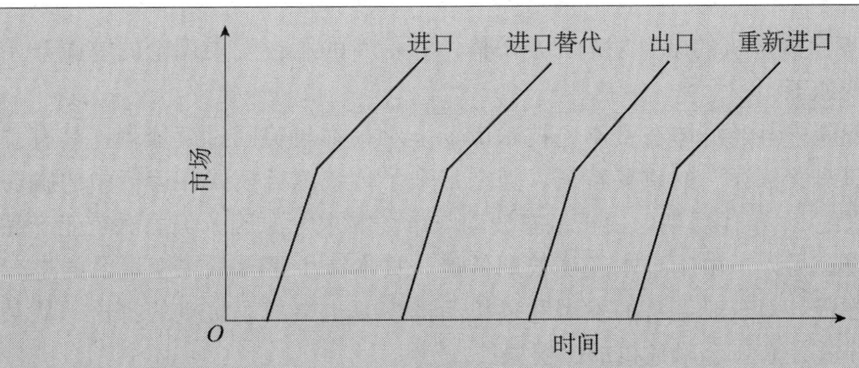

图 4-3　雁行形态图

资料来源：张明龙，等．区域产业成长与转移 [M]．北京：知识产权出版社，2011：221.

赤松要及小岛清等学者进一步拓展了雁行发展理论，专门将其用于研究产业从一国向另一国转移。他们认为雁行形态还有第二种变化类型，即由于产业在国与国之间的转移，从而产生国际性的产业结构连锁变化，这一变化与各国（地区）比较优势结构（生产成本、要素禀赋、要素相对价格）的变化是相对应的。他们指出，典型的例证是纺织业从日本转移到亚洲新兴工业化国家，再转移到东南亚联盟（简称东盟）国家；典型的转移顺序是纺织工业到化学工业、钢铁工业，再到汽车工业、电子工业。其中，以跨国公司为主角，直接投资和贸易扮演了重要的角色。后起国由接受产业转移开始，从进口替代到出口扩大的过程，同时也是降低成本、提高生产效率的过程。因此，在东亚地区发展中国家追赶发达国家具有雁行模式的特征。①

（二）雁行发展理论的适用条件

赤松要这一理论假说客观地描述了后起国内部产业发展的顺序和走向高度化的具体途径与过程，同时表述了东亚国家和地区在相互依存、相互波及中相继起飞的客观历程。

然而，雁行发展理论的形成和存在是有一定条件的。首先，在区域内各国和地区间需要有参差不齐的经济发展水平。由于经济发展水平不同，才能有高度的互补性和比较利益基础，宜于构造垂直的国际分工体系，由此为先行国向后起国进行产业转移和传递创造了条件。其次，需要有邻近的地域。特定国际区域内国家（地区）在地域上的相邻便于实现产业转移和传递，容易通过直接投资、技术转移等实现产业结构之间的国际性转移，引起连锁型变化及转换。最后，需要区域内国家（地区）都实施外向型发展战略。这不仅便于地区内实现产业循环，而且使本地区的产业循环机制呈开放态势。20 世纪 60 年代，日本、东盟等国家和地区已基本具备这些条件，因此这一理论得到了广泛验证。

---

① 小岛清．对外贸易论 [M]．天津：南开大学出版社，1987：78-90.

（三）雁行发展理论的局限性

20 世纪末东亚金融危机的爆发使东亚经济体一直信奉的雁行发展理论的弊端开始集中暴露，主要表现如下。

第一，东亚发展中各经济体在资本、技术市场上对日本与美国过度依赖，具有“进口对日依存，出口对美依存”的重要特征，随之带来了传统雁行模式在运行中的脆弱性与波动性。[①] 20 世纪 90 年代后期，由于汇率波动与市场需求等原因，美国对东亚产品的进口规模开始下降。另外，由于日本经济长期低迷，日本减少了其从东亚地区的进口和对该地区的直接投资，对东亚经济的发展和危机后的恢复也造成了沉重的打击。从某种意义上说，雁行模式是东亚金融危机的深层原因。

第二，雁行模式中，处于相同和相近经济发展水平层次上的国家在产业结构与出口结构上出现了不同程度的雷同性，带来了各国之间经济竞争的压力与矛盾，最终可能带来两败俱伤的局面。此外，20 世纪 90 年代以后，日本从自身利益出发，在技术转让方面持谨慎保守的态度，东亚经济体经过近 20 年的引进日资过程，不仅没有引进和吸收先进的技术和管理，反而导致东亚各经济体产业结构的偏颇、出口产品结构的单一，造成了该地区产品结构的同化、出口的激烈竞争及经济发展战略的单一化，加深了经济增长的对外依附性。

五、产业分工理论

产业分工理论思想经历了漫长的演进、批判、继承，并得到了很大的发展。在古典经济学之后，产业分工理论在一段时间内淡出了主流经济学的视线，后来随着杨格、杨小凯等人的努力，产业分工理论在经济学中的地位从某种意义上来说又得到回归。伴随着工业化程度的提高，以及分析工具和研究方法的逐步完善，产业分工理论的发展在研究及解释现实经济问题上逐渐变得更具说服力。按参加国际分工的国家的自然资源和原材料供应、生产技术水平和工业发展情况来分类，国际分工形式可划分为垂直型、水平型以及混合型三种类型。

（一）垂直型国际分工

垂直型国际分工是经济技术发展水平相差悬殊的国家（如发达国家与发展中国家）之间的国际分工。国际分工有两种形态。第一种形态是不同国家在不同产业间的垂直分工，指部分国家供给初级原料，而另一部分国家供给制成品的分工形态。初级产品与制成品这两类产业的生产过程构成垂直联系，彼此互为市场。第二种形态是相同产业内部因技术差距所引致的国际分工，是指同一产业内技术密集程度较高的产品与技术密集程度较低的产品之间的国际分工，或同一产品的生产过程中技术密集程度较高的工序与技术密集程度较低的工序之间的国际分工。迄今为止，垂直型国际分工仍然是工业发达国

① 胡俊文．论雁行模式的理论实质及其局限性［J］．现代日本经济，2000（2）：1－5.

家与发展中国家之间的一种重要的分工形式。

垂直型国际分工虽然使世界各国紧密联系在一起，彼此相互依赖、相互依存，但是在这种相互依赖的关系中，发达国家的利益明显优于发展中国家的利益。且垂直型国际分工是以生产要素相对凝固为前提的，流动的只是产品，而各国经济无法紧密联结在一起，经济无法融合，经济一体化处于较低的层次。

（二）水平型国际分工

水平型国际分工是经济发展水平相同或接近的国家（如发达国家以及一部分新兴工业化国家）之间在工业制成品生产上的国际分工。随着科技革命的兴起，国际分工由部门间国际分工向部门内专业化国际分工方向发展。如欧洲制造的 R-1800 载重汽车，它的发动机、控制设备、底盘和弹簧分别由瑞典、德国、美国和意大利的公司生产，最后则在英国装配完成。

当代发达国家的相互贸易主要是建立在水平型国际分工的基础上的。水平型国际分工可分为产业内水平分工与产业间水平分工。产业内水平分工又称为“差异产品分工”，是指同一产业内不同厂商生产的产品虽有相同或相近的技术，但其外观设计、内在质量、规格、品种、商标、牌号或价格有所差异，从而产生了国际分工和相互交换，它反映了企业竞争和消费者偏好的多样化。产业间水平分工则是指不同产业所生产的制成品之间的国际分工和贸易。由于发达资本主义国家的工业发展有先有后，侧重的工业部门有所不同，各国技术水平和发展状况存在差别，因此，各类工业部门生产方面的国际分工日趋重要，各国以其重点工业部门的产品去换取非重点工业部门的产品。工业制成生产之间的分工不断向纵深发展，由此形成水平型国际分工。

（三）混合型国际分工

混合型国际分工是把垂直型和水平型结合起来的国际分工方式。从一国角度看，若它在国际分工体系中既参与垂直型分工，又参与水平型分工，则为混合型国际分工。许多发达资本主义国家都属于这一类型：它们与发展中国家交换产品，则属于垂直型国际分工；它们之间相互交换产品，则属于水平型国际分工。德国是混合型国际分工的典型代表，其与发展中国家的分工方式是垂直型的，即向发展中国家进口原料，出口工业品；对发达国家的分工方式则是水平型的，即主要进口机器设备和零配件，而对外投资主要集中在西欧发达的资本主义国家。

六、产业循环理论

（一）农业循环理论

农业循环经济是以生态规律为基础，以资源的高效循环利用和生态环境保护为核心，以减量化、再利用、资源化为原则，以低消耗、低排放、高效率为基本特征，建设资源节约型、环境友好型农业，实现农业可持续发展理念的农业发展模式。① 农业产业系统是一个包括农业产业（种植、林、渔、牧、农产品加工业等）、农业-工业循环、种植-养殖-工业-营销、农业-工业-旅游业等系统的大系统。各子系统之间有着天然的互为关联、共生共存的紧密关系，构成不同形式的生态产业循环链。农业各产业系统之间的这种天然的、不可分离的共生共存关系与农业产业结构的整体性特征，是发展农业产业链和循环经济的基础。

农业循环发展通过资源的高效和循环利用、废弃物的无害化排放等技术路径来实现。资源的高效利用依靠科技进步和制度创新提高资源的利用水平和单位要素的产出率。资源的高效利用在农业生产领域表现为：一是通过探索高效的生产方式，集约利用土地、节约利用水资源和能源等。二是改善土地、水体等资源的品质，提高农业资源的持续力和承载力。资源的循环利用是通过构筑资源循环利用产业链，建立起生产和生活中可再生利用资源的循环利用通道，达到资源的有效利用，减少向自然资源的索取，在与自然的和谐循环中促进经济社会的发展。在农业生产领域，农作物的种植和畜禽、水产养殖本身就要符合自然生态规律，通过先进技术实现有机耦合农业循环产业链，遵循自然规律并按照经济规律来组织有效的生产。废弃物的无害化排放是通过对废弃物的无害化处理，减少生产和生活活动对生态环境的影响。在农业生产领域，推广生态养殖方式，实行清洁养殖。运用沼气发酵技术，对畜禽养殖产生的粪便进行处理，化害为利，生产和制造沼气、有机农肥；控制水产养殖用药，推广科学投饵，减少水产养殖造成的水体污染。探索生态互补型水产品养殖，加强畜禽饲料的无害化处理、疫情检验与防治；实施农业清洁生产，采取生物、物理等病虫害综合防治，减少农药的使用量，降低农作物的农药残留和土壤中农药毒素的积累；采用可降解农用薄膜和实施农用薄膜回收，减少土地中的残留。

2021 年 4 月 30 日，习近平在十九届中央政治局第二十九次集体学习时的讲话中强调，要解决好推进绿色低碳发展的科技支撑不足问题，加强碳捕集利用和封存技术、零碳工业流程再造技术等科技攻关，支持绿色低碳技术创新成果转化。要发展绿色金融，支持绿色技术创新。②

专栏 4-8

农业循环经济产业链

可根据农业内部种植业、林业、畜牧业、渔业及其延伸的农产品加工业、农产品贸易与服务业、农产品消费之间的关系，建立农业循环经济的产业链，努力推动农业废弃物资源的循环利用，积极推进沼气下游产品的开发利用，形成无废高效的跨企业、跨农户循环经济联合体，构建粮、菜、畜、林、加工、物流、旅游一体化，以及第一产业、第二产业、第三产业联动发展的现代工农复合型循环经济产业体系（见图 4-4）。

---

① 北京现代循环经济研究所．产业循环经济［M］．北京：冶金工业出版社，2007：360.

② 习近平主持十九届中央政治局第二十九次集体学习［EB/OL］．新华网，2021-04-30.

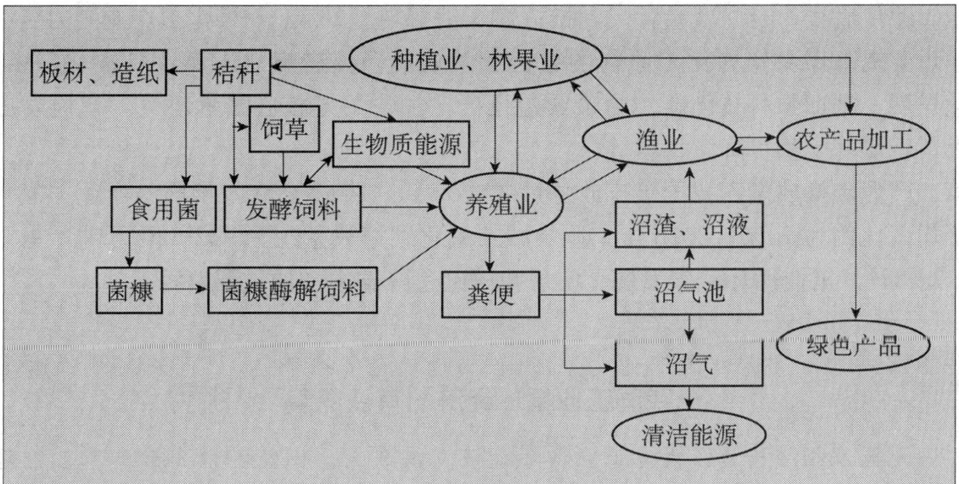

图 4-4 农业循环经济产业链

（二）工业循环理论

工业循环经济是指把工业清洁生产和对废弃物的综合利用、环保技术等融为一体，参与循环的物质和能源都尽量得到合理持久利用，对自然环境、人类社会的影响能降低到尽可能小的程度的工业发展模式。①

工业发展循环经济要坚持以科学发展观为指导，立足现有的工业基础，以初步建立循环经济发展模式为近期任务，以推进企业清洁生产、区域生态型工业园、再生资源利用三个方面的示范项目为重点，通过加强循环经济政策法规体系和技术支撑体系产业配套环境建设，使循环经济理念在工业系统得到全面贯彻，促进资源高效和循环利用，以生态工业建设促进生态型城市建设，最终形成循环型社会。根据国家发展循环经济的总体规划，争取尽早实现以清洁生产促进为基础，以再生资源产业化为重点，以工业园区为主要载体，初步建立工业循环经济的发展模式，促进循环经济产业链的形成。

工业循环经济发展的主要措施包括：（1）积极促进清洁生产。清洁生产要从“企业试点”走向“行业试点”，从“面向企业”走向“面向园区”，进一步扩大行业覆盖面和中小企业覆盖率，全面促进清洁生产。（2）大力推进生态工业园建设。以开发区为重点建设生态工业园，是工业推进循环经济的重点。（3）促进再生资源产业化。再循环是发展循环经济的重要环节，是社会层次的大循环，也是工业循环经济的基础。促进再生资源产业的形成，需要推进两方面的工作：一是加强以政策、法规、规划、标准和信息服务为重点的环境建设，为再生资源利用产业创造良好的宏观环境；二是通过支持废纸再生、废旧家电处理、再生建材、家具再制造、汽车拆解等一批重点示范项目，发挥政策资金对民间资本的引导和带动作用，促进再生资源产业发展。

2021 年 9 月 13—14 日，习近平在陕西榆林考察时的讲话中强调，煤炭作为我国主体能源，要按照绿色低碳的发展方向，对标实现碳达峰、碳中和目标任务，立足国情、控

---

① 北京现代循环经济研究所．产业循环经济［M］．北京：冶金工业出版社，2007：360.

制总量、兜住底线，有序减量替代，推进煤炭消费转型升级。[①] 煤化工产业潜力巨大、大有前途，要提高煤炭作为化工原料的综合利用效能，促进煤化工产业高端化、多元化、低碳化发展，把加强科技创新作为最紧迫任务，加快关键核心技术攻关，积极发展煤基特种燃料、煤基生物可降解材料等。

第二产业碳排放量占我国碳排放总量的约70%，2011—2018年第二产业二氧化碳排放量平均占比约为70%；2018年工业领域二氧化碳排放量约为762 320万吨，占总排放量的65.93%。工业循环低碳发展是实现我国碳达峰碳中和的重要路径。

专栏4-9

我国工业循环经济的有益探索

（1）国家相继出台了大量工业循环经济发展政策。国家相继出台的工业循环经济发展政策主要包括《中华人民共和国清洁生产促进法》《国家重点行业清洁生产技术导向目录》《中华人民共和国固体废物污染环境防治法》《资源综合利用目录》《国家生态工业示范园区申报、命名和管理规定（试行）》《关于加快发展循环经济的若干意见》《中华人民共和国循环经济促进法》等。此外，一些地方还颁布了有利于地方工业循环经济发展的政策法律。

（2）积极推进工业循环经济示范项目，并取得了可喜的成绩。国家创建了一批循环经济示范项目，如广西贵港生态工业园区、广东南海生态工业园区、内蒙古包头生态工业园区、湖南长沙黄兴生态工业园区、新疆石河子生态工业园区、山东鲁北生态工业园区、天津经济技术开发区生态工业园区、苏州高新区生态工业园区，以及大连开发区生态工业园区等。这些示范项目在资源一体化管理、固体废物的高品质利用、危险废物管理、设施共享和产业链接、绿色社区建设等方面都取得了可喜的成绩，积累了丰富的经验。

（3）在很多关键领域进行了循环经济工业技术创新。我国大力发展了工业循环经济的替代技术、减量技术、再利用技术、资源化技术、系统化技术、清洁生产技术、资源综合利用技术、资源回收和再循环技术、资源重复利用和替代技术、环境监测技术，以及环境无害化技术等。政府为这些技术的产生创造了适宜的科研环境，进一步增进了大众对科技的理解和参与。

专栏4-10

习近平关于碳达峰碳中和的论述

党的十八大以来，党中央贯彻新发展理念，坚定不移走生态优先、绿色低碳发展道路，着力推动经济社会发展全面绿色转型，取得了显著成效。我们建立健全绿色低碳循环发展经济体系，持续推动产业结构和能源结构调整，启动全国碳市场交易，宣布不再新建境外煤电项目，加快构建“双碳”政策体系，积极参与气候变化

① 习近平在陕西榆林考察时强调：解放思想改革创新再接再厉 谱写陕西高质量发展新篇章［EB/OL］. 新华网，2021-09-15.

国际谈判，展现了负责任大国的担当。实现“双碳”目标，不是别人让我们做，而是我们自己必须要做。我国已进入新发展阶段，推进“双碳”工作是破解资源环境约束突出问题、实现可持续发展的迫切需要，是顺应技术进步趋势、推动经济结构转型升级的迫切需要，是满足人民群众日益增长的优美生态环境需求、促进人与自然和谐共生的迫切需要，是主动担当大国责任、推动构建人类命运共同体的迫切需要。我们必须充分认识实现“双碳”目标的重要性，增强推进“双碳”工作的信心。

实现碳达峰碳中和是中国高质量发展的内在要求，也是中国对国际社会的庄严承诺。中国将践信守诺、坚定推进，已发布《2030年前碳达峰行动方案》，还将陆续发布能源、工业、建筑等领域具体实施方案。中国已建成全球规模最大的碳市场和清洁发电体系，可再生能源装机容量超10亿千瓦，1亿千瓦大型风电光伏基地已有序开工建设。实现碳达峰碳中和，不可能毕其功于一役。中国将破立并举、稳扎稳打，在推进新能源可靠替代过程中逐步有序减少传统能源，确保经济社会平稳发展。中国将积极开展应对气候变化国际合作，共同推进经济社会发展全面绿色转型。

实现“双碳”目标是一场广泛而深刻的变革，不是轻轻松松就能实现的。我们要提高战略思维能力，把系统观念贯穿“双碳”工作全过程，注重处理好4对关系：一是发展和减排的关系。减排不是减生产力，也不是不排放，而是要走生态优先、绿色低碳发展道路，在经济发展中促进绿色转型、在绿色转型中实现更大发展。要坚持统筹谋划，在降碳的同时确保能源安全、产业链供应链安全、粮食安全，确保群众正常生活。二是整体和局部的关系。既要增强全国一盘棋意识，加强政策措施的衔接协调，确保形成合力；又要充分考虑区域资源分布和产业分工的客观现实，研究确定各地产业结构调整方向和“双碳”行动方案，不搞齐步走、“一刀切”。三是长远目标和短期目标的关系。既要立足当下，一步一个脚印解决具体问题，积小胜为大胜，又要放眼长远，克服急功近利、急于求成的思想，把握好降碳的节奏和力度，实事求是、循序渐进、持续发力。四是政府和市场的关系。要坚持两手发力，推动有为政府和有效市场更好结合，建立健全“双碳”工作激励约束机制。推进“双碳”工作，必须坚持全国统筹、节约优先、双轮驱动、内外畅通、防范风险的原则，更好发挥我国制度优势、资源条件、技术潜力、市场活力，加快形成节约资源和保护环境的产业结构、生产方式、生活方式、空间格局。

加强统筹协调。要把“双碳”工作纳入生态文明建设整体布局和经济社会发展全局，坚持降碳、减污、扩绿、增长协同推进，加快制定出台相关规划、实施方案和保障措施，组织实施好“碳达峰十大行动”，加强政策衔接。各地区各部门要有全局观念，科学把握碳达峰节奏，明确责任主体、工作任务、完成时间，稳妥有序推进。

完善绿色低碳政策体系。要进一步完善能耗“双控”制度，新增可再生能源和原料用能不纳入能源消费总量控制。要健全“双碳”标准，构建统一规范的碳排放统计核算体系，推动能源“双控”向碳排放总量和强度“双控”转变。要健全法律法规，完善财税、价格、投资、金融政策。要充分发挥市场机制作用，完善碳定价机制，加强碳排放权交易、用能权交易、电力交易衔接协调。

积极参与和引领全球气候治理。要秉持人类命运共同体理念，以更加积极姿态参与全球气候谈判议程和国际规则制定，推动构建公平合理、合作共赢的全球气候治理体系。

资料来源：习近平在2022年世界经济论坛视频会议上的演讲（节选）（2022年1月17日）；习近平在十九届中央政治局第三十六次集体学习时的讲话（节选）（2022年1月24日）。

（三）服务业循环理论

服务业循环经济是把循环经济理念应用于现代服务业的生产，把循环经济原理作为现代服务业发展的重要指导原则，是循环经济理念在现代服务业生产领域的延伸和运用，强调在现代服务业的生产中减少资源物质的投入量和废物的产出排放量，能够立足未来、从长计议、统筹全局、合理安排，因而能正确处理当前与长远利益、局部与整体利益的关系，能协调部门间和部门内部的各种关系，在一般情况下做到统筹兼顾，在特殊情况下则促使当前与局部利益服从长远和整体利益。它是服务业自身发展和科学技术发展的必然结果，它是在经济学、生态学、信息科学和可持续发展理论等学科综合指导下的服务业实践，是一种充满内在活力的服务业模式。

服务业循环经济可以通过三种途径实现，包括：第一，将传统的服务业发展战略调整到可持续发展的轨道上来，树立建设生态化、资源节约型、循环型的服务业的思想，整个服务周期过程中都要考虑最优化利用资源，减少直接或间接产生的环境影响。第二，将追求经济效益、社会效益与生态效益结合起来，以追求生态经济效益作为产业激励机制和企业竞争的条件。第三，正确确定现代服务业在社会经济系统中的生态地位，建立和谐的、可持续的社会经济系统与自然环境系统的关系，实现现代服务业的可持续发展。

专栏4-11

加快生态文明体制改革，建设美丽中国

我们要建设的现代化是人与自然和谐共生的现代化，既要创造更多物质财富和精神财富以满足人民日益增长的美好生活需要，也要提供更多优质生态产品以满足人民日益增长的优美生态环境需要。必须坚持节约优先、保护优先、自然恢复为主的方针，形成节约资源和保护环境的空间格局、产业结构、生产方式、生活方式，还自然以宁静、和谐、美丽。

（一）推进绿色发展。加快建立绿色生产和消费的法律制度和政策导向，建立健全绿色低碳循环发展的经济体系。构建市场导向的绿色技术创新体系，发展绿色金融，壮大节能环保产业、清洁生产产业、清洁能源产业。推进能源生产和消费革命，构建清洁低碳、安全高效的能源体系。推进资源全面节约和循环利用，实施国家节水行动，降低能耗、物耗，实现生产系统和生活系统循环链接。倡导简约适度、绿色低碳的生活方式，反对奢侈浪费和不合理消费，开展创建节约型机关、绿色家庭、绿色学校、绿色社区和绿色出行等行动。

（二）着力解决突出环境问题。坚持全民共治、源头防治，持续实施大气污染防治行动，打赢蓝天保卫战。加快水污染防治，实施流域环境和近岸海域综合治理。强化土壤污染管控和修复，加强农业面源污染防治，开展农村人居环境整治行动。加强固体废弃物和垃圾处置。提高污染排放标准，强化排污者责任，健全环保信用评价、信息强制性披露、严惩重罚等制度。构建政府为主导、企业为主体、社会组织和公众共同参与的环境治理体系。积极参与全球环境治理，落实减排承诺。

（三）加大生态系统保护力度。实施重要生态系统保护和修复重大工程，优化生态安全屏障体系，构建生态廊道和生物多样性保护网络，提升生态系统质量和稳定性。完成生态保护红线、永久基本农田、城镇开发边界三条控制线划定工作。开展国土绿化行动，推进荒漠化、石漠化、水土流失综合治理，强化湿地保护和恢复，加强地质灾害防治。完善天然林保护制度，扩大退耕还林还草。严格保护耕地，扩大轮作休耕试点，健全耕地草原森林河流湖泊休养生息制度，建立市场化、多元化生态补偿机制。

（四）改革生态环境监管体制。加强对生态文明建设的总体设计和组织领导，设立国有自然资源资产管理和自然生态监管机构，完善生态环境管理制度，统一行使全民所有自然资源资产所有者职责，统一行使所有国土空间用途管制和生态保护修复职责，统一行使监管城乡各类污染排放和行政执法职责。构建国土空间开发保护制度，完善主体功能区配套政策，建立以国家公园为主体的自然保护地体系。坚决制止和惩处破坏生态环境行为。

资料来源：习近平．决胜全面建成小康社会 夺取新时代中国特色社会主义伟大胜利：在中国共产党第十九次全国代表大会上的报告［M］．北京：人民出版社，2017：50－52.

案例分析 4－1

主导产业的选择

根据发达国家和新兴工业化国家的经验，主导产业选择标准和各产业可能形成的规模与产业技术经济特性相关，结合国际竞争的环境和我国具体的国情，21 世纪前 10 年，我国的主导产业是机械产业、电子信息产业、石化产业、汽车产业等。运用主导产业理论分析确立这些主导产业的原因如下。

(1) 机械产业。这一产业具备了主导产业需求弹性高、需求规模大、产业关联度高、带动性强等一般特征，是处于工业化阶段的大国的经济增长中心。20 世纪 60—70 年代，日本的高加工度化主要是以机械工业为核心带动起来的。世界各国的经验表明，机械设备制造业是工业化中后期经济发展的主导部门。

(2) 电子信息产业。这里所指的电子信息产业既包括以电子技术功能为特征的产品的生产使用和服务，也包括利用各种电子技术及其产品进行信息生产与采集、存储、加工处理、开发利用、传输与扩散服务。电子信息产业是当代高技术产业群中最活跃、渗透力最强的产业，是以现代技术为基础的新兴产业。随着数字信息技术的发展，电子信息产业已在国民经济技术进步中起到主导作用，技术进步的速度远远超过其他部门。

(3) 石化产业。这一产业是为经济建设和人民生活提供各种基本原材料的产业，因它具有不断高涨的市场需求和对国民经济成长较高的带动作用，从而成为我国“十五”时期乃至更长一段时期的主导产业。

(4) 汽车产业。这是最能体现主导产业的选择标准，并最能说明一国工业发展水平的少数产业之一。由于汽车产业具有较高的产业关联度，并具备技术进步快以及可提供大量的就业机会等特点，该产业的发展将直接关系到国民经济的产业结构、运输结构、外贸结构、就业结构和消费结构。因此，发达国家和新兴工业化国家几乎都把汽车产业作为工业化加速和成熟时期的主导产业。

案例分析 4-2

中国实施大循环战略和循环经济“十百千”示范行动

一、大循环战略

在推动企业内部、园区内部、产业内部实行清洁生产和资源循环利用的基础上，遵循生态循环规律，实施大循环战略，推动产业之间、生产与生活系统之间、国内外之间的循环式布局、循环式组合、循环式流通，加快构建循环型社会，全面推进循环发展，实现资源利用可循环、环境容量可承载、经济发展可持续。

推进产业循环式组合。加强物质流分析和管理，科学规划，统筹产业带、产业园区和基地的空间布局，消除各种限制性障碍，打破地区封锁和部门利益，搭建循环经济技术、市场、产品等公共服务平台，鼓励企业间、产业间建立物质流、资金流、产品链紧密结合的循环经济联合体，促进工业、农业、服务业等产业间循环链接、共生耦合，实现资源跨企业、跨行业、跨产业、跨区域循环利用。中西部地区在承接产业转移时，要按照产业循环式组合的要求，推进产业集聚发展，合理布局建设项目，避免走先污染、后治理的老路。东部地区要通过推进产业循环式组合，促进产业结构优化升级。

促进生产与生活系统的循环链接。构建布局合理、资源节约、环保安全、循环共享的生产生活共生体系。推动生产系统的余能、余热等在社会生活系统中的循环利用，推动煤层气、沼气、高炉煤气和焦炉煤气等资源在城市居民供热、供气以及出租车等方面的应用，鼓励在有条件的地区发展煤层气公共汽车。推动中水在社会生活系统中的应用，提高城市生活污水在工业生产系统中的应用水平。完善再生水用于农业浇灌的标准，开展示范应用。推动矿井水用作生活、生态用水。推动沿海缺水地区利用海水淡化水作为企业生产和生活用水。推进钢铁、电力、水泥行业等生产过程协同资源化处理废弃物，将生活废弃物作为生产过程的原料、燃料。

推进资源循环利用国内外大循环。充分利用国内外两个市场、两种资源，不断增强经济社会发展的能源资源保障能力。加快转变对外经济发展方式，推进加工贸易转型升级，提升我国产业在全球产业分工中的价值。在实施“走出去”战略和对外援助时，把循环经济理念融入规划、建设、施工、运行、管理等各环节，加强绿色循环低碳工程建设，树立我国负责任、注重可持续发展的大国形象。扩大再生资源进口种类和规模。严格再生资源进口监管，对沿海地区以进口再生资源加工利用为主的企业和项目实行圈区化管理，推进进口再生资源的清洁、安全和高效利用。

二、循环经济“十百千”示范行动

通过实施循环经济“十百千”示范行动，实现技术突破和管理创新，推动循环经济形成较大规模。

实施循环经济十大示范工程：资源综合利用示范工程、产业园区循环化改造示范工程、再生资源回收体系示范工程、“城市矿产”基地建设示范工程、再制造产业化示范试点工程、餐厨废弃物资源化利用和无害处理示范试点工程、生产过程协同资源化处理废弃物示范工程、农业循环经济示范工程、循环型服务业示范工程、资源循环利用技术产业化示范推广工程。

创建百个循环经济示范城市（县）：选择100个左右城市（县），创建国家循环经济示范城市（县）。示范城市（县）要全面推行循环型生产方式和绿色消费模式，率先构建起覆盖全社会的资源循环利用体系，资源产出率提高幅度超出全国平均水平，通过发展循环经济探索实现转型发展的道路。

培育千家循环经济示范企业（园区）：选择1 000家骨干企业或园区，树立循环经济典型。示范企业（园区）的资源产出率、土地产出率、单位产值能耗、物耗、水耗、产业废弃物综合利用率、工业用水重复利用率等指标达到国内领先水平和国际先进水平。

实施循环经济“十百千”示范行动，以企业自主投资为主，国家和地方政府通过现有政策和资金渠道给予必要的资金支持。中央补助资金重点支持相关公益性基础设施、公共服务平台、重点项目、能力建设及关键共性技术产业化示范和推广应用。鼓励金融机构和社会主体将资金投向循环经济重大工程。鼓励企业通过自有资本、银行贷款、上市融资、发行债券等方式实施循环经济重大工程。

资料来源：节选自《国务院关于印发循环经济发展战略及近期行动计划的通知》。

本章小结

产业发展理论内容颇多，也是产业经济学学科中重要的组成部分。本章从产业发展的含义、发展历程、发展方向等内容入手，较为详尽地阐述了产业发展周期理论和多种产业发展理论。在当前中国的产业发展实践中，仍然有很多问题需要结合这些基础理论进行深入探讨，例如技术创新与高新技术产业发展、产业发展的资源配置、产业的国际竞争力等问题。产业发展将伴随发展中国家的经济发展而取得长足进步。

复习思考题

1. 从产业发展的历程来看，产业未来的发展方向是什么？

2. 产业发展通常会经历哪些阶段？

3. 如何准确判断某个产业所经历的产业阶段？

4. 产业均衡发展理论和产业非均衡发展理论的区别与联系何在？

5. 主导产业的选择基准有哪些？

6. 产业循环理论在现实中运用的意义何在？

7. 如何理解“绿水青山就是金山银山”这句话的深刻内涵？

参考文献

1. 陈柳钦．产业发展的集群化、融合化和生态化分析［J］．华北电力大学学报，2006（1）.

2. 赤松要．我国产业发展的雁行形态：以机械仪表工业为例［J］．一桥论丛，1956（36）.

3. 冯华，宋振虎．中国工业循环经济发展评价研究［J］．国家行政学院学报，2008（3）.

4. 赫希曼．经济发展战略［M］．北京：经济科学出版社，1991.

5. 侯家营．增长极理论及其运用［J］．审计与经济研究，2001（4）.

6. 胡俊文．论雁行模式的理论实质及其局限性［J］．现代日本经济，2000（2）.

7. 简新华．产业经济学［M］．武汉：武汉大学出版社，2001.

8. 列宁．列宁选集：第1卷［M］．3版．北京：人民出版社，1995.

9. 刘金友．企业技术创新论［M］．北京：中国经济出版社，2001.

10. 陆国庆．衰退产业中的企业战略探析［J］．南开管理评论，2000（5）.

11. 罗斯托．经济成长的阶段：非共产党宣言［M］．北京：商务印书馆，1962.

12. 马健．产业融合理论研究评述［J］．经济学动态，2002（5）.

13. 马克思，恩格斯．马克思恩格斯选集：第4卷［M］．3版．北京：人民出版社，2012.

14. 北京现代循环经济研究所．产业循环经济［M］．北京：冶金工业出版社，2007.

15. 芮明杰．产业经济学［M］．上海：上海财经大学出版社，2005.

16. 史忠良．产业经济学［M］．2版．北京：经济管理出版社，2005.

17. 宋胜洲，郑春梅，高鹤文．产业经济学原理［M］．北京：清华大学出版社，2012.

18. 宋则行，樊亢．世界经济史：上卷［M］．北京：经济科学出版社，1993.

19. 苏东水．产业经济学［M］．3版．北京：高等教育出版社，2010.

20. 托夫勒．第三次浪潮［M］．北京：生活·读书·新知三联书店，1983.

21. 王先庆．产业扩张［M］．广州：广东经济出版社，1998.

22. 邬义俊，邱钧．产业经济学［M］．北京：中国统计出版社，1997.

23. 小岛清．对外贸易论［M］．天津：南开大学出版社，1987.

24. 严潮斌．产业创新：提升产业竞争力的战略选择［J］．北京邮电大学学报，1999（3）.

25. 杨建文，等．产业经济学［M］．上海：学林出版社，2004.

26. 杨忠直．以生态化标准推进我国产业发展［J］．北京工业大学学报，2004 (1).

27. 张锦鹏．增长极理论与不发达地区区域经济发展战略探索［J］．当代经济科学，1999 (6).

28. 郑晓红．上海循环型现代服务业发展研究［D］．上海：华东师范大学，2007.

29. 周新生．产业兴衰论［M］．西安：西北大学出版社，2000.

第五章

产业结构

内容提要

主导产业的发展可以带动经济增长，而经济增长又可以促进产业结构的变化、演进和结构升级，产业结构变化和经济增长的相互作用已经被经济发展的实践所证实，同时对产业结构的研究也取得了大量的成果。本章分四节介绍产业结构的相关内容。第一节是产业结构理论，主要介绍产业结构的概念、理论形成背景、基本规律，以及产业结构变动的影响因素；第二节是产业结构优化，分析了产业结构的合理化、高级化及实现途径；第三节是区域产业结构及其优化，主要介绍区域产业结构的内涵和特点，以及区域产业结构优化的判断标准、基本方法和路径；第四节是产业结构演变的新趋势，分析了产业结构软化和产业结构生态化等。

本章重点

- 产业结构的内涵
- 三次产业的划分标准
- 产业结构理论的发展
- 三次产业的演化规律
- 产业结构变动的影响因素
- 产业结构合理化与高级化
- 区域产业结构优化
- 产业结构软化及产业结构生态化

第一节　产业结构理论

产业结构理论揭示了产业结构演变与经济增长的内在联系，这个理论发现被许多专家、学者所认同，但是对内在联系的经济学分析方法有很大差异，因而形成了不同的理论观点和研究体系。本节将对产业结构的内涵、产业结构理论产生的思想渊源和理论发展、产业结构演化规律、产业结构变动的影响因素进行简要分析和介绍。

一、产业结构的内涵

产业结构是指各产业的构成及各产业之间的联系和比例关系。也有人把产业结构当作经济结构的含义来使用。在这种定义下，产业结构的内涵十分广泛，既指产业之间的关系结构，又指某产业内部的企业间关系结构；既包括产业的地区分布结构，也包括产业的所有制结构等。

本章中的产业结构是指国民经济中各产业之间和各产业内部的联系与比例关系。从三个层次来考察：一是第一产业、第二产业、第三产业的构成；二是三次产业各自的内部构成；三是三次产业内部的行业构成，即产品结构。

知识讲解

以下视频节选自新疆财经大学“产业经济学”慕课，可登录中国大学慕课网站搜索查看完整视频。

视频 5－1：产业结构的内涵

二、产业结构理论的形成与发展

（一）产业结构理论的思想渊源

产业结构理论的思想渊源可以追溯到 17 世纪。威廉·配第在 17 世纪第一次发现了世界各国国民收入水平存在差异和经济发展处于不同阶段的关键原因是产业结构的不同。他在《政治算术》中通过考察得出结论：工业比农业收入多，商业又比工业收入多，即工业比农业附加值高、商业比工业附加值高。在配第之后，亚当·斯密在《国富论》中论述了产业部门、产业发展及资本投入应遵循农业、工业、批发、零售的顺序。其时正好处在工业革命前夕，重商主义阻碍工业进步的局限性和商业繁荣的虚假性已暴露出来。就此而论，配第和亚当·斯密的科学发现是产业结构理论的重要思想来源。

（二）产业结构理论的形成过程

20 世纪 30—40 年代是现代产业结构理论的形成时期。在这个时期，对产业结构理论形成做出突出贡献的主要有费希尔、克拉克、赤松要、列昂惕夫和库兹涅茨等人。

经济学家费希尔以统计数字为依据，在配第论断的基础上，首次提出了关于三次产业的划分方法，产业结构理论初具雏形。

赤松要在1932年提出了产业发展的雁行形态论。该理论主张：本国产业发展要与国际市场紧密地结合起来，使产业结构国际化；后起的国家可以通过进口、进口替代、出口、重新进口四个阶段来加快本国工业化进程；产业发展政策要根据雁行形态论的特点制定。

克拉克在1940年出版的《经济进步的条件》一书中，通过对40多个国家和地区不同时期三次产业劳动投入和总产出资料进行整理和比较，总结出了劳动力在三次产业中的结构变化与人均国民收入的提高存在着一定的规律性。克拉克认为，劳动人口从农业向制造业、进而从制造业向商业及服务业移动，存在所谓的克拉克法则。其理论前提是，以若干经济在时间推移中的变化为依据，这种时间序列意味着经济发展，而经济发展表现为不断提高的国民收入。

库兹涅茨在其《国民收入及其构成》一书中，通过对大量历史经济资料进行研究，发现了国民收入与产业结构间的重要联系。库兹涅茨产业结构论的重要贡献是：产业结构和劳动力的部门结构将随着经济增长而不断发生变化；劳动收入在国民经济中所占的比重趋于上升，财产收入的比重则趋于下降；政府消费在国民生产总值中的比重趋于上升，个人消费比重趋于下降。此后，他将产业结构重新划分为农业部门、工业部门和服务业部门，进一步分析产业结构。

（三）产业结构理论的发展

产业结构理论在20世纪50—60年代得到了较快发展。在这一时期，对产业结构理论研究做出了突出贡献的代表人物包括列昂惕夫、库兹涅茨、刘易斯、赫希曼、罗斯托、钱纳里、霍夫曼及筱原三代平。

列昂惕夫、库兹涅茨沿着主流经济学经济增长理论的研究思路，分析了经济增长中的产业结构问题。列昂惕夫对产业结构进行了更加深入的研究。他于1953年和1966年分别出版了《美国经济结构研究》《投入产出经济学》。列昂惕夫的突出贡献是建立了投入产出分析体系，包括投入产出分析法、投入产出模型和投入产出表。目前，世界上有100多个国家和地区运用这一方法编制了本国的投入产出表。库兹涅茨对经济增长中的产业结构变化做了深入研究。其代表作《现代经济增长》根据57个国家的国民收入原始统计数据归纳论点如下：随着经济增长，农业部门的国民收入和社会就业在整个国民收入和总就业中的比重不断下降；工业部门国民收入比重大体上升，而社会就业比重大体不变或略有上升；服务部门国民收入比重大体不变或略有上升，而社会就业比重呈上升趋势。

刘易斯、赫希曼、罗斯托、钱纳里和希金斯的产业结构理论则是发展经济学研究的进一步延伸。其研究按照二元结构分析和不平衡发展战略两种思路展开。

(1) 二元结构的分析思路。刘易斯在1954年发表的《劳动无限供给条件下的经济发展》一文中，提出了用于解释发展中国家经济问题的理论模型，即刘易斯理论（二元经济结构模型）。他的贡献在于，指出了发展中国家整个经济由弱小的现代资本主义部门和强大的传统农业部门组成。经济的发展就是要扩大现代资本主义部门，缩小传统的农业部门。发展中国家可以利用劳动力资源丰富这一有利条件加速经济发展。

（2）不平衡发展战略的分析思路。赫希曼在《经济发展战略》一书中，从现有资源稀缺的角度，分析了平衡发展战略的不可行性，提出了不平衡增长模型，突破了早期发展经济学家限于直接生产部门和基础设施部门发展次序的狭义讨论，而代之以对国民经济计划制订是否应优先、重点发展某些部门的广义探讨。其中，关联效应理论和最有效次序理论已经成为发展经济学中的重要分析工具。

罗斯托关于非平衡增长的观点是与他的主导产业扩散效应理论和经济成长阶段理论有联系的。他认为，在经济发展中首先使主导产业部门获得增长，再通过回顾影响、旁侧影响和前瞻影响，对其他产业部门施以诱发作用，最终带动整个经济的增长。在经济发展中重视发挥主导产业的扩散效应。其主要著作有《经济成长的过程》《经济成长的阶段》等。

钱纳里对产业结构理论的发展贡献颇多，其中工业化阶段理论具有较大的影响。他认为，经济发展中资本与劳动的替代弹性是不变的，从而发展了柯布-道格拉斯的生产函数学说。他指出在经济发展中产业结构会发生变化，对外贸易中初级产品出口将会减少，逐步实现进口替代和出口替代。

霍夫曼对工业结构演变规律做了开拓性的研究，提出了霍夫曼定理，其内容是：在工业化进程中，霍夫曼比例（消费资料工业的净产值和资本资料工业的净产值之比）是不断下降的。

筱原三代平是日本研究经济周期理论和产业结构问题的著名专家。他在产业结构方面的研究成果有《产业构成论》《现代产业论（产业构造）》等。

三、三次产业的演化规律

随着经济的发展，产业结构会发生相应的转换和演变。这种结构变化不是随意的，而往往表现出一定的规律性。西方一些学者和专家，如配第、克拉克、库兹涅茨、罗斯托、霍夫曼等，都对产业结构演变规律进行过研究，并做出了理论贡献。

（一）产业结构演变的基本规律

产业结构作为以往经济增长的结果和未来经济增长的基础，成为推动经济发展的主要因素。随着经济的发展，产业结构不断地由低级向高级演进，表现为产业结构的高级化和产业结构的合理化。只有正确把握产业结构变动的规律，才能科学地制定产业政策，促进经济发展。一般而言，产业结构的演变从工业化发展的阶段来看有如下规律性。[①]

产业结构演变有六个阶段：前工业化时期、工业化初期、工业化中期、工业化后期、后工业化时期和现代社会时期。

在前工业化时期，第一产业占主导地位，第二产业有一定发展，第三产业的地位微

---

① 苏东水．产业经济学［M］．3版．北京：高等教育出版社，2010：162－164；杨公朴，夏大慰．现代产业经济学［M］．上海：上海财经大学出版社，1999：31－35；王俊豪．产业经济学［M］．2版．北京：高等教育出版社，2012：170－174.

乎其微。总体而言，第二产业和第三产业发展均有限。

在工业化初期，第一产业比重逐渐缩小，其地位不断下降；第二产业有较大发展，先是以轻纺工业为主导，轻纺工业由于需求拉动、技术要求简单、从农业中分离出来的劳动力便宜等有利因素得到较快发展；农业发展速度有所下降，地位有所削弱；重化工业和第三产业的发展速度较慢，在国民经济中的比重还比较小。然后是以原料和燃料动力等基础工业为重心的重化工业为主导，轻纺工业继续发展，但速度逐渐放慢下来；而以原料、燃料、动力、基础设施等基础工业为重心的重化工业首先得到较快发展，传统型、技术要求不高的机械、钢铁、造船等低加工型工业发展速度较快，并逐渐取代轻纺工业的位置成为主导产业。

在工业化中期，工业重心由基础工业向高加工型工业转变，第二产业比重开始下降但仍居第一位，第三产业比重逐渐上升。在以高加工组装型工业为主导的阶段，由于高新技术大量应用，技术要求较高的精密机械、精细化工、石油化工、机器人、电子计算机、飞机制造、航天器、汽车及机床等高附加值组装型重化工业有较快发展，成为国民经济增长的主要推动力。其比重较大，增幅较大，成为主导产业。

在工业化后期，第二产业比重继续下降，第三产业继续快速发展，其中信息产业增长加快，第三产业产值比重在三次产业中占有支配地位，甚至占有绝对支配地位。在第三产业为主导产业的阶段，第二产业发展速度有所放缓，特别是传统产业下降幅度较快，但内部新兴产业和高新技术产业仍有较快发展。整个第二产业内部结构变化较快，但已不占有主导地位。第三产业发展速度明显加快，成为主导产业。

在后工业化时期，产业知识化成为主要特征，信息产业获得长足发展，特别是信息高速公路建设和国际互联网的普及推动了信息产业快速发展，成为国民经济的支柱产业和主导产业。

在现代社会时期，知识经济充分发展，人工智能开始普及并在经济发展中发挥重大作用，高新技术产业和现代服务业成为国民经济的支柱产业，创新成为驱动经济发展的主要动力，产业结构进入一个全新的时代。

随着中国创新发展战略的实施，中国战略高技术领域取得新跨越，中国产业结构优化升级取得新进展，开始进入工业化后期，部分发达地区和城市处于工业化后期的较高水平①。

专栏 5-1

中国战略高技术领域取得新跨越

2021 年 5 月 28 日，习近平在中国科学院第二十次院士大会、中国工程院第十五次院士大会、中国科协第十次全国代表大会上的讲话中强调，战略高技术领域取得新跨越。在深海、深空、深地、深蓝等领域积极抢占科技制高点。“海斗一号”完成万米海试，“奋斗者”号成功坐底，北斗卫星导航系统全面开通，中国空间站天和核心舱成功发射，“长征五号”遥三运载火箭成功发射，世界最强流深地核天体物理

① 尹虹潘．中国工业化水平的重新测度［J］．经济学家，2019（3）：40.

加速器成功出束，“神威·太湖之光”超级计算机首次实现千万核心并行第一性原理计算模拟，“墨子号”实现无中继千公里级量子密钥分发。“天鲲号”首次试航成功。“国和一号”和“华龙一号”三代核电技术取得新突破。C919 大飞机准备运营，时速 600 公里高速磁浮试验样车成功试跑，最大直径盾构机顺利始发。北京大兴国际机场正式投运，港珠澳大桥开通营运。智能制造取得长足进步，人工智能、数字经济蓬勃发展，图像识别、语音识别走在全球前列，5G 移动通信技术率先实现规模化应用。新能源汽车加快发展。消费级无人机占据一半以上的全球市场。甲醇制烯烃技术持续创新带动了我国煤制烯烃产业快速发展。

资料来源：习近平在中国科学院第二十次院士大会、中国工程院第十五次院士大会、中国科协第十次全国代表大会上的讲话（节选）（2021 年 5 月 28 日）。

（二）产业结构的主要理论[①]

1. 配第-克拉克定理

英国经济学家克拉克在经济学家威廉·配第研究的基础上，通过对产业结构与经济发展的相关性进行统计论证，得出了一个结论即著名的配第-克拉克定理：伴随着经济进步，劳动人口由农业向制造业，进而向商业及服务业移动。配第-克拉克定理无非说出了生产要素中的人力资源配置结构随着经济发展所发生的规律性变化，但这非常简洁地证明了经济发展与产业结构的相关性。

配第-克拉克定理不仅可以从一个国家经济发展的时间序列中得到印证，而且可以从处于同一时点上不同发展水平的国家的比较中得到类似结论。也就是说，人均国民收入水平越高的国家，农业劳动力在全部劳动力中的比重越低，而第二产业、第三产业的劳动力所占的比重相对越高；反之，人均国民收入水平越低的国家，农业劳动力所占的比重越高，而第二产业、第三产业的劳动力所占的比重相对越低。

2. 库兹涅茨法则

库兹涅茨在他的著作《各国的经济增长》一书中，从国民收入和劳动力这两个方面对伴随经济发展而出现的产业结构演变规律做了如下分析：（1）随着国民经济的发展，区域内第一产业实现的国民收入在整个国民收入中的比重与第一产业劳动力在全部劳动力中的比重一样，处于不断下降之中。（2）在工业化阶段，第二产业创造的国民收入的比重及占用劳动力的比重都会提高，其中前者上升的速度快于后者。在工业化后期特别是后工业化时期，第二产业的国民收入比重和劳动力比重会不同程度地下降。（3）第三产业创造的国民收入的比重及占用劳动力的比重会持续地处于上升状态，其中在工业化

---

① 苏东水．产业经济学［M］．3 版．北京：高等教育出版社，2010：164－165；杨公朴，夏大慰．现代产业经济学［M］．上海：上海财经大学出版社，1999：35－38；王俊豪．产业经济学［M］．2 版．北京：高等教育出版社，2012：170－174；刘志彪，王国生，安国良．现代产业经济分析［M］．南京：南京大学出版社，2001：65－76；戴伯勋，沈宏达．现代产业经济学［M］．北京：经济管理出版社，2001：257－264.

中期、初期阶段，第三产业占用劳动力比重的上升速度会快于创造国民收入的比重。①

根据上述结论可以认为：在整个工业化时期，产业结构的转换表现为第一产业创造财富和吸收就业的份额，会逐渐转移到第二产业和第三产业中去。其中，在工业化中期，第二产业逐渐成为财富的主要创造者，而第三产业则是吸收劳动力的主要场所；到工业化后期，第二产业创造财富的比重开始下降，第三产业则成为经济发展的主体，既是财富的主要创造者，也是吸收劳动力的主要场所。因此，在工业化过程中，三次产业的发展是相辅相成的。如果第二产业总量增长很快，而第三产业发展滞后，那么必然表现为第二产业在国内生产总值中的比重得到很快增长，但是劳动力转移过程受阻，大量的劳动力滞留于低效率的第一产业，城市化水平难以提高。

库兹涅茨认为在结构变化与经济增长的关系中，首要的问题是经济总量的增长，只有总量的高速增长才能导致结构的快速演变。没有总量足够的变化，结构变化的可能性就会大大受到限制。

3. 罗斯托主导产业扩散效应理论

罗斯托通过长期研究认为，在任何时期，甚至在一个已经成熟并继续成长的经济体系中，经济增长之所以能够保持，是因为为数不多的主导部门迅速扩大，而且这种扩大产生了具有重要意义的对其他产业部门的作用，即产生了主导产业扩散效应。这些理论被称为罗斯托主导产业扩散效应理论。罗斯托根据技术标准把经济成长划分为传统社会、为起飞创造前提、起飞、成熟、高额群众消费、追求生活质量六个阶段，而每个阶段的演进是以主导产业部门的更替为特征的。他认为经济成长的各个阶段都存在相应的起主导作用的产业部门，主导部门通过回顾、前瞻、旁侧三重影响带动其他部门发展。

罗斯托认为，现代经济增长本质上是一个部门过程。现代经济增长根植于现代技术所提供的生产函数的累积扩散，这些发生在技术和组织中的变化只能从部门角度加以研究。他还把经济部门分解为主导增长部门即主导部门、辅助增长部门和派生增长部门，并进一步分析了不同部门在经济增长中的作用。

4. 霍夫曼定理

德国学者霍夫曼对工业化过程中的工业结构演变规律做了开创性研究，研究的重点是当制造业中消费资料工业和资本资料工业处于工业化的不同阶段时其比例关系的变动趋势。他将制造业划分为消费资料工业、资本资料工业和其他工业三种。消费资料工业净产值与资本资料工业净产值的比值就是霍夫曼比例，也称为霍夫曼系数。

霍夫曼在《工业化的阶段和类型》一书中将工业化划分为四个阶段，如表 5－1 所示。一般来讲，资本资料生产属于重工业，消费资料生产属于轻工业。在实际应用中，霍夫曼比例往往用轻工业品净产值与重工业品净产值的比例来表示。重工业在工业生产中的比重增大是工业化过程中的必然趋势。当工业化达到一定的程度后，重工业的比重将大体上处于一个稳定的状态。霍夫曼的工业化阶段理论阐述的主要是工业化过程中重化工业阶段的结构演变情形，所以，用霍夫曼比例衡量区域经济结构的变化有一定的局限性。

① 西蒙·库兹涅茨．各国的经济增长［M］．北京：商务印书馆，2005：122－382.

表 5-1 霍夫曼工业化过程四阶段

工业化阶段	特征	霍夫曼比例
第一阶段	消费资料工业占主导地位	5（±1）
第二阶段	资本资料工业增长快于消费资料工业，后者降到工业总产值的50%或以下	2.5（±1）
第三阶段	资本资料工业继续快速增长，并已达到和消费资料工业相平衡的状态	1（±0.5）
第四阶段	资本资料工业占主导地位，这一阶段被认为实现了工业化	1以下

四、产业结构变动的影响因素

经济发展的过程就是生产要素从效率低的生产部门（例如农业）向效率高的生产部门（例如工业和服务业）的转移过程。一切影响生产要素和部门生产条件的因素最终都会不同程度地影响产业结构及其转换。了解这些影响因素有利于我们全面把握产业结构的现状、产业结构的变动趋势和规律，为制定产业结构政策、调整产业结构、促进经济发展等提供依据。一般而言，影响产业结构演进和转换的因素主要有技术创新能力、需求能力、供给能力、对外贸易发展、经济政策、生态环境和其他因素等。①

（一）技术创新能力

技术创新能力是推动产业结构转换的原动力。经济发展史表明，每一次产业结构的大变动都对应一次技术变革的发生，正是由于新工艺、新技术的出现和应用，新的产业部门产生、发展壮大，并使旧的产业部门衰退，产业的不断高级化推动产业结构的演进。三次产业由于各自特征的不同，在生产过程中对技术进步的感应也完全不同，主要表现为技术进步在促使各产业降低成本、实现规模经营、提高劳动效率方面有完全不同的特点，从而决定着各产业在国民经济发展中功能和地位的变化。

农业经济是一个半自然的再生产过程，生产周期长，受自然力的作用大，生产效率提高缓慢，农业技术进步比工业要难得多。而工业是技术进步和成本节约的产业，工业技术进步快，工业资本有机构成不断提高，工业内部结构由劳动密集型向资金密集型进而向技术密集型转换，工业增长的主要动力也由劳动力的增加转向资金投入的增长及技术水平的提高。第三产业提供的商品是服务，决定了第三产业不能像第二产业那样实现大机器生产，它始终具有劳动密集型的特性，技术进步对降低成本的作用不如第二产业明显，但是，它能够解决工业化过程中第二产业难以解决的大规模就业问题。到工业化的中后期，第三产业的发展以新兴服务业为主。新兴的第三产业既能保留劳动密集型特性，又具备技术密集型特性，从而既是吸收劳动力的主要场所，又是创造国民财富的主要力量。

① 高志刚．基于主成分分析的区域产业结构转换能力评价［J］．生产力研究，2003（1）：151-152；冯建功．改革开放以来我国产业结构变动的影响因素分析［D］．呼和浩特：内蒙古财经大学，2010：19-29.

专栏 5－2

习近平关于科技攻关的论述

当前，新一轮科技革命和产业变革突飞猛进，科学研究范式正在发生深刻变革，学科交叉融合不断发展，科学技术和经济社会发展加速渗透融合。科技创新广度显著加大，宏观世界大至天体运行、星系演化、宇宙起源，微观世界小至基因编辑、粒子结构、量子调控，都是当今世界科技发展的最前沿。科技创新深度显著加深，深空探测成为科技竞争的制高点，深海、深地探测为人类认识自然不断拓展新的视野。科技创新速度显著加快，以信息技术、人工智能为代表的新兴科技快速发展，大大拓展了时间、空间和人们认知范围，人类正在进入一个“人机物”三元融合的万物智能互联时代。生物科学基础研究和应用研究快速发展。科技创新精度显著加强，对生物大分子和基因的研究进入精准调控阶段，从认识生命、改造生命走向合成生命、设计生命，在给人类带来福祉的同时，也带来生命伦理的挑战。

加强原创性、引领性科技攻关，坚决打赢关键核心技术攻坚战。科技立则民族立，科技强则国家强。加强基础研究是科技自立自强的必然要求，是我们从未知到已知、从不确定性到确定性的必然选择。要加快制定基础研究十年行动方案。基础研究要勇于探索、突出原创，推进对宇宙演化、意识本质、物质结构、生命起源等的探索和发现，拓展认识自然的边界，开辟新的认知疆域。基础研究更要应用牵引、突破瓶颈，从经济社会发展和国家安全面临的实际问题中凝练科学问题，弄通“卡脖子”技术的基础理论和技术原理。要加大基础研究财政投入力度、优化支出结构，对企业基础研究投入实行税收优惠，鼓励社会以捐赠和建立基金等方式多渠道投入，形成持续稳定的投入机制。科技攻关要坚持问题导向，奔着最紧急、最紧迫的问题去。要从国家急迫需要和长远需求出发，在石油天然气、基础原材料、高端芯片、工业软件、农作物种子、科学试验用仪器设备、化学制剂等方面关键核心技术上全力攻坚，加快突破一批药品、医疗器械、医用设备、疫苗等领域关键核心技术。要在事关发展全局和国家安全的基础核心领域，瞄准人工智能、量子信息、集成电路、先进制造、生命健康、脑科学、生物育种、空天科技、深地深海等前沿领域，前瞻部署一批战略性、储备性技术研发项目，瞄准未来科技和产业发展的制高点。要优化财政科技投入，重点投向战略性、关键性领域。

资料来源：习近平在中国科学院第二十次院士大会、中国工程院第十五次院士大会、中国科协第十次全国代表大会上的讲话（节选）（2021 年 5 月 28 日）；习近平．加快建设科技强国，实现高水平科技自立自强 [J]. 求是，2022（9）.

（二）需求能力

生产满足需求，需求促进生产，需求的变动必将引起产业结构相应的变动。需求主要指消费需求，即区域消费水平、消费层次和消费结构对产业结构的转换起重要的作用，消费水平的提高、消费层次的升级会通过产业间的后向关联效应来诱导新产业的产生和发展壮大。在经济发展的过程中，各产业产品的需求收入弹性是不断变化的。随着收入水平的提高，第一产业产品的需求收入弹性不断下降，第二产业产品的需求收入弹性不断上升，拉动了第二产业的迅速增长。当人们的生活水平进一步提高，消费欲望转向各种形式的服务，第三产业以其服务的多样性和无限性对消费者产生强大的吸引力，并赋予第三产业持续提高的需求收入弹性时，第三产业便成为继第二产业之后支持区域经济发展的主要力量。各产业产品需求收入弹性的较大差异及其变化最终导致了国民经济发展中产业结构的变化。

（三）供给能力

供给主要包括自然资源、人力资源、资金的供给等。自然资源禀赋差异对不同的国家或地区的农业、采掘业、轻纺工业的发展有不同程度的影响。比如，资源匮乏的国家或地区不可能形成资源开发型产业，而是致力于构建资源加工型的产业结构。当今，自然资源拥有状况对工业部门结构的影响变得具有相对性，受资源稀缺制约的国家或地区可以借助科技创新和国际贸易来缓解和克服自然资源对其经济发展的约束。随着经济全球化和区域经济一体化的发展，自然资源对区域经济发展的影响弱化了很多，人力资源和资金的作用则凸显出来。

人力资源是最基本的生产要素，其数量和素质是产业结构演进的必要条件。一方面，在其他条件不变的情况下，只要固定资产的生产能力能够承受，中间产品供应能够保证，一个新的或扩张中的产业部门拥有的劳动力越多，该部门就越能得到较快发展；另一方面，在其他因素可变的情形下，如在技术结构不断变动的现实经济生活中，产业部门的更替变换就需要以劳动力具有充分的产业间可转移性为条件，后者又从根本上取决于劳动力素质。因此人力资源的文化素质、知识结构和生产技能在较大程度上影响产业发展，从而影响产业结构。

资金供应状况是通过资金总量和资金投向两方面影响产业结构变动的。在其他条件不变的情况下，一个产业部门拥有的资金越丰富，越能够得到加快发展。随着技术创新和生产设备日益大规模化，没有庞大的资金支持，就无法发展重工业和新兴产业。同时，资金在不同产业部门的投向偏好会改变现有产业的存量结构，形成新的增量结构，即投资结构变动通过影响社会资产总量在各产业配置构成的变动来影响产业结构动态。可以说，资金供应总量和供应结构的变动是产业结构变动的直接原因。

（四）对外贸易发展

随着生产国际化的不断发展，国家间、区域间的经济贸易关系越来越紧密，相互依赖性也越来越强。对外贸易有利于各国发挥比较优势，获得比较利益。开放条件下，的形成和调整不仅受国内市场需求结构和供给结构因素的影响，而且受其国际贸易状况的影响，这种影响是通过国际比较利益机制来实现的。在国际交换过程中，一国产业结构中的出口产品通常是本国具有比较优势的产品，而进口产品则相反。出口贸易可推动相关产业的发展，进口贸易可弥补相关产业的不足。开放程度越高，其国内产业结构与他国的产业结构关联程度也越高，这会在一定程度上改变国内产业之间的投入产出关系，使得本国产业既有可能利用他国产业弥补自身发展的不足，也有可能因依赖外向关联而抑制本国产业的自身发展。可见，产业结构是贸易结构的基础，决定了一国贸易结构的水平，而贸易结构是产业结构的反映，并引导着一国产业结构的变动。同时，资本、技术、人才等生产要素在国家间的流动，无论对出口国还是进口国的产业结构都会产生影响。

（五）经济政策

经济政策是国家宏观调控的重要手段，能够推进产业结构合理调整和优化升级。一个国家或地区在不同阶段、不同发展时期所制定和实行的重大经济政策，如区域发展政策、产业布局政策、财政政策、税收政策、金融政策、投资政策等，在很大程度上会对产业结构及其转换产生影响。在某些特定发展阶段，对某些国家或地区来说，甚至是起到决定性作用的。财政政策、税收政策和金融政策可制定和实施各种有效工具，使其渗透到产业发展全过程，通过改变需求结构进而影响供给结构，诱导各要素发生流动，淘汰落后产业，优化各要素在不同产业间的配置关系，从而实现产业结构转换升级。同时，与产业有关的一些政策，如产业结构政策、产业调整政策、重点产业或主导产业的选择和扶持政策等，都会对产业结构的转换产生直接影响。

（六）生态环境

随着社会经济的发展，产业结构变动的影响因素越来越多，一些新的因素开始出现，如生态环境因素就是其中非常重要的一个。区域优势、特色产业的发展是以比较优势为前提的，否则就会缺乏竞争力与发展前景。具有较强生存力与竞争力的产业结构往往能够充分利用自然资源，发挥经济资源的优势，并能够与地域生态环境相适应。如果自然资源丰富，生态环境良好，产业经济发展就会拥有优越的环境条件和雄厚的自然物质基础，自然而然会形成一批特色优势产业，特色优势产业的不断发展会促进产业结构的优化升级；如果自然资源日益枯竭，生态环境不断恶化，产业经济发展的自然基础会逐渐丧失，原本一些特色优势产业的比较优势也将逐渐消失，进而会影响其长足发展，产业结构演进会出现停滞甚至倒退。由此可见，生态环境对产业发展的制约作用越来越明显，保护生态环境是产业结构调整的基础与前提。要进行产业结构的优化升级，就必须实现自然资源的永续利用和合理替代，必须对生态环境进行保护、建设和改良，并大力发展生态农业、生态工业、环保产业等生态产业。

生态环境因素对产业结构变动的影响逐渐受到政府和社会公众的关注。党的十八大提出要大力推进生态文明建设，加快转变经济发展方式，形成节约资源和保护环境的空间格局、产业结构、生产方式、生活方式。以生态文明的理念为指导，以绿色化、低碳化、循环化为发展方向，促进产业的生态化发展，是降低我国能源消耗强度、提高能源利用效率、优化产业结构的基本途径。可以看出，生态环境因素已逐渐成为影响我国产业结构变动的重要因素之一。

2021 年 6 月 7—9 日，习近平在青海考察时的讲话中强调，进入新发展阶段、贯彻新发展理念、构建新发展格局，青海的生态安全地位、国土安全地位、资源能源安全地位显得更加重要。要优化国土空间开发保护格局，坚持绿色低碳发展，结合实际、扬长避短，走出一条具有地方特色的高质量发展之路。要立足高原特有资源禀赋，积极培育新兴产业，加快建设世界级盐湖产业基地，打造国家清洁能源产业高地、国际生态旅游目的地、绿色有机农畜产品输出地。要加快科技体制机制改革，加大科技创新支持和成果转化力度，加快创新型人才培养，激发创新活力。要贯彻落实党中央关于新时代推进西部大开发形成新格局、推动共建"一带一路"高质量发展的战略部署，主动对接长江经济带发展、黄河流域生态保护和高质量发展等区域重大战略，增强经济发展内生动力。①

（七）其他因素

一是环境因素。环境因素包括国内环境因素和国际环境因素，或称作政治、经济、社会、法律、文化等环境因素。一国的国内外环境对该国的产业结构变动有重大的影响。好的经济环境会带动区域内消费和投资的增加，促进各产业蓬勃发展；而经济环境的恶化会引起区域内产业的萎缩或倒闭，进而影响到区域内的产业结构。社会环境的好坏对产业结构的影响与之相似。好的法律环境在市场竞争、产权保护等方面可以起到促进作用，进而刺激技术进步，实现区域内产业结构优化。文化环境在消费习惯等方面对产业结构优化也起到一定的作用。

二是市场因素。市场是社会资源配置的重要手段，市场给出的价格信号直接引导人们的投资与消费行为，进而影响产业结构的变动。因此，市场法规与机制的完善程度也成为影响产业结构的因素之一。

这些因素都不是孤立存在的，而是相互联系、相互作用、相互交织在一起，综合地影响和决定现有产业结构及其未来的发展变化。

第二节 产业结构优化

一、产业结构优化概述

产业结构优化是指产业结构合理化和高级化的过程。产业结构优化过程就是通过政府的有关产业政策调整和影响产业结构变化的供给结构和需求结构，从而实现资源优化配置和再配置，来推进产业结构的合理化和高级化。

产业结构优化的内容包括产业结构优化的目标、产业结构优化的对象、产业结构优化的机理、产业结构优化的政策等。

产业结构优化的目标就是实现产业结构的合理化和高级化，促进经济持续快速增长，最终实现经济发展方式的转变。

---

① 习近平在青海考察时强调：坚持以人民为中心深化改革 深入推进青藏高原生态保护和高质量发展［EB/OL］. 新华网，2021-06-10.

从产业结构优化的对象的角度看，产业结构优化主要包括供给结构的优化、需求结构的优化、国际贸易结构的优化、国际投资结构的优化。①

产业结构优化的机理就是：调整影响产业结构的决定因素→产业结构得到优化→产业结构效应发挥作用（主要指产业的关联效应和扩散效应）→国民经济得到持续发展，实现经济发展方式的转变。②

调整产业结构的决定因素就是要调整供给结构、需求结构、国际贸易结构和国际投资结构，从而改变产业结构。产业结构优化既是产业结构调整的目的，也是产业结构调整的结果，产业结构优化包括产业结构的高级化和合理化。产业结构的优化必然对经济增长产生积极的作用。国民经济在产业结构效应的积极作用下实现经济发展方式的转变。

产业结构优化的政策将在第十三章产业政策中论述。

2022 年 1 月 24 日，习近平在十九届中央政治局第三十六次集体学习时的讲话中强调，“要加大垃圾资源化利用力度，大力发展循环经济，减少能源资源浪费。要统筹推进低碳交通体系建设，提升城乡建设绿色低碳发展质量。要推进山水林田湖草沙一体化保护和系统治理，巩固和提升生态系统碳汇能力。要倡导简约适度、绿色低碳、文明健康的生活方式，引导绿色低碳消费，鼓励绿色出行，开展绿色低碳社会行动示范创建，增强全民节约意识、生态环保意识。”③

二、产业结构合理化

（一）产业结构合理化的概念

产业结构合理化是指产业与产业之间协调能力加强和关联水平提高的过程。为提高经济效益，产业结构合理化要求在一定的经济发展阶段，根据科学技术水平、消费需求结构、人口基本素质和资源条件，对起初不合理的产业结构进行调整，实现生产要素的合理配置，使各产业协调发展。从本质上来说，产业结构的协调就是指产业间有机联系的聚合质量，即产业之间相互作用所产生的一种不同于各产业能力之和的整体能力。产业结构合理化包括供给结构和需求结构的相互适应问题、三次产业及各产业内部各部门之间发展的协调问题，以及产业结构效应如何充分发挥的问题。

（二）产业结构合理化的内容④

协调是产业结构合理化的中心内容。产业结构的协调不是指产业之间的绝对均衡，而是指产业之间有较强的互补和谐关系和相互转换能力。只有强化产业之间的协调，才能提高其结构的聚合质量，从而提高产业结构的整体效果。产业间是否处于协调状态，一般可以从以下几个方面进行分析。

---

①② 苏东水．产业经济学［M］．3 版．北京：高等教育出版社，2010：205－206，208.

③ 习近平主持中共中央政治局第三十六次集体学习［EB/OL］．新华网，2022－01－25.

④ 苏东水．产业经济学［M］．3 版．北京：高等教育出版社，2010：215－216；臧旭恒，徐向艺，杨蕙馨．产业经济学［M］．北京：经济科学出版社，2002：292－294.

1. 产业素质之间是否协调

即相关产业间是否存在技术水平的断层和劳动生产率的强烈反差。如果存在着断层和强烈反差，产业之间就会产生较大的摩擦，表现为不协调。可以用比较劳动生产率，即产业部门的国民收入份额与该部门的劳动力份额之比，来大体衡量产业间的协调程度。

2. 各产业之间的相对地位是否协调

在一定的经济发展阶段，各产业的经济作用以及相应的增长速度是不同的，因而各产业在产业结构中所处的地位是不同的，从而形成了各产业之间有序的排列组合。如果各产业主次不分、轻重无序，甚至出现产业结构的逆转，则说明各产业之间的相对地位是不协调的。

3. 产业之间的联系方式是否协调

若产业之间存在着投入与产出的关系，则表明产业之间存在相互依赖和相互影响的关系。如果各产业之间能够做到相互服务和相互促进，那么它们之间的这种联系方式就是协调的；反之，则是不协调的。

4. 供给与需求是否相适应

在需求正常变动的情况下，产业结构的协调将使其具有较强的适应性和应变能力，即通过自身的结构调整适应新的需求变动，使供给和需求之间的矛盾弱化。相反，如果对于需求的正常变动，供给迟迟不能做出反应，造成长时间的供需不平衡，则说明产业间的结构是不协调的。

专栏 5-3

相关概念

供给结构是指在一定价格条件下作为生产要素的资本、劳动力、技术、自然资源等在国民经济各产业间可以供应的比例，以及以这种供给关系为联结纽带的产业关联关系。

需求结构是指在一定的收入水平条件下政府、企业、家庭或个人所能承担的对各产业产品或服务的需求比例，以及以这种需求为联结纽带的产业关联关系。它包括政府（公共）需求结构、企业需求结构、家庭需求结构或个人需求结构，以及以上各种需求的比例。

国际贸易结构是指国民经济各产业产品或服务的进出口比例，以及以这种进出口关系为联结纽带的产业关联关系。国际贸易结构既包括不同产业间的进口结构和出口结构，也包括同一产业间的进出口结构（即进口和出口的比例）。

国际投资结构是指对外投资与外国投资的比例结构，以及对外投资在不同产业之间的比例和外国投资在本国不同产业之间的比例及其各种派生的结构指标。对外投资会导致本国产业的对外转移，外国投资则促使国外产业的对内转移。这两方面都会引起国内产业结构的变化。

产业结构效应是指产业结构变化对经济增长所产生的效果。

（三）产业结构合理化的实现途径

1. 产业结构合理化的基准[①]

（1）国际基准。

即以库兹涅茨、钱纳里、赛尔奎因等人倡导的标准产业结构为依据，来判断经济发展不同阶段的产业结构是否达到了合理化。需要注意的是，以大量的历史数据进行统计回归所得出的产业发展的标准产业结构确实能够反映产业结构变动的一般规律，从而可以被用来作为认识和判断各国产业结构变动是否合理的参照系。但是，这种标准结构的参照系至多只能作为判断产业结构是否合理的一种粗略的依据，而不能成为一种绝对的判断标准。库兹涅茨的标准产业结构见表5-2，钱纳里和赛尔奎因的标准产业结构见表5-3。

（2）需求结构基准。

即以产业结构和需求结构相适应的程度作为判断产业结构是否合理的标准。两者适应程度越高，则产业结构越合理；反之，两者不适应，则产业结构不合理。但是，单纯以此基准来判断产业结构是否合理具有一定的片面性，因为首先要确定需求是否正常，在需求正常的前提下，才可以对产业结构是否合理进行判断。若需求为畸形，则供需之间存在差距是正常的；若产业结构适应畸形的需求发生变动，则这种变动恰恰是不合理的。

表5-2 库兹涅茨的标准产业结构

	人均国民生产总值的基准水平（1964年美元）								
	<100	100	200	300	400	500	800	1 000	>1 000
产值构成（%）									
第一产业	52.2	45.2	32.7	26.6	22.8	20.2	15.6	13.8	12.7
制造业	12.5	14.9	21.5	25.1	27.6	29.4	33.1	34.7	37.9
基础设施	5.3	6.1	7.2	7.9	8.5	8.9	9.8	10.2	10.9
服务业	30.0	33.8	38.5	40.3	41.1	41.5	41.6	41.3	38.6
劳动力构成（%）									
初级产业	71.2	65.8	55.7	48.9	43.8	39.5	30.0	25.2	15.9
制造业	7.8	9.1	16.4	20.6	23.5	25.8	30.3	32.5	36.8
服务业	21.0	25.1	27.9	30.4	32.7	34.7	39.6	42.3	47.3

资料来源：周振华．产业结构优化论［M］．上海：上海人民出版社，1992：38.

注：由于四舍五入，各部分之和不严格等于100。后文同，不再说明。

① 苏东水．产业经济学［M］．3版．北京：高等教育出版社，2010：216-217；臧旭恒，徐向艺，杨蕙馨．产业经济学［M］．北京：经济科学出版社，2002：294-295.

表 5-3　钱纳里和赛尔奎因的标准产业结构

人均区域生产总值的基准水平（1980 年美元）						
	<300	300	500	1 000	2 000	4 000
产值构成（%）						
第一产业	46.3	36.0	30.4	26.7	21.8	18.6
第二产业	13.5	19.6	23.1	25.5	29.0	31.4
第三产业	40.1	44.4	46.5	47.8	49.2	50.0
劳动力构成（%）						
第一产业	81.0	74.9	65.1	51.7	38.1	24.2
第二产业	7.0	9.0	13.2	19.2	25.6	32.6
第三产业	12.0	15.9	21.7	29.1	36.3	43.2

资料来源：史忠良．产业经济学［M］．2 版．北京：经济管理出版社，2005：63.

（3）产业间比例平衡基准。

即以产业间的比例是否平衡作为判断产业结构是否合理的标准。从理论上说，产业之间保持比例平衡是经济增长的基本条件。但是，不能将此基准绝对化，认为无论何时何地产业结构都要保持这种比例平衡才是合理的。事实上，在经济非均衡增长的情况下，各产业部门的增长速度是不同的，有的高速增长，有的低速增长，从而导致相互之间的比例发生变化，出现结构不平衡。一般情况下，这是正常的。只有那种超越了一定界限的结构失衡，才会导致经济不能正常运行，才是真正的结构不合理。

上述判断基准从不同角度来考察产业结构是否合理，既有其科学性，又有其自身的局限性。国际基准忽视了经济条件的不同，需求结构基准将供需的适应性作为唯一的判断标准，产业间比例平衡基准忽视了经济非均衡增长对产业间比例的积极影响。因此，不能将某一基准作为判断产业结构是否合理的唯一基准，应该全面考察、综合运用。

2. 产业结构合理化的比较与预测①

目前在识别和论证产业结构是否合理及产业结构的变化方向时，通常采用以下分析方法。

（1）国际比较法。

即以库兹涅茨和钱纳里的标准产业结构为基础，对某一国的产业结构与相同国民生产总值下的标准产业结构加以比较，偏差较大时即认为此时的产业结构是不合理的。此种方法只能大致判断，而不能最后依此认定产业结构是否合理。

（2）影子价格分析法。

按照西方经济学的理论，当各种产品的边际产出相等时，就表明资源得到了合理的配置，各种产品供需平衡，产业部门达到最佳组合。因此，可用各产业部门的影子价格与其整体影子价格平均值的偏离程度来衡量产业结构是否合理。偏离越小，产业结构就

① 苏东水．产业经济学［M］．3 版．北京：高等教育出版社，2010：217-218；臧旭恒，徐向艺，杨蕙馨．产业经济学［M］．北京：经济科学出版社，2002：295-296.

越趋于合理。

（3）需求判断法和需求适应性判断法。

需求判断法用于判断各产业的实际生产能力与相应的对该产业产品的需求是否相符，若两者接近或大体接近，则目前的产业结构是较为合理的。需求适应性判断法用于判断产业结构能否随着需求结构的变化而自我调节，使产业结构与需求结构相适应，实现社会生产的目的。其判断方法为分别计算每一产业产品的需求收入弹性和生产收入弹性。若两者相等，则说明此产业与社会需求有充分的适应性；若每一产业的需求收入弹性和生产收入弹性都相等，则说明整个产业结构与需求结构是相适应的，产业结构是合理的。

（4）结构效果法。

即以产业结构变化引起的国民经济总产出的变化来衡量产业结构是否在向合理的方向变动，若结构变化使国民经济总产出获得相对增长，则产业结构的变动方向是正确的。

3. 产业结构合理化的途径

（1）产业结构合理化调整的过程及其收益。

从产业结构趋于合理的调整过程来看，主要有如下两个过程：一是在部门、行业之间不断进行调整、协调，使之趋于均衡的过程；二是这种均衡被打破的过程。除去特殊情况不论，均衡被打破的原因主要来自两个方面：一是需求和需求结构发生变化，产业结构随之发生调整；二是由于技术进步，某些产业供给能力发生变化，则产业结构需要做出调整，以适应相对不变的需求和需求结构。

在短期内技术水平不发生重大变化的情况下，产业结构由不合理向合理转变的过程中，其边际收益是递减的。这是由于结构调整的过程也是结构扭曲程度不断缩小的过程。随着产业结构逐渐趋于协调，由于产业结构扭曲所造成的经济损失也逐渐减少，从而纠正这一扭曲所获得的收益也将越来越少。然而，将整个产业结构的变化和发展放在较长时间段内考察，可以看出，由于技术进步而一次次进行的结构调整，其边际收益并不表现出递减的规律。技术的进步使得用于满足一定需求的劳动力和各种物质生产要素得到节约，生产效率成倍提高，促使人类生活不断达到更高的水平。如果将由于技术进步造成的每一轮产业结构调整视为整体产业结构变化的"边际"，则边际收益不是递减的。

（2）产业结构合理化调整的动力和机制。①

产业结构之所以从不合理向合理的方向发展，其动力是结构调整过程中收益的存在。但在不同的结构调整机制中，结构调整动力的表现形式是不同的。产业结构的调整机制一般分为市场机制和计划机制。

1）产业结构合理化调整的市场机制。

市场机制调整产业结构在很大程度上是一种经济系统的自我调整过程，即经济主体在市场信号的引导下，通过生产资源的重组和在产业间的流动，使产业结构尽可能适应需求结构变动的过程。由于种种原因，需求结构发生了变化，从而破坏了原有的供需结构，使某些产品供给大于需求，而某些产品需求大于供给，从而引起这些产品的价格发

---

① 苏东水．产业经济学［M］．3版．北京：高等教育出版社，2010：218-219；臧旭恒，徐向艺，杨蕙馨．产业经济学［M］．北京：经济科学出版社，2002：297-298.

生相对的波动，当价格波动幅度达到一定程度，超过生产资源转移的临界点（转移后收益＝转移成本＋机会成本）时，产品价格下降部门的资源就会转移到产品价格上涨的部门，直到形成供给结构和需求结构之间新的平衡点为止。在这一产业结构调整过程中，产业结构变动的信号就是市场价格，动力是无数分散的经济体对增加利润和避免损失的追求。

2）产业结构合理化调整的计划机制。

计划机制调整产业结构是一种对经济系统的调控过程，即政府向经济系统输入某种信号，直接进行资源在产业间的配置，使产业结构得以变动的过程。政府根据现有产业结构的状况和对产业结构变动的预测，从经济发展的总体目标出发，通过纵向等级向经济主体发布指令，以调整产业部门间的供求关系。这些指令通常有两种类型：一类是直接对企业生产数量加以要求；另一类是通过变动各部门的投资计划来调整资产增量在产业间的配置，从而变动产业结构。在这一产业结构调整过程中，结构变动的信号是政府的计划数量或指令，动力是政府对经济持续、稳定、协调增长的追求。

产业结构合理化调整的市场机制和计划机制各有利弊。市场机制比较准确、稳妥和灵活，却是事后调节，成本较大，时滞较长；计划机制具有事前主动性，调节成本较低，却有欠准确、市场摩擦大等弊端。因此，单独使用其中一种调节方式，难以达到产业结构合理化的目的。只有把两者很好地结合起来，才能使产业结构向合理化的方向调整。目前，世界上基本没有哪个国家采用单一的市场机制或计划机制，而是两种形式结合使用，只是侧重点有所不同而已。

三、产业结构高级化

（一）产业结构高级化的概念

产业结构高级化是指产业结构根据经济发展的历史和逻辑顺序演进，不断达到更新的阶段或更高的层次，由合理的产业结构向最优的产业结构转化的过程。简言之，产业结构高级化主要是指产业结构由低水平状态向高水平状态迈进的过程。其特点与核心主要是从产业结构的发展历史、现状和未来的整个时序过程来考虑不同产业化阶段的产业结构转换。

产业结构高级化是一个相对的、动态的概念，它是在一定的经济发展阶段，在需求拉动、科技推动、竞争促进、产业政策等的共同作用下不断发展的过程。

一个国家或区域经济发展水平的提高必将伴随产业结构的高级化，产业结构的高级化也必将推动经济的发展与产业竞争力的提高。按照产业分类的不同，产业结构高级化有不同的表现形式。从三次产业分类法的角度来看，产业结构高级化就是指由第一产业在国民经济中占优势地位逐渐向第二、三产业占优势地位转变。从生产要素使用程度分类法的角度来看，产业结构高级化是指由劳动密集型产业占优势地位逐步向由资本密集型和技术密集型产业占优势地位转变。从产品加工程度分类法的角度来看，是指由低附加值的初次产品产业占优势地位向高附加值的最终产品产业占优势地位转变。

产业结构高级化不仅表现在三次产业之间的变动上，还表现在三次产业的内部变动上。第一产业由传统农业向现代农业逐步发展；第二产业由初级产品加工制造向科技含量高、资本依赖性强、附加值高的最终产品加工制造逐步转变；第三产业由传统服务业占优势地位向现代服务业占优势地位逐步转变。

（二）产业结构高级化的衡量标志①

一国经济发展到什么阶段可用人均国民收入或人均国民生产总值等指标来反映。对于一国产业结构高级化的程度可用什么指标进行衡量，国际上似乎还没有比较通行的方法。在此，我们介绍两种衡量的方法。

1. 标准结构法

该方法是对一国的产业结构与世界上其他国家产业结构的平均高度进行比较，以确定本国产业结构的高级化程度。库兹涅茨在研究产业结构的演进规律时，不但通过时间序列的数据对产业结构的演进规律进行了分析，而且通过横截面的数据对经济发展阶段与产业结构的关系进行了研究。这种用横截面数据研究产业结构的方法为我们了解一国产业结构发展到何等高度提供了比较的依据。利用这种方法，库兹涅茨提出了产业在经济发展不同阶段的标准结构。根据标准结构就能了解一国经济发展到哪一阶段以及产业结构高级化的程度。

2. 相似性系数法

这是为克服标准结构法的简单对比而导致的适应性问题，利用某一参照国的产业结构标准，通过相似性系数的计算，对本国的产业结构与参照国的产业结构进行比较，以确定本国产业结构高级化程度的一种方法。

设 A 是被比较的产业结构，B 是参照系，X_{Ai} 和 X_{Bi} 分别是产业 i 在 A 和 B 中的比重，则产业结构 A 和参照系 B 之间的结构相似性系数 S_{AB} 为：

$$S_{AB}=\frac{\sum_{i=1}^{n}X_{Ai}X_{Bi}}{\sqrt{\sum_{i=1}^{n}X_{Ai}\sum_{i=1}^{n}X_{Bi}}}$$

我国学者就曾利用相似性系数，以日本为参照系，对中国产业结构的高级化进行估计，认为中国产业结构中的劳动力结构（1992 年）与日本 1930 年的产业结构高度相似（相似性系数达到 0.984 6）；而产值结构（1989 年）则与日本 1925 年的水平基本相等（相似性系数为 0.926 8）。

（三）产业结构高级化的机制②

产业结构高级化是通过产业间优势地位的更迭来实现的，是各个产业变动的综合结果。它以单个产业部门的变动为基础，因为只有单个产业部门的变动才会引起并导致整

① 臧旭恒，徐向艺，杨蕙馨．产业经济学［M］．北京：经济科学出版社，2002：287-288.
② 苏东水．产业经济学［M］．3 版．北京：高等教育出版社，2010：210-211.

个产业结构的变化。

从单个产业部门的变动来看，一般会经历形成—扩张—成熟—衰退的运动过程。第四章分析了产业形成的关键因素之一是产业创新和企业创新，而产业衰退的本质是产业创新能力的下降。可见，任何一个产业部门的发展都与创新相联系，表现出扩张与收缩的规律性。

一个国家的各个产业（部门）可以依据其与创新起源的距离来确定各自的相对地位。库兹涅茨经过研究发现，从较长的时间序列看，产业增长速度随着该产业扩张、成熟到衰退而处于高速增长、匀速增长和低速增长的变动中。如果从一个时点看，总会看到多种处于不同增长速度中的产业，即低增长部门、高增长部门和潜在高增长部门同时存在。一般高增长部门由于距离创新起源更近而处于相对优势地位，在总产值中占有较大的份额，并支撑着整个经济的增长。随着时间的推移，由于新的创新与创新的扩散，产业结构的变动呈现为高增长优势部门间的更迭。这是一个连续变动的过程，当原有高增长部门因创新减缓而减速时，便会为新的高增长部门所取代。在随后递进的发展过程中，潜在的高增长部门又会转化为现实的高增长部门，以代替原来高增长部门的位置（见图 5-1）。由此可得出结论：产业结构的变动是通过产业（部门）间优势地位的更迭实现的。[①]

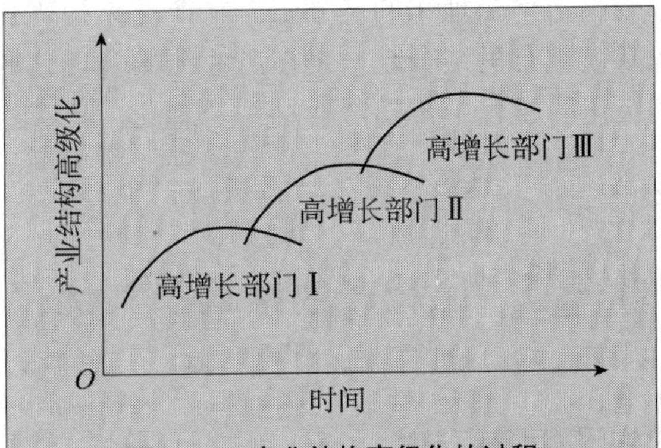

图 5-1　产业结构高级化的过程

衡量产业的优势地位主要有三种标准：一是附加价值。附加价值高的产业就是优势产业。二是产业产值比重。产值比重大的产业就是优势产业。三是产业关联效应。如果受原材料供应影响较大的产业的后向关联效应大，就说明它是优势产业；如果受最终需求影响较大的产业的前向关联效应大，就说明它是优势产业。附加价值标准强调利润率，产业产值比重标准强调产值规模，产业关联效应标准强调产业影响力。附加价值的提高、产值规模的扩大、产业影响力的增强都有赖于创新。也就是说，正是创新引起了附加价值、产值规模和产业影响力在不同产业间的变化。这种变化推动了产业结构高级化。

① 西蒙·库兹涅茨．各国的经济增长［M］．北京：商务印书馆，2005：396-406.

四、产业结构合理化与高级化的关系

产业结构合理化与高级化是相互作用、相互影响、相互依存和相互渗透的，构成了产业结构优化的有机整体。

从静态分析来看，产业结构合理化是产业结构高级化的基础，只有先合理化才能实现高级化；产业结构高级化是产业结构合理化发展的趋势与方向。脱离合理化而盲目追求高级化，必然会破坏产业结构的稳定发展，是一种“虚高级化”。反之，单纯追求合理化，排斥高级化，也必然会阻碍产业结构向长期的更高水平的方向发展。

从动态分析来看，产业结构有序演进的过程就是合理化与高级化有机统一的过程。首先，产业结构高级化产生于产业结构合理化。产业门类齐全，生产规模扩大，结构效益提高等达到一定水平时，就会产生向高级化发展的要求，即所谓的量变达到质变。同时，产业结构合理化本身又是一个不断调整产业间比例关系和提高产业间关联水平的过程，这就会促进产业结构高级化。其次，产业结构高级化过程也是产业结构由较低水平的均衡状态向较高水平的均衡状态演进的过程。产业结构的发展水平越高，产业间的技术经济联系就越密切和复杂，对产业结构合理化的要求也越高。因此，产业结构高级化必须建立在更高层次的产业结构合理化的基础上。在产业结构优化的过程中，要把产业结构合理化和产业结构高级化有机结合起来，在产业结构合理化的过程中促进产业结构高级化，在产业结构高级化的过程中带动产业结构合理化。只有这样，才能实现产业结构的优化。

第三节　区域产业结构及其优化

一、区域产业结构的内涵和特点

（一）区域产业结构的内涵

区域产业结构是指国家按照一定划分标准划分的经济区域内产业与产业间的技术经济联系和数量比例关系。区域产业结构按不同划分标准可划分为区域三次产业结构、农轻重结构、要素密集型产业结构等。区域产业结构既是区域经济结构的主要内容，又是国家总体产业结构的子系统。

（二）区域产业结构的特点

各区域自然条件、要素禀赋等不同，形成了不同的区域比较优势，产生了地域分工，使各种产业在不同区域的分布情况不同，因此区域产业结构往往各具特色。区域产业结构一般具有以下特点：（1）区域产业结构中往往并不具备一国国民经济的所有部门；（2）区域产业结构中一般都具有若干个在全国具有专业化分工优势的产业部门；（3）各区域比较优势不同，专业化部门各异，产业结构往往存在明显的差异性和多样性；（4）区域产业结构之间互补性、依存性较强。

二、区域产业结构优化的判断标准

区域产业结构优化就是区域产业结构趋向合理化和高级化的过程。区域产业结构优化有非常严格的衡量标准，合理的区域产业结构体系是由产业结构的特性决定的，而产业结构是一个相互制约、相互促进的有机整体。所以，要评价一个区域的产业结构是否优化，必须采取相互联系的指标体系，进行综合性、系统性的分析。判断区域产业结构是否优化主要有以下标准。

1. 是否充分合理地利用了自然资源

自然资源是产业的物质基础。产业的形成和发展都不可能脱离物质基础，只有充分合理地利用自然资源，才能取得最佳的经济效益。

2. 各产业发展是否协调，是否存在“瓶颈”产业

对于合理的区域产业结构来说，各产业之间应该是协调发展的，具有结构的整体性。各产业在发展中能相互创造条件，形成良性的经济互补关系，推动各产业在生产、分配、交换、消费各个环节间的和谐运动。合理的产业结构不能存在“瓶颈”产业与过剩产业。

3. 是否及时提供社会所需要的产品和服务

合理的产业结构应能及时提供社会所需要的产品和服务，具有应变能力，能最大限度地满足社会需求。产业结构的应变能力是指各产业根据经济发展和市场变化具有的一种自我调节能力。合理的产业结构也需要随着社会需求的变化而调整，为了适应这一变化，要有多层次的、反应灵敏的信息网络，及时预测社会需求的变化。

4. 是否取得了最佳经济效益

合理的产业结构应能获得较好的经济效益，调整产业结构的目的就是提高经济效益。因此，取得最佳的经济效益是产业结构合理化的重要标志。合理的产业结构与经济效益的提高是互为因果、相互影响的，即产业结构的合理化会促进经济效益的提高，反过来，经济效益的提高也有助于产业结构的合理化。

5. 国内外的成熟技术是否得到了合理开发与利用

合理化的区域产业结构应该能够合理开发和利用国内外的成熟技术，能够充分吸收当代最新科学技术成果，改善人类的劳动与生活环境条件。只有充分利用科学技术成果，才能使人类的生活环境与劳动条件获得最大的改善。如果一种产出结构没有充分利用人类已取得的科学技术成果，则说明这种产业结构是低级落后的，当然也是不合理的。

6. 能否充分开展区域间的分工合作

随着经济全球化的发展，充分合理地利用区域间的分工合作是提高劳动生产率、促进经济发展的一条捷径。因此，合理的产业结构应该与合理的外贸结构结合起来，充分发挥区内优势，充分利用区外市场，不断扩大输出和出口。

7. 是否有利于生态环境的改善

合理的产业结构应该是可持续发展的，对生态环境没有破坏或有利于生态环境的改善。只顾经济效益而不顾生态环境的发展方式会极大地恶化人类的生存环境，应该予以警惕和制止。人类社会要想延续下去，使子孙后代也得到发展的机会，产业结构就必须不损害生态环境，并向有利于生态环境的方向优化。

三、区域产业结构优化的基本方法

区域产业结构优化的方法主要有两个：一个是影响产业结构转换和升级的因素分析法，另一个是建立模型进行结构分析的模型分析法。

（一）因素分析法

区域经济的持续发展依赖于产业结构的演进，而产业结构的演进又推动着区域经济的发展。本章第一节阐述了影响产业结构变动的因素有技术创新能力、需求能力、供给能力、对外贸易发展、经济政策、生态环境和其他因素等，区域产业结构的变动同样受这些因素的影响。促进区域产业结构的优化就是要对这些影响因素进行分析，找出影响区域产业结构优化的限制因素，提出解决策略，实现区域产业结构的优化，最终促进区域的可持续发展。

（二）模型分析法

区域产业结构优化设计是指确定组成区域的各种产业在数量上的最优比例和相互联系的最优方式，实际上是一种以现存结构为基础进行定性和定量分析的科学预测规划。其方法包括：一是利用现存的数据编制投入产出表，计算投入系数和资金系数，然后引进线性规划法来具体设想在某个“价值标准”下的未来产业结构，具体地设计将来某一方案，从而构成了区域产业结构优化模型。二是通过对现有产业结构基本特征以及所达到的阶段和水平的分析，指出中长期变化的趋势和方向，从而选择新的主导产业，以带动现存产业结构向高级化演进。具体优化方法和步骤如下。

1. 确定优化目标

优化目标是优化设计的出发点，制定优化目标有利于将区域产业结构优化所应达到的各种要求落到实处。优化目标的确定既要与高层次区域或全国产业总体发展方向相协调，又要体现区域资源优势的特点。为逐级逐项落实区域产业结构优化的总目标，应首先把总目标分解成若干既相对独立又相互协调的子目标，以确定合理的目标体系。

区域产业结构优化的总目标一般为：在满足资源最大可供量的约束下，使未来一定时期内区域经济效益、社会效益、生态效益综合最大，或投入最小、综合产出最大等。子目标一般包括：（1）双重利益目标，即在兼顾国家利益的前提下，追求区域综合利益的最大化；（2）保持区域各产业部门协调发展；（3）满足全国和国际市场的需求；（4）促进就业，不断提高区域内人民生活水平；（5）保护生态环境；（6）逐步推进产业结构向高级化发展。

2. 确定最优模型中的决策变量

在对区域产业部门进行定性分析的基础上，可将区域划分为若干产业部门并作为决策变量，如种植业 x_1，林业 x_2，牧业 x_3，渔业 x_4，食品工业 x_5，轻纺工业 x_6，能源工业 x_7，钢铁工业 x_8，机械工业 x_9，化学工业 x_{10}，…，服务业 x_n 等。

3. 确定约束条件

从资源供给来看，区域资源禀赋状况是影响区域产业结构的重要方面，也是区域产业结构形成的基础，从而形成了区域产业结构的约束条件。

能源供给量的约束方程为：

$$\sum_{i=1}^{n} e_i(t)x_i(t) \leqslant E(t)$$

式中，$e_i(t)$ 为 i 部门在 t 年的能耗系数（吨标准煤/万元）；$x_i(t)$ 为 i 部门在 t 年的总产值；$E(t)$ 为 t 年产业用能最大可供量。

水资源供给量的约束方程为：

$$\sum_{i=1}^{n} \omega_i(t)x_i(t) \leqslant \omega(t)$$

式中，$\omega_i(t)$ 为 i 部门在 t 年的水耗系数（亿吨/万元）；$\omega(t)$ 为 t 年最大供水量。

土地利用的约束方程为：

$$\sum_{i=1}^{n} L_i(t)x_i(t) \leqslant L(t)$$

式中，$L_i(t)$ 为 i 部门所有企业在 t 年中每万元产值占用的土地面积；$L(t)$ 为 t 年最大可供利用的土地面积。

资金的约束方程为：

$$\sum_{i=1}^{n} C_i(t)x_i(t) \leqslant C(t)$$

式中，$C_i(t)$ 为 i 部门在 t 年的固定资金的占用系数；$C(t)$ 为 t 年产业部门最大可用固定资金额。

劳动力的约束方程为：

$$L_1(t) \leqslant \sum_{i=1}^{n} \frac{x_i(t)}{d_i(t)} \leqslant L_2(t)$$

式中，$L_1(t)$ 为 t 年要求的最低就业人数；$L_2(t)$ 为 t 年最大可能就业人数；$d_i(t)$ 为 i 部门在 t 年的劳动生产率（万元/人）。

运输能力的约束方程为：

$$x_i(t) - \sum_{i=1}^{n} \beta x_i(t) - t_i(t) \leqslant T_i(t)$$

式中，$x_i(t)$ 为采用回归模型分析重化工业单位产值所占用运输能力的系数；β 为轻纺工业产值的运输系数；$t_i(t)$ 为 t 年对轻纺工业 i 的运输能力系数；$T_i(t)$ 为 t 年的最大货运能力。

市场需求及部门平衡的约束方程为：

$$x_i(t) - \sum_{i=1}^{n} a_{ij}(t)x_i(t) - Y_i(t) \leqslant Z_i(t)$$

式中，$a_{ij}(t)$ 为 t 年 i 部门生产单位产品对 j 部门产品的直接消耗系数；$Y_i(t)$ 为 i 部门在 t 年内的最终需求量；$Z_i(t)$ 为 i 部门在 t 年的最小运输量（包括销往其他地区和出口）。

环境质量的约束方程为：

$$\sum_{j=1}^{m}\sum_{i=1}^{n} b_{ij}(t)x_i(t) \leqslant B_i(t)$$

式中，$b_{ij}(t)$ 为 i 部门第 j 种污染物排放率（用污染物量表示，万吨/万元）；$B_i(t)$ 为环境治理费用上限。

根据其他方面，还可以列出其他一系列的约束方程。

4. 确定目标函数

这是区域产业结构优化要达到的主要目标。在上述约束条件下，要求各产业部门到规划期 t 年时达到最佳生产规模，使产出最大，则有：

$$f(x) = \sum_{i=1}^{n} x_i(t) \to \max(\text{产值})$$

5. 计算结果分析

现实的区域产业结构是随时间变化的，具有明显的动态性，然而线性规划方法把系统的状态当作平均、线性和静态的情况加以处理。因此，为使规划模型符合系统动态变化的实际情况，应将系统的变化分为不同阶段的最优结构，从而使静态模型更接近于动态系统，更符合客观实际，并由此进一步找出区域产业结构随时间动态变化的规律性，了解它在发展过程中所达到的阶段或层次及其趋向，以便选择支柱产业，实现区域产业结构的优化升级。

四、区域产业结构优化的路径：主导产业及其选择

（一）主导产业的概念和内涵

美国经济学家罗斯托在其著作《经济成长的阶段》一书中较早提出了主导产业这一概念，他认为，在任何时期，甚至在一个已经成熟并继续成长的经济中，经济发展的冲击力之所以能够保持，是由于为数不多的主要成长部门迅速扩张，而且这些部门的扩张产生了对其他产业部门具有重要意义的作用。主导产业的作用可概括为如下三个方面：(1) 依靠科学技术进步，获得新的生产函数。(2) 形成持续高速增长的增长率。(3) 具有较强的扩散效应，对其他产业乃至所有产业的增长有决定性的影响。这三个作用反映了成为主导产业的必备条件，即它们是一个有机整体。根据罗斯托的阐述，只有少数兼备创新和较强扩散效应的高增长产业才能成为主导产业。①

综合学者对主导产业的研究和理解，我们认为，主导产业是指在经济发展过程中，

① 罗斯托．经济成长的阶段［M］．北京：中国社会科学出版社，2001：53-59，206-209.

或在工业化的不同发展阶段出现的发展速度快、影响全局、具有较强的前后向关联性、在产业结构系统中起引导作用、对国家增长贡献大、在国民经济中居于主导地位的专门化产业部门，是形成区域产业核心竞争力的主引擎。主导产业是经济发展的驱动轮，由于处于产业链条中的关键环节，在一个国家和一个地区的产业体系中，与其他产业具有很强的直接或间接的经济技术联系，其发展往往能带动一大批产业的发展。产业结构必须以其为核心，才能快速向高级化推进。因此，正确选择主导产业就成了各国促进产业结构优化的重要内容之一。

在区域经济发展中，主导产业具有两大功能：一是其具有明显的相对优势，产出规模大，能承担起区域地域分工的重大任务；二是其关联效应大，是区域经济系统中的主体和核心，其发展能够带动区域经济的发展，并能推动区域产业结构向高级化演进。因此，主导产业的选择是一项复杂的系统工程，对于区域经济发展具有战略意义。

一个专业化部门要想成为一国或地区经济发展的主导产业，必须具备如下四个性质，这也是主导产业的含义和选择标准。

1. 有较高的区位商或专业化水平

一般区位商（*LQ*）在 2 以上，该产业的生产主要为区外服务。

2. 在地区生产中占有较大的比重，在一定程度上主宰一国或地区经济发展

一般而言，在选择主导产业时，地区范围越大，对区位商和产值比重的要求越低；地区范围越小，则对区位商和产值比重的要求越高。一个城市选择主导产业要求的区位商和产值比重比大经济区要高，因为城市具有更高的外向性，而大经济区具有更强的综合性。

3. 与区内其他主要产业关联度较高，能带动整个地区经济的发展

主导产业与区内其他产业之间的联系越广泛、越深刻，就越能通过乘数效应带动整个地区经济的发展。根据产业间供给与需求之间的联系，产业关联一般分为前向关联和后向关联（产业关联的具体内涵见第六章第一节），主导产业的前向和后向关联效应都比较大，尤其是后向关联效应大。前向关联效应一般用感应度系数反映，后向关联系数一般用影响力系数反映（感应度系数和影响力系数的概念见第六章第四节）。

4. 经济效益好，能够代表一国或地区产业发展方向

主导产业一般经济效益好，增长速度快，能在较长时间内支撑、带动一国或地区经济发展，因而必须是有发展前途的、代表一国或地区发展方向的产业。

根据产业发展的趋势看，数字产业符合主导产业的选择标准，就是未来中国的主导产业之一。

2021 年 10 月 18 日，习近平在十九届中央政治局第三十四次集体学习时的讲话中强调，推进重点领域数字产业发展。要聚焦战略前沿和制高点领域，立足重大技术突破和重大发展需求，增强产业链关键环节竞争力，完善重点产业供应链体系，加速产品和服务迭代。要聚焦集成电路、新型显示、通信设备、智能硬件等重点领域，加快锻造长板、补齐短板，培育一批具有国际竞争力的大企业和具有产业链控制力的生态主导型企业，构建自主可控产业生态。要促进集群化发展，打造世界级数字产业集群。[①]

（二）主导产业的选择思路及方法

1. 主导产业的选择思路

（1）根据一国或地区所处经济发展阶段选择主导产业。

处于工业化前期阶段的国家或地区的主导产业一般具有劳动、资金密集型特性，可以在轻工业领域和基础性的重工业领域中选择；处于工业化中期阶段的国家或地区的主导产业一般具有资金、技术密集型特性，可以在重工业中的深加工工业领域中选择；处于工业化后期的国家或地区的主导产业具有技术密集型及服务型特性，可以在技术密集型产业、高新技术产业及新型服务业中选择。

（2）根据产业发展的阶段来选择主导产业。

根据产业生命周期理论，任何产业在某一地区的发展中都规律性地经过科研创新期、发展期、成熟期和衰退期。主导产业要在科研创新期和发展期的产业中选择，其中，处于科研创新期的产业可以作为潜在主导产业来培育。

（3）根据产业的需求收入弹性来衡量。

主导产业应该是具有高需求收入弹性的产业，随着区域经济的发展，该主导产业能够拥有不断扩大的市场。

2. 主导产业的选择方法

国内外最常用的主导产业选择方法是根据区位商进行选择。区位商是指一个地区特定部门的产值在地区工业总产值中所占的比重与全国该部门产值在全国工业总产值中所占比重之间的比值。其计算公式是：

$$LQ_{ij}=\frac{e_{ij}/e_j}{E_i/E}$$

式中，LQ_{ij} 代表 j 地区 i 产业的区位商；e_{ij} 代表 j 地区 i 产业的产值；e_j 代表 j 地区所有产业的总产值；E_i 代表全国 i 产业的总产值；E 代表全国总产值。当 $LQ_{ij}>1$ 时，可以认为 j 地区 i 产业所占份额比全国 i 产业所占份额大。若全国各区域消费水平与结构一致，则 j 地区 i 产业有部分产品输出，这说明 i 产业专业化程度较高，有可能成为地区主导产业。LQ_{ij} 的值越大，i 产业的专业化程度就越高，其转化为主导产业的可能性就越大。

区位商分析方法计算简单，所需资料不多，结果直观明了，因此被广为采用，但是区位商分析方法也存在一些缺陷，主要有：（1）区位商对产业分类和区划影响较大。若产业分类过粗，则区位商不能反映此类行业能否成为主导产业，并有可能将不是主导产业的部门归并至主导产业中。例如，若某一区域的第二产业区位商大于 1，也不表明该区域第二产业中的所有行业都是主导产业。若区划范围大，则不能反映小范围区域的主导产业方向。（2）若全国某一产业所占份额特别小，个别区域此类产业的区位商就有可能较大，尽管其在该区域中所占份额不大，但对产业总体发展的带动作用不强。（3）区

① 习近平主持十九届中央政治局第三十四次集体学习 [EB/OL]. 新华网，2021－10－18.

位商分析是一种静态分析，不能反映区域产业结构演变规律。[①]

（三）主导产业的实现机制[②]

一般包括如下两种机制。

1. 市场调节机制

采取这种形式的国家认为，产业结构的高级化可以通过市场供求和价格机制促进具有竞争能力的产业发展来实现，没有必要制定产业规划和产业政策。它们一般不追求产业结构的优化问题，而强调产业的自我调节，只在经济发展过程中出现问题时，才被动地采取一些补救措施和制定一些相应的产业政策。在过去，许多西方国家都采取这种形式。

2. 政府计划机制

采取这种形式的国家通过制定产业政策，选择主导产业和确定产业发展顺序，不断促进产业结构的高级化。日本是较早采取这种形式的国家，它没有沿袭欧美发达国家发展产业的经验，而是选择了一条超常规发展的道路。日本主要根据需求收入弹性基准和生产率上升率基准选择主导产业和确定产业发展顺序。

近年来，越来越多的国家开始重视第二种形式。西方发达国家也开始采取政府积极干预的形式促进主导产业（如信息产业）的发展。发展中国家由于市场经济不完善，对主导产业采取倾斜产业政策显得尤为重要。

第四节 产业结构演变的新趋势

产业结构演变的新趋势是由工业时代传统的以物质生产为关联的硬件产业结构向以技术、知识生产为关联的软件产业结构演变的过程。[③] 主要表现为：（1）在产业结构的演进中，第三产业的比重不断上升，出现了经济服务化的趋势；（2）高加工度化过程和技术集约化过程使得整个产业在结构演变过程中对信息、服务、技术和知识等要素的依赖程度加深。所以，产业结构演变是指建立在知识与技术基础之上，随着知识与技术的变化而变化的产业结构变革的过程。

产业结构演变的新趋势表现为产业结构的服务化、产业结构的高技术化、产业结构的生态化、产业结构的融合化和产业结构的国际化。[④]

（一）产业结构的服务化

产业结构的服务化不仅表现为第三产业内部服务业的不断扩大，而且表现为第一、第二产业内部服务量的不断扩大。

从第三产业内部服务业来看：第一类是对企业、事业部门提供的服务。随着企业内

---

① 陈秀山，张可云．区域经济理论［M］．北京：商务印书馆，2003：125.

②③ 苏东水．产业经济学［M］．3版．北京：高等教育出版社，2010：212－213.

④ 马云泽．世界产业结构软化趋势探析［J］．当代经济科学，2003（6）：31－35.

部事务处理和办公自动化的发展，与软件开发相联系的信息处理、程序设计等行业不断扩大，使企业内部的业务逐渐趋向独立化、安全化和合理化。第二类是对个人提供的服务。随着个人收入的提高和闲暇时间的增加，零售业、饮食业、旅游业、短期租赁业以及体育俱乐部和文化中心等休闲产业飞速发展。第三类是对社会提供的服务。社会基础设施的日益完善以及人们对福利方面需求的增加使得旅客运输业、电信电话业以及广播、电视、医疗等方面的服务不断扩大。

从第二产业来看，其内部的服务量也在显著增加。在企业生产活动中，信息管理、综合计划、研究开发、市场调查、广告宣传、产品销售等与服务有关的业务比重急速增大。与此相适应，在第二产业的产品成本中，与服务有关的价值含量也在扩大。制造业内部的软化和服务化促进了第三产业的发展，而第三产业的扩张又使第二产业进一步趋向软化和服务化。各产业就是在这种相互联系中相互促进，使经济日益趋向软化和服务化。

（二）产业结构的高技术化

产业结构的高技术化是指用高科技武装传统产业的过程。产业结构的高技术化发展最先突出地表现在用高新技术改造传统工业上。科技进步使劳动工具、劳动手段和劳动对象不断创新，极大地促进了工业劳动生产率的提高，推动着传统工业向高新技术产业的转化，使整个工业日益呈现高技术化。同样，其他产业高技术化的发展也在日益加快。

知识创新、技术创新和技术进步是经济增长的主要推动力量，也是产业结构变迁的动力。20 世纪 80 年代开始的新技术革命以生物工程技术、信息网络技术、软件技术、新材料技术（如纳米技术）和人工智能等为主要标志，对产业结构升级产生了重大影响，也为知识经济的兴起和发展提供了技术基础。新技术革命促使产业由劳动密集型向资本和技术密集型转变。

2021 年 4 月 30 日，习近平在十九届中央政治局第二十九次集体学习时的讲话中强调，要抓住产业结构调整这个关键，推动战略性新兴产业、高技术产业、现代服务业加快发展，推动能源清洁低碳安全高效利用，持续降低碳排放强度。[①]

（三）产业结构的生态化

生态系统由自然界中所有的生物与非生物共同组成，在这个系统中，非生物与生物间、高级生物与低级生物间组成了一个由低到高、由简单到复杂的生态食物链。每一种非生物与生物都是这个食物链中的一个环节，能量与物质在这个食物链中逐级传递，由低级到高级，又由高级到低级循环往复流动，使之形成一个相互关联和互动的生物链，从而维持自然界各物质间的生态平衡。生态化的产业结构是模拟生态系统而建立的生产工艺体系，是实现污染治理和原独立生产方式的整合以及“一体化”的新型生产方式。其目的是在促进自然界良性循环的前提下，合理开发利用区域生态系统的环境和资源，充分发挥物质的最大生产潜力，防止环境污染，达到生态经济的协调发展。产业结构的生态化要求对生产过程中产生的废弃物或原材料进行再加工或再处理，使之成为其他生

---

① 习近平主持十九届中央政治局第二十九次集体学习［EB/OL］. 新华网，2021 - 04 - 30.

产过程中可以利用的再生能源或原材料，从而实现资源的循环再利用，减轻经济发展对自然界资源能源的消耗，降低环境污染。

产业结构的生态化的实现有赖于：（1）通过技术革新，逐步采用能够预防或防止各种消耗性废物排放的原材料，替代或禁用有毒材料。例如，含碳矿物能源物质会产生温室效应、烟雾、酸雨、赤潮等环境问题，所以应逐渐减少含碳较多的物质能源投入，采用非矿物燃料，如用石油代替煤炭、天然气代替石油，更多使用太阳能、氢气、地热、核能等能源形式，最后用生物能代替化学能，以减少对环境的不利影响。（2）“废料”的资源化。每家企业、每道生产工序产生的废料都可以成为另一家企业或另一道生产工序的原料，客观上形成一条条产业生态链，从而在产业系统内部实现物质充分利用和能量的循环往复流动，做到零污染排放。而关键环节就在于一定区域内相关企业之间必须建立起持续的生态链接关系，即上下游企业之间就上游企业生产后的废弃物或副产品达成合作协议，下游企业优先购买上游企业的废弃物或副产品作为生产的原料。链接关系的紧密程度是产业结构能否实现生态化的重要影响因素。这种链接关系能否建立并存续下去主要取决于上下游企业对自身经济利益的考虑，以及针对彼此行为的策略性选择。

2021 年 4 月 30 日，习近平在十九届中央政治局第二十九次集体学习时的讲话中强调，我国产业结构调整有一个过程，传统产业所占比重依然较高，战略性新兴产业、高技术产业尚未成长为经济增长的主导力量，能源结构没有得到根本性改变，重点区域、重点行业污染问题没有得到根本解决，实现碳达峰、碳中和任务艰巨，资源环境对发展的压力越来越大。推动绿色低碳发展是国际潮流所向、大势所趋，绿色经济已经成为全球产业竞争制高点。①

（四）产业结构的融合化

产业结构的融合化又称产业结构重叠化或产业边界模糊化，是指在知识分解和融合的基础上，由于大量新生技术日益趋同而形成新的知识产业群，以及由产业技术融合而导致的产业重叠加深使产业边界具有越来越不清晰的趋势。无论是源于技术进步还是规制缓和，产业融合已经成为当今世界产业结构变化的潮流与趋势。产业结构的融合化具体表现在以下两个方面：一方面，知识的高度渗透性使产业迅速分化，形成了核心技术趋同的诸多新兴产业群，原有产业边界日趋模糊。另一方面，产业技术的融合化导致产业重叠加深，使原有的以单一知识及技术作为产业的划分标准面临强大的挑战。知识要素除具有高度渗透性致使产业分化以外，同时还具有良好的融合性。

（五）产业结构的国际化

产业结构的国际化又称产业结构无疆界化，是指一国或地区的产业结构变动通过产业构成中核心要素的国际流动，冲破国家疆界限制，在全球产业结构调整中实现转换的过程。一方面，产业构成各要素在世界范围内的流动与配置直接反映了产业结构的国际化进程。另一方面，高技术产业国际关联的形成使产业结构变动不断国际化。随着以信

① 习近平主持十九届中央政治局第二十九次集体学习［EB/OL］. 新华网，2021-04-30.

息技术产业为核心的知识产业的兴起，逐渐出现了全球性产业，发展突破了地区和产业的界限，推动着全球范围内现代产业的发展，引起了世界新的产业革命和全球性产业结构调整浪潮。世界范围内产业结构变动的这一特征打破了产业结构变动局限在一国国内的传统格局，出现了产业结构变动无疆界的新趋势。构建以国内大循环为主体、国内国际双循环相互促进的新发展格局，为产业结构的国际化提供了理论指导和根本遵循。

2021 年 1 月 11 日，习近平在省部级主要领导干部学习贯彻党的十九届五中全会精神专题研讨班上的讲话中强调，构建新发展格局，实行高水平对外开放，必须具备强大的国内经济循环体系和稳固的基本盘，并以此形成对全球要素资源的强大吸引力、在激烈国际竞争中的强大竞争力、在全球资源配置中的强大推动力。既要持续深化商品、服务、资金、人才等要素流动型开放，又要稳步拓展规则、规制、管理、标准等制度型开放。要加强国内大循环在双循环中的主导作用，塑造我国参与国际合作和竞争新优势。要重视以国际循环提升国内大循环效率和水平，改善我国生产要素质量和配置水平。要通过参与国际市场竞争，增强我国出口产品和服务竞争力，推动我国产业转型升级，增强我国在全球产业链供应链创新链中的影响力。我国企业的利益已延伸到全球各个角落，大家要注重了解国际事务，深入研究利益攸关国、贸易伙伴国、投资对象国的情况，做到心中有数、趋利避害。①

2021 年 7 月 16 日，习近平在亚太经合组织领导人非正式会议上的讲话中强调，我们将立足新发展阶段、贯彻新发展理念、构建新发展格局，建设更高水平开放型经济新体制，创造更具吸引力的营商环境，推进高质量共建“一带一路”，同世界和亚太各国实现更高水平的互利共赢。②

专栏 5-4

习近平关于对外开放的论述

开放是当代中国的鲜明标识。今年是中国加入世界贸易组织 20 周年。20 年来，中国经济总量从世界第六位上升到第二位，货物贸易从世界第六位上升到第一位，服务贸易从世界第十一位上升到第二位，利用外资稳居发展中国家首位，对外直接投资从世界第二十六位上升到第一位。这 20 年，是中国深化改革、全面开放的 20 年，是中国把握机遇、迎接挑战的 20 年，是中国主动担责、造福世界的 20 年。

中国将坚定不移维护真正的多边主义。以世界贸易组织为核心的多边贸易体制是国际贸易的基石。当前，多边贸易体制面临诸多挑战。中国支持世界贸易组织改革朝着正确方向发展，支持多边贸易体制包容性发展，支持发展中成员合法权益。中国将以积极开放态度参与数字经济、贸易和环境、产业补贴、国有企业等议题谈判，维护多边贸易体制国际规则制定的主渠道地位，维护全球产业链、供应链稳定。

中国将坚定不移推动高水平开放。中国将进一步缩减外资准入负面清单，有序扩大电信、医疗等服务业领域开放。中国将修订扩大《鼓励外商投资产业目录》，引

① 习近平在省部级主要领导干部学习贯彻党的十九届五中全会精神专题研讨班上的讲话 [EB/OL]. 新华网，2021-01-11.

② 习近平在亚太经合组织领导人非正式会议上的讲话 [EB/OL]. 新华网，2021-07-16.

导更多外资投向先进制造业、现代服务业、高新技术、节能环保等领域，投向中国中西部和东北地区。中国将在自由贸易试验区和海南自由贸易港做好高水平开放压力测试，出台自由贸易试验区跨境服务贸易负面清单。中国将深度参与绿色低碳、数字经济等国际合作，积极推进加入《全面与进步跨太平洋伙伴关系协定》《数字经济伙伴关系协定》。

中国将积极参与联合国、世界贸易组织、二十国集团、亚太经合组织、上海合作组织等机制合作，推动加强贸易和投资、数字经济、绿色低碳等领域议题探讨。中国将支持疫苗等关键医疗物资在全球范围内公平分配和贸易畅通。中国将推动高质量共建“一带一路”，使更多国家和人民获得发展机遇和实惠。对外开放是中国的基本国策和鲜明标识。中国扩大高水平开放的决心不会变，同世界分享发展机遇的决心不会变，推动经济全球化朝着更加开放、包容、普惠、平衡、共赢方向发展的决心也不会变。我们提出构建新发展格局，是要扩充国内市场，在更大范围、更大规模上形成国内国际双循环，打造更加市场化、法治化、国际化的营商环境。这必将给各国提供更大市场、创造更多机遇。

资料来源：习近平在第四届中国国际进口博览会开幕式上的主旨演讲（节选）（2021年11月4日）；习近平同美国总统拜登举行视频会晤时的讲话（节选）（2021年11月16日）。

案例分析 5-1

长江经济带产业结构的演变

作为国家的重大战略，长江经济带的发展离不开产业结构的优化。在当前的国际经济环境下，长江经济带应当起到“中国脊梁”的作用。加快改革，优化结构，是当务之急。

长江经济带的三次产业结构整体上处在工业化后期阶段。随着经济的不断发展，长江经济带的产业结构层次在不断提升，结构趋向合理。从三次产业增加值结构看，第一产业在GDP中的占比在1982年以后呈不断下降趋势，从1982年的36.38%下降到2017年的7.53%；第二产业比较稳定，2014年及以前始终占据着主导位置，占比始终保持在40%～50%；第三产业占比具有明显的上升态势，在1979—2002年上升较快，由1979年的17.80%上升到2002年的41.24%，之后在2011—2017年又有一个较快的提升，由42.00%上升到49.94%，并在2015年首次超过第二产业成为第一大产业。

具体到各省份，1978年，四川、安徽、江西、湖北、云南、贵州第一产业占比较高。2017年，除安徽、江西第二产业占比最高以外，其余省份均是第三产业比重最大。同时，除上海、四川第三产业比重分别高于第二产业38个百分点和11个百分点以外，其余省份第二、第三产业的比重差值均在10%以内。但是，四川的服务业和上海的服务业的细分产业结构是不同的，上海的金融、咨询等生产性服务业比重远高于四川。

从三次产业的从业人员结构看，1978—2017年，第一产业从业人员比重由

73.28%波动下降至30.90%；第二产业从业人员比重波动上升，由15.87%上升到29.88%，增长了近一倍；第三产业从业人员比重持续上升，由10.85%上升至39.22%，且在1996年就已经超过第二产业从业人员比重。

根据配第-克拉克定理，随着社会经济的发展，第一产业的收入和劳动力比重下降，第二产业和第三产业比重上升。劳动力在三次产业之间的分配由第一产业向第二产业再向第三产业转移。长江经济带三次产业增加值和劳动力的发展符合这一规律。但库兹涅茨法则指出，服务部门劳动力比重上升，但在收入中的比重不一定能够同比上升。显然，长江经济带三次产业发展情况再次证明了这些规律。同时，根据配第-克拉克定理，第二产业从业人员达到40%左右的时候会稳定下来，第三产业从业人员数将继续增加。根据该定理，长江经济带第二产业从业人员数还有10%左右的增长空间，第三产业从业人员数继续增长的空间还很大。

从长江经济带与全国情况的比较来看，2017年，全国第一、第二、第三产业从业人员比重分别为26.39%、29.03%、44.58%；三次产业增加值比重分别为7.92%、40.46%、51.63%，见表5-4。长江经济带第三产业不论是增加值比重还是从业人员比重均低于全国平均水平，第二产业则高于全国平均水平，第一产业的从业人员比重高于全国平均水平而增加值比重低于全国平均水平，说明长江经济带农业的效率有待进一步提升。

表5-4　长江经济带与全国三次产业结构对比（%）

		1978年比重		2017年比重	
		增加值	从业人员	增加值	从业人员
长江经济带	第一产业	32.54	73.28	7.53	30.90
	第二产业	48.73	15.87	42.52	29.88
	第三产业	18.73	10.85	49.94	39.22
全国	第一产业	27.69	70.5	7.92	26.39
	第二产业	47.71	17.3	40.46	29.03
	第三产业	24.60	12.2	51.63	44.58
长江经济带数值与全国数值之差	第一产业	4.85	2.78	−0.39	4.51
	第二产业	1.02	−1.43	2.06	0.85
	第三产业	−5.87	−1.35	−1.69	−5.36

资料来源：中国经济与社会发展统计数据库。

我们从上述分析来判断，长江经济带总体上处于工业化的后期阶段，作为物质生产部门的实体经济占据十分重要的地位，任何“脱实向虚”的产业政策都不适合这个区域。

本章小结

经济发展经常引起总量变化和结构变化，产业结构变化是产业经济研究的重点内容。

产业结构的主要理论包括配第-克拉克定理、库兹涅茨法则、罗斯托主导产业扩散效应理论、霍夫曼定理，是进行产业结构分析的基础。产业结构优化包括产业结构合理化和产业结构高级化。产业结构合理化是指产业与产业之间协调能力的加强和关联水平提高的过程。产业结构高级化主要是指产业结构由低水平状态向高水平状态迈进的过程。影响产业结构变动的因素主要是技术创新能力、需求能力、供给能力、对外贸易发展、经济政策、生态环境和其他因素等。区域产业结构是指国家按照一定划分标准划分的经济区域内产业与产业间的技术经济联系和数量比例关系。区域产业结构优化的方法包括因素分析法和模型分析法。正确选择主导产业成了各国和各区域促进产业结构优化的重要内容之一。当今产业结构演变表现出向产业结构服务化和生态化转变的新趋势。

复习思考题

1. 试述几种产业结构演进理论的基本内容。
2. 试述产业结构合理化和产业结构高级化的含义及其关系。
3. 如何理解三次产业结构演变规律?
4. 如何选择区域主导产业?
5. 阐述产业结构演变的新趋势。

参考文献

1. 陈秀山，张可云．区域经济理论 [M]. 北京：商务印书馆，2003.
2. 戴伯勋，沈宏达．现代产业经济学 [M]. 北京：经济管理出版社，2001.
3. 冯建功．改革开放以来我国产业结构变动的影响因素分析 [D]. 呼和浩特：内蒙古财经大学，2010.
4. 高志刚．基于主成分分析的区域产业结构转换能力评价 [J]. 生产力研究，2003 (1).
5. 林毅夫，等．中国的奇迹：发展战略与经济改革 [M]. 上海：上海三联书店，上海人民出版社，1994.
6. 刘志彪，王国生，安国良．现代产业经济分析 [M]. 南京：南京大学出版社，2001.
7. 罗斯托．经济成长的阶段 [M]. 北京：中国社会科学出版社，2001.
8. 马云泽．产业结构软化理论研究 [M]. 北京：中国财政经济出版社，2006.
9. 马云泽．世界产业结构软化趋势探析 [J]. 当代经济科学，2003 (6).
10. 苏东水．产业经济学 [M]. 3 版．北京：高等教育出版社，2010.
11. 孙久文，叶裕民．区域经济学教程 [M]. 北京：中国人民大学出版社，2003.
12. 王俊豪．产业经济学 [M]. 2 版．北京：高等教育出版社，2012.
13. 西蒙·库兹涅茨．各国的经济增长 [M]. 北京：商务印书馆，2005.
14. 杨公朴，夏大慰．现代产业经济学 [M]. 上海：上海财经大学出版社，1999.
15. 臧旭恒，徐向艺，杨蕙馨．产业经济学 [M]. 北京：经济科学出版社，2002.

第六章

产业关联与投入产出分析

内容提要

本章论述的产业关联理论将从量的角度静态考察国民经济各产业部门间的技术经济联系与联系方式，即产业间的投入与产出的量化比例关系，主要介绍产业关联分析的方法、基本工具和主要内容。

本章主要讨论了产业关联的内涵和实质，总结了产业关联的类型，系统地介绍了产业关联分析的研究方法和基本工具——投入产出法，并把投入产出分析应用于结构分析、经济分析，以及产业波及效果分析。本章还运用投入产出分析方法对产业之间的空间关联进行分析。

本章重点

- 产业关联的内涵和实质
- 产业关联的类型
- 投入产出表各部分的经济含义
- 投入产出各类系数
- 投入产出分析法的应用
- 产业的感应度系数和影响力系数

第一节　产业关联概述

党的十九届五中全会提出，加快发展现代产业体系，推动经济体系优化升级。坚持把发展经济着力点放在实体经济上，坚定不移建设制造强国、质量强国、网络强国、数字中国，推进产业基础高级化、产业链现代化，提高经济质量效益和核心竞争力。要提升产业链供应链现代化水平，发展战略性新兴产业，加快发展现代服务业，统筹推进基础设施建设，加快建设交通强国，推进能源革命，加快数字化发展。全会精神明确了“提升产业链供应链现代化水平”是加快发展现代产业体系、推动经济体系优化升级的重点任务。提升产业链供应链现代化水平，形成具有更强创新力、更高附加值、更安全可靠的产业链供应链，是构建新发展格局的要义，有利于提高我国产业国际竞争力，塑造我国参与国际合作和竞争新优势，因此，学习产业关联的相关内容具有重要的战略意义和现实意义。

要揭示产业间技术经济联系与联系方式的量化比例，就必须首先了解产业关联的内涵和实质、产业关联类型。

一、产业关联的内涵和实质①

产业关联是指产业间以各种投入品和产出品为连接纽带的技术经济联系。这里，各种投入品和产出品既可以是各种有形产品和无形产品，也可以是实物形态或价值形态的投入品或产出品；技术经济联系和联系方式既可以是实物形态的联系和联系方式，也可以是价值形态的联系和联系方式。由于实物形态的联系和联系方式难以用计量方法准确衡量，而价值形态的联系和联系方式可以从量化比例的角度进行研究，所以在产业关联分析的实际应用中使用更多的是价值形态的技术经济联系和联系方式。

在一般的经济活动过程中，各产业都需要其他产业为自己提供各种产出以满足自己的要素需求；同时又把自己的产出通过市场供给其他产业，以满足其需求。正是由于这种错综复杂的供给与需求关系，各产业才得以在经济活动过程中生存和发展。因此，产业关联的实质是各产业之间的供给与需求关系。

二、产业关联类型②

产业关联类型主要是指产业间的联系以什么为依据或依托。根据不同的依据，产业关联类型划分如下。

（一）根据产业之间的依托方式进行分类

1. 产品、劳务联系

产品、劳务联系是指一些产业部门为另一些产业部门提供产品或劳务，或者产业部

---

① 苏东水．产业经济学［M］．3版．北京：高等教育出版社，2010：172；杨公朴，夏大慰．现代产业经济学［M］．上海：上海财经大学出版社，1999：110－111．

② 苏东水．产业经济学［M］．3版．北京：高等教育出版社，2010：172－175；白永秀，惠宁．产业经济学基本问题研究［M］．北京：中国经济出版社，2008：113－116；王俊豪．产业经济学［M］．2版．北京：高等教育出版社，2012：147－148．

门间相互提供产品或劳务。产业间的生产技术联系、价格联系、劳动就业联系等都是在产品、劳务联系的基础上派生出来的联系，因此，产品、劳务联系是产业间最基本的联系。

2. 生产技术联系

不同产业部门的生产技术有不同的要求，其产品结构的性能也不同。因此，一个产业部门一般是依据本产业部门的生产技术特点、产品结构特性，对所需相关产业的产品和劳务提出各种工艺、技术标准和质量等特定要求，以保证本产业部门的产品质量和技术性能。经济发展史表明，每一次产业结构的大变动都对应一次技术变革的发生，新工艺、新技术的出现和应用导致新的产业部门的产生、发展壮大，并使旧的产业部门衰退，产业的不断高级化推动产业结构的演进。① 因此，技术进步是推动产业联系方式即产业结构变动最活跃、最积极的因素。

3. 价格联系

产业间产品劳务的投入与产出联系必然表现为以货币为媒介的价格联系，是产业间产品和劳务联系的价值量的货币表现。产业间的价格联系的重要作用表现在：一是使投入产出价值模型的建立成为可能；二是使得生产具有替代性能产品的产业引入了竞争机制，从而有利于成本费用的节约和社会劳动生产率的提高；三是为产业结构变动分析、产业间比例关系分析等提供了有效的计量手段。

4. 劳动就业联系

在非充分就业状态下，某产业的扩张不仅会使自身吸纳更多劳动力，而且会通过乘数效应带动其他相关产业的扩张。在充分就业状态下，某产业增加劳动力，意味着其他产业减少劳动力，要求劳动力在产业间重新配置，引发产业结构变动。

5. 投资联系

加快经济发展不可能仅仅通过加快某产业部门的发展来实现，而是通过相关产业部门的协调发展来实现。这种产业部门间的协调发展性使得产业间必然存在着投资联系。例如，为促进某一产业发展，必须要有一定量的投资，但由于该产业发展受到相关产业的制约，应增加投资以保证相关产业的发展。某一产业的直接投资必然导致大量相关产业投资的现象，即产业间投资联系的表现。

由于产业间存在着上述联系，因而某一产业的发展变化必然会影响并波及与其相关的其他产业。

（二）根据产业间供给与需求之间的联系进行分类

1. 前向关联

根据艾伯特·赫希曼在《经济发展战略》中的解释，前向关联就是通过供给关系与其他产业部门发生的关联。② 当乙产业在经济活动中要吸收甲产业的产出时，对于甲产业

---

① 高志刚．基于主成分分析的区域产业结构转换能力评价［J］．生产力研究，2003（1）：151.

② 赫希曼．经济发展战略［M］．北京：经济科学出版社，1991：88－90.

来说，与乙产业的关联就是前向关联。如对石油开采业来说，它与炼油业的关联就是前向关联。

2. 后向关联

后向关联就是通过需求关系与其他产业部门发生的关联。按此定义，对于炼油业来说，它与石油开采业的关联就是后向关联。

（三）根据产业技术工艺的方向和特点进行分类

1. 单向联系

单向联系是指 A、B、C、D 等一系列产业部门间，先行产业部门为后续产业部门提供产品，以供其生产时直接消耗，但后续产业部门的产品不再返回先行产业部门的生产过程。例如，棉花→棉纱→色布→服装这种产业间的联系是单向联系。

2. 双向联系

双向联系是指两个产业部门之间相互为对方提供产品。例如，煤炭←→电力，煤炭部门为电力部门提供燃料，而电力部门也为煤炭部门的生产提供电力作为动力源。

3. 环向联系

环向联系是指 A、B、C、D 等产业部门间，先行产业部门为后续产业部门提供产品，作为后续产业部门的生产性直接消耗，同时后续部门的产品也返回相关的先行产业部门的生产过程，如煤炭→钢铁→矿山机械→煤炭。

在现实的经济运行中，产业部门间的联系方式是很复杂的。在一些产业部门间，单向联系与环向联系往往是交织在一起的，在不同系列的单向联系部门之间往往同时存在着环向联系，有些产业部门间还形成蛛网式的联系。

（四）根据产业间相互依赖程度进行分类

1. 直接联系

在现实社会再生产过程中，产业间存在着大量的直接联系和间接联系。直接联系指两个产业部门之间存在着直接的提供产品、提供技术的联系。如石油开采业和炼油业之间就存在直接联系。

2. 间接联系

间接联系是指两个产业部门本身不发生直接的生产技术联系，而是通过其他一些产业部门的中介才有联系。例如，汽车工业与采油设备制造业之间并无直接联系，但它们实际上仍有一定的联系，这种联系就是由于汽车需要汽油作燃料，而汽油与石油开采有关，石油开采又与采油设备制造有关，这样汽车工业的发展就会通过上述中介产业部门，最后影响到采油设备制造业的发展，这就是汽车工业与采油设备制造业之间的间接联系。

国民经济运行中产业间错综复杂的联系一般可最终划分为上述几种类型的联系方式，这就为产业间的关联分析提供了良好的出发点。

习近平总书记多次强调产业链环环相扣，一个环节阻滞，上下游企业都无法运转。

这其实就反映了产业与产业之间存在广泛的直接联系和间接联系。

专栏6-1

习近平谈如何优化和稳定产业链、供应链

产业链、供应链在关键时刻不能掉链子

产业链环环相扣，一个环节阻滞，上下游企业都无法运转。区域之间要加强上下游产销对接，推动产业链各环节协同复工复产。

——在统筹推进新冠肺炎疫情防控和经济社会发展工作部署会议上的讲话（2020年2月23日）

要依托我国超大规模市场和完备产业体系，创造有利于新技术快速大规模应用和迭代升级的独特优势，加速科技成果向现实生产力转化，提升产业链水平，维护产业链安全。

——在经济社会领域专家座谈会上的讲话（2020年8月24日）

要面向世界科技前沿、面向经济主战场、面向国家重大需求、面向人民生命健康，加强基础研究和应用基础研究，打好关键核心技术攻坚战，加速科技成果向现实生产力转化，提升产业链水平，为确保全国产业链供应链稳定多作新贡献。

——在浦东开发开放30周年庆祝大会上的讲话（2020年11月12日）

维护全球产业链供应链稳定畅通

这次疫情防控使我们认识到，必须维护产业链、供应链的全球公共产品属性，坚决反对把产业链、供应链政治化、武器化。在国际经贸谈判中，要推动形成维护全球产业链供应链安全、消除非经济因素干扰的国际共识和准则，力争通过国际合作阻止打击全球产业链、供应链的恶劣行为。

——在中央财经委员会第七次会议上的讲话（2020年4月10日）

我们要秉持开放包容理念，坚定不移构建开放型世界经济，维护以世界贸易组织为基石的多边贸易体制，旗帜鲜明反对单边主义、保护主义，维护全球产业链供应链稳定畅通。

——在第七十五届联合国大会一般性辩论上的讲话（2020年9月22日）

资料来源：如何优化和稳定产业链、供应链 习近平这样说［EB/OL］. 党建要闻，http://sl.china.com.cn/2020/1229/103713.shtml.

第二节 产业关联分析方法：投入产出法

产业关联分析又称投入产出分析，由美国经济学家华西里·列昂惕夫在20世纪30年代提出，现已成为分析产业结构问题的重要方法。投入产出法就是运用投入产出表、投入产出模型来对产业间投入与产出的数量比例关系进行分析，进而分析产业之间的相互依存关系，其分析结果可以作为一国（或地区）制定经济社会发展战略与政策的重要依据。

一、投入产出的含义

投入产出的“投入”是指产品生产所消耗的原材料、燃料、动力、固定资产折旧和劳动力；“产出”是指产品生产出来后所分配的去向、流向，即使用方向和数量，又叫流量，例如，用于生产消费、生活消费和积累。

投入产出法就应用于国民经济体系中的产业联系分析来说，是通过编制棋盘式的投入产出表和建立相应的线性代数方程体系，构成一个模拟现实国民经济各产业部门产品的相互投入与产出的社会再生产过程的经济数学模型，来分析各产业间的各种重要比例关系。

运用投入产出法是通过投入产出表、投入产出模型来对产业间投入与产出的数量比例关系进行分析。因此，投入产出表和投入产出模型是产业关联分析的基本工具，包括实物型和价值型两种类型，使用最广泛的是价值型分析工具。

二、投入产出表

投入产出表（input-output table）是表现经济中多部门之间相互依赖关系的一种方法。国民经济各产业部门间在投入与产出、生产与消费上存在密切和复杂的生产技术联系与经济联系。如A部门向B、C、D……部门提供投入品（原料、半成品等），它自己又从X、Y、Z部门得到投入品。X、Y、Z……或许向B、C、D……部门提供投入品，或许从它们那里得到投入品，因而整个经济可以表示成部门之间综合的相互关系。投入产出表是这些部门间相互关系的统计表现。[①]

（一）投入产出表的假设前提条件[②]

投入产出表虽然能够反映经济中各部门之间的关联，但被反映的关联是建立在对产业间的技术经济联系进行了一定的简化和假设基础上的。因而，在利用投入产出表进行产业经济的分析时，应充分注意到这种假设前提条件。投入产出表的主要假设前提条件如下。

1. 产业活动的独立性

产业活动的独立性是指单个产业的经济活动除了投入产出的联系外，不再有其他相关影响。即任何产业的经济活动既不会给其他产业带来外部经济性，也不会带来外部不经济性。各独立产业的效果总和等于其同时进行活动的总效果。

2. 产业产出的单一性

产业产出的单一性是指对于投入产出表中的任一产业，其产出是单一的。或者说相同的产出只能来自同一个产业。独立性和单一性保证了在构建其数学模型时不同产业之

---

① 王俊豪．产业经济学［M］．北京：高等教育出版社，2008：179.

② 杨公朴，夏大慰．现代产业经济学［M］．上海：上海财经大学出版社，1999：117.

间的无关性。

3. 规模报酬的不变性

规模报酬的不变性是指对任何一个产业而言，对其投入的增减与其产出呈正比例关系。这一假设保证了不同产业投入与产出间的线性关系。

4. 技术的相对稳定性

为了能反映出各产业的关系，在投入产出表中假设技术在一定时期内总是相对稳定的。在此假设下，才能导出下文介绍的直接消耗系数，并在此基础上进行其他分析。

5. 价格体系的公正性

价格体系的公正性是指在编制价值型投入产出表时，价格体系能公正客观地反映各产业的供求状况，从而可以从价值上准确地揭示各产业间的投入与产出关系。

（二）投入产出表的结构形态①

1. 实物型投入产出表

实物型投入产出表是以产品的标准单位或自然单位计量的，用于显示国民经济各部门主要产品的投入与产出关系，即这些主要产品的生产、使用情况，以及它们之间在生产消耗上的相互联系和比例关系。

列昂惕夫在介绍投入产出表时，列举了一个只有三个经济部门的简单例子。表 6－1 为这张简化的实物型投入产出表的形式。表 6－1 中第二行数字表示：在 100 蒲式耳小麦中，农业部门本身消耗了 25 蒲式耳；20 蒲式耳提供给了制造业，并作为它的一项投入而被消耗了；另外 55 蒲式耳则为居民所获得。表 6－1 中第二列数字则表示：为生产 100 蒲式耳的小麦，农业部门消耗了 25 蒲式耳自己的产品、14 码的布和 80 人年的劳动。

表 6－1　三部门经济的简化投入产出表（实物型）

	农业	制造业	居民	总产出
部门甲：农业（蒲式耳）	25	20	55	100
部门乙：制造业（码）	14	6	30	50
部门丙：居民（人年）	80	180	40	300

资料来源：杨公朴，夏大慰．现代产业经济学［M］．上海：上海财经大学出版社，1999：115.

（1）实物型投入产出表的一般形式。

表 6－2 是一张简化的一般实物型投入产出表。在表 6－2 中，x_{ij} 是指第 j 种产品生产时所消耗的第 i 种产品的数量，或者是第 i 种产品提供给第 j 种产品生产时的需要量。例如，x_{12} 既表示生产第 2 种产品所需要的第 1 种产品的投入数量，又表示满足第 2 种产品生产所需要的第 1 种产品的产出数量。其中，Y_i 是指第 i 种产品用作最终使用的数量；X_i 是指第 i 种产品的生产总量；L_j 是指 j 部门生产产品的劳动力需要量；L 是指各种产品所需劳动力数量之和。

① 苏东水．产业经济学［M］．3 版．北京：高等教育出版社，2010：175－184.

表 6-2　简化的一般实物型投入产出表

		产出								
		中间产品							最终产品	总产品
		产品 1	产品 2	…	产品 j	…	产品 n	合计		
投入	产品 1	x_{11}	x_{12}	…	x_{1j}	…	x_{1n}	U_1	Y_1	X_1
	产品 2	x_{21}	x_{22}	…	x_{2j}	…	x_{2n}	U_2	Y_2	X_2
	…	…	…	…	…	…	…	…	…	…
	产品 i	x_{i1}	x_{i2}	…	x_{ij}	…	x_{in}	U_i	Y_i	X_i
	…	…	…	…	…	…	…	…	…	…
	产品 n	x_{n1}	x_{n2}	…	x_{nj}	…	x_{nn}	U_n	Y_n	X_n
	劳动力	L_1	L_2	…	L_j	…	L_n	L	—	—

表 6-2 的横行反映了各类产品和劳动力的分配使用情况，其中包括作为中间产品的分配使用和作为最终产品的分配使用。表 6-2 的纵列反映了各类产品在生产过程中所消耗的各类产品数量和劳动力数量，反映了整个社会主要最终产品的构成和各种产品的总量。由于采用实物单位计量，表 6-2 的纵列各项元素不能相加，也就不能反映产品的价值运动。

（2）实物型投入产出表中的平衡关系。

实物型投入产出表中的平衡关系式主要有两个。

①总产品＝中间产品＋最终产品。用公式表示为：

$$X_i = \sum_{j=1}^{n} x_{ij} + Y_i \qquad (i=1, 2, \cdots, n)$$

②劳动力总量＝各产品生产所需劳动力数量之和。用公式表示为：

$$L = \sum_{j=1}^{n} L_j \qquad (j=1, 2, \cdots, n)$$

两个平衡关系式构成的方程组如下：

$$\begin{cases} \sum_{j=1}^{n} x_{ij} + Y_i = X_i & (i=1, 2, \cdots, n; j=1, 2, \cdots, n) \\ \sum_{j=1}^{n} L_j = L \end{cases}$$

2. 价值型投入产出表

价值型投入产出表记录了全部用货币计量的中间产品价值、最终产品价值、毛附加价值以及总产值，它是在实物型投入产出表基础上所做的扩充。

表 6-1 是以实物形式表示的产品和服务在各部门间的流量。同理，也可以用价值形式来反映产品和服务在各部门的流量关系。例如，当小麦的价格为每蒲式耳 2 美元，布为每码 5 美元，而居民提供的劳务为每人年 1 美元时，列昂惕夫就把表 6-1 变为表 6-3 的形式。

表 6-3　三部门经济的简化投入产出表（价值型）　　单位：美元

	农业	制造业	居民	总产出
部门甲：农业	50	40	110	200
部门乙：制造业	70	30	150	250
部门丙：居民	80	180	40	300
总投入	200	250	300	

资料来源：杨公朴，夏大慰．现代产业经济学［M］．上海：上海财经大学出版社，1999：116．

（1）价值型投入产出表的一般形式。

最常用的是用统一货币单位计量的价值型投入产出表，其简化的一般形式如表 6-4 所示。

在表 6-4 中，纵列数字是各个产业的投入结构，即各产业为了进行生产，从包括本产业内的各个产业购进了多少中间产品（原材料），以及为使用各生产要素支付了多少费用，包括工资、利息等。因此，每一纵列反映了相应产业部门的投入构成，其总计就是总投入。

横行数字是各行业的产出结构，包括中间产品和最终产品的产出，并反映了这些产品的销路或分配去向。每一横行的总计为相应产业部门一定时期内（一年）的总产出。

纵列包括物质消耗的价值转移和新创造价值两部分，反映了社会总产品的价值构成；横行包括中间产品和最终产品两大部分，反映了社会产品的分配和使用流向。

纵横交叉、相互联系的三大部分（即表 6-4 中用双线隔离的三部分）构成了价值型投入产出表的主要内容。这三部分的经济含义如下。

①中间需求部分，亦称内生部分，是投入产出表的核心部分。它反映在一定时期内（如一年）一个国家社会再生产过程中各产业之间相互提供中间产品的依存和交易关系。因此，这一部分横向各产业和纵向各产业的排列是相互对应的。横向的数据表示某一产业向包括本产业在内的所有产业提供其产出的中间产品的情况，也就是所有产业生产中所需该产业产品的情况，即中间需求情况。例如，包括 i 产业在内的所有产业生产中所需 i 产业的中间产品的产出总量为 $\sum_{j=1}^{n} x_{ij}$（$i=1，2，\cdots，n$）。纵向的数据表示某一产业生产中向包括本产业在内的各产业购进中间产品的情况，也就是所有产业向该产业中间投入的情况。例如，j 产业向包括本产业在内的所有产业投入中间产品的总量为 $\sum_{j=1}^{n} x_{ij}$（$j=1，2，\cdots，n$）。

②最终需求部分，亦称外生部分。它反映各产业生产的产品或服务成为最终产品的那一部分的去向。最终产品的去向，即最终需求，大致分为三部分流向：一是消费部分，具体可分为个人消费与社会消费两部分，前者是指家庭消费的总和，后者是指公共福利、社会保障、政府等行政性支出的各种社会性消费；二是投资部分，由固定资产更新与新增固定资产两部分构成，其中新增固定资产又可分为生产性固定资产和非生产性固定资产；三是出口部分。表 6-4 中未设置出口栏目，必要时可增设这一栏目。

③毛附加价值部分也是一种外生部分。这部分包括两块内容：一是各产业部门提留

的折旧；二是各产业部门在一定时期内，如一年内实现的净产值（附加价值），即新创造的价值。净产值又可分为劳动报酬和社会纯收入两部分。所以，毛附加价值部分反映了各产业提取折旧基金的价值及其创造的国民收入的价值构成，以及国民收入额在各产业部门间的分布比例。

表6-4各元素的经济含义是：

x_{ij} 表示 j 产业部门生产中所消耗的 i 部门产品数量的价值；

X_i 表示 i 产业部门的年产品价值总量；

Y_i 表示 i 产业部门所提供的年最终产品的价值；

D_j 表示 j 产业部门全年提取的折旧基金；

N_j 表示 j 产业部门在一年内所创造的国民收入；

V_j 表示 j 产业部门劳动者一年内的劳动报酬；

M_j 表示 j 产业部门劳动者在一年内创造的纯收入。

（2）价值型投入产出表中的平衡关系。

价值型投入产出表可以按行、按列以及在行与列之间分别建立起平衡关系，主要有：

①各产业的总产出＝该产业的中间需求＋该产业的最终需求。

②各产业的总投入＝该产业的中间投入＋该产业的毛附加价值。

需要注意的是，该平衡式只有在价值型投入产出表中才有，而在实物型投入产出表中，由于各产业计量单位不一致，因而不能相加。

③各产业的总产出＝各产业的总投入。

④各产业的中间需求合计＝各产业的中间投入合计。

尽管各个产业的中间需求未必等于其中间投入，但全部产业的中间需求之和与全部产业的中间投入之和是相等的。

⑤各产业的最终需求合计＝各产业的毛附加价值合计。

知识讲解

以下视频节选自新疆财经大学"产业经济学"慕课，可登录中国大学慕课网站搜索查看完整视频。

视频6-1：价值型投入产出表

三、投入产出模型

投入产出模型是由系数、变量的函数关系组成的数学方程组。其模型建立一般分两步：一是先依据投入产出表计算各类系数；二是在此基础上，依据投入产出表的平衡关系，建立起投入产出的数学函数表达式，即投入产出模型。

（一）各类系数的计算与确定

1. 直接消耗系数

直接消耗系数又叫投入系数，其经济含义是，生产单位 j 产品所直接消耗的 i 产品的数量。其计算方法是依据投入产出表的数据，将各产业部门的总产品去除它所消耗的各种投入要素分量。直接消耗系数是建立模型最重要、最基本的系数。直接消耗系数的计算公式为：

表 6-4 简化的一般价值型投入产出表

			需求部门													
			中间使用（中间需求部分）					最终产品 Y（最终需求部分）								总计：总产值（总产出）
			部门 1	部门 2	…	部门 n	小计	固定资产更新与大修	积累 K			消费 W			合计	
									生产性积累	非生产性积累	小计	个人消费	社会消费	小计		
供给部门	中间投入	部门 1	x_{11}	x_{12}	…	x_{1n}	$\sum_{j=1}^{n} x_{1j}$	G_1	K_{11}	K_{12}	K_1	W_{11}	W_{12}	W_1	Y_1	X_1
		部门 2	x_{21}	x_{22}	…	x_{2n}	$\sum_{j=1}^{n} x_{2j}$	G_2	K_{21}	K_{22}	K_2	W_{21}	W_{22}	W_2	Y_2	X_2
		…	…	…	…	…	…	…	…	…	…	…	…	…	…	…
		部门 n	x_{n1}	x_{n2}	…	x_{nn}	$\sum_{j=1}^{n} x_{nj}$	G_n	K_{n1}	K_{n2}	K_n	W_{n1}	W_{n2}	W_n	Y_n	X_n
		小计（不包括折旧）	$\sum_{i=1}^{n} x_{i1}$	$\sum_{i=1}^{n} x_{i2}$	…	$\sum_{i=1}^{n} x_{in}$	$\sum_{i=1}^{n}\sum_{j=1}^{n} x_{ij}$	$\sum_{i=1}^{n} G_i$	$\sum_{i=1}^{n} K_{i1}$	$\sum_{i=1}^{n} K_{i2}$	$\sum_{i=1}^{n} K_i$	$\sum_{i=1}^{n} W_{i1}$	$\sum_{i=1}^{n} W_{i2}$	$\sum_{i=1}^{n} W_i$	Y	X
	毛附加价值部分	固定资产折旧	D_1	D_2	…	D_n	D									
		劳动报酬	V_1	V_2	…	V_n	V									
		社会纯收入	M_1	M_2	…	M_n	M									
		合计	N_1	N_2	…	N_n	N									
	总计：总产值（总投入）		X_1	X_2	…	X_n	X									

$$a_{ij}=\frac{x_{ij}}{X_j}\quad (i，j=1，2，\cdots，n)$$

根据表 6－4 中的数据，可以计算出直接消耗系数，用矩阵形式表示则为：

$$\mathbf{A}=\begin{bmatrix} a_{11} & a_{12} & \cdots & a_{1n} \\ a_{21} & a_{22} & \cdots & a_{2n} \\ \vdots & \vdots & & \vdots \\ a_{n1} & a_{n2} & \cdots & a_{nn} \end{bmatrix}$$

矩阵 **A** 就是直接消耗系数矩阵，反映了投入产出表中各产业部门间的技术经济联系和产品之间的技术联系。

2. 直接折旧系数

直接折旧系数的经济含义是：某产业部门生产单位产品所提取的直接折旧费用的数额。其计算公式为：

$$a_{Dj}=\frac{D_j}{X_j}\quad (j=1，2，\cdots，n)$$

式中，a_{Dj} 为 j 产业部门单位产品所提取的折旧费。

3. 国民收入系数

国民收入系数亦称净产值系数，表示某产业部门生产单位产品所创造的国民收入或净产值的数额。其计算公式为：

$$a_{Nj}=\frac{N_j}{X_j}\quad (j=1，2，\cdots，n)$$

式中，a_{Nj} 为 j 产业部门生产单位产品所创造的国民收入数量。

4. 劳动报酬系数

该系数是指某产业部门生产单位产品所要支付的劳动报酬数量。其计算公式为：

$$a_{Vj}=\frac{V_j}{X_j}\quad (j=1，2，\cdots，n)$$

式中，a_{Vj} 为 j 产业部门生产单位产品所要支付的劳动报酬量。

5. 社会纯收入系数

该系数表示某产业部门生产单位产品所能提供的社会纯收入数量。其计算公式为：

$$a_{Mj}=\frac{M_j}{X_j}\quad (j=1，2，\cdots，n)$$

式中，a_{Mj} 为 j 产业部门生产单位产品为社会创造的纯收入量。

上述 a_{Dj}、a_{Nj}、a_{Vj} 和 a_{Mj} 四个系数可根据表 6－4 中的数据计算而得，也可分别用矩阵形式表示。

6. 直接劳动消耗系数

该系数表示某产业部门生产单位产品所需投入的劳动力数量，它是依据实物型投入产出表计算的。其计算公式为：

$$a_{Lj}=\frac{L_j}{X_j}\quad (j=1，2，\cdots，n)$$

式中，a_{Lj}为j产业部门生产单位产品所需投入的劳动力数量。

7. 完全消耗系数

由于各产业的产品在生产过程中除了与相关产业有直接联系外，还与相关产业有间接联系，从而各产业的产品在生产中除了直接消耗外，还存在着间接消耗，完全消耗系数则是直接消耗联系与间接消耗联系的全面反映。完全消耗系数在投入产出分析中起着重要的作用，它能深刻地反映一个部门的生产与本部门和其他部门发生的经济数量关系，因此，它能比直接消耗系数更本质、更全面地反映部门内部和部门之间的技术经济联系，这对正确地分析国民经济和产业结构十分重要。

完全消耗系数的经济含义是指某产业部门单位产品的生产对各产业部门产品的直接消耗量和间接消耗量的总和。也就是说，完全消耗系数等于直接消耗系数与间接消耗系数之和。用公式表示为：

$$b_{ij} = a_{ij} + \sum_{k=1}^{n} b_{ik} a_{kj} \qquad (i，j=1，2，\cdots，n)$$

式中，b_{ij}为完全消耗系数，表示生产单位j产品所直接和间接消耗的i产品数量之和；a_{ij}为直接消耗系数，其含义如前所述；$\sum_{k=1}^{n} b_{ik} a_{kj}$为间接消耗系数，其中，$k$为中间产品部门，$\sum_{k=1}^{n} b_{ik} a_{kj}$表示通过$k$种中间产品而形成的生产单位$j$产品对$i$产品的全部间接消耗量。

用矩阵表示（证明略）为：

$$\mathbf{B} = (\mathbf{I} - \mathbf{A})^{-1} - \mathbf{I}$$

式中，$\mathbf{B} = \begin{bmatrix} b_{11} & b_{12} & \cdots & b_{1n} \\ b_{21} & b_{22} & \cdots & b_{2n} \\ \vdots & \vdots & & \vdots \\ b_{n1} & b_{n2} & \cdots & b_{nn} \end{bmatrix}$；$\mathbf{I} = \begin{bmatrix} 1 & 0 & \cdots & 0 \\ 0 & 1 & \cdots & 0 \\ \vdots & \vdots & & \vdots \\ 0 & 0 & \cdots & 1 \end{bmatrix}$；$(\mathbf{I} - \mathbf{A})^{-1}$是$(\mathbf{I} - \mathbf{A})$的逆阵；$\mathbf{A}$的含义同前；$\mathbf{I}$是单位矩阵。

上述系数的确立为建立一系列的投入产出模型做了准备。

（二）投入产出的两个基本模型

1. 按行平衡关系式建立的投入产出模型

由直接消耗系数$a_{ij} = \dfrac{x_{ij}}{X_j}$得到$x_{ij} = a_{ij} X_j$，将其代入按行建立的平衡关系式，得到如下投入产出模型：

$$\begin{cases} a_{11}X_1 + a_{12}X_2 + \cdots + a_{1n}X_n + Y_1 = X_1 \\ a_{21}X_1 + a_{22}X_2 + \cdots + a_{2n}X_n + Y_2 = X_2 \\ \qquad\qquad\qquad \vdots \\ a_{n1}X_1 + a_{n2}X_2 + \cdots + a_{nn}X_n + Y_n = X_n \end{cases}$$

用矩阵变换，上述投入产出模型可转换成：

$$(\mathbf{I} - \mathbf{A})\mathbf{X} = \mathbf{Y}$$

其转换过程如下。

用和式符号将上述方程组表示为：

$$\sum_{j=1}^{n} a_{ij}X_j + Y_i = X_i \qquad (i=1,\ 2,\ \cdots,\ n) \tag{6-1}$$

将该式移项，得：

$$X_i - \sum_{j=1}^{n} a_{ij}X_j = Y_i \qquad (i=1,\ 2,\ \cdots,\ n) \tag{6-2}$$

将（6-2）式变换成矩阵，则得：

$$\mathbf{(I-A)X = Y} \tag{6-3}$$

式中，$\mathbf{(I-A)} = \begin{bmatrix} 1-a_{11} & -a_{12} & \cdots & -a_{1n} \\ -a_{21} & 1-a_{22} & \cdots & -a_{2n} \\ \vdots & \vdots & & \vdots \\ -a_{n1} & -a_{n2} & \cdots & 1-a_{nn} \end{bmatrix}$；$\mathbf{X} = \begin{bmatrix} X_1 \\ X_2 \\ \vdots \\ X_n \end{bmatrix}$；$\mathbf{Y} = \begin{bmatrix} Y_1 \\ Y_2 \\ \vdots \\ Y_n \end{bmatrix}$；$\mathbf{I} = \begin{bmatrix} 1 & 0 & \cdots & 0 \\ 0 & 1 & \cdots & 0 \\ \vdots & \vdots & & \vdots \\ 0 & 0 & \cdots & 1 \end{bmatrix}$。**A** 的含义同前。

（I－A）称为列昂惕夫矩阵，其经济含义是：矩阵中的纵列表明每种产品的投入与产出关系；每一列都说明某产业为生产一个单位产品所要投入的各相应产业的产品数量；负号表示投入，正号表示产出，对角线上各元素则是各产业的产品扣除自身消耗后的净产出。显然，上述投入产出的变换矩阵［（6-3）式］通过矩阵**（I－A）**揭示出了 **X** 与 **Y**，即总产品与最终产品之间的相互关系。

2. 按列平衡关系式建立的投入产出模型

同理，代入按列建立的平衡关系式，可得到如下投入产出模型：

$$\begin{cases} a_{11}X_1 + a_{21}X_1 + \cdots + a_{n1}X_1 + D_1 + N_1 = X_1 \\ a_{12}X_2 + a_{22}X_2 + \cdots + a_{n2}X_2 + D_2 + N_2 = X_2 \\ \qquad\qquad\qquad \vdots \\ a_{1n}X_n + a_{2n}X_n + \cdots + a_{nn}X_n + D_n + N_n = X_n \end{cases}$$

用矩阵可将该模型转换成：

$$\mathbf{(I-\hat{C})X = N}$$

其转换过程如下。

将由直接折旧系数公式得到的 $D_j = a_{Dj}X_j$ 代入用和式符号表示的上述方程组：

$$\sum_{i=1}^{n} a_{ij}X_j + D_j + N_j = X_j \qquad (j=1,\ 2,\ \cdots,\ n)$$

则可得：

$$\sum_{i=1}^{n} a_{ij}X_j + a_{Dj}X_j + N_j = X_j \qquad (j=1,\ 2,\ \cdots,\ n) \tag{6-4}$$

整理（6－4）式，得：

$$\left(1-\sum_{i=1}^{n}a_{ij}-a_{Dj}\right)X_j=N_j \qquad (j=1，2，\cdots，n) \qquad (6-5)$$

将（6－5）式写成矩阵形式便得：

$$(\mathbf{I}-\hat{\mathbf{C}})\mathbf{X}=\mathbf{N} \qquad (6-6)$$

式中，**X** 的含义同前；$\hat{\mathbf{C}}=\begin{bmatrix}\sum_{i=1}^{n}a_{i1}+a_{D1} & 0 & \cdots & 0\\ 0 & \sum_{i=1}^{n}a_{i2}+a_{D2} & \cdots & 0\\ \vdots & \vdots & & \vdots\\ 0 & 0 & \cdots & \sum_{i=1}^{n}a_{in}+a_{Dn}\end{bmatrix}$；$\mathbf{N}=\begin{bmatrix}N_1\\ N_2\\ \vdots\\ N_n\end{bmatrix}$。

$\hat{\mathbf{C}}$ 矩阵中的各元素描述了转移价值系数，即直接物质消耗系数加直接折旧系数；$(\mathbf{I}-\hat{\mathbf{C}})$ 矩阵中的各元素则揭示了总产值与国民收入之间的函数关系。

除上述投入产出的两个最重要的基本模型外，根据分析需要，还可建立中间产品流量模型、劳动力流量模型和国民生产总值流量模型。

第三节　投入产出法的应用

投入产出法既可以用来分析产业之间的关系结构，也可以用于对错综复杂的经济现象进行分析。本节主要讨论投入产出法的实际应用问题。

一、结构分析①

结构分析就是运用投入产出法来研究产业之间关系结构的特征及比例关系。以下主要对产出结构与投入结构进行分析。

在投入产出表中，从横向来看，每个产业的总产品都由中间产品和最终产品这两部分构成。或者从对产品的需求角度说，对每个产业产品的总需求由所有产业对它的需求（中间需求）和消费、积累以及出口的需要（最终需求）所构成。在总需求中，中间需求和最终需求的构成比例是反映产业技术经济特征的一个重要数据，可以用中间需求率来表示。中间需求率是指各产业对某产业产品的中间需求之和与整个国民经济对该产业部门产品的总需求之比。其计算公式为：

---

①　苏东水．产业经济学［M］．3版．北京：高等教育出版社，2010：185－188；王俊豪．产业经济学［M］．北京：高等教育出版社，2008：185－187．

$$G_i = \frac{\sum_{j=1}^{n} x_{ij}}{\sum_{j=1}^{n} x_{ij} + Y_i} \quad (i=1, 2, \cdots, n)$$

式中，G_i 为各产业部门对 i 产业部门产品的中间需求率；$\sum_{j=1}^{n} x_{ij}$ 为各产业部门对 i 产业部门产品的中间需求之和；$\sum_{j=1}^{n} x_{ij} + Y_i$ 为 i 产业部门的产品总产出；Y_i 为 i 产业部门产品中的最终需求部分。

这个指标反映了各个产业的产品有多少作为原料（中间需求）为其他产业产品的生产所需要。中间需求率越高，表明该产业越带有原材料产业的性质。一个产业的产品不是作为中间产品，就是作为最终产品。即中间需求率＋最终需求率＝1。如果一个产业部门的中间需求率低，则最终需求率必高，这个产业也就具有提供最终产品的性质。也就是说，这个产业的产品更多的是提供最终需求，即居民消费、投资消费或出口。依据中间需求率，就可比较精确地计算出各产业部门产品用于生产资料和消费资料的比例，从而较准确地把握各产业部门在国民经济中的地位与作用。

从投入产出表的纵向来看，各个产业的总投入等于中间投入和最初投入（毛附加价值）之和。可以用中间投入率指标反映它们之间的构成比例关系。中间投入率是指该产业部门在一定时期内（通常为一年）生产过程中的中间投入与总投入之比。其计算公式为：

$$F_j = \frac{\sum_{i=1}^{n} x_{ij}}{\sum_{i=1}^{n} x_{ij} + D_j + N_j} \quad (j=1, 2, \cdots, n)$$

式中，F_j 为 j 产业部门的中间投入率；D_j 为 j 产业部门的全部折旧费（一年）；N_j 为 j 产业部门所创造的价值；x_{ij} 的解释同前。

中间投入率指标反映各产业在自己的生产过程中，为生产单位产值的产品需从其他各产业购进的原料在其中所占的比重。由于某产业总投入＝该产业的中间品投入＋折旧＋净产值（附加价值）＝该产业的总产值（总产出），因此，某产业的附加价值率＝附加价值/总产值，且有“附加价值率＋中间投入率＝1”这一恒等式。所以，某产业的中间投入率越高，该产业的附加价值率就越低。高中间投入率产业就是低附加价值率产业，反之亦然。

反映产业关联程度的中间需求率、中间投入率指标可较准确地确定不同产业群在国民经济中的不同地位。钱纳里、渡边等经济学家曾根据美国、意大利、日本、挪威等国的投入产出表，对具有不同中间需求率和中间投入率的产业做了如下划分（见表 6－5）。

我们用三次产业分类的准则分析表 6－5 所划分的四类产业群。若将矿业看成第一产业，那么第Ⅰ部分产业群，即中间投入率小但中间需求率大的产业群大多为第一产业；而中间投入率大的第Ⅱ部分、第Ⅲ部分产业群大体为第二产业；中间投入率小、中间需求率也小的第Ⅳ部分产业群则多是第三产业。

表 6－5　按中间需求率和中间投入率划分的不同产业群

	中间需求率小	中间需求率大
中间投入率大	Ⅲ最终需求型产业 日用杂货、造船、皮革及皮革制品、食品加工、粮食加工、运输设备、机械、木材、木材加工、非金属矿物制品、其他制造业	Ⅱ中间产品型产业 钢铁、纸及纸制品、石油产品、有色金属冶炼、化学、煤炭加工、橡胶制品、纺织、印刷及出版
中间投入率小	Ⅳ最终需求型基础产业 A. 渔业 B. 运输、商业、服务业	Ⅰ中间产品型基础产业 农业、林业、煤炭、金属采矿、石油及天然气、非金属采矿、电力

资料来源：杨治．产业经济学导论［M］．北京：中国人民大学出版社，1985：105.

这四部分产业群在国民经济运行过程中形成了具有不同地位与作用的主体结构。即第Ⅰ、Ⅱ、Ⅲ部分是一国经济的物质生产部门，提供中间物质产品和最终需求物质产品；第Ⅰ、Ⅱ部分是中间产品生产部门，其大部分产品为第Ⅲ部分产业群的最终产品生产服务，且第Ⅰ部分产业群带有明显的基础产业属性；第Ⅲ部分产业群加工来自第Ⅰ、Ⅱ部分的中间产品，然后将其投放到最终需求中；第Ⅳ部分产业群（除渔业外）是其他各部分产业群产品流动的中介部门。

二、经济分析①

经济分析通过投入产出模型对错综复杂的经济现象按一定需要进行分析，如产业间的比例关系分析、积累与消费比例分析以及经济效益分析等。

（一）产业间的比例关系分析

依据投入产出表的数据，计算以产值为依据的产业间比例关系和以净产值或最终产品为依据的产业间比例关系都是轻而易举的。不仅如此，投入产出表及其模型还为以大类产业分类的比例关系提供了良好的数量分析基础，如两大部类的比例关系、农轻重的比例关系等。这种数量分析为判别产业之间比例是否协调、合理，以及如何调整提供了有力依据。

以分析农业、轻工业、重工业之间的比例关系为例，通过投入产出模型，不仅可以分析农业、轻工业、重工业之间的内在联系，了解更细微、具体的部门构成，而且能计算出三部门生产产品的价值构成，并从社会再生产的角度来研究分析它们之间的数量关系。

第一，用分配系数可了解农业、轻工业、重工业所生产产品的分配使用情况。如了解各部门生产性消耗以及用于积累和直接满足消费需要的比例。此外，这三个部门生产

① 苏东水．产业经济学［M］．3 版．北京：高等教育出版社，2010：185；王俊豪．产业经济学［M］．北京：高等教育出版社，2008：188.

的产品在用作中间产品时，被各部门生产使用所占的比重也能反映出来。

第二，可了解这三个部门在国民经济中的地位。利用投入产出表除了能计算总产值和净产值所占的比重外，还能计算在中间产品与最终产品中它们各自所占的比重。

第三，利用直接消耗系数与完全消耗系数可以了解这三个部门的内在联系。

第四，可以使农业、轻工业、重工业比例具体化。投入产出模型中的部门还可以再细分，如农业可分为农、林、牧、渔，工业可分成若干部门等。所以，通过模型能了解这三个部门各细分部门间的相互关系。

第五，可以结合再生产原理，科学地制定衡量农业、轻工业、重工业比例合理与否的标准。由于农业、轻工业产品很大部分是直接满足人民消费需要的，而重工业产品则主要用来满足发展生产的需要，所以，从生产能否满足需要的角度来衡量农业、轻工业、重工业比例合理与否，其标准是：农业和轻工业部门的产品在扣除用于生产的物质消耗（中间产品）后，其剩余部分能否满足人民生活水平提高的需要，既可以看绝对量，也可以分析发展速度或增长速度；而重工业产品在扣除用于生产的物质消耗后，看其能否满足扩大再生产的需要。

（二）积累与消费比例分析

积累与消费的比例安排是否合适，对生产的发展和人民生活的改善有很大影响。目前，一般在分析这个比例时，都用经验系数来衡量。即通过分析历史上不同时期的积累率，及不同积累率对经济发展造成的影响等情况，找出比较合理的积累率的界限。这种方法尽管实际意义较大，但仍有局限性，即不可能结合各时期的生产发展情况来具体衡量和安排积累与消费的比例。利用投入产出模型，则可以进一步从以下三个方面来分析积累与消费的比例。

首先，利用最终产品结构系数了解积累和消费的实物构成。这样就可以在积累的安排与所需此类生产资料的供应之间、消费的安排与所需各类消费资料的供应之间建立平衡，从而使积累与消费的比例的安排具有实物保证。

其次，利用投入产出模型进行积累与消费的比例、积累与消费的实物构成和所需各部门产品总生产量间的平衡分析，实现各部门产品生产能力的平衡。

最后，利用投入产出模型计算若干个积累与消费的比例，从比较分析中确定合理的积累与消费比例。

（三）经济效益分析

经济效益是社会再生产过程中投入与产出的比例，在投入产出价值表中，既有反映各种劳动消耗（投入）的指标，又有反映生产成果（产出）的指标，所以可以通过投入产出表计算各种经济效益参数，并用来分析经济效益。

利用投入产出模型，能计算的经济效益参数主要有：单位物耗提供的总产品、净产品和利税，单位成本提供的总产值、净产值和利税，单位劳动报酬提供的总产值、净产值和社会纯收入以及消费率系数和积累效果系数。

第四节　产业波及效果分析[①]

与上一节产业关联的方式、结构、比例的静态分析不同，本节的产业波及效果分析是一种产业关联的动态分析，即在特定的产业联系状态下，某些产业的发展变化如何通过这种联系影响到其他产业。

一、产业波及效果及其分析工具

（一）产业波及效果分析的相关概念

1. 产业波及效果

产业波及是指国民经济产业体系中，当某一产业部门发生变化时，这一变化会沿着不同的产业关联方式引起与其直接相关的产业部门的变化，并且这些相关产业部门的变化又会导致与其直接相关的其他产业部门的变化，依次传递，影响力逐渐减弱，这一过程就是波及。这种波及对国民经济产业体系的影响就是产业波及效果。

产业波及效果分析就是分析某些产业发展变化会导致其他产业部门发生怎样的变化，主要是通过投入产出表中某些数据的变化引起其他数据的变化来反映。

2. 产业波及源

产生产业波及效果的原因是产业波及源。在投入产出分析中，产业波及效果的波及源一般有两类：一类是最终需求发生了变化。某一产业最终需求发生变化，必将导致包括本产业在内的各个产业部门各自产出水平的变化。这类波及效果反映在表 6－4 的投入产出表中，就表现为表中最终需求部分横行数据的变化及将要发生的变化，通过表中中间需求部分的产业间的中间产品波及各产业部门。另一类是毛附加价值（折旧费＋净产值）发生了变化。当某些产业毛附加价值部分的构成项目，如折旧、工资、利润等发生了或将要发生变化时，会对国民经济各产业部门的产出水平产生一定的影响。这类波及效果在表 6－4 的投入产出表中表现为毛附加值部分某些数据的变化，通过表中中间需求部分产业间的中间联系对国民经济各产业部门产生影响。

3. 产业波及线路

产业的变化按什么样的走向将这一变化波及各产业部门，这一走向就是产业波及线路。显然，产业间的联系方式就是产业波及线路。由于产业波及效果总是通过已有的产业间的通道，即产业关联的联系状态发生的，因而这些波及必然是依据产业间的联系方式和联系纽带所规定的线路一轮轮地影响下去的。这样，有一些波及沿着产业

① 苏东水．产业经济学［M］．3 版．北京：高等教育出版社，2010：189－199；杨公朴，夏大慰．现代产业经济学［M］．上海：上海财经大学出版社，1999：128－134；臧旭恒，徐向艺，杨蕙馨．产业经济学［M］．北京：经济科学出版社，2002：317－327.

间的单向联系线路进行，有一些波及则沿着双向联系线路传递，还有一些可能逆向传递，即沿着产业间的逆向联系线路波及。可见，产业间的联系方式规定了产业间波及的具体线路及其波及总效果。某产业变化发生的波及效果既与该产业和其他产业的联系方式有关，又与该产业和其他产业的联系程度及广度有关。产业间的波及效果必然会在产业联系的各个纽带上反映出来。具体地说，某一产业发生变化不仅会使本产业部门生产技术、产品技术性能、成本开支、价格、就业等方面发生变化，而且这些变化会通过产业间的生产技术、价格等方面的联系纽带，波及其他产业部门的生产技术、价格等方面，于是就有了技术波及效果、价格波及效果、就业波及效果、投资波及效果等。

（二）产业波及效果分析的基本工具

对产业波及效果进行分析，主要使用三个基本工具，除了使用实物型和价值型投入产出表这一基本工具外，还要借助以下两个基本工具。

1. 投入系数表

投入系数表是反映各个产业之间生产技术上的联系的一览表。这个表的着眼点是揭示投入产出表纵向的费用结构，即投入结构。投入结构以中间产品的投入形式来反映各产业部门之间生产技术上的联系。投入系数又称生产技术系数、物质消耗系数，其计算方法如前所述。当求出所有产业部门的 a_{ij} 后，便得到图 6－1 中的投入系数矩阵。

有了投入系数表，就可以进行产业波及效果分析。例如，某一产业的最终需求要增长 30%，则这个产业部门必须增加 30%的生产量。因此，它需要增加 30%生产量的相应原材料投入量，这样向该产业提供原材料、中间产品的产业就要遵循投入系数的比例增加生产，以满足该产业部门原材料增量新投入的需要。而这些产业的生产扩大又使得向它们提供中间产品的另一部分相关产业的生产相应扩大，依次以减弱态势波及下去，直至该产业最终需求增长引起的波及效果的连锁反应趋于消失。

显然，某一产业最终需求变化对各产业生产的波及与影响是通过投入系数这一工具的指示功能的指向逐层跟踪推进的，并随之确定各产业产出的相应变化量（如图 6－2 所示）。当然，投入系数表的指示功能并不止于此。通过投入系数表，能一目了然地得到各个产业每生产 1 单位的产品需要投入多少种原材料这一十分重要的经济信息。

$$\begin{bmatrix} a_{11} & a_{12} & \cdots & a_{1n} \\ a_{21} & a_{22} & \cdots & a_{2n} \\ \vdots & \vdots & & \vdots \\ a_{n1} & a_{n2} & \cdots & a_{nn} \end{bmatrix}$$

图 6－1　投入系数矩阵

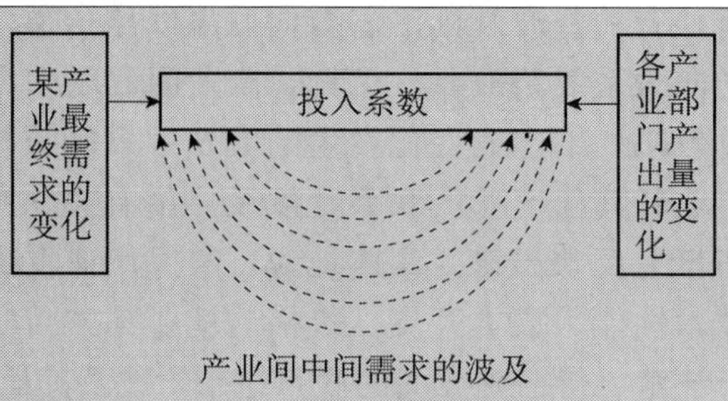

图 6-2　投入系数的功能

2. 逆阵系数表

由某一产业最终需求变化而引起的产业间连锁反应的波及效果在理论上将无限扩展和持续下去，但其波及强度会越来越弱，最终趋于消失。那么有没有办法将这种由强到弱的各级波及效果的总量计算出来呢？也就是说，不论波及是单向还是多向循环，在已知某产业最终需求一定的增长量后，能否用一种有效的工具或办法使受波及的各产业的最终产出量得以简明地显示或计算出来呢？回答是肯定的。这就是逆阵系数表。逆阵是指列昂惕夫矩阵（$\mathbf{I}-\mathbf{A}$）的逆阵（$\mathbf{I}-\mathbf{A}$）$^{-1}$。逆阵系数表就是指具体的（$\mathbf{I}-\mathbf{A}$）$^{-1}$的矩阵，即：

$$(\mathbf{I}-\mathbf{A})^{-1}=\begin{bmatrix} A_{11} & A_{12} & \cdots & A_{1n} \\ A_{21} & A_{22} & \cdots & A_{2n} \\ \vdots & \vdots & & \vdots \\ A_{n1} & A_{n2} & \cdots & A_{nn} \end{bmatrix}$$

逆阵系数表的系数就是（$\mathbf{I}-\mathbf{A}$）$^{-1}$中的每个元素，逆阵系数表在这里是专门用来计算波及效果总量的系数表。逆阵系数的经济含义是，当某一产业部门的生产发生了一单位的变化时，由此直接和间接引起的各产业部门产出水平变化的总和。

利用投入产出表、投入系数表和逆阵系数表这三个基本工具进行产业波及效果分析就比较容易了，但使用这些工具时应注意以下两个问题：

第一，投入系数的稳定性和有效性问题。为什么会存在投入系数有效性问题呢？这是因为，投入产出表只是依据过去某一时期产业间生产技术联系的数据而得到的，它反映的是过去某一时期的产业间生产技术连接关系，故由此计算出的投入系数也只反映过去那个时期产业间的投入状况。随着国民经济的发展、生产技术水平的提高，投入系数必然会发生变化，而且会随着经济规模的变化而变化。这种变化在短期内不大，但在较长时期里将有很大的变化。这样，依据过去的投入系数分析将来短期的产业波及效果并不影响分析的准确性和精度。而将其用于将来长期产业波动效果的分析时，为保证分析的准确性，必须对现有的投入产出系数进行修正和预测，以保持其稳定性和有效性。修正时，要特别注意某些关键性产业部门的工艺技术变革，以及技术引进对有关产业部门投入系数的影响。

第二，波及效果的时滞现象。产业波及效果的时滞是指某产业最终需求的变动导致其他产业的变动并不立即反映在产出量的变化上。或者说，某产业最终需求变化引起其他产业产出量的变化有一个时间过程。这个时间过程往往在不同的产业、不同的经济循环周期中的不同阶段，如繁荣时期和萧条时期有不同的表现。这种差异往往是由于库存的存在而发生的。需求增加首先反映在库存的减少上。这样，由某产业最终需求变动导致的波及效果由于库存的存在而被中断或减弱。反过来，当库存不足以满足波及要求的需求增加，而生产又不能马上增加时，需求变动造成的波及效果可能表现为价格的上升。显然，上述库存的缓冲作用表现在投入产出表的最终需求的库存栏里，中间需求、中间投入矩阵是无法反映这种经济变动的。因此，在进行产业波及效果分析时，要考虑时滞现象，以免得出错误的结论。

二、产业波及效果现状分析

产业波及效果现状分析是指对当前的产业间波及效果进行分析，它基本上不涉及未来情况的预测分析。其实质是运用逆阵系数从投入产出表提供的数据中引申出相关系数，来认识产业波及现状的相关规律。

（一）产业的感应度系数和影响力系数

任何一个产业部门的生产活动通过产业间的联系方式，必然要影响或受影响于其他产业的生产活动，这种相互影响就是波及。在这里，把一个产业影响其他产业的程度叫作该产业的影响力；把受到其他产业影响的程度叫作该产业的感应度。不同产业的感应度和影响力各异。产业的感应度和影响力分别用感应度系数和影响力系数来表示。那么，如何计算产业的感应度系数和影响力系数呢？

1. 感应度系数的计算

感应度系数的公式为：

$$S_i = \frac{\frac{1}{n}\sum_{j=1}^{n} A_{ij}}{\frac{1}{n^2}\sum_{i=1}^{n}\sum_{j=1}^{n} A_{ij}} \qquad (i，j=1，2，\cdots，n)$$

式中，S_i 为 i 产业部门受其他产业部门影响的感应度系数；A_{ij} 为 $(\mathbf{I}-\mathbf{A})^{-1}$ 中第 i 行第 j 列的系数。

该公式的文字表述是：

$$\text{某产业的感应度系数}=\frac{\text{该产业横行逆阵系数的平均值}}{\text{全部产业横行逆阵系数的平均值的平均}}$$

某产业的感应度系数若大于 1，表明该产业的感应度系数在全部产业中居于平均水平以上；若小于 1，表明居于平均水平以下。

根据 1970 年日本投入产出表的计算，感应度系数较高的产业有纸浆和制纸、基础化工产品、炼铁和炼钢、钢铁一次加工产品等，这些产业为基础产业集团。此外，商业的感应度系数也较高。

根据 2012 年我国投入产出表相关数据的计算结果，农业、原材料以及运输部门的感应度系数较大。2012 年中国 42 个部门中感应度系数大于 1 的部门有 16 个，如表 6－6 所示。

表 6－6　2012 年中国 42 个部门中感应度系数大于 1 的产业分布状况

产业部门	感应度系数
1. 化学工业	3.541 4
2. 金属冶炼和压延加工业	2.966 6
3. 电力、热力的生产和供应业	1.982 3
4. 农林牧渔和服务业	1.722 8
5. 通信设备、计算机和其他电子设备制造业	1.666 1
6. 金融业	1.637 8
7. 交通运输、仓储和邮政业	1.569 3
8. 石油、炼焦和核燃料加工业	1.496 7
9. 石油和天然气开采业	1.446 7
10. 批发和零售业	1.395 4
11. 食品和烟草加工业	1.368 7
12. 煤炭采选业	1.265 0
13. 纺织业	1.206 2
14. 租赁和商务服务业	1.128 6
15. 电气机械和器材制造业	1.093 8
16. 通用设备制造业	1.037 4

资料来源：根据 2012 年中国 42 个部门投入产出表计算而得。

2. 影响力系数的计算

影响力系数的公式为：

$$T_j = \frac{\frac{1}{n}\sum_{i=1}^{n} A_{ij}}{\frac{1}{n^2}\sum_{i=1}^{n}\sum_{j=1}^{n} A_{ij}} \qquad (i，j=1，2，\cdots，n)$$

该公式的文字表述是：

$$某产业的影响力系数=\frac{该产业纵列逆阵系数的平均值}{全部产业纵列逆阵系数的平均值的平均}$$

某产业的影响力系数若大于 1，表明该产业的影响力在全部产业中居平均水平以上；若小于 1，表明居于平均水平以下。

根据日本一些经济学家的计算，1970 年日本影响力系数较高的产业有肉和奶制品、服装服饰、皮革制品、化纤产品、纸浆与制纸、运输工具、工业机械和设备。这些产业多属于或接近最终产品的产业部门。

依据 2012 年我国投入产出表相关数据的计算结果，42 个部门中影响力系数大于 1 的产业部门分布状况如表 6－7 所示。

表 6-7　2012 年中国 42 个部门影响力系数大于 1 的产业分布状况

产业部门	影响力系数
1. 通信设备、计算机和其他电子设备制造业	1.374 8
2. 电气机械和器材制造业	1.327 5
3. 交通运输设备制造业	1.285 1
4. 通用设备制造业	1.268 3
5. 金属制品、机械和设备修理服务业	1.268 1
6. 仪器仪表制造业	1.265 3
7. 专用设备制造业	1.259 6
8. 金属制品制造业	1.252 9
9. 化学工业	1.219 4
10. 金属冶炼和压延加工业	1.206 9
11. 其他制造业	1.197 5
12. 纺织服装鞋帽皮革羽绒及其制品业	1.192 3
13. 纺织业	1.182 1
14. 木材加工和家具制造业	1.159 1
15. 造纸印刷和文教体育用品制造业	1.155 7
16. 建筑业	1.153 2
17. 非金属矿物制品业	1.123 7
18. 电力、热力的生产和供应业	1.076 6
19. 租赁和商务服务业	1.032 5
20. 科学研究和技术服务业	1.010 9
21. 石油、炼焦和核燃料加工业	1.002 3

资料来源：根据 2012 年中国 42 个部门投入产出表计算而得。

需要指出的是，各产业的感应度系数和影响力系数在工业化的不同阶段是不同的。但也有一种趋向，即在工业化过程中，一般重工业都表现为感应度系数较高，而轻工业大都表现为影响力系数较高。因此，经济增长率较高时，感应度系数较高的重工业一般表现为发展较快，而影响力系数较高的轻工业的发展对重工业及其他产业的发展起到推动作用。有些产业的感应度系数和影响力系数都大于 1，表明这些产业在经济发展中一般处于战略地位，是对经济增长速度最敏感的产业。比如不管经济增长还是下降，机械工业都有强烈的反应。

（二）生产诱发系数及生产的最终依赖度

生产诱发系数用于测算各产业部门的各最终需求项目（如消费、投资、出口等）对生产的诱导作用程度。通过投入产出表计算得到的相应的生产诱发系数表可以揭示和认识一国各最终需求项目对各个产业部门的诱导作用。生产的最终依赖度用来测量各产业部门的生产对最终需求项目的依赖程度，也就是说，最终需求对各产业生产的直接或间接的影响程度就是生产的最终依赖度。那么，如何计算各产业部门的生产诱发系数和生产的最终依赖度呢?

1. 生产诱发系数的计算

某产业的生产诱发系数等于该产业的各种最终需求项目的生产诱发额除以相应的最终需求项目的合计数额。用公式表示如下：

$$W_{iL}=\frac{Z_{iL}}{Y_L}\quad (i，L=1，2，\cdots，n)$$

式中，W_{iL} 为 i 产业部门的最终需求 L 项目的生产诱发系数；Z_{iL} 为 i 产业部门对最终需求 L 项目的生产诱发额；Y_L 为各产业对最终需求 L 项目的合计数额。

例如，农业的消费需求从投入产出表查出是 642，用逆阵系数表计算出生产诱发额为 1 862，从投入产出表中查出最终需求的消费项各产业合计是 21 374，那么，农业的消费生产诱发系数是

$$W_{iL}=\frac{1\ 862}{21\ 374}=0.087\ 1$$

这个系数的经济含义是：当总的消费增加 1 个单位时，农业将诱发 0.087 1 个单位的生产。用同样的办法可以计算农业的投资生产诱发系数、出口诱发系数和农业各最终需求项目合计的生产诱发系数。通过求出每一产业某项目的最终需求的生产诱发系数，便可得到有关该最终需求项目的一张生产诱发系数表。该表揭示了最终需求项目对各产业部门的生产诱发作用。

2. 生产的最终依赖度的计算

生产的最终依赖度既包括该产业生产对某最终需求项目的直接依赖，也包括间接依赖。其计算方法是：将该产业各最终需求项目的生产诱发额除以该产业各最终需求项目的生产诱发额之和，便是该产业对各最终需求项目的依赖度。用公式表示如下：

$$Q_{iL}=\frac{Z_{iL}}{\sum\limits_{i=1}^{n} Z_{iL}}\quad (i，L=1，2，\cdots，n)$$

式中，Q_{iL} 为 i 产业部门生产对最终需求 L 项目的依赖度；Z_{iL} 为 i 产业部门对最终需求 L 项目的生产诱发额。

用文字表述该计算方法则是：

$$\text{某部门的生产对各最终需求项目的依赖度}=\frac{\text{消费、投资、出口等的生产诱发额}}{\text{该产业各最终需求项目生产诱发额合计}}$$

通过计算每一个产业的生产对各最终需求项目的依赖度，便可得到各产业的生产依赖各最终需求项目的系数表，即最终依赖度系数表。

对最终依赖度系数表进行分析、归类，一方面，我们可以发现，有些从直接关系上同消费似乎毫无关系的产业部门最终通过间接关系，竟有相当部分生产量是依赖于消费的，比如钢铁，约有 10%的生产量是间接依赖消费的；另一方面，各个产业的生产最终依赖于消费、投资还是出口这一问题已经一清二楚，据此，可将各产业部门分类为依赖消费型产业、依赖投资型产业和依赖出口型产业等。

三、产业波及效果分析的其他应用

产业波及效果分析的应用领域较广，下面主要就特定需求和特定产业波及效果的预测分析问题进行阐述。

某类最终需求和产业之所以被冠以“特定”字样，是因为这类最终需求和产业的生产或扩大与一般最终需求和产业的生产或扩大不同。其不同点在于，前者产生的波及效果强烈，对其他产业的生产和发展，乃至整个国民经济的发展都会产生较大或重大影响。因此，要保持国民经济各产业部门按比例协调发展，必须做好特定需求和特定产业波及效果的预测分析。

（一）特定需求波及效果的预测分析

这种特定需求往往是指特大型投资项目所造成的特殊需求，例如，高速公路、铁路、港湾、大型钢铁基地、巨型化工联合企业以及大规模住宅建设等投资项目。这些大型投资对国民经济影响较大，而且一旦投资实施，就会增加大量需求，这些需求将直接或间接地影响到其他产业部门。如果受到较大波及的产业的生产能力没有得到相应发展，那么该大型投资需求会导致物资供应严重短缺、价格上涨，甚至诱发通货膨胀，最终影响投资的预期效果。因此，在对大型投资项目进行可行性分析时，必须做好该项目对国民经济各产业部门的波及效果分析。

对某一大型投资项目的波及效果的预测分析并不复杂，其计算方法也较简单。一般地说，预测分析过程是：首先，将该投资项目所需的最终产品按产业分类进行分解；其次，运用前述方法，将这些需求作为各产业的最终需求 $X_{i L}$ 的增加额，再用波及效果分析模型 $\mathbf{Z}=(\mathbf{I}-\mathbf{A})^{-1}\cdot X_{i L}$ 来分别计算各产业的生产诱发额。这些生产诱发额便是该投资项目对各产业将要发生的影响，即该投资项目波及效果的预测数据。

特定需求项目的波及效果分析和预测在国民经济宏观调控中发挥了重要作用。例如，国家统计局曾运用上述方法对 1989 年实行经济适度紧缩政策、压缩基本建设（简称基建）投资的不同方案所产生的波及效果做了预测分析（见表 6－8 和表 6－9），为政府决策提供了依据。

表 6－8　1989 年压缩基建投资 100 亿元的波及效果

	劳动报酬系数	每压缩 100 亿元固定资产投资	
		各产业部门产值减少（亿元）	居民消费总额减少（亿元）
农业	0.575 98	7.56	4.35
轻工业	0.077 75	19.35	1.50
重工业	0.105 52	149.08	15.73
建筑业	0.211 63	67.83	14.35
邮电运输业	0.194 43	4.70	0.91

续表

	劳动报酬系数	每压缩 100 亿元固定资产投资	
		各产业部门产值减少（亿元）	居民消费总额减少（亿元）
商业	0.339 45	9.65	3.28
服务业	0.284 98	7.12	2.03
合计		265.29	42.15

资料来源：国家统计局投入产出办公室．投入产出宏观经济分析［M］．北京：中国统计出版社，1993：39.

表 6-9　1989 年压缩基建投资的不同方案的波及效果

压缩固定资产投资方案（亿元）	减少情况				
	社会总产出（亿元）	工业总产出（亿元）	影响工业发展速度（%）	居民消费总额（亿元）	利税（亿元）
300	795.87	505.29	2.08	126.48	107.14
500	1 326.45	842.15	3.46	210.80	178.57
900	2 387.61	1 515.87	6.23	379.44	321.43
1 300	3 448.77	2 189.59	9.00	547.95	464.27

资料来源：国家统计局投入产出办公室．投入产出宏观经济分析［M］．北京：中国统计出版社，1993：39.

（二）特定产业波及效果的预测分析

对特定产业波及效果的预测分析，实际上是解决应选择何种产业为主导产业，应扶植、发展什么样的产业为战略产业的问题。当某一产业部门产生或准备兴办某产业的时候，需要了解该产业部门的兴起会对各产业产生什么样的波及效果，以及对整个国民经济增长会产生多大影响等。这种特定产业波及效果的预测分析不仅包括投资本身的波及效果，而且包括在投产以后产生的波及效果，也就是原材料的消费造成的生产波及效果。一般地说，对特定产业波及效果的预测分析分两种情况。

第一，如果这个国家没有这一产业，则需要根据这一新兴产业可能达到的生产水平和相关信息将其分解为投入各产业的产品，然后作为最终需求放到模型中进行计算，就可算出该产业的建立对原有各产业的波及效果。

第二，如果该国家有这一类产业，或者国家内某一地区有这类工厂，并且投入结构也是相同的，那么有一种简便的计算方法，即先从原有投入产出表的逆阵系数表 $(\mathbf{I}-\mathbf{A})^{-1}$ 中求出一个次逆阵系数。计算方法是：用该产业的各纵列系数除以该产业横行和纵列交叉点的逆阵系数，其值就是该产业生产 1 单位产品时对各产业产生的波及效果。这种方法可以用来测定任何产业对其他产业的波及效果系数。

表 6-10 是一张日本汽车工业对其他产业的波及效果系数表。其中，$(\mathbf{I}-\mathbf{A})^{-1}$ 栏目下的系数并非一般的逆阵系数，而是将汽车工业部门下纵列的各系数除以汽车工业系数（即横行和纵列交叉点的逆阵系数）所得的值。

表 6-10　日本汽车工业的生产波及效果

波及产业部门	次序	A	次序	$(I-A)^{-1}$
铸、铸件	1	0.063	1	0.091
动力机械、锅炉	2	0.064	2	0.090
批发	3	0.039	3	0.084
橡胶制品	4	0.032	7	0.045
其他工业机械设备	5	0.029	6	0.048
其他轻电气机械设备	6	0.025	4	0.054
钣金及电镀产品	7	0.018	9	0.044
其他制造业	8	0.018	10	0.035
其他有色金属一次产品	9	0.018	—	0.026
其他金属制品	10	0.009	—	0.017
热轧钢材	—	0.009	5	0.053
粗钢	—	0.002	8	0.046
石油产品	—	0.002	—	0.030

资料来源：宫泽健一．产业联系分析入门［M］．东京：日本经济新闻社，1995：96.

第五节　产业的空间关联分析①

产业的空间关联分析可分为地区内投入产出分析、地区间投入产出分析和企业投入产出分析，本节将逐一介绍这些内容。

一、地区内投入产出分析

地区内投入产出分析是指对一国某一个地区编制投入产出表进行地区性的投入产出分析。这里所说的地区可以按行政区划、经济区划和地理区域等来划分。按不同标准划分的地区内投入产出分析说明的问题各不相同。在实际应用中究竟以何为划分标准，取决于分析的要求和目的。由于我国现行统计资料主要是以行政区划进行汇总的，所以一般的地区内投入产出表都是按行政区划的地区编制的。

（一）地区内投入产出分析的必要性

第一，我国各地区自然资源、地理特点和社会需要等都不相同，生产力发展水平相差较大，每个地区都有各自的优势。进行地区内投入产出分析，就能更好地针对各地区的实际，发挥各地区的优势，促进地区间经济的协调发展。

① 王俊豪．产业经济学［M］．北京：高等教育出版社，2008：189-199.

第二，我国是一个幅员辽阔的大国，中央和地方的经济关系是一个十分重要的问题。我国各省、市、自治区的经济发展都有各自的特色，如何在分工的基础上更好地促进地区间的资源流动和商品交换，建立全国统一的市场，也是一个十分重要的问题。进行地区内投入产出分析有助于正确处理中央和地方的经济关系、地区与地区的经济关系。

第三，在全国投入产出表中，每个数字都是全国的合计，完全没有考虑地区的内部结构，它只能用于分析全国的总体情况，不能直接地用于分析各地区的具体情况。从这一点来说，编制地区内投入产出表是对全国投入产出表编制和分析的补充和完善。

第四，分析地区内投入产出情况是制定地区内经济发展规划，将地区中长期发展规划建立在科学基础上的要求。

（二）地区内投入产出表的基本结构

由于完整的地区内投入产出表较详细地反映了产品的调入与调出，体现了它的特色，下面重点介绍完整的地区内实物投入产出表和完整的地区内价值投入产出表。

1. 完整的地区内实物投入产出表

完整的地区内实物投入产出表又称为地区实物平衡表（见表 6－11），它与全国同类表相比，有很大的不同。表 6－11 可分为六个部分：第Ⅰ部分反映本地生产的中间产品用于本地生产消费的情况；第Ⅱ部分反映本地生产的产品用于满足本地最终需求（消费和积累）的情况；第Ⅲ部分反映本地生产的产品调往外地和出口的情况；第Ⅳ部分反映本地调入产品的产地（包括进口）情况；第Ⅴ部分反映调入产品在本地各产业之间的分配、使用情况；第Ⅵ部分反映调入产品满足本地最终需求的情况。

表 6－11　完整的地区内实物投入产出表

<table>
<tr><td colspan="7" rowspan="4"></td><td rowspan="4">计量单位</td><td colspan="14">产出</td></tr>
<tr><td colspan="5">中间产品</td><td colspan="8">最终产品</td><td rowspan="3">总产出</td></tr>
<tr><td rowspan="2">产品1</td><td rowspan="2">产品2</td><td rowspan="2">…</td><td rowspan="2">出口</td><td rowspan="2">合计</td><td colspan="3">本地使用</td><td colspan="5">调出</td></tr>
<tr><td>消费</td><td>积累</td><td>合计</td><td>产品1</td><td>产品2</td><td>…</td><td>出口</td><td>合计</td></tr>
<tr><td colspan="4">调入</td><td rowspan="8">投入</td><td rowspan="4">本地生产</td><td>产品 1</td><td rowspan="4"></td><td colspan="5" rowspan="4">Ⅰ</td><td colspan="3" rowspan="4">Ⅱ</td><td colspan="5" rowspan="4">Ⅲ</td><td rowspan="4"></td></tr>
<tr><td rowspan="3">产品1</td><td rowspan="3">产品2</td><td rowspan="3">…</td><td rowspan="3">进口</td><td>产品 2</td></tr>
<tr><td>…</td></tr>
<tr><td>产品 n</td></tr>
<tr><td colspan="4" rowspan="4">Ⅳ</td><td rowspan="4">外地调入</td><td>产品 1</td><td rowspan="4"></td><td colspan="5" rowspan="4">Ⅴ</td><td colspan="3" rowspan="4">Ⅵ</td><td colspan="6" rowspan="4"></td></tr>
<tr><td>产品 2</td></tr>
<tr><td>…</td></tr>
<tr><td>产品 n</td></tr>
</table>

2. 完整的地区内价值投入产出表

完整的地区内价值投入产出表又称地区内价值平衡表（见表 6－12）。该表可分为八个部分。第Ⅰ到第Ⅵ部分与表 6－11 的相应部分一样，只是以货币为计量单位。第Ⅶ和第Ⅷ部分与全国同类表的相应内容一致。

表 6－12 完整的地区内价值投入产出表

<table>
<tr><td colspan="7" rowspan="4"></td><td colspan="14">产出</td></tr>
<tr><td colspan="5">中间产品</td><td colspan="8">最终产品</td><td rowspan="3">总产出</td></tr>
<tr><td rowspan="2">产品1</td><td rowspan="2">产品2</td><td rowspan="2">…</td><td rowspan="2">出口</td><td rowspan="2">合计</td><td colspan="3">本地使用</td><td colspan="5">调出</td></tr>
<tr><td>消费</td><td>积累</td><td>合计</td><td>产品1</td><td>产品2</td><td>…</td><td>出口</td><td>合计</td></tr>
<tr><td colspan="4">调入</td><td rowspan="12">投入</td><td rowspan="4">本地生产</td><td>产品1</td><td colspan="5" rowspan="4">Ⅰ</td><td colspan="3" rowspan="4">Ⅱ</td><td colspan="5" rowspan="4">Ⅲ</td><td rowspan="4"></td></tr>
<tr><td rowspan="3">产品1</td><td rowspan="3">产品2</td><td rowspan="3">…</td><td rowspan="3">进口</td><td>产品2</td></tr>
<tr><td>…</td></tr>
<tr><td>产品 n</td></tr>
<tr><td colspan="4" rowspan="4">Ⅳ</td><td rowspan="4">外地调入</td><td>产品1</td><td colspan="5" rowspan="4">Ⅴ</td><td colspan="3" rowspan="4">Ⅵ</td><td colspan="6" rowspan="8"></td></tr>
<tr><td>产品2</td></tr>
<tr><td>…</td></tr>
<tr><td>产品 n</td></tr>
<tr><td colspan="4" rowspan="4"></td><td rowspan="3">新创造价值</td><td>劳动报酬</td><td colspan="5" rowspan="3">Ⅶ</td><td colspan="3" rowspan="3">Ⅷ</td></tr>
<tr><td>社会纯收入</td></tr>
<tr><td>合计</td></tr>
<tr><td colspan="2">总投入</td><td colspan="5"></td><td colspan="3"></td></tr>
</table>

如果以 X_{ij} 表示 j 产业生产消耗的 i 产业产品，S_i 表示 i 产业中用于消费的产品，J_i 表示 i 产业中用于积累的产品，H_i 表示调入（包括进口）的 i 产业产品，E_i 表示调出（包括出口）的 i 产业产品，V_i 表示 i 产业的劳动报酬，M_i 表示 i 产业的社会纯收入，那么，从完整的地区内价值投入产出表中可以得到下列等式：

（1）对每一个产业有：

$$\sum_{j=1}^{n} X_{ij} + S_i + J_i + E_i = \sum_{j=1}^{n} X_{ij} + \sum_{j=1}^{n} H_{ij} + V_i + M_i$$

（2）对整个地区有：

$$\sum_{i=1}^{n}\sum_{j=1}^{n} X_{ij} + \sum_{i=1}^{n} S_i + \sum_{i=1}^{n} J_i + \sum_{i=1}^{n} E_i = \sum_{i=1}^{n}\sum_{j=1}^{n} X_{ij} + \sum_{i=1}^{n}\sum_{j=1}^{n} H_{ij} + \sum_{i=1}^{n} V_i + \sum_{i=1}^{n} M_i$$

将该式两边同时减去 $\sum_{i=1}^{n}\sum_{j=1}^{n} X_{ij}$，则有：

$$\sum_{i=1}^{n} S_i + \sum_{i=1}^{n} J_i + \sum_{i=1}^{n} E_i = \sum_{i=1}^{n}\sum_{j=1}^{n} H_{ij} + \sum_{i=1}^{n} V_i + \sum_{i=1}^{n} M_i$$

二、地区间投入产出分析

一个国家可以分为若干地区，每个地区又可分为很多小的区域，各地区之间存在着密切的商品交换关系。地区间投入产出分析就是研究地区间经济联系，以便发挥各个地区优势的一种方法。

一般地说，假定全国分为 m 个地区，每个地区又有 n 个产业，则地区间投入产出表如表 6－13 所示。

表 6－13　地区间投入产出表

				产出												
				中间产品							最终产品					总产出
				地区 1			…	地区 m								
				产业1	…	产业 n	…	产业1	…	产业 n	地区 1	…	地区 m	全国 $m+1$	合计	
投入	补偿价值	地区 1	产业 1	X_{11}^{11}	…	X_{1n}^{11}		X_{11}^{1m}	…	X_{1n}^{1m}	Y_1^{11}	…	Y_1^{1m}	$Y_1^{1(m+1)}$	Y_1^{1T}	X_1^1
			…	…	…	…	…		…	…	…	…	…	…	…	…
			产业 n	X_{n1}^{11}	…	X_{nn}^{11}		X_{n1}^{1m}	…	X_{nn}^{1m}	Y_n^{11}	…	Y_n^{1m}	$Y_n^{1(m+1)}$	Y_n^{1T}	X_n^1
		……		…			……	…			…	…	…	…	…	…
			产业 1	X_{11}^{m1}		X_{1n}^{m1}		X_{11}^{mm}		X_{1n}^{mm}	Y_1^{m1}	…	Y_1^{mm}	$Y_1^{m(m+1)}$	Y_1^{mT}	X_1^m
			…	…	…	…	…	…	…	…	…	…	…	…	…	…
			产业 n	X_{n1}^{m1}	…	X_{nn}^{m1}		X_{n1}^{mm}	…	X_{nn}^{mm}	Y_n^{m1}		Y_n^{mm}	$Y_n^{m(m+1)}$	Y_n^{mT}	X_n^m
		小计					…				$\sum_{i=1}^{n} Y_i^{T1}$	…	$\sum_{i=1}^{n} Y_i^{Tm}$	$\sum_{i=1}^{n} Y_i^{T(m+1)}$	$\sum_{i=1}^{n} Y_i^{T1}$	…
	新创造价值	折旧		D_1^1	…	D_n^1	…	D_1^m	…	D_n^m						
		劳动报酬		V_1^1	…	V_n^1	…	V_1^m	…	V_n^m						
		社会纯收入		M_1^1	…	M_n^1	…	M_1^m	…	M_n^m						
	总投入			X_1^1	…	X_n^1	…	X_1^m	…	X_n^m						

在分析中我们用上标表示地区，下标表示产业，如上标 pq 表示 p 地区供应 q 地区，下标 ij 表示 i 产业产品用于 j 产业。

X_{ij}^{pq} 表示 p 地区生产的 i 产业产品供应 q 地区 j 产业生产消耗的数量。

Y_i^{pq} 表示 p 地区生产的 i 产业产品供应 q 地区用作最终产品的数量。当 q 等于 $m+1$ 时，$Y_i^{p(m+1)}$ 就表示 p 地区生产的 i 产业产品用来满足全国性最终需求的数量。

Y_i^{pT} 表示 p 地区生产的 i 产业产品用作各个地区及全国最终产品的数量之和。

Y_i^{Tq} 表示 q 地区从各个地区得到的 i 产业最终产品的数量之和。

D_j^q，V_j^q，M_j^q，X_j^q 分别表示 q 地区 j 产业的折旧、劳动报酬、社会纯收入及总产品量。

表 6－13 从横行看，有如下等式：

$$\begin{cases} \sum_{q=1}^{m}\sum_{j=1}^{n} X_{1j}^{1q} + Y_1^{1T} = X_1^1 \\ \vdots \\ \sum_{q=1}^{m}\sum_{j=1}^{n} X_{nj}^{1q} + Y_n^{1T} = X_n^1 \\ \vdots \\ \sum_{q=1}^{m}\sum_{j=1}^{n} X_{1j}^{mq} + Y_1^{mT} = X_1^m \\ \vdots \\ \sum_{q=1}^{m}\sum_{j=1}^{n} X_{nj}^{mq} + Y_n^{mT} = X_n^m \end{cases}$$

这个方程组说明了分地区的各产业产品的使用情况，它可以简写为：

$$\sum_{q=1}^{m}\sum_{j=1}^{n} X_{ij}^{pq} + Y_i^{pT} = \overline{X}_i^p \qquad (p=1，2，\cdots，m；i=1，2，\cdots，n)$$

表 6－13 从纵列看，有如下等式：

$$\begin{cases} \sum_{p=1}^{m}\sum_{i=1}^{n} X_{i1}^{p1} + D_1^1 + V_1^1 + M_1^1 = X_1^1 \\ \vdots \\ \sum_{p=1}^{m}\sum_{i=1}^{n} X_{in}^{p1} + D_n^1 + V_n^1 + M_n^1 = X_n^1 \\ \vdots \\ \sum_{p=1}^{m}\sum_{i=1}^{n} X_{i1}^{pm} + D_1^m + V_1^m + M_1^m = X_1^m \\ \vdots \\ \sum_{p=1}^{m}\sum_{i=1}^{n} X_{in}^{pm} + D_n^m + V_n^m + M_n^m = X_n^m \end{cases}$$

这个方程组说明了分地区的各产业产品的价值形成过程，它可以简写为：

$$\sum_{p=1}^{m}\sum_{i=1}^{n} X_{ij}^{pq} + D_j^q + V_j^q + M_j^q = X_j^q \qquad (q=1，2，\cdots，m；j=1，2，\cdots，n)$$

三、企业投入产出分析

在现代工业企业中，生产过程非常复杂，经济和技术的联系千丝万缕，需要有效地进行组织和管理。企业投入产出分析就是实现企业管理现代化的一种重要工具。从理论上讲，任何工业企业都可以运用投入产出分析，但从运用效果来看，投入产出分析更适于在大批量生产、原料加工多阶段、有复杂的生产工艺、生产设备专业化的大型企业内采用，例如大型钢铁联合企业、大型化工企业等。

（一）企业投入产出表的基本结构

1. 价值型企业投入产出表

价值型企业投入产出表（见表6-14）的第Ⅰ部分代表本企业生产的产品供本企业使用的部分，它反映企业内部生产的 n 种产品之间的技术联系。第Ⅱ部分是本企业的最终产品，它大部分用于外销。第Ⅲ部分表示外购产品用于本企业各种产品生产消耗的数量。第Ⅳ部分是各种产品应分摊的固定资产折旧、企业管理费、工资、利润税金。它反映了企业的固定费用消耗和企业新创造的价值。

表6-14 价值型企业投入产出表

<table>
<tr><th colspan="4" rowspan="3"></th><th colspan="8">产出</th></tr>
<tr><th colspan="4">企业中间产品</th><th colspan="3">商品产品</th><th rowspan="2">总产出</th></tr>
<tr><th>1</th><th>2</th><th>…</th><th>n</th><th>外销</th><th>库存增加</th><th>其他</th></tr>
<tr><td rowspan="15">投入</td><td rowspan="8">物质消耗</td><td rowspan="4">自制产品</td><td>1</td><td colspan="4" rowspan="4">Ⅰ</td><td colspan="3" rowspan="4">Ⅱ</td><td rowspan="4"></td></tr>
<tr><td>2</td></tr>
<tr><td>⋮</td></tr>
<tr><td>n</td></tr>
<tr><td rowspan="4">外购产品</td><td>1</td><td colspan="4" rowspan="4">Ⅲ</td><td colspan="3" rowspan="4"></td><td rowspan="4"></td></tr>
<tr><td>2</td></tr>
<tr><td>⋮</td></tr>
<tr><td>m</td></tr>
<tr><td rowspan="6">固定费用和新创造的价值</td><td colspan="2">折旧</td><td colspan="4" rowspan="5">Ⅳ</td><td colspan="3" rowspan="5"></td><td rowspan="5"></td></tr>
<tr><td colspan="2">企业管理费</td></tr>
<tr><td colspan="2">劳动报酬</td></tr>
<tr><td colspan="2">利润</td></tr>
<tr><td colspan="2">税金</td></tr>
<tr><td colspan="2">合计</td><td colspan="4"></td><td colspan="3"></td><td></td></tr>
<tr><td colspan="3">总投入</td><td colspan="4"></td><td colspan="3"></td><td></td></tr>
</table>

从价值型企业投入产出表的横行来看，第Ⅰ和第Ⅱ部分表示企业自制产品按用途的分配使用情况，有如下等式：

$$\sum_{j=1}^{n} x_{ij} + Y_i = X_i \quad (i = 1, 2, \cdots, n)$$

如引入直接消耗系数，则上式可写成矩阵形式：

$$\mathbf{AX} + \mathbf{Y} = \mathbf{X} \text{ 或 } \mathbf{Y} = (\mathbf{I} - \mathbf{A})\mathbf{X}$$

第Ⅲ部分是外购产品在本企业生产中的消耗情况，有如下等式：

$$\sum_{i=1}^{m} g_{ij} = G_i \quad (i = 1, 2, \cdots, m)$$

从表 6-14 的纵列方向看，第Ⅰ、Ⅲ、Ⅳ部分反映了企业各种产品的消耗构成以及为社会创造的价值。有如下等式：

$$\sum_{i=1}^{n} x_{ij} + \sum_{i=1}^{m} g_{ij} + D_j + Z_j + V_j + M_j + H_j = X_j \quad (j = 1, 2, \cdots, n)$$

符号 X、Y、G 分别代表企业自制产品、最终产品和外购产品；A 为企业直接消耗系数；D、Z、V、M、H 分别代表折旧、企业管理费、劳动报酬、利润和税金。

2. 实物型企业投入产出表

实物型企业投入产出表如表 6-15 所示。表中有三个主要部分，除了计量单位与表 6-14 不同以外，经济含义均相同。实物型企业投入产出表的横行相加所得等式与价值型企业投入产出表相同，但实物型企业投入产出表的纵列不能相加。

表 6-15 实物型企业投入产出表

<table>
<tr><td colspan="4" rowspan="3"></td><td colspan="8">产出</td></tr>
<tr><td colspan="4">企业中间产品</td><td colspan="3">商品产品</td><td rowspan="2">总产出</td></tr>
<tr><td>1</td><td>2</td><td>…</td><td>n</td><td>外销</td><td>库存增加</td><td>其他</td></tr>
<tr><td rowspan="8">投入</td><td rowspan="8">物质消耗</td><td rowspan="4">自制产品</td><td>1</td><td colspan="4" rowspan="4">Ⅰ</td><td colspan="3" rowspan="4">Ⅱ</td><td rowspan="4"></td></tr>
<tr><td>2</td></tr>
<tr><td>⋮</td></tr>
<tr><td>n</td></tr>
<tr><td rowspan="4">外购产品</td><td>1</td><td colspan="4" rowspan="4">Ⅲ</td><td colspan="3" rowspan="4"></td><td rowspan="4"></td></tr>
<tr><td>2</td></tr>
<tr><td>⋮</td></tr>
<tr><td>m</td></tr>
</table>

（二）企业投入产出法在经营管理中的应用

1. 分析生产结构

企业投入产出表既能全面反映出产品在企业内各个部门间的流向和流量，又能基本上反映出企业内各部门的生产能力和协调关系。这对于研究企业内部门与部门间的比例关系，原材料、燃料的自产与外购比例，各种产品的自用与外销比例等，无疑提供了可靠的数据。因此，投入产出法对企业发展计划的编制、部门结构和比例的调整、生产布局和投资方向的确定都有很大的作用。

2. 分析主体生产与辅助生产、附属生产的联系和比例

如果企业投入产出表中除了主体生产环节外，还把辅助和附属生产也包括在内，则该表就可以用来详细分析主体生产与辅助和附属生产之间的联系和比例。例如在编制钢铁联合企业投入产出表时，除了矿石、生铁、钢材等主体产品生产之外，还可以把焦化、耐火、动力、运输等辅助和附属生产包括在内。

3. 编制企业生产计划

企业通过市场调查分析市场供求情况，事先确定计划期间本企业各种产品的外销数量即商品量计划。事先确定了 **Y**，根据方程 $\mathbf{X}=(\mathbf{I}-\mathbf{A})^{-1}\mathbf{Y}$ 就能计算出各种产品计划期的总产出量应该是多少，各种材料物资的供应量应该是多少。计算出的这些数据就是企业编制生产计划的基本依据。

4. 在企业生产计划调整上的应用

市场供求关系是在不断变化的。企业计划工作就是要根据不断变化的市场情况，不断地调整生产计划。企业产品外销量的变化要求企业各产品的总产出量也要做出相应调整。

$$\begin{bmatrix}\Delta X_1\\\Delta X_2\\\vdots\\\Delta X_n\end{bmatrix}=\begin{bmatrix}C_{11}&C_{12}&\cdots&C_{1n}\\C_{21}&C_{22}&\cdots&C_{2n}\\\vdots&\vdots&&\vdots\\C_{n1}&C_{n2}&\cdots&C_{nn}\end{bmatrix}\begin{bmatrix}\Delta Y_1\\\Delta Y_2\\\vdots\\\Delta Y_n\end{bmatrix}$$

式中，ΔY_i 表示 i 种产品外销量的变化量（如果不变，则 ΔY_i 等于 0）；ΔX_i 表示 i 种产品总产出量的变化量；C_{ij} 为矩阵 $(\mathbf{I}-\mathbf{A})^{-1}$ 中的元素。

案例分析 6-1

2012 年新疆投入产出表的分析

表 6-16 为 2012 年新疆 42 个部门投入产出表。

表 6-16　2012 年新疆 42 个部门投入产出表　　单位：万元

	农业	煤炭采选业	纺织业	…	中间需求合计	最终需求合计	总产出
农业	3 740 177	404	607 193		8 275 068	14 981 690	22 756 726
煤炭采选业	0.00	77 760	11 736		2 415 422	644 054	3 021 333
纺织业	1	106	185 448		414 192	3 111 264	1 546 595
…							
食品和烟草制造业	574 353	931	369		1 648 788	6 051 279	7 003 083
…							
中间投入合计	9 551 026	1 463 869	1 254 094		107 340 015	164 058 827	182 431 971
固定资产折旧	827 882	139 475	221 754		10 444 606		
劳动者报酬	12 377 818	785 832	350 556		45 680 424		
…							
增加值合计	13 205 700	1 557 464	292 501		75 091 955		
总投入	22 756 726	3 021 333	1 546 595		182 431 971		

资料来源：2012 年新疆 42 个部门投入产出表。

思考题：

1. 依据表 6-16 的数据阐述价值型投入产出表的三部分的经济含义。
2. 依据表 6-16 的数据验证投入产出表的平衡关系。
3. 计算某一产业的中间需求率与中间投入率并说明其经济含义。

案例分析 6-2

表 6-17 为 2012 年新疆 42 个部门影响力系数与感应度系数表。

表 6-17　2012 年新疆 42 个部门影响力系数与感应度系数表

行业	影响力系数	感应度系数	行业	影响力系数	感应度系数
农林牧渔和服务业	0.771 768	1.644 147	其他制造业	0.393 471	0.502 549
煤炭采选业	0.893 350	1.072 367	废品废料	1.088 263	0.807 798
石油和天然气开采业	0.623 672	1.663 065	金属制品、机械和设备修理服务业	1.237 620	1.087 772
金属矿采选业	0.982 723	1.069 987	电力、热力的生产和供应业	0.989 274	1.842 100
非金属矿和其他矿采选业	1.070 080	0.590 015	燃气生产和供应业	0.956 554	0.662 238
食品制造及烟草加工业	1.035 656	0.699 026	水的生产和供应业	0.773 737	0.448 325
纺织业	1.101 026	0.638 956	建筑业	1.274 510	0.560 309
纺织服装鞋帽皮革羽绒及其制品业	1.042 738	0.472 676	批发和零售业	0.697 166	2.574 085
木材加工和家具制造业	1.257 894	0.687 423	交通运输、仓储和邮政业	1.055 312	2.231 377
造纸印刷和文教体育用品制造业	1.095 054	1.221 051	住宿和餐饮业	0.878 841	0.821 502
石油加工、炼焦和核燃料加工业	1.180 603	3.452 090	信息传输、软件和信息技术服务业	0.859 998	0.674 933
化学工业	1.151 984	1.811 827	金融业	0.684 456	1.870 626
非金属矿物制品业	1.138 875	0.780 017	房地产业	0.693 389	0.668 405
金属冶炼和压延加工业	1.421 733	2.464 568	租赁和商务服务业	0.985 736	0.873 399
金属制品业	1.443 228	0.738 516	科学研究和技术服务业	1.006 119	0.529 003
通用设备制造业	1.189 129	0.823 193	水利、环境和公共设施管理业	1.046 025	0.398 992
专用设备制造业	1.231 921	0.657 267	居民服务、修理和其他服务业	1.106 554	0.705 777
交通运输设备制造业	1.643 321	0.625 241	教育	0.582 561	0.442 156
电气机械和器材制造业	1.373 874	0.809 000	卫生和社会工作	1.066 227	0.398 904
通信设备、计算机和其他电子设备制造业	0.606 561	0.576 122	文化、体育和娱乐业	0.824 616	0.421 957
仪器仪表制造业	1.040 536	0.544 975	公共管理、社会保障和社会组织	0.503 847	0.436 263

资料来源：根据 2012 年新疆 42 个部门投入产出表有关数据计算而得。

表 6-18 为产业关联分类标准。

表 6-18 产业关联分类标准

第 1 类	第 2 类	第 3 类	第 4 类
$T_j \geqslant 1$，$S_i \geqslant 1$	$T_j \geqslant 1$，$S_i < 1$	$T_j < 1$，$S_i < 1$	$T_j < 1$，$S_i \geqslant 1$
需求拉动力大，供给推动力大	需求拉动力大，供给推动力小	需求拉动力小，供给推动力小	需求拉动力小，供给推动力大

注：S_i 为感应度系数；T_j 为影响力系数。

思考题：

1. 依据表 6-18 的分类标准对表 6-17 中 2012 年新疆 42 个部门进行分类。
2. 分析每一类产业的特点。
3. 基于以上分析，从产业关联的角度思考新疆应如何调整产业结构。

本章小结

产业关联是从“量”的角度揭示产业间技术经济联系与联系方式的理论。产业关联的实质是各产业之间的供给与需求关系。根据不同的标准，产业关联可以划分为多种类型。投入产出法是产业关联分析的基本工具，是运用投入产出表、投入产出模型来对产业间投入与产出的相互依存关系进行分析的数量经济分析方法，其分析结果可以作为一国（或地区）制定经济社会发展战略与政策的重要依据。投入产出法既可分析产业之间的关系结构，也可对错综复杂的经济现象进行分析，还可对产业之间的空间关联等进行分析。

复习思考题

1. 简述产业关联的内涵和实质、产业关联的类型。
2. 简述投入产出表中中间需求部分、最终需求部分、毛附加价值部分的经济含义。
3. 简述实物型投入产出表、价值型投入产出表及其平衡关系。
4. 什么是直接消耗系数、完全消耗系数？其经济含义是什么？
5. 简述产业关联静态分析的主要内容。
6. 简述中间需求率、中间投入率在产业关联分析中的作用。
7. 产业波及效果分析的基本工具有哪些？$(\mathbf{I}-\mathbf{A})^{-1}$ 的经济含义是什么？
8. 简述产业波及效果的时滞现象。
9. 简述产业波及效果现状分析的主要内容。
10. 简述产业的空间关联分析的主要类型。

参考文献

1. 白永秀，惠宁．产业经济学基本问题研究［M］．北京：中国经济出版社，2008.

2. 刘佳，朱桂龙．基于投入产出表的我国产业关联与产业结构演化分析［J］．统计与决策，2012（2）.

3. 苏东水．产业经济学［M］．3版．北京：高等教育出版社，2010.

4. 王俊豪．产业经济学［M］．北京：高等教育出版社，2008.

5. 杨公朴，夏大慰．现代产业经济学［M］．上海：上海财经大学出版社，1999.

6. 杨治．产业经济学导论［M］．北京：中国人民大学出版社，1985.

7. 臧旭恒，徐向艺，杨蕙馨．产业经济学［M］．北京：经济科学出版社，2002.

第七章

产业布局与集群

内容提要

产业布局是产业在空间上的分布。本章首先介绍了产业布局理论的形成与发展、产业布局的主要影响因素，以及产业布局的一般规律和基本原则；其次介绍了产业集群的概念和特征，产业集群形成的条件、途径和动力机制以及测度产业集群的主要方法；最后介绍了新产业区的概念、划分标准和类型以及我国新产业区的发展情况。

本章重点

- 产业布局的概念及其理论
- 产业布局的一般规律与原则
- 产业集群形成和发展的动力机制
- 影响产业布局的主要因素
- 产业集群的概念和特征
- 新产业区的概念和类型

第一节　产业布局

产业布局是指一个国家或地区产业各部门在地域上的动态组合分布，是国民经济各部门发展运动规律的具体表现。[①] 简单地说，产业布局就是产业在空间上的分布。产业布

① 苏东水．产业经济学［M］．3版．北京：高等教育出版社，2010：227.

局理论主要研究资源的空间配置，它是随着人类社会的进步和生存空间的扩展，生产活动内容和空间拓展到一定程度的必然产物。

一、产业布局理论的形成与发展

（一）产业布局理论的形成

19 世纪初至 20 世纪中叶是产业布局理论的形成期。这一时期资本主义生产力迅速发展，地区间的经济联系空前扩大，商品销售与原料地范围越来越大；同时，经济危机频繁爆发。产业如何在空间上合理布局已成为迫切需要回答的问题。最早从事这方面研究的德国学者杜能、韦伯等运用地租学说、比较成本学说等许多经济学研究成果，创立了古典区位理论。

1. 杜能的农业区位理论

1826 年，德国经济学家杜能在著名的《孤立国同农业和国民经济的关系》一书中提出了孤立国与农业圈层理论。他认为：在农业布局上，并不是哪个地方适合种什么就种什么，农业经营方式也不是任何地方越集中越好。在确定农业活动最佳配置点时，要把运输因素考虑进来，容易腐烂、集约化程度高的农产品生产要安排在中心城市附近，如鲜菜、牛奶等；粗放经营的可安排在离中心城市较远的地方，如谷物、牧产品等。对农业布局起决定作用的是级差地租，例如特定农场（或地域）距离城市（农产品消费市场）的远近，即集中化程度与离中心城市的距离成反比。因此，他设计了孤立国六层农业圈。第一圈层为自由农作圈，主要生产鲜菜、牛奶；第二圈层为林业圈，主要生产木材；第三圈层为轮作农作圈，主要生产谷物；第四圈层为谷草农作圈，主要生产谷物、畜产品，以谷物为重点；第五圈层为三圃农作圈，主要生产谷物、牧产品，以畜牧为重点；第五圈层以外即第六圈层为荒野（见图 7－1）。

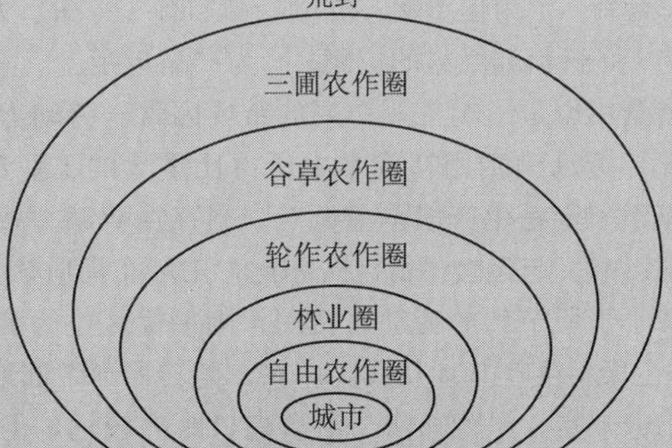

图 7－1　杜能农业圈层理论

资料来源：苏东水．产业经济学［M］．3 版．北京：高等教育出版社，2010：227－228.

尽管杜能的理论忽视了农业生产的自然条件，也没有研究其他产业的布局，但他的农业区位理论给西方许多工业区位理论的研究者以深刻的启发。杜能本人也因第一个研究区位问题而被誉为产业布局学的鼻祖。

在杜能模式的基础上，美国地理学家R. 辛克莱通过对美国中西部大都市周围农业景观形态进行研究，发现在不断扩张的大都市边缘地带（urban fringe）的农业景观空间形态与杜能模式迥然不同，于是对杜能模式进行修正，进而形成了辛克莱模式。辛克莱认为，在都市化程度不断提高、都市规模不断扩张的情况下，大都市的都市用地与都市边缘地带的农业用地形成竞争。土地作为都市用地，如建工厂或购物中心等，通常比降为农业用地能获得更高的利润，因此，都市边缘地带的农民在期待土地转为都市用地和随时准备抛售土地的心理下，多不愿在农场投入大量的资金与劳务，而使农业经营趋于粗放。这种现象越接近都市越明显。因为距离都市越近的土地越有可能由农业用地转为都市用地。结果，都市边缘地带的农业景观形态呈现与杜能模式相反的现象：越接近都市，农业土地利用价值越低，土地利用率也就越低，空置的农地越多，农业生产经营也越粗放。直到都市扩大或发展潜力终止的地带的农业用地在近期已不可能转为都市用地，才由此向外恢复为杜能模式。①

2. 韦伯的工业区位理论②

德国经济学家韦伯是区位理论的奠基人，他第一个将工业区位理论系统化，提出了一系列概念、指标与准则等，其后的区位理论发展无不受其影响。韦伯在《工业区位论》一书中系统地论述了工业区位理论，是工业布局理论的创始者。该理论认为，工业布局主要受到运费、劳动力费用和聚集力三方面因素的影响，其中运费是起决定性作用的因素，工业部门的生产成本的地区差别主要是运费造成的，工业的最优区位通常应选择在运费低点上。他将龙哈德（Launhardt）提出的“区位三角形”概念一般化为区位多边形，他假定有 n 个原材料和燃料地，则工厂的最优区位必须满足的条件为：

$$\min F = f \cdot \min\left(\sum_{i=1}^{n} m_i r_i + r_k\right)$$

式中，F 为单位产品总运费；f 为运费率；m_i（$i=1$，2，…，n）为单位产品消耗的 i 原材料和燃料重量；r_i 为 i 原材料和燃料的运距；r_k 为产品运距。

韦伯认为，劳动力费用也是影响工业布局的重要因素。劳动力费用在生产成本中占很大比重。与运费相比，劳动力费用在成本中所占比重大的工业部门，如珠宝首饰业、纺织业等，运费最低点不一定是生产成本最低点。当存在劳动力费用最低点时，它同样会对最优工业区位施加影响。与运费最低区位相比，工厂布局应该是劳动力费用最低点，单位产品所增加的运费小于所节约的劳动力费用，则最优区位为劳动力费用最低点，而非运费最低点。③ 如富士康将生产基地从我国广东东莞转移到中部地区的河南郑州，就是因为河南省的劳动力十分丰富，尽管郑州与沿海港口距离较远，但是单位产品节约的劳

① 吴殿廷，等．区域经济学［M］．2版．北京：科学出版社，2009：155－156.
② 苏东水．产业经济学［M］．3版．北京：高等教育出版社，2010：228.
③ 臧旭恒，徐向艺，杨蕙馨．产业经济学［M］．3版．北京：经济科学出版社，2005：374.

动力费用远大于其增加的运费，仍然能增加企业的利润空间。聚集力也会对工业最优区位产生影响。聚集力是指企业规模扩大和工厂在一地集中所带来的规模经济效益和企业外部经济利益的增长。聚集经济效益一方面取决于聚集的产业、企业的种类和结构，另一方面取决于聚集的规模。

知识讲解

以下视频节选自新疆财经大学“产业经济学”慕课，可登录中国大学慕课网站搜索查看完整视频。

视频 7－1：韦伯的工业区位理论

（二）产业布局理论的发展

产业布局理论自 19 世纪形成以来，在第三次科技革命与世界经济格局变化的影响下，经历了一个较快的发展过程，形成了各种不同的理论流派。

1. 成本学派理论

成本学派是最早的产业布局学派，其理论核心是以生产成本最低为准则来确定产业的最优区位。该学派最早的代表人物是龙哈特，主要代表人物是韦伯。韦伯之后成本学派的主要代表人物是胡佛（Hoove）、赖利（Relly）、艾萨德（Isard）等。

美国学者胡佛于 1931 年和 1948 年分别出版了《区位理论与皮革制鞋工业》《经济活动的区位》。他提出运输成本由两部分构成：一是线路运营费用；二是站场费用。前者是距离的函数，后者则不一定。在此基础上，他对韦伯的理论做了修改，成为成本学派的又一重要人物。他认为：第一，若企业用一种原料生产一种产品，在一个市场出售，且在原料与市场之间有直达运输，则企业布局在交通线的起讫点最佳，因为在中间设厂将增加站场费用。这就是胡佛的终点区位优于中间区位的理论。他认为这是大城市工业集中的重要原因之一。第二，如果原料地和市场之间无直达运输线，原料又是地方失重原料（在生产过程中只有一部分重量转移到成品中，另一部分作为废料排出的原料），则港口或其他转运点是最小运输成本区位。这就是胡佛的转运点区位论，这一理论为港口布局工业提供了理论依据。①

此外，赖利就产品交换的不同价格政策对运输的影响进行了深入研究。艾萨德则根据韦伯的理论，对运输指向的工业做了更详尽的分析。他认为，运费不仅取决于货物的重量及运距，而且与货物本身的梯级、易碎性、易燃性等属性有关。②

2. 市场学派理论

市场学派的主要观点是：产业布局必须充分考虑市场因素，尽量将企业布局在利润最大的区位。在激烈的市场竞争中，必须充分考虑市场划分与市场网络的合理结构安排。

研究市场划分的主要理论有谢费尔的空间相互作用理论、费特尔的贸易区边界区位理论、帕兰德的市场竞争区位理论、罗斯特朗的盈利边界理论等。其中，空间相互作用理论受到许多学者的关注。空间相互作用理论的基本原理是：任何两地之间都存在一定的相互作用关系，两地的市场间分界点为两地作用的均衡点。

---

① 臧旭恒，徐向艺，杨蕙馨．产业经济学［M］．3 版．北京：经济科学出版社，2005：374．
② 苏东水．产业经济学［M］．3 版．北京：高等教育出版社，2010：229．

研究市场网络合理结构安排的理论主要有克里斯塔勒（Christaller）的中心地理论和廖什（Losch）的区位经济学。

克里斯塔勒于1933年出版了《德国南部中心地原理》一书，提出了中心地理论。该理论的要点为：(1) 一个区域发展必须拥有若干大小不同的城镇。城镇为其服务范围内的居民提供货物和服务。每个城镇大多位于其服务区域的中央，所以称为中心地。中心地的大小与排列有一定的规律，高级中心地只有一个，次一级的中心地较多，等级越低的中心地数目越多、规模越小。(2) 各级中心地及其市场处于一个完善的网络系统中，形成大小不同的六边形，各级中心地位于六边形的中心或边的中心与顶点上。(3) 不同规模的中心地提供不同种类的服务，每一中心地的相对重要性取决于它所提供商品和服务的数量与等级。(4) 同一等级的两个相邻中心地之间的距离相等，级别越低，相邻两个中心地间的距离越短等。克里斯塔勒首创了以城市聚落为中心进行市场面与网络分析的理论，很受学术界重视。20世纪50—60年代，荷兰填海造陆后曾按照中心地理论规划居民网点和交通图。

1940年，廖什出版了《区位经济学》一书，他在该书中论述了区位平衡理论、工业区位理论、经济区理论和市场区位理论等。他认为：工业布局的根本原则是寻求最大利润，但把单个经济活动单位置于实际空间中去研究，其布局往往受多种因素影响。如首先会遇到竞争者的影响，其次会遇到消费者和供应者的影响。在产业布局过程中，如果要考虑各种因素的影响，找出各经济活动单位布局的相互依存关系，就要寻求整个区位系统的平衡。在此基础上他提出了经济区理论，他把经济区边界分为两类：一类是部门经济区边界，分为生产竞争边界与市场竞争边界；另一类是综合经济区边界。为寻求工业布局区域平衡，他设计了一系列平衡方程，也就是均衡条件。① 廖什是区位理论的集大成者，他的区位经济学涉及农业区位理论、工业区位理论、交通运输布局理论等领域，而且他开创了产业布局学的新领域——区域产业布局。②

3. 成本-市场学派理论

成本-市场学派理论是在成本学派与市场学派的基础上形成的。这一学派不仅综合研究了成本和市场对产业布局的影响，而且拓宽了区位理论的研究领域。该学派综合韦伯以来工业区位理论的各种成果，系统地提出了选择工业厂址的七大指向，即原料指向、市场指向、动力燃料指向、劳动力指向、技术指向、资金供给指向和环境指向。③ 古典区位理论讨论的是微观布局问题，即企业布局；市场学派尽管重点研究了市场区问题，但没有涉及区位，是一般均衡问题。成本-市场学派建立了一般均衡理论，而且探讨了区域产业布局与总体产业布局问题。这一学派的主要代表人物有艾萨德、俄林（Ohlin）、弗农等。

艾萨德是区域科学的创始人，1954年，他出版了《区位与空间经济》一书，试图在杜能、韦伯、克里斯塔勒和廖什等人的研究基础上建立一般区位理论。他详细讨论了运

---

① 臧旭恒，徐向艺，杨蕙馨．产业经济学 [M]．3版．北京：经济科学出版社，2005：375.
② 苏东水．产业经济学 [M]．3版．北京：高等教育出版社，2010：230.
③ 唐晓华，等．现代产业经济学导论 [M]．北京：经济管理出版社，2011：208.

输量、运费率、劳动力等对企业布局的影响，提出了著名的替代原则，通过对市场区的分析提出了竞争布局模式。此外，他还讨论了工业的聚集、规模经济、经济区的规模等。

俄林于1933年出版了《区际贸易与国际贸易》一书，在产业布局方面建立了一般区位理论。其理论对原料分布、市场区、运输能力与条件、价格、劳动力和资本的分布、规模经济、利息差别、商业和要素流动等要素进行了广泛的综合分析。俄林的一般区位理论包括要素禀赋理论、相互依存理论、区域专业化理论等。他为产业布局理论做出了杰出贡献。

弗农在俄林理论的基础上提出了产品生命周期理论，认为处于不同生命周期的产业布局各有特色：(1) 处于创新期的产业属于技术集约型产业，一般布局于科研信息与市场信息集中、人才较多、配套设施齐全、销售渠道畅通的发达城市。(2) 处于成熟期的产业会从个别点向面上转移，出现波浪扩散效应，这是因为生产定型化使技术普及化，同时大城市的成本费用一般较高。(3) 衰退期的产业经过长期生产，技术完全定型化，产品需求趋于饱和，生产发展潜力不大，于是从发达地区向落后地区转移（见表7-1）。弗农的产品生命周期理论以技术发展为依据，提出了产业梯度转移理论的核心内容。①

表7-1　产品生命周期与产业区位

	初始期	成长期	成熟期	衰退期	消亡期
需求条件	少	增长	顶峰	下降	少
技术	生产期短，技术变化快速	规模生产的引进；一些技术上的改变	生产期长，技术稳定，重要的创新较少	—	—
资本密集度	低	高，因为过时率较高		高，因为有大量专业化设备的投资	
产业结构	大量公司提供专业化服务；竞争者少	竞争企业大量增加；企业的垂直一体化程度增加	金融资本对进入该产业非常关键；公司数量开始减少	开始较稳定，随后一些公司撤出	
关键生产要素	专业技能；外部经济	管理；资金	半熟练和不熟练的劳动力；资本		
区位特征	集中在大都市区及大学区，国内和国际交通通信服务较好	集中于大城市、重要的交通中心	原料产地和交通中心	劳动力受教育程度较低、工资较低的地区	集中于大城市（因为免受国际竞争的影响）

资料来源：王缉慈，等．创新的空间：产业集群与区域发展［M］．北京：北京大学出版社，2001：65.

除上述三个学派外，区位理论发展到20世纪中期还产生了行为学派、社会学派、历史学派和计量学派。

① 臧旭恒，徐向艺，杨蕙馨．产业经济学［M］．3版．北京：经济科学出版社，2005：375-376.

普莱德行为学派理论认为，随着现代企业管理的发展和交通工具的现代化，人的地位和作用日益成为区位分析的重要因素，运输成本将降至次要的地位。现实生活中，既不存在行为完全理性的经济人，也难以做出最优的决策，人的区位行为必然受到实际获取信息和处理信息能力的限制。该学派强调，区位研究要利用信息论使之接近行为论，每次区位决策至少在理论上都被看作是在不断变化的信息和能力条件下发生的，对所有选择具有完全知识的情况是不存在的，只要得到满意的结果就够了。

社会学派认为，政府政策制定、国防军事原则、人口迁移、市场变化、居民储蓄能力等因素都在不同程度上影响着区位的配置。而与其他因素相比，社会经济因素日益成为最重要的影响因素。20 世纪 50 年代以后，西方国家政府对经济活动的干预和调节日益加强，区域经济政策的实行及其对区位趋势的影响成为区位研究的新课题。克拉克等经济学家就曾指出，政府可以通过向企业提供充分的信息而影响工厂的迁移，政府还能使未来的工业布局比较接近区域规划目标。

历史学派的理论核心是强调空间区位发展的阶段性。历史学派认为，区域经济发展是以一定时期的生产力发展水平为基础的，有明显的时空结构特征。不同阶段空间经济的分布和结构变化既有共性，又有独特性。20 世纪 50 年代以后，达恩等学者就曾提出了空间结构的概念，他们把区位理论与发展结合起来研究，分析论证了社会经济发展的各个阶段空间结构的一般特征，并从时间变化上考察了各种产业和各类企业在空间分布中的相互作用及相互关系，形成了历史的和动态的空间结构时空观。

计量学派的基本理论认为，现代区位研究涉及内容多、范围广、数据繁，人工处理已逐渐显得无能为力，必须采用定量的方法，建立区域经济数学模型进行大量的数据处理和统计分析。同时，计算机、遥感分析手段的发展也为区位研究提供了基础。①

表 7-2 对古典区位论、近代区位论和现代区位论的各自特征做了总结。

表 7-2　不同阶段区位论的各自特征一览

	古典区位论	近代区位论	现代区位论
1. 起始时期	19 世纪 20 年代	20 世纪 30 年代	20 世纪 70 年代
2. 主要理论	农业区位理论、工业区位理论	中心地理论、市场区位理论	成本-市场学派理论、行为学派理论、社会学派理论和计量学派理论
3. 涉及对象	第一、二产业	第二、三产业和城市	城市和区域
4. 追求目标	成本、运费最低	市场最优	地域经济活动的最优组织
5. 理论特色	微观的静态平衡	宏观的静态平衡	宏观的动态平衡

资料来源：唐晓华，等．现代产业经济学导论［M］．北京：经济管理出版社，2011：202-208.

4. 以后起国家为出发点的产业布局理论

第二次世界大战后，随着殖民地国家走上独立自主道路，落后地区产业布局理论开始受到重视。西方一些学者以后起国家为出发点提出了增长极理论、点轴理论和地理性二元经济理论等，大大丰富了产业布局理论的内容。

① 唐晓华，等．现代产业经济学导论［M］．北京：经济管理出版社，2011：208-209.

（1）增长极理论。增长极理论是由法国经济学家佩鲁提出的，佩鲁认为，经济增长首先出现和集中在具有创新能力的行业，而不是同时出现在所有的部门。增长极就是指具有推动性的主导产业和创新行业及其关联产业在地理空间上集聚而形成的经济中心。增长极具有如下几个特点：在产业发展上，增长极通过与周围地区的经济技术联系而成为区域产业发展的组织核心；在空间上，增长极通过与周围地区的空间联系而成为支配经济活动空间分布与组合的中心；在物质形态上，增长极就是区域中的中心城市。增长极通过支配效应、乘数效应、极化与扩散效应而对区域经济活动产生组织作用。

①支配效应。增长极具有技术、经济方面的先进性，能够通过与周围地区的要素流动关系和商品供求关系对周围地区的经济活动产生支配作用。

②乘数效应。增长极的发展对周围地区的经济发展产生示范、组织和带动作用，从而加强了与周围地区的经济联系。在这个过程中，受循环积累因果机制的影响，增长极对周围地区经济发展的作用会不断地得到强化和放大，影响范围和程度随之增大。

③极化与扩散效应。极化效应是指增长极的推动性产业吸引和拉动周围地区的要素和经济活动不断趋向增长极，从而加快增长极自身的成长。扩散效应是指增长极向周围地区进行要素和经济活动输出，从而刺激和推动周围地区的经济发展。增长极的极化效应和扩散效应简称极化与扩散效应，其综合影响称为溢出效应。如果极化效应大于扩散效应，则溢出效应为负值，结果有利于增长极的发展。反之，如果极化效应小于扩散效应，则溢出效应为正值，结果对周围地区的经济发展有利。[①]

根据增长极理论，后起国家在进行产业布局时，首先可通过政府计划和重点吸引投资的形式，有选择地在特定地区和城市形成增长极，使其充分实现规模经济并确定在国家经济发展中的优势和中心地位，然后凭借市场机制的引导，使增长极的经济辐射作用得到充分发挥，并从其邻近地区开始逐步带动增长极以外地区经济的共同发展。

（2）点轴理论。点轴理论是增长极理论的延伸，从区域经济发展的空间过程来看，产业特别是工业先集中于少数点，即增长极。随着经济的发展、工业点的增多，点与点之间由于经济联系的加强，必然会建设各种形式的交通通信线路使之相联系，这些线路为轴线（简称轴）。这些轴线首先是为点服务而产生的，但它们一经形成，对人口和产业就具有极大的吸引力，吸引企业和人口向轴线两侧聚集，并产生新的增长点。点轴理论提出，要根据区域经济由点及轴发展的空间运行规律，合理选择增长极和各种交通轴线，并使产业有效地向增长极及轴线两侧集中分布，从而由点带轴、由轴带面，最终促进整个区域经济的发展。如我国学者曾提出的 T 字形模式（以沿海与长江为轴，以上海为龙头的主要城市为点）、“四沿”模式（沿海、沿江、沿线、沿边）[②] 以及“一带一路”（丝绸之路经济带和 21 世纪海上丝绸之路）、长江经济带等就体现了这个模式。

（3）地理性二元经济理论。地理性二元经济理论是瑞典经济学家缪尔达尔在《经济理论和不发达地区》一书中提出的。他认为：在后起国家的经济发展过程中，发达地区由于要素报酬率较高、投资风险较低，因此吸引大量的劳动力、资金、技术等生产要素

---

① 吴殿廷，等．区域经济学［M］．2 版．北京：科学出版社，2009：75－76.

② 臧旭恒，徐向艺，杨蕙馨．产业经济学［M］．3 版．北京：经济科学出版社，2005：377.

和重要物资资源由不发达地区流入，从而在一定时期内使发达地区与不发达地区的差距越来越大。当产业集中超过一定限度后，发达地区往往出现规模报酬递减现象，其资金、技术乃至人力资源将向不发达地区逐步扩散，以寻求新的发展空间。与此同时，发达地区经济增长速度的减慢会相应增加不发达地区经济增长的机会，特别是对不发达地区产品和资源的市场需求会相应增加。这一理论对后起国家的启示是：后起国在产业布局问题上可采取非均衡发展战略。

（三）马克思主义产业布局理论

马克思主义经济学家在研究社会一般分工的基础上，吸取了比较成本学说的“合理内核”，形成了自己的劳动地域分工理论：第一，地域分工是在广阔的区域内，按商品分工实行生产的专门化。这一分工把一定的生产部门固定在一定的地区。第二，地域分工是生产力发展到一定阶段的产物。第三，地域分工可以节约社会劳动，促进生产力发展。第四，地域分工的作用取决于社会生产方式及其变革。具有比较利益的产业也不是一成不变的。中国和苏联以马克思主义的劳动地域分工理论为指导，开创了公有制条件下的产业布局理论。

1. 苏联的地域生产综合体理论

苏联地理学家巴朗斯基早在 20 世纪 30 年代提出了“地域生产综合体”的概念。此后，H. H. 克洛索夫斯基和 H. H. 涅克拉索夫对这一概念做出了进一步的论述。地域生产综合体以开发特定区域丰富的自然资源为基础，其内部各部门企业是建立在对各种资源的合理综合利用以及对服务于生产、生活的各种基础设施的统一安排基础上的。地域生产综合体理论在苏联被广泛接受，在产业布局中得到了广泛应用。20 世纪 50 年代中期以后，苏联在西伯利亚通过对水利、煤炭、油气、铁矿、木材等资源的开发，建立了 10 多个大型的工业地域生产综合体，收到了明显的效果。

2. 马克思主义的劳动地域分工理论是指导我国产业布局的基本理论

中华人民共和国成立前，我国的产业布局极不合理。全国 80%以上的工业和交通运输设施集中在占全国面积不到 12%的东部沿海狭长地带。中华人民共和国成立后，毛泽东在《论十大关系》中提出了平衡工业发展布局的思想。以此为指导，之后的 30 多年里，我国将一半的基本建设资金投入内陆地区，加速了内陆地区和部分少数民族地区的经济发展，初步改变了我国产业畸形布局的不平衡状态。但是，由于我国对国情认识不足、缺乏经验，在产业布局上也存在严重的教训：一是轻沿海、重内陆地区，人为地抑制了东部地区的发展；二是片面地强调建立地方工业体系，不注意发挥地区优势；三是缺乏统一规划，过于分散，无法形成生产能力。党的十一届三中全会以后，我国对产业布局进行了调整：从强调平衡布局转而注重整体发展速度和宏观经济效益，充分发挥和利用各地区优势，尤其是沿海地区的经济技术区位优势，按东部、中部、西部三大地带分阶段、有重点、求效益地展开布局，总体上实施了非均衡布局战略。这一战略的实施加快了东部沿海地区的发展，并在一定程度上带动了中西部地区的开发和建设。①

① 苏东水．产业经济学［M］. 3 版．北京：高等教育出版社，2010：232，234.

二、产业布局的影响因素

影响产业布局的因素是多方面的，主要有地理位置、自然因素、社会因素、经济因素和技术因素五个方面。

（一）地理位置

地理位置是对国家和地区经济发展有影响的因素，它能加速或延缓地区经济的发展。因为地理位置不仅关系到自然条件，而且关系到交通、信息和一系列社会经济条件。

地理位置对第一产业布局具有重要影响。由于农业受到光、热、水、土等条件的严格限制，地理位置决定了该地区第一产业的发展方向。同时，农业生产也受到当地运输条件以及相应的市场供求制约。地理位置对第二、第三产业布局具有直接影响。世界上许多地方的产业并非都分布在能源基地、矿产资源和其他原料地，而是分布在地理位置优越、交通方便的地方，如综合运输枢纽、海港、铁路沿线等，多为不同规模的加工制造业中心，并汇集了众多的第三产业部门。地理位置还可以直接影响到地区自然资源的开发顺序，交通方便、距离经济发展中心较近的地区资源因其经济价值较大，总是首先得到开发。[①] 需要说明的是，随着科技的进步、社会生产力的发展，以及产业集聚与扩散规律的相互作用，地理位置对产业布局的影响有着弱化的趋势。

（二）自然因素

自然因素包括自然条件和自然资源两个方面。自然条件是指人类赖以生存的自然环境。自然资源是指自然条件中被人类利用的部分。联合国将自然资源定义为：在一定时空和一定条件下，能产生经济效益、提高人类当前和将来福利的自然因素和条件。自然条件和自然资源是产业发展的前提条件，也是产业布局的依据。自然条件和自然资源的存在状态及其变化对产业布局具有非常重要的基础性影响，它是一种重要的影响产业布局的因素，包括气候、土壤、植被、矿产原料、燃料、动力、水资源等，且各要素在地表的分布状况和组合特征差异显著。[②] 自然因素是产业布局形成的物质基础和先决条件。自然因素对产业布局的影响与地理位置一样，正随着科学技术的进步变得越来越小。

1. 自然条件各要素对产业布局的影响

稳固的地质基础是制造业、建筑业发展的前提。平原区利于大规模现代化耕作、灌溉，有开阔的场地供制造业、建筑业使用和发展各种运输线路，是最优的产业布局场地。山区、丘陵多地势起伏，影响对内、对外的经济联系，不易发展需要保鲜的果品业和消耗原材料、燃料多的制造业。盆地地区空气流通差，不宜发展冶金、化工等工业。气候除对农业影响最大外，对水利枢纽、航海航空、露天采矿、飞机制造以及旅游业等影响也很大。水不仅影响农业布局，而且可以直接用作工业原料，内河航运、海洋航运则直

---

① 苏东水．产业经济学［M］．3 版．北京：高等教育出版社，2010：232，234.

② 唐晓华，等．现代产业经济学导论［M］．北京：经济管理出版社，2011：213.

接使用水的浮力。动植物的分布也决定了某些产业的布局，如亚欧、北美大陆北部是世界木材的主要供应地和造纸业的集中分布区。

2. 自然资源对第一产业的决定性影响

由于第一产业的劳动对象直接来自大自然，各种自然资源分布的地区也就是相应的第一产业分布的地区。同时，各种农作物、树木、禾草等的生存环境不同，对自然条件的要求也各有不同，所以自然条件、自然资源直接制约第一产业的布局。土地资源、气候资源、水资源与生物资源的综合作用决定了大农业生产的地域分布。

3. 自然资源对第二、第三产业布局的间接影响

自然因素对第二、第三产业布局的影响主要是通过第一产业发挥作用的。自然资源对第二产业的影响主要有重工业中的采掘业、材料工业、重型机械以及以农产品为原料的轻工业和食品工业，它们多分布在工业自然资源或农业自然资源较丰富的地区。另外，工厂厂址的地形、面积、工业用水等也离不开自然条件，有些地区还深受这些条件的限制。自然因素对第三产业的影响突出表现在对旅游业的作用上。深山老林、高山峡谷、荒漠草原等呈现了原始自然美，是不可多得的旅游资源。

4. 自然因素直接影响到产业布局的大格局

由于自然条件、自然资源对劳动生产率、产品质量等方面具有直接和间接的影响，在市场经济与竞争的条件下，产业活动势必首先向最优的自然条件和自然资源分布区集中，形成一定规模并各具特色的专业化生产部门，进而实现产业劳动地域分工的大格局。例如，世界大型重工业区都是在当地丰富的煤炭或铁矿资源的基础上发展起来的；世界主要谷物产区都分布在地势平坦、土壤肥沃、气候适宜的地区。[①]

专栏 7-1

世界农业地域类型

根据农业发展水平，商品化和专业化程度，农、林、牧、渔业结构，技术装备，生产方式，以及经营管理等特点，可把世界农业按地域划分为 12 种类型。

1. 温带高度商品化、集约化农业。温带地域广、自然条件优越，农业高度发达，其特点主要是经营管理科学化、机械化水平很高，重视新技术在农业各部门的应用，不断培育新品种，农牧业结合好，发展水平高，农畜产品的商品率均高，其产品主要依赖国际市场。农业产值占 GDP 的 2%～4%，人均粮食、肉类产量皆高。如美国、加拿大、法国等。

2. 季风型水田农业。主要包括东南亚、南亚、东亚东部沿海地带，种植业以稻谷为主，尤其是以各大河流的三角洲平原稻谷栽培最为普遍。居民以大米为主食，大多数国家自给自足，仅有少数国家每年尚有部分大米供出口。经济作物主要有茶叶、甘蔗、麻类、水果等，其中有些为出口物资。该区畜牧业发达，渔业也占一定的地位。

---

① 苏东水．产业经济学［M］．3 版．北京：高等教育出版社，2010：234－235.

3. 地中海型农业。在地中海沿岸各国，因长期受地中海式气候和地形的影响，种植业除麦类、玉米粮食作物外，园艺业发达，主要栽培葡萄、柑橘、无花果、橄榄、椰枣、蔬菜、花卉等，世界驰名。乳肉畜牧业发达，林、渔业占一定地位。

4. 热带种植园农业。位于南、北回归线之间，常年高温多雨，主要种植热带经济作物，以橡胶、棕榈、香蕉、咖啡、可可、剑麻等为主，其经营方式大多是种植园，纯粹属于商品经济，多为外国垄断资本所控制，如马来西亚等。

5. 高度商品化、集约化畜牧业。主要包括西欧、北欧、北美等，以种植牧草为主，少部分国家进口精饲料，主要特点是牲畜和牧场经营管理科学化、机械化水平高，农牧业结合好，畜产品商品率很高。以生产牛奶、奶油、奶酪等奶制品为主，种植业主要是麦类作物、马铃薯等，栽培部分甜菜，多用作饲料。

6. 城郊高度商品化、集约化农业。随着世界城市化进程加快，城市人口快速增加，要求更丰富的农副产品，特别是蔬菜、瓜、果、乳、肉、禽、蛋等需求急剧增加，因此，城郊高度商品化、集约化的农业很快发展起来。世界各国大中城市的蔬菜、园艺种植、家畜和家禽饲养业得到快速发展。

7. 自给性旱作农业。主要包括各大洲非灌溉农业区，绝大多数国家或地区仍然处于传统农业阶段，主要种植麦类作物和杂粮作物，畜牧业发展占一定比重，林业比重更小，鱼类资源十分缺乏，农业生产以自给为主，区际经济联系较差，商品经济十分薄弱。

8. 干旱粗放游牧业。主要包括蒙古高原、中亚细亚、阿拉伯半岛、澳大利亚中西部等，游牧业主要是逐水草而居，生产经营、管理技术落后，一般与种植业联系不大，随季节变化更换牧场，每公顷载畜量很少。

9. 荒漠绿洲农业。地处大陆腹地，不易受海洋湿润空气的影响，常年干旱少雨，如中国西北部、中亚、西亚等荒漠地带。农业生产靠季节性河水、高山冰雪融水、地下水灌溉，农业生产稳定。种植业以发展粮食作物为主，如麦类、玉米、谷类等；经济作物主要栽培棉花、甜菜、油料、酒花；园艺作物以种植葡萄、瓜、果类为主。畜牧业比较发达，农牧结合好。

10. 沿海农业。濒临海洋，渔业是农业的主导部门，捕鱼和鱼产品加工业是国民经济的重要支柱，在一些国家又是主要的出口物资，往往占本国出口总额的大部分，例如冰岛、马尔代夫等。

11. 原始农业。主要是非洲和亚洲的一些国家，农业生产长期处于原始农业阶段，生产工具落后，农业技术改革缓慢，农业人口比重大多在80%以上，耕作粗放，农业产值占GDP的80%以上，有的国家或地区粮食生产长期不能自给。

12. 寒带养鹿、狩猎、捕鱼业。位于亚欧和北美大陆北纬60°以北，冬季严寒，夏季冷湿，经济以原始农业为主，生产工具极其简陋，经济极端落后，居民生活几乎完全依赖自然界，以养鹿、狩猎、捕鱼为其主要经济活动。如俄罗斯境内居民善于养鹿，格陵兰岛狩猎是传统行业，加拿大北部巴芬岛的因纽特人擅长狩猎、捕鱼。

资料来源：陈才．世界经济地理［M］．修订版．北京：北京师范大学出版社，1995：46-47.

（三）社会因素

社会因素包括人口因素、社会历史因素和行为因子三个方面。

1. 人口因素

人既是生产者，又是消费者，这两方面的属性对产业布局都有深刻的影响。人口数量对市场规模和资源开发程度有较大的影响。一般来说，充足的人口，特别是充足的劳动力资源可以充分开发利用自然资源，在产业发展上，通常以劳动密集型产业为主。如20世纪70年代以来，一些发达国家把初级产品的加工转移到发展中国家，利用其廉价劳动力获取了可观的利润。我国改革开放以来经济的快速发展与我国发挥劳动力资源的丰富优势和充分释放“人口红利”密切相关。而在人口较少的地区，大多布局可以有效利用当地自然条件、自然资源的优势产业，以提高劳动生产率。随着知识经济的发展，人口质量或人口素质对产业布局的影响越来越大。高质量的人口和劳动力是发展高层次产业，即知识技术密集型产业的基础。美国加利福尼亚的“硅谷”和我国北京中关村高新技术产业园区的发展都是知识密集型产业集中于高素质人才密集区的范例。人口的消费状况对产业布局也有明显的影响。各个地区人口数量、民族构成和消费水平的差异，要求产业布局与人口的消费特点、消费数量相适应。例如，特大城市都分布着为本市人口消费服务的大城市工业（以针织、制鞋、玻璃、家具等工业为主）和城市农业（以蔬菜、花卉、牛奶等现代农业为主）。此外，人口的性别、年龄、民族、宗教差异导致了市场需求特征的多样性，要求产业布局根据不同情况，有针对性地选择项目种类和规模，最大限度地满足各种层次人口的物质文化生活需要。①

2. 社会历史因素

历史继承性是产业布局的基本特征之一，同时历史上形成的产业基础始终是新的产业布局的出发点。社会历史因素主要包括历史上已经形成的社会基础、管理体制、国家宏观调控政策、国内外政治条件、国防、文化等因素。其中最主要的表现是政府通过政治、经济和法律手段对产业布局进行干预和宏观调控。例如，我国在改革开放之初优先发展东部沿海地区，政策、资金、人才和技术等多种因素的叠加影响使产业大量布局在东部沿海地区，形成了目前我国东部沿海地区产业分布“过密”的格局。

3. 行为因子

行为因子是指决策者、生产者和消费者在确定产业区位过程中的各种主观因素。行为因子往往使产业区位指向发生偏离。事实上，无论是我国还是世界上其他国家，许多产业并非建立在最优区位上。行为因子对这种偏离起了关键作用，特别是对决策者的行为影响极大。决策者的行为在产业区位选择过程中的作用不容忽视，它取决于决策者个人素质的高低。生产者、消费者的行为仅对产业区位指向产生一定的影响。就生产者的行为而言，选择最优区位时，考虑最多的是能否招到足量的员工以及稳定员工队伍。就消费者的行为而言，选择最优区位时，考虑最多的是与老百姓吃、穿、住、行、用相关

---

① 苏东水．产业经济学［M］．3版．北京：高等教育出版社，2010：235－236.

的城市产业的定位问题。①

（四）经济因素

1. 集聚与分散

集聚与分散是产业空间分布的两个方面。产业布局在空间上是趋于集中还是分散，取决于集聚因子的作用。产业在区位上集中，可以产生集聚效应，即企业集聚可以共享不可分割的产品或设施，分享多样性和城市专业化带来的规模收益递增，分享个体专业化的好处以及分担风险等；大量的企业聚集在城市可以显著提升相互作用各方的匹配质量和匹配机会并减少等待问题，从而降低成本；产业集聚促进了知识的创造、知识的扩散以及知识的积累。② 集聚的确可以产生效益，但集聚并不永远同效益成正比。集聚到一定程度后，可能导致因运输、电力、劳动力、用地、水源、原材料的短缺而提高生产要素的价格，从而提高基建投资和生产成本；可能引起销售方面的问题，即成品极限运距内的需求趋于饱和，进一步扩张就要延长成品的运距和追加更多的运输支出；可能导致组织管理不力等。③

2. 基础设施条件

基础设施是指人类生产和发展所需要的基本的人工物质载体。它包括为生产服务的生产性基础设施及为人类生活和发展服务的非生产性基础设施，如交通运输设施、信息设施、能源设施、给排水设施、环境保护设施、生活服务设施等。这些基础设施条件特别是其中的交通运输条件、信息条件对产业布局的影响很大。交通运输条件主要指交通线路、交通工具和港站、枢纽的设备状况，以及在运输过程中运输能力的大小、运费率的高低、送达速度的快慢、中转环节的多少等。它们综合反映人员往来和货物运送的便利程度。交通运输条件与产业区位的关系十分密切。产业区位在最初总是指向交通方便、运输速度快、中转环节少、运费率低的地点。交通运输条件对第一、第二产业的制约作用尤为突出，它深刻影响着农矿资源开发的次序、规模和速度。我国克拉玛依油田的开发落后于东部各类油田的主要原因，就在于克拉玛依油田偏居新疆，远离市场，交通不便，区位条件差。近年来，随着交通技术的发展，运输成本不断降低，出现了一些加工工业区位由原来的原料地、燃料地指向转向交通运输枢纽指向的倾向。信息条件主要指邮政、通信、广播电视、互联网等设施状况。随着信息在经济活动中作用的日益增强，信息条件也成为影响产业布局的重要因素。以信息技术（IT）业为代表的新经济的快速发展使人们越来越强烈地认识到：由电子、计算和远程通信融合起来的信息技术导致服务活动迅速增加，特别是在计算机网络技术基础上发展起来的远程商务活动，能够在长距离范围内迅速传送大量信息，同时对新型基础设施建设提出了新要求。因此，企业在区位选择中，已不仅仅关注实现低成本的基本生产要素的廉价获取，更注重高级生产要素的占有，所以，那些智力资源与高科技劳动力资源丰富、信息通达的区域成为经济活

---

①② 唐晓华，等．现代产业经济学导论［M］．北京：经济管理出版社，2011：214-215.

③ 刘再兴，等．中国生产力总体布局研究［M］．北京：中国物价出版社，1995：85-86.

动的理想场所。①

专栏 7-2

什么是新型基础设施?

习近平总书记在 2020 年 9 月 11 日的科学家座谈会上强调，基础设施是经济社会发展的基石，具有战略性、基础性和先导性作用，以数字型基础设施为代表的“新基建”正在蓬勃兴起，拥有广阔发展空间。抓住关键环节大力推进“新基建”，将助力创新驱动发展战略，加快新旧动能转换，在扩大内需、稳投资稳增长等方面发挥积极作用，推动形成以国内大循环为主体、国内国际双循环相互促进的新发展格局，为我国高质量发展打牢坚实基础。

所谓新型基础设施，是以新发展理念为引领，以技术创新为驱动，以信息网络为基础，面向高质量发展需要，提供数字转型、智能升级、融合创新等服务的基础设施体系。从新基建涉及的范围看，目前主要包括三方面内容：一是信息基础设施，主要是指基于新一代信息技术演化生成的基础设施，这其中既包括以 5G、物联网、工业互联网等为代表的通信网络基础设施，也包括以人工智能、云计算、区块链等为代表的新技术基础设施，还包括以数据中心、智能计算中心等为代表的算力基础设施等。二是融合基础设施，主要是指深度应用互联网、大数据、人工智能等技术，支撑传统基础设施转型升级，进而形成的融合基础设施。三是创新基础设施，主要是指支撑科学研究、技术开发、产品研制的具有公益属性的基础设施，如重大科技基础设施、科教基础设施、产业技术创新基础设施等。

“新基建”作为实施创新驱动发展战略的重要基石、转型升级的重要支撑，不仅是数字经济发展所需，也是实现高质量发展的必然要求。

资料来源：习近平．在科学家座谈会上的讲话［EB/OL］．新华社，2020-09-11；胡金焱．抓住关键环节推进新型基础设施建设［N］．经济日报，2020-10-15.

3. 市场因子

市场因子包括商品市场、资本市场等。商品市场泛指商品的销售场所，它不仅包括最终产品的消费地，而且包括原材料或半成品的加工地。它对产业布局的影响主要体现在四个方面：一是市场与企业的相对位置。一般而言，在市场竞争的压力下，这一因素促使产业区位指向能使商品以最短路线、最少时间、最低花费进入市场的合理区位。二是市场规模。即商品或服务的容量。产业布局只有注重市场规模，才能生存和延续。三是市场的需求结构。即商品和服务的种类，它是生产的“指挥棒”，将引导产业区位指向最有利的地方。在不同的区域，由于不同的消费习惯和其他不同因素，占首要地位的需求层次往往并不相同。例如，北方市场最畅销的品种在南方可能只占次要地位，其生产也就相应地不为南方厂商所重视。这种区域性的消费习惯、特性对该地区的产业选择具有一定的影响。四是市场竞争。市场竞争可以促进生产的专业化协作和产业的合理集聚，

① 宋胜洲，等．产业经济学原理［M］．北京：清华大学出版社，2012：156.

使产业布局趋向更有利于商品流通的合理区位。资本市场对产业布局的影响在现代社会更为突出。资本市场发达、体系完善、融资渠道多样且畅通，尤其是产业融资基金发达，产业布局就能突破地域资本稀少的限制；反之，产业布局就会受到地区资本短缺的限制。①

（五）技术因素

科学技术影响人们利用和改造自然的能力，是产业布局发展变化的一种推动力。技术水平的高低及不同地区技术水平的差异都将影响地区的产业布局，具体表现在三个方面：一是自然资源利用的深度和广度对产业布局的影响。技术进步不断地拓展人们开发利用自然资源的深度和广度，使自然资源不断获得新的经济意义。例如，选矿、冶炼技术的进步使品位较低的矿物资源获得了工业利用价值，这使原料、动力资源不断丰富，各类矿物资源的平衡状况以及它们在各地区的地理分布状况不断改善，从而拓展了产业布局的地域范围。同时，技术进步能提高资源的综合利用能力，使单一产品市场变为多产品的综合生产区，从而使生产部门的布局不断扩大。二是技术通过影响地区产业结构，从而对产业布局产生重大影响。特别是随着新技术的涌现，一系列新的产业部门诞生，人类生产和生活的地域及方式也随之改变，从而影响产业布局。② 三是技术通过改变交通运输方式影响产业布局，如临海型、临空型的产业布局。

综上所述，自然因素对产业布局起着基础性的作用，但是随着经济发展、技术进步和交通运输条件的不断改善，自然因素对产业布局的影响程度逐渐减弱，而技术创新环境、人才供给状况、自然生态环境、产业关联、市场、现代基础设施、制度和政策、文化氛围以及集聚效应的正外部性等经济社会发展因素对产业布局的影响程度逐渐增强。随着全球化进程的加快，产业布局又会受到国际产业转移和世界分工的影响，世界产业的空间格局也在迅速发生着变化，世界经济地理正在被重塑。随着跨国公司的资本流动，世界产业布局的范围也逐渐扩大，区位选择的自由度提高，布局的指向性弱化，产业布局从以集聚为主导逐步向以扩散为主导转化，但是基于信息和知识经济的新一轮集聚依然存在，世界产业的转移呈现多元化的趋势，具备区域特色和优势的产业集群成为国际产业投资和布局的重要选择。③

总之，在不同的经济发展阶段，影响产业布局的因素是动态变化的。我国地域辽阔，各地域的资源、环境、地形、地貌等自然条件差异显著，经济、社会、历史、文化等人文因素各不相同，这一切都决定了我国产业布局的特殊性和复杂性。

专栏 7-3

世界钢铁产业布局演变过程

（1）从资源依托型到临海港口型。随着工业化进程的深入，钢铁产品应用领域逐渐扩大，尤其是伴随着资源和产品市场的国际化，一些国家的钢铁工业在布局上

① 唐晓华，等．现代产业经济学导论［M］．北京：经济管理出版社，2011：215-216.
② 苏东水．产业经济学［M］．3版．北京：高等教育出版社，2010：237.
③ 方维慰．论世界产业布局的新动向［J］．世界经济与政治论坛，2006（3）：66.

开始向大型海洋港口附近集中。典型的如日本钢铁工业，最初集中在以原料地指向型为主的八幡、釜石、室兰，进而集中在作为钢铁产品主要消费地的工业带内的尼崎、广田、小仓，而第二次世界大战后开始向大型海洋港口附近集中，这样既能充分利用钢铁生产所需的水资源，又能依靠海运条件进口铁矿和煤炭资源，产品出口也比较方便。经过多年的空间演化，日本的钢铁工业呈现出一种典型的临海型布局，绝大部分钢铁企业分布在面向太平洋的带状工业区内，形成了长达近 1 000 公里、全世界最集中的沿海钢铁工业带。这个区域集中了日本钢铁 85%左右的生产量和消费量。

(2) 从资源依托型到市场邻近型。市场邻近型的布局比较适合国土面积较大、资源分布较为均匀的国家，这种布局有利于节约运输成本。美国的钢铁工业属于这种布局，钢铁厂多建在工业中心，形成了钢铁及相关工业为主的综合性工业基地。美国钢铁工业最集中的区域是大西洋沿岸的北段和五大湖南岸地区，这两个地区钢铁联合企业的炼钢能力约占全美钢铁联合企业炼钢能力的 80%。值得注意的是，第二次世界大战后，美国只新建了两个大型钢铁联合企业，以废钢为原料的短流程小钢厂则迅猛发展。这些小钢厂选择靠近水源和废钢产地，大都兴建在有电力供应并能以合理的成本获得废钢的地区，并且接近消费区域，所以具有极大的成本优势。

世界钢铁工业布局的演变分析如下：从世界钢铁产业发展看，全球产能并不集中于铁矿石富集的国家，而是集中于钢铁消费大国。比如，澳大利亚、巴西、印度、南非都是铁矿石富集的国家，但它们都不是重要的钢铁生产国；而世界上所有工业发达国家，即便铁矿石资源贫乏甚至全部依赖进口，也基本都是钢铁生产大国和强国。

资料来源：唐晓华，等．现代产业经济学导论［M］．北京：经济管理出版社，2011：217－218.

三、产业布局的一般规律和基本原则①

（一）产业布局的一般规律

1. 生产力发展水平决定产业布局

生产力是一个多因素、多层次的有机体系，它的组成要素（劳动者、劳动工具、劳动对象、科学技术等）在社会发展的不同阶段有不同的水平、内容和形式。这些要素在特定时间、地域空间中的有机组合形成特定历史时期的产业布局。有什么样的生产力发展水平，就有什么样的产业分布条件、内容、形式和特点。生产力发展水平决定产业布局的形式、特点和变化，这是在任何社会形态下都发生作用的普遍规律，也是产业布局的基石。无论在哪个国家、地区，或者社会经济发展的哪个阶段，这一规律都能从产业

① 唐晓华，等．现代产业经济学导论［M］．北京：经济管理出版社，2011：218－225.

布局的演化中反映出来，见表7－3。

表7－3　生产力发展水平与产业布局的关系

生产力发展阶段	能源动力	生产工具	交通工具	产业布局的主要特点
农业社会	人力、兽力、水力	石器、铜器、铁器、手工机械	人力车、畜力车、风帆船	农业自然条件对产业布局起决定性作用，产业布局有明显的分散性
第一次工业革命（18世纪末至19世纪初）	蒸汽动力	蒸汽机械	蒸汽火车、蒸汽轮船	产业布局由分散走向集中，工业向动力基地（煤产地）和水陆交通枢纽集中
第二次工业革命（19世纪末至20世纪初）	电力、内燃动力	电力机械、内燃机械	内燃机车、电力机车、汽车、飞机、船舶	产业布局进一步集中，交通、位置条件等在产业布局中的作用得到加强
第三次科技革命（第二次世界大战后）	原子能	电子计算机、机器人	航天飞机、宇宙飞船、高速车辆	懂科技、高技术的劳动力，以及快速、便捷的交通枢纽成为产业布局的重要条件，产业布局出现了“临海型”“临空型”等新的形式。未来产业布局将从过分集中走向适当分散

资料来源：唐晓华，等．现代产业经济学导论［M］．北京：经济管理出版社，2011：219．

纵观人类社会不同生产力发展阶段与产业布局的关系，我们可以看到，生产力发展是产业布局发生量的扩张和质的飞跃的原动力。在农业社会，生产力水平低下，农业占绝对优势，手工业和商业处于附属地位，交通运输不发达，人类对自然的依赖程度较大，自然条件与自然资源尤其是农业自然资源直接影响产业分布的形式和内容，少数工场手工业主要分布在有水力和获取原料与销售产品方便的地方，产业布局呈现出与生产力水平相适应的分散性。

18世纪60年代，从英国开始的工业革命使人类社会发生了巨大历史变革，从而引发了产业布局的巨变。蒸汽机的发明使煤炭代替水力跃居为主要动力，机器大生产代替了手工工场。在产业布局上则表现为工业由沿河流分散的带状分布发展到围绕煤炭产地和交通枢纽等地集中布局，并由此导致工业城市如雨后春笋般地增加。

在电气时代，不仅出现了大批新的产业部门，如石油与天然气工业、有色金属工业、机器制造工业、化学工业、电力工业等，而且各产业部门的布局范围显著扩大，人们在产业布局中获得了更大的自由和更多的主动。产业布局的形式也发生了巨大的变化：工业生产分布进一步走向集中，形成工业点、工业区、工业城市、工业枢纽、工业地区和工业地带等空间上的集中分布形式；农业逐渐工业化和现代化，农业地域专门化成为农业分布的重要地域形式；交通运输业逐渐现代化，综合运输与综合运输网成为交通运输业地域分布的重要形式；第三产业迅速发展，对产业布局的作用也日益突出；城市成为产业分布的集中点等。

以计算机、原子能为特征的第三次科技革命则使社会经济向前迈了一大步，产业布局条件也随之发生了明显变化。懂科技、高技术的劳动力以及快速便捷的交通枢纽（如大的航空港、高速公路枢纽等）成为产业布局的重要条件，临海、临空等成为产业布局的重要地域。近年来，世界主要发达国家又开始酝酿一场新的科技革命浪潮。未来世界将进入智能社会，智力和科学技术将成为影响产业布局的重要因素，产业布局将从原来的过分集中走向适当分散，一些知识、技术密集型工业，如电子、激光、宇航、光导纤维、生物工程、新材料等新兴产业将得到蓬勃发展。

2. 劳动地域分工规律

地域分工是在人类社会发展过程中产生的。最早出现的是原始的自然分工，然后发展到劳动地域分工，即各区域为了获得资源配置的高收益进行专业化生产，通过区域贸易实现获取专业化收益的区域经济空间组织方式。地域条件的差异是地域分工的自然与物质基础，区域专门化是地域分工的具体表现。在农业社会，由于自给自足的自然经济居于主导地位，产业布局分散，部门分工和地域分工还只是雏形。18 世纪下半叶的工业革命极大地促进了部门分工和地域分工。地域分工的深化和社会生产力的提高相互促进，推动了产业布局形式由低级向高级不断演进和发展。合理的劳动地域分工不仅能发挥地区优势，促进商品流通，而且能形成合理的产业布局。产业合理布局的目的就是要实现合理的地域分工与交换。遵循劳动地域分工规律，合理进行地域分工，将始终是推动不同阶段的社会生产向前发展，不断提高社会劳动生产率，实现产业合理布局的重要手段。正是在劳动地域分工规律的作用下，世界各地区逐渐形成了分工协作的统一的世界经济系统。这就要求在考虑一个国家或地区的产业布局时，必须把它纳入更大范围的经济联系中去分析，才能使这一国家或地区的经济发展在劳动地域分工体系中形成自己的特色，产生极大的经济效益和社会效益，实现产业的合理布局。

3. 产业布局“分散-集中-分散”螺旋式上升的规律

集中与分散是产业布局演变过程中相互交替的两个过程，是矛盾的两个对立面。集中实质上体现了经济活动在地域分布上的不平衡性，分散则意味着经济活动在空间分布上的均衡性。工业、农业、交通运输等各产业部门在地域上的布局演变可以表示为“分散-集中-分散”如此循环上升的链环，只是后一阶段的产业布局比前一阶段的产业布局在内涵上更丰富、形式上更高级。这也是产业布局的一个客观规律。早在农业社会中，社会分工不发达，产业布局具有明显的分散性，集中化的趋势不明显，工业革命才成为产业布局由以分散为主走向以集中发展为主的开端，出现工业集中分布在矿产地、农业发达地区、交通枢纽、沿海沿河地区与大中城市，农业在自然条件优越的地区集中发展，交通运输业也主要分布在条件优越、经济发达地区等的局面。产业布局相对集中所带来的集聚效益非常明显，但是随着产业集聚的发展，过分集中导致了一系列的弊端，如交通拥挤，环境恶化，城市土地、水、原料、能源等供应短缺，种种危机促使产业分布由集中向分散转化。如美国的产业布局由最初集中在大西洋沿岸东北部 13 个州，逐渐向西、向南扩张，以及近几年我国东部沿海地区产业逐渐向中西部地区转移，都是产业布局由集中向分散转变的例子。

4. 地区专业化与多样化相结合的规律

地区专业化是指按照劳动地域分工规律，利用特定区域某类产业或产品生产的特殊有利条件，大规模集中地发展某个行业或某类产品，然后向区外输出，以求获得最大的经济效益。各国、各地区之间的自然条件和经济技术水平以及地理位置等的差异，构成了劳动地域分工的自然基础和经济基础。早在英国工业化初期，英格兰、澳大利亚、新西兰为满足纺织工业的需要，发展成为以养羊业为主的农业专业化地域。地区专业化能充分利用当地的资源优势、技术优势，提高劳动生产率，降低成本，提高产品质量等，所带来的规模效益是显而易见的。同时，我们也应该看到，地区专业化水平越高，对多样化的需求也越高。因为国民经济各部门是一个有机整体，部门之间存在着前后向联系，地区专业化越强，就意味着地域分工越细，会促进部门的多样化发展。因此，地区专业化与多样化相结合是产业布局的又一个客观规律。

5. 非均衡规律

人类经济活动的空间表现向来就是不平衡的。一方面，就单个产业部门和企业而言，在特定的生产力条件下，总是选择最有利的区位进行布局，以求获得最大的经济效益。这就决定了产业布局的不均衡。任何一国或地区的产业布局多是由点到面逐渐铺开的。以我国为例，我国在农业社会中，产业布局的重心在中原一带。随着社会经济的发展，其重心则转向东南沿海，进而扩展到东部沿海，并逐渐向内陆推移。另一方面，就某一地区产业布局而言，该地区的自然、社会、经济条件等不可能适合所有的产业发展，有的地区只适合一种产业或者一组产业的发展等。因此，产业布局不平衡是一个绝对规律，产业布局的均衡只是相对的。

6. 产业布局与自然-社会-生态系统对立统一的规律

产业布局合理化的目标是追求最大的经济效益。自然地域系统的目标是保持生态系统的生态平衡。从表面看两系统目标之间存在矛盾，且实践中重视经济效益、忽视社会效益和生态效益，甚至破坏生态环境的现象时有发生。然而，从理论上讲，经济效益与社会效益、生态效益三者是统一的，因为只有保持生态系统的良好运行，才能使经济地域系统正常运转。因此，人类在一定地域内的经济社会活动必须遵循自然规律，合理开发和利用自然资源，合理布局产业，保护环境，使自然-社会-生态系统保持平衡，实现经济、社会、生态效益的统一。

（二）产业布局的基本原则

1. 全局原则

国家的产业布局正如一盘棋，各地区恰似棋子，产业布局首先要贯彻全国一盘棋的全局原则。在此前提下，各地区产业布局则应立足本区域，放眼全国，更好地发挥地区优势，避免布局中出现重复建设和盲目生产，杜绝片面强调自身利益和发展不顾全国整体利益的“诸侯”经济格局的产生，确保国家重点项目的落实，实现地区专业化和多样化发展相结合，逐步在全国范围内实现产业布局的合理分工。《全国主体功能区规划》是指导各地区进行合理产业布局的重要依据和总纲领，按照资源环境的承载力将全国划分为优化开发、重点开发、限制开发和禁止开发四类主体功能区。

2. 分工协作原则

产业布局的分工协作主要体现在劳动地域分工与地区综合发展相结合上。地域分工和地区专业化发展，不仅能充分发挥各地区优势，最大限度地节约劳动，促进商品的流通与交换，而且可以加速地区经济一体化进程，促进区域之间的分工与合作。

3. 集中与分散相结合原则

工业布局要根据各地区的资源环境条件、位置和交通状况、人口与劳动力、社会经济因素等有选择地集中布局。我国目前要求工业要进园区，就是为了促进工业的集聚发展。但是，产业的过度集中会产生一系列问题，如“城市病”和工业成本上升等。因此，在产业布局中既要反对过分集中，也要反对互不联系的过分分散两种极端做法。

4. 经济效益原则

以最小的劳动消耗获得最大的经济效益是人类社会生产的基本要求，也是评价产业布局合理与否的最基本的标志。以经济效益为准则，农业布局就应在摸清区域农业资源的基础上，因地制宜地选择农、林、牧、渔业最适宜发展的地区，从而提高农业经济效益。工业布局则应综合资源、环境、市场、劳动力、资金等多方面的因素，选择成本低、经济效益好的区位进行集中布局。

5. 可持续发展原则

优化产业布局是促进可持续发展的重要途径。优化产业布局和转变经济发展方式是相互促进、相辅相成的。优化工业布局是从空间的资源配置上实现经济发展方式的转变，如减少资源和能源的跨区域、长距离的运输，加快发达地区产业结构的调整与升级，发展内需型产业，从而改变以往粗放型的经济发展方式；转变经济发展方式，则要求减少资源投入，提高资源的利用效率，从而实现低投入和高产出的集约型发展；通过优化工业布局，集约利用土地，发展工业集聚区，共享基础设施和增强知识溢出的效应，这将有利于节约利用各种资源，促进经济发展方式的转变。

四、产业布局的实践①

（一）全国性产业布局

全国性产业布局主要是从全国规模考察产业的空间联系、产业结构的适时转换与经济成长，以及适应一国经济成长各阶段而进行的对产业布局总体框架的调整。

1. 全国性产业布局的总体目标

一个国家产业布局的总体目标是实现产业的合理布局和经济资源在空间上的有效配置。但从根本上讲，产业布局的目标可分为两个，即效率目标和公平目标。此外，生态

① 苏东水．产业经济学［M］．3版．北京：高等教育出版社，2010：240－245．

平衡目标和国家安全目标也是非常重要的目标。

效率目标追求整个国民经济较高的增长速度和良好的宏观效益，公平目标要求不断缩小区域间的经济水平和收入水平的差距。一般来说，效率和公平是相对消长的。但从长远看，两者的目标又是统一的。没有一定的发展速度和经济效率，就不可能积累足够的资金，用于支持落后地区的开发；而没有落后地区的开发，发达地区所需要的原料、燃料和市场也难以扩大，而且不利于社会的安定。所以国家在制定产业布局目标时，必须兼顾效率和公平，并根据社会经济的具体情况确定两者的关系。考虑到我国建设社会主义现代化的战略目标，兼顾效率和公平、逐步实现区域产业协调发展应该成为我国产业布局的总目标。

2. 产业密集带的形成与全国性产业布局

产业密集带是指在特定的经济空间中，由众多相互配合、协作密切的产业部门围绕资源富集区、中心城市或交通枢纽而聚集，所形成的由线状基础设施相联结和若干大小不等的中心共同组成的具有内在经济联系的产业集聚区域。企业是产业密集带组成的最基本单元，也是产业密集带形成和演变的重要微观机制。

（1）产业密集带形成的原因。

产业在空间布局上的演变过程是由产业空间聚集过程和产业空间扩散过程交互作用而形成的，这两种过程既相互依存又相互制约，并在一定条件下互相转化。产业的聚集和扩散在空间上的运动经常表现为：聚集过度成为促成扩散的契机，而只有适当扩散才能保证产业聚集规模适度、结构优化。市场机制的自然作用往往促成产业过度聚集，而由科技进步所促使的产业结构调整往往形成新一轮的产业扩散运动。扩散的结果则是在更大区域范围内形成大大小小的空间上互相接近且联系日益密切的一个更大的新的产业聚集体，即产业密集带。

（2）产业密集带的空间演进。

产业密集带的空间演进大致经历了如下四个阶段：第一阶段，在某些区位较好的地区，一些有发展前途的产业部门获得投资得以建立起来，成为新的地区增长极。第二阶段，在增长极内，形成围绕主导产业部门、相关企业相互配合的生产系统。第三阶段，由中心城市向外延伸的交通网络呈辐射状向外扩散，围绕中心城市的卫星城纷纷涌现，郊区并入城区，附近农业区域成为新的郊区，沿主要交通干线的点轴状产业系统开始形成，产业密集带的雏形日益明显。第四阶段，产业密集带建设趋于成熟时期，经济实力强大，产业结构转换迅速，对内产业系统性提高，对外影响力加强，产业密集带作为贸易、金融、信息中心的职能和高科技新产品孵化器的职能日益重要。由沿海、沿江、沿边主要交通干线，以及两条以上平行的复合式点轴系统所构成的具有一定纵深配置的产业密集带出现。各巨大产业带间呈现相互衔接、归并、融合的趋势，城市界限日益模糊，城市带逶迤，可达数百上千公里。

（3）我国产业密集带的发展和全国性产业布局。

改革开放以来，我国经济快速发展，促进了我国产业密集带的孕育和形成。政府部门和学术界在探讨区域发展战略时，曾提出 T 字形产业带（长江产业带和沿海产业带）和 π 字形产业带（除上述两带外，另加陇海-兰新产业带），此外，一些学者还提出了开字形产业带、弓箭形产业带等。2010 年，《全国主体功能区规划》提出了构建“两横三纵”的城市化战略格局，可以说是对之前各种产业密集带和全国性产业布局设想的一个归纳和完善，其具体内容是：构建以陆桥通道①、沿长江通道为两条横轴，以沿海、京哈京广、包昆通道为三条纵轴，以国家优化开发和重点开发的城市化地区为主要支撑，以轴线上其他城市化地区为重要组成的城市化战略格局。推进环渤海、长江三角洲、珠江三角洲地区的优化开发，形成三个特大城市群；推进哈长、江淮、海峡西岸、中原、长江中游、北部湾、成渝、关中-天水等地区的重点开发，形成若干新的大城市群和区域性的城市群。

党的十九大报告提出，“以城市群为主体构建大中小城市和小城镇协调发展的城镇格局，加快农业转移人口市民化。”② 城市群是工业化、城镇化进程中区域空间形态的高级现象，也是产业密集带的重要载体，能够产生巨大的集聚经济效益，是经济社会不断发展、现代化水平逐步提高的重要标志。

专栏 7-4

依托黄金水道推动长江经济带发展

长江经济带覆盖上海、江苏、浙江、安徽、江西、湖北、湖南、重庆、四川、云南、贵州等 11 省市，面积约 205 万平方公里，人口和生产总值均超过全国的 40%。长江经济带横跨我国东中西三大区域，具有独特优势和巨大发展潜力。改革开放以来，长江经济带已发展成为我国综合实力最强、战略支撑作用最大的区域之一。在国际环境发生深刻变化、国内发展面临诸多矛盾的背景下，依托黄金水道推动长江经济带发展，有利于挖掘中上游广阔腹地蕴含的巨大内需潜力，促进经济增长空间从沿海向沿江内陆拓展；有利于优化沿江产业结构和城镇化布局，推动我国经济提质增效升级；有利于形成上中下游优势互补、协作互动格局，缩小东中西部地区发展差距；有利于建设陆海双向对外开放新走廊，培育国际经济合作竞争新优势；有利于保护长江生态环境，引领全国生态文明建设，对于全面建成小康社会，实现中华民族伟大复兴的中国梦具有重要现实意义和深远战略意义。

长江经济带发展的战略定位：(1) 具有全球影响力的内河经济带。发挥长江黄金水道的独特作用，构建现代化综合交通运输体系，推动沿江产业结构优化升级，打造世界级产业集群，培育具有国际竞争力的城市群，使长江经济带成为充分体现国家综合经济实力、积极参与国际竞争与合作的内河经济带。(2) 东中西互动合作的协调发展带。立足长江上中下游地区的比较优势，统筹人口分布、经济布局与资源环境承载能力，发挥长江三角洲地区的辐射引领作用，促进中上游地区有序承接产业转移，提高要素配置效率，激发内生发展活力，使长江经济带成为推动我国区域协调发展的示范带。(3) 沿海沿江沿边全面推进的对内对外开放带。用好海陆双向开放的区位资源，创新开放模式，促进优势互补，培育内陆开放高地，加快同周边国家和地区基础设施互联互通，加强与丝绸之路经济带、海上丝绸之路的衔接互动，

---

① 陆桥通道为东起连云港、西至阿拉山口的运输大通道，是亚欧大陆桥的组成部分。

② 习近平．决胜全面建成小康社会 夺取新时代中国特色社会主义伟大胜利：在中国共产党第十九次全国代表大会上的报告 [M]. 北京：人民出版社，2017：33.

使长江经济带成为横贯东中西、连接南北方的开放合作走廊。(4) 生态文明建设的先行示范带。统筹江河湖泊丰富多样的生态要素，推进长江经济带生态文明建设，构建以长江干支流为经脉、以山水林田湖为有机整体，江湖关系和谐、流域水质优良、生态流量充足、水土保持有效、生物种类多样的生态安全格局，使长江经济带成为水清地绿天蓝的生态廊道。

资料来源：节选自《国务院关于依托黄金水道推动长江经济带发展的指导意见》，略有改动。

3. 全国性产业布局政策取向的调整

我国产业布局调整的历程大致经历了四个阶段：一是 1978 年前平衡发展的布局政策取向；二是“六五”至“七五”时期（1981—1990 年）效率优先的布局政策取向；三是“八五”至“九五”时期（1991—2000 年）效率优先、兼顾公平的布局政策取向；四是“十五”（2001 年）以来效率与公平兼顾的布局政策取向。《中华人民共和国国民经济和社会发展第十三个五年规划纲要》指出，深入实施西部大开发，支持西部地区改善基础设施，发展特色优势产业，强化生态环境保护。推动东北地区等老工业基地振兴，促进中部地区崛起，加大国家支持力度，加快市场取向改革。支持东部地区率先发展，更好辐射带动其他地区。支持革命老区、民族地区、边疆地区、贫困地区加快发展，加大对资源枯竭、产业衰退、生态严重退化等困难地区的支持力度。培育若干带动区域协同发展的增长极。推动京津冀协同发展，优化城市空间布局和产业结构，有序疏解北京非首都功能，推进交通一体化，扩大环境容量和生态空间，探索人口经济密集地区优化开发新模式。推进长江经济带建设，改善长江流域生态环境，高起点建设综合立体交通走廊，引导产业优化布局和分工协作。这就体现出了效率与公平兼顾的政策取向。

全国性产业布局要求产业政策与地区政策相结合，即产业政策区域化和区域政策产业化。前者要求国家从全局利益出发，制定全国产业重点发展战略，按照地域优势的原则，将全国产业发展设想分解落实到各个区域，明确各个区域产业结构的调整方向和产业发展系列。后者指在确定重点发展区域和各区域开发对策的同时，要求对各类地区的产业结构有一个轮廓性的规定，特别是对不同地区的主导产业和优势产业应有所规定，使重点区域的发展体现在其优势产业上。

专栏 7-5

习近平：推动形成优势互补高质量发展的区域经济布局

我国幅员辽阔、人口众多，各地区自然资源禀赋差别之大在世界上是少有的，统筹区域发展从来都是一个重大问题。

新形势下促进区域协调发展，总的思路是：按照客观经济规律调整完善区域政策体系，发挥各地区比较优势，促进各类要素合理流动和高效集聚，增强创新发展动力，加快构建高质量发展的动力系统，增强中心城市和城市群等经济发展优势区域的经济和人口承载能力，增强其他地区在保障粮食安全、生态安全、边疆安全等方面的功能，形成优势互补、高质量发展的区域经济布局。

我国经济由高速增长阶段转向高质量发展阶段，对区域协调发展提出了新的要求。不能简单要求各地区在经济发展上达到同一水平，而是要根据各地区的条件，走合理分工、优化发展的路子。要形成几个能够带动全国高质量发展的新动力源，特别是京津冀、长三角、珠三角三大地区，以及一些重要城市群。不平衡是普遍的，要在发展中促进相对平衡。这是区域协调发展的辩证法。第一，尊重客观规律；第二，发挥比较优势；第三，完善空间治理；第四，保障民生底线。

要从多方面健全区域协调发展新机制，抓紧实施有关政策措施。第一，形成全国统一开放、竞争有序的商品和要素市场；第二，尽快实现养老保险全国统筹；第三，改革土地管理制度；第四，完善能源消费双控制度。第五，全面建立生态补偿制度；第六，完善财政转移支付制度。

资料来源：习近平．推动形成优势互补高质量发展的区域经济布局［J］．求是，2019（24）．

专栏 7-6

贯彻执行《全国国土规划纲要（2016—2030 年）》

我国的国土包括陆地国土和海洋国土，其中陆地国土面积 960 万平方公里，根据《联合国海洋法公约》有关规定和我国主张，管辖海域面积约 300 万平方公里。这是中华民族繁衍生息的宝贵家园，也是我国经济社会持续发展的基本载体。科学推进国土集聚开发、分类保护和综合整治，进一步优化开发格局、提升开发质量、规范开发秩序，有利于形成安全、和谐、开放、协调、富有竞争力和可持续发展的美丽国土，为实现“两个一百年”奋斗目标、实现中华民族伟大复兴中国梦提供有力支撑和基础保障。

按照党中央、国务院部署，编制实施《全国国土规划纲要（2016—2030 年）》（以下简称《纲要》），是统筹推进“五位一体”总体布局和协调推进“四个全面”战略布局，贯彻落实创新、协调、绿色、开放、共享的发展理念，促进人口资源环境相均衡、经济社会生态效益相统一的重大举措。《纲要》贯彻区域发展总体战略和主体功能区战略，推动“一带一路”建设、京津冀协同发展、长江经济带发展战略落实，对国土空间开发、资源环境保护、国土综合整治和保障体系建设等作出了总体部署与统筹安排，对涉及国土空间开发、保护、整治的各类活动具有指导和管控作用，对相关国土空间专项规划具有引领和协调作用，是战略性、综合性、基础性规划。

《纲要》范围涵盖我国全部国土（暂未含港澳台地区）。规划基期为 2015 年，中期目标年为 2020 年，远期目标年为 2030 年。

资料来源：节选自《国务院关于印发〈全国国土规划纲要（2016—2030 年）〉的通知》。

（二）地区性产业布局

地区性产业布局是地区产业运行在空间上的实现，主要研究在地区经济发展的不同阶段，地区内部各产业空间利用的最佳形式和一般规律，以求合理地利用本地资源，获得最大的区域效益。

1. 地区性产业布局的依据

（1）自然环境上有一定的类似性和关联性。自然环境上的类似性（区域内主要的资源条件、经济发展水平、发展潜力与问题、面临的任务和发展方向等具有近似性）与关联性（区域内主要的资源条件、经济发展水平、发展潜力与问题、面临的任务和发展方向等有相互牵连和影响的关系）相适应，区内自然环境之间稳定、合理、密切的关联性可以使区域内经济成为一个整体，为实现本地区的主要目标服务。

（2）经济发展与布局现状有相似性和互补性。地区性产业布局既要从历史上已经形成的社会劳动分工的特点出发，充分考虑本地区经济发展现状，又要预测未来，兼顾未来发展方向的一致性，要保证经济发展与布局现状有相似性和互补性。

（3）拥有实力雄厚的经济中心。经济中心是区域发展的核心，可以把区域内各部门、各区域、各级城市的经济活动凝聚成一个整体。经济中心的规模和经济实力不同，对周围地区的辐射和吸引范围就会不同，这决定了该地区内产业的规模、级别和经济发展水平。

2. 地区性产业布局的主要模式及其在中国的应用

（1）增长极发展模式。改革开放后，我国借鉴增长极理论指导产业布局，主要在东部地区重点培育了一批增长极，比如经济特区的设立、开放城市的确定、各类开发区的建设等，对我国区域经济的发展都起到了非常积极的作用。现在，我国中西部地区同样可以推行这种增长极模式，通过多层次的增长极带动不同层次的区域经济发展。

（2）点轴布局模式。点轴布局模式是增长极和生产轴理论的延伸，比如 T 字形产业带、π 字形产业带、弓箭形产业带、长江经济带、丝绸之路经济带等。

（3）网络布局模式。网络布局模式是点轴发展与布局的延伸，是经济发达地区的一种布局模式。在经济发达地区，经济密度高，交通通信发达，地区产业布局根据区域内城镇体系和交通通信网络系统逐次展开。我国东部地区的京津冀地区、长三角地区、珠三角地区都属于这种布局模式。

（4）区域梯度布局模式。由于地区间的经济技术发展不平衡，客观上存在生产力在空间上的梯度推移。一般是让有条件的高梯度地区引进和掌握先进技术，然后逐步向处于二、三级梯度的地区推移，实现经济分布的相对均衡。比如我国东部、中部、西部三大地带分别属于高梯度、中梯度和低梯度地区，产业布局则沿着东部、中部和西部地区的顺序逐渐展开和扩散。但也有学者认为，区域梯度开发模式不利于落后地区的发展，将加剧区域之间发展的不平衡。

（三）县域产业布局的发展趋势

县域经济是在县级行政区划和空间内，以市场为导向优化配置经济社会资源而形成的区域经济，是以县城为中心、乡镇为纽带、农村为腹地的区域经济。

县域经济是我国最基础的一种经济形态。因为县是国家行政管理体系的最基层，县域经济的提出实质上是区域经济规划的进一步细化，能够让当地区域规划抓得着、看得见，操作更具可行性。未来县域经济所承载的内容和意义将更加多元和深刻。一方面，它作为中国制造业转移的主要承接地区肩负着产业支撑的重任。另一方面，按照党的十八届三中全会和中央城镇化会议的要求，县域有相当一部分还要保留农村的形态，承担着保障国家粮食安全和生态安全的重任。所以，并不夸张地说，中国已进入了县域经济时代。①

县域产业布局是地区产业布局的微观基础，是地区产业布局的具体细化。因此，我国在推进主体功能区形成、优化国土空间开发格局的过程中，更加注重县域（包括县级市）的空间布局问题，包括县域的生产、生活和生态空间。2014 年 8 月，中华人民共和国国家发展和改革委员会（简称国家发改委）提出开展市县“多规合一”试点工作。开展市县空间规划改革试点，推动经济社会发展规划、城乡规划、土地利用规划、生态环境保护规划“多规合一”，形成一个市县一本规划、一张蓝图，是 2014 年中央全面深化改革工作中的一项重要任务。开展市县“多规合一”试点是强化政府空间管控能力，实现国土空间集约、高效、可持续利用的重要举措，是改革政府规划体制，建立统一衔接、功能互补、相互协调的空间规划体系的重要基础，对于加快转变经济发展方式和优化空间开发模式、坚定不移实施主体功能区制度、促进经济社会与生态环境协调发展都具有重要意义。②

第二节　产业集群

一、产业集群的概念和特征

（一）产业集群的概念

集群的概念来源于生态学，原意是指具有共生关系、生活在同一栖所的不同族群。一些产业或部门在参与全球范围内组织和配置资源的过程中，选择了某些特定的地域来集聚和发展，从而形成了一些新的产业区或产业集群。

产业集群是一种普遍的空间经济现象。发达国家的产业集群现象十分明显，无论是高科技产业集群，还是传统产业集群都取得了巨大的成功。在美国，20 世纪 90 年代中期，380 个产业集群就生产了全国近 60%的产出，拥有美国硅谷的加利福尼亚州的经济总量相当于各国经济总量排名的第 7 位。美国重要的产业集群有硅谷和 128 公路的微电子产业集群、纽约麦迪逊大道的广告业集群、明尼阿波利斯的医学设备业集群、克利夫兰的油漆和涂料业集群、好莱坞的娱乐业集群以及底特律的汽车产业集群。在意大利，产业集群不仅涵盖范围广——从纺织、服装及其专业原料与制造机械等产业集群到家庭

① 孙久文．中国将进入县域经济时代［EB/OL］．凤凰网，2014－02－08．

② 关于开展市县“多规合一”试点工作的通知（发改规划〔2014〕1971 号）．国家发展和改革委员会网站，2014－08－26．

用品（如家电、家具、陶瓷等）产业集群，然后延伸到食品饮料产业集群，直至珠宝、眼镜架等产业集群，而且区域集中程度相当高，意大利70%以上的制造业、30%以上的就业、40%以上的出口量都是在专业化产业区域内实现的。在德国，其经济是高度集群化的，如德国的化学工业、金属及机械制造工业、运输设备业均是通过产业集群的形式得以发展壮大的。发展中国家也存在大量的产业集群，在亚洲的中国、印度、巴基斯坦、印度尼西亚等有发达程度不同的专业化的产业集群（见表7-4）。如印度旁遮普邦的金属加工和纺织工业集群、提若普尔棉针织业集群、苏拉特钻石加工业集群以及班加罗尔电子软件业集群。我国产业集群存在显著的区域差异，大多数已经成型的产业集群都集中在东南沿海地区，其中以浙江和广东最为集中，江苏、福建也较多，一些产业集群已经成为该行业的重要出口基地。各地所谓的“一县一品”“一乡一品”“一镇一品”都反映了产业集群的特色，如广东中山沙溪的休闲装、东莞虎门的服装生产和贸易、东莞大朗的服装、佛山石湾的陶瓷、云浮云城的石材等。浙江拥有大量乡镇中小企业产业集群以及一批高新技术产业集群，主要集中在杭州湾和温台地区。①

表7-4　世界知名产业集群一览

国家	所在区域	产业领域
美国	硅谷	微电子、生物技术、风险资本
美国	好莱坞	影视娱乐业
美国	纽约	金融服务、广告、多媒体等
美国	西雅图	飞机设备与设计、金属加工
美国	底特律	汽车设备与零部件
德国	慕尼黑	汽车业
德国	法兰克福	化工业
意大利	伦巴第	丝织品
意大利	贝尔加莫	家具业
法国	瓦约纳克斯	模具
法国	昂蒂布	计算机及相关产品
瑞士	制表区	钟表业
日本	丰田	汽车及零部件
日本	大田	机械和金属加工
印度	班加罗尔	计算机软件

资料来源：唐晓华．现代产业经济学导论［M］．北京：经济管理出版社，2011：233.

世界正在进入以信息产业为主导的经济发展时期。我们要把握数字化、网络化、智能化融合发展的契机，以信息化、智能化为杠杆培育新动能。要突出先导性和支柱性，优先培育和大力发展一批战略性新兴产业集群，构建产业体系新支柱。要推进互联网、大数据、人工智能同实体经济深度融合，做大做强数字经济。要以智能制造为主攻方向

① 陆根尧，等．产业集群自主创新：能力、模式与对策［M］．北京：经济科学出版社，2011：1-2.

推动产业技术变革和优化升级，推动制造业产业模式和企业形态根本性转变，以“鼎新”带动“革故”，以增量带动存量，促进我国产业迈向全球价值链中高端。[①]

目前，学术界对产业集群概念较为认同的是迈克尔·波特的定义，他认为：产业集群（industrial cluster）是指在一定范围内大量联系密切的企业以及相关支撑机构在空间上的集聚，并形成竞争优势的现象，是某一特定领域内互相联系的、在地理位置上集中的公司和机构的集合。产业集群内部的机制主要有：技术扩散、非正规学习、合作竞争。这主要是因为地域上的接近和传统的组织关系。在这些产业集群内，产业内部的专业化程度比较高，区内专业化企业之间的协作程度和企业的生产效率不断提高，进而使整个区域的创新能力不断加强，并取得较强的竞争优势。

产业集群理论的形成和发展是从马歇尔提出产业空间聚集问题开始的，他从合作的角度论述了这个问题。马歇尔在《经济学原理》一书中首次描述和分析了大量专业化中小企业的地域集中和发展的情况，并形成了产业区理论。20 世纪 90 年代以来，克鲁格曼应用不完全竞争经济学、递增收益、路径依赖和累积因果关系等，解释产业的空间聚集。迈克尔·波特从战略管理和竞争的角度描述和分析了集群，提出了地区竞争力著名的“钻石”模型，他特别强调产业集群对一定地区产业国际竞争力的作用。这标志着产业集群理论研究第三次高潮的出现。

与产业集群联系密切的一个概念是产业集聚。从概念上讲，产业集聚（industrial agglomeration）是指某一产业在地理空间上的集中，它侧重于某个产业的区域分布与工业整体的区域分布的对比，描述了某个产业的空间分布状态。产业集群则侧重于对相关企业和机构集中于某一地区而形成的有机整体的描述，实际上产业集群是产业发展的一种特殊模式和演化过程。从二者的概念和侧重点可以看出，产业集聚不等于产业集群。[②]关于产业集群与产业集聚的关系，目前学术界主要有三种观点：第一种观点认为，产业集聚是产业集群形成的基础。产业集聚主要描述产业空间上接近的分布状态。产业集群是指产业群落，但不是所有的集聚都能形成集群。第二种观点认为，产业集聚涵盖产业集群，主张建设产业集聚区，区内由若干产业集群构成主体。第三种观点认为，产业集聚和产业集群是两种完全不同的概念，不可以相互替代。产业集聚不等同于产业集群，产业单单在地理上的接近不能创造出相互依赖的关系，形成竞争优势。

（二）产业集群的特征

产业集群的特征主要表现为集聚经济、灵活专业化、创新环境、合作竞争和路径依赖五个方面。[③]

1. 集聚经济

产业集群最重要的特点之一就是它的地理集中性，即大量的相关产业相互集中在特定的地域范围内。这种产业地理集中将能够产生广泛的集聚经济效益，如共用各种基础设施、服务设施、公共信息资源和市场网络；共用某些辅助企业，包括提供零部件或中

① 习近平．努力成为世界主要科学中心和创新高地［J］. 求是，2021-03-15.

②③ 魏后凯，等．中国产业集聚与集群发展战略［M］. 北京：经济管理出版社，2008：212，243-246.

间产品、加工下脚料或废料以及提供生产性服务的辅助企业；减少能源和原料损耗，缩短原料和产品运输距离，从而节约生产和运输成本；可以面对面地交谈，减少信息搜寻和交易成本；可以增加本地市场需求，提供更多的发展机会；可以促进技术创新，加快观念、思想和知识的扩散等。广义地讲，集聚经济源于各种相关的经济活动的集中而带来的效益。这种集聚经济是外部规模经济的重要组成部分。它包括地方化经济和城市化经济。地方化经济是指相互紧密联系的产业部门形成的综合体为本地企业创造的生产合作优势，又称“反映单一产业集中程度的外部经济”；城市化经济是指巨大城市集聚体的组成要素，又称“反映城市规模的外部经济”，而且可以享受“城市化”带来的好处。因此，可以认为，因地理集中而带来的集聚经济效益是集群创造和保持优势的重要源泉之一。

2. 灵活专业化

产业集群的另一个重要特征就是灵活专业化（flexible specialization）。一般说来，在产业集群内，大量的中小企业相互集中在一起，企业间形成密切而灵活的专业化分工协作。比如在乐清柳市低压电器集群中，有大型企业十多家、中型企业近百家、小型企业上千家，以及数以千计的家庭作坊式的小工厂。大企业集团往往由下属众多的协作企业供应原材料和零配件，然后完成总装。各企业间分工明确，形成了启动器、熔断器、电阻器、断路器、调压器、互感器、配电箱等众多生产配件厂商。在东莞 IT 产业集群，电脑装配所需零部件的 95%以上可以在东莞配齐。这种灵活专业化的本质就是企业内部分工的外部化或社会化。这种企业内部分工的外部化可以使更多的功能操作实现内部规模经济，而且由于集群企业的联合需求可形成规模性专业化的生产和服务，又为每家企业提供了丰富的外部规模经济。

由于存在着这种灵活专业化，在产业集群内，大、中、小企业与服务单位和政府机构群聚在一起，共同构成一个机构完善、功能齐全的生产、销售、服务、信息网络，也就是社会化的市场组织网络或地方产业配套体系。这种完善的地方产业配套体系对减少不确定性、降低信息搜寻和交易成本、提高生产效率都是至关重要的。

3. 创新环境

企业的创新需要有一个适当的环境。产业集群本身就可以刺激创新，并形成一种积极向上的创新文化氛围。在产业集群中，由于地理接近，企业间密切合作，可以面对面打交道，这将有利于各种新思想、新观念、新技术和新知识的传播，由此形成知识的溢出效应，获取“学习经济”，增强企业的研究和创新能力。对中小企业而言，有两类知识是十分重要的：一是当地供给方面的知识溢出，主要来自供应商、合作者、教育和研究机构等；二是需求方面的国家和国际知识转移，主要来自客户、消费者以及国际分销商等。这两类知识不仅可以强化当地知识的溢出效应，而且可以通过各种渠道加快国家知识转移。另外，集群内企业通过个人接触和交往可以获得一些隐含的、难以编码的知识，在迅速变化的全球经济环境中，这种隐含知识越来越重要，而且它只有通过个人间交换才能获得。

4. 合作竞争

在产业集群内，大量企业相互集中在一起，既展开激烈的市场竞争，又进行多种形式的合作，如联合开发新产品，开拓新市场，建立生产供应链，由此形成一种既有竞争又有合作的合作竞争机制。这种合作竞争机制的根本特征是互动互助、集体行动，它在意大利产业区特别盛行，是建立在信任和家庭联系的基础之上的。通过这种合作方式，中小企业可以在培训、金融、技术开发、产品设计、市场营销、出口、分配等方面实现高效的网络化的互动和合作，以克服其内部规模经济的劣势，从而能够与比自己强大的竞争对手相抗衡。这种集体行动的互动机制的形成将使信息的流通更加顺畅，加快观念、知识和技术的传播，缓和经济利益的冲突，减少交易的困难，从而获取集体效率。此外，采取合作竞争的方式也有助于企业建立战略联盟和伙伴关系，实行灵活的专业化生产。

5. 路径依赖

路径依赖是指技术发展或制度变迁受到其初始选择的影响和制约，人们一旦确定了某种选择，就会对这种选择产生依赖性，这种选择本身也具有发展的惯性，具有自我加强的放大效应，从而不断强化这种初始选择。由于技术发展和制度变迁具有路径依赖性，因此产业集群发展的轨迹也具有路径依赖性。由于偶然、机会、历史事件、自然资源禀赋以及其他方面原因，一些产业最初在某些地区集聚，形成一定的比较优势，在外部规模经济的作用下，各种要素将进一步向该地区集中，从而使这种集群优势进一步强化。

产业集群大致可分为意大利式产业集群、卫星式产业集群、轮轴式产业集群三种，表 7 - 5 对这三种模式做了一个总结。

表 7 - 5 产业集群的分类

	意大利式产业集群	卫星式产业集群	轮轴式产业集群
主要特征	以中小企业居多； 专业性强； 地方竞争激烈，合作网络； 基于信任的关系	以中小企业居多； 依赖外部企业； 基于低廉的劳动成本	大规模地方企业和中小企业； 具有明显的等级制度
主要优点	柔性专业化； 产品质量高； 创新潜力大	成本优势； 技能/隐性知识	成本优势； 柔性； 大企业的作用更重要
主要弱点	路径依赖； 面临经济环境和技术突变时适应缓慢	销售和投入引来了外部参与者； 有限的诀窍影响了竞争优势	整个集群依赖少数大企业的绩效
典型发展轨迹	停滞/衰退； 内部劳动分工的变迁； 部分活动外包给其他区域； 轮轴式结构的出现	升级； 前向和后向工序的整合； 给客户提供全套产品或服务	停滞/衰退（如果大企业衰退/停滞）； 升级，内部分工变化
政策干预	集体行动形成区域优势； 公共部门和私营部门合营	中小企业升级的典型工具（培训和技术扩散）	大企业/协会和中小企业支持机构的合作，从而增强了中小企业的实力

资料来源：陆根尧，等．产业集群自主创新：能力、模式与对策［M］．北京：经济科学出版社，2011：8.

二、产业集群的形成

（一）形成的条件

产业集群的形成需要具备一定的经济和社会历史条件。

第一，集群产生的供给条件。其中主要有：集群产品存在技术可分性；集群产品的运输成本低；集群产品存在丰富的产品差异化机会；存在企业竞争环境的动态多变与产品推出的速度经济型；存在技术创新的网络性与知识的互通性。

第二，集群产生的需求条件。其中主要有：集群产品的消费行为存在易变性；营销信息沟通存在口传性；集群中企业可获取多方面的需求利益；存在本地市场的支持与挑剔顾客。

第三，集群产生的社会文化和历史条件。丰富的社会资本与文化资本使集群内部的经济关系具有很强的社会嵌入性。运行良好的集群往往存在共同的文化传统、行为规则和价值观。这种社会文化环境促使集群内部形成了一种相互依赖的关系，大大减少了交易费用，使企业家之间的协调与沟通容易进行，企业之间的深度劳动分工得以执行。

（二）形成的途径

产业集群主要通过以下几种途径形成：

第一，关键性企业的衍生。产业链的形成一般都有一个关键性企业，通过该关键性企业的衍生、裂变、创新与被模仿而逐步形成产业集群。

第二，中小企业的集中。由于某种共同的低成本和某种特定的地域条件，某种类型的中小企业集中分布在特定的地域范围内，从而形成了具有共生性的中小企业群体。

第三，政府引导与规划。产业集群在形成之初基本上都是企业在市场力量的驱动下自发形成的，但一旦产业集群的雏形出现，地方政府往往就会积极参与，通过相应的产业政策热情扶持，对本地产业集群的跃升起着重要的助推作用。

第四，城镇化推动。除了一些大的专业性开发园区演变为产业集群外，我国大部分地区的产业集群都是在农村与小城镇开始兴起的，这缘于城市化的快速推进。[①]

（三）形成的动力机制

关于产业集群形成和发展的原因及其动力机制，学术界给出了许多解释，如规模经济、技术扩散、交易成本、消费的多样化与生产的标准化、比较优势等。综合起来，主要有三种观点：一是产业集群完全是市场自发形成的，而且集群空间结构有很大的偶然性；二是产业集群是由地区特殊的比较优势、供给和需求结构、文化氛围，甚至是政府引致的；三是比较折中的观点，认为产业集群受多种因素综合影响，包括市场自发作用、禀赋因素、非市场因素等。

---

① 孙久文．区域经济学［M］．修订第 2 版．北京：首都经济贸易大学出版社 09.

1. 自发形成，具有偶然性

产业集群完全是市场自发形成的，而且集群空间结构有很大的偶然性，即在哪里形成什么样的产业集群都是偶然的，很少受非市场因素的影响。这种观点的代表人物是克鲁格曼，他认为产业集群是规模报酬递增带来的外部经济的产物。他将外部经济归纳为三种类型：市场规模扩大带来的中间投入品的规模效应、劳动力市场规模效应和信息交换与技术扩散规模效应。克鲁格曼的集群理论基于以下逻辑：地区集中和专业化可以扩大生产规模并产生规模经济，而规模经济将带来更大规模的企业集中，从而形成产业集群。因而，克鲁格曼在其集群理论和贸易理论中都强调产业发展的自发性，强调历史和偶然因素的作用，并且引入诺斯的路径依赖思想来解释集群的特征和贸易的演进。

2. 地区特殊的比较优势、供需结构以及文化、政策等

产业集群是由地区特殊的比较优势、供给和需求结构、文化氛围，甚至是政府引致的。比如，卡尔多在论及区域经济增长和区域产业结构时，非常强调关于要素不可分的观点和技术的作用。他认为要素的不可分性和技术在规模报酬递增中发挥了重要的作用，或者简单地说，地区要素禀赋的特点是集聚经济的基础。除了物质要素的不可分性之外，某些知识和技术的传播也非常有地域性，而且受地区文化的影响很大。例如有些隐性知识只能通过面对面的交流才能传播，一些关于组织、制度的知识大都属于这一类。而且，一些经济地理学家通过大量的经验研究，发现消费多样化的需求和柔性专业化是产业空间集聚的原因。他们认为，在过去的十年中，产业组织方法已由福特式的大批量生产转变成更为柔性的专业化生产。企业内部的规模经济和范围经济已经被增加的市场不确定性和技术变化所削弱，产业对此的反应是水平和垂直的非一体化以及生产的分散化，因为这样可以更好地面对多变的需求和更好地适应市场变化。产业的这些反应使得企业之间的多重联系成为关键，而只要这种多重联系在地理空间上交易成本很高，产业的空间集聚就会产生。

3. 综合因素的影响

这是一种比较折中的观点。例如波特既认为产业集群的产生过程必须有市场竞争的参与，同时又强调地区禀赋的作用和地方政府战略的影响。他指出，产业集群的产生和发展关键在于其竞争优势，而竞争优势的影响因素是多方面的，其中既有市场自发作用因素（如竞争），也有禀赋因素（如距离成本），还有非市场因素（如政府政策）。因而，产业集群的影响因素也是多方面的，即产业集群的形成和发展既有偶然因素又有确定因素，既有市场因素又有非市场因素。我国一些学者对此也有中肯的论述。如王缉慈等指出，产业集群一般主要由市场自发形成，但受地区比较优势和其他因素影响，特别是政府可以通过各项措施来调控、影响和促进产业集群的发展。魏后凯等认为，虽然产业集群大都是在市场机制的作用下自发形成的，但是在引导产业集群合理有序发展，创造有利于创新的良好环境，以及防止产业集群退化甚至走向衰退等方面，政府政策的作用是十分重要的。从现实经济来看，折中主义的观点更符合实际情况。①

---

① 魏后凯，等．中国产业集聚与集群发展战略［M］．北京：经济管理出版社，2008：216－218.

专栏 7－7

中国产业集群的类型及形成机制

1. 资源驱动型产业集群。此类集群是指凭借本地区独特的产业专业化条件、工商业传统和自然资源，依靠民间微观经济主体的自发创新，并在内生性民间资本积累的推动和获得相对于全国其他地区体制的优势的情况下，借助市场力量逐渐生成的产业集群。此类集群包括社会资源驱动型和自然资源驱动型。前者主要分布在东南沿海地区，所凭借的是当地的工商业传统、文化等社会资源，如江浙一带的纺织产业集群，广东的五金、家电等产业集群；后者主要分布在中西部地区，所凭借的是当地的矿产、农副产品等自然资源，如云南的烟草产业、山西的煤炭产业集群等。

2. 贸易驱动型产业集群。此类集群是指以本土企业为主的国内贸易和出口贸易带动的产业集群。此类集群的起源往往是当地一些企业家在国内外市场中看到了商机，开始进行单个家庭或小规模企业的创业，成功之后迅速带动其他企业跟进，并有相应的配套企业共同成长，最终形成了面向国内和国际市场的产业集群。资源驱动型和贸易驱动型产业集群都是自发形成的。贸易驱动型产业集群广泛分布在纺织品、机电产品、家具等技术含量较低的日用消费品行业中，以浙江温州、广东中山等地的产业集群为典型。

3. 外商直接投资型产业集群。此类集群是指一些地区凭借优越的地理位置、优惠的投资政策、丰富的土地资源和充足的劳动力，在地方政府培育、企业创造性模仿和企业家精神等共同作用下形成的以外商直接投资为主的产业集群，主要分布在长三角、珠三角和环渤海经济圈等地区。

4. 科技资源衍生型产业集群。此类集群是指凭借各类科研资源和人才形成的以科研资源为依托、以科技创新为重点、以技术推广应用为内容的高新技术产业集群。中关村产业集群是科技资源衍生型产业集群的典型代表。中关村是我国教育和科研资源最为密集的区域，有以北京大学、清华大学为代表的 68 所著名大学和以中国科学院为代表的 270 家科研机构。国家重点实验室有 51 个，占全国的 28%；国家工程研究中心有 22 个，占全国的 22%；国家级企业技术中心有 13 个；还有跨国公司设立的研发中心 65 个。中关村形成了以信息产业为龙头，软件、集成电路、网络通信、生物医药、环保新能源等重点产业国内领先的产业集群。

5. 大企业种子型产业集群。此类集群是指围绕逐渐做大做强的传统国有大中型企业和在市场竞争中逐步壮大的其他大型企业发展起来的产业集群。随着企业间竞争的加剧和专业化分工的演进，很多大企业往往专注于某一环节的核心能力建设，而将其他业务外包出去，这样就吸引了众多的中小企业依附在周边为大企业提供配套服务，从而形成了全产业链的产业集群。这类产业集群主要集中在汽车、家电、通信设备制造等具有较高技术含量且产业链较长的产业中，东部沿海和中西部地区都有分布。如长春的汽车产业集群以一汽集团、一汽大众为核心，众多零部件生产企业和机械研究机构等围绕它们形成了产业集群。

6. 产业转移型产业集群。此类集群主要在中西部地区。近几年，东部沿海地区产业北移西进的转移态势十分明显，中西部地区在承接产业转移过程中逐步形成了以劳动密集型、资源依赖型为主的产业集群。产业转移型产业集群的形成一般依赖于当地已有的产业条件，很多情况是该地区已经形成了一定规模的企业集聚，具有承接产业转移的基础，进一步的产业转移使得集群快速形成和发展。

资料来源：唐晓华，等．现代产业经济学导论［M］．北京：经济管理出版社，2011：240-245.

三、产业集群的测度

产业集群的测度指标主要有空间基尼系数①、区位商、地理集中度指数②、产业地理集中指数③等。由于不同测度指标有不同的侧重点，在具体应用中会得到不同的测度结果。④

（一）空间基尼系数

空间基尼系数是一种衡量产业空间集聚程度的指标，由克鲁格曼提出，用于测算美国制造业的集聚程度，即比较某个地区某一产业的总产值占该产业总产值的比重，以及该地区全部产业产值占全国总产值的情况。其计算公式为：

$$G=\sum_{i}(S_i-X_i)^2$$

式中，G 为产业空间基尼系数；S_i 为 i 地区某产业产值占全国该产业总产值的比重；X_i 为该地区全部产业产值占全国总产值的比重。对所有地区进行加总，就可得出某产业空间基尼系数。空间基尼系数的值介于 0 和 1 之间，其值越大，说明该产业的集聚水平越高。

（二）区位商

区位商（LQ）又称地方专门化率或专业化指数，用于测度某一地区生产结构中某个产业与总体区域相比具有的竞争力和相对比较优势，用来判别产业集聚存在的可能性。其计算公式见第五章第三节主导产业的选择思路及方法。

对一般区域而言，区位商越大，意味着该地区该产业的专业化程度越高、产业集聚越明显。$LQ_{ij}>1$ 时，表明该地区该产业具有比较优势，地方专业化程度较高，产业集聚现象明显；$LQ_{ij}=1$ 时，表明该地区该产业处于均势，产业集聚现象不明显；$LQ_{ij}<1$ 时，表明该地区该产业处于比较劣势，未形成地方专业化生产，产业集聚程度较弱，产品消费不足，需从外地输入。

（三）地理集中度指数（CR_n 指数）

地理集中度指数表示规模最大的前 n 位（一般 $n=1$、3、9 等，或者根据分析的需要

---

① 乔彬，李国平，杨妮妮．产业聚集测度方法的演变和新发展［J］．数量经济技术经济研究，2007（4）：124-134.

② 魏后凯，等．中国产业集聚与集群发展战略［M］．北京：经济管理出版社，2008：170.

③ 叶振宇．中国制造业集聚与空间分布不平衡研究［M］．北京：经济管理出版社，2013：83.

④ 这些方法主要用于测度产业集聚的程度，但难以反映产业集群概念所涉及的产业之间的共生关系。

选择）地区产值之和的份额。其计算公式为：

$$CR_n = \sum_{i=1}^{n} X_i / \sum_{i=1}^{N} X_i$$

式中，CR_n 表示行业 k 中规模最大的前 n 位地区产值之和占所有地区产值之和的比重，其值在 0 和 1 之间，值越大，表示该行业在地理上越集中。这个指数直接给出了份额较大的一个或几个地区所占的比重，从而可以看出行业的地理集中程度。其优点是计算简便，含义较直观，把行业的地理集中度指向具体的地区；缺点是没有考虑到影响行业地理集中的因素，而且当 n 取不同值时会得出不同的结论。

第三节　新产业区

一、新产业区的概念

新产业区是指以特定的地方劳动力市场为基础的由社会劳动分工紧密联系在一起的企业所组成的本地化网络。新产业区是“后福特主义”① 在地理空间上表现出来的一个重要的区域类型，被视为柔性专业化的空间组织形式。柔性专业化（flexible specialization）是指企业运用全能性机器和训练有素的、适应能力强的劳动力进行多种多样的、自身不断改变的专门化产品集合式生产。在这里，主要的行为主体是中小型企业以及它们之间形成的网络，很少有大企业。②

新产业区是产业布局的一种新的形式，往往是一些具有较强创新性的小企业形成的空间集聚，这类小企业多是新出现的 IT 产业或规模小、易于分散的新兴行业，它们是现代全球化和生产网络化的新兴事物，在空间上容易呈集聚状分布。新产业区是在新技术革命以后出现的，新技术革命极大地推动了生产力的发展，进而推动了生产方式的转变。微电子技术的迅速发展使人类社会进入信息时代，信息时代的制造业与传统的制造业有许多不同的特点。一是产品生命周期越来越短，产品更新换代的时间越来越快；二是多品种、中小批量的生产所占比重越来越大；三是产品的技术含量越来越高，许多资源和劳动力密集型产品被技术密集型产品所取代；四是产品所面临的是全球统一市场的激烈竞争。制造业的这些新特点必然迫使企业寻求一种新的生产技术和组织模式，以使产品上市快和新产品开发快、质量好、成本低和服务好。不言而喻，新产业区往往是高新技术产业集中的地方，同时也是技术创新的前沿地带。

---

① “福特主义”是指以福特公司为代表的建立在流水线分工基础上的劳动组织方式和大批量生产模式，它极大地提高了劳动生产率，也部分地提高了工人的工资水平，从而使整个社会的消费水平有了大幅提高。“后福特主义”在许多方面具有与“福特主义”完全不同的特征。在“后福特主义”模式中，生产过程和劳动关系都是具有柔性的，柔性化的生产建立在柔性技术（机器或系统）及柔性工作基础上，生产出大量的多样化产品，满足各自所占份额很小的个性化需求。在这里，范围经济，即由多种产品生产的相互协调和相互补充所产生的优势，比规模经济，即由大批量生产某种产品所产生的优势更为重要。大企业的垂直管理和等级组织结构被横向的平行结构所代替，其生产过程在很大程度上以网络的形式与其他企业相互协调。

② 陈秀山，等．区域经济理论［M］．北京：商务印书馆，2003：261.

国际学者在研究新产业区的过程中，对新产业区含义的理解不同，在新产业区概念、类型划分、形成与发展的作用机制等方面仍然存在着许多争论，至今尚无统一认识，下面列出国外学者的一些观点。

（1）弹性专精区域。皮埃尔和塞伯将新产业区看作弹性专精区域。他们强调新产业区的共同特征是：专业化小企业之间有着广而精细的合作；手工业技术与现代微处理技术混合使用；公共和私立部门提供广泛的商业服务；存在强有力的非正式或制度化的结构，以调整企业间的合作与竞争；与区内外的大企业有着长期的合作关系。

（2）地域网络。斯科特将新产业区定义为基于合理劳动分工的生产商在地域上结成的网络（生产商、供应商以及竞争对手等的合作与衔接），这些网络与本地的劳动力市场密切联系。他认为，在劳动社会分工日益深化的前提下，企业间的交易频率增加，并导致交易成本的上升，企业倾向于在本地寻找交易对象以降低交易成本，这就促进了地方企业集群的形成。他同时强调，具有发展动力的企业集群通常需要以现有社会文化准则为基础的制度安排来克服市场失灵。

（3）地域系统。派克和圣根伯格认为，新产业区是指有地理边界的生产系统，大量的企业在不同阶段以不同方式生产同一种产品，实行专业化分工。新产业区发展必须具备的条件是：企业家的创新精神和创新能力、区内企业的弹性生产方式以及区域内企业间紧密的网络连接与合作。格罗佛里认为新产业区本质上是一个中小企业群组成的地域系统，更准确地讲，是一个地理上有界的中小企业群组成的地域系统。

综合国外已有的研究成果，新产业区可定义为：在合理劳动地域分工基础上结成的网络，这些网络与本地劳动力市场密切联系，可以实行专业化分工。从这个定义出发，新产业区是产业地域集中的新形式，除了一般的集聚意义外，特别强调专业化和小企业群，强调企业之间的合作与竞争，以及制度建设。所以，新产业区也可以称为“社会经济综合体”。①

二、新产业区类型的划分

新产业区类型划分的标准包括政府干预程度，内源力、竞争力和当地协作环境，区域内的特色产业类型等。②

（一）按照政府干预程度划分

随着 20 世纪 70 年代以后新市场的开拓与新技术的发展，大部分新产业区都有政府的干预，以解决获得新技术能力的问题。新产业区由此分为两种基本类型：Ⅰ类新产业区，区内没有政府干预；Ⅱ类新产业区，区内存在相当程度的政府干预。

在Ⅰ类新产业区中，技术扩散的主要渠道是技校的培训，以及企业及其转包企业内技术工人与小企业主的相互联系，不同的经济组织与非经济组织间通过技术教育的基础设施进行信息交流，从而实现信息共享，产业区内整个系统的效率也由此得到提高。

---

① 孙久文．区域经济学．修订第 2 版［M］．北京：首都经济贸易大学出版社，2010：119.

② 王缉慈，等．创新的空间：产业集群与区域发展［M］．北京：北京大学出版社，2001：137－139，143－149.

在Ⅱ类新产业区中，企业间垂直的协作主要促进渐进式创新的引进与扩散。激进式创新则在很大程度上依赖于水平联系的企业间在研究与开发领域中进行的合作。公共干预可以使Ⅰ类新产业区转型为Ⅱ类新产业区。

（二）按照内源力、竞争力和当地协作环境划分

可按照中小企业的内源力、竞争力和当地协作环境对新产业区进行分类。

（1）中小企业的内源力和竞争力对技术创新至关重要。低内源力、低竞争力的企业类别包括只具有工匠式职业技能以及只通过工作经验积累得到非正式知识的企业；而通过雇用工程师及其他受到良好大学教育的职员从而获得产业竞争力的企业被认为是高内源力、高竞争力的企业。通常认为，低内源力和低竞争力的企业只能通过引进、开发或模仿技术进行渐进式创新。

（2）当地协作环境与产业集聚的稳定性关系密切。拥有地域根植性的集聚经济地区协作环境较好，集聚企业的联系稳定长久，企业间能够相互信任。当地协作环境较差，集聚企业间联系多为偶然性、不稳定的企业集聚不能被称为新产业区。

将两个标准结合起来，可以对新产业区与其他工业集聚区根据企业内源力与竞争力进行划分，见表7-6。在协作环境较差，且企业内源力和竞争力也较弱的产业集聚区中，企业间联系网络尚未形成，产业分工不明显，各个企业以分离的方式面向市场。在协作环境较差而企业内源力与竞争力较高的产业集聚区中，有不同于新产业区中典型的企业网络，其生产系统的特点通常是以大企业为主，其下有许多高度专业化的承包企业，这些企业彼此之间无自己的网络联系。

表7-6 新产业区和其他类型的产业集聚

		企业的内源力与竞争力	
		高	低
当地协作环境	差	传统的、当地市场导向型的小企业集群	大企业主导的生产系统
	好	Ⅰ类和Ⅱ类新产业区	

资料来源：王缉慈，等．创新的空间：产业集群与区域发展［M］．北京：北京大学出版社，2001：143.

将Ⅰ类新产业区与Ⅱ类新产业区的大致分类融合进来，根据政府干预以及企业内源力、竞争力两个变量，可将新产业区划分为四类（见表7-7）。

第1类新产业区是由低内源力、低竞争力企业所组成的无政府干预的地方生产系统。

第2类新产业区由低内源力、低竞争力企业所组成，存在相当程度的政府干预，因而它是有一些技术创新能力的地方生产系统。这一潜力源于新产业区中小企业群的集体力量。较强的公共参与在一定程度上弥补了企业内源力与竞争力的低下。

第3类新产业区内高内源力、高竞争力的中小企业密切协作，虽无政府干预，但属于有良好的技术创新能力的地方生产系统。

第4类新产业区是由高内源力、高竞争力的企业协作以及政府干预共同构建的拥有高水平创新能力的地方生产系统。这种创新能力是高内源力、高竞争力的企业间水平协作与政府干预共同作用的结果。

表 7-7 不同类型的新产业区

<table>
<tr><th colspan="2" rowspan="2"></th><th colspan="2">好的当地协作环境</th></tr>
<tr><th>Ⅰ类新产业区（没有政府干预）</th><th>Ⅱ类新产业区（有相当程度的政府干预）</th></tr>
<tr><td rowspan="2">企业的内源力与竞争力</td><td>低</td><td>第 1 类新产业区
拥有较低技术创新潜力的新产业区</td><td>第 2 类新产业区
拥有一些技术创新潜力的新产业区</td></tr>
<tr><td>高</td><td>第 3 类新产业区
拥有良好技术创新潜力的新产业区</td><td>第 4 类新产业区
拥有很强技术创新潜力的新产业区</td></tr>
</table>

资料来源：王缉慈，等．创新的空间：产业集群与区域发展［M］．北京：北京大学出版社，2001：143.

（三）按照区域内的特色产业类型划分

按照新产业区内产业的不同类型，可以分为以发展传统产业为主的新产业区和以发展高新技术产业为主的高技术区。

（1）传统产业的专业化区域。以传统的手工业或劳动密集型的传统工业部门为主，如大量的中小企业集聚，以发展纺织、制鞋业、家具等行业。在这类区域内，劳动分工比较精细，专业化程度较高。这类产业区发展的历史文化背景比较特殊，企业主之间的信任度比较高，彼此之间的合作以非契约关系连接。

（2）高技术产业的专业化区域。这类区域的发展主要依托当地的科研力量，企业相互之间密切合作，区域内有强烈的创新氛围。美国硅谷是这类区域的典型代表。

三、新产业区在我国的发展

新产业区在我国出现得较晚。新产业区是柔性生产综合体，它的形成和发展与技术进步密切相关。随着经济改革开放的不断深入和经济全球化水平的日益提高，我国已逐步形成不同类型的柔性生产系统。江浙一带在 20 世纪 80 年代中后期迅速发展起来的乡镇企业集聚区尽管曾受到许多学者的重视，如“温州模式”的提出，但新产业区的概念尚未正式提出，而后来的高新技术产业开发区则是在 20 世纪 90 年代以后才初具规模。

（一）高新技术产业开发区

我国的新技术浪潮开始于 20 世纪 80 年代中期，并诞生了柔性生产方式。如北京中关村就是柔性生产方式的诞生地之一，其核心技术［如清华大学的计算机集成制造系统（CIMS）以及电子传输系统（EDT）等］都出现在中关村。以四有原则组织起来的民营高新技术企业是柔性生产组织形式的表现，从严格的等级组织（大学、科研院所）走向网络组织（产学研结合），产生了创新氛围。但由于对发展高技术所需要的柔性生产组织的发展方向缺乏认识，中关村的网络组织和创新氛围都未能很好地持续下去。

（二）较发达的专业化乡镇企业区

改革开放以来我国出现了一些较繁荣的专业化的乡镇企业集聚区域，大多从形成专业化市场开始，并促进了制造业的发展。乡镇企业集聚区产品种类繁多，小企业密集。但由于资金和技术严重不足，企业缺乏发展后劲，甚至整个区域都无法持续健康地发展。例如，浙江永嘉桥头镇被誉为“世界纽扣之都”，但是由于简单地提倡企业兼并和联合，该区域已开始衰落。

（三）外向型工业开发区

外向型工业开发区是通过招商引资发展起来的工业开发区，区内主要从事国外企业标准化产品的生产，其中先进的“三资”企业已采用柔性生产线。这些工业多是“松脚型工业”，当区位条件变化时，一些企业有可能再次发生区位转移，使开发区未来可能出现空洞化现象。因此，需要了解外商在本地扎根的需求与本地工厂的物质和技术联系，引导外商在提高本地劳动力素质和企业家能力等方面发挥作用，研究工业开发区的产业结构升级问题以及与改造本地传统产业的联系。一般来说，这些开发区的工业联系主要在国外和区外，本地联系较少，因而具有“飞地”的性质。[①]

案例分析 7-1

影响我国农业、纺织工业和石化工业布局的主要因素

《全国主体功能区规划》提出构建以“七区二十三带”为主体的农业战略格局。构建以东北平原、黄淮海平原、长江流域、汾渭平原、河套灌区、华南和甘肃新疆等农产品主产区为主体，以基本农田为基础，以其他农业地区为重要组成的农业战略格局。东北平原农产品主产区，要建设优质水稻、专用玉米、大豆和畜产品产业带；黄淮海平原农产品主产区，要建设优质专用小麦、优质棉花、专用玉米、大豆和畜产品产业带；长江流域农产品主产区，要建设优质水稻、优质专用小麦、优质棉花、油菜、畜产品和水产品产业带；汾渭平原农产品主产区，要建设优质专用小麦和专用玉米产业带；河套灌区农产品主产区，要建设优质专用小麦产业带；华南农产品主产区，要建设优质水稻、甘蔗和水产品产业带；甘肃新疆农产品主产区，要建设优质专用小麦和优质棉花产业带。

农业布局主要受自然因素、人口因素的影响，我国按照各地区的自然条件和劳动力条件以及社会经济发展基础，确定了七个农产品主产区和二十三个农产品产业带。

资料来源：部分内容节选自《全国主体功能区规划》，略有改动。

2019 年，新疆棉花产量占全国总产量的 84.9%，新疆棉花总产量、单产量、种植面积、商品调拨量连续 25 年位居全国第一，是我国棉花第一大产区。[②] 但我国的纺织工业主要分布在江苏、浙江、山东和广东等东部沿海地区。影响棉花布局的主要因素是自然条件，新疆的光、热、水、土条件非常适合棉花种植，生产的棉花品质很好，加之新疆

① 石奇．产业经济学［M］．2 版．北京：中国人民大学出版社，2011：191-192.

② 天山网，2020-01-07.

棉花种植规模化、机械化程度较高，所以新疆成为我国第一大棉花主产区。但是纺织工业主要布局在我国沿海地区，这与我国纺织产品是重要出口产品相关。纺织工业是东部沿海地区外向型经济的重要产业，主要影响因素是区位、劳动力、市场、国家产业政策等。

我国石化工业也主要布局在沿海地区，主要原因是受原料产地和消费市场的影响。我国石化工业逐步向沿海地区集中布局，与我国石化工业原料——原油的进口密切相关。2018 年，我国石油的对外依存度达到 69.8%。大量原油需要从国外进口，并且主要通过海上运输抵达我国，加之东部沿海地区经济和人口密度高、对石化产品的需求量大，因此呈现向沿海地区集中布局的趋势。

本章小结

产业布局是指一个国家或地区产业各部门在地域上的动态组合分布。在经济发展过程中，产业布局理论也得到发展，古典区位理论主要有杜能的农业区位理论和韦伯的工业区位理论，现代产业布局理论主要有成本学派理论、市场学派理论、成本-市场学派理论，后起国的产业布局理论主要有增长极理论、点轴理论、地理性二元经济理论。影响产业布局的因素主要有地理位置、自然因素、社会因素、经济因素和技术因素。产业布局的一般规律有生产力发展水平决定产业布局规律、劳动地域分工规律、产业布局“分散-集中-分散”螺旋式上升的规律、地区专业化与多样化相结合的规律、非均衡规律，以及产业布局与自然-社会-生态系统对立统一的规律。产业布局应遵循全局原则、分工协作原则、集中与分散相结合原则、经济效益原则和可持续发展原则。产业集群是指一定范围内大量联系密切的企业以及相关支撑机构在空间上集聚并形成竞争优势的现象。关于产业集群形成的动力机制有三种观点。测度产业集群的指标有空间基尼系数、区位商、地理集中度指数、产业地理集中指数等。新产业区是指以特定的地方劳动力市场为基础的由社会劳动分工紧密联系在一起的企业所组成的本地化网络。我国新产业区出现较晚，主要有高新技术产业开发区、较发达的专业化乡镇企业区和外向型工业开发区等。

复习思考题

1. 简述古典区位论、现代产业布局理论的主要内容。
2. 影响产业布局的因素有哪些？
3. 产业布局有哪些规律？应遵循什么原则？
4. 什么是产业集群？产业集群形成的条件、途径和动力机制分别是什么？
5. 产业集群的测度方法主要有哪些？
6. 什么是新产业区？新产业区有哪些划分标准？

参考文献

1. 陈才．世界经济地理［M］．修订版．北京：北京师范大学出版社，1995.

2. 陈秀山，等. 区域经济理论 [M]. 北京：商务印书馆，2003.
3. 贺灿飞. 中国制造业地理集中与集聚 [M]. 北京：科学出版社，2009.
4. 侯景新，尹卫红. 区域经济分析方法 [M]. 北京：商务印书馆，2004.
5. 刘再兴，等. 中国生产力总体布局研究 [M]. 北京：中国物价出版社，1995.
6. 陆根尧，等. 产业集群自主创新：能力、模式与对策 [M]. 北京：经济科学出版社，2011.
7. 石奇. 产业经济学 [M]. 2版. 北京：中国人民大学出版社，2011.
8. 宋胜洲，等. 产业经济学原理 [M]. 北京：清华大学出版社，2012.
9. 苏东水. 产业经济学 [M]. 3版. 北京：高等教育出版社，2010.
10. 孙久文. 区域经济学 [M]. 修订第2版. 北京：首都经济贸易大学出版社，2010.
11. 唐晓华，等. 现代产业经济学导论 [M]. 北京：经济管理出版社，2011.
12. 王缉慈，等. 创新的空间：产业集群与区域发展 [M]. 北京：北京大学出版社，2001.
13. 魏后凯，等. 中国产业集聚与集群发展战略 [M]. 北京：经济管理出版社，2008.
14. 吴殿廷，等. 区域经济学 [M]. 2版. 北京：科学出版社，2009.
15. 肖春梅. 基于资源和环境约束的中国工业布局优化研究 [D]. 北京：中国人民大学，2010.
16. 叶振宇. 中国制造业集聚与空间分布不平衡研究 [M]. 北京：经济管理出版社，2013.
17. 臧旭恒，徐向艺，杨蕙馨. 产业经济学 [M]. 3版. 北京：经济科学出版社，2005.

第八章

产业转移

内容提要

产业转移是产业从一个国家或地区转移到另一个国家或地区的过程。本章首先介绍了产业转移的概念及其特征、产业转移的相关理论、产业转移效应和动因，以及模式和类型；其次，从国际产业转移的历史和现状、国际产业转移对世界经济的影响，以及未来发展趋势三个方面介绍了国际产业转移的趋势；最后，从我国产业转移的历程、背景特征、趋势及推动区域产业转移的政策等方面介绍了我国产业转移的实践。

本章重点

- 产业转移的概念与特征
- 产业转移效应与动因
- 国际产业转移的历史与趋势
- 产业转移理论
- 产业转移的模式与类型
- 我国产业转移的特征与政策

第一节　产业转移理论与模式

一、产业转移的概念、特征与理论

（一）产业转移的概念与特征

1. 产业转移的概念

产业转移是以企业为主导的经济活动，是资源供给或产品需求条件变化后，某些产业从某一国家或地区转移到另一个国家或地区的经济行为和过程。这是一个包含国家间与区域间投资与贸易活动的综合性的要素与商品流动过程，是一个具有时间和空间维度的动态过程，是国家间或区域间产业分工形成的重要因素，也是转出国（或地区）与承接国（或地区）产业结构调整和产业升级的重要途径。产业转移主要是企业在不同区域间的区位选择与布局的过程。产业转移的构成要素包括转出国（或地区）、承接国（或地区）、转移产业、转移企业、转移资本、转移技术等。

产业转移又称为产业的区域转移，可以分为国内区域间的产业转移和国家间的产业转移。国内区域间的产业转移较早的案例可以追溯到美国工业化早期，当时制造业工厂通常设在靠近原料的地方，后来由于运输条件的变化，工厂更倾向于设在靠近产品市场的地方，这促进了美国工业由东部转移到西部、由北方转移到南方。我国目前东部沿海地区一些产业向中西部和东北地区转移也属于国内区域间的产业转移。国家间的产业转移的典型现象发生在20世纪后半期的东亚。

2. 产业转移的特征

（1）产业转移具有综合性。

产业转移是跨地区直接投资下资本、技术、劳动力及其他生产要素的集体流动，是生产方式的整体转移，具有单个生产要素流动所不具有的特征和功能。

（2）产业转移具有阶段性。

产业转移是分层次渐进式实施的。从国内外产业区域转移的现实看，产业转入与转出地区产业结构的演进具有很强的一致性。区域产业结构顺着自然资源密集、劳动密集、资本密集、技术和知识密集的方向升级，产业转移的方向也依次从劳动密集型产业向资本密集型产业、技术密集型产业和知识密集型产业的方向升级。

（3）产业转移具有梯度性。

国家和地区间经济发展水平的差异构成了不同的发展梯度，这种梯度是产业转移的现实基础。一般而言，产业转移往往由梯度较高的发达地区指向梯度较低的欠发达地区。产业转移对转出区和转入区经济的发展都有重要作用。对发达地区而言，它是地区产业结构调整升级的重要途径，也是产业竞争优势转换升级的有效方式。对欠发达地区而言，承接产业转移是地区经济启动与发展的良好契机，也是地区产业结构升级的可行方略。①

（二）产业转移理论

产业转移作为一种重要的经济现象，日益受到经济学界的重视。产业转移对产业转出地和产业转入地都会产生经济、社会等方面的影响。围绕产业转移各方面的问题，国内外的经济学家展开了深入而卓有成效的研究和探讨，并形成了许多具有代表性的理论。这些理论并不都是直接指向产业转移，但都从不同的视角揭示了产业转移的路径与产业承接的方式。美国、日本以及东南亚国家都曾运用产业转移理论对产业结构升级做出合理的解释。

1. 雁行发展理论

雁行发展理论是日本经济学家赤松要在 1932 年提出来的。该理论在第四章第三节中有详细介绍，这里不再赘述。

2. 产品生命周期理论

1966 年，美国学者弗农在《产品周期中的国际投资与国际贸易》一文中提出了产品生命周期理论。② 产品生命是指市场上的营销生命，产品和人的寿命一样，要经历形成、扩张、成熟、衰退的周期。而这个周期在不同技术水平的国家里，发生的时间和过程不同，体现出不同国家在技术水平上的差异，同时也反映了同一产品在不同国家市场上竞争地位的差异，从而决定了国际贸易和国际投资的变化。

弗农把产品生命周期分为三个阶段，即新产品阶段、成熟产品阶段和标准化产品阶段。当产品处于新产品阶段的时候，本国生产具有竞争优势。而当产品处于成熟产品阶段时，根据技术扩散的程度和生产优势转移的情况，可考虑以技术转让或者对外直接投资等方式进入他国市场。当产品处于标准化产品阶段时，最好通过对外直接投资将生产转移到具有优势的国家和地区。产品生命周期理论将产品技术的生命周期和各国的比较优势结合起来，建立的由产品技术生命周期引致的动态区位转移模式对产业转移的进一步研究具有很大的启发意义。

3. 边际产业转移理论

20 世纪 70 年代，日本经济学家小岛清将弗农的产品生命周期理论与赤松要的雁行发展理论综合起来，在赫克歇尔-俄林-萨缪尔森模型（H-O-S）理论的基础上，提出了边际产业转移理论。他认为，投资国向海外国转移的应该是投资国国内已经失去或者即将失去比较优势，而在投资对象国具有或潜在具有比较优势的产业。如果投资国企业将自己的经营资源从本国的边际产业中撤出，转移到其他国家的具有潜在比较优势的产业中，对投资国和投资对象国都是一种最优化的选择。小岛清的理论是从比较优势的角度来解释产业转移的，是对日本对外直接投资经验的概括和总结。③

① 宋胜洲，等．产业经济学原理［M］．北京：清华大学出版社，2012：165－166.

② Raymond Vernon. International Investment and International Trade in the Product Cycle. *The Quarterly Journal of Economics*，1966（2）：190－207.

③ 小岛清．对外贸易论［M］．天津：南开大学出版社，1987：78－90.

4. 大山模型与产业转移理论

日本学者大山道广认为，小岛清的边际产业转移理论强调生产成本比较优势，但直接投资的必要条件是绝对优势，而并非相对优势。大山道广认为，国际贸易基于比较优势，但是国际直接投资是基于绝对优势，所以以直接投资作为载体的产业转移的必要条件应该是承接产业转移的国家或地区比产业转移的国家或地区更具有绝对优势。大山道广用一个模型，即大山模型证明了他的观点。①

5. 劳动密集型产业转移理论

阿瑟·刘易斯最早从发展经济学的角度分析了第二次世界大战结束后劳动密集型产业从一些发达国家向部分发展中国家转移的现象。② 刘易斯认为，人口自然增长率的下降导致劳动力不足，劳动力成本上升，发达国家自20世纪50年代开始逐渐丧失了部分劳动密集型产业的比较优势。于是，它们开始将部分劳动密集型产业转移到发展中国家，并从发展中国家进口劳动密集型产品，同时加快了国内产业结构升级。刘易斯的观点是建立在赫克歇尔-俄林的要素禀赋之上的，他把劳动密集型产业作为产业转移的主体，并把产业转移与比较优势的变化相结合。但是，他并没有建立起完整的产业转移理论，仅仅解释了劳动密集型产业转移，而没有涉及资本密集型产业与技术密集型产业转移问题。

6. 国际生产折衷理论

国际生产折衷理论由英国学者邓宁（Dunning）在其代表作《贸易、经济活动的区位与多国企业：折衷理论探索》（1976年）中第一次提出。1981年，他在《国际生产与跨国企业》中又将折衷理论进一步理论化、系统化和动态化。③ 他认为，所有权优势、区位优势、内部化优势（O-L-I）是其核心内容，这三大因素是决定产业转移的主要因素，所有权优势、区位优势、内部化优势决定了企业转移的方式。他认为，跨国公司对外直接投资的具体形态和发展程度取决于三方面优势的整合结果。第一，若企业想要在某一国家进行生产，与当地企业竞争，则必须拥有所有权优势（技术、企业规模、组织管理能力、金融与货币优势），并且这种优势足以弥补在国外生产经营的附加成本。第二，区位优势，即企业把在母国生产的中间产品从空间上转移到别国，并与该国的生产要素或其他中间产品结合，只有能够获得最佳利益时，才会在国外进行投资和生产。第三，内部化优势是为避免不完全市场给企业带来的影响而将其拥有的资产内部化以保持企业所有的优势。企业针对其优势进行跨国转移时，必须考虑内部组织和外部市场两种转移途径，只有前者所带来的经济利益比后者大时，才会发生对外直接投资。企业只有同时具备所有权优势、区位优势、内部化优势，才可以选择对外直接投资。若只具有所有权优势和内部化优势，则可选择许可贸易方式；若只有所有权优势，则只能选择出口方式。

该理论克服了传统的对外投资理论只注重资本流动方面的研究不足，将直接投资、

① 陈建军．要素流动、产业转移和区域经济一体化［M］．杭州：浙江大学出版社，2009：72－74．

② 阿瑟·刘易斯．国际经济秩序的演变［M］．北京：商务印书馆，2017：23－28．

③ 卢进勇，杜奇华．国际经济合作［M］．北京：对外经济贸易大学出版社，2000：53－54．

国际贸易、区位选择等综合起来加以考虑，使国际投资研究向比较全面和综合的方向发展。

需要指出的是，该理论也存在不足。由于该理论中包含的因素有很多，特别是不能解释众多因素中哪种因素对投资决定最具决定性作用，一切都要视具体情况而定，这就失去了一种严密理论体系所应有的概括性地解释说明具体情况的能力。

7. “中心-外围”理论

1949 年，阿根廷经济学家普雷维什首先提出了“中心-外围”理论，而经济学家汉斯·辛格发展了这个理论。该理论认为，产业转移发生的根源是发展中国家为了发展的要求，被迫实行工业化，从而避免大量进口工业品。在旧的国际分工中，由于技术进步及其成果在世界范围内的发生和传播具有一定的差异性，从而在发展中国家和发达国家形成了一个“中心-外围”的国际分工关系。这样，中心发达国家主要生产和出口工业品，而外围的发展中国家主要生产和出口初级产品。由于原材料和初级产品的需求弹性低而工业制成品的需求弹性高，发展中国家的贸易条件不断恶化，并产生了巨额贸易逆差。为了改善国际贸易条件和巨额的贸易逆差，发展中国家于是实行工业化。这就促使发展中国家引进外资和技术，为跨国公司打开大门，承接发达国家的产业转移。虽然跨国公司通过直接投资和技术转让促进了发展中国家的经济发展，但是同时也获得了巨大的利润，从而阻碍了发展中国家的资本积累。[①] 普雷维什对中心和外围之间经济利益关系的研究部分反映了发达国家和发展中国家的产业转移现象，但该理论过于强调产业转移给发展中国家带来的消极影响，对产业转移能够加快发展中国家经济发展、提高发展中国家的技术水平的认识不足。事实上，产业转移不仅为发达国家产业结构升级提供了条件，也为发展中国家的经济发展带来了一定的积极影响。

8. 重合产业理论

卢根鑫认为，重合产业是产业转移的基础条件。[②] 重合产业是指发达国家与发展中国家在某一特定时期存在的技术构成相似的同类产品生产部门。随着产业贸易与产业投资的发展，这种重合产业会不断出现、发展和持续演变。发展中国家有成本优势，发达国家必须通过重合产业转移来摆脱成本劣势，实现重合产业的价值增值。当产业深化不足以弥补他国相对较低的成本优势时，只有通过产业转移进行调整。这是由于产业转移不仅能使重合产业摆脱高成本的劣势，而且能够实现重合产业价值的二次增值。产业转移的方式为产业贸易与产业投资。一方面，发达国家通过产业贸易，将重合产业所需的资本品、中间品等出售给发展中国家，使之扩大重合产业生产，从而满足对重合产业产品的需求。另一方面，发达国家通过产业投资，将重合产业所需的大部分生产要素转移到发展中国家并进行生产，从而满足自己的需求。因此，产业转移的浪潮往往体现为世界范围内的产业调整以及产业在地区分布的变化。

---

① 陈焰，熊玉珍．中心外围论及对中国的实证分析［J］．国际贸易问题，2005（3）：10－15.

② 卢根鑫．试论国际产业转移的经济动因及其效应［J］．上海社会科学院学术季刊，1994（4）：34.

二、产业转移效应与动因

（一）产业转移效应

国内学者卢根鑫以产业分化为起点，以价值盈余为核心范围，对国际产业转移进行了系统的研究。[①] 他提出，产业转移对发达国家和发展中国家都有正负两方面的影响：对于发达国家来说，产业转移为结构的升级提供了契机，移出的产业可以为新兴产业提供更多的资本和劳动力；但可能因转出产业而增加国内就业压力，影响本国企业的技术竞争力，造成产业“空心化”等。对于发展中国家来说，产业转移会伴随着资本、高新技术和管理经验的转移，实现产业的升级，促进经济增长；但不利于改变与发达国家之间的产业级差与技术级差，且造成与发达国家收入分配的不平等，还可能导致污染产业与有害产业的扩散。但实际上，发达国家向外转移产业是为了降低成本，提高利润，实现价值盈余，输出的技术很少是核心、尖端技术，并不会影响移出国的技术竞争力。而发展中国家在引进发达国家的产业时也需要认真地筛选，因为引进有害产业虽然会带来短期的经济增长，但也可能会破坏本国经济的可持续发展。如果没有引进发达国家的产业，发展中国家与发达国家的产业级差、技术级差只会越来越大，只有在引进发达国家产业的基础上进一步创新，才能缩小或消除产业级差和收入不平等。从总体上看，产业转移的正效应远远大于负效应。[②]

（二）产业转移的动因

1. 市场需求与层级

随着经济的发展，产业转出地区的需求结构将会逐步升级。在产业需求中，对诸如食品、纺织、一般机械等劳动密集型产业的产品需求将会减少，而对家电设备、交通通信设备、电脑及其软件、医疗及保健产品、住房等资本或技术密集型产品的需求将会迅速增长。需求结构的变化带来了产业结构调整的压力。这种压力直接表现为低技术的劳动密集型产业产品的市场竞争日趋激烈。因此，本地企业会趋向于将产业以各种形式向外地转移，以期将资源转向本地需求旺盛的产业。在适应市场需求变化的过程中，市场需求萎缩的产品和产业会被逐步转移到其他地域，市场需求旺盛的产业将得到增长，移出地的产业结构得到优化。世界制造中心的三次转移也均与地域需求变化紧密相关。第一次工业革命后，英国迅速形成了世界技术优势，并吸引世界生产资源向英国汇集，形成了与吃穿需求层次相适应的以食品、纺织、采矿、冶金等为支柱产业的世界制造中心。随着英国的日益衰落，其世界市场地位不断下降，美国抓住时机，进行第二次工业革命，形成了与当时住行更高级需求相联系的世界先进技术优势，从而迅速吸引世界资源向美国流动，最终形成了以电力设备、钢铁、造船、化工、汽车等为支柱产业的世界制造中

---

① 卢根鑫．试论国际产业转移的经济动因及其效应［J］．上海社会科学院学术季刊，1994（4）：34.

② 张明龙，等．区域产业成长与转移［M］．北京：知识产权出版社，2011：222-223.

心。第二次世界大战后，日本在美国的扶植下，以欧美巨大的市场需求为导向，以信息、半导体等新产业为突破口，迅速成为世界另一重要制造中心。

2. 市场规模与分工细化

新古典政治经济学认为，市场扩大将会促进分工的发展，从而促进生产效率的提升。伴随着市场扩大、分工发展，必然产生区域生产的专业化和精细化，其间必然伴随着产业的转移与重组。在现代市场经济中，市场规模的扩大促进了合理产业分工的形成，促使产业在区域之间进行转移。产业区域转移与市场和分工也存在着互相影响的作用机制，在市场和分工促进产业区域转移的同时，产业转移也可以促进和完善垂直分工和水平分工，包括产业内部、企业内部的不同工序之间的分工。

国际分工与国际产业转移有着密切的联系。国际分工是社会发展到一定阶段的产物，是国民经济内部分工超越国家界限广泛发展的结果。国际分工的一个重要特点是：不同国家的生产力水平不同，其中一部分国家的生产力发展水平较高。由于产业发展周期的客观存在，发达国家便通过国际贸易和国际投资等方式将本国处于衰退期的产业向外扩散或转移。随着最先移入这些产业的发展中国家工业化进程的推进，这些产业也会逐渐转移到其他生产力水平更低的国家，由此形成一个永不衰竭的产业转移浪潮。国际产业转移使发达国家与发展中国家之间的国际经济关系建立在一种新的国际分工基础之上，形成了一种新的贸易与投资的利益分配的国际格局。因此，国际分工是国际产业转移的前提和基础，而国际产业转移也会对国际分工格局的演进起重大作用，并不断地改变着国际分工格局。[①]

3. 生产要素价格的变化

生产要素价格的变化将引起产业在区域间的转移。通过产业转移，可以在更广阔的范围内综合有效利用各种资源，促进区域产业结构升级和产业效率提高。伴随着城市化的发展和产业集聚的加强，产业转出地区可能面临劳动力价格上升、土地成本增加、市场萎缩、资源环境成本增加等一系列问题。为了降低生产成本，可以将劳动密集型产业转移到劳动力丰富、成本低的地区；为了加强市场销售、拓展市场，可以将产品销售部门转移到市场需求旺盛的地区；为了降低环境成本，可以将具有一定污染的企业转移到环境容量大的地区等。通过产业转移，可以实现跨区域的要素资源的综合有效利用，对增强企业竞争能力、优化区域产业结构具有重要意义。

4. 自然资源

自然资源是资源型初级产业建立的基础。石油、煤炭、水电、矿产开发等资源型产业和农林等初加工产业一般依据自然资源而栖落。资源型产业布局也会随着自然资源分布和储量变化而在全球范围内变动。比如，随着我国东部地区受资源、能源和环境的约束逐渐增强，一些能耗大、资源型的电解铝、多晶硅等产业逐渐向新疆转移，依托的就是新疆具有丰富的煤炭资源，电力丰富、价格低。然而，世界现代制造业转移趋势也越

---

① 苏东水．产业经济学［M］．3 版．北京：高等教育出版社，2010：238.

来越不受自然资源的约束和影响。①

三、产业转移的模式与类型

（一）产业转移的模式

根据产业转移发展的历程，并结合国内外产业转移现状和未来趋势，笔者归纳了以下七种具有代表性的产业转移模式。

1. 雁行模式（东亚模式）

这是一种基于产业转移过程特征或形态的转移模式。日本经济学家赤松要提出的雁行模式成为20世纪70年代日本向亚洲新兴工业化国家和地区，以及东盟国家和地区进行产业转移，从而推动国内产业发展以及产业结构调整和升级的重要理论依据。

2. 新雁行模式

该模式相对于传统的雁行模式，指国内先进地区沿着劳动密集型产业-资本密集型产业-技术密集型产业的次序向后进地区进行产业转移。这种转移模式将为我国东部地区产业转出、中西部地区承接产业转移提供理论依据。

3. 集群式转移模式

集群式转移模式是规模最大的产业转移模式，指一些有着产业联系的上下游生产企业相继由某一地区转移至另一地区。这种转移模式强调的是转移的整体性和网络关系的复制性。②

4. 整体转移模式

整体转移模式包括整体迁移模式和完整价值链转移模式。而后者又分为完整价值链垂直型转移、完整价值链水平型转移。③

5. 部分迁移模式

部分迁移模式有要素嫁接式、存量激活、扩张性资本输出、产业关联、部分产业链的转移等。高梯度的大企业、大集团甚至跨国公司通过购买股票、收购和兼并，将技术、资金、装备、管理、人才等要素转移嫁接到低梯度、缺乏活力、已停产倒闭或濒临倒闭的企业，进而带动承接产业转移区域的经济发展。

6. 网络化模式

主要有横向兼并或横向一体化转移模式、设厂（对外建立生产加工点）和设立研发机构转移模式、收购兼并转移模式、委托生产或生产外包转移模式、品牌代工转移模式、对外建立销售网点、企业新建投资、并购和非股权方式参与等模式。④

---

① 宋胜洲，等．产业经济学原理［M］．北京：清华大学出版社，2012：165－167.
② 郑胜利．论我国开展集群研究的理论和现实意义［J］．当代经济研究，2002（9）：27－30.
③ 赵张耀，汪斌．网络型国际产业转移模式研究［J］．中国工业经济，2005（10）：13－19.
④ 朱兰春．产业转移模式的理论研究综述［J］．华商，2008（11）：12－19.

7. 产业园区转移模式

这是我国广东创新的产业转移模式，它是在现有的开发区、工业园区、高新区和土地利用的总体规划中，整体或部分划分出一定面积的土地设立产业转移园区。产业转移园区是承接产业转移的重要基地和优良平台，对于拉长产业链、提高产业的集中度有重要意义。产业园区转移模式将成为我国承接国外产业转移和国内区域产业转移的新趋势。

（二）产业转移的类型

产业转移受到产业类型、产业发展周期、区位特征和政府政策等多方面因素的影响。一般来说，不同类型的产业所考虑的因素有较大差异，劳动力因素对于劳动密集型产业更为重要，如果该产业所在区域的劳动力成本大幅上涨，并超过了劳动密集型产业所能承受的临界值，产业转移就会发生；但劳动力成本上涨对劳动力投入较少的产业，如资本密集型或技术密集型产业，影响就相对较小。在同一产业中，产业链的不同环节，如总部、研发、设计、制造、营销等，其转移的影响因素也会有差异。除此之外，政府的鼓励政策和限制政策对产业是否转移以及转移到哪里均有影响，尤其在中国，必须充分重视政府政策的作用。中国学者及调查机构对企业迁移的影响因素进行的调查直观地呈现了产业转移的一些关键原因，见表 8－1。

表 8－1　中国企业迁移的影响因素调查

来源	调查者	调查地区	样本数	主要影响因素
陈建军（2002）	陈建军	浙江省	105 家规模以上企业	扩大销售额（选择率为 65.71%）；扩大出口（38.10%）；提高企业知名度（20.95%）；利用较为完善的社会基础设施和软硬件基础设施（18.10%）；引进技术和便于向海外扩张（各为 16.9%）。
徐海彪（2004）	浙江省企业调查队	浙江省	196 家外迁企业	土地资源（认同率为 55.6%）；电力供应（45.4%）；原材料及能源供应（42.9%）；可以获得迁入地减免税的优惠政策（41.8%）；改变区位条件、提高企业形象（34.2%）。
刘力等（2008）	刘力、张健	珠三角	418 家企业	企业自身发展需求（43.8%）；生产成本上升（34.0%）；本地政策优惠减少（17.9%）；宏观政策导向与产业转移政策（11.2%）。
申勇（2008）	深圳市贸易发展局	深圳	不详	厂房租金太贵（57.8%）；人工成本如工资、福利和社保费用等太高（53.3%）；用地需求无法满足（45.6%）。

资料来源：魏后凯，等．中国区域经济的微观透析：企业迁移的视角［M］．北京：经济管理出版社，2010：67.

总之，影响产业转移的因素呈现多元化的趋势，根据这些影响因素可以将产业区域转移归纳为以下四种类型。

1. 成本压迫型

成本压迫型转移是指企业为了降低成本，提高劳动生产率而进行的转移活动。各地区之间生产要素的价格差导致了产业发展的成本差异，向低要素成本地区的产业转移既可以降低成本，提高相关企业的运营效率，又可以优化产业整体的资源配置。这种类型的产业转移的首要决定因素是成本，包括劳动力价格、生产要素价格、交易成本、运输成本等，除此之外还有移入地的承接能力，如劳动力素质、技术水平、配套设施等。

2. 市场寻求型

市场寻求型转移，也可以称为市场规模导向的产业转移，是指企业为占领更大市场而进行的产业转移。当一个地区的某种产品的市场规模达到一定程度后，产业移入该地区既有利于占领该地区市场，又能相对降低产品的运输成本。另外，邻近市场的企业易于迅速掌握市场特点和市场动态，尤其是直接面对最终消费者的产品，在目标市场直接生产可以更好地满足当地消费者的特殊偏好。与此同时，在一个相互间形成关联关系的产品供应体系内，各关联企业的转移活动往往会带来连带效应。对处于某种供应链环节的生产者来说，如果其上下游关联产品的生产者已经大量转移到某地生产，则会迫使尚未进入者跟进转移，提高转入地的配套体系的运作效率。

3. 企业战略型

中国现阶段以沿海发达地区企业为主要角色的产业区域转移中，非常活跃的常常是中小型民营企业。非国有新兴企业在很短的时间里发展成为中国经济的一支重要力量，显示了其旺盛的生命力。追求企业成长常常是这些企业发展的首要目标，在这一企业群体中，不乏积极开拓进取、富有冒险精神的企业家。积极推进企业的对外扩张战略，包括产业转移，不仅有利于企业开拓新的发展空间，而且有利于企业在当地的发展和成长。

4. 政策驱动型

为实现区域协调发展的目标，优化空间经济结构，近年来各级政府制定并实施了一系列政策措施，鼓励和引导企业合理迁移。这些政策根据颁布主体不同可分为国家政策、转入地政策和转出地政策。在国家政策层面上，我国实施了西部大开发战略、振兴东北老工业基地战略和中部地区崛起战略，并制定了一系列相关政策措施，鼓励外商投资和沿海企业进入中西部地区和东北地区。国家在中西部地区建立了一批国家级承接产业转移示范区和承接产业转移基地。工业和信息化部于 2012 年发布了《产业转移指导目录（2012 年本）》，2018 年发布了《产业发展与转移指导目录（2018 年本）》，旨在引导产业转移有序开展。转入地政策主要指中西部地区各级政府纷纷出台承接产业转移的政策措施，创造各种优惠条件，加大招商力度，积极承接国际及国内沿海产业转移。转出地政策主要是东南沿海各省市出于产业结构升级的压力，纷纷出台政策以鼓励产业向欠发达地区转移。如广东省政府于 2005 年 3 月出台《关于我省山区及东西两翼与珠江三角洲联手推进产业转移的意见（试行）》，旨在促进劳动密集型产业从珠三角地区向粤北山区和东西两翼转移，实现广东省区域经济的协调发展。①

---

① “十二五”时期国内区域产业转移问题课题组．“十二五”时期国内区域产业转移问题研究报告［R］，2011.

第二节 国际产业转移的趋势

一、国际产业转移的历史和现状

产业转移最初的发生是因为经济全球化和国际市场的形成。20 世纪初期，英国、法国等欧洲国家比较发达，而美国相对落后，产业就从欧洲向美国转移，世界的经济重心也一起从欧洲转移到了北美。20 世纪 60—70 年代，东亚的日本、韩国等后发国家发展很快，产业从欧美向东亚地区发生转移，世界的经济重心同时转移到了太平洋。20 世纪 80—90 年代，国际产业向东南亚各国和我国东部沿海地区转移是这种趋势的延续。

第二次世界大战结束以后，国际上共发生了四次大规模的产业转移。其中，在 20 世纪 90 年代新经济和信息产业在全球迅猛发展之前，国际产业转移基本呈现同类产业整体在不同发展水平的国家之间依次梯度转移的特征；20 世纪 90 年代之后，在经济全球化背景下，产业全球化发展态势明朗，国际产业转移更多地表现为全球化产业链上不同要素密集度的经营链条在经济发展水平相异的国家之间的梯度转移。

（一）20世纪90年代之前的三次国际产业转移

第一次国际产业转移浪潮发生在 20 世纪 50 年代。通过军事技术民用化，美国进一步巩固了其在世界经济和产业技术中的领先地位，并率先进行了产业结构的调整升级：美国在国内集中力量发展汽车、化工等资本密集型重化工业，而把纺织等传统产业通过直接投资向正处于经济恢复期的日本等国家转移。由于整体经济相对落后，劳动力成本相对较低，在承接美国转移出的轻纺工业后，日本很快成为全球劳动密集型产品的主要供应者。同时，日本开始大力扶植和发展钢铁、化工等资本密集型产业的进口替代，产业结构得到有效调整。

第二次国际产业转移浪潮发生在 20 世纪 60—70 年代。第三次科技革命的深入发展推动着新产品、新技术不断涌现，产业升级的步伐由此加快。美国、联邦德国、日本等国大力发展钢铁、化工和汽车等资本密集型产业，以及电子、航空航天和生物医疗等技术密集型产业，而把劳动密集型产业尤其是轻纺工业大量外移。经过 20 世纪 50 年代的进口替代，亚洲新兴工业化国家和地区的劳动密集的轻纺工业得到较快发展，它们积极把握这一轮产业转移机遇，大力发展出口导向的轻纺工业，同时，韩国等经济体还开始了钢铁、化工等重化工业的进口替代。这一次产业转移使得发达的产业移出国和地区的产业结构得到转换和升级，塑造了具有国际竞争力的现代产业群体，启动了真正意义上的“外围”国家和地区的现代经济增长。

第三次国际产业转移浪潮始于 20 世纪 70 年代后期，两次石油危机的爆发和其间世界性经济危机的爆发严重打击了西方国家的重化工业，促进其着力发展微电子、新能源、新材料等高附加值、低能耗的技术密集型和知识密集型产业，而先后将“重、厚、长、大”型的钢铁、造船和化工等重化工业，以及汽车、家电等部分资本密集型产业进一步向外转移。随着经济的迅速发展，亚洲新兴工业化国家和地区的劳动力成本迅速上升，廉价劳动力优势逐步丧失，而发达国家对轻纺产品的贸易壁垒不断增强，轻纺工业的发展面临窘境。鉴于此，亚洲新兴工业化国家和地区再次抓住了第三次国际产业转移的机遇，积极承接了发达国家转移的资本密集型产业，与此同时，这些国家和地区主动地进行了自身产业结构的调整和转换，并将即将或已经失去比较优势的劳动密集型产业向马来西亚、泰国等后起国家转移。积极借鉴一些亚洲新兴工业化国家和地区的发展模式，沿着它们的发展路径，东盟国家先后加入了承接国际产业转移的梯队，接过从这些亚洲新兴工业化国家和地区转移出的劳动密集型产业，将进口替代的轻纺工业纳入出口导向式的发展轨道，创造了良好的出口业绩和经济发展局面。至此，在东亚地区，借助三次大规模的国际产业转移，发展水平呈梯次结构的三类经济体相继完成了产业结构的转型升级，创造了发展中国家和地区依次摆脱贫穷、走向现代化的“东亚奇迹”，在 20 世纪 80 年代全球经济萎靡不振、拉美国家经济停滞不前的状态下，东亚国家不断的产业升级与发展令其“一枝独秀”。

（二）20世纪90年代以来的国际产业转移

20 世纪 90 年代之后，发生了第四次产业转移浪潮。随着信息产业的迅猛发展，经济全球化成为影响产业发展和产业转移的重要因素。随着模块化生产与经营的兴起，国际产业转移更多地表现为全球化产业价值链上不同要素密集度的经营链条在经济发展水平相异的国家之间的梯度转移。

20 世纪 80 年代美国个人计算机行业的模块化战略经营开启了一个新的时代，这个时代的突出特征就是产业的模块化发展使得国际产业转移及其影响发生了巨大的变化。

为了解决个人计算机的兼容问题，IBM 在设计上创造性地采用了“模块化”原理，即将设计规则分成两类：一类是预先设定的设计规则，它由 IBM 决定并向设计参与者公布与宣传。这个预先设定的规则包括确定哪些模块、详细规定模块之间如何安排和联系在一起，以及用于衡量模块的标准等。另一类规则是自由的设计规则，允许和鼓励设计人员在遵循第一类设计规则的条件下自由发挥对模块内的设计。[①] 在模块化原理下，IBM 公司与微软、英特尔合作，研制开发了核心运作系统，对零部件生产进行标准化，并允许后两者销售其技术。

模块化原理及其应用彻底改变了个人计算机行业的发展模式和产业结构。

首先，计算机行业被分割成由不同模块组成的既相互独立又相互关联的产业链条。这些链条包括硬盘、显示器、声卡、动态存储器等零部件和中间产品的生产，产品的研发和加工组装，整机的销售和售后服务。不同的产业链条包含的技术含量相异，创造的附加价值（简称附加值）也因此各不相同。组装环节创造的附加价值最低，组装环节向上游和下游延伸，附加价值渐次提升，从而形成了一个微笑曲线。[②] 微笑曲线为跨国公司在全球范围内配置产业链条以实现利润最大化创造了可能与条件。在微笑曲线上，

① 青木昌彦，安藤晴彦．模块时代：新产业结构的本质［M］．上海：上海远东出版社，2003：4.

② 微笑曲线最早由宏碁总裁施振荣先生提出，转引自关志雄《模块化与中国的工业发展》。关志雄．做好中国自己的事：“中国威胁论”引发的思考［M］．北京：中国商务出版社，2005：126.

与 20 世纪 60—70 年代相比，20 世纪 90 年代以来组装环节的利润已经被大大压缩（见图 8－1），这意味着处于组装环节的发展中国家在国际分工和国际利益分配格局中处于不利的地位。

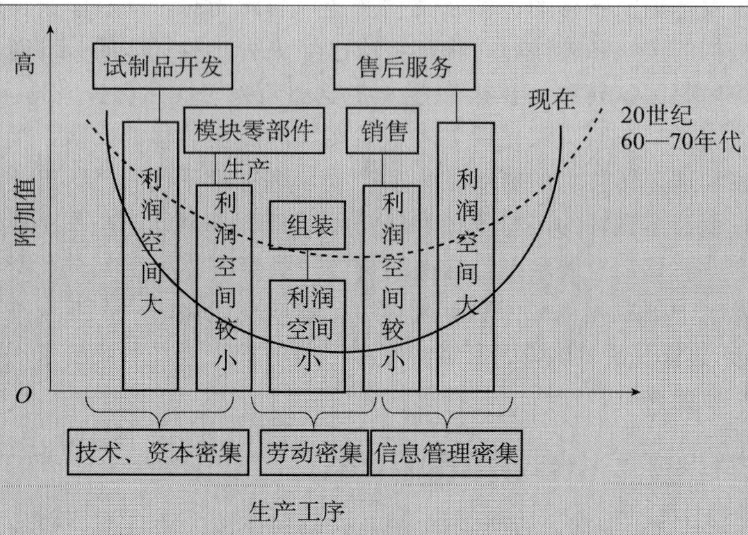

图 8－1　产业模块化与微笑曲线

资料来源：商务部，国务院发展研究中心课题组．跨国产业转移与产业结构升级：基于全球产业价值链的分析［M］．北京：中国商务出版社，2007：20－32．

基于模块化生产方式的产业链中低附加值环节的外移是 20 世纪 90 年代以来产业转移的主要方式。

其次，计算机行业成为一个开放的且快速升级的生产体系，由于模块化和标准化，价值链上的很多环节，或者说很多模块可以在主导企业之外完成，甚至整个企业的经营功能都可以通过外包、代工的方式获得，由公司内部企业组成的传统的垂直一体化生产体系逐步演变成为由众多具有非股权合作关系的企业组成的高度专业化的、开放的水平生产体系。这种生产体系激励着产业持续的技术创新和快速的升级换代，为中小企业尤其是发展中国家的本土企业融入跨国公司的全球产业链条提供了发展机遇和空间。

再次，产业集聚在行业发展中具有重要意义。在模块化和标准化产业链上，通过上下游产品的迅速配套，产业集聚可以实现规模经济和范围经济，从而有效地降低企业成本；更重要的是，在高度专业化、技术创新日新月异的产业竞争中，产业集聚能够促进区域内企业间的战略合作，实现信息共享和技术外溢，保持技术创新活力，形成地区整体竞争实力的不断高涨。

最后，发展中国家（地区）的产业升级概念发生了改变。在由跨国公司全球配置的产业链条上，发展中国家（地区）可以凭借劳动力优势占据加工组装环节，然后通过资本积累和技术进步逐步向中间产品、关键零部件产品的生产以及销售等上下游高附加值环节提升。在全球化背景下，发展中国家的产业升级不仅包括由劳动密集型产业向资本、技术密集型产业的提升，而且包括在全球化产业链条上由加工组装等低端环节向中间产品、关键零部件的生产等中端环节，以及销售、研发等高端环节的延展。

计算机行业的模块化战略发展推动了信息产业的崛起。并且，由于这种战略创新带来了产业效率的极大提高和企业核心竞争力的迅速发展，它很快在通信设备等高科技产业、汽车等传统制造业和金融等服务业中获得了广泛应用和扩展，从而使全球产业结构的调整与发展产生了根本性的变化。在模块化生产条件下，产业的全球化进程事实上就是产业链条的国际转移进程，模块化时代的国际产业转移进一步加速，这种态势的直接表现就是产业全球化的发展进一步加强。联合国贸易和发展会议（简称联合国贸发会议）采用跨国指数[①]来度量跨国公司海外经营活动在其总体经营活动中的相对水平。20 世纪 90 年代以来，全球 100 强跨国指数总体呈上升态势：由 1990 年的 51.1 上升到 1995 年的 51.5，2000 年，这一指数已经达到 55.7。[②]

知识讲解

以下视频节选自新疆财经大学“产业经济学”慕课，可登录中国大学慕课网站搜索查看完整视频。

视频 8-1：国际产业转移的四次浪潮

二、国际产业转移对世界经济的影响

（一）推动了全球范围内产业结构的调整和转换

国际产业转移推动了全球范围内产业结构的调整和转换，加速了转入国和转出国产业的升级换代。随着先行的发达国家的经济增长和技术进步，先是劳动力成本，继而是某些产业或产品的技术垄断优势逐步丧失，发达国家企业开始在海外寻求廉价劳动力，转出丧失比较优势的产业，并把从转出产业中转移出来的资本和人力资源集中于开发新的技术，发展新的产业。这种一方面淘汰比较劣势产业、另一方面重新配置资源从而创造新的比较优势的直接投资行为加速了本国新旧产业的更替，推进了产业结构调整。通过国际直接投资不断调整产业结构的国家，比如美国，始终能够在国际竞争和地区发展中居于主导和主动地位。由于经济发展水平的制约，除了廉价劳动力资源之外，后起国家在工业化之初几乎一无所有，先行国家相关产业的资本、技术的转入和国际市场的逐步退出无疑给后起国家的工业化带来了难得的机遇。比如，一些亚洲新兴经济体正是借助美国、日本的产业转移发展了现代制造业，并且有效地推进了民族产业的升级换代。国际产业转移使生产要素实现了在全球的最优配置，在全球化背景下，世界产业结构的大调整已经并将更多地通过产业转移来实现，参与国际产业转移对于发达国家和发展中国家保持和增进国家竞争力具有重要的战略意义。

研究表明，工业革命以来，全球主导产业在世界各国间的转移与传递速度在不断加快。其中，纺织业成为世界性产业用了 200 年，钢铁工业地理格局的改变用了 70～80 年，但是，第二次世界大战以来发达国家的一些主导产业和新兴产业，比如汽车和家电，在全球的转移速度已缩短至 20～30 年，IT 产品在全球生产的扩散更是彻底改变了产业

---

① 跨国指数＝（海外资产/总资产＋海外销售额/总销售额＋海外雇员数/雇员总数）/3。

② 商务部，国务院发展研究中心课题组．跨国产业转移与产业结构升级：基于全球产业价值链的分析［M］．北京：中国商务出版社，2007：18-20.

的地理布局和产业转移的路径。虽然这些产业的核心技术和营销网络仍然在较长时期里被控制在发达国家手中，但国际产业转移周期的缩短、步伐的加快无疑加速了发展中国家的产业成长和升级换代。

（二）改变了国际分工格局

国际产业转移改变了国际分工格局，发展中国家既面临产业提升的难得机遇，又难以摆脱比较优势固化的风险。始于 20 世纪 50 年代的国际产业转移将一些开放式发展的发展中国家纳入全球分工体系，国际分工也由以产业间分工为主的格局向以产业内部分工为主的格局转变。在全球化背景下，亚洲和拉丁美洲越来越多的发展中国家纷纷通过开放政策融入全球分工体系，同时，产业内部分工也向工序之间，以及日益细化的链条和模块之间的分工发展。国际分工的广化和深化既提高了全球经济的效率和福利，也为发展中国家在不同产业的不同链条上嵌入全球体系、在全球范围内有效配置资源进而调整和提升产业结构创造了更多的时机和空间。

但是，国际产业转移也加剧了全球经济利益分配的不平衡。首先，这种不平衡表现在国际分工格局中发达国家和发展中国家之间利益分配的不平衡。国际产业转移的进程表明，发达国家始终处于主导地位，它们控制着产业的核心技术和销售体系，占据着产业链条上附加值最多的环节，攫取着产业运营利润中最大、最多的部分。通过产业或其链条的国际转移，发达国家将资本、技术优势与发展中国家的廉价资源相结合，从而扬长避短，充分享受着国家分工的效率和效益。20 世纪 60—70 年代与现在的微笑曲线之间的对比充分说明了这一点。更重要的是，发展中国家在国际分工和国际利益分配格局中的不利地位有被固化的危险。研究表明，发达国家主导的产业转移使得移出国和移入国之间始终保持着起始状态的产业差距，从而旧有的分工格局及其相关利益的分配状况并不一定随着发展中国家的产业升级而改变。其次，国际产业转移对全球经济利益分配的负面影响还表现为国际产业转移加剧了区域经济发展的不平衡。考察表明，即使发达国家的现代产业及其产业链条在大规模地向发展中国家加速转移，但这种转移也主要集中在具备必需的区位优势的国家和地区，而且这种集中的趋势正在进一步加强。至今仍然有相当多的国家和地区未曾移入任何产业，在全球化进程中，它们面临被边缘化的危险。截至 2005 年，前十大东道国及地区的外国直接投资（FDI）输入占整个发展中经济体的 66.17%，它们主要分布在亚洲和拉丁美洲，见表 8－2。

表 8－2　截至 2005 年引进 FDI 前十位发展中国家和地区

名次	东道国及地区	数额（亿美元）	份额（%）
	世界	27 570	100
1	中国香港	5 330	19.33
2	中国	3 179	11.53
3	墨西哥	2 096	7.60
4	巴西	2 012	7.30
5	新加坡	1 869	6.78
6	百慕大	1 022	3.71

续表

名次	东道国及地区	数额（亿美元）	份额（%）
7	智利	736	2.67
8	南非	694	2.52
9	英属维尔京群岛	674	2.44
10	韩国	632	2.29
	小计	18 244	66.17

资料来源：商务部，国务院发展研究中心课题组．跨国产业转移与产业结构升级：基于全球产业价值链的分析[M]．北京：中国商务出版社，2007：33-34.

（三）加强了各国之间的相互依赖

国际产业转移加强了各国之间的相互依赖，同时也加剧了各国之间的经济摩擦。在全球市场上，发展中国家主要提供纺织、服装等劳动密集型产品，发达国家则是高精密仪器、计算机等资本密集型和技术密集型产品的主要经营者。随着产业全球化的发展，越来越多的产品成为多国合作生产的结果，其中，发展中国家完成制造，而发达国家更多地从事研发和销售。分工的广化和深化使得大量产品通过国际市场交换，各国的贸易依存度持续上升。

但是，国际产业转移也加剧了国际经济摩擦。国际产业转移首先加剧了发达国家与发展中国家，或者说产业转出国与转入国之间的经济摩擦。东亚地区是承接国家产业转移最有成效的地区，因而也是国际贸易摩擦爆发最频繁的地区，并且，随着国际产业转移的梯次演进，东亚贸易摩擦的焦点也逐级转移。20 世纪 60 年代，美国贸易保护主义集中打击的是日本，先后与日本在纺织、钢铁、汽车等行业发生了密集的贸易摩擦；从 20 世纪 80 年代起，日本等经济体成为美国贸易保护中被关注的对象；20 世纪 90 年代开始，随着日本把越来越多的加工组装环节转移到中国，中国成为美国贸易摩擦火力最密集的地区。国际产业转移同样加剧了发展中国家之间的经济摩擦。在承接国际产业转移的过程中，发展中国家展开了激烈的竞争，竞相对外资实施更为优惠的引资政策就是这种竞争的突出表现。同时，发展中国家由于相同的资源禀赋优势形成了产业同构性，它们在国际商品市场上展开激烈的竞争，这些竞争引发了高潮迭起的贸易摩擦。

作为产业的移入国，发展中国家并非全部受益。直接投资在带来就业提高、出口增长和经济发展的同时，形成了对民族产业强烈的冲击，完全以维护自我竞争优势为目标的跨国公司产业转移极易导致发展中国家对发达国家的技术依赖、市场依赖和人才流失，并且，随着直接投资向服务业的大规模扩张，发展中国家的宏观金融稳定和国民经济安全还面临威胁。①

三、国际产业转移的发展趋势及发展中经济体的应对策略

（一）国际产业转移的新趋势

20 世纪 80 年代以来，国际贸易和投资流动壁垒的迅速削弱，通信和运输成本的快

① 商务部，国务院发展研究中心课题组．跨国产业转移与产业结构升级：基于全球产业价值链的分析[M]．北京：中国商务出版社，2007：30-36.

速下降，以及由这两者推动的跨国公司之间更加激烈的竞争，共同促进了国际生产体系的形成和发展，基于全球产业价值链的产业转移出现了新的变化趋势。作为国际生产体系形成和发展的载体，国际产业转移将沿着全球产业链条由制造环节继续向上、下游两端推进，制造业链条正沿着由低附加值链条和部门向高附加值链条和部门的顺序持续地向低成本国家转移，由制造业的低端环节向上游的研发环节（研发的全球化）和下游的营销等服务业环节（以服务业外包、离岸外包为主要形式的服务业全球化）延展，全球制造业的转移将掀起新一轮高潮，服务业的转移和研发的全球化将成为崭新但更加迅猛的方式。当代国际产业转移呈现的新趋势主要表现在以下方面。

1. 制造业：价值链梯度转移和生产外包加速发展

制造业链条的梯度转移和生产外包始于20世纪80年代，到20世纪90年代，产业转移和外包发展掀起高潮。依靠难以比拟的劳动力资源优势，中国成为十多年来承接欧美制造业链条转移最多的国家，“中国制造”得以在全球迅速扩张。同样受益的还包括东盟国家、拉美新兴工业化国家，通过引进外资，它们的制造业获得了长足的进步和发展，尽管这些进步和发展与中国相比较为逊色。随着发展中经济体产业的技术进步和发展中国家产业之间的激烈竞争，越来越多产业的制造环节将继续加入跨国转移的行列，新一轮更加迅猛的制造业转移浪潮即将到来。研究表明，21世纪以来，美国制造业转移和外包出现了第二次高潮。在美国，实行跨国经营的企业占全美企业总数的比重已经由20世纪90年代初的20%上升到2000年后的60%以上；到2015年，美国从12个低成本国家[①]进口的制成品占美国制成品进口的比重将从2002年的37%上升到50%。同时，大量进口也给美国国内产业带来了巨大压力，从而迫使更多的产业实施外包或者干脆将生产迁至海外。第二次转移和外包的浪潮不仅体现为量的增长，而且体现为结构的变化。20世纪90年代，制造业转移和外包的主体是劳动密集型产业和部分技术密集型产业：前者以服装、鞋帽为代表，后者主要包括计算机硬件和家用电器。与20世纪90年代不同的是，这一次转移和外包的产业以汽车制造、生物制药和通信设备等更多的技术密集型产业为主。在全球化背景下，劳动密集型和技术密集型产业的大规模转移和外包不仅出现在美国，而且在其他发达国家同样存在。

2. 服务业：离岸转移与外包方兴未艾

20世纪80年代末，服务业的国际直接投资开始超越制造业，在国际直接投资的部门结构中占据主导地位。20世纪90年代以来，服务业直接投资的增长势头更加迅猛（见表8-3）。为制造业生产、管理、销售等流程服务的新兴服务业的离岸转移是20世纪90年代以来服务业直接投资迅猛增长的主要原因之一。它与这些新兴服务业的外包一起，共同推动了服务业国际转移的浪潮，并使得服务业的跨国转移成为21世纪以来全球产业转移最主要的内容之一。服务业转移和外包快速发展源于三方面的原因：第一，现代通信特别是互联网的发展为服务业的转移和外包创造了技术条件；第二，国际服务贸易自由化提供了制度框架；第三，降低成本和提高核心竞争力是服务业转移和外包的基

---

① 这些国家包括：中国、巴西、印度、印度尼西亚、马来西亚、墨西哥、菲律宾、波兰、俄罗斯、南非、泰国和土耳其。

本动机。

表 8-3　国际直接投资产业结构的变化（流入存量，%）

年份	全球			发达国家			发展中经济体		
	第一产业	第二产业	第三产业	第一产业	第二产业	第三产业	第一产业	第二产业	第三产业
1990	9.27	41.47	49.27	9.68	40.65	49.67	7.42	45.16	47.42
2004	4.70	32.47	62.83	3.67	32.97	63.36	7.62	30.84	61.54

资料来源：UNCTD. World Investment Report. 2006.

注：因四舍五入，各产业数值之和不严格等于 100。后文同，不再说明。

3. 研发活动的全球化扩展

研发（R&D）全球化是跨国公司在全球范围内配置产业链条的行为由制造业环节向上端研发环节的延展。普遍的研发活动全球化现象则始于 20 世纪 80 年代后期。1985—1995 年期间，美国企业海外研发投资的增长速度是国内研发投资增长速度的 3 倍；海外研发费用占全部研发支出的比例从 1985 年的 6%上升到 1995 年的 10%。研发全球化还表现为海外研发机构数量的不断增加和规模的不断扩大。2000 年，全球已经有 45 个东道国（地区）在海外拥有研发分支机构，而 1985 年，拥有海外研发机构的东道国（地区）只有 26 个。① 海外研发机构申请专利和发明的数量占比明显增加。1969—1995 年，世界最大跨国公司在美国申请专利中由海外研发机构发明的专利占专利总数的比例由 10%上升至 11.3%。21 世纪以来，研发全球化特征更加明显。跨国公司 R&D 机构的区位配置越来越分散化，跨国公司之间的技术联盟发展迅速，研发当地化与全球化进一步相互配合和相互促进的态势增强，国际产业转移的速度明显加快。

4. 国际产业转移的区域化集中

跨国公司主导的国际生产体系并未在世界地理格局中呈现均匀分布状态，相反，无论从全球还是一国内部来看，无论从产业层面还是产业链条层面考察，直接投资和产业转移都表现出明显的区域集中特征。从全球来看，跨国公司直接投资主要集中在局部地区，少数国家承接了多数直接投资份额，全球最大的受资国仍然局限在少数国家，它们承接的 FDI 份额基本保持在 60%和 70%之间。从一国内部来看，跨国公司进入东道国之后，通常倾向于向该国某些特定区域集中。在日本，4/5 的外国分支机构集中在东京市区，它们占所有外国分支机构销售总额的 90%左右；在奥地利，50%的外国分支机构设在维也纳；泰国的罗勇府、曼谷和春武里府集中了泰国一半以上的外商投资；中国的东部沿海承接了近 90%的外资份额。从产业层面来考察，不同技术水平下制造业的外商直接投资都有不断集中的趋势，并且，技术水平越高，FDI 的地理集中程度越高。从产业的不同链条来考察，跨国公司在其对价值链条进行全球性布局时，各个经营环节在有意识地向某些地区以及这些地区的某些区域集中。除了中国（北京中关村）、新加坡以及中国香港地区，其他发展中经济体几乎没有国外研发分支机构的集群。

① 联合国贸发会议．2001 年世界投资报告：促进关联［M］．北京：中国财政经济出版社，2002：98.

（二）发展中经济体的应对策略

20世纪60年代以来的国际产业转移的实践证明，借助国际产业转移融入国际分工和国际生产体系，是发展中经济体加速实现产业技术进步和升级换代的有效且便捷的途径，因此，国际产业转移的新趋势对于发展中经济体是难得的机遇。同时，由于各种制约因素，发展中经济体也面临着巨大的挑战，需要东道国（地区）政府积极制定吸引高端产业转移的策略，并采取措施规避国际产业转移风险。在应对策略上，主要有以下几个方面：第一，建立外部技术转移和内部技术创新共生共荣的产业技术进步机制是承载新一轮国际产业转移的首要问题。第二，发展中经济体需要进一步加大服务部门的改革和开放，消除承接服务业转移和外包的各种制度性障碍，加快推动国内服务市场的发育和发展，尽快建立和完善服务业人才培养机制，为承接国际服务业的转移和外包创造富有活力和竞争力的产业发展平台和空间。第三，促进高技术密集的产业集群的形成和发展是承接新一轮国际产业转移的关键问题。第四，品牌培育是承接新一轮国际产业转移的重要战略措施。第五，尝试在全球范围内配置资源是发展中经济体承接新一轮国际产业转移的重要举措。第六，制度建设和区域协调是多数发展中经济体承接新一轮国际产业转移需要解决的重要问题。①

国际产业转移的新趋势为我国产业发展带来了机遇，如果我国能够尽快提高自主创新能力，加快产业结构的升级，则能抓住国际产业研发环节国际化和服务业环节国际化的发展机遇，迅速提升我国在国际分工中的地位。但是，如果产业结构优化升级不能和国际产业转移新趋势保持一致，我国将丧失开拓国际市场的机遇，产业竞争力将面临更大的挑战。

第三节　我国产业转移的实践

一、我国承接国际产业转移的历程与特征

（一）我国承接国际产业转移的历程

改革开放以来，随着国际产业转移速度的加快，中国已成为国际产业转移的主要承接国。我国承接国际产业转移的历程经历了三个阶段。

1. 起步阶段：1979—1991年

在这一阶段，韩国等新兴经济体向外转移以轻纺产品为代表的劳动密集型产业，中国抓住这一历史机遇，承接以轻纺工业为代表的轻工业，主要是玩具、服装、鞋帽和家用电器等。这一时期外商在华投资还处于试验性阶段，投资规模小，我国引进的外资较

---

① 商务部，国务院发展研究中心课题组．跨国产业转移与产业结构升级：基于全球产业价值链的分析［M］．北京：中国商务出版社，2007：80-101.

少，主要是对外借款，主要承接方式是加工贸易。

2. 发展阶段：1992—2001 年

1992 年，中国社会主义市场经济体制得以确立，承接国际产业转移的制度基础得以完善。我国抓住良好机遇，承接劳动和资本密集型相结合的产业，机电产业得以发展，出口增加。这一阶段承接产业转移的方式多样化，外商投资特别是跨国公司投资开始在中国系统化、大规模地开展。

3. 优化阶段：2002 年至今

我国在 2001 年底加入 WTO，经济的持续高速增长带来了巨大的市场空间，我国对国际产业的吸引力进一步增强，中国成为 FDI 的首选地之一。外商投资的方式之一是现有企业从单环节、单产品的加工生产延伸到下游产品和相关产业。发达国家将成熟的资本密集型、技术密集型产业大规模地向中国东南沿海地区转移。

（二）东部地区承接国际产业转移的特征

东南沿海地区由于其优越的地理优势，加之国家的开放政策，成为我国承接国际产业转移的主要地区。1992—2009 年，东部地区在外商投资企业年末投资总额中的比重一直保持在 76%以上，略有上升且较为稳定；中部地区、西部地区和东北地区的比重基本保持在 7%左右。东部地区接受了较大比重的外商投资，对该地区发展外向型经济和经济增长带来了积极的作用；中西部地区的比重过低，这在某种程度上也是东西部地区发展不平衡的一个推动力。

1. 规模大

自 20 世纪 90 年代以来，东部地区承接国际产业转移的外商投资及其他投资占当年 GDP 的比重保持在 5%～10%，而中部地区和西部地区的这一比重分别为 1%～2%和不到 2%。2006 年底，东部地区设立外商投资企业数、合同外资金额和实际使用外资金额分别为 493 482 家、12 813.4 亿美元和 5 952.9 亿美元，占全国吸收外商投资总量的比重分别为 83.1%、86.6%和 86.9%。

2. 地区集中

东部地区积极承接国际产业转移，在空间布局上形成了几大投资区：以美、日、欧各国投资为主体的长三角地区（上海、浙江、江苏），以日、韩投资为特色的环渤海地区（该地区又可以分为以胶东半岛为中心的山东、以辽东半岛为中心的辽宁和京津冀三个投资区），以及珠三角地区和闽南金三角地区。

3. 行业集中

外商在东部地区的投资主要集中在制造业尤其是资源密集型制造业和传统劳动密集型制造业上。例如，在 1985—1996 年，东部地区主要是凭借其优越的地理位置、低廉的生产成本和优惠的政策，以加工贸易的方式承接国际制造业转移，其中，电子通信设备制造业是比较突出的产业。电子通信设备制造业、塑料制品业、食品加工业、纺织服装皮毛业和电气机械及器材制造业是比较集中的外商投资产业。从行业布局来看，外商投资的行业主要集中在资源密集型和劳动密集型行业。

二、我国区域产业转移的国际和国内背景

（一）国际背景

20世纪90年代以来，世界经济环境发生了很大变化，具体表现如下。

（1）经济全球化趋势加深。随着各国贸易和投资规模的不断扩大，国家间的经济关联性和依存性不断增强。经济全球化使生产要素在全球范围内自由流动和合理配置，各种壁垒和阻碍逐渐消除，经济资源可以在全球范围内寻找最适合的增值空间，为多种类、多层次、多形式的产业转移提供了条件。

（2）世界各国产业结构调整继续，各国产业结构的关联性和互动性增强。世界高新技术产业化和产业结构高度化的步伐进一步加快，高新技术产业特别是信息技术产业成为经济增长的主要动力，知识型服务业成为拉动经济增长的主导产业。世界经济产业结构形成了大系统，出现了产业结构互动。作为一个开放系统，一国产业结构在与其他国家产业结构的互动影响中成长运行。

（3）信息传播和交流的加快为国际产业转移提供了技术保证。科学技术的迅速发展、信息技术的研究和应用在世界产业结构调整中起着驱动力的作用。信息技术大大缩短了世界市场各个部分之间的距离，全球计算机网络的发展为跨区域产业转移提供了坚实的基础。

（4）知识经济的出现引发了发达国家产业结构的升级。知识经济的产生和发展催生了一批与知识经济和信息密切相关的新兴产业即知识型产业，并且这些产业成为国民经济的主导产业，推动了发达国家产业结构升级。发达国家为了把更多的资源投入新出现的知识型产业中，需要把一些劳动密集型、资本密集型和技术密集型产业转移出去，形成了新一轮产业转移的内在驱动力。

（5）跨国公司进行全球战略布局，成为国际产业转移的主要推动力量。跨国公司的跨国经营促进了资本、商品、技术、人员及管理技能等的跨国界流动。20世纪90年代后期以来，跨国公司从大规模生产制造环节转移延伸到研发、设计、采购、销售和售后服务环节。跨国公司在世界范围内优化配置资源，带动了生产全球化，成为世界产业结构调整和转移的主力军。

（6）制度创新为产业结构调整和转移营造了良好的外部环境。放松管制、制度创新使得资金、人才、技术等高科技要素更有效地互动与集成。“新制度催生新技术，创造新产业，造就新经济。”①

2008年全球金融危机以来，世界经济竞争格局出现了新的变化，欧美及其他发达国家受到巨大的冲击，西方发达国家的经济形势恶化，发展中国家承接的国际投资增多，全球制造业开始重新布局，加速向发展中国家转移。亚洲成为世界经济增长最活跃的地

---

① 张自如．当前国际产业转移的背景、特点及效应分析［J］．经济论坛，2008（6）：62－63．

区，中国经济是亚洲经济的发动机，由于中国的市场潜力大、发展速度快，发达国家的产业呈现出加速向中国转移的趋势。

与此同时，伴随着我国对国际转移产业的承接和经济的高速发展，我国的人口红利逐渐丧失，基于成本考虑，部分低端劳动密集型产业开始逐渐转移到劳动力成本更低的越南、缅甸、孟加拉国、印度尼西亚、菲律宾、巴西、印度等国家。同时，欧美发达国家正在实施“再工业化”，自己生产高端产品，这都将在一定程度上制约高技术产业向我国转移，进而影响东部地区产业的转出，影响我国区域产业转移的进程。

（二）国内背景

我国在 1978 年改革开放之后，与世界的经济联系日益紧密。顺应国际上产业向东亚地区转移的大趋势，我国的沿海地区成为国际产业转移的重点承接地区。可以说，我国自改革开放以来很好地利用了国际产业转移的机遇，促进了中国经济的腾飞。经过 40 多年的改革开放，我国经济发展已进入以结构调整为特征的新阶段。对我国来说，产业转移的重点也从沿海地区承接国际产业转移变为国内区域之间的产业转移，即从沿海地区向中西部内陆地区的产业转移。我国改革开放 40 多年来，东部沿海地区得到了快速长足的发展，但资源和环境约束以及土地、劳动力等要素成本上升的压力逐渐增强，尤其是 2008 年全球金融危机“倒逼”东部地区加快产业升级与转型。东部地区为了保持竞争优势，必须“腾笼换鸟”：一方面，将自身失去优势的产业转移到中西部地区，从而促使产业加速向中西部地区转移；另一方面，用腾出的空间承接国际高端产业。

（1）投资环境的不断改善为国内进行梯度转移创造了有利条件。随着国内经济的发展和基础设施的完善，东中西部地区的经济联系日益加强，各地市场化程度不断提高，投资软硬件环境不断改善。中西部地区具有丰富的劳动力资源和相对低廉的土地成本优势，再加之各级各类经济新区、开发区、工业园区的优惠政策，对东部地区产业的承接能力和吸引力都明显增强。这样，东部地区的产业升级和转移与中西部地区产业的承接就成为一个完整的过程。

（2）东部地区产业集群发展进入扩散阶段，部分产业转出成为必然。产业集聚的形成会伴随着大规模的产业转移，成熟的产业集聚平台因其具有强大的向心力而吸引更多的产业转移到该地。当产业集聚发展到一定程度时，其自身的产业扩散离心力也在不断增强。① 产业集聚到一定程度后产生的集聚区内非贸易品价格居高不下、地价上升、环境污染等拥挤成本，会造成产业扩散的离心力。离心力的作用会促使某些相关产业脱离该产业集聚，转移到新的地理区位。② 2008 年全球金融危机以来，虽然东部地区的资源密集型和资源依赖型等“边际产业”仍占很大比重，但是这些产业不仅国际市场开始萎缩，而且消耗了巨大的能源和原材料，产业扩散的离心力迅速增强。随着东部地区自然资源

---

① Puga，D. and Venables，A. J. The Spread of Industry：Spatial Agglomeration in Economic Development. *Journal of the Japanese and International Economies*，1996，10：440－464.

② Klmienko，M. Competition，Matching，and Geographical Clustering at Early Stages of the Industry Life Cycle. *Journal of Economics and Business*，2004（3）：177－195.

逐渐枯竭、原材料价格快速上涨，该地区资源依赖型和资源密集型产业中众多企业开始面临生存和发展的巨大压力，竞争力受到了很大影响。因而无论是出于调整产业结构的需要，还是出于企业继续保持成本优势的需要，上述产业进行转移已势在必行。

（3）国家为加快推进区域协调发展，将促进东部产业向中西部地区转移。改革开放以来，由于我国实施非均衡的区域发展战略，东部沿海地区和中西部内陆地区经济发展差距不断扩大。2000年以后，随着西部大开发的深入、振兴东北老工业基地和中部地区崛起战略的实施，中西部地区与东部地区之间的绝对差距虽然还在扩大，但相对差距开始缩小。区域发展不平衡不仅影响我国经济的健康发展，而且带来了一些社会不稳定问题。为促进区域协调发展，国家加快实施区域发展总体战略，促进东部产业向中西部地区转移是一个重要的途径。

（4）中西部地区承接产业转移是加快发展的重要途径之一。中西部地区有加快发展、缩小与东部地区发展差距的迫切愿望，承接产业转移是加快发展的重要途径之一。对于中西部地区来说，产业的承接和转入不仅会为地区发展注入动力，而且会带动相关产业发展，形成经济增长极。中西部落后地区已经具备了发展的条件。我国中西部地区通过实施西部大开发、振兴东北老工业基地和中部地区崛起等发展战略，公路、铁路、机场、邮电通信等基础设施条件有了很大的飞跃，具备了加快发展的优越环境，正在进入一个新的增长阶段。

（5）企业市场扩张追求利润最大化。在经历了改革开放以来40多年的高速发展之后，沿海发达地区的许多企业，特别是一些新兴的民营企业已经完成了向市场经济体制企业的转化过程，一些经营状况较好、发展较快的企业已经在技术和企业经营上有了相当的知识积累，使企业向外部区域实行产业转移，在全国和全球范围内追求要素边际效益最大化成为可能。通过产业转移获取更大的经济利益自然成为沿海发达地区经营较为出色的民营企业的追求。同时，随着经济发展水平和人均收入水平的提高，需求结构也发生了变化，特别是近年来由于宏观经济形势的变化，市场压力显著增大，迫使企业通过产业区域转移的方式打开市场、巩固市场。推进企业的对外扩张战略包括产业转移，这不仅有利于企业开拓新的发展空间，而且有利于企业在当地的发展和成长。

（6）优化国土空间开发格局需要东部地区的产业向中西部地区转移。我国颁布了《全国主体功能区规划》《全国国土规划纲要（2016—2030年）》，旨在优化国土空间开发格局，实施主体功能区规划，要求优化东部地区的空间结构和产业结构，推进东部地区的经济转型和升级。东部地区依赖资源、劳动力的外向型经济发展模式已经不可持续，这将促进东部地区的产业向中西部地区转移。

从国内和国际产业转移的背景分析，我国作为一个保持良好发展势头的发展中大国，潜在需求规模大，区域性梯度差异也很大，既有利于承接国际产业转移，又有利于国内区际产业转移。我国产业转移正呈现出一种前所未有的“双转移”态势，即国际产业向中国转移与东部地区产业向中西部地区转移并存，这就使得中西部地区迎来了同时承接国际产业转移和东部地区产业转移的历史新机遇。

三、我国区域产业转移的特征与趋势

（一）我国区域产业转移的主要特征

1. 城乡转移

近年来随着城市化进程的不断推进，大城市郊区化的速度在逐步加快，出现了珠江三角洲、长江三角洲、京津唐、辽中南等都市连绵区。特别是上海、北京、广州、武汉等大城市相继实施“退二进三”“退居进商”等战略，促进城市中心区加工制造业逐步向郊区以及周围小城镇转移扩散，而中心区侧重发展都市型产业和高技术产业。而且这种产业转移与城市郊区化和园区化（即工业向各类园区集中）紧密联系在一起。

2. 省内转移

从目前产业转移的总体趋势来看，产业转移多以省内转移为主。东部发达省份为了促进本地区的协调发展，出台了一系列政策措施，鼓励本地区的资本密集型和劳动密集型产业向省区内不发达地区转移，对东西部省区间的产业转移造成了拦截。如江苏省政府鼓励苏南地区的劳动密集型产业转移到本省的苏中特别是苏北地区。2005 年 3 月，广东省政府制定出台了《关于我省山区及东西两翼与珠江三角洲联手推进产业转移的意见（试行）》，全省 14 个山区及东西两翼地级市中，有 8 个市已建立产业转移工业园，以承接深圳、广州等地的产业转移。其他如浙江、福建等东部省区也存在此类拦截转移的情况。

3. 就近转移

近年来省区间的产业转移有加速的趋势，但就近转移是主要选择。就近转移的优势在于：一是可以最大限度降低运输费用和劳动力成本，扩大企业的盈利空间；二是追求地域文化的相对一致性，减少对环境的陌生感；三是发挥原有的区域合作的作用，如果是在同一个都市圈内，这种转移就会更加顺畅。例如，在非首都功能疏解过程中，一些不符合北京功能定位的产业大多搬迁到河北地区，这些地区具有较好的产业基础，地处京津冀都市圈内。

4. 中西部地区以承接资源型产业为主

总体来看，中西部地区承接产业转移呈现以下三个特点：一是资源型产业转移发展较快。中西部地区矿产资源十分丰富，是我国的资源能源战略基地。因此，东部地区的资源密集型产业向中西部地区转移所占的比重较大，将强化中西部地区对资源能源产业的依赖。二是承接产业转移与出口联动发展。向西开放促进了西部地区承接产业转移的速度和质量。随着“一带一路”建设的推进，中西部地区沿边、沿江开放的扩大，以及中欧班列的密集运行，东部地区产业转移到中西部地区，除了寻求丰富廉价的资源外，还与开拓中亚、西亚和南亚地区的市场密切相关。三是劳动力优势在西部地区承接产业转移中发挥的作用比较有限。从承接的产业来看，西部地区承接的以资源型、重化工产业为主，如煤电、煤化工、电解铝、钢铁、有色金属冶炼等，这些产业都是资源密集型和资本密集型产业，对劳动力的需求相对较少，而且有些地区劳动力成本并不具有优势，中部和东部地区企业看重的是丰富而廉价的自然资源而非劳动力。以新疆为例，通过调研了解到，新疆的劳动力工资比中部和东部地区都要高（其中，专业技术岗位比中部和东部地区高30%～40%）。

当前我国产业转移面临一些新的问题，主要表现在：跨省产业转移受现行体制制约，仍存在一些障碍；由于经济进入新常态，东部地区“腾笼换鸟”的意愿有所减弱，产业转出动力不足；中西部地区承接产业转移仍然存在无序竞争；东部地区部分低端生产能力转移到西部地区等。①

（二）我国区域产业转移的未来趋势

1. 产业转移将持续存在

未来很长一段时期，不论是国际产业转移还是国内产业转移，都将一直持续下去。由于企业所面临的劳动力、资本、土地等生产要素的约束越来越严重，企业为追求更高利润，将持续以空间的转换来抢占较为广阔的市场。地区间依然存在的发展差距也将导致产业转移持续且规模不断扩大。

2. 行政区内的产业转移趋势将更明显

受产业所在地政府的政策导向以及企业转移的空间距离和社会距离的影响，行政区内的近距离产业转移将更加明显。比如，广东、江苏等省份纷纷推动省内发达地区的产业向省内欠发达地区转移。

3. 产业转移由零散式转移变为集聚式转移

产业的整体搬迁和抱团转移的趋势将更加明显，这样将充分利用外部溢出效应，且具有较强的抗风险能力，甚至可能影响产业承接地的规划。产业转移受到产业模块化发展的影响，随着信息技术的迅猛发展，模块化生产将使产业链环节的分解和转移成为可能。产业转移不再是全部产业的空间位移，而是产业链的个别环节（如高新技术产业的劳动密集型环节）的转移，产业链的个别环节也更趋于集聚发展，因此，产业转移也表现为集聚式转移。

4. 现代服务业的产业转移不断增多且呈现网络式转移

在转移的产业门类上，传统加工制造业的转移将持续减少，而现代服务业的转移不断增多。服务业的转移表现为各个不同发展程度的地区在不同服务增值环节的联动式发展，呈现出交错的网络型特征。从转移的对象看，服务业转移不仅是单纯的产业整体性外迁或者发达地区企业的复制，而且包括以服务价值链为纽带，通过部分增值环节实现转移的形式。

5. 服务业与制造业的协同转移

产业转移从劳动密集型、资源加工型产业，开始逐步扩展到资本密集型、技术密集

---

① 乔盛，段树军．推动中西部地区加快承接产业转移［N］．中国经济时报，2012-08-07.

型产业，转移层次越来越高，而且是国际和国内、先进制造业和现代服务业同时转移。制造业与服务业的协同性表现出产业转移从产业链单个环节向产业链多个环节的系统化转移、从制造功能向制造与服务功能融合的产业生态链条转移的新趋势。①

四、我国推进产业转移的政策与措施

继 2010 年 8 月国家发布了《国务院关于中西部地区承接产业转移的指导意见》之后，2012 年和 2018 年，工业和信息化部分别发布了《产业转移指导目录（2012 年本）》《产业发展与转移指导目录（2018 年本）》，并与《全国主体功能区规划》《全国国土规划纲要（2016—2030 年）》以及国家出台的区域规划和区域政策文件进行了很好的衔接，这些文件、规划的出台将推动和引导我国区域产业转移的健康、有序发展。

除少数行政性搬迁外，产业转移都属于企业自发性的市场行为。正是由于这种自发性，大规模的企业迁移既是调整空间结构的有效手段，也有可能会对区域经济产生一些负面影响，如造成迁出区经济衰退和“空心化”以及形成“污染转移”等。因此，在市场经济条件下，为促进区域经济的全面协调可持续发展，政府很有必要制定相关政策措施，对企业迁移尤其是“东企西移”进行积极合理的引导和规范。

（一）实行东西部地区互动

沿海企业和加工贸易向中西部地区转移涉及迁出地区和承接地区，二者应通过互动合作实现“双赢”。沿海迁出地区应对具有发展潜力但受土地和成本限制的企业进行鼓励，并支持它们向周边及中西部地区转移。中西部地区要积极创造有利条件，进一步改善投资环境，完善产业配套体系，实施东西部对接示范工程，积极支持沿海城市与中西部地区有条件的城市在自愿、合作、互惠的基础上相互结成“对子”，推进中西部地区产业向沿海地区转移，推动沿海加工贸易企业和开发区西进，鼓励沿海城市与中西部城市联合建设工业园区。

2015 年 2 月习近平总书记在陕甘宁革命老区脱贫致富座谈会上要求：加大投入支持力度，采取更加倾斜的政策，加大对老区发展的支持，增加扶贫开发的财政资金投入和项目布局，鼓励引导社会资金投向老区建设，形成支持老区发展的强大社会合力；加大产业培育扶持力度，国家大型项目、重点工程、新兴产业，在符合条件前提下，要优先向老区安排；发达地区劳动密集型产业转移，要优先向老区引导。② 2021 年 4 月 8 日习近平对深化东西部协作和定点帮扶工作作出重要指示：开展东西部协作和定点帮扶，是党中央着眼推动区域协调发展、促进共同富裕做出的重大决策。要完善东西部结对帮扶关系，拓展帮扶领域，健全帮扶机制，优化帮扶方式，加强产业合作、资源互补、劳务对接、人才交流，动员全社会参与，形成区域协调发展、协同发展、共同发展的良好局面。中央定点帮扶单位要落实帮扶责任，发挥自身优势，创新帮扶举措，加强工作指导，

---

① “十二五”时期国内区域产业转移问题课题组．“十二五”时期国内区域产业转移问题研究报告［R］，2011.

② 把革命老区发展时刻放在心上：习近平总书记主持召开陕甘宁革命老区脱贫致富座谈会侧记［N］. 人民日报，2015-02-17（02）.

督促政策落实，提高帮扶实效。[①]

（二）进一步完善国家政策

进一步完善加工贸易西进政策，如对涉及塑料与塑料原料及制品、纺织纱线、布匹、家具商品等加工贸易企业，限制其在东部地区发展。关于支持中西部地区加工贸易发展的政策应保持稳定，明确政策实施的时限，以增强沿海加工贸易企业“西进”的信心，促使其在中西部地区“落地生根”。由中央财政设立中西部承接产业转移专项基金，主要用于沿海迁入企业的贷款贴息、投资和就业补贴，以降低沿海企业向西迁移的成本和风险，抑制其向越南、柬埔寨等东南亚国家迁移。此外，对沿海企业迁入中西部地区或者在中西部地区进行扩张性投资，还可以考虑在土地、税收、铁路运输等方面给予相应支持。

（三）促进技术创新

承接地要紧密结合自身产业优势，承接产业转移，着力进行技术创新，提升产业综合竞争力。把承接产业转移与产业结构转型升级相结合，充分发挥后发优势，以现有支柱产业为依托，通过承接产业转移吸纳发达地区的资金、先进设备、治理方法、经营理念、高新技术和先进适用技术，在强化产业配套和环境兼容等的基础上，推进技术创新、治理创新、体制创新，并在关键技术上取得突破。抓住核心技术和自有品牌这两个关键，大力发展以信息技术为主导的高新技术产业，构筑工业的战略先导产业。习近平指出，进入 21 世纪以来，全球科技创新进入空前密集活跃的时期，新一轮科技革命和产业变革正在重构全球创新版图、重塑全球经济结构。科学技术从来没有像今天这样深刻影响着国家前途命运，从来没有像今天这样深刻影响着人民生活福祉。要充分认识创新是第一动力，提供高质量科技供给，着力支撑现代化经济体系建设。[②]

（四）防止出现污染转移

中西部地区在承接产业转移的过程中，一定要设置产业准入门槛，不能把放低环保门槛作为招商引资的优惠条件，要实行选商选资，而不能来者不拒。绝不接受没有经过环保评估的产业和项目，各地区要明确列出限制、淘汰、禁止类的产业和产品，拒绝污染环境、浪费资源的项目进园，绝不能以牺牲环境为代价换取经济的一时发展。即使是承接一些劳动密集型的中低端产业，也应该采用先进适用技术，敦促企业增加设备投入，严格遵守国家环保标准要求，加强劳动保护，不断提高技术含量、附加价值和职工福利水平。要切实做到产业转移但污染不转移。

---

① 习近平对深化东西部协作和定点帮扶工作作出重要指示强调 适应形势任务变化 弘扬脱贫攻坚精神 加快推进农业农村现代化 全面推进乡村振兴［N］. 人民日报，2021-04-09（01）.

② 习近平．瞄准世界科技前沿引领科技发展方向 抢占先机迎难而上建设世界科技强国［EB/OL］. 新华社，2018-05-28.

（五）改善人文环境

承接产业转移，需要有高素质的企业家队伍做支撑；要培养和提高广大劳动者的文化素质和劳动技能。引进企业要与培养企业人才结合起来，切实培养和造就一批职业化、现代化的高素质企业家和技术人才，通过传、帮、带，提高对口人才培训效果，这是保证企业在激烈的市场竞争中求生存和发展的关键所在。在承接产业转移中要注重软环境建设，主动为客商做好优质服务，树立欠发达地区务实、进取、创新的人文形象。

专栏8-1

《国务院关于中西部地区承接产业转移的指导意见》（节选）

深入贯彻落实科学发展观，紧紧抓住国际国内产业分工调整的重大机遇，以市场为导向，以自愿合作为前提，以结构调整为主线，以体制机制创新为动力，着力改善投资环境，促进产业集中布局，提升配套服务水平；着力在承接中发展，提高自主创新能力，促进产业优化升级；着力加强环境保护，节约集约利用资源，促进可持续发展；着力引导劳动力就地就近转移就业，促进产业和人口集聚，加快城镇化步伐；着力深化区域合作，促进要素自由流动，实现东中西部地区良性互动，逐步形成分工合理、特色鲜明、优势互补的现代产业体系，不断增强中西部地区自我发展能力。

因地制宜承接发展优势特色产业。依托中西部地区产业基础和劳动力、资源等优势，推动重点产业承接发展，进一步壮大产业规模，加快产业结构调整，培育产业发展新优势，构建现代产业体系。

促进承接产业集中布局。加强规划统筹，优化产业布局，引导转移产业向园区集中，促进产业园区规范化、集约化、特色化发展，增强重点地区产业集聚能力。

改善承接产业转移环境。完善基础设施保障，加强公共服务平台建设，打破地区封锁，消除地方保护，为承接产业转移营造良好的环境。

加强资源节约和环境保护。将资源承载能力、生态环境容量作为承接产业转移的重要依据，加强资源节约和环境保护，推动经济发展与资源、环境相协调。

完善承接产业转移体制机制。完善政府管理与服务，提高行政效能，深化经济体制改革，推动区域合作向纵深发展，创新产业承接模式，探索建立合作发展、互利共赢新机制。

强化人力资源支撑和就业保障。大力发展职业教育和培训，促进农村劳动力转移，加强人才开发和就业服务，完善社会保障制度，为承接产业转移提供必要的人力资源和智力支持。

加强政策支持和引导。为进一步改善中西部地区投资环境，引导和支持产业有序转移和科学承接，在财税、金融、投资、土地等方面给予必要的政策支持。

资料来源：《国务院关于中西部地区承接产业转移的指导意见》。

专栏 8-2

《产业发展与转移指导目录（2018 年本）》（节选）

制定《产业发展与转移指导目录（2018 年本）》（以下简称《目录》），促进产业合理有序转移，是贯彻落实党中央、国务院决策部署，促进区域协调发展的重要举措；是推动产业转型升级，实现高质量发展的内在要求；是加快制造强国建设，迈向全球价值链中高端的有效途径。实施《目录》要以习近平新时代中国特色社会主义思想为指导，全面贯彻党的十九大和十九届二中、三中全会精神，坚持新发展理念，按照高质量发展的要求，以供给侧结构性改革为主线，调整产业结构，推进产业转移，优化产业布局，强化产业分工，推动区域合作，构建因地制宜，特色突出，区域联动，错位竞争的产业发展新格局。要牢固树立和践行绿水青山就是金山银山的理念，严守不破坏生态环境的底线，防止跨区域污染转移。要大力支持中西部地区承接产业转移，支持贫困地区结合自身优势发展特色产业，服务打赢脱贫攻坚战，为全面建成小康社会和实现区域协调发展奠定坚实基础。

全国区域工业发展总体思路是：以习近平新时代中国特色社会主义思想为指导，牢固树立新发展理念，以供给侧结构性改革为主线，发挥市场在资源配置中的决定性作用，更好发挥政府作用，走中国特色新型工业化道路。贯彻国家区域协调发展战略，深入实施主体功能区战略，统筹协调西部、东北、中部、东部四大板块，发挥区域比较优势，推进差异化协同发展，综合考虑能源资源、环境容量、市场空间等因素，促进生产要素有序流动和高效集聚，推动产业有序转移，构建和完善区域良性互动、优势互补、分工合理、特色鲜明的现代化产业发展格局。

资料来源：《产业发展与转移指导目录（2018 年本）》，略有改动。

专栏 8-3

《关于促进制造业有序转移的指导意见》（节选）

工信部、国家发展改革委等十部门 2021 年 12 月 25 日联合发布《关于促进制造业有序转移的指导意见》（以下简称《意见》），明确创新体制机制，完善政策体系，促进资源要素有序流动，引导产业合理有序转移，维护产业链供应链完整性，促进形成区域合理分工、联动发展的制造业发展格局。到 2025 年，中西部、东北地区承接产业转移能力显著提升，各地区比较优势充分发挥，立足国内大循环吸引全球资源要素优势显著提升，制造业布局进一步优化、区域协同显著增强。

《意见》明确坚持市场导向、政府引导、自愿合作，从产业维度、区域维度等提出转移的重点方向、重点产业和保障措施。从产业维度，《意见》提出，引导劳动密集型产业重点向中西部劳动力丰富、区位交通便利地区转移；促进技术密集型产业向中西部和东北地区中心城市、省域副中心城市等创新要素丰富、产业基础雄厚地区转移等。从区域维度，引导各地统筹资源环境要素禀赋、产业发展基础、能耗双控和碳达峰碳中和目标，差异化承接产业转移。

《意见》明确，创新产业转移合作模式。比如，推进产业链供应链上下游对接合作模式，聚焦强链补链搭建产业转移合作平台；创新区域间产业转移合作模式，支持东部地区通过托管、共建等形式支持中西部、东北地区发展等。

《意见》强调使市场在资源配置中起决定性作用，更好发挥政府作用，促进各类生产要素自由流动并向优势地区集中，提高资源配置效率。充分尊重企业的主体地位，鼓励企业根据自身发展需求进行有序转移。坚持市场化原则引导金融机构创新金融产品、研究支持地方设立产业转移基金。

资料来源：关于促进制造业有序转移的指导意见［EB/OL］. 国家工信部网站，2022-01-14.

案例分析 8-1

中部地区承接产业转移的优势与劣势——以河南为例

引来一个富士康，带动形成智能终端制造产业集群；引进一个香雪海，打造出闻名业界的“中原冷谷”；引进一个恒大家具产业园，培育出兰考家居产业集群；上汽、格力、蒙牛等一批知名企业落户后，也带来了集群效应。近年来，河南积极抓住产业转移历史机遇，大批承接转移项目落地投产，带动项目周边地区配套产业蓬勃兴起，探索出有效的产业转移推进模式。

引进高端项目抢占产业高地。谈起河南承接产业转移，富士康项目是一个典型。因为富士康的到来，郑州航空港经济综合实验区打造出世界级智能终端制造产业集群。目前，该区已入驻智能终端制造企业约 190 家，2017 年手机产量达 2.9 亿部，全球每 7 部手机中就有 1 部“郑州造”。

更重要的是，因为富士康的到来，一大批具备高科技含量的配套项目纷纷落户河南。2018 年 10 月 26 日投产的郑州合晶硅材料有限公司年产 240 万片 200 毫米硅单晶抛光片项目就是代表。项目投资方合晶集团是全球第六大硅片供货商，也是全球前三大低阻重掺硅片供货商，深耕硅片产业超过 20 年。

如今，我省承接产业转移更多聚焦高端项目，境外世界 500 强企业已有 88 家在河南投资，投资领域也正由以传统制造业为主向现代制造业和高端服务业并重转变。在郑州，上汽乘用车、海尔空调等一批高技术项目建成投产；在洛阳，银隆新能源产业园、格力中国洛阳自主创新智能制造产业基地等一批高端制造项目开工建设；在新乡，先进制造业专业园区加快建设，氢能产业园、碳纤维产业园等一大批投资强度大、带动效果佳的项目落地。

因地制宜承接培育产业集群。河南各地的资源禀赋不同，承接产业转移的路径也不同。传统农区利用市场和劳动力资源优势，承接劳动密集型和技术密集型中小企业；工业基础较好的地区依托产业基础和综合配套优势，集群引进高成长性制造业和战略性新兴产业；资源型地区发挥原材料基础优势，通过引进精深加工企业，实现资源就地转化和转型升级。

资料来源：金秋．看中原大地产业转移结硕果［N］. 河南日报，2018-11-01.

思考题：

1. 结合产业转移的相关理论，分析中部地区承接产业转移的优势与劣势。

2. 中部地区承接产业转移过程中发挥优势、克服劣势的措施有哪些？以中部各省份为例。

讨论目的：

1. 让学生熟悉并掌握产业转移相关理论。

2. 培养学生运用理论解释和分析现实问题的能力。

案例分析 8－2

产业援疆及新疆承接援疆省份产业转移分析

新疆在全国援疆背景下，依托19省市对口支援的产业发展和招商引资平台，充分发挥资源优势和地缘优势，利用差别性产业政策，加快推进承接东部和中部地区的产业转移。资源型、重化工业是新疆承接产业转移的主力。近年来，新疆煤炭开采和洗选业，石油加工、炼焦及核燃料加工业，化学原料及化学制品制造业，化学纤维制造业，非金属矿物制品业，黑色金属冶炼及压延加工业，有色金属冶炼及压延加工业，电气机械及器材制造业，以及电力、热力的生产和供应业等行业工业总产值占全国的比重持续上升，一定程度上说明这些行业存在相对产业转移。[①] 在招商引资到位资金方面，山东、浙江、江苏、河南、福建、上海、北京、广东八个对口援疆省份到位资金位居前列。

习近平总书记在2013年访问中亚四国期间，提出了共同打造“丝绸之路经济带”的构想。新疆是亚太与欧洲两大经济圈的重要节点和枢纽，具有地缘、资源、人文和发展等方面的优势。2014年5月底召开的第二次中央新疆工作座谈会明确了新疆建设丝绸之路经济带核心区的定位。构建丝绸之路经济带为新疆承接产业转移带来了机遇，可以充分发挥新疆的地缘、人文、资源和发展优势，积极承接其他地区的产业转移是新疆建设丝绸之路经济带核心区的重要途径。

资料来源：闫文陆．新疆2012年引进对口援疆省市到位资金近1 500亿元［EB/OL］．中国新闻网，2013－01－28；新疆2012上半年区外到位资金增势明显［EB/OL］．天山网，2012－07－18.

思考题：

1. 分析对口援疆与产业转移之间的关系。

2. 讨论构建丝绸之路经济带给新疆承接产业转移带来了哪些机遇与挑战。

讨论目的：

1. 让学生熟悉和掌握产业转移的动因及影响因素。

2. 培养学生运用理论、结合现实发展背景分析现实问题的能力。

---

① 产业转移的度量一直是产业转移问题研究中的难点，因为企业的产业转移数据难以获取。如果用区域产业规模发生变化的数据来分析产业转移的规模，由于很难判断产业规模扩大是产业转移的结果还是本地产业发展的结果，因此结果并不准确。尽管如此，为了反映新疆承接产业转移的大致状况，此处还是采用区域产值占全国的比重变化来说明承接产业的情况。这种方法计算的是相对产业转移。

本章小结

产业转移是某些产业从某一国家或地区转移到另一个国家或地区的经济行为和过程。产业转移可以分为国内区域间的产业转移和国家间的产业转移。产业转移作为一种重要的经济现象，日益受到经济学界的重视，并形成了许多具有代表性的理论。产业转移对于转出地（如发达国家或地区）和转入地（如发展中国家或地区）都有正负两方面的效应。产业转移的动因包括市场需求与层级、市场规模与分工细化、生产要素的价格变化和自然资源四个方面。第二次世界大战结束以后，国际上共发生了四次大规模的产业转移，国际产业转移推动了全球范围内产业结构的调整和升级，改变了国际分工格局，加强了各国之间的相互依赖。未来国际产业转移将沿着全球产业链条由制造环节继续向上、下游两端推进，由制造业的低端环节向上游的研发环节（研发的全球化）和下游的营销等服务业环节（以服务业外包、离岸外包为主要形式的服务业全球化）延展，全球制造业的转移将掀起新一轮高潮，服务业的转移和研发的全球化将成为崭新但更加迅猛的方式。我国东南沿海地区由于其优越的地理优势，加之国家的开放政策，成为我国承接国际产业转移的主要地区，呈现出承接产业规模大、地区集中和行业集中的特点。随着我国经济结构和空间结构的调整和优化，我国产业转移正呈现出一种前所未有的“双转移”态势，即国际产业向中国转移与东部地区产业向中西部地区转移并存，这需要对相应的政策加以规范和推进，从而促进我国产业结构转型升级、布局优化和区域协调发展。

复习思考题

1. 简述产业转移的概念和特征。
2. 简述产业转移理论的主要思想。
3. 产业转移的动因是什么？产业转移有哪些效应？
4. 国际产业转移对世界经济产生了哪些影响？其未来趋势如何？
5. 我国产业转移的主要特征是什么？未来发展趋势如何？

参考文献

1. 阿瑟·刘易斯．国际经济秩序的演变［M］．北京：商务印书馆，2017.

2. 陈建军．中国现阶段产业区域转移的实证研究：结合浙江 105 家企业的问卷调查报告的分析［J］．管理世界，2002（6）.

3. 陈建军．中国现阶段的产业区域转移及其动力机制［J］．中国工业经济，2002（8）.

4. 陈耀．产业资本转移新趋势与中部地区承接策略［J］．中国发展观察，2009（6）.

5. 胡俊文．国际产业转移的基本规律及变化趋势［J］．国际贸易问题，2004（5）.

6. 联合国贸发会议．2001 年世界投资报告：促进关联［M］．北京：中国财政经济出版社，2002.

7. 卢根鑫．试论国际产业转移的经济动因及其效应［J］．上海社会科学院学术季刊，1994（4）．

8. 青木昌彦，安藤晴彦．模块时代：新产业结构的本质［M］．上海：上海远东出版社，2003.

9. 商务部，国务院发展研究中心课题组．跨国产业转移与产业结构升级：基于全球产业价值链的分析［M］．北京：中国商务出版社，2007.

10. “十二五”时期国内区域产业转移问题课题组．“十二五”时期国内区域产业转移问题研究报告［R］．2011.

11. 宋胜洲，等．产业经济学原理［M］．北京：清华大学出版社，2012.

12. 苏东水．产业经济学［M］．3版．北京：高等教育出版社，2010.

13. 孙久文，胡安俊，陈林．中西部承接产业转移的现状、问题与策略［J］．甘肃社会科学，2012（3）．

14. 魏后凯．产业转移的发展趋势及其对竞争力的影响［J］．福建论坛（经济社会版），2003（4）．

15. 魏后凯，等．中国区域经济的微观透析：企业迁移的视角［M］．北京：经济管理出版社，2010.

16. 吴雷．中西部地区发展加工贸易分析［J］．经营与管理，2012（7）．

17. 小岛清．对外贸易论［M］．天津：南开大学出版社，1987.

18. 张明龙，等．区域产业成长与转移［M］．北京：知识产权出版社，2011.

19. 张自如．当前国际产业转移的背景、特点及效应分析［J］．经济论坛，2008（6）．

20. 赵张耀，汪斌．网络型国际产业转移模式研究［J］．中国工业经济，2005（10）．

21. 郑胜利．论我国开展集群研究的理论和现实意义［J］．当代经济研究，2002（9）．

22. 朱兰春．产业转移模式的理论研究综述［J］．华商，2008（11）．

23. 朱有为，张向阳．国际制造业与服务业向中国转移的协同关系分析［J］．中国软科学，2005（10）．

第九章
产业竞争力

内容提要

产业竞争力与地区经济发展有着密切的联系，提升产业竞争力对一地区整体经济实力的增强以及参与地区之间的经济竞争有着至关重要的意义和作用。本章以产业竞争力理论为切入点，讲述了产业竞争力的内涵、理论基础和影响因素，随后通过分析产业竞争力体系与方法来构建产业竞争力评价模型，以利于进行产业竞争力的实证分析，最后提出提升产业竞争力的途径。

本章重点

- 产业竞争力的内涵与理论基础
- 产业竞争力的评价指标体系与模型
- 提升产业竞争力的对策

第一节　产业竞争力理论

一、产业竞争力的内涵

当今世界，随着经济全球化的加剧，区域经济一体化进程也在如火如荼地推进，国际竞争和地区竞争愈演愈烈，竞争的内涵和方式也发生了很大的变化。那么究竟什么是产业竞争力呢？产业竞争力的内涵和本质究竟是什么呢？我们只有首先搞清楚这个问题，才能更好地去研究产业竞争力的其他相关问题。

现有文献从不同的研究角度论述了产业竞争力的内涵。一类是从宏观角度分析和探讨的，即从一国整体的角度来研究产业竞争力，关注的主要是国内外的经济体制和环境，例如，选择与改革等外部激励及约束机制对一国整体产业竞争力的影响，其中最具代表性的当属瑞士洛桑国际管理发展学院（IMD）对一国国际竞争力的阐述。[①] IMD 认为，一国国际竞争力是指一国创造增加值，从而积累国民财富的能力。IMD 同时还分析了影响一国国际竞争力的 8 个因素，即政府作用、经济实力、金融环境、国际化程度、管理程度、基础设施、科学技术与人口结构素质。

党的十九大报告指出，“我国经济已由高速增长阶段转向高质量发展阶段，正处在转变发展方式、优化经济结构、转换增长动力的攻关期，建设现代化经济体系是跨越关口的迫切要求和我国发展的战略目标。必须坚持质量第一、效益优先，以供给侧结构性改革为主线，推动经济发展质量变革、效率变革、动力变革，提高全要素生产率，着力加快建设实体经济、科技创新、现代金融、人力资源协同发展的产业体系，着力构建市场机制有效、微观主体有活力、宏观调控有度的经济体制，不断增强我国经济创新力和竞争力。这里的竞争也主要是指宏观层面上的中国国际竞争力。”[②]

另一类就是从微观和中观的角度来论述的，即从产业和企业的角度来探讨的。产业是生产同类型产品或者可替代产品的企业集合体，若从微观角度来研究产业竞争力，往往最后的载体就是企业竞争力，这样一国产业竞争力就是企业竞争优势的聚合，以及产业竞争力在微观企业机制上的彰显。这方面最具说服力的是世界经济论坛（WEF）的说法。[③] WEF 认为，一国国际竞争力就是一国、一公司在世界市场上均衡地生产出比其他竞争对手更多财富的一种能力，它是产业竞争力资产和产业竞争过程的统一。这实际上就是指一国企业的国际竞争力水平。党的十九大报告在谈到加快完善社会主义市场经济体制时指出，“深化国有企业改革，发展混合所有制经济，培育具有全球竞争力的世界一流企业。”[④] 这里的竞争力就是指微观层面上的企业竞争力。

党的十八大以来，党中央出台了一系列保护支持企业发展的政策措施，促进各类企业健康发展，一些行业领军企业已经形成较强的国际竞争力。要支持引导行业领军企业和掌握关键核心技术的专精特新企业深化改革、强化创新，加大培育力度。要强化企业创新主体地位，促进各类创新要素向企业集聚，推动企业主动开展技术创新、管理创新、商业模式创新。要坚持壮大实体经济，推进产业基础高级化、产业链现代化，打造具有全球竞争力的产品和服务。要支持企业充分利用国际国内两个市场、两种资源，增强面向全球的资源配置和整合能力，将我国超大规模市场优势转化为国际竞争优势。[⑤]

---

①③ 魏农建．产业经济学［M］．上海：上海大学出版社，2008：245，247.

②④ 习近平．决胜全面建成小康社会 夺取新时代中国特色社会主义伟大胜利：在中国共产党第十九次全国代表大会上的报告［M］．北京：人民出版社，2017：30，33.

⑤ 习近平 2022 年 2 月 28 日主持召开中央全面深化改革委员会第二十四次会议［EB/OL］．新华网，2022-02-28.

专栏 9-1

习近平关于建设世界一流企业的重要论述

全面建设社会主义现代化国家，必须有一批能够体现国家实力和国际竞争力、引领全球科技和行业产业发展的世界一流企业做支撑。党的十八大以来，习近平总书记高度重视建设世界一流企业，发表了一系列重要论述，强调“企业家爱国有多种实现形式，但首先是办好一流企业，带领企业奋力拼搏、力争一流，实现质量更好、效益更高、竞争力更强、影响力更大的发展”；“深化国有企业改革，发展混合所有制经济，培育具有全球竞争力的世界一流企业”；民营企业“要拓展国际视野，增强创新能力和核心竞争力，形成更多具有全球竞争力的世界一流企业”。

2022 年 2 月 28 日，习近平总书记主持召开中央全面深化改革委员会第二十四次会议，审议通过了《关于加快建设世界一流企业的指导意见》，为如何加快建设世界一流企业指明了方向、提供了遵循。

总之，早期产业竞争力研究包含国家竞争力和区域竞争力研究，对于产业竞争力内涵的探索过程，正是回答什么是产业竞争力、其来源和依据是什么的过程。影响产业竞争力的因素也呈现出多样化的趋势，例如产业环境、科技创新和人力资本等，为指导产业在竞争中取胜提供了可行的路径。①

综上所述，产业竞争力，亦称产业国际竞争力，指某国（地区）的某个特定产业相对于他国（地区）同一产业在生产效率、满足市场需求、持续获利等方面所体现的竞争能力。产业竞争力实质上是一个比较的概念，因此，产业竞争力的内涵涉及两个基本方面的问题：一是比较的内容，二是比较的范围。具体来说：产业竞争力比较的内容就是产业竞争优势，而产业竞争优势最终体现于产品、企业及产业的市场实现能力以及盈利能力。因此，产业竞争力的实质是产业的比较生产力。比较生产力是指企业或产业能够以比其他竞争对手更有效的方式持续生产出消费者愿意接受的产品，并由此获得满意的经济收益的综合能力。产业竞争力比较的范围是国家或地区，产业竞争力是一个区域的概念。因此，产业竞争力分析应突出影响区域经济发展的各种因素，包括产业集聚、产业转移、区位优势等。通过提升区域产业竞争力水平来达到区域经济发展的目的，使得一国或一区域整体产业结构得到优化和升级，实现产业结构的高度化和合理化，最终实现区域经济的协调和可持续发展。

二、产业竞争力的理论基础

任何理论研究都有其理论基础和渊源，研究一个问题要从不同的角度去深入剖析，才能开拓自己的思维，得到有价值的理论结果。具体说来，产业竞争力的理论基础主要有以下几个。

① 邓立治，杨洁冰，何维达．中国产业竞争力研究现状、差距与展望［J］．华东经济管理，2011（10）：62－65.

1. 比较优势理论

该理论包括李嘉图的比较成本理论，以及赫克歇尔与俄林的要素禀赋理论（H-O 理论）。比较成本理论建立在各国或各地区劳动生产率差异的基础上，而要素禀赋理论对比较成本理论做了进一步的深入探讨和研究。

古典经济学家大卫·李嘉图的比较成本理论指出：商品的相对价格差异即比较优势是国际贸易的基础，不同国家生产同一种商品的机会成本差异，即一国生产某一种商品的机会成本（用其他商品来衡量）低于在其他国家生产该商品的机会成本，那么这个国家在生产该商品上就拥有了比较优势。最终，随着时间的推移，生产同一产品的劳动生产率差异越来越大，但是每一个国家或者地区由于要素的不完全流动性等原因不可能同时具有生产所有商品的比较优势，所以要抓住自身具有比较优势的产业进行重点发展，进行地区产业分工和专业化生产，以利于在未来产业竞争力提升的过程中获取最大的盈利空间。总之，特定国家应专注于生产率相对较高的领域的生产，以交换低生产率领域的商品。

20 世纪 30 年代，赫克歇尔和俄林对传统比较优势理论进行了补充，指出国家之间要素禀赋的差异决定着贸易的流动方向。他们假定两国的生产技术是相同的，同时生产要素在一国内部可以流动，但是在国与国之间不可流动。在这样的假设前提下，他们运用多种生产要素理论发展并替代了李嘉图的单一生产理论。他们指出了成本差异的两个来源：一是各个国家生产要素的禀赋不同，二是生产各种商品所需使用的生产要素的比例不同。① 要素禀赋是指一国生产要素的拥有状况，例如有的国家资本丰富，有的国家劳动力资源丰富，有的国家自然资源丰富，而有的国家技术要素较为丰富。生产要素比例是指一种商品在生产过程中所耗用的各种生产要素投入之比，不同产品生产所需的生产要素之比是不同的。所以，各国会密集使用本国相对丰裕的生产要素进行不同类别的产品生产，并进口其相对稀缺要素所生产的产品，以最大化其贸易所得，这样各国或各地区都发挥自身最大的优势，逐渐形成自己的优势产业，提升了地区产业竞争力。

尽管比较优势理论存在很多缺陷和问题，但依然是产业竞争力来源的重要理论基础之一。

2. 产业集群理论

随着经济全球化和区域经济一体化的加深，产业集群已经成为区域经济发展的主要模式、空间形态和产业发展的重要组织形式。② 近年来，人们逐渐发现，真正具有竞争力的产业往往具有很明显的区域和空间特性。高竞争力的产业和企业往往聚集在同一优势区域内，所以产业竞争力与区域内产业集群因素的关系研究也成为产业竞争力研究的一个重要方面。

产业集群是现代产业发展的重要组织形式，不仅是地区经济发展的主导力量，而且是国际经济竞争的战略性力量，要深化对产业集群的认识，把握我国产业集群发展的阶段性特征，不断提升我国产业集群的竞争力。习近平总书记在党的十九大报告中强调，“促进我国产业迈向全球价值链中高端，培育若干世界级先进制造业集群。”③ 2020 年 11

① 王昆．中国产业竞争力研究：基于垂直专业化的视角［M］．北京：冶金工业出版社，2012：31－34.

② 汪莹．产业竞争力理论研究述评［J］．江淮论坛，2008（2）：29－38.

③ 习近平．决胜全面建成小康社会 夺取新时代中国特色社会主义伟大胜利：在中国共产党第十九次全国代表大会上的报告［M］．北京：人民出版社，2017：30－31.

月 14 日习近平总书记在全面推动长江经济带发展座谈会上的讲话指出，要强化企业创新主体地位，打造有国际竞争力的先进制造业集群，打造自主可控、安全高效并为全国服务的产业链供应链。[①] 2021 年 10 月 19 日习近平在中共中央政治局第三十四次集体学习时强调，党的十八大以来，党中央高度重视发展数字经济，实施网络强国战略和国家大数据战略，拓展网络经济空间，支持基于互联网的各类创新，推动互联网、大数据、人工智能和实体经济深度融合，建设数字中国、智慧社会，推进数字产业化和产业数字化，打造具有国际竞争力的数字产业集群。[②]

3. 竞争优势理论

美国哈佛大学的波特教授认为，传统经济理论如比较优势理论、规模经济理论都不能说明产业竞争力的真正来源，因为“在产业竞争中，生产要素不但不再扮演决定性的角色，而且其价值也在快速消退”“规模经济理论有它的重要性，但该理论并没有回答我们关心的竞争优势问题”。波特指出，必须采用竞争优势理论来解释产业竞争力的问题。竞争优势有别于比较优势，它是指各国或各地区相同产业在同一国际竞争环境下所表现出来的不同的市场竞争能力。

尽管比较优势和竞争优势是存在区别的一组概念，但两者都是产业竞争力形成的基础。两者的区别是，比较优势强调同一国家不同产业间的比较关系，而竞争优势强调不同国家同一产业间的比较关系。[③] 前者强调各国产业发展的潜在可能性，后者则强调各国产业发展的现实态势。与区别相比，两者之间的联系更为重要：一国一旦发生对外经济关系，比较优势与竞争优势会同时发挥作用；一国具有比较优势的产业往往易于形成较强的国际竞争优势；一国产业的比较优势要通过竞争优势才能体现出来。因此，比较优势是产业竞争力的基础性决定因素，而竞争优势是直接作用因素。比较优势是产业国际分工的基础，也是竞争优势形成的基础，但比较优势理论不能直接用来解释产业竞争力水平的高低，而竞争优势理论作为一种研究思路和分析方法，可直接用于解释产业竞争力的形成机理。

以上理论构成了产业竞争力的理论基础，它体现出产业对资源禀赋结构和市场环境的反应和调整能力，是一国或地区产业的资源配置状况和效果的总体彰显，是研究产业竞争力影响因素的基石。

知识讲解

以下视频节选自新疆财经大学“产业经济学”慕课，可登录中国大学慕课网站搜索查看完整视频。

视频 9－1：竞争优势理论

三、产业竞争力的影响因素

影响产业竞争力水平的因素有很多，很多学者对此进行了一系列有益的探索，例如钻石模型、双钻石模型、国际化钻石模型和九因素模型等。

① 习近平主持召开全面推动长江经济带发展座谈会并发表重要讲话［EB/OL］. 新华社，2020－11－15.
② 习近平主持十九届中央政治局第三十四次集体学习［EB/OL］. 新华网，2021－10－19.
③ 王昆．中国产业竞争力研究：基于垂直专业化的视角［M］. 北京：冶金工业出版社，2012：34－35.

1. 钻石模型

1990 年，波特提出了产业国际竞争力钻石模型，也称为六要素分析或者国家菱图模型（见图 9－1）。波特认为，决定产业发展竞争优势的因素主要有六个，分别是：要素禀赋，需求条件，支持性产业和相关性产业，企业策略、市场结构与同业竞争，政府和机会。这六个因素互相关联和影响。与传统产业竞争力研究思路相比，波特的钻石模型有了很大的改进。

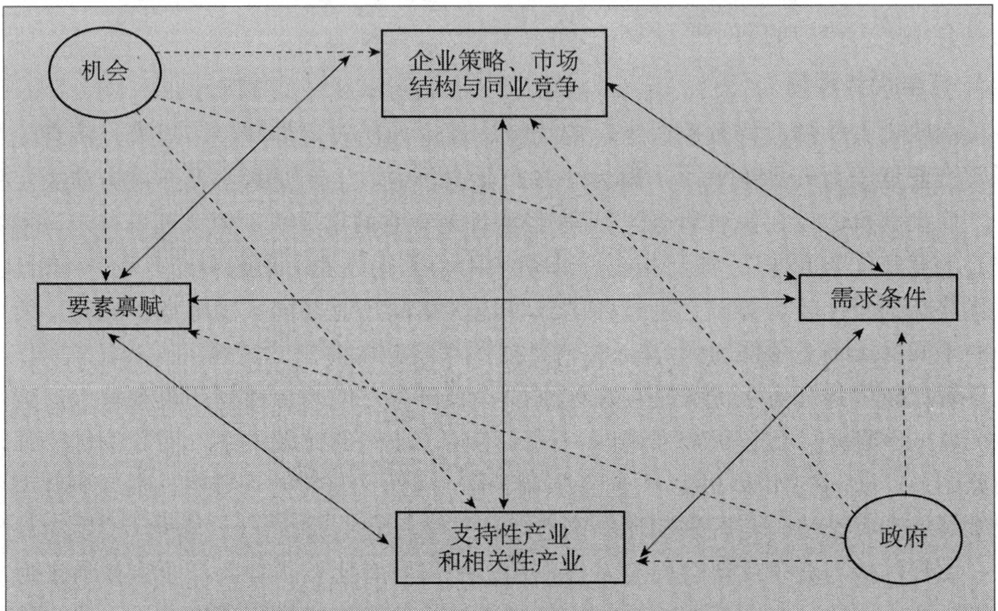

图 9－1　钻石模型

首先，波特所指的要素禀赋突破了传统范式的要素局限性，不仅包括自然资源，而且包括人力资源、资本资源以及制度资源，特别强调要素创造对产业竞争力的影响。其次，波特首次把市场需求状况纳入产业竞争分析的范畴中，改变了供给自动创造需求的萨伊式的分析思路。再次，波特指出，主导产业的竞争优势不仅取决于自身的能力，而且与关联产业的竞争力密切相关，关联产业的发展也是促进主导产业保持其优势地位必不可少的条件。最后，他指出了产业之间的竞争是一种群体性竞争，产业竞争力的提升不是个人英雄主义式的个体能力的爆发，而是取决于各个产业内部竞争优势能否很好地匹配起来，形成一加一大于二的最大的合力。①

> **知识讲解**
>
> 以下视频节选自新疆财经大学“产业经济学”慕课，可登录中国大学慕课网站搜索查看完整视频。
>
> **视频 9－2：钻石模型**

2. 双钻石模型

克鲁格曼和克鲁兹于 1993 年在研究加拿大的国家竞争优势时，发现波特的钻石模型在应用于经济规模小且开放的贸易经济国家时存在问题。加拿大与美国的自由贸易协定使得国家之间的边界对加拿大产业战略和产业政策的影响越来越小，为了在与美国的产业竞争中生存并占有一席之地，加拿大的本土企业家必须

① 陈保启，杨丽. 产业经济学［M］. 北京：经济科学出版社，2011：337.

将加拿大和美国的钻石模型联系起来。伴随着创新和成本的竞争日益激烈，加拿大不再是一个单独的经济体和自然资源基地，这样就形成了双钻石模型（见图 9-2）。它给出了获得产业竞争力优势的重要因素，那就是重视相邻区域和地区之间的优势互补和产业发展战略。

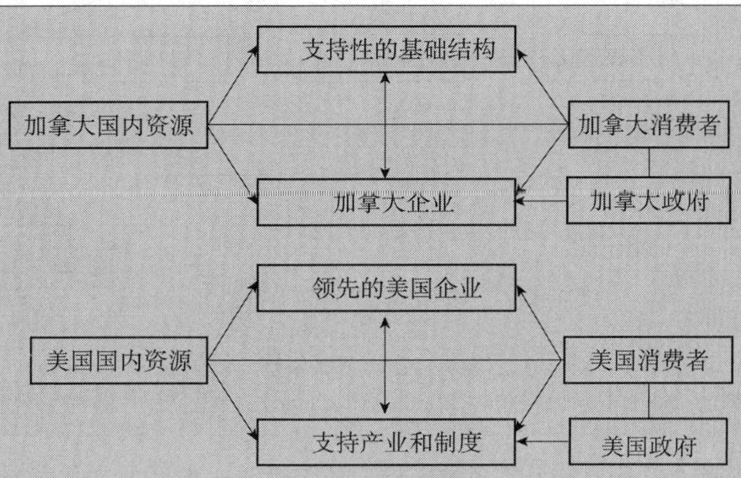

图 9-2 双钻石模型图

资料来源：汪莹．产业竞争力理论研究述评［J］．江淮论坛，2008（2）：31-32.

3. 国际化钻石模型

20 世纪 90 年代以来，经济全球化、国际资本的流动以及跨国公司的兴起对各国经济的发展产生了深远的影响。英国学者邓宁基于此修正了波特的钻石模型。他指出，日益强大的跨国界经济活动和跨国公司的经营模式直接或者间接地影响了钻石模型中相关因素的关联性，所以应该将跨国公司经营活动看作一个外生变量并加入钻石模型中，这样就解决了钻石模型低估产品和市场全球化对国家竞争力提升的影响的问题。因此，邓宁构建了国际化钻石模型，丰富了影响产业竞争力提升的因素。①

4. 九因素模型

波特的钻石模型给出了发达国家经济的国际竞争力的来源，但是发展中国家并不会必然具备与钻石模型相匹配的国内经济环境和生产要素，发展中国家必须不断地去培育生产要素，以提高本国产业的国际竞争力。基于这样的背景和条件，韩国汉城大学赵东成教授于 1994 年结合韩国的实际情况，提出了九因素模型（见图 9-3），指出九因素模型应该符合以下两个目标的要求：一是更好地评估欠发达国家国际竞争力的决定因素；二是一国增强其国家优势的途径。他将决定产业国际竞争力的因素分为三大类共九个因素：有四个决定产业国际竞争力的物理因素，即资源禀赋、商业环境、相关和支持产业、国内需求；还有 4 个决定产业国际竞争力的人力因素，即工人、政治家和官僚、企业家、职业经理和工程师；最后，机遇也是决定产业国际竞争力的重要因素。九因素模型更为全面、立体地多角度分析了影响产业竞争力的众多因素，为发展中国家提升产业竞争力提供了可取之道。

---

① 汪莹．产业竞争力理论研究述评［J］．江淮论坛，2008（2）：31.

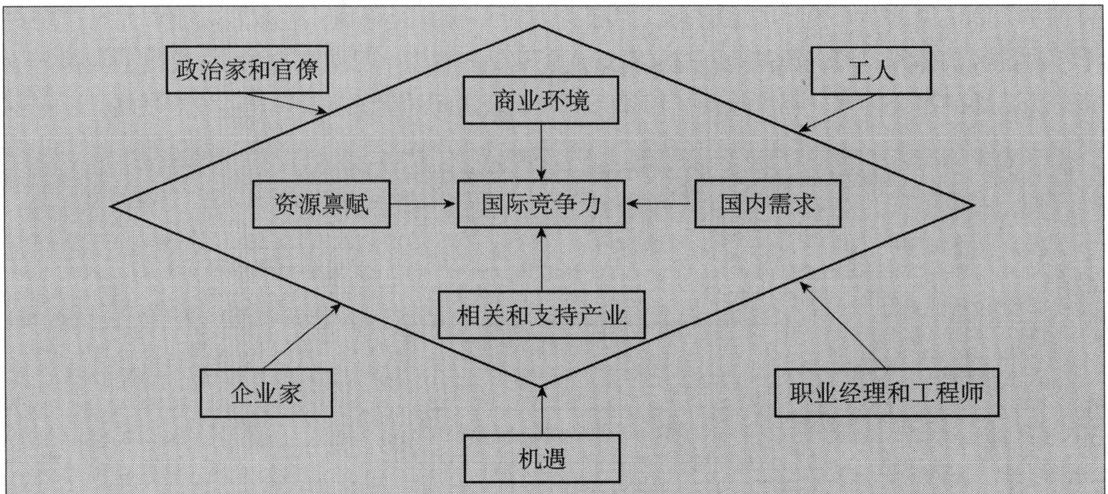

图 9-3　九因素模型

资料来源：汪莹．产业竞争力理论研究述评［J］．江淮论坛，2008（2）：32.

总之，影响产业竞争力的因素多种多样，还包括某一地区的文化背景，或者地理人文条件，这些因素或大或小地潜在影响着地区产业的竞争力，因此，如何更好地评价某一地区的产业竞争力水平，对于我们制定合理的区域产业发展政策和激发区域产业竞争力有着重要的意义。

5. 工业品国际竞争力分析框架

金碚等指出，波特的分析范式也不是完美无缺的，不同的国家处在不同的经济发展阶段，分析范式不可能是一成不变的。①我们可以从工业品的国际竞争力研究着手，逐步建立起适合我国产业发展的具体情况的分析框架，并进行更深入的经济分析范式比较。在此基础上，金碚构建了工业品国际竞争力分析框架。

6. 芮明杰的新钻石模型

复旦大学芮明杰教授对钻石模型做了一定的修改。他增加了一个核心——知识吸收与创新能力。他认为只有有了这个核心，产业才能真正拥有持续的竞争力。②所以不管是现在还是未来，中国要想根本提高自身的产业竞争力，都必须去培养自己的知识吸收和创新能力。只有这样，才能参与国际产业的分工体系，并占据一个较好的位置，最终在全球经济发展中实现产业竞争力的提升。

第二节　产业竞争力评价指标体系与方法

一、产业竞争力评价指标体系

对于区域产业竞争力评价指标的选取应该建立在对区域产业竞争力影响因素分析和

①② 汪莹．产业竞争力理论研究述评［J］．江淮论坛，2008（2）：32-33.

研究的理论基础之上。本节试图比较相关文献中的产业竞争力的影响评价体系的优点和不足，以建立全面的、多角度的产业竞争力评价体系。

（一）构建产业竞争力评价指标体系的原则

产业竞争力评价指标体系的设计是产业竞争力定量研究的一个核心，产业竞争力的影响因素的广泛性、系统性以及评价本身的目的性和实用性等特征，共同决定了产业竞争力评价指标体系必须遵循以下准则。

1. 科学性

遵循理论与实际相结合，理论上可靠，选择程序合理，逻辑线路清晰，操作方式可行，逐步优化细化的原则。① 评价指标可以按照内生要素和外生要素进行划分，包括四个方面：竞争实力、竞争潜力、竞争环境、竞争态势。竞争实力主要反映产业的效率、盈利能力、资源转化能力和技术水平；竞争潜力主要反映产业未来的竞争力，包括 R&D 经费、人员比例、专利、标准等；竞争环境是影响产业竞争力的外生变量，包括产业政策环境、技术支撑环境和社会支撑环境；竞争态势主要包括市场竞争、技术竞争、比较优势等。

2. 简明性

有些反映产业竞争力的指标体系的设置过于复杂，虽然能够全面地反映产业竞争力的客观现实，但是也带来了数据收集和加工处理方面的麻烦，并且过多的指标会使得指标之间相互关联，甚至是相互对立，给指标的综合评价带来相当的困难。科学哲学给出了一个重要原则："如无必要，勿增实体。"② 就是说只要能够说明和解决问题，指标体系和所运用的方法越简单越好，所以，产业竞争力评价指标体系的设立必须遵循简单明晰、便于运用的原则。

3. 可行性

产业竞争力评价指标体系的可行性不仅应考虑到指标体系的设置要尽量建立在钻石模型的基础上，而且要考虑到其数据必须是现实的、可以收集的，并且评价方法须简便、明确、易于操作。③

4. 全面性和合理性

首先，评价区域产业竞争力必须涵盖多个方面的影响因素，包括经济、社会、人才、资源、基础设施和生态环境等。其次，由于产业竞争力评价指标体系涉及面过宽，所以要尽可能选择便于区分不同区域经济、社会、环境等发展能力差异的指标，还要做到总量指标与反映结构、效益的指标相结合，力争做到客观、真实地反映区域产业的特点，揭示出区域产业发展的内在规律。④

---

①② 温海峰．构建高技术产业竞争力评价体系的思考［J］．财贸研究，2004（6）：67.

③ 魏农建．产业经济学［M］．上海：上海大学出版社，2008：264.

④ 张继良，胡荣华，区域产业竞争力评价体系研究：基于江苏产业转型升级背景［J］．产业经济研究，2010（6）：75－76.

5. 尽可能少的原则

指标要有代表性和典型性，要避免含义相同或相近的指标重复出现，做到简明概括，以尽可能少的指标覆盖最多的信息。例如，如果 n 个指标能够覆盖 90%以上的信息量，就没有必要选择第 $n+1$ 个指标。

（二）WEF 和 IMD 两大竞争力评价体系

国际竞争力评价体系自 1980 年创立以来，已经对世界经济活动中的主要国家和地区进行了近 40 年的国际竞争力评价，引起了各国的普遍重视。从 1996 年开始，世界评价国际竞争力的权威机构一分为二，即世界经济论坛（WEF）和瑞士洛桑国际管理发展学院（IMD）。

从总体上看，WEF 的国际竞争力评价中专家问卷调查的评价指标占了绝大多数，而 IMD 的国际竞争力评价中统计硬指标占了绝大多数。在多指标综合评价方法上，两家机构所采取的基本方法是一致的，即统计标准化后再进行加权综合，当然权数有所不同，评价的内容也有所不同。两家机构的评价指标和内容如表 9-1 所示。

表 9-1　WEF 和 IMD 的国际产业竞争力评价指标和内容

机构	评价指标	评价内容
WEF	经济指标、开放度要素、政府管理要素、金融要素、基础设施要素、技术要素、企业管理要素、劳动力要素、法规和社会文明要素	（1）国家总体经济运行评价； （2）国家国际竞争力综合评价总排名结果，各要素国际竞争力综合评价排名结果，各要素下属综合方面的国际竞争力综合评价排名结果； （3）国家国际竞争力资产负债表。
IMD	2001 年以前：国内经济实力要素、国际化要素、政府管理要素、金融要素、基础设施要素、企业管理要素、科学技术要素、国民素质要素 2001 年以后：经济发展、政府效率、企业效率、基础设施	（1）国家国际竞争力资产负债表； （2）国家国际竞争力综合评价总排名结果以及引进吸收与输出扩张的国际竞争力综合评价结果； （3）各要素国际竞争力综合评价排名结果； （4）国家国际竞争力控制过程的主要方面。

资料来源：张继良，胡荣华．区域产业竞争力评价体系研究：基于江苏产业转型升级背景［J］．产业经济研究，2010（6）：72-80.

（三）中国四大经济区区域产业竞争力评价指标体系

余川江和邓玲（2012）基于中国四大经济区（长三角、珠三角、京津冀、成渝经济区）的数据构建了合适的区域产业竞争力评价指标体系，按照科学性、可获得性、可比性等原则，设计出了全面反映产业竞争力的具体指标，见表 9-2。

该指标体系从优势产业竞争力、区域组织功能、主体要素竞争力和客体要素竞争力四个角度来论证产业竞争力，并分为若干二级指标和具体指标，以全面、合理地反映区域产业竞争力，具有全面性、可行性、科学性、决策性和地域性等特点，并考虑到了资源环境承载能力，使得指标体系具有立体式、多角度的思维特点，遵循了可持续发展的原则。笔者认为，如果能够结合当前具体情况，在资源环境承载力这一栏下增加万元GDP碳排放这一指标，就更能反映出当前全球温室气体排放的现状，为地区二氧化碳（CO_2）减排提供产业层面的支撑，为低碳产业竞争力的提升找准思路和落脚点。

表9-2 产业竞争力评价指标体系

总目标	一级指标	二级指标	具体指标
区域产业竞争力	优势产业竞争力	产业层次度	优势产业层次度
		产业盈利能力	优势工业销售利润率
		产业市场竞争力	优势产业市场占有率
		产业增长力	优势产业的全国平均增长率
	区域组织功能	创新力	每万人专利授权数
			新产品产值占GDP比例
			单位工业企业拥有专利数
		结构转换力	产业结构转换速率
		资源配置力	全社会劳动生产率
	主体要素竞争力	主体互动协同度	地均企业数量
			主体规划协调度
			技术市场成交额
		企业竞争力	地均非公企业数
			地均A股上市公司数量
		政府服务力	税收占财政收入比例
			财政服务支出比例
	客体要素竞争力	生产要素控制力	R&D经费占GDP比例
			每万人从业人员专业技术人员数
			地均固定资产投资
			地均从业人员数
		产业配套能力	生产性服务业就业人员区位商
			地均交通里程
			电话普及率
			互联网普及率
		市场需求度	亿元以上商品交易市场成交额
			居民消费水平
		资源环境承载力	万元GDP能耗
			人均土地利用面积
			人均水资源
			森林覆盖率

资料来源：余川江，邓玲．中国四大经济区区域产业竞争力评价［J］．华东经济管理，2012（11）：36-42.

（四）城市产业竞争力评价指标体系

贾若祥（2002）基于青岛和济南的数据，按照优势度、关联度、战略性、生态性等原则，构建了城市产业竞争力评价指标体系，见表 9－3。

表 9－3 城市产业竞争力评价指标体系

<table>
<tr><th>总体目标</th><th>二级子系统</th><th>三级子系统</th><th>四级子系统</th></tr>
<tr><td rowspan="13">城市产业竞争力评价指标体系</td><td rowspan="5">竞争实力</td><td rowspan="3">区内优势</td><td>增长速度（按统计口径）（C1）</td></tr>
<tr><td>劳动生产率（增加值/从业人员）（C2）</td></tr>
<tr><td>奖金利税率（利税总额/资金总额）（C3）</td></tr>
<tr><td rowspan="2">区际优势</td><td>增加值专门化率（增加值百分数/全国增加值百分数）（C4）</td></tr>
<tr><td>劳动力专门化率（劳动力百分数/全国劳动力百分数）（C5）</td></tr>
<tr><td rowspan="5">竞争潜力</td><td rowspan="2">产业关联</td><td>前向关联系数（C6）</td></tr>
<tr><td>后向关联系数（C7）</td></tr>
<tr><td>市场潜力</td><td>市场占有率（该行业年销售额/全省该行业年销售额）（C8）</td></tr>
<tr><td rowspan="2">技术水平</td><td>科技含量（C9）</td></tr>
<tr><td>科技人员百分数［（工程师＋中高级职称人员）/从业人员］（C10）</td></tr>
<tr><td rowspan="3">适应能力</td><td rowspan="3">生态要素</td><td>废水治理率（废水达标量/废水排放量）（C11）</td></tr>
<tr><td>废物利用率（固体废物利用量/固体废物排放量）（C12）</td></tr>
<tr><td>废气治理率（燃烧中废气治理量/燃烧中废气排放量）（C13）</td></tr>
</table>

资料来源：贾若祥．地区产业竞争力评价方法及其应用：以济南、青岛为例［J］．中国科学院研究生院学报，2002（6）：117.

注：科技含量采用主观打分进行评价。

二、产业竞争力评价的程序

借鉴一些学者的区域竞争力评价方法研究成果①，笔者认为，产业竞争力评价程序主要包括下列步骤。

（一）确定评价单元

确定评价单元就是选定评价区域。从实践角度，一般以不同级别的行政区作为评价单元，中国产业竞争力评价单元主要分为国家范围、省域范围、市域范围和县域范围四个层次。

（二）建立指标体系

从产业竞争力的内涵出发，在参阅国内外产业竞争力评价指标体系的基础上，结合

① 韩延玲．经济全球化视角下的新疆区域竞争力多维评价与对策研究［M］．北京：经济科学出版社，2014：48－50.

评价区域的具体状况，根据产业竞争力评价指标体系的构建原则，建立评价指标体系。

（三）确定指标的属性

指标的属性是指指标对系统的贡献方向的正负和大小。指标属性可分为三类。一类是正向指标，这类指标对上一层次对应指标的贡献是正向的，越大越好；一类是逆向指标，这类指标对上一层次对应指标的贡献是负向的，越小越好；还有一类指标是适度指标，其对上一层次指标的贡献适度为好，大小应适当。按照有关统计计算方法，正向指标可以直接计算；逆向指标则必须根据其特点通过不同的计算方法转换为正向指标；适度指标转换为正向指标的办法是：取其实际值减去适度值的绝对值的倒数。

（四）收集和处理数据

按照指标体系和评价要求，收集指标原始数据。为了保证指标数据的可靠性和可比性，原始数据要尽可能地以国家或区域统计部门提供的为准，也可通过调查研究获得。在对收集的原始数据进行归类整理之后，还要采用一定的方法，对其中的非数值性指标，如经过民意调查得到的结果进行数据量化；对所有的数据还要进行标准化，以消除数据的量纲，形成可以进行评价计算的数据。

（五）选择评价方法，进行综合评价

产业竞争力评价涉及众多指标，但各种指标对产业竞争力的作用不同，必须明确各种指标在指标体系中所处的地位，即确定指标权重。指标权重合理与否在很大程度上影响到综合评价的科学性。根据确定指标权重的不同，多指标综合评价方法大体上可分为主观赋权法和客观赋权法两类。主观赋权法是指根据评价者主观上对各指标的重视程度来决定权重的方法，如层次分析法、模糊综合评判方法、德尔菲法、环比赋权法等；客观赋权法是指根据客观原始数据信息的联系强度或各指标所提供的信息量来决定指标权重的方法，如主成分分析法、因子分析法、均方差法、最大离差法、相对最佳标准综合评价法、熵值赋权法等。这些方法在进行指标综合评价方面各有优缺点，在进行区域可持续发展评价时，应根据实际需要，从中选择适当的方法来确定权重，然后建立综合评价数学模型，计算各层次评价指标值，并形成相应的综合指数。

（六）分析评价结果

从实际需要出发，选择和运用相关理论方法，如聚类分析、回归分析、变异系数分析、雷达图分析、竞争力地图分析等方法，对评价结果进行分析和解释，指出产业竞争力的现状和存在的问题，有针对性地提出对策建议，形成评价报告。

三、产业竞争力评价方法与模型

评价产业竞争力的方法和模型多种多样，多位学者从不同的角度利用不同的方法建立了不同的模型，并且研究了一国或一地区的产业竞争力水平，具体来说有以下方法。

（一）主成分分析法

主成分分析（principal component analysis，PCA）又叫主分量分析，是多元统计分析中的一种重要方法。[①] 它是通过原始变量的线性组合，把多个原始指标简化为有代表意义的少数几个指标，以使原始指标能更集中、更典型地表明研究对象特征的一种统计方法。简而言之，就是从 p 个指标出发，综合样本数据的信息，得到 m 个综合指标，在降维的同时消除各指标间较严重的相关关系但又尽可能保留原指标信息，然后利用 m 个综合指标计算综合评价值。

此外，如何将多指标综合为一个统一的评价值，实质上就是怎样科学地确定各个指标的权重问题。主成分分析法正是在这两方面显示了其独特的作用。

采用主成分分析法做综合评价，其原理和步骤如下。

（1）建立 n 个区域 p 个指标的原始数据矩阵 $\mathbf{X}_{n\times p}$，并对其进行无量纲化或标准化处理，一般采用 *Z-score* 法无量纲化，得到 $\mathbf{X}'_{n\times p}$ 矩阵。

对正指标有：$Z_{ij}=(X_{ij}-\overline{X}_j)/S_j$；对逆指标有：$Z_{ij}=(\overline{X}_j-X_{ij})/S_j$，其中，$\overline{X}_j=\frac{1}{n}\cdot\sum_{i=1}^{n}X_{ij}$，$S_j=\sqrt{\sum_{i=1}^{n}\frac{(X_{ij}-X_j)^2}{n}}$（$i=1，2，\cdots，n$；$j=1，2，\cdots，p$）。

（2）计算指标的相关系数矩阵 $\mathbf{R}_{p\times p}$。

$R_{jk}=\frac{1}{n}\cdot\sum_{i=1}^{n}\frac{(X_{ij}-\overline{X}_j)}{S_j}\cdot\frac{(X_{ik}-\overline{X}_k)}{S_k}=\frac{1}{n}\cdot\sum_{i=1}^{n}Z_{ij}\cdot Z_{ik}$，且有 $R_{jj}=1$，$R_{jk}=R_{kj}$（$j，k=1，2，\cdots，p$）

（3）求 $\mathbf{R}_{p\times p}$ 阵的特征值 λ_k（$k=1，2，\cdots，p$）和特征向量 L_k（$k=1，2，\cdots，p$）。

根据特征方程 $|\mathbf{R}_{p\times p}-\lambda\mathbf{I}|=0$ 计算特征值 λ_k，并列出特征值 λ_k 的特征向量 L_k。

（4）计算贡献率 $T_k=\lambda_k/\sum_{j=1}^{p}\lambda_j$ 和累积贡献率 $D_k=\sum_{j=1}^{k}T_j$，选取 $D_k\geqslant 85\%$ 的特征值 $\lambda_1，\lambda_2，\cdots，\lambda_m$（$m<p$）对应的几个主成分。

（5）解释各主成分所反映的指标含义。

由于主成分是原始变量的线性组合，包含了比原始变量更复杂的内容，因此对主成分所反映的指标含义做出合乎实际的解释是比较重要的一环，这样有利于对被评价对象做出合理的定性分析。

特征向量系数值表明了主成分与原始变量之间的关系，一个主成分在某个变量上的系数较大，则说明该主成分主要代表了该变量的信息；系数的符号表明了主成分与原始变量之间的作用关系，一般正号表示主成分与变量作用同向，负号表示逆向。

（6）计算主成分指标的权重 W_j。

把第 m 个主成分特征值的累积贡献率 D_m 定为 1，算出 $T_1，T_2，\cdots，T_m$ 所对应的新的 $T'_1，T'_2，\cdots，T'_m$，即主成分指标的权重值。

（7）计算主成分得分矩阵 $\mathbf{Y}_{n\times m}$。

---

① 高志刚，韩延玲．主成分分析方法在区域经济研究中的应用［J］．干旱区地理，2001（2）：157－160．

（8）根据多指标加权综合评价模型 $F_i = \sum_{j=1}^{p} W_j \cdot Y_{ij}$（$i=1, 2, \cdots, n$；$j=1, 2, \cdots, p$）计算综合评价值，其中 W_j 为第 j 个主成分指标的权重，Y_{ij} 表示第 i 个产业的第 j 个指标的单项评价值，此时 $W_j = T'_j$（$j=1, 2, \cdots, m$），$\mathbf{Y}_{n \times p}$ 即主成分得分矩阵（$i=1, 2, \cdots, n$；$j=1, 2, \cdots, p$）。

（二）层次分析法

层次分析法（analytic hierarchy process，AHP）是美国匹兹堡大学运筹学家萨蒂（Saaty）于 1980 年提出的一种多层次权重分析决策方法，它是基于系统论中的系统层次性原理建立起来的，它遵循事物的认识规律，有意识地将复杂问题分解成若干有序的、条理化的层次，在比原问题更简单的层次上逐步分析比较，对人的主观判断用数量的形式进行表达和处理，是一种较新的定性和定量分析相结合的多因素评价方法。其特点是：具有高度的逻辑性、系统性、简洁性和实用性，现已广泛运用于社会经济系统的决策分析。

AHP 的基本原理是：把研究的复杂问题看作一个大系统，通过对系统的多个因素进行分析，划出各因素间相互联系的有序层次；再请专家对每一层次的各个因素进行客观的判断，相应地给出重要性的定量表示；进而建立数学模型，计算出每一层次全部因素的相对重要性的权值，并加以排序；最后根据排序结果进行规划决策并选择解决问题的措施。具体步骤如下。①

（1）构造递阶层次结构。把要研究的问题逐层分解至最低一级可量化的指标，按照目标层、一级指标层、二级指标层和三级指标层的形式排列，标明上下层指标之间的关系，从而形成一个多层次的结构。

（2）构造比较判断矩阵。在构造判断矩阵的过程中，邀请多名专家或决策者回答，对于目标层 T，其下属的一级指标层的元素 A_i 和 A_j 哪一个更为重要，且对重要层级赋予 1～9 的比例标度（见表 9－4）。由此可以得到目标层 T 下的判断矩阵 $\mathbf{A} = (a_{ij})_{n \times n}$。则判断矩阵 $\mathbf{A}$ 应有如下性质：$a_{ij} > 0$；$a_{ij} = 1/a_{ji}$。当有 S 位专家或决策者给出比较矩阵时，设 $\mathbf{A}^{(k)} = (a_{ij})^k$（$k=1, 2, \cdots, s$），先取 $a_{ij}{}^{(k)}$ 的几何平均，得到成对比较矩阵 $\mathbf{A} = (a_{ij})_{n \times n}$。其中，$a_{ij} = \prod_{k=1}^{s} (a_{ij}^{(k)})^{\lambda k}$，$\lambda k$ 为第 k 位专家的加权因子。

表 9－4　比例标度的含义（指标两两相比）

标度值	1	3	5	7	9
重要程度	同样重要	稍微重要	明显重要	强烈重要	绝对重要
2，4，6，8 为上述相邻判断的中间值，若因素 i 与 j 比较得 a_{ij}，则因素 j 与因素 i 相比得 $1/a_{ij}$					

（3）求解判断矩阵，并进行一致性检验。采用和积法求解判断矩阵，求其特征向量和特征根。将判断矩阵 $\mathbf{A}$ 的每一列正规化，$a_{ij}^{*} = a_{ij} / (\sum_{k=1}^{n} a_{kj})$（$i, j=1, 2, \cdots, n$）。再

① 高志刚．新疆区域可持续发展评价、预警及调控［M］．乌鲁木齐：新疆人民出版社，2006：84－85.

按行加总，记 $\overline{W}_i=\sum_{j=1}^{n}a_{ij}^{*}$，将其正规化，得到权重向量 **W**，其分量 $W_i=\frac{\overline{W}_i}{\sum_{j=1}^{n}\overline{W}_j}$（$i$，$j=1$，2，…，$n$）。再根据 $\lambda_{\max}=\sum_{i=1}^{n}[(AW)_i/nW_i]$，求得最大特征根 $\lambda_{\max}$。其中，$(AW)_i$ 表示 **AW** 的第 i 个分量，$\mathbf{AW}=\lambda_{\max}\mathbf{W}$ 存在。

同时进行一致性检验，具体做法如下：$CR=CI/RI<0.1$，其中 $CI=(\lambda_{\max}-n)/(n-1)$，$n$ 为指标数；$\lambda_{\max}$ 为判断矩阵最大的特征根；RI 为当指标数为 n 时的平均随机一致性指标，见表 9-5。

表 9-5　平均随机一致性指标 *RI*

矩阵阶数	1	2	3	4	5	6	7
RI	0	0	0.515	0.893	1.119	1.249	1.345
矩阵阶数	8	9	10	11	12	13	14
RI	1.420	1.462	1.487	1.516	1.541	1.558	1.580

（4）计算各指标层指标的组合权重，并检验其一致性。为了保证某指标层指标对于总体目标的组合权重和它们与上一指标层指标的相互影响，利用同一层次所有指标单排序的结果，计算针对上一指标层而言本指标层所有指标重要性的权重值，同时，按步骤（3）中的一致性检验办法进行一致性检验。计算公式为：第 i 个一级指标层下的第 j 个二级指标的权重 $W_{ij}=W_i\times b_{ij}$，$CI=\sum W_i\times CI_i$，$RI=\sum \mathbf{W}\times RI_i$，$CR=CI/RI<0.1$。

（5）根据多指标加权综合评价模型 $F_i=\sum_{j=1}^{p}W_j\cdot Y_{ij}$（$i=1$，2，…，$n$；$j=1$，2，…，$p$）计算综合评价值，其中 W_j 为第 j 个主成分指标的权重，Y_{ij} 表示 i 产业的第 j 个指标的无量纲后的值。

（三）偏离-份额分析法

偏离-份额分析法是美国经济学家丹尼尔·B. 克雷默于 1942 年提出的，后来邓恩和埃德加·胡佛做了进一步的发展。此方法从产业结构和竞争力因素两个方面解释区域经济增长速度的差距。如果一个区域各产业的增长速度与全国同一产业的增长速度完全相同，则排除了由于各区域同一产业竞争力不同造成的增长速度上的差异，从而一个区域经济增长速度与全国经济增长速度的差异就由结构因素所形成。如果一个区域的产业结构与全国完全相同，那么经济增长速度的差异只能由区域竞争力来解释。所以，偏离-份额分析法既是一种能说明区域经济增长的决定因素即结构因素与竞争力因素所起作用的计算方法，又是进行地区间经济增长的结构决定因素差异比较的方法。该方法具有较强的综合性和动态性，是揭示区域与城市部门结构变化的原因并确定未来发展主导方向的有效方法。①

---

① 李煜爽，陈依元．基于偏离-份额分析法的产业结构分析［J］．宁波职业技术学院学报，2008（12）：34－38；路文杰，刘常国．基于 SSM 的河北省主要工业产业竞争力分析［J］．河北师范大学学报，2008（32）．

刘希宋和李响（2005）[①] 根据 1997 年（基期）和 2001 年（报告期）的全国国民生产总值、高技术产业群及各群内产业增加值，运用偏离-份额分析法计算各指标，并进行比较评价，得出我国高技术产业群中五大产业部门竞争力排序：电子及通信设备制造业、电子计算机及办公设备制造业、医药制造业、医疗器械及仪器仪表制造业、航空航天器制造业。

（四）数据包络分析法

数据包络分析法（DEA）是著名的运筹学家查恩斯（Charnes）和库伯（Cooper）等以相对效率概念为基础发展起来的一种效率评价方法。[②] DEA 使用数学规划模型比较决策单元之间的相对效率，并对决策单元做出评价。通过对输入输出数据的综合分析，DEA 可以得出每个决策单元的综合数量指标，据此对各决策单元定级排队，确定有效的、相对效率较高的决策单元，并分析其他决策单元非有效的原因和程度。DEA 在避免主观因素和简化算法、减少误差等方面有着不可低估的优越性。该方法自问世后，很快就引起了人们的重视，并得到了全面发展，广泛运用于社会经济的各个领域进行评价决策分析。

赵昕、薛俊波和殷克东（2002）[③] 将商业银行作为决策单元，以员工人数、营业费用率、一级资本作为反映商业银行竞争力的投入指标，以资产收益率、人均利润率作为产出指标，选取了四大国有商业银行和交通银行、中信实业银行、光大银行三个有代表性的股份制商业银行作为决策单元，对商业银行的竞争力进行横向比较分析，得出了四大国有商业银行的效率远低于股份制商业银行的结论。

（五）组合评价法

由于以上方法各有优缺点，因此可把两种综合评价方法的结果用一定的方法再次综合，形成组合评价。组合评价就是对不同的评价方法进行适当组合，综合利用各种方法所提供的信息，尽可能地提高评价水平和精度。显然，组合评价方法比单一评价方法更科学。近年来，组合评价方法已成为评价领域中的一个重要研究方向。

四、产业竞争力评价的实证分析[④]

提升一城市（地区）的产业竞争力对于城市（地区）经济发展有着非常重要的意义和作用。贾若祥以济南市和青岛市为例，从实证分析的角度考察城市产业竞争力的成果。

---

① 刘希宋，李响．我国高技术产业竞争力比较评价［J］．技术经济与管理研究，2005（2）：15－17.

② Charnes，A.，Cooper，W. W. and Rhodes，E. Measuring the Efficiency of Decision Making Units. *European Journal of Operational Research*，1978（2）：429－444.

③ 赵昕，薛俊波，殷克东．基于 DEA 的商业银行竞争力分析［J］．数量经济技术经济研究，2002（9）：84－87.

④ 贾若祥．地区产业竞争力评价方法及其应用：以济南、青岛为例［J］．中国科学院研究生院学报，2002（6）：117.

（一）评价地区产业竞争力的原则

地区产业竞争力评价是一项科学性、客观性、前瞻性要求都很高的工作，具体说来，在进行地区产业竞争力评价时，除了要遵循科学性、可操作性和简洁性等一般原则外，还需要遵循如下原则。

1. 优势度原则

一个地区要通过优势产业的发展来壮大地区经济，这种竞争优势是由地区产业的区内优势和区外优势所决定的，并最终体现在地区产业的资金、劳动力等生产要素在整个地区所占的份额上。

2. 关联度原则

地区产业是一个相互关联、相互依存的复杂的大系统，产业之间通过相互利用各自的产品而发生产前和产后关联，在市场全球化和经济一体化的背景下，产业关联度大的产业必然成为推动和促进整个地区相关产业快速发展的支撑。

3. 战略性原则

地区产业竞争力的评价不能局限于对现有能力的评价，还应充分体现出对其发展潜力的评价，要具有前瞻性。而决定一个产业发展潜力的主要因素是产业的市场需求潜力及其科技含量。

4. 生态性原则

近几十年来生态环境的不断恶化告诫我们，经济发展和产业竞争力的提升不仅要追求规模的扩大和速度的提高，而且要看重其生态环境效益，制定生态红线，所以生态效益也成为今后衡量地区产业竞争力时必须考虑的一个重要因素。

（二）评价地区产业竞争力的指标体系

指标体系是从系统角度对研究对象进行抽象刻画的概念模型。该研究建立的城市产业竞争力评价指标体系见表 9－3。

（三）城市产业竞争力的计算

1. 指标权重的确定

由于各个指标对系统的贡献是不一样的，所以要进行权重大小的确定。传统的权重分配常用德尔菲法和层次分析法。这两种方法对咨询专家要求较高，多次咨询的工作量较大，计算也较为复杂，还要进行一致性检验。因此，在保证科学性的前提下，为了计算的简便和减小工作量，特采用改进的三标度层次分析法（IAHP）①，其具体计算步骤如下。

---

① 贾若祥，李玉江，李新运．济南市主导产业评价定量化研究［J］．山东师范大学学报，2001（1）：40－44.

（1）构造主观比较矩阵。

$$\mathbf{c}=(c_{ij})_{n\times n}$$

其中，$c_{ij}=\begin{cases}1，指标 i 比指标 j 重要；\\0，指标 i 与指标 j 同等重要；\\-1，指标 i 没有指标 j 重要。\end{cases}$

（2）建立感觉判断矩阵。

$$\mathbf{s}=(s_{ij})_{n\times n}$$

其中，$s_{ij}=d_i-d_j$，$d_i=\sum_j c_{ij}$。

（3）计算客观判断矩阵。

$$\mathbf{R}=(r_{ij})_{n\times n}$$

其中，$r_{ij}=p^{(s_{ij}/s_m)}$，$s_m=\max s_{ij}=\max d_i-\min d_j$。

p 为使用者定义的标度扩展值范围，取 $p=3$。

再经过专家咨询，对指标体系的各项指标进行逐层打分，得出指标体系中各因素的权重，如表 9-6 所示。

表 9-6 各指标因素权重得分

指标	$c1$	$c2$	$c3$	$c4$	$c5$	$c6$	$c7$
权重	0.049 5	0.032 8	0.023 2	0.17	0.066 7	0.049 5	0.118 7
指标	$c8$	$c9$	$c10$	$c11$	$c12$	$c13$	
权重	0.091 3	0.078 5	0.143 4	0.091 3	0.030 5	0.052 7	

2. 单指标评价及综合计算评价模型

城市产业竞争力计算是在单指标计算（无量纲化）基础上进行的加权综合评价，所以要分为单指标评价计算模型和综合评价计算模型。

（1）单指标评价计算模型。

单指标评价计算模型是通过指标体系中给出的计算公式计算。单个指标的变化对整个系统的影响可用功效函数来评价。

$$f(x_i)=\begin{cases}(x_i-a_i)/(b_i-a_i)^c，若 x_i 为正作用指标\\(b_i-x_i)/(b_i-a_i)^c，若 x_i 为负作用指标\end{cases}$$

式中，a_i，b_i 分别为指标 x_i 的最小值和最大值；c 为非线性系数，一般取 0～2，当$c=1$ 时，就是线性功效函数，经过测算，在本研究中，取 $c=0.25$。

（2）综合评价计算模型。

综合评价计算模型一般采用加权求和的计算方法。设第 i 个指标的无量纲化指标值为 y_i，对应的权重为 w_i，则加权求和计算模型为：$z=\sum_i w_i y_i$。

该模型强调指标的群体性，即个别指标的落后对系统整体功能不会造成太大的影响。接下来根据济南市、青岛市、山东省以及中国的相关数据，对济南市和青岛市的工业产业竞争力进行评估，得出如下计算结果（见表 9-7 和表 9-8）。

表 9-7 济南市产业竞争力排序

行业	竞争力得分	行业	竞争力得分	行业	竞争力得分
医药制品业	0.860 2	石油制品及炼焦业	0.738 4	非金属制品业	0.662 9
烟草加工业	0.818 4	纤维制造业	0.720 2	纺织业	0.660 5
交通运输设备制造业	0.795 7	专用设备制造业	0.716 3	橡胶制品业	0.658 3
饮料制品业	0.789 3	黑色金属冶炼业	0.716 1	木材加工业	0.657 7
仪器仪表制造业	0.784 4	有色金属冶炼业	0.714 7	家具制造业	0.641 7
电气机械制造业	0.779 6	金属制品业	0.706 4	电力蒸汽业	0.597 8
化学纤维制品业	0.774 2	塑料制品业	0.702 2	其他制造业	0.580 6
化学原料制品业	0.771 5	印刷业	0.695 2	黑色金属矿制品业	0.576 9
食品加工业	0.767 3	文教体育用品制造业	0.671 8	皮革羽绒制品业	0.562 2
食品制造业	0.762 6	造纸业	0.667 3	非金属矿制品业	0.552 2
普通机械制造业	0.751 5	电子通信设备制造业	0.664 5	煤炭采选业	0.428 4

资料来源：根据《青岛统计年鉴》《山东统计年鉴》《中国统计年鉴》的有关数据整理所得；贾若祥．地区产业竞争力评价方法及其应用：以济南、青岛为例 [J]．中国科学院研究生院学报，2002 (6)：118.

表 9-8 青岛市产业竞争力排序

行业	竞争力得分	行业	竞争力得分	行业	竞争力得分
电气机械制造业	0.830 2	化学原料制品业	0.717 2	纺织业	0.632 3
医药制品业	0.815 3	金属制品业	0.702 7	电力蒸汽业	0.628 4
交通运输设备制造业	0.814 3	黑色金属冶炼业	0.699 3	造纸业	0.625 3
仪器仪表制造业	0.810 3	塑料制品业	0.689 3	饮料制品业	0.598 6
化学纤维制造业	0.787 1	有色金属冶炼业	0.682 0	非金属矿制品业	0.583 2
电子通信设备制造业	0.757 5	家具制造业	0.653 1	其他制造业	0.580 9
普通机械制造业	0.745 9	印刷业	0.647 0	食品加工业	0.569 3
石油制品及炼焦业	0.736 5	烟草加工业	0.644 3	食品制造业	0.561 4
橡胶制品业	0.727 6	文教体育用品制造业	0.640 4	皮革羽绒制品业	0.560 3
纤维制品业	0.725 8	木材加工业	0.639 0	黑色金属矿制品业	0.482 8
专用设备制造业	0.718 5	非金属制品业	0.634 5		

资料来源：根据《青岛统计年鉴》《山东统计年鉴》《中国统计年鉴》的有关数据整理所得；贾若祥．地区产业竞争力评价方法及其应用：以济南、青岛为例 [J]．中国科学院研究生院学报，2002 (6)：118.

（四）研究结果讨论和分析

1. 产业结构优化明显

本研究所选取的济南和青岛两市经济发展程度较高，所以两市产业综合竞争力位于前列的一般都是科技含量较高的高新技术产业，如医药制品业、电子通信设备制造业等，这说明了两市的工业内部结构得到了很大程度的优化。

2. 产业结构优化地区差异明显

从表中可以看出，青岛市竞争力强的产业大都是资金和技术密集型产业，而济南市的饮料制品业和食品制造业等具有相当的竞争力，这说明加快产业结构优化成为济南市提升产业竞争力的重要途径。

3. 产业空间转移方式亟待探索

我国传统产业的梯度转移进程比较缓慢，在我国结构性失业比较严重、就业形势比较严峻的情况下，如何达到产业迁出地和迁入地双赢的目的，顺利实现产业的梯度转移和地区产业竞争力的提升就成为一个亟须解决的问题，这也是我国调整经济发展方式、推动产业升级换代的必由之路。

第三节　提升产业竞争力的途径与对策

一、产业链式发展是提升产业竞争力的有效途径

当产业链全球配置成为一种基本趋势，产业链式发展就成为提升区域产业竞争力的重要途径。产业链式发展就是通过产业链的构建，加强企业之间的产业技术联系和市场交易关联，促进资源、信息等要素的共享程度。[①] 地区经济中的产业链式发展就是通过整合和延伸地区原有产业链，优化产业链结构，并依此深化地区产业分工和专业化，促成产业链形成规模经济，最终实现产业竞争力的提升。

1. 产业链的整合会提高企业的核心竞争力

产业链的整合管理有利于加快物流速度，减少各个环节的库存量，进而消除非产业链合作关系中的上下游之间的成本转嫁，从整体上降低企业成本，提升企业的竞争力。另外，产业链的整合对于打破企业间和企业内各部门间人为的分割有着重要的意义和作用。

2. 产业链的接通会增强区域产业部门的抗风险能力

通过产业链的利益和风险传导机制逐层分散风险，减少风险所带来的损失。同时各个产业环节在市场信息方面的共享降低了未来发展的不确定性，提升了产业的抗风险能力。

3. 产业链的延伸会加强区域经济的整体实力

产业链的延伸最终导致新的产业部门的形成，提高了地区产业的资本有机构成，带动了地区经济的发展。

总之，要实施以产业链为核心的招商引资战略，不断完善地区的产业链，以园区经济为载体，优化区域产业链结构，同时依托政府，创新政府对产业链式发展关键环节的扶持方式。政府可以通过建立产业发展基金、介入或建立金融机构等方式为产业链的发

① 姜安印，杨银涛．产业链式发展：提升区域产业竞争力的有效途径［J］．甘肃理论学刊，2010（4）：61.

展和地区产业竞争力的提升提供必要的资金支持。

二、发展产业集群是提升产业竞争力的重要途径

1. 产业集群推动区域产业结构的优化①

（1）产业集群可以促进产业组织的合理化。

产业集群作为一种重要的产业组织方式，对其外部的交易条件和市场环境的变化具有非常强的自我适应性和自我调节能力，并且能够借助于集群内部非常细密的专业化分工与协作，使得区域内的每一个企业成为高新技术设备的拥有者和大中企业的协同者，进而能够以较低的生产成本获得产业的整体升级和产业组织结构的优化。

（2）产业集群可以推动区域产品结构的优化。

同业之间的竞争放大了企业网络中的竞争压力，迫使企业不得不通过不断创新，提供多样化、多元化、差别化、个性化的产品来满足集群内挑剔的顾客的需要，最终实现产业竞争力的提升。

（3）产业集群能够延缓产业的衰老过程。

产业集群是由很多大小不一的企业通过分工与协作形成的企业系统，它既能够克服垄断式产业组织模式的不足，又具有自由竞争性企业的灵活性和高效性等特点，实现了不同产业组织形式的互补，提高了产业的市场竞争力，并有利于产业生命周期的发展。

2. 产业集群有助于区域优势品牌的塑造②

由于产业集群所在的区域内多为相同类别或者相似的企业，且企业的产品彼此之间的关联性较强，所以通过产业集群的整体效应，形成了“区域品牌”，而区域品牌可以在持续较长的时间内使用。例如我国浙江及河南地区的产业集群都较为成功地塑造了区域优势品牌，像河南的冷冻食品和浙江温州的皮鞋等产业都形成了较高的知名度，大大提升了区域产业的竞争力。

3. 产业集群不仅有助于区域核心竞争力的构建，而且是推动区域经济发展的重要原动力

区域核心竞争力建立在区域比较优势的基础上，要素具有稀缺性，且具有其他区域不可模仿的资源和能力。随着产业集群的形成和发展，其对其他地区产业资本和相关要素的吸引力越来越大，这进一步促进了产业集群的发展。而产业集群的发展必将促进区域内既有的资源投入及区域特色和区域优势产业的发展，形成了其他地区难以模仿的产业核心竞争力，并不断提升产业竞争力。

总之，发展产业集群，就要转变思想观念，不断实现从生产要素供给向市场化推进的转变，打破现有的行政地域条块分割，为产业集群的发展提供良好的市场环境。另外，要逐步健全和规范人才市场，促进集群企业人才的相互流通，立足本地产业的资源禀赋和比较优势，培育好根植于本地特色的产业集群，同时还要完善社会化服务体系，为产

---

① 姜安印，杨银涛．产业链式发展：提升区域产业竞争力的有效途径［J］．甘肃理论学刊．2010（4）：61.

② 林绍贵．试论产业集群对区域竞争力的提升及发展途径［J］．特区经济，2010（4）：297.

业竞争力的提升创造宽松、高效的环境。

三、网络时代决定了企业要走大规模定制的生产运营模式，以提升产业核心竞争力

在工业经济时代，面对同质性程度较高的市场需求，通过大规模、大批量生产和单一品种的销售来降低生产成本，从而追求规模经济效应，成为多数企业谋求竞争优势的主要途径。[①] 但是，大规模生产方式在成功的背后也蕴含着难以调和的内在矛盾。根据微观经济学理论，规模经济的形成，是在一定技术状况和投入要素价格不变的前提下，厂商因扩大或者缩小生产规模所能带来的平均成本的降低。可以看出，规模经济是与生产相联系的一个重要的概念，而忽视了消费者偏好的重要性。作为市场需求函数的一个重要变量，消费者偏好是需求个性化的体现，市场需求最终会演变为由消费者偏好和需求的个性化程度所决定。伴随着网络经济时代的到来，企业面临的各种环境因素发生了很大的改变，市场格局从卖方市场向买方市场转变，消费者的需求开始多样化和个性化，传统条件下的大规模标准化生产方式已适应不了新时代的要求，定制化生产应运而生。定制化生产是以顾客可以接受的交货时间和价格，通过为顾客提供个性化的产品，既能赢得顾客又能有效实现企业市场竞争目标的生产和销售模式。如何把大规模生产的低成本优势和定制生产的市场优势有机结合起来是新生产运营模式产生的关键，也是“顾客是上帝”理念的真正实现，更是网络时代背景下提升产业竞争力的关键所在。

大规模定制的思想最早由托夫勒在《未来的冲击》（1970）一书中提到。戴维斯在《未来完美的振荡》（1987）一书中又发展了他的思想，正式提出了“大规模定制”一词。派恩则著有《大规模定制：企业竞争的新前沿》（1993）一书，他第一次对大规模定制进行了详细、系统的阐述和研究。

大规模定制这种新型生产运营模式以客户需求为导向，以客户提出的个性化需求为起点，产品由客户和企业共同设计，真正实现了产业的柔性化生产。当然，规模经济在当前仍然是企业基本的竞争手段之一，不可能不加以考虑，我们应该在有条件的产业内逐步试点大规模定制的模式，真正做到把客户的需求内化为生产的动力，最终提升地区产业的综合实力和竞争力。

四、通过环境规制，提升产业竞争力

传统经济发展方式多是依赖对资源的掠夺性开采，以及建立在严重压低能源价格的基础之上，这种发展方式造成环境这种公共资源被过度利用，在此基础上形成的产业竞争力是短期的、不可持续的。伴随着经济的进一步发展，人们的环保意识逐渐增强，对宜居环境的追求迫使国家加强了对环境的规制，对产业竞争力的提升提出了新的要求。党的十九大报告指出，“建设生态文明是中华民族永续发展的千年大计。必须树立和践行绿水青山就是金山银山的理念，坚持节约资源和保护环境的基本国策，像对待生命一样

① 徐康宁．网络环境下的企业兼并与营销研究［M］．南京：南京大学出版社，2005：40.

对待生态环境，统筹山水林田湖草系统治理，实行最严格的生态环境保护制度，形成绿色发展方式和生活方式”[①]。这是习近平生态文明思想的重要体现，这就要求产业发展要生态化、绿色化和循环化。

环境规制对不同的产业具有不同的影响，对重度污染产业而言，虽然环境规制能够刺激企业创新，然而由于创新效应难以补偿企业成本上升所造成的损失，重度污染产业的竞争力下降。而对于轻度污染的产业，徐敏燕和左和平（2013）[②] 指出，环境规制对企业的创新效应和集聚效应都很弱，对产业竞争力的作用不显著，并基于此提出应适度加大轻度污染产业的环境规制力度，刺激企业创新，提高产业集聚度，最终提高产业竞争力。

总之，要进一步发挥环境规制对提高产业竞争力的倒逼作用，将环境规制的外在压力转化为企业进行技术创新的内在动力[③]，充分激发企业科技研发人员的积极性，合理消化环境规制成本上升所带来的不利影响，提高我国产业绿色核心竞争力。

专栏 9-2

习近平生态文明思想

党的十八大以来，以习近平同志为核心的党中央高度重视生态文明建设，坚持把生态文明建设作为统筹推进“五位一体”总体布局和协调推进“四个全面”战略布局的重要内容，推动生态文明建设在重点突破中实现了整体推进，在新时代生态文明建设伟大实践中形成了习近平生态文明思想。习近平生态文明思想是习近平新时代中国特色社会主义思想的重要组成部分，是建设美丽中国的行动指南，是中国化马克思主义生态思想之大成。习近平生态文明思想提出生态文明建设是关乎中华民族永续发展的千年大计，保护生态环境就是保护生产力，改善生态环境就是发展生产力，决不以牺牲环境为代价换取一时的经济增长，必须坚持绿水青山就是金山银山的理念，坚持山水林田湖草沙一体化保护和系统治理，像保护眼睛一样保护生态环境，像对待生命一样对待生态环境，用最严格制度最严密法治保护生态环境，加快制度创新，强化制度执行，让制度成为刚性的约束和不可触碰的高压线，更加自觉地推进绿色发展、循环发展、低碳发展，坚持走生产发展、生活富裕、生态良好的文明发展道路，共谋全球生态文明建设，深度参与全球环境治理，形成世界环境保护和可持续发展的解决方案，引导应对气候变化国际合作等新理念新思想新观点，把中国马克思主义的生态文明思想推进到了一个新的阶段。

资料来源：龚云．习近平生态文明思想的重大理论和实践意义［N］．中国环境报，2022-02-15；金佳绪．习近平生态文明思想的“六大原则”［EB/OL］．https：//news.12371.cn/2018/06/20/ARTI 1529473820948408.shtml.

---

① 习近平．决胜全面建成小康社会 夺取新时代中国特色社会主义伟大胜利：在中国共产党第十九次全国代表大会上的报告［M］．北京：人民出版社，2017：23-24.

② 徐敏燕，左和平．集聚效应下环境规制与产业竞争力关系研究：基于“波特假说”的再检验［J］．中国工业经济，2013（3）：72-84.

③ 王文普．产业特征、污染溢出与产业竞争力：基于多因素结构模型的分析［J］．产业经济研究，2011（5）：35-44.

五、加大研发投入，促进技术创新和技术扩散，进而提高产业竞争力

一个国家或地区要提高该国或地区的产业竞争力，需要从两个方面入手。一方面，要以企业为主体，通过企业自身的研发策略提高自己的核心能力。一个产业中某家企业的技术研发成果只能代表该企业在该产业内具有很强的企业竞争力，但不表示一个产业具有很强的竞争力。也就是说，一家企业的研发成功只能代表这家企业竞争力的提升，要想提高整个产业的竞争力，必须通过技术扩散，以及普遍提高整个产业的技术水平才能实现。另一方面，由于技术扩散是研发活动正外部性的外在表现形式，此时存在市场失灵现象，需要政府这只“看得见的手”的介入，才能更好地解决这个问题。因此，政府应该承担两个角色：一是在没有企业愿意从事的基础理论研究方面应加大投入；二是在倡导企业作为创新主体的情况下激励企业进行创新，并提高技术的扩散速度，增加技术扩散的渠道。①

专栏 9-3

加快建设创新型国家

创新是引领发展的第一动力，是建设现代化经济体系的战略支撑。要瞄准世界科技前沿，强化基础研究，实现前瞻性基础研究、引领性原创成果重大突破。加强应用基础研究，拓展实施国家重大科技项目，突出关键共性技术、前沿引领技术、现代工程技术、颠覆性技术创新，为建设科技强国、质量强国、航天强国、网络强国、交通强国、数字中国、智慧社会提供有力支撑。加强国家创新体系建设，强化战略科技力量。深化科技体制改革，建立以企业为主体、市场为导向、产学研深度融合的技术创新体系，加强对中小企业创新的支持，促进科技成果转化。倡导创新文化，强化知识产权创造、保护、运用。培养造就一大批具有国际水平的战略科技人才、科技领军人才、青年科技人才和高水平创新团队。

资料来源：习近平．决胜全面建成小康社会 夺取新时代中国特色社会主义伟大胜利：在中国共产党第十九次全国代表大会上的报告［M］．北京：人民出版社，2017：31-32.

六、完善人才培养机制，提高劳动者素质，形成对产业竞争力的支撑

要充分发挥劳动力资源优势对产业竞争力的支撑。深化教育改革，逐步建立经济发展所需要的多层次教育培训体系，增加高素质、高技能、具备创新意识的人才供给，尽快缓解产业发展高端人才不足的局面。积极调整现有高校、社会培训机构和中等职业学校的专业设置，发展多层次、多类型的专业教育。提高职业教育质量，培养出一批符合企业需要、具备合格工作技能的技术工人。加强农民的科技培训，提高农民的科技素质，

① 唐丁祥．提升我国产业竞争力的理论思考［J］．科技管理研究，2011（5）：27-30.

培养农业生产的技术骨干。积极从国外引进高层次的技术和管理人才，特别是现代服务业紧缺的人才，如职业经理、信息技术、现代物流、会展策划与管理等方面的高端人才。①

专栏 9-4

习近平总书记谈人才自主培养

培养人才是国家和民族长远发展的大计，当今世界人才的竞争首先是人才培养的竞争。中国是一个大国，对人才数量、质量、结构的需求是全方位的，满足这样庞大的人才需求必须主要依靠自己培养，提高人才供给自主可控能力。我国拥有世界上规模最大的高等教育体系，有各项事业发展的广阔舞台，完全能够源源不断培养造就大批优秀人才，完全能够培养出大师。人才培养首先要聚焦解决基础研究人才数量不足、质量不高问题。高校特别是“双一流”大学要发挥培养基础研究人才主力军作用，要走好基础学科人才自主培养之路，坚持面向世界科技前沿、面向经济主战场、面向国家重大需求、面向人民生命健康，全方位谋划基础学科人才培养，突破常规，创新模式，更加重视科学精神、创新能力、批判性思维的培养教育。要建设一批基础学科培养基地，吸引最优秀的学生立志投身基础研究，加大重大原始创新人才培养力度。要建立交叉学科发展引导机制，培养高水平复合型人才。要制定实施基础研究人才专项，长期稳定支持一批在自然科学领域取得突出成绩且具有明显创新潜力的青年人才。既要培养好人才，更要用好人才。

资料来源：习近平．深入实施新时代人才强国战略 加快建设世界重要人才中心和创新高地[J]．求是，2021 (24)；2022 年 2 月 28 日中央全面深化改革委员会第二十四次会议审议通过的《关于加强基础学科人才培养的意见》.

七、关注产业安全问题，力争形成自身产业竞争力生成能力

产业竞争力的提升需要上升到国家战略上来，对事关国家核心利益的产业绝不能只考虑经济因素，“性价比”并不是最重要的，国家必须从整体上考虑“有利于提升民族产业竞争力的生成能力”这一重要因素②，这种产业竞争力的形成来源靠的不是人口红利，也不是价格机制，更不是大量引进先进设备，而是自主创新能力的形成。当然，这离不开国家整体制度结构的顶层设计，因此，我国只有努力形成完善的产业链、供应链和自身产业竞争力生成能力，才能在未来国际竞争格局中立于不败之地，才能从根本上保障我国的产业安全和经济安全。

① 宏观经济研究院产业所课题组．“十二五”时期提高我国产业竞争力的思路与对策建议 [J]. 宏观经济管理，2010 (1)：21-25.

② 魏大鹏，张慧毅．技术进步、制度安排与产业竞争力生成能力 [J]. 科学学与科学技术管理，2011 (1)：116-122.

专栏 9-5

习近平总书记谈产业链、供应链及产业安全

产业链、供应链在关键时刻不能掉链子，这是大国经济必须具备的重要特征。新冠疫情是一次实战状态下的压力测试。我国完备的产业体系、强大的动员组织和产业转换能力，为疫情防控提供了重要物质保障。我国口罩日产能从1月底的1 000万只提高到目前的5亿只。同时，疫情冲击也暴露出我国产业链、供应链存在的风险隐患。为保障我国产业安全和国家安全，要着力打造自主可控、安全可靠的产业链、供应链，力争重要产品和供应渠道都至少有一个替代来源，形成必要的产业备份系统。努力重塑新的产业链，全面加大科技创新和进口替代力度，这是深化供给侧结构性改革的重点，也是实现高质量发展的关键。一是要拉长长板，巩固提升优势产业的国际领先地位，锻造一些“杀手锏”技术，持续增强高铁、电力装备、新能源、通信设备等领域的全产业链优势，提升产业质量，拉紧国际产业链对我国的依存关系，形成对外方人为断供的强有力反制和威慑能力。二是要补齐短板，就是要在关系国家安全的领域和节点构建自主可控、安全可靠的国内生产供应体系，在关键时刻可以做到自我循环，确保在极端情况下经济正常运转。

资料来源：习近平．国家中长期经济社会发展战略若干重大问题［J］．求是，2020（21）.

案例分析 9-1

中国和美国产业竞争力比较研究

美国是当今世界第一经济强国，也是世界产业强国。通过比较研究中国和美国的产业竞争力，可以为提升中国产业竞争力提供参考。

本文中用于测算中国和美国 s（综合竞争力）、x（规模竞争力）、r（效益竞争力）的数据来自世界投入产出数据库（world input-output database，WIOD）。产业综合竞争力可以分解为效益竞争力和规模竞争力的乘积。

表 9-9 列出了 1995 年与 2009 年中国和美国各产业竞争力的相关数据。

表 9-9　1995 年与 2009 年中国和美国各产业综合竞争力、规模竞争力和效益竞争力

	中国						美国					
	1995 年			2009 年			1995 年			2009 年		
	s	x	r	s	x	r	s	x	r	s	x	r
第一产业	0.12	0.11	1.07	0.24	0.23	1.04	0.08	0.11	0.67	0.06	0.09	0.69
第二产业	0.04	0.05	0.80	0.15	0.21	0.70	0.20	0.19	1.03	0.17	0.14	1.27
采掘业	0.05	0.06	0.84	0.10	0.12	0.79	0.13	0.14	0.97	0.11	0.09	1.16
电力、热力、燃气及水的生产和供应业	0.02	0.03	0.85	0.11	0.16	0.71	0.25	0.19	1.31	0.22	0.13	1.70
建筑业	0.03	0.04	0.70	0.11	0.17	0.63	0.18	0.17	1.08	0.18	0.14	1.35
制造业	0.05	0.05	0.83	0.18	0.24	0.76	0.21	0.20	1.02	0.18	0.14	1.27

续表

	中国						美国					
	1995 年			2009 年			1995 年			2009 年		
	s	x	r	s	x	r	s	x	r	s	x	r
低技术制造业	0.05	0.06	0.80	0.19	0.24	0.77	0.19	0.19	1.02	0.15	0.13	1.15
中低技术制造业	0.06	0.07	0.79	0.20	0.25	0.81	0.18	0.17	1.05	0.16	0.13	1.20
中高和高技术制造业	0.04	0.04	0.87	0.18	0.26	0.71	0.23	0.22	1.02	0.21	0.14	1.44
第三产业	0.01	0.02	0.82	0.06	0.06	0.89	0.30	0.29	1.02	0.30	0.29	1.04
消费性服务业	0.01	0.01	0.79	0.05	0.06	0.83	0.30	0.30	1.00	0.30	0.31	0.99
生产性服务业	0.02	0.02	0.86	0.07	0.08	0.96	0.29	0.28	1.06	0.30	0.27	1.10

资料来源：根据世界投入产出表计算。

1995—2009 年，中国三次产业综合竞争力持续上升，美国第一产业、第二产业综合竞争力波动下降，美国第三产业综合竞争力维持不变。中国三次产业综合竞争力的提升主要得益于产业规模竞争力的大幅提升，而大多数产业的效益竞争力下滑。中国除了第一产业以外，其余产业的效益竞争力都低于世界平均水平。美国第一产业、第二产业综合竞争力下滑主要由于其规模竞争力下滑，美国第一产业、第二产业效益竞争力都有所上升。美国除了第一产业和消费性服务业以外，其余产业的效益竞争力都超过世界平均水平。2009 年，中国部分产业的综合竞争力已经超过美国，比如第一产业和第二产业中的低技术制造业和中低技术制造业，但中国第二产业中其余产业和第三产业的综合竞争力仍然大部分低于美国。中国除了第一产业以外，其余产业的效益竞争力都低于美国，一些产业效益竞争力的差距很大，比如建筑业、制造业等。

改革开放以来，中国经济逐渐融入世界，中国产业规模迅速扩大并促进了中国产业竞争力的提升。但中国第二产业效益竞争力较低且进一步下滑，第三产业效益竞争力较低且发展缓慢。值得注意的是，虽然中国制造业综合竞争力已经超过美国，但中国制造业效益竞争力大幅低于美国。且不说中国中高和高技术制造业的效益竞争力低于美国，甚至中国低技术制造业的效益竞争力也低于美国。为进一步提高中国产业综合竞争力，在促进中国产业发展的过程中，不仅应重视产业规模的扩张，而且应重视产业效益的提升。美国第二产业、第三产业的效益竞争力都很强，美国提升第二产业、第三产业效益竞争力的经验值得中国借鉴。

资料来源：杨贵中．中美产业竞争力比较研究 [J]. 改革与战略，2014 (2)：40-44.

思考题：

1. 美国第二产业、第三产业效益竞争力为何很强？
2. 中国应该如何借鉴美国经验提升产业效益竞争力？

本章小结

产业竞争力是衡量一地区经济发展现状和未来发展潜力的重要指标和标准，建立在比较优势理论和竞争优势理论基础之上的产业竞争力是一国或地区产业资源配置状况和效果的总体彰显，以及研究产业竞争力影响因素的基石。

国内外学者对产业竞争力的影响因素做了一系列的研究和综述。波特通过六要素分析奠定了产业竞争力理论的基础，克鲁格曼和克鲁兹于1993年建立了双钻石模型，韩国学者赵东成于1994年提出了九因素模型，为发展中国家提升产业竞争力提供了可取之道。复旦大学芮明杰教授对钻石模型做了一定的修改，增加了一个核心——知识吸收与创新能力。以上学者丰富和完善了产业竞争力模型，全面地考察了某一地区的产业竞争力。

构建产业竞争力的原则包括科学性、简明性、可行性、全面性和合理性等。基于上述原则，可通过构建产业竞争力评价体系，评价某一地区产业的综合竞争力。

产业竞争力的提升是经济发展和调整增长方式的目标和手段，伴随着经济全球化和地区经济一体化的推进和深化，要想多角度、立体式地提升产业竞争力，必须将产业链式发展作为提升产业竞争力的有效途径，加快构建全球价值链，推进地区产业集群，运用企业大规模定制的生产运营模式，加大研发投入，促进技术创新和技术扩散，形成自身产业竞争力生成能力，才能大力促进产业竞争力的提升。

复习思考题

1. 产业竞争力的内涵和理论基础是什么？
2. 如何理解波特的钻石模型的意义？
3. 试结合实例构建一个合适的产业竞争力评价指标体系。
4. 如何提升某一地区的产业竞争力？技术创新对产业竞争力的提升有何作用？

参考文献

1. 陈保启，杨丽．产业经济学 [M]. 北京：经济科学出版社，2011.

2. 余川江，邓玲．中国四大经济区区域产业竞争力评价 [J]. 华东经济管理，2012 (11).

3. 邓立治，杨洁冰，何维达．中国产业竞争力研究现状、差距与展望 [J]. 华东经济管理，2011 (10).

4. 高志刚，韩延玲．主成分分析方法在区域经济研究中的应用 [J]. 干旱区地理，2001 (2).

5. 高志刚．新疆区域可持续发展评价、预警及调控 [M]. 乌鲁木齐：新疆人民出版社，2006.

6. 韩延玲．经济全球化视角下的新疆区域竞争力多维评价与对策研究 [M]. 北京：经济科学出版社，2014.

7. 宏观经济研究院产业所课题组．“十二五”时期提高我国产业竞争力的思路与对策建议 [J]. 宏观经济管理，2010 (1).

8. 贾若祥，李玉江，李新运．济南市主导产业评价定量化研究［J］．山东师范大学学报，2001（1）．

9. 贾若祥．地区产业竞争力评价方法及其应用：以济南、青岛为例［J］．中国科学院研究生院学报，2002（6）．

10. 姜安印，杨银涛．产业链式发展：提升区域产业竞争力的有效途径［J］．甘肃理论学刊，2010（4）．

11. 金碚，李钢，陈志．加入WTO以来中国制造业国际竞争力的实证分析［J］．中国工业经济，2006（10）．

12. 林绍贵．试论产业集群对区域竞争力的提升及发展途径［J］．特区经济，2010（4）．

13. 刘希宋，李响．我国高技术产业竞争力比较评价［J］．技术经济与管理研究，2005（2）．

14. 宋胜洲，郑春梅，高鹤文．产业经济学原理［M］．北京：清华大学出版社，2012．

15. 唐丁祥．提升我国产业竞争力的理论思考［J］．科技管理研究，2011（5）．

16. 汪莹．产业竞争力理论研究述评［J］．江淮论坛，2008（2）．

17. 王昆．中国产业竞争力研究：基于垂直专业化的视角［M］．北京：冶金工业出版社，2012．

18. 王文普．产业特征、污染溢出与产业竞争力：基于多因素结构模型的分析［J］．产业经济研究，2011（5）．

19. 魏大鹏，张慧毅．技术进步、制度安排与产业竞争力生成能力［J］．科学学与科学技术管理，2011（1）．

20. 魏农建．产业经济学［M］．上海：上海大学出版社，2008．

21. 温海峰．构建高技术产业竞争力评价体系的思考［J］．财贸研究，2004（6）．

22. 徐康宁．网络环境下的企业兼并与营销研究［M］．南京：南京大学出版社，2005．

23. 徐敏燕，左和平．集聚效应下环境规制与产业竞争力关系研究：基于“波特假说”的再检验［J］．中国工业经济，2013（3）．

24. 严于龙．我国地区经济竞争力比较研究［J］．中国软科学，1998（4）．

25. 杨贵中．中美产业竞争力比较研究［J］．改革与战略，2014（2）．

26. 张继良，胡荣华．区域产业竞争力评价体系研究：基于江苏产业转型升级背景［J］．产业经济研究，2010（6）．

27. 赵昕，薛俊波，殷克东．基于DEA的商业银行竞争力分析［J］．数量经济技术经济研究，2002（9）．

28. Charnes，A.，Cooper，W. W. and Rhodes，E. Measuring the Efficiency of Decision Making Units. *European Journal of Operational Research*，1978（2）．

第十章
产业安全

内容提要

伴随着贸易全球化，各国间的产业竞争加剧，各种传统的民族产业面临国际市场的冲击，产业安全问题越来越受到各国的重视。通过本章的学习，应掌握产业安全的概念、特征及影响因素；了解产业安全的评价体系以及预警模型；了解我国产业安全的基本现状以及今后的发展思路。

本章重点

- 产业安全的概念、特征以及影响因素
- 中国产业安全的现状与评价
- 产业安全的评价体系及评价方法

第一节　经济开放与产业安全

随着全球化进程的不断深入，国际贸易使得全球产业的竞争不断加剧，各种传统的民族产业面临国际市场的冲击，与此同时，生产全球化和金融全球化从根本上改变了传统的国际分工格局，使国家内部的分工模式、产业链以及相应的产业生态环境发生了革命性的变化。经济全球化的冲击使得很多国家获得了大量的外资注入，带动了本国产业的发展，也使得一些国家不仅丧失了经济发展的正常产业链条和产业生态，而且丧失了对关系国计民生的重大产业和核心技术的控制权。经济全球化背景下的国家产业安全在国家安全中所处的地位日益突出，产业安全已经成为当今世界上大多数国家面临的重要问题。

2021 年我国对外贸易依存度大致为 34.2%，2006 年我国外贸易依存度达到最高的 65%。贸易开放对我国产业安全有较大的影响。依据 2010 年国家知识产权局发布的数据，我国目前拥有自主知识产权的企业只有万分之三。2010 年国家统计局发布的我国部分设备进口情况指出，我国制造光电子器件的设备 100%依靠进口，集成电路（IC）、微电子器件的制造设备 85%需要进口，高等数控 75%需要进口，87%以上的高技术产品出口是由外资企业完成的。这意味着我国对发达国家的技术存在高度的依附。① 高的贸易依存度、较高的资本形成依存度以及较低的自主创新率不仅决定了我国经济的脆弱性，而且直接威胁到我国的产业安全。在经济开放的大背景下，清醒地认识到我国经济发展过程中存在的产业安全问题，未雨绸缪，甚为重要。

一、产业安全的界定

产业安全的概念具有两层含义：一是产生于国际贸易领域，主要是指在开放的经济环境中一个国家或地区的特定产业在国际竞争中保持相对独立的产业地位和竞争优势；二是指产业在生产过程中的生产安全。当前关于产业安全的研究主要是指前者。国内关于产业安全的界定主要有产业控制力论、产业竞争力论以及国民产业权益论三大观点。产业控制力论的核心是强调本国资本对本国产业的控制能力。产业竞争力论强调产业竞争力或发展力对产业安全的影响。国民产业权益论则强调产业发展对国民权益的影响，认为产业安全归根结底是要使以国民为主体的产业权益在国际竞争中得到保证并不受损害，产业发展带来的利益包括就业机会和收入机会为本国人民所拥有。②

本章所论述的产业安全是国家经济安全的重要组成部分，指一国在对外开放的环境里，在国际竞争的发展进程中，使本国产业能够依靠自身的努力，在公平的市场环境中获得发展的空间，从而保证国民经济和社会全面、稳定、协调和可持续发展，即本国自主产业的生存与发展不受威胁的状态。党的十九大报告指出，“确保国家粮食安全，把中国人的饭碗牢牢端在自己手中。”③ 实际上，粮食安全就是产业安全的重要内容。

二、经济开放对产业安全的影响

随着全球化进程的不断深入，通过对外贸易、资本流动、技术转移、提供服务等多种途径，世界各国经济的相互依赖程度和联系日益加强，世界经济日益成为紧密联系的一个整体。经济开放所带来的外部冲击对产业发展的影响是客观存在的，比如外资对本国产业的控制、跨国公司对本国企业形成的威胁、国际贸易中的反倾销以及进口倾销对

① 朱建民，魏大鹏．我国装备制造业产业安全评价体系构建与实证研究［J］．亚太经济，2012（2）：110－114.

② 倪洪兴．开放条件下我国农业产业安全问题［J］．农业经济问题，2010（8）：8－12.

③ 习近平．决胜全面建成小康社会 夺取新时代中国特色社会主义伟大胜利：在中国共产党第十九次全国代表大会上的报告［M］．北京：人民出版社，2017：32.

本国产业的影响等。这使得很多人产生了一种错觉，即产业安全是由经济开放引起的。不可否认，经济开放所带来的外资进入、企业并购、国际贸易摩擦等是导致产业安全问题的重要原因，但是产业安全问题并非在经济开放以后才产生，即便在封闭市场条件下，同样可能存在产业安全问题。纵观世界上很多国家的产业发展史，其产业结构演变过程中出现的在未受外力作用的情况下由于产业过度竞争导致的产业衰退、经济萧条的案例屡见不鲜。应该说，有些产业安全问题源于经济开放，也有一些是由本国内部产业结构失衡、政策制度不健全引起的，更多的则是内外部因素共同作用的结果。

产业安全的核心就是要保障本国产业能够依靠自身的努力，在公平的市场环境中获得发展的空间，本国自主产业的生存与发展不受威胁，从某种程度上讲就是要保障自主产业在一国产业体系中的主导和控制地位。自主产业的竞争力是国家产业安全的最直接的体现，然而在经济全球化的冲击和影响下，外资的介入，尤其是发达国家著名跨国公司对自主产业的竞争威胁以及并购和控股的确会对我国的自主产业发展产生威胁。因此，在面对经济开放与产业安全关系的问题时，既要避免曾经犯下的过度保护民族产业、闭关自守的错误，同时也绝不能走向完全放弃保护民族产业的另一个极端，辩证地去看待经济开放与产业安全的关系十分重要。

第二节　产业安全的特征与影响因素

一、产业安全的特征

产业安全具有以下七个方面的特征。[①]

1. 产业安全的战略性

产业安全是国家经济安全的重要组成部分，它关系到国计民生和一国经济的长远发展，关系到一国的经济权益和政治地位。要使国家经济利益不受严重侵害和威胁，就必须确保本国产业的安全发展，必须把产业安全战略纳入国家战略中，从战略的、长远的高度去重视和研究产业安全问题。

2. 产业安全的综合性

产业安全涉及的范围很广，既包括工业，又包括农业和第三产业。由于产业之间的相互关联、相互制约和相互影响，当某一产业的安全受到威胁时，可能产生连锁效应，影响到相关产业的正常发展。比如金融业安全一旦丧失，工业安全也势必受到破坏。产业安全的综合性还表现在影响产业安全的因素的复杂性、全面性上。从大的方面看，历史因素、政治体制、经济体制、自然环境和地理条件以及人员素质等都会对一国产业安全产生影响。因此，不能把产业安全问题简单地归结为某一方面因素作用的结果，而采取单一的手段去加以应对，这样就难以从整体上维护产业安全。

---

① 李孟刚．产业安全理论研究［M］．北京：经济科学出版社，2006：77－79.

3. 产业安全的紧迫性

产业安全的这一特性源于其战略性和综合性。而发展中国家在全球经济一体化背景下实行的对外开放政策将使这一问题变得尤其紧迫。如果对产业安全问题的紧迫性不给予高度重视并采取及时的应对措施，必将给国民经济的发展带来重大的隐患，甚至危及国家安全。因此，无论是理论界，还是政府或企业，都应积极关注这一问题。

4. 产业安全的系统性

产业安全是由多种要素按照一定的方式组成的大系统，涉及各产业赖以生存和发展的宏观经济、政治和国际环境等诸多方面，比如融资环境、劳动力成本、进口对外依存度、产业控制力等。这些要素相互关联，通过市场机制或其他组织机制共同对产业安全的走向产生或大或小、直接或间接的影响。因此，一定要从系统思维的角度去分析产业安全问题。此外，产业安全的系统性还表现在它与财政安全、金融安全等的有机联系上。从根本上讲，产业安全是一国财政和金融安全的基础和前提，而后两者又会对一国的产业发展产生积极的促进作用。因此，产业安全本身作为一个相对独立的开放子系统，也在向国民经济的大系统输出各种信号和能量。另外，作为一个复杂的开放系统，产业安全离不开一系列规则制度的作用。正是这些规则制度使得系统各要素有机有序地发挥其自身功能和作用，因此，研究产业安全问题不能忽视规则制度对产业发展的稳定作用。只有使本国产业成为一个具有自组织特征的系统，才能够使这一系统尽可能及时灵活地应对外部环境的变化。

5. 产业安全的层次性

产业安全既包括一国某一产业的安全问题，也包括一国产业群的安全问题，这两个层次是个体与总体的关系。在经济全球化的条件下，按照国际分工和发挥国际比较优势的原则，一国总是会有一些产业的国际竞争力相对较强、安全度较高，而另一些产业的国际竞争力相对较弱、安全度较低。而且由于一国的资源有限，任何国家不可能在所有的产业上都占有明显优势。这就要求在维护产业安全的过程中，妥善处理好不同层次的产业安全的关系。总的原则是应该以宏观层次的产业群的安全为目标，以部分重要支柱产业的安全为支撑，以部分产业的不安全为代价，由此换得参与经济全球化的主动权并获得最大化的比较利益。

6. 产业安全的动态性

产业安全的动态性具有两层含义：其一是指，产业安全的问题是长期存在的，但在不同时期有不同的产业安全维护对象，这是由经济发展和各国产业竞争力的相对变化决定的。有些产业在一定时期内是安全的，不需要政府的规制或干预，而另一些产业则具有较大风险，需要政府适当规制或保护。其二是指，产业安全的实现手段和途径不是一成不变、静止的，而是与时俱进、动态变化的。绝大多数的产业安全保护不是永久的，政府规制的目的只是提供一个准备期，让本国产业经过此过渡期，站稳脚跟并逐步升级，形成较强的国际竞争力。

7. 产业安全的策略性

在利用外资方面，要按照本国产业实力和对外资利用的需要决定控制范围，始终不放弃对控制权的争夺，在外资利用中创造条件壮大自身实力，尽力保持自己的发展条件。

二、产业安全的影响因素

1. 产业发展的市场环境

首先是要素禀赋条件。资本、土地、劳动力、技术等是产业发展的必要条件，这些要素的成本、质量及获取的难易程度将直接影响产业内企业的生产和管理及其产品的质量与竞争力，这是产业得以生存和发展的基础。其次是市场容量。某一产业所面临的市场规模和市场需求越大，产业内企业就越具有相对宽松的发展空间与较大的发展余地。反之，如果市场容量相对有限、需求明显不足，企业就有可能转而积极向国外市场拓展，成为影响东道国产业发展的外资因素。最后是市场竞争程度。企业面对的市场竞争越激烈，客观上越会刺激企业推动技术创新或者积极向外部市场拓展，以缓解竞争压力。因此，产业国内竞争程度高将会促进产业拓展其生存与发展空间。

2. 外资与跨国公司的影响

当前外国直接投资和跨国并购对我国产业安全的影响引起了社会的广泛关注。随着国际投资自由化的不断发展与各国市场开放力度的不断加大，跨国公司以对外直接投资形式进入东道国。一方面，其先进的技术与管理对东道国经济产生了积极的示范效应，对提高民族产业的竞争力起到了一定的促进作用；另一方面，在利用外资过程中可能出现跨国公司凭借其雄厚的资本与先进的技术、信息、管理及营销方面的优势，通过各种方式形成对国内某些产业尤其是重要产业的控制，从而导致对东道国产业安全的威胁。具体表现在以下四个方面：一是国家经济命脉是否被外资所控制，即外资进入关键产业的深度和广度是否保持在一个合理的范围之内。伴随着经济全球化的发展，区域间的联系不断加强，生产的社会化超越了国界，许多人认为已不存在民族经济或民族产业。其实不然，经济全球化的实质是国际分工的扩大和深化，是社会分工在全球范围的最高形式逐步实现的过程，在这个过程中，各民族经济并未失去独立存在的意义。[①] 引进外资发展经济的同时，适当保护本国民族产业的发展依然十分重要。二是国内市场结构状况，即外资企业占有市场份额的大小。一般来说，外资企业在某些行业的市场占有率如果偏高，则对该行业内的本国企业发展会产生一定的影响，甚至在一定程度上压抑本国幼稚产业的成长和发展。三是本国产业结构状况。一个国家相对安全的产业结构应当是合理而健康的，能够使国民经济持续增长，不依赖于外国产业转移，并且能够抵御外部经济动荡和冲击。四是产业技术安全状况。主要是指本国产业是否具有自主研发和创新的能力，能否为关系到本国国计民生的重要产业提供技术支撑。如果关键技术主要依赖进口技术，则产业安全的程度就较低。

3. 政府的宏观经济政策

政府的宏观经济政策对产业发展具有重要的影响，往往具有导向性的作用。合理而

---

① 夏兴园，王瑛. 国际投资自由化对我国产业安全的影响［J］. 中南财经大学学报，2001（2）：37－41.

有效的产业政策能够保障产业结构保持相对合理，根据内外部环境的变化及时做出调整，使市场竞争保持在相对合理的范围内，减少不必要的产业竞争引起的产业安全问题。政府的外资政策对产业安全影响明显。外资政策一方面可以通过税收工具对外资的进入或退出产生影响，另一方面可以对外资进入的产业、地域、股权等做出种种限制性规定。合理的外资政策对外商企业的税收优惠应该是适度的，既能达到鼓励外资进入的目的，又能防止外资过多盲目进入，引起过度竞争。与此同时，有效地规范外资进入并加强监管确实起到了防止外商投资冲击国内产业、威胁国内产业安全的作用。

4. 国外的反倾销与进口倾销

我国外贸依存度很高，自 1990 年实现两位数增长以来，外贸依存度连年持续走高，2004 年一度达到 70%。2005—2014 年，中国外贸依存度从 61.92%缓慢降至 46.59%，其中出口依存度从 33.69%降至 24.84%，进口依存度从 28.24%降至 21.74%。[①] 我国的产业发展对国外经济的依赖十分明显。国外对我国产品实施反倾销措施严重抑制了出口产业，进而影响到国内各产业发展。当一国对我国产品采取反倾销措施时，我国产品在国外市场占有的份额迅速减小、竞争力减弱，大量产品只能由出口转为内销，与国内产品争夺市场份额，造成产品滞销，进而影响到我国的投资环境以及企业生产该产品的热情，极大地影响产业安全。比如，2012 年，欧盟委员会发布公告，对从中国进口的光伏板、光伏电池以及其他光伏组件发起反倾销调查，对我国产业的安全造成了明显的影响。与此同时，进口倾销则会对我国企业生产的同类产品造成较大的冲击，尤其是本身缺乏竞争力的产品，甚至会造成少数行业出现垄断现象，破坏国内公平的市场竞争秩序，造成严重的产业安全问题。

5. 产业集中度与控制力

产业集中度对产业安全具有重要影响。产业集中度可以用规模最大的前几家企业占该产业总产量或市场销售总量的比重来衡量，一般而言，产业内本国企业的集中度越高，占总产量或总销量的比重越大，本国企业对该产业的控制力就越强，产业就越安全。产业控制力还体现在诸如外资市场控制率、外资品牌控制率、外资股权控制率、外资技术控制率等方面。国内企业所能掌控的比重越高，产业就越安全。

知识讲解

以下视频节选自新疆财经大学“产业经济学”慕课，可登录中国大学慕课网站搜索查看完整视频。

视频 10-1：产业安全的影响因素

第三节　产业安全的评价与预警

一、产业安全评价的原则

产业安全评价是对国家产业安全状态的量化分析，一般建立在相应的产业安全评价

① 肖维歌．经济结构战略性调整背景下我国外贸基本格局及其新特征［J］．价格月刊，2016（1）：61-64.

指标体系之上。产业安全评价指标体系要能够客观、准确反映影响产业安全的主要因素，尽可能利用已有的统计资料和数据进行分析，要全面、准确、可控，主要应遵循以下原则。

1. 系统性原则

纳入评价体系中的指标应当统一并且完整，综合体现产业安全评价的多个方面，构成综合评价的系统。

2. 科学性原则

指标体系的建立要以一定的科学理论为依据，符合产业安全的内涵，各个指标能够准确反映产业安全的某一个方面，并且具有代表性。

3. 易量化原则

评价体系中的各个指标应当是能够度量的，易于量化分析和比较，在统计口径上是一致的。

4. 阶段性原则

产业安全评价体系指标要适应经济发展的阶段性需要，根据经济发展的轨迹进行动态调整和修正。

5. 可控性原则

选取的指标应当是可控的，即当产业安全程度较低的时候，可以通过采取措施影响指标数值，实现维护产业安全的目的。

6. 实用性原则

通过评价体系得出的产业安全评价结论应该能够比较容易地被政府相关部门、学术机构、行业协会、企业等应用，形成有效的互动。

二、产业安全评价指标体系

关于产业安全评价体系的研究较多，何维达和何昌（2002）①、许铭（2005）②、景玉琴（2006）③、李孟刚（2006）④、朱建民和魏大鹏（2012）⑤ 等国内学者对产业安全的评价体系开展了大量研究。相比较而言，各有侧重。本部分主要借鉴朱钟棣和孙瑞华（2006）⑥ 提出的产业安全评价体系。按照产业安全评价体系的设计原则，其评价体系主要包含四大部分，即产业生存环境评价指标、产业国际竞争力评价指标、产业对外依存度评价指标、产业控制力评价指标，并在此基础上建立相应的三级指标，见表 10-1。

① 何维达，何昌．当前中国三大产业安全的初步估算［J］．中国工业经济，2002（2）：25-31.

② 许铭．中国产业安全问题分析［D］．上海：复旦大学，2005：90-95.

③ 景玉琴．产业安全评价指标体系研究［J］．经济学家，2006（2）：70-76.

④ 李孟刚．产业安全理论研究［M］．北京：经济科学出版社，2006：77-79.

⑤ 朱建民，魏大鹏．我国装备制造业产业安全评价体系构建与实证研究［J］．亚太经济，2012（2）：110-114.

⑥ 朱钟棣，孙瑞华．入世后评价产业安全的指标体系［J］．世界贸易组织动态与研究，2006（5）：1-10.

表 10-1　产业安全评价指标体系

总目标	一级指标	二级指标	编号	三级指标
产业安全状态	产业生存环境	产业融资环境	1	资本效率
			2	资本结构
			3	负债率
			4	资本结构
		产业劳动力要素环境	5	劳动力素质
			6	技术发明和创新人员在专业人才中的比重
			7	行业失业率
			8	劳动力成本
		产业市场需求环境	9	国内市场需求规模
			10	国内市场需求增长速度
		产业技术要素环境	11	研究开发费用占生产总成本的比重
			12	申请专利技术项目的数量
	产业国际竞争力	产业市场竞争力	13	产业世界市场份额
			14	产业国内市场份额
			15	显示比较优势系数
			16	贸易竞争指数
		产业市场集中度	17	产业市场集中度
		产业效益效率	18	利润率
			19	劳动生产率
			20	产品增值率
			21	产品价格
		相关产业竞争力	22	相关产业竞争力
	产业对外依存度	产业进口对外依存度	23	产业进口对外依存度
		产业出口对外依存度	24	产业出口对外依存度
		产业资本对外依存度	25	产业资本对外依存度
		产业技术对外依存度	26	产业技术对外依存度
	产业控制力	外资市场控制率	27	外资市场控制率
		外资品牌控制率	28	外资品牌控制率
		外资股权控制率	29	外资股权控制率
		外资技术控制率	30	外资技术控制率
		外资经营决策权控制率	31	外资经营决策权控制率
		某重要企业受外资控制情况	32	某重要企业受外资控制情况
		某外国对产业的控制程度	33	某外国对产业的控制程度

资料来源：朱钟棣，孙瑞华．入世后评价产业安全的指标体系［J］．世界贸易组织动态与研究，2006（5）：1-10.

三、产业安全评价方法

在产业安全评价指标体系构建的基础上，量化分析过程中常常采用的方法包括专家评分法、层次分析法、数据包络分析法、因子分析法等。

1. 专家评分法

在对指标定出评价等级的基础之上，由专家对方案进行分析和评价，确定各个指标得分，最后采用加权评分等方法计算出总分，从而得到评价结果。专家评分法的优点是在缺乏足够统计数据和原始资料的情况下，可以做出定量估价；缺点是主观性较强，人为影响较大。

2. 层次分析法

层次分析法可以将复杂的问题按目标层、准则层、指标层进行分解，形成一个多目标、多层次的有序递阶层次结构。通过两两比较的方式确定层次中诸因素的相对重要性，然后综合评估主体的判断矩阵，确定诸因素相对重要性的总顺序。其优点是适用于定性与定量因素相结合，特别是定性因素占多数的指标评价体系；缺点是在专家判断指标相对重要性继而构造判断矩阵的过程中主观性较强。

3. 数据包络分析法

数据包络分析法通过对观察到的决策单元的投入、产出数据建立相应的生产可能性集合来判断决策单元的有效性，即判断决策单元是否位于生产可能性集合的生产前沿面上，是一种用来评价决策单元的相对效率的方法。其优点是量化分析避免了主观因素的影响，评价多输入、多输出的决策单元很有效；缺点是对有效决策单元所能给出的信息太少，需要较大的样本数据量。

4. 因子分析法

因子分析法是利用降维，把多指标转化为少数几个综合指标的多元统计分析方法。在尽可能减少数据信息丢失的原则下，通过高维空间向低维空间的投影，找出对系统最主要的影响因素。经过线性变换，舍弃小部分信息，以少数新的综合变量取代原来的多维变量。其优点是当具有较高的相关性时，可以通过降维的方法消除指标间的信息重叠，并且计算得出综合得分。缺点是运算过程相对较复杂，且对模型本身要求较高，同时属于客观赋权法，存在客观赋权法的一般缺陷。

四、产业安全评价模型

关于产业安全评价模型，可以借鉴全球最具权威的研究机构瑞士洛桑国际管理发展学院和世界经济论坛在整合国际竞争力的多指标体系时所采用的方法。目前学术界对产业安全的研究文献大多采用此方法构建评价模型。

产业安全评价模型为：

$$S=\alpha X+\beta Y+\delta Z+\gamma W$$

式中，S 为产业安全度；X 为产业生存环境评价得分；Y 为产业国际竞争力评价得分；Z

为产业对外依存度评价得分；W 为产业控制力评价得分；α、β、δ、γ 分别为各个一级指标的权重系数。

$$X=\sum a_i x_i\text{；}Y=\sum b_i y_i\text{；}Z=\sum c_i z_i\text{；}W=\sum d_i w_i$$

式中，x_i、y_i、z_i、w_i 分别为各一级指标下的二级指标，a_i、b_i、c_i、d_i 分别为二级指标所对应的权重。整理后可得：

$$\begin{aligned}S&=\alpha X+\beta Y+\delta Z+\gamma W=\alpha\sum a_i x_i+\beta\sum b_i y_i+\delta\sum c_i z_i+\gamma\sum d_i w_i\\&=\alpha(x_1,\cdots,x_n)\begin{bmatrix}a_1\\\vdots\\a_n\end{bmatrix}+\beta(y_1,\cdots,y_n)\begin{bmatrix}b_1\\\vdots\\b_n\end{bmatrix}+\delta(z_1,\cdots,z_n)\begin{bmatrix}c_1\\\vdots\\c_n\end{bmatrix}\\&\quad+\gamma(w_1,\cdots,w_n)\begin{bmatrix}d_1\\\vdots\\d_n\end{bmatrix}\end{aligned}$$

其中，$\alpha+\beta+\delta+\gamma=1$，$\sum a_i=\sum b_i=\sum c_i=\sum d_i=1$。

根据以上公式，在对各个指标合理赋权的基础上，即可定量地计算得出整个产业的安全度。

五、产业安全预警概述

预警理论最早被应用于宏观领域中，经济监测预警系统的研究可以追溯到 19 世纪末。近些年来，随着预警理论的不断发展以及对国民经济宏观运行状况分析的需要，经济预警的应用逐渐增加。通过预警对重点、敏感产品进出口数量和价格进行监测，分析和评估其对国内产业的影响，为适时采取必要措施提供依据，实现保护产业安全工作的前置化，规避可能出现的产业风险。我国的产业安全预警目前主要是针对国外对国内的倾销或反倾销、补贴与反补贴以及其他技术性贸易壁垒。2003 年，中国国务院机构改革后，商务部产业损害调查局开始建设产业安全预警机制，到目前为止，我国产业安全预警机制建设已取得实质性成效，建立了汽车等多个重点行业产业安全预警机制，并基本形成了产业安全预警信息和应用平台。产业安全预警的应用正逐步拓展，并且发挥着越来越重要的作用。

（一）产业安全预警系统的建立①

一套行之有效的产业安全预警系统包括预警指标体系的构建、预警界限的确定和预警结果的输出。

1. 预警指标体系的构建

产业安全预警系统的一项重要内容就是选择和构建一套能够全面、动态、及时反映产业发展状况和趋势的指标体系。指标的选择必须遵循科学性、可操作性、灵敏性、整

① 李孟刚．产业安全理论研究［M］．北京：经济科学出版社，2006：237－239.

体完备性、稳定性与动态性相结合的原则。指标体系的构建除了选择合适的指标外，还需要确定各个指标对综合预警指数的影响程度，即确定指标的权重。由于各个指标的量纲不同，因而要根据其权重对指标进行标准化，形成一套规范的预警指标体系。但指标的选取不是固定不变的，而是随着经济形势的不断变化和运行经验的不断积累而“与时俱进”，逐步修改和完善。

2. 预警界限的确定

预警系统能够发挥作用，其中一项关键工作就是指标预警界限的确定。预警界限的确定是否合适，对于准确地监测各项预警指标的变动情况，从而对产业的运行状况和趋势做出正确的判断影响很大。预警界限是依据国际公认原则、历史经验、专家意见并结合各国产业发展的实际情况综合考虑而确定的。随着产业的发展，各个评价指标的评分值也会发生变动，因而界限值不是固定不变的，而是一个动态的数据。界限值的确定可以采用专家评定法、历史数据法、头脑风暴法等，也可以综合上述各种方法。

3. 预警结果的输出

产业安全预警系统的最后一项工作就是预警结果的输出。预警系统建立的目的就是在警情出现时发出警报，而警报的发出正是借助预警结果的输出来实现的。预警系统运行效果的评价直接由预警结果的输出来体现。若预警结果的输出不能满足决策者的需要，则不但会影响决策的制定，而且会导致决策失误。

（二）产业安全预警的方法

产业安全预警的方法一般有德尔菲法、灰色预测法、判别分析法、多元回归分析法、人工神经网络方法等，各方法的基本内容及优缺点见表 10－2。

表 10－2　各种预警方法对比

预警方法	方法简介	优点	缺点
德尔菲法	采用匿名发表意见的方式，通过多轮次调查专家对问卷所提问题的看法，经过反复征询、归纳、修改，最后汇总成专家基本一致的看法，作为预测的结果。	具有广泛的代表性，较为可靠。	无法反映非平稳动态发展的过程，对不确定性和随机性的处理不够好。
灰色预测法	通过鉴别系统因素之间发展趋势的相异程度，即进行关联分析，并对原始数据进行生成处理来寻找系统变动的规律，生成有较强规律性的数据序列，然后建立相应的微分方程模型，从而预测事物未来的发展趋势的状况。	对原始数据长度要求不高，准确性和科学性较高。	需要对原始数据进行预处理，模型检验过程烦琐。
判别分析法	通过统计技术筛选出在两组间差别尽可能大但在两组内部的离散度最小的变量，从而将多个标志变量在损失最少信息的情况下转换为分类变量，获得能有效提高预测精度的多元线性判别方程。	具有较高的判别精度，应用范围广。	工作量比较大，研究者需要做大量的数据收集和数据分析工作。

续表

预警方法	方法简介	优点	缺点
多元回归分析法	目标是寻求观察对象的条件概率，从而判断观察对象的状况和风险。这一模型建立在累积概率函数的基础上，不需要自变量服从多元正态分布和两组间协方差相等的条件。	不需要严格的假设条件，克服了线性方程受统计假设约束的局限性，有广泛的适用范围。	计算过程比较复杂，而且有很多近似处理，影响预测精度。
人工神经网络方法	人工神经网络对问题的求解方式与传统方法不同，它是经过训练来解答问题的。训练一个人工神经网络是把同一系列的输入和理想的输入作为训练的“样本”，根据一定的训练算法对网络进行足够的训练，使得人工神经网络能够学会包含在“解”中的基本原理。	具有较好的模式识别能力，可以克服统计方法的局限，具有较好的纠错能力，能够更好地进行预测。	理论基础比较薄弱，对人体大脑神经模拟的科学性、准确性还有待进一步提高。

资料来源：汪立欢．产业安全评价预警系统研究：基于主成分分析和 BP 神经网络方法［D］．北京：北京交通大学，2011：16.

（三）预警结果的识别

产业安全的预警方法有很多，各自具有自身的优势，但无论采用哪种方法来确定预警指数，其输出结果一般为四种，即安全、基本安全、不安全、危险。例如，利用主成分分析等方法计算得出了相应的预警综合指数，并通过某种方法确定的产业安全预警界限区间为：(80，100]、(50，80]、(20，50]、[0，20]，则其对应的安全状态分别是：安全、基本安全、不安全、危险，相应的预警信号见表 10－3。

表 10－3　预警结果输出对照表

安全状态	对应分值区间	警灯
安全	(80，100]	蓝色
基本安全	(50，80]	绿色
不安全	(20，50]	黄色
危险	[0，20]	红色

第四节　中国的产业安全

一、中国产业安全评价

（一）影响中国产业安全的内外部因素

1. 外部因素对我国产业安全的影响

外资对产业安全的影响最为明显，也最为直接。当前我国利用外资包括直接利用和间接利用两种方式。直接利用即外国直接投资，间接利用包括各种方式的外币借款和进口商品、技术、劳务等。外资对产业安全的影响主要表现在外资进入挤占国内企业的市场空间、对核心技术的控制、品牌影响以及股权控制等方面。比如，百思买入主五星电器，全面挺进中国家电零售业，并在东南沿海市场拥有与国美、苏宁叫板的实力；2007年，沃尔玛收购好又多，一举成为中国零售老大。外资收购一般来说在短期内对国内同行业的企业不会形成太大的压力，因为要熟悉中国市场的消费习惯，拓展国内市场需要一定的时间。但从长远来看，由于外资企业技术先进、管理经验丰富、拥有规模经济等，因此很容易在与本国企业的竞争较量中形成竞争优势，长期势必侵占同行业本土企业的市场空间。[①] 国际上一般把30%视为外资市场占有率的警戒线，2007年我国39个工业行业中，有17个行业超过30%，其中有8个行业外资市场占有率超过了40%，4个行业超过了50%，3个行业甚至超过了60%。目前我国工业行业中，有43.6%的行业外资市场占有率超过了国际警戒线。外资在皮革、毛皮、羽绒及其制品业，文教体育用品制造业，通信电子设备和计算机制造业，仪器仪表及文化办公用机械制造业的市场占有率很高，都在50%以上；外资在通信电子设备和计算机制造业的市场占有率更是达到80%以上。[②] 从目前的发展水平来看，外资企业在中国市场上对核心技术的控制、产品附加值、品牌竞争力都高于多数本土企业，在市场竞争中具备较强的优势，对本土企业形成了较大的压力。

而与此同时，由于当前世界经济总体复苏缓慢以及全球传统产业生产能力持续过剩，一些国家的贸易保护主义有所抬头。近些年，出现了少数国家以知识产权保护、技术标准等非关税壁垒为武器的贸易保护行为，我国遭受反倾销的产品已经从以农产品为主逐步扩展到化工、服装等工业产品以及第三产业产品。很多遭受反倾销的产品所涉及的产业均是我国具有比较优势的支柱型产业，由于国外反倾销造成出口受阻，极大地影响了企业发展的热情和空间，危及了我国的产业安全。反倾销案件诉讼调查持续时间较长，使企业损失严重。同时在反倾销案件中企业还需要承担高昂的应诉成本，极大地加重了企业负担，提高了企业经营成本，使企业竞争力减弱。一些国家一方面频频发起对我国的反倾销指控，另一方面大量向中国市场倾销商品。1997年，宜宾纸业等9家新闻纸生产商提出申请，要求对原产于加拿大、美国和韩国的进口新闻纸进行反倾销调查，这是我国首起反倾销案例。自我国加入WTO以来，关税不断大幅下调，并且逐步取消了各种配额限制，国外产品进入中国市场的门槛大为降低，进口量迅速扩大，对我国企业生产的同类产品造成了较大的冲击，尤其对本身缺乏竞争力的产品影响更加明显。

2. 内部因素对我国产业安全的影响

从内部因素来说，我国目前的产业政策尚无法从根本上规范投资行为，地方经济的增长客观上主要依赖于扩张性的投资拉动，尤其是近些年来，随着我国经济快速发展，部分行业出现的产能过剩等问题越发明显，国内产业生存环境不容乐观（见专栏10-1）。这种由产能过剩导致的过度竞争与过度垄断一样，实际上都是对资源配置和利用效率的

① 王长宇．开放条件下我国的产业安全研究［D］．成都：四川省社会科学研究院，2008：19．

② 国家发展和改革委员会宏观经济研究院课题组．中国产业安全态势评估、国际借鉴及若干对策建议［J］．改革，2009（4）：5-21．

偏离，如果一个国家失去了对合理竞争格局的控制力和影响力，则过度竞争或者过度垄断必然影响到产业结构的合理性，进而影响到产业安全。

目前我国一些技术水平与国外产品相当且具有一定国际竞争力的轻纺工业、部分重化工业、加工工业和家电工业等，市场集中度还普遍较低，行业规模不经济，加之一个健康、有序的市场竞争秩序尚未真正建立起来，在出口过程中竞相压价、过度竞争、无序竞争的事件随处可见，不仅压缩了企业的利润空间，而且常常招致国外的反倾销。与此同时，从产业自身角度而言，我国产业在快速成长的同时，大部分产业的综合竞争力与发达国家相比，的确在技术创新能力、品牌影响力等方面存在差距，自身竞争力相对不足同样是导致产业不安全的关键因素。

专栏 10 - 1

当前我国产能过剩的现状——从传统行业向新兴行业蔓延

在国际经济低迷和我国进入转型升级阶段的背景下，我国当前的需求与生产矛盾突出，工业领域产能过剩问题日益突出，产能过剩问题具有普遍性，部分行业甚至出现了绝对过剩。2013 年一季度工业企业产能利用率仅为 78.2%，同比回落 1.6 个百分点，比 2012 年四季度回落 1.9 个百分点，是 2009 年四季度以来的最低点。部分主要行业产能利用率已降至 75%以下。其中，建材、铁路船舶等运输设备制造业、煤炭采选业产能利用率分别为 72.5%、73.6%和 74.9%。

在传统产业中，钢铁、水泥、有色、平板玻璃、石化、家电等都存在产能过剩，部分行业甚至出现了长期性和绝对的产能过剩。统计数据显示，2012 年，中国钢铁行业产能过剩达到 21%；水泥产能过剩达到 28%；有色金属的产能利用率已由 2007 年的 90%降至 65%左右，部分行业甚至已经出现了长期性的绝对产能过剩，电解铝产能过剩达到 35%；汽车产能过剩为 12%。另外，战略性新兴产业如光伏行业也存在产能过剩问题。目前，我国太阳能光伏电池产能占全球的 60%，风电设备产能为 3 000 万千瓦～3 500 万千瓦，而产量只有 1 800 万千瓦，产能利用率低于 60%，光伏电池的产能过剩达到 95%。如此大范围、大规模的产能过剩如果不能有效解决，将使我国工业陷入长期的萧条。

资料来源：上海证券报，2013 - 07 - 26.

专栏 10 - 2

习近平总书记谈粮食安全这个“国之大者”

《求是》杂志 2022 年第 7 期发表的习近平总书记的重要文章《坚持把解决好“三农”问题作为全党工作重中之重，举全党全社会之力推动乡村振兴》，指出要“牢牢把住粮食安全主动权”。文章强调我国粮食供求紧平衡的格局没有改变，结构性矛盾刚着手解决，总量不足问题又重新凸显。今后一个时期粮食需求还会持续增加，供求紧平衡将越来越紧，再加上国际形势复杂严峻，确保粮食安全的弦要始终绷得很紧很紧，宁可多生产、多储备一些，多了的压力和少了的压力不可同日而语。

粮食生产年年要抓紧，面积、产量不能掉下来，供给、市场不能出问题。

文章指出，地方各级党委和政府要扛起粮食安全的政治责任。这些年，我国粮食生产明显向主产区集中，这有其合理性，但集中过度也会带来风险。如果各地都只想吃饭不想种粮、只想吃肉不想养猪，那谁来保供给！不能把粮食当成一般商品，光算经济账、不算政治账，光算眼前账、不算长远账。主产区、主销区、产销平衡区都有责任保面积、保产量，饭碗要一起端、责任要一起扛。此乃国之大者！粮食安全要实行党政同责，“米袋子”省长要负责，书记也要负责。长期以来，产粮大省、大市、大县为保障国家粮食安全作出了重要贡献，值得表扬。要完善粮食主产区利益补偿机制，加大奖补力度，决不能让重农抓粮吃亏！

文章强调，要抓紧研究部署，该扩大产量的要果断下决心，不能让人家拿住我们！这是涉及国家安全的大事！要打好农产品贸易这张牌，但关键要控风险、可替代、有备手，实施农产品进口多元化战略，支持企业“走出去”，提高关键物流节点掌控能力，增强供应链韧性。保粮食安全要一个品种一个品种深入研究、制定方案、落实下去。制止餐饮浪费最近有所好转，必须长期抓下去，推动全社会形成勤俭节约的良好风尚。

资料来源：习近平．坚持把解决好“三农”问题作为全党工作重中之重，举全党全社会之力推动乡村振兴［J］．求是，2022（7）．

专栏 10－3

习近平关于统筹发展与安全的论述

当前，我国面临复杂严峻的内外部发展环境，不确定因素与潜在风险日益增多，对经济平稳运行带来了不确定性和挑战。针对这些挑战，必须坚持总体国家安全观，统筹好发展和安全，逐步补齐制约发展与安全的各种潜在短板，最终实现社会主义事业的健康、可持续发展。

经济安全问题复杂严峻

近些年来，一些地区和行业领域接连发生重特大事故，暴露出安全发展理念不牢固、责任落实不到位、隐患排查整治不力等突出问题。除了生产领域的安全事故，粮食安全问题、科技“卡脖子”问题等一系列重大风险也在威胁着经济健康发展。多年来，跨国种子巨头纷纷占领中国市场，我国部分农作物与畜牧业种子严重依赖进口。如玉米、马铃薯等作物的种子部分依赖进口，西兰花、辣椒、洋葱、胡萝卜、菠菜等常见蔬菜的种子受制于外。与此同时，国外对我种质资源的管控越趋严格，获取国外种质资源越来越难，一旦国际种业巨头断供，势必威胁到我国的农业安全。在高科技产业领域，部分核心技术掌握在西方国家手中，我国相关产业被频频“卡脖子”。中兴、华为等企业的遭遇启示我们，核心技术买不来，也讨不来，必须掌握在自己手里。可见，统筹发展与安全，是防范经济重大风险的必然选择。

发展与安全辩证统一

安全问题绝不仅限于经济领域，而是涵盖政治安全、国土安全、军事安全、科技安全、信息安全、生态安全、资源安全等。如果国家在发展时，只片面重视经济，而不统筹考虑其他方面，安全问题将成为制约社会主义事业和中华民族伟大复兴的短板。

党的十八大以来，党中央强化国家安全工作顶层设计，坚持总体国家安全观，有效应对一系列重大风险挑战。习近平总书记曾多次阐述“统筹发展和安全”的辩证关系与重要性。他说：“推动创新发展、协调发展、绿色发展、开放发展、共享发展，前提都是国家安全、社会稳定。没有安全和稳定，一切都无从谈起。”① “越是开放越要重视安全，统筹好发展和安全两件大事，增强自身竞争能力、开放监管能力、风险防控能力。”② 实践证明，安全是发展的前提，没有安全的发展是脆弱的、不稳定的。当然，我们也必须看到，发展是硬道理，只有推动经济持续健康高质量发展，才能为国家繁荣富强、社会安定和谐、人民幸福安康打下牢固的物质基础，才能为安全提供更加坚实的保障。

我们必须坚持统筹发展和安全，增强机遇意识和风险意识，树立底线思维，把困难估计得更充分一些，把风险思考得更深入一些，注重堵漏洞、强弱项，下好先手棋、打好主动仗，有效防范化解各类风险挑战，确保中国现代化事业顺利推进。

资料来源：习近平经济思想系列讲解：统筹发展与安全 [EB/OL]. 半月谈，2022-04-28.

（二）中国的产业安全评价

伴随着全球化进程的不断加快，对中国产业安全问题的重视程度也在不断提高，对中国产业安全评价的文献也在增加。白澎将产业安全评价体系划分为产业生存环境评价指标、产业国际竞争力评价指标、产业对外依存度评价指标、产业控制力评价指标四大类，通过加权平均法计算得出了中国产业的安全度。我国第一产业、第二产业、第三产业的安全度得分分别是47、48.67、55.67。当安全度评价值分别落在（85，100]、（65，85]、（45，65]、（25，45] 和（0，25] 上时，将我国产业安全相应界定为很安全、安全、基本安全、不安全和很不安全，我国三次产业的安全状态均为基本安全，见表10-4，三次产业安全度的排序为：第一产业＜第二产业＜第三产业。③

表10-4　我国三次产业安全度

产业类型	项目	产业国际竞争力	产业对外依存度	产业控制力	产业生存环境
第一产业	评价值	30	50	70	50
	权重	35%	25%	20%	20%
	安全度	47			
	状态	基本安全			

① 在省部级主要领导干部学习贯彻党的十八届五中全会精神专题研讨班上的讲话 [N]. 人民日报，2016-01-18.

② 习近平：在深圳经济特区建立40周年庆祝大会上的讲话 [EB/OL]. 新华社，2020-10-14.

③ 白澎. 中国产业安全的实证研究 [J]. 山西财经大学学报，2010（8）：65-76.

续表

产业类型	项目	产业国际竞争力	产业对外依存度	产业控制力	产业生存环境
第二产业	评价值	50	36.67	60	50
	权重	35%	25%	20%	20%
	安全度	48.67			
	状态	基本安全			
第三产业	评价值	50	56.67	70	50
	权重	35%	25%	20%	20%
	安全度	55.67			
	状态	基本安全			

资料来源：白澎．中国产业安全的实证研究［J］．山西财经大学学报，2010（8）：65－76.

从三次产业的角度来看，我国的三次产业均处于基本安全的状态。但从行业细分的角度来看，不同行业在产业安全的不同层面或者不同商品领域的安全程度存在明显的差异。

在农业领域，一些开放度高、缺乏有效调控手段的产品受贸易和外资进入影响较大，像大豆、棉花、羊毛等产品的产业安全状况面临着严峻的挑战。例如，大豆是我国市场开放度最高的大宗农产品，实行3%的单一关税，进出口调控手段有限。近年来，我国大豆产业安全水平大幅下降。一是生产受到过度挤压和抑制，生产总量难以保证必要的自给程度；二是国产大豆价格受到明显抑制，种植效益特别是比较效益大幅下降。由于生产规模所决定的竞争力差距以及美国等国家对大豆实行高额补贴，我国大豆市场放开之后，国外低价大豆涌入我国市场，抑制了国内大豆价格，使得国内大豆价格既不能随着生产成本的上升而上升，也不能随需求的拉动而提高，种植大豆的利润和效益呈下滑的态势。①

对于工业领域的产业安全状况，商务部产业损害调查局组织有关研究机构，从产业控制力、产业竞争力、产业成长性和产业发展环境等方面，围绕钢铁、石化、轻工、纺织服装、机械、船舶、汽车、电子、建材、有色10个重点行业，对2007年以来的中国产业安全状况进行了评估研究。2007年，这10个产业合计占我国全部规模以上工业企业出口交货值、工业总产值和利税总额的94%、85%和76%。根据《2008年中国产业安全状况年度评估报告》的分析：到2008年底，钢铁、有色、建材、石化、纺织服装等行业产业控制力强，船舶、轻工、机械次之，而汽车、电子产业控制力较弱；船舶、纺织服装、建材、轻工等产业竞争力较强，机械、电子、钢铁次之，而汽车、石化、有色竞争力较弱；机械、汽车、船舶等产业成长性较好，轻工、纺织服装次之，钢铁、石化、电子、有色等产业成长性较差。

李妍研究了制造业的产业安全状况。2006—2016年，中国制造业安全状况总体呈现明显的好转趋势。2006—2010年，制造业安全基本没有太多的变化；2010年后有上升的趋势，但依然处于“安全”的下界。我国制造业的竞争力一直处于较低的水平状态，抵

① 倪洪兴．开放条件下我国农业产业安全问题［J］．农业经济问题，2010（8）：8－12.

御外来压力的能力较低。从制造业发展能力指标来看，其一直处于较高的水平。这主要得益于国家制度的优势，即充分利用政府和市场两种手段和机制，创造了较好的产业发展环境和技术转化优势，确保了制造业发展所需要的资本、资源、劳动力、产业分布和市场需求等各种环境。从制造业产业的恢复力指标看，产业的自我恢复能力处于较低的状态。①

在第三产业内部，根据李孟刚的研究，交通运输仓储和邮电通信业基本安全，金融保险业不安全，科学研究和综合技术服务业基本安全。在目前的零售行业中，中国本土品牌的零售企业在中高端市场基本上已经被挤出了主流零售市场，基本的零售市场格局由外资主导。在金融领域，以中国工商银行、中国农业银行、中国银行、中国建设银行等为代表的金融机构掌握了大部分的中国金融资源，它们通过在海内外资本市场上市的方式，已全部实现了资本的国际化，也就是说，外资金融机构通过参股等方式，开始影响大部分中国金融资源的战略配置。另外，对于基金业、保险业等市场化程度更高的金融产业，外资进入对产业的影响会更大。由于对外资的金融业开放执行了渐进性政策，所以，在短期内外资对国家金融安全的影响比较有限。② 在第三产业的其他领域，诸如交通运输、邮电通信、综合技术服务等领域，外资的影响均普遍存在，但总体上这些产业处于基本安全的状态。

二、提升中国产业安全的对策

1. 积极推动产业安全相关法规制度的建设

法制建设是推进我国产业安全的重要途径，尤其是要深化改革，逐步突破产业发展的体制性障碍。一是要尽快形成并落实以《中华人民共和国对外贸易法》《中华人民共和国反倾销条例》《中华人民共和国反垄断法》《中华人民共和国反不正当竞争法》《中华人民共和国外商投资法》等为核心的产业安全相关法律法规体系，制定维护产业安全的政策措施，营造公平的产业发展环境。针对一般竞争性领域、关系国计民生的领域以及战略性领域的外资并购，应分别立法加以规范，并根据国内外产业发展和市场变化的情况做出及时调整。中国于 2008 年 8 月 1 日开始正式实施《中华人民共和国反垄断法》，这一法律不仅针对国内的垄断行业，同时也为了防止外资在国内市场上的垄断，是维护公平有序市场秩序的重要法律制度。二是要完善国内的贸易法律法规体系，使之与 WTO 框架下的多边贸易规则相一致。要尽快补充和完善国内相关的贸易法律法规，参照多边贸易规则对现行政策法规中与 WTO 规则内容不符合或者规定不充分的地方，结合本国的实际情况加以修订和补充。对 WTO 规则中给予发展中国家的差别待遇和优惠条款进行充分利用，通过立法将其体现在国内的有关法律法规中。根据 WTO 贸易救济机制建立反倾销、反补贴等防御性的贸易法规体系，并根据贸易环境进行适时调整，在国家经

---

① 李妍．创新生态系统下制造业产业安全评价体系的构建与实证研究［J］．中国科技论坛，2018（9）：22－30.

② 张世国．跨国公司中国市场的战略进入与国家产业安全（下）［N］．中国经济时报，2006－07－27.

济利益和安全受到威胁的情况下，可以及时启动这些机制，切实维护国家产业安全。[①] 三是要进一步强化国内产业发展的中长期规划与动态监管，制定恰当的产业发展战略和调整政策，以避免在贸易自由化进程中受到冲击和损害。

2. 提高国内产业的综合竞争力

导致产业安全问题的内部因素与我国产业自身的综合竞争力水平较低密切相关。目前我国许多产业的集中度较低，产业国际竞争力不强，可持续发展能力不足，在国际竞争中处于产业价值链高端、具有国际影响力和竞争力、能够主导产业创新和发展方向的企业较少，成为产业安全问题的重要诱因。在今后产业发展过程中，应继续加大引进国外企业先进的核心技术及工艺设备，投资后的生产经营过程可由国内企业自主控制。同时，要加强自主研发、开发新技术和掌握核心技术的能力，加强产品的质量建设和品牌建设，提高产品的附加值。重点支持一批能代表我国参与国际竞争的龙头企业，在技术创新、"走出去"等方面开展试点，给予更多的优惠政策，鼓励通过科技创新开拓国际市场，提升产业国际竞争力。

3. 建立完善的产业安全预警机制

在当今的国际贸易环境中，面对复杂多变的国际环境和激烈的市场竞争，发展中国家存在诸多产业安全问题，建立科学完善的产业安全预警系统尤为必要。当前，参与WTO多边贸易体制的大多数发达国家都高度重视建立独立产业安全预警系统，并已经有了较多成功的例子。例如，美国建立的"扣动扳机机制"和欧盟的"进口监测快速反应机制"都对产业安全维护起到了重要作用。一些发展中国家在贸易自由化过程中也相继认识到产业安全预警对国家产业安全维护的意义，并给予了应有的重视，例如印度建立了"重点商品进口监测机制"，中国也正在全面建立自己的产业安全预警机制。[②] 通过产业安全预警系统的建设，对世界经济形势的发展变化、货物进出口、服务和技术进出口等异常情况进行连续性监测，分析其对国内相关产业的影响，及时发布重要产业受到实质性损害或损害威胁的预警信息，规避和防范可能出现的产业风险，实现产业安全维护工作的前置化。

4. 提高运用贸易救济措施解决争端的能力

贸易救济是指当外国进口对一国国内产业造成负面影响时，该国政府所采取的减轻乃至消除该类负面影响的措施。相对于发达国家而言，我国正式加入世界贸易组织的时间还比较短，在国际贸易过程中应对贸易摩擦、处理贸易争端、运用游戏规则保护国内产业的经验、水平和能力都比较欠缺，运用贸易救济措施的水平和能力尚需提高。发展中国家需要充分、合理地利用多边贸易体制中包括反倾销、反补贴和保障措施在内的贸易救济体系，以保护本国产业在公平有序的竞争环境中生存和发展。政府主管部门要加强多边与双边磋商，当出现反倾销等贸易摩擦时，充分运用争端解决机制，维护本国正当贸易利益。与此同时，企业和行业组织要增强对国际贸易中出现的技术性贸易壁垒、知识产权壁垒等新型保护措施的应对能力。在国际贸易过程中，WTO给予了发展中国家

---

①② 王晓妍．贸易自由化与发展中国家产业安全问题研究［D］．大连：东北财经大学，2012：187.

一些特殊和差别待遇，要合理利用这些特殊和差别待遇，维护发展中国家在贸易自由化进程中的产业安全。

5. 在WTO框架下努力推广技术的标准化

在国际贸易进程中出现的技术壁垒已经成为影响我国产业安全的重要因素。在WTO框架下积极推动技术标准化、与国际接轨，对于解决可能出现的贸易争端具有重要意义。首先，要推动产品与企业质量体系的认证。欧盟对欧洲以外的国家的产品进入欧洲市场要求符合欧盟指令和标准（CE）；北美主要有美国的UL、FCC认证和加拿大的CSA认证；日本有JIS认证等。目前最为流行的国际体系认证即ISO 9000质量管理体系认证，行业体系认证有诸如QS 9000汽车行业质量管理体系认证等。应积极推动国内企业的质量体系认证，形成国际统一的标准，减少可能出现的由技术壁垒导致的贸易争端和摩擦。其次，加强与国际标准化机构合作，参与其各种活动，包括技术法规、标准的制定，本国法规、标准的解释与认可，以及对有关技术法规的评论等。要积极加入国际性标准化组织和区域性标准化组织，并与有关国家、组织签订双边或多边的技术标准和评定方面的协议或协定，以方便双边或多边贸易中商品的流通。最后，要充分利用《技术性贸易壁垒协议》的例外原则。我国作为发展中国家，许多企业的生产标准（包括产品的质量、性能及附加值）不能达到发达国家所要求的质量标准水平。根据《技术性贸易壁垒协议》的例外规定，发展中国家如果在承担《技术性贸易壁垒协议》的有关义务时出现特殊困难，可以及时向技术贸易壁垒委员会提出请求，要求在一定期限内免除所承担的义务。遇到国外不合理的技术壁垒应主动与对方协商，若无法达成协议，则可提交技术贸易壁垒委员会仲裁。①

案例分析10-1

跨国公司在中国市场的战略进入

自从中国宣布加入WTO以后，外资对中国市场的布局带有很强的战略性，对中国产业的影响因行业而异，对流通业、汽车业、部分制造业等领域的影响巨大，对电信、家电、化工等产业的阶段性影响力却比较有限。

2005年是中国零售业的“零售元年”，也是中国零售业开始全面对外资开放的第一年。由于国家对零售业外资市场准入政策的变化，跨国公司在中国零售市场的发展大幅飞跃。从1992年中国商业领域开放以来，截止到2004年底，商务部累计批准设立外商投资企业314家，开设3 997家店铺，营业面积为920万平方米。2005年1—9月，商务部已批准新设554家外商投资商业企业，开设店铺1 130家，营业面积约为333.8万平方米。换句话说，2005年的前9个月走完了外资零售企业在中国市场以前13年业绩的1/3。目前，全球零售企业50强基本上都已在中国本土设立了经营网点，其表现为店铺网络建设、独资化运动及收购、兼并等。第一，大幅增加店铺网络。2004年，易初莲花新开24家分店，比2003年翻了一倍，达到

① 曹秋菊. 开放经济下的中国产业安全［M］. 北京：经济科学出版社，2007：141-143.

46家。麦德龙由2003年的8家一年之后增加到20家。2004年底，沃尔玛在中国开店50家，雇员3万人，并计划在5年内新募15万员工，将店铺增加到200家。2005年，家乐福中国的零售收入达到174亿元，计划在2006—2008年斥资100亿欧元推进一项针对中国市场的“有史以来最快的店铺增长”战略。第二，独资化运动。2005年2月，易初莲花在山东济南开设了一家独资超市。2005年9月，易初莲花以近1亿港元的成本实现了京津地区的独资化，2005年12月实现了上海地区的独资化。2005年10月25日，家乐福以4 171.5万元的成本实现昆明家乐福店独资化，后又通过股权收购的方式将新疆、长沙的门店独资。而其温州店、海口店从开始注册时就是独资经营。2005年，麦德龙将其在中国合资公司的注册资本中的股权比例从60%上涨到90%。第三，收购运作。2005年初，百安居收购借牌运营倒闭的普尔斯马特；2005年4月，又收购了欧倍德在中国的所有零售资产。2005年9月，华润以2.8亿元收购宁波慈客隆超市100%的股权。2005年11月，英国安石（Ashmore）投资管理公司以3亿元收购了深圳民润农产品连锁商业有限公司52.24%的股份。2005年12月初，家乐福接收了乐客多大卖场的上海七宝店。而乐客多的上海大华店和浙江的4家店则由乐购包揽。

资料来源：张世国．跨国公司中国市场的战略进入与国家产业安全［N］．中国经济时报，2006-07-26.

本章小结

伴随着贸易全球化，各国间的产业竞争加剧，传统的民族产业面临国际市场的冲击，产业安全问题越来越受到各国的重视。产业安全是国家经济安全的重要组成部分，指一国在对外开放的环境下，在国际竞争的发展进程中，使本国产业能够依靠自身的努力，在公平的市场环境中获得发展的空间，从而保证国民经济与社会全面、稳定、协调和可持续发展，即本国自主产业的生存与发展不受威胁的状态。影响产业安全的因素有很多，包括外资对本国产业的控制、跨国公司对本国企业形成的威胁、国际贸易中的反倾销以及进口倾销对本国产业的影响等。与此同时，本国内部的产业结构、制度性因素等同样会对产业安全产生影响。因此产业安全并非经济开放的产物，而是内部因素与外部因素共同作用的结果。当前，国内外诸多学者对中国的产业安全问题开展了广泛而深入的研究，构建了产业安全的评价体系以及预警模型，总体来看，我国的产业安全处于基本安全的状态，但一些细分行业的产业安全状况已经不容乐观。在今后的发展过程中，积极推动产业安全相关法规制度的建设，提升国内企业的综合竞争力，建立完善的产业安全预警机制，提高运用贸易救济措施解决争端的能力以及在WTO框架下努力推广技术的标准化将是工作重点。

复习思考题

1. 什么是产业安全？产业安全的影响因素有哪些？

2. 产业安全的评价体系包括哪些指标？试分析这些指标。

3. 产业安全评价的方法有哪些？

4. 谈谈你对中国产业安全的认识。

5. 随着全球化进程的深入，提升中国产业安全的对策有哪些？

参考文献

1. 白澎．中国产业安全的实证研究［J］．山西财经大学学报，2010（8）．

2. 曹秋菊．开放经济下的中国产业安全［M］．北京：经济科学出版社，2007．

3. 国家发展和改革委员会宏观经济研究院课题组．中国产业安全态势评估、国际借鉴及若干对策建议［J］．改革，2009（4）．

4. 何维达，何昌．当前中国三大产业安全的初步估算［J］．中国工业经济，2002（2）．

5. 霍建国．贸易壁垒与产业安全：积极应对新一轮的贸易壁垒态势［J］．中国贸易经济，2009（1）．

6. 景玉琴．产业安全评价指标体系研究［J］．经济学家，2006（2）．

7. 李孟刚．产业安全理论研究［M］．北京：经济科学出版社，2006．

8. 李妍．创新生态系统下制造业产业安全评价体系的构建与实证研究［J］．中国科技论坛，2018（9）．

9. 汪立欢．产业安全评价预警系统研究：基于主成分分析和 BP 神经网络方法［D］．北京：北京交通大学，2011．

10. 王长宇．开放条件下我国的产业安全研究［D］．成都：四川省社会科学研究院，2008．

11. 王晓妍．贸易自由化与发展中国家产业安全问题研究［D］．大连：东北财经大学，2012．

12. 夏兴园，王瑛．国际投资自由化对我国产业安全的影响［J］．中南财经大学学报，2001（2）．

13. 肖维歌．经济结构战略性调整背景下我国外贸基本格局及其新特征［J］．价格月刊，2016（1）．

14. 许铭．中国产业安全问题分析［D］．上海：复旦大学，2005．

15. 张世国．跨国公司中国市场的战略进入与国家产业安全［N］．中国经济时报，2006－07－27．

16. 朱建民，魏大鹏．我国装备制造业产业安全评价体系构建与实证研究［J］．亚太经济，2012（2）．

17. 朱钟棣，孙瑞华．入世后评价产业安全的指标体系［J］．世界贸易组织动态与研究，2006（5）．

18. 邹琪，等．反补贴与中国产业安全［M］．上海：上海财经大学出版社，2006．

第十一章

产业发展战略与规划

内容提要

产业发展战略与规划是在明确区域整体战略的基础上，对产业发展的定位、产业结构调整、产业发展布局、经济社会环境影响等进行整体布局和规划。本章首先介绍了产业发展战略的内涵、模式及战略内容；其次介绍了产业发展规划的概念、内容、编制程序、分析方法及工具；最后介绍了公众全程参与的创新型产业发展规划编制思路，并以《“十三五”国家战略性新兴产业发展规划》为例给出了规划样本。

本章重点

- 产业发展战略及其模式
- 产业发展规划分析方法与工具
- 产业发展规划的概念和内容
- 创新型产业发展规划编制思路

第一节　产业发展战略的内涵与模式

一、社会经济发展战略

（一）战略与社会经济发展战略

1. 概念界定

在中国，“战略”一词历史久远，原意指作战的谋略以及指导战争全局的计划和策略。军事上的“战略”概念应用于社会经济发展领域后，其含义泛指统领性的、全局性的、左右胜败的谋略、方案和对策，即在一定时期指导全局的方略，或者经济社会发展过程中有关经济、科技、社会方面全局性、长远性、根本性问题的谋划。我国著名经济学家于光远指出，“战略”一词的含义泛指重大的、带有全局性的，甚至决定全局成败的谋划。社会经济发展战略包括对全局会直接产生重大影响的方针、政策、计划、措施等。[①]

与社会经济发展战略相关联的概念是经济发展战略。2003 年 5 月，林毅夫在与学生对话时谈到经济发展战略的含义：一个国家整体的经济发展战略，主要是指在一个国家的经济发展过程中，政府所选定的发展目标，以及为了达到这个目标，政府所执行的一系列配套政策和制度的安排。如果没有一定的战略目标，政府就无法协调各个部门的政策，推动社会制度往一定的方向变革；如果没有一系列配套政策和制度安排，目标就无从实现，只是望梅止渴、纸上谈兵。[②]

1958 年，著名发展经济学家赫希曼在其著作中首先提出了经济发展战略（the strategy of economic development）一词，从战略意义上研究了发展中国家的经济发展问题，使经济发展战略成为专指发展中国家由落后经济过渡到现代经济的战略部署的专用名词，进而成为发展经济学研究的重要内容之一。[③] 经济发展战略这一概念逐渐被人们所接受、认同并广泛使用，经济发展战略成为关系经济发展的一个极其重要的问题。

在 20 世纪 60 年代，随着国际竞争日趋激烈和科技进步大大加快，很多发展中国家和发达国家纷纷提出和实施自己的经济发展战略。与此同时，联合国先后制定了 20 世纪 60 年代、70 年代、80 年代和 90 年代四个联合国发展十年国际发展战略。经济发展战略随之在国际社会广泛流行开来。

在我国，党的十一届三中全会后出现了“发展战略”热。“发展战略”成为我国学术界和政策研究领域的热点问题，在指导我国经济社会发展中发挥着重要作用。

2015 年 11 月，国家发改委副主任兼国家统计局局长宁吉喆在第二届“读懂中国”国际会议上发言，提出“十三五”时期中国经济年均增速至少要达到 6.5%，因此要实施创新驱动发展战略、制造强国和产业转型升级战略、新型城镇化战略、区域协调协同发展战略、可持续发展战略和互利共赢的发展战略共六种经济社会发展战略。[④]

2016 年 3 月，第十二届全国人大四次会议通过的《中华人民共和国国民经济和社会发展第十三个五年规划纲要》仅在标题中就提到创新驱动发展战略、人才优先发展战略、制造强国战略、国家大数据战略、区域发展总体战略、对外开放战略、就业优先战略七种发展战略。

党的十九大报告提出，从 2017 年到 2020 年的全面建成小康社会决胜期，要“坚定实施科教兴国战略、人才强国战略、创新驱动发展战略、乡村振兴战略、区域协调发展战略、可持续发展战略、军民融合发展战略”[⑤] 七种发展战略。后面还提到就业优先战略、健康中国战略等。

---

① 于光远．关于“战略”的概念［J］．管理现代化，1982（4）：4-5.

② 北京大学国家发展研究院讨论稿《与林老师对话——发展战略篇之一》。

③ 赫希曼．经济发展战略［M］．北京：经济科学出版社，1991：42-43，185-189.

④ 宁吉喆．关于“十三五”经济社会发展战略问题［J］．宏观经济管理，2016（3）：4-5.

⑤ 习近平．决胜全面建成小康社会 夺取新时代中国特色社会主义伟大胜利：在中国共产党第十九次全国代表大会上的报告［M］．北京：人民出版社，2017：27.

2021 年 3 月，第十三届全国人大四次会议通过的《中华人民共和国国民经济和社会发展第十四个五年规划和 2035 年远景目标纲要》（以下简称《规划》）在标题中就提到深入实施制造强国战略、完善新型城镇化战略、深入实施区域重大战略、深入实施区域协调发展战略、实施积极应对人口老龄化国家战略、实施就业优先战略六种发展战略。在《规划》第二篇“坚持创新驱动发展 全面塑造发展新优势”中提出深入实施科教兴国战略、人才强国战略、创新驱动发展战略，在第五十三章“强化国家经济安全保障”中重点提到实施粮食安全战略、实施能源资源安全战略和实施金融安全战略等。

2. 社会经济发展战略的基本特征①

第一，宏观全局性。社会经济发展战略是关于国民经济和社会发展的总方向、大趋势和若干重大方面的总体部署，以协调全局利益关系，维护公共和长远利益为出发点和落脚点，而不是以局部目标为出发点。

第二，长远稳定性。社会经济发展战略是关于国民经济和社会发展的最高层的预期选择和根本性的部署安排，对全局具有长远指导意义，不是为了求得眼前短期的利益，而是为了取得区域经济发展中的长期利益，因此其制定要非常慎重，一旦制定，不容随意改动。

第三，重点性。在有限的资源约束条件下，社会经济发展战略作为一种面向未来的、总揽全局的谋划，必须以长远发展的重大问题或重要环节为核心，突出重点。

第四，综合统率性。社会经济发展战略一般是围绕某个核心目标按特定次序合理配置而形成的重大方针政策体系，对全体成员的行为和整个活动或行动具有综合统率作用。

（二）社会经济发展战略的基本构成要素

当前在我国学术界被普遍接受的是“五要素论”，其具体内容如下。

1. 战略方针

又称战略指导思想。它是发展战略选择中必须遵循的根本原则，是指导战略制定的基本出发点和基本思想，是整个发展战略的“灵魂”。2015 年 10 月，党的十八届五中全会通过了关于“十三五”规划的建议，创新性地提出的创新、协调、绿色、开放、共享的五大发展理念，就属于我国今后发展的长期战略指导思想。

党的十九届五中全会审议通过的《中共中央关于制定国民经济和社会发展第十四个五年规划和二〇三五年远景目标的建议》，在继续坚定不移贯彻创新、协调、绿色、开放、共享的五大新发展理念的基础上，创新性地提出了以改革创新为根本动力，以满足人民日益增长的美好生活需要为根本目的，统筹发展和安全，加快建设现代化经济体系，加快构建以国内大循环为主体、国内国际双循环相互促进的新发展格局，推进国家治理体系和治理能力现代化，实现经济行稳致远、社会安定和谐，为全面建设社会主义现代化国家开好局、起好步。

2. 战略目标或战略任务

即发展主体在某一时期所要实现的基本任务和所要达到的总体要求，实质上是综合

---

① 刘瑞，武少俊．社会经济发展战略与规划：理论，实践，案例［M］. 北京：中国人民大学出版社，2006：64－65.

体现发展战略的“核心”，发展战略的核心问题在很大程度上就是如何确定适当的战略目标。党的十九大报告提出，到21世纪中叶，建成富强民主文明和谐美丽的社会主义现代化强国，就是我国的战略目标。

3. 战略重点

指发展全局中的主要矛盾，或对全局成败具有决定性意义的关键环节或因素。对全局发展具有决定性意义的情况主要有两种：一种是具有前沿带动作用的先导因素；另一种是制约全局发展的薄弱环节，如党的十九大报告提出的在全面建成小康社会决胜期，防范化解重大风险、精准脱贫、污染防治问题。

《求是》杂志2020年第21期发表了习近平总书记的重要文章《国家中长期经济社会发展战略若干重大问题》。习近平总书记谈到的重大问题可以理解为我国中长期经济社会发展的战略重点。

专栏 11-1

习近平发表《国家中长期经济社会发展战略若干重大问题》

文章强调，当今世界正经历百年未有之大变局，这次疫情既是一次危机，也是一次大考。我们要举一反三，进行更有长远性的思考，完善战略布局，做到化危为机，实现高质量发展。文章指出：

第一，坚定实施扩大内需战略。牢牢把握扩大内需这一战略基点，使生产、分配、流通、消费各环节更多依托国内市场实现良性循环，国内循环越顺畅，越有利于构建以国内大循环为主体、国内国际双循环相互促进的新发展格局。

第二，优化和稳定产业链、供应链。产业链、供应链在关键时刻不能掉链子，这是大国经济必须具备的重要特征。要拉长长板，补齐短板，在关系国家安全的领域和节点构建自主可控、安全可靠的国内生产供应体系。

第三，完善城市化战略。把人民生命安全和身体健康作为城市发展的基础目标，更好推进以人为核心的城镇化，使城市更健康、更安全、更宜居。

第四，调整优化科技投入和产出结构。科技发展要坚持问题导向、目标导向，调整优化科技投入和产出结构，创新科技成果转化机制。要深化对人与自然生命共同体的规律性认识，站在人与自然和谐共生的高度来谋划经济社会发展。要优化科技资源布局，提升科技创新能力，走出一条符合我国国情的科技研发道路。

第五，实现人与自然和谐共生。人与自然是生命共同体，人类必须尊重自然、顺应自然、保护自然。这次疫情防控使我们更加深切地认识到，生态文明建设是关系中华民族永续发展的千年大计，必须站在人与自然和谐共生的高度来谋划经济社会发展。

第六，加强公共卫生体系建设。从顶层设计上提高公共卫生体系在国家治理体系中的地位。

资料来源：习近平．国家中长期经济社会发展战略若干重大问题［J］．求是，2020（21）．

4. 战略步骤

发展战略的制定必须将战略目标按阶段由近及远逐步细化，选择每个阶段的目标和重点及其实现途径。我国社会主义现代化建设的“三步走”战略和“新三步走”战略就清晰地体现了战略步骤上的循序渐进和目标上的相互衔接战略特征。“两个一百年”目标是我国现代化建设的第三步战略部署。党的十九大报告中提出第二个百年奋斗目标分两步走的战略部署：第一步，从 2020 年到 2035 年，在全面建成小康社会的基础上，再奋斗 15 年，基本实现社会主义现代化；第二步，从 2035 年到 21 世纪中叶，在基本实现现代化的基础上，再奋斗 15 年，把我国建成富强民主文明和谐美丽的社会主义现代化强国。

5. 战略对策

指贯彻战略方针、实现战略目标、实施战略重点和步骤的基本策略和重大举措。党的十九大报告提到的科教兴国战略、人才强国战略、创新驱动发展战略、乡村振兴战略、区域协调发展战略、可持续发展战略、军民融合发展战略、就业优先战略、健康中国战略等，就属于战略对策。

除上述五个要素外，还要深刻理解和比较不同的战略，战略环境也应该作为一项发展战略的基本构成因素来加以重视。

二、产业发展战略及其模式

（一）产业发展战略的含义

产业发展战略是指在把握一个国家或区域的产业发展外部环境和内部条件的基础上，根据产业发展中客观规律的要求，为达到既定的产业发展目标，对产业发展的方向、目标、基本方针、指导原则、行动部署和政策安排做出重大的、长期的、总体的和全局的谋划与决策。

（二）产业发展战略的内容

1. 战略指导思想

战略指导思想是确定战略目标、战略内容、战略重点和战略措施的依据，是制定各个具体战略决策的统一思想和总原则。战略指导思想一经确定，则不能轻易改变。其确定、调整、转变一定要慎之又慎，绝不能轻率从事。

2. 战略目标

战略目标是在战略思想指导下所规定的一定战略时期产业发展预期达到的总要求和总水平，也是一定战略时期内应完成的总任务。战略目标是战略思想的集中反映和体现，是产业发展战略的直接指向，决定着战略重点和战略措施，因而是整个发展战略的灵魂。目标要适中，既要有难度，又要有可实现性；既要有定性目标，又要有定量目标；各产业部门目标要相互衔接，并突出重点，不包罗万象。

3. 战略内容

战略内容是指在战略思想的指导下，为实现产业发展战略目标而实施的具体战略。如结构转换战略、名牌推进战略、绿色产业发展战略等。从产业分类上看，也可以具体分为农业发展战略、工业发展战略、服务业发展战略等具体战略。

4. 战略重点

战略重点是指在产业发展中对实现战略目标具有决定意义，对推动产业发展产生重大影响的、有发展优势或比较薄弱的环节或项目。为了达到战略目标，必须明确战略重点。战略重点通常从如下几方面考虑：(1) 竞争中的优势产业。(2) 经济发展的基础性产业，如农业、能源、教育、交通等部门。(3) 产业发展中的薄弱环节。战略重点具有相对性，随着产业发展的内部、外部条件的变化，战略重点也会变化。随着不同战略阶段、不同战略时期的转换，应适时转移战略重点。

5. 战略措施

战略措施是实现战略目标的步骤和途径，是实施战略的手段。制定战略措施，就是把比较抽象的战略目标、战略方针进一步具体化的过程。战略措施通常包括实施战略的相应的组织机构、资源分配、资金政策、劳动力政策，以及产业发展的控制、激励、协调等手段。在产业发展过程中，当战略目标确定、战略重点明确时，采取正确、适当、有效的战略措施，产业发展就可能成功。

从在整个产业发展战略中所处的地位来看，战略指导思想是依据，战略目标是灵魂，战略内容是核心，战略重点是关键，战略措施是手段。

知识讲解

以下视频节选自新疆财经大学“产业经济学”慕课，可登录中国大学慕课网站搜索查看完整视频。

视频 11-1：产业发展战略的内容

（三）产业发展战略模式

产业发展战略模式是研究未来时期区域产业发展的总体构想，即沿着一条什么样的道路前进。产业发展的战略模式必须根据一个国家或区域的具体情况来制定。

产业发展战略是从产业发展全局出发，分析构成产业发展全局的各个局部、因素之间的关系，找出影响并决定全局发展的局部或因素而做出的决策。产业发展战略主要有 8 种模式。

1. 初级产品出口发展战略

初级产品出口发展战略的特点是发展中国家利用本地区丰富的自然资源条件，发展农产品和矿产品的出口，有的还通过初级产品再加工促进经济发展。初级产品出口战略对促进经济发展的作用是有限的，而且存在许多不利影响，其主要表现是：发展起来的初级产品生产部门没有与本国的国民经济融为一体，反而会形成或加剧畸形的经济与价格结构。

2. 进口替代发展战略

进口替代发展战略是指用本国产品来替代进口品，实质是以本国生产的工业制成品来取代进口品，并通过进口替代工业的发展来逐步实现工业化。该战略包括下游产业进口替代和上游产业进口替代两种。进口替代一般要经过两个阶段：在第一个阶段，先建立和发展一批最终消费品工业，用国内生产的消费品替代进口品，当国内生产的消费品能够替代进口品并满足国内市场需求时就进入第二个阶段；在第二个阶段，进口替代由消费品转向国内短缺的资本品和中间产品。经过这两个阶段，进口替代工业日趋成熟，为全面的工业化奠定基础。

进口替代发展战略的实施需要实行贸易保护政策。实施进口替代在一定程度上加强了发展中国家独立发展经济的能力，但是这一战略对刺激民族工业发展的作用是有限的。20 世纪 60 年代末 70 年代初，进口替代发展战略受到许多学者的批评。

3. 出口替代发展战略

出口替代发展战略是面向国际市场，用工业制成品的出口来替代农矿初级产品的出口，以推动工业化进程。其战略是利用国内劳动力价格低廉的优势大量引进外资和技术，实行产业战略转移，由进口替代转为出口替代。

出口替代发展战略的核心思想是使本国的工业生产面向世界市场，并以制成品的出口代替初级产品的出口。通过扩大其有比较优势的产品的出口，以改善本国资源的配置，从中获得贸易利益和推动本国经济的发展。以这种方式发展的国家大多取得了高速经济增长，这一事实成功地推翻了传统的工业发展只能通过进口替代来实施的观点。依据加工深度的不同，可将出口替代分为初级出口替代和高级出口替代两种。一般经历三个阶段，每一次替代都会使产业结构发生重大变化：（1）发挥低价劳动力优势，促进轻工业增长，使轻工业品出口比重超过初级产品；（2）劳动力优势逐渐丧失后，调整产业结构，发展重化工业，使重化工业产品出口比重超过轻工业品；（3）在此基础上，着手建立高科技工业，在世界高科技工业品的市场上占有一席之地。

出口替代发展战略的优点是：突破了国内市场容量的局限，并使国内产品参与国际市场竞争；有利于生产要素的国际流动，并提高劳动生产率；促进产业调整和升级换代；以出口结构的变化压力促进或引导产业结构的高级化；利用国际市场机制规范企业行为。

出口替代发展战略的局限性是：经济对发达国家产生了高度的依赖性；忽视国内消费；增发货币，造成国内的高通货膨胀；一些重要工业部门被控制在外资手里；出口产品价格低廉；进口原料、能源、设备价格上涨，一些国家国际收支赤字不断上升。

4. 进口替代与出口替代相结合的发展战略

大多适用于规模较大的发展中国家。

5. 优先发展重工业的战略

优先发展重工业有利于推动国民经济各部门的发展，建立独立自主的国民经济体系，巩固国防和发展科学研究等事业，但要注意同时发展农业和轻工业，为重工业发展提供资金及原料。

20 世纪上半叶，苏联实行国家赶超发展战略。20 世纪中后期，后发的社会主义国家都先后选择了优先发展重工业，也逐步实行了三位一体的计划经济体制。然而，实行赶超战略的国家的经济经过多年的积累，大都陷入高通货膨胀以及经济结构失衡的困境之中。赶超战略所扶持的产业部门由于不符合要素禀赋的比较优势，形成的畸形产业结构与劳动力丰富的要素禀赋之间的矛盾加剧。

6. 优先发展轻工业的战略

优先发展轻工业的战略是指通过实施向生产消费品的工业部门倾斜的政策，以推动工业化的发展战略。发达国家工业化大部分以轻工业的发展为起点。这一战略投资少，建设周期短，多属劳动密集型工业，有利于改善人民生活，加速经济发展，但应积极创造条件，逐步加快重工业发展步伐。

7. 平衡发展战略

平衡发展战略是指国民经济各部门和各产业相互支持、相互配合、全面发展来实施工业化的一种战略，但发展中国家难以做到，实施起来也较难成功。

8. 非均衡发展战略或不平衡发展战略

即将有限的资源有选择地集中配置在某些产业部门和地区使之优先发展，然后通过关联效应带动其他部门和地区发展。

第二节　产业发展规划的概念及内容

一、规划的含义、作用与产业发展规划的概念

规划（program）或计划（plan）是为达到某种目标，对规划对象未来发展状况的设想、谋划、部署或具体安排，二者内涵差别不大。规划的空间和图形色彩更浓一些，计划的时间和数量色彩更重一些，现在更多地使用规划一词。

规划与战略在内涵上有相当大的交集。与战略相比，规划更具有阶段性和细化性。任何机构或组织都可以编制规划，这里主要是指政府编制的规划。

规划是社会共同的行动纲领、政府履行职责的依据和约束社会行为的“第二准则”，在我国和其他东亚地区发展中起到的作用不容忽视。普林斯顿大学教授邹至庄曾经说过，中美两国经济众多的制度性差异中，最重要的就是中国的经济规划。规划本身具有鼓舞民众按照规划的内容完成本职工作的作用。对于中国这样一个混合经济体，经济规划尽管在许多方面都有不足，但在中国引领全球经济的过程中，它仍是利大于弊的。

产业发展规划可以理解为产业发展的战略性决策、实现产业长远发展目标的方案体系、为产业发展所制定的指导性纲领。具体来说，产业发展规划就是政府根据产业发展条件，对未来一定时间和空间范围内产业的发展方向、发展目标、结构优化和空间布局等方面及产业间持续协调发展所做的设想、谋划、部署或具体安排。

产业发展规划的编制对国民经济和社会发展意义重大，是推进经济转型升级的重要手段，对于优化生产力布局、构建现代产业体系、提升经济综合竞争力具有重大意义。

“十四五”时期，我国数字经济转向深化应用、规范发展、普惠共享的新阶段。为应

对新形势新挑战，把握数字化发展新机遇，拓展经济发展新空间，推动我国数字经济健康发展，2021 年 12 月 12 日，国务院印发《"十四五"数字经济发展规划》，这就是数字经济产业发展规划。

专栏 11－2

《"十四五"数字经济发展规划》的目标

到 2025 年，数字经济迈向全面扩展期，数字经济核心产业增加值占 GDP 比重达到 10%，数字化创新引领发展能力大幅提升，智能化水平明显增强，数字技术与实体经济融合取得显著成效，数字经济治理体系更加完善，我国数字经济竞争力和影响力稳步提升。

展望 2035 年，数字经济将迈向繁荣成熟期，力争形成统一公平、竞争有序、成熟完备的数字经济现代市场体系，数字经济发展基础、产业体系发展水平位居世界前列。

资料来源：http：//www.news.cn/2022－01/12/c_1128256301.htm.

二、产业发展规划在规划体系中的位置

经济与社会发展规划分为总体规划、主体功能区规划、专项规划（总体规划在特定领域的延伸和细化，包含特定产业的发展规划）和区域规划等。

总体规划是国民经济和社会发展的战略性、纲领性、综合性规划，是编制本级和下级专项规划、区域规划，制定有关政策，以及制订年度计划的依据，其他规划要符合总体规划的要求。

主体功能区规划是战略性、基础性、约束性的规划，也是国民经济和社会发展总体规划、区域规划、城市规划等的基本依据。主体功能区规划就是要根据不同区域的资源环境承载能力、现有开发密度和发展潜力，统筹谋划未来人口分布、经济布局、国土利用和城镇化格局，将国土空间划分为优化开发、重点开发、限制开发和禁止开发四类，确定主体功能定位，明确开发方向，控制开发强度，逐步形成人口、经济、资源环境相协调的空间开发格局。

专项规划是以国民经济和社会发展特定领域为对象编制的规划，是总体规划在特定领域的细化，也是政府指导该领域发展以及审批、核准重大项目，安排政府投资和财政支出预算，制定特定领域相关政策的依据。

区域规划是以特定区域国民经济和社会发展为对象编制的规划，是总体规划在特定区域的细化和落实。区域规划是编制区域内次一级区域总体规划、专项规划的依据。

国家总体规划、省（区、市）级总体规划和区域规划的规划期一般为 5 年，可以展望到 10 年以上。市县级总体规划和各类专项规划的规划期可根据需要确定。

编制国家级专项规划原则上限于关系国民经济和社会发展大局、需要国务院审批和核准的重大项目以及安排国家投资数额较大的领域。主要包括：农业、水利、能源、交

通、通信等方面的基础设施建设，土地、水、海洋、煤炭、石油、天然气等重要资源的开发保护，生态建设、环境保护、防灾减灾，科技、教育、文化、卫生、社会保障、国防建设等公共事业和公共服务，需要政府扶持或者调控的产业，国家总体规划确定的重大战略任务和重大工程，以及法律、行政法规规定和国务院要求的其他领域。

从规划体系来看，产业发展规划隶属于专项规划，应根据总体规划的发展目标和基本要求，具体细化和落实总体规划中关于产业发展的内容。

三、产业发展规划的内容和编制程序

（一）产业发展规划的主要内容

产业发展规划的编制要点主要体现为发展环境判断得是否准确、透彻，规划理念是否前瞻、先进，发展目标确定得是否科学、可行，发展任务安排得是否合理、明确，空间布局是否充分考虑了产业发展的需要，保障措施能否有针对性地推动产业的发展。具体编制内容如下。[①]

1. 产业发展环境分析

发展环境的判断需要深入分析国内外产业的发展现状、特点和趋势，分析研究规划区域在全球、全国、全省（市）的地位和发展空间，挖掘规划区域的地理位置、交通条件、基础设施、人才环境、技术水平、企业集群、管理体制机制等方方面面的优势，分析经济效益、国际化程度、技术先进性、国际竞争力等指标，分析规划区域的原材料来源渠道、数量，研究最终产品的销售去向和销售潜力。这些方面研究得足够深入后，才能确定本次规划的产业定位。

2. 产业发展的规划目标

确定发展目标要有先进的规划理念（全球化理念、区域化理念、可持续发展理念、以人为本理念、协调发展理念、知识经济视角和创新发展理念等），研究产业发展的指导思想、发展原则和产业定位，根据发展需要科学确定发展目标。产业发展的指导思想应具有宏观性、概括性、明确性和前瞻性，切实起到指导作用。产业定位要在深入研究产业发展环境和产业发展战略后才能慎重决定，因此，产业定位是产业发展规划的核心。到底发展什么方向、发展哪些产业、发展到什么程度、如何发展这些产业是确定产业发展定位时必须要研究的内容。产业定位定准后就能顺理成章地确定发展目标，并预测各分项指标。发展目标包括产值规模、产业结构、节能降耗、出口比重、国际化水平、投资强度、产出强度、创新水平等一系列指标，这些指标既要与国家和本地区的中长期发展规划相结合，又要结合实际情况，考虑一定程度的创新和突破。

3. 产业发展的主要任务

产业发展的主要任务是落实发展目标的具体方案，涉及产业链和产业集群。规划应

---

① 康敬．对产业发展规划编制的若干思考［J］．城市，2011（5）：40－42；蓝庆新．区域产业规划方法与案例研究［M］．北京：知识产权出版社，2011：49－61.

注重整体协调，统筹好区域内的产业发展，按照“优（优化产业结构）、新（发展新兴产业）、高（提高科技含量）、特（发挥特色优势）”的要求，促进各个产业的协调发展。

为了使编制的产业发展规划便于实施，需要规划一批建设项目。项目、产业链和产业规划分别对应点、线、面，形成立体空间体系，而项目是产业规划最基本的点，因此规划项目是产业发展规划中非常重要的一部分。确定规划项目的难点在于项目的可行性，需要分析项目的产业政策、市场空间、技术水平、原材料来源、投资，进行预期效益分析和风险分析等。在规划阶段难以详细分析各个方面的可行性，但可以大致判断项目的优劣，在规划阶段决定是否列入规划项目库。

4. 产业发展空间布局

产业发展规划需综合考虑区域的经济基础和发展潜力，从区域特有的比较优势出发，坚持高起点、高标准，因地制宜，对产业、人口、基础设施等重大布局做出合理安排。产业发展空间布局既要遵循一定的布局原理，又要服务于区域功能布局。要综合协调好第一产业、第二产业、第三产业的空间布局，以及主导产业和特色产业的空间布局。要结合港口、铁路、公路、机场等交通条件，投资强度，产出强度和周边地区的产业布局进行合理确定。要考虑减少物流成本、资源共享、公用工程配套设施的集中建设以及产业的规模化发展，还要考虑规划地点的环境容量。确定产业集聚区用地基本方案应将产业集聚区划分为不同类型的功能区，如产业功能区、配套服务功能区、生态功能区、预留区等。根据不同功能区的特点，提出各功能区的发展导向、建设规模及空间范围与管制要求。

5. 产业发展保障措施

保障措施一定不能泛泛而谈，要有针对性。保障措施涉及实施主体的组织保障、政策保障、资金保障、技术保障、项目保障、人才保障、市场开发、招商工作推动等一系列措施。

> **知识讲解**
>
> 以下视频节选自新疆财经大学“产业经济学”慕课，可登录中国大学慕课网站搜索查看完整视频。
>
> 视频 11－2：产业发展规划的内容

（二）产业发展规划的编制程序①

1. 准备阶段

（1）明确工作任务。

产业发展规划体现了规划委托方（一般是政府相关部门）对产业发展的迫切要求和良好愿景。作为规划的受托方，有必要在规划项目启动前与委托方进行充分的交流与沟通，深入了解委托方的产业发展意图，制定出相应的产业发展规划编制大纲，明确任务和要求并提交给委托方。

（2）组织工作团队。

产业发展规划的编制需要建立一个跨学科、多层次的规划编制团队，其中既要有具

① 蓝庆新．区域产业规划方法与案例研究［M］．北京：知识产权出版社，2011：49－61；方创琳．区域发展规划论［M］．北京：科学出版社，2000：24－26．

有深厚理论素养和充分实践经验的专家和研究骨干人员，还要有区域政府相关决策人员。团队由规划办公室和课题组两大机构组成。规划办公室负责协调规划工作的日常事务；课题组作为课题总体研制、总体工作程序构造和通盘技术方法设计的权威机构，主要负责规划报告编制工作，成员应涉及区域经济、产业经济、城市规划、公共管理、环境经济、循环经济等领域的研究人员。

此外，委托方有必要成立产业发展规划领导小组，包括政府主管领导和部门决策人员，是规划班子的最高机构，负责决策、协调和指挥，确保产业发展规划的编制能够得到当地各部门的大力配合和支持。

（3）制订工作计划。

包括确定规划的空间范围、时间范围，熟悉规划区域情况，编制规划任务合同书和经费预算，编写规划提纲与调研提纲，落实物质与资金准备及工作技术设备，组织区内外专家对规划区域做感性认识工作等。领导部门决策者应畅谈他们在任职期间的打算，把制定规划的要求、目的、动机、需要提供的数据资料等都向规划人员和专家讲清楚，把“底牌”亮给专家。各部门行业负责人、业务骨干和各企事业单位负责人应说明本系统（本行业、企业）未来发展的前景。规划专家听取汇报后，一定要吃透决策者的意图，深入掌握基础情况。要为科学制订规划负责，不能“唯上”。决策者、规划者与群众三方的密切协作是制订好规划的重要保证。

2. 编制阶段

（1）前期资料收集。

前期资料收集包括以下两种方式。一是产业规划具体工作小组自行收集。小组成员通过网络检索、数据收集、参阅相关著作和论文以及政府文件等手段尽可能做好资料收集及整理工作。二是工作小组要通过委托方收集一些内部资料及相关政策文件，具体包括：自然资源类，人口与生态环境类，国民经济各行业经济技术指标类，部门结构、产品结构与空间结构类，基础设施类等区域内部要素；区域位置与相邻区域的比较，区域发展实力与相邻区域的比较，主要协作行业，外资与外向型经济发展状况，横向经济技术联合，国家指令性指标及上一级的计划安排等区域外部要素。调查资料来源一部分取自各地农业区划报告、资源调查报告、国土资源报告、历年统计年鉴、以往的规划文件、工业普查与人口普查报告、各局及工业园区年报及五年规划、各局及工业园区专题论证及年度工作总结、文史资料、档案资料等；另一部分资料必须通过深入基层召开专题论证会议、各行业专家干部讨论会议、战略研究会议，或者采用抽样调查法、问卷调查法、德尔菲法等途径获得。

实际上，资料收集工作贯穿于产业发展规划的各个阶段，对资料的前期收集是非常有必要的，但随着规划的进行，又会产生更多的资料需求，因此，资料的收集必须在规划编制过程中不断补充和完善。

（2）实地调研。

在实地调研开始前，一般要在整理前期资料的基础上，拟定调研提纲，列出调研问题，提出要调研的部门和企业，提交委托方，并请它们做好前期筹备工作。

实地调研环节主要采用现场考察、召开座谈会、深度访谈、问卷调查等方法对政府部门、工业园区、重点企业和相关人群进行调研访谈。

对政府部门的实地调研一般针对与产业发展相关的职能部门，如发改委、经济和信息化委员会（简称经信委）、城市建设管理局（简称城建局）、规划局、农业局、商务局、统计局、科技局、海关、旅游局、林业局、招商局、相关园区等进行，应尽快摸清当地产业发展的实情，倾听它们对相关区域和产业发展的问题分析和建议。

（3）研讨沟通。

产业发展规划工作小组通过与专家、委托方进行研讨沟通，举办研讨会，以领会委托方意图，并集思广益，确保规划方案具有科学性、权威性、可操作性和创新性。这一阶段是规划的重中之重，是决策者经验、智慧、认识、判断最活跃的时段，必须广泛发动群众、专家，做到群策群力，知识组装，智力放大，数次磨合，多层面、多方位提出可供选择的规划方案。因此可采取以下方法：一是召开全区域甚至更大范围的区域发展战略研讨会；二是采取“请进来”的办法，邀请上级部门和专家学者促膝恳谈，采取“走出去”的办法，开展大范围、多渠道、广角度的战略咨询活动。

（4）方案编制。

通过充分的资料收集、实地调研、研讨沟通后，开始具体进入产业发展规划方案的编制阶段了。一是对信息进行综合整理、分析和归纳。二是针对产业发展的全局性和关键性问题，明确产业发展的理念、指导思想、发展原则和产业定位，根据发展需要科学确定发展目标。三是在区域资源环境、社会环境、发展背景、未来发展趋势分析的基础上，提出产业发展的主要任务、空间布局、重点项目和保障措施。四是在规划方案初稿形成后，通过工作协调会、项目研讨会等方式征求各方意见，充分吸收合理化建议，并与区域发展总体规划和其他专项规划相衔接，进行规划方案的修正与完善，最终完成产业发展规划的编制，并将规划成果打印汇编成册，作为评审和实施规划的依据。

3. 评审阶段

（1）规划方案评审与报批。

项目评审一般以召开评审会议的形式进行，由项目委托方召集、聘请产业领域的专家和上级部门专家，一般是5位，成立评审专家组，对项目进行评审。如果评审通不过，规划编制小组则需要对规划方案进行整体性修改，然后重新进行评审。如果评审通过，规划编制小组则根据评审专家组的意见对方案进行修改完善，提交产业发展规划终稿，同时提交规划简版稿，由委托方向规划上级主管机构或政府权力部门报批，或提交相关人民代表大会审议，待相关部门通过审批后，形成具有权威性的实施文件。

（2）规划的发布与实施。

编制产业发展规划的最终目的在于实施、实现规划目标。产业发展规划通过合适的途径和方式向全社会进行公布，重点展示规划区域的功能定位、产业选择、产业发展引导、产业空间布局及保障政策等内容。在实施过程中，要使规划部门与实施部门、外地专家与地方领导和业务骨干之间继续保持密切合作关系，并接受社会公众的监督，及时反馈规划实施中存在的主要问题，并及时提出解决问题的对策措施。

第三节　产业发展规划分析方法与工具[①]

一、规划分析方法

（一）归纳分析法

对相关资料、座谈研讨、实地调研中的内容信息进行系统分析，采取确立框架、提出假设、讨论评价、量化预测、归纳总结的步骤与方式完成规划编制工作。

（二）专家咨询法

在规划编制中咨询专家意见，为产业发展策略的制定提供参考；邀请专家对产业规划初稿提出修改和评审意见。专家的选择是该方法的重点，需邀请从事相关产业管理、研究、组织工作的相关人员，以及相关企业的专业技术与管理人员，专家的年龄、地区、专业、经验、观点等方面应具有代表性。

（三）实地调研法

在产业规划中，需在政府相关部门和行业协会的支持下开展实地调研。调研需提出调研提纲，对需要了解的问题开展针对性的调研、座谈等，对调研结果进行分析评价，剔除无效信息，对有效信息进行分析归纳。

（四）模型分析法

产业的内涵与外延内容丰富、影响要素与自身结构复杂、产业关联与波及效果明显，在规划研究中，需要开展产业发展环境分析、产业评估、产业结构与发展效益预测等定量模型分析，具体模型工具详见环境分析工具。

二、环境分析工具

产业规划编制的过程中，可以应用的环境分析工具主要包括 PEST 分析法、钻石模型、SWOT 分析法。这些工具重点突出了对产业发展的影响因素分析，以便有针对性地提出产业发展策略。

（一）PEST 分析法

PEST 分析是指对组织所处宏观环境的分析。分析宏观环境因素时，不同行业和企

---

① 蓝庆新．区域产业规划方法与案例研究［M］．北京：知识产权出版社，2011：84-105.

业根据自身特点和经营需要，分析的具体内容会有差异，但一般都应对政治、经济、社会和技术这四大类影响产业发展的主要外部环境因素进行分析，简称 PEST 分析法。

1. PEST 分析的具体内容

（1）政治环境因素（political factors）。

政治环境包括一个国家的社会制度，执政党的性质，政府的方针、政策、法令等。不同的国家有着不同的社会性质，不同的社会制度对产业活动有着不同的限制和要求。

（2）经济环境因素（economic factors）。

经济环境主要包括宏观和微观两个方面的内容。宏观经济环境主要指一个国家的人口数量及其增长趋势、国民收入、国内生产总值及其变化情况以及通过这些指标反映的国民经济发展水平和发展速度。微观经济环境主要指规划区域消费者的收入水平、消费偏好、储蓄情况、就业程度等因素。

（3）社会文化环境因素（sociocultural factors）。

社会文化环境包括一个国家或地区的居民教育程度和文化水平、宗教信仰、风俗习惯、价值观念、审美观点等。

（4）技术环境因素（technological factors）。

技术环境除了要考察与产业发展直接相关的技术手段的发展变化外，还应及时了解：①国家对科技开发的投资和支持重点；②该领域的技术发展动态和研究开发费用总额；③技术转移和技术商品化速度；④专利及其保护情况等。

2. PEST 环境分析模型在产业规划中的应用

PEST 环境分析模型虽然最初是针对企业战略提出来的，但是其思维方法可以应用到产业分析和规划研究之中，从而对产业规划发展环境有一个直观的了解和估量，有利于产业发展策略顺势而为。下面是广西北部湾经济区物流产业集群 PEST 分析。[①]

（1）政治环境因素。

广西北部湾经济区建设是国家战略，广西北部湾经济区是西部大开发的重点扶持区域。《广西北部湾经济区发展规划》《广西物流业调整和振兴规划》《广西北部湾港总体规划》等提出，广西北部湾经济区要推进现代化综合交通运输体系建设和出海出边国际大通道建设，促使物流产业集聚，打造中国-东盟开放合作的重要物流基地及物流产业集群。

（2）经济环境因素。

广西北部湾经济区经济增长迅速，近年来平均增速在 16%左右，GDP 增速连续 5 年远远高于广西其他地区；2011 年经济总量为 3 862.33 亿元，生产总值占广西的比重由 2010 年的 31.8%提高到历史性的 33%。《国务院关于进一步促进广西经济社会发展的若干意见》明确提出，广西北部湾经济区要充分利用沿海港口优势，积极引进国内外大企业，重点发展石油化工、钢铁、林浆纸、修造船、电子信息、粮油加工、新能源等产业，培育壮大临港产业集群，加快形成临海先进制造业基地和现代物流基地，因而广西北部湾物流产业集群具有良好的经济基础。

---

① 隋博文．广西北部湾经济区物流产业集群发展研究：基于 PEST 分析模型［J］．钦州学院学报，2012（4）：6－9.

（3）社会文化环境因素。

广西北部湾经济区大力加强教育力度，全面提高公民素质；加快建设科技创新型人才队伍，实施“八桂学者”“人才小高地”等培养工程，培养和引进一批广西北部湾经济区经济社会发展急需的拔尖人才和领军人才，建立完善的人才储备制度，加大人力资源开发投入。北部湾经济区能够提供发展和建设物流产业集群所需要的优秀人才及良好的社会环境。

（4）技术环境因素。

物流技术的进步和应用直接影响到物流产业集群的发展和建设。广西北部湾经济区运输工具朝着多样化、高速化、大型化和专用化方向发展，并且对绿色物流要求严格。与此同时，库存技术、装卸技术、包装技术以及物流信息技术发展迅速，可以为物流产业集群提供技术基础。

（二）钻石模型

1. 钻石模型概述

早在20世纪90年代初，著名产业竞争力研究专家、美国哈佛大学工商管理学院迈克尔·波特教授对许多国家的产业国际竞争力进行研究后，以产业结构“五力竞争”模型为基础，逐步形成了适应经济全球化环境的产业国际竞争力分析框架和方法，即钻石模型，具体内容见本书第九章。

2. 钻石模型在区域产业规划中的应用

钻石模型用来分析产业的竞争力，是从中观层次来分析产业的发展环境或条件，对产业规划的借鉴意义很大。一方面，在确定是否发展一个产业的时候，除了考虑要素禀赋，需求条件，支持性产业和相关性产业，企业策略、市场结构与同业竞争四个主要因素之外，还要关注机会和政府两个层面的因素。综合考虑钻石模型中的这些因素，可以全面、系统地思考哪些产业在本地区发展是具有竞争力的。另一方面，在新的经济环境下进行产业选择，不能仅依靠现有的资源和条件，而应该大胆想象，把视野扩大到世界范围，借鉴先进的产业发展理念和技术，谋划出科学、先进的产业。例如徐成里采用波特的钻石模型对福建会展业的竞争力进行了分析，构建了福建会展业竞争力指标体系，见表11-1。

表11-1　基于钻石模型的福建会展业竞争力指标体系

因素	各因素涉及的指标
要素禀赋	经济综合水平、区位、基础设施、人才资源、自然环境、人文环境
需求条件	国内需求、国外需求
支持性产业和相关性产业	交通运输、信息通信、宾馆餐饮、广告业、旅游业
企业策略、市场结构与同业竞争	会展场馆及配套设施、会展企业规模与战略
政府	会展体制、会展政策
机会	政府的重大决策、市场需求的剧增

资料来源：徐成里．福建会展业竞争力的“钻石模型”[J]．商务周刊，2010（9）：93.

（三）SWOT 分析法

1. SWOT 分析法概述

SWOT 分析法（也称 TOWS 分析法、道斯矩阵）即态势分析法，20 世纪 80 年代初由美国旧金山大学的管理学教授韦里克提出，原本用于企业战略制定和竞争对手分析，包括分析企业的优势（strengths）、劣势（weaknesses）、机遇（opportunities）和威胁（threats）。SWOT 分析法实际上是对企业内外部条件各方面内容进行综合和概括，进而分析组织的优劣势、面临的机会和威胁的一种方法。SWOT 分析法不断被发展和实践，逐渐成为战略分析的重要工具，见图 11－1。

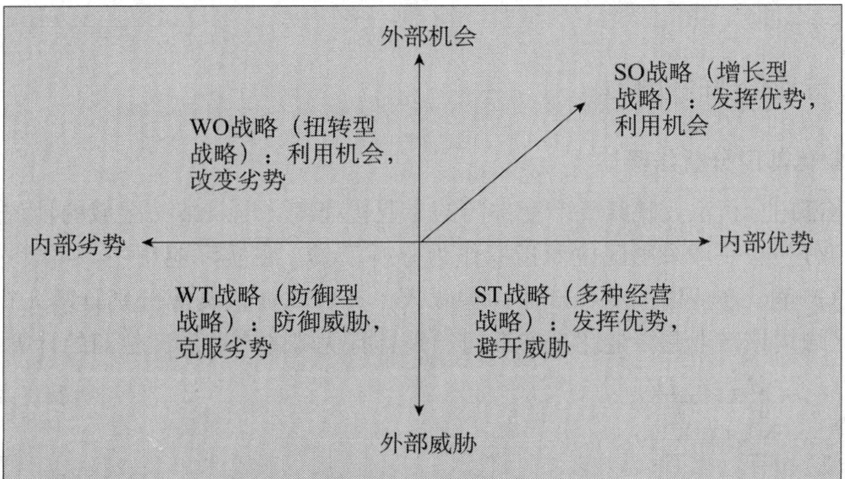

图 11－1　SWOT 战略图

2. SWOT 分析法在区域产业规划中的应用

虽然 SWOT 分析法最初普遍运用于企业的发展规划中，但考虑到其仅仅是一种分析工具，而且可以系统清晰地展现事物的现状特征及其发展态势，因此可将其拓展到产业发展规划中。[①] 目前在对区域产业发展的战略分析中，SWOT 分析法也是常用的分析工具。例如，西班牙学者就认为，SWOT 分析法是进行能源产业规划的关键技术之一。[②] 该分析方法从优势、劣势、机遇和威胁四个角度，全面展现了规划区域内产业结构自身的实力和周边环境的吸引力，可以作为研究产业发展规划的出发点。其分析直观、使用简单，即使没有精确的数据支持和更专业化的分析工具，也可以得出有说服力的结论，为区域扬长避短、将外部机遇与区域优势相结合、规避风险与挑战、因地制宜地制定发展战略提供了坚实的分析基础。在 SWOT 分析法的应用中，往往需要构造 SWOT 分析表，将考虑的各种环境因素相互匹配加以组合，得出一系列产业未来发展的可选对策。

---

① 黄幸婷，胡汉辉．产业发展规划的范式研究［J］．科学学与科学技术管理，2012（9）：66－73.

② Terrados，J.，Almonacid，G.，Hontoria，L. Regional Energy Planning through SWOT Analysis and Strategic Planning Tools：Impact on Renewables Development. *Renewable and Sustainable Energy Reviews*，2007（11）：1275－1287.

目前，SWOT 分析法在产业分析与规划中得到广泛的应用，如环保产业发展的 SWOT 分析①、纺织产业国际竞争力研究②、养老产业发展的 SWOT 分析③、体育文化产业发展分析④、文化旅游业的 SWOT 分析⑤、会展物流业的 SWOT 分析⑥等。

SWOT 分析法比较直观易懂，没有包含太多的技术壁垒，将有助于不同学科和专业背景专家之间的交流。

三、产业分析工具

区域产业的分析工具包括专业化部门分析法、投入产出分析法、产业价值链分析法、雷达图分析法等。产业分析工具针对产业发展状况进行分析，从而确定区域产业发展的重点。

（一）专业化部门分析法

1. 专业化部门分析法概述

专业化部门分析法反映某一产业部门的专业化程度，以及某一区域的地位和作用等。专业化部门分析法一般采用区位商指标作为分析工具。在实际应用中，可以选择企业数量、产业总产值、产业增加值、产业销售收入、产业从业人员等分别计算，产业区位商高意味着区域内该产业是专业化生产部门，是具有优势的产业。区位商的计算公式如下：

$$Q=\frac{d_i}{\sum_{i=1}^{n} d_i}\Bigg/\frac{D_i}{\sum_{i=1}^{n} D_i}$$

式中，Q 为某区域 i 产业对于高层次区域的区位商；d_i 为某区域 i 产业的有关指标（通常可用部门中企业数量、产业产值、产量、生产能力、就业人数等指标表示）；D_i 为高层次区域 i 部门的有关指标（与 d_i 相同的指标）；n 为某类产业的部门数量。通过计算某一区域的区位商，就可以找出该区域在全国具有一定地位的专业化部门，并根据区位商 Q 值的大小来衡量其专业化率。Q 值越大，则专业化率也越大。

2. 专业化部门分析法在产业规划中的应用

在产业定位研究中，运用专业化部门分析法的区位商指标可以分析区域优势产业的状况。

例如，计算以产值、产业增加值、从业人员为指标的 2008 年北京服务业对比全国的区位商值，以技术、知识密集型为特征的金融业和文化创意产业的区位商分别为 1.64 和 1.29，这表明北京市金融业和文化创意产业的发展强度在全国同类行业中具有比较优势；

---

① 高秀艳，刘平．辽宁环保产业发展的 SWOT 分析［J］．沈阳大学学报（社会科学版），2014，14（6）：730-732，735.

② 邹戬．中国纺织产业国际竞争力研究［D］．上海：东华大学，2014：25-28.

③ 赵东霞，李赖志．独生子女时代我国养老产业发展的 SWOT 分析［J］．财经问题研究，2013（1）：30-34.

④ 康莉，杨警非．后奥运时代中国体育文化产业发展分析［J］．体育与科学，2013（1）：100-103.

⑤ 周建标．泉州发展文化旅游业的 SWOT 分析［J］．重庆交通大学学报（社会科学版），2015（2）：61-64.

⑥ 于文波．天津会展物流的 SWOT 分析［J］．物流技术，2015（4）：113-115.

北京市第三产业中批发零售业、金融业和软件服务业的产业增加值区位商分别为1.01、1.58和1.58，说明这些行业的发展速度在全国范围内有产业优势；按从业人员计算的区位商中，交通运输、仓储和邮政业，软件服务业，住宿和餐饮业及房地产业的区位商均大于1。因此，结合北京科技与资本优势，北京市应重点发展金融业、物流业、软件服务业、文化创意产业等现代服务业，走集群化发展道路，促进产业结构升级。

（二）投入产出分析法

产业结构分析与预测的技术方法以定量分析方法为主，其中比较普遍的是投入产出分析法。该方法从宏观经济视角出发，将国民经济划分为若干不同但又相互联系的产品部门，通过编制投入产出表及数学模型，准确把握和判断某一时点的产业结构状态和不同时点间的产业结构演化态势，为规划研究人员明确不同产业部门的作用和地位提供依据。投入产出分析法的具体内容详见本书第六章。

（三）产业价值链分析法

按照迈克尔·波特的逻辑，一个企业要赢得和维持竞争优势，不仅取决于其内部价值链，而且取决于一个更大的价值系统（即产业价值链）。企业间的这种价值链关系从价值角度称为产业价值链（industrial value chain）。一个完整的产业价值链包括原材料加工、中间产品生产、制成品组装、销售、服务等多个环节，实现供给、生产、销售、服务的功能，从而保证该产业价值链中人流、物流、信息流、资金流的畅通，进而实现互补、互动、双赢。一旦该产业价值链中的某一个环节不能及时或不能提供充足的供给，这个良性的循环就会被打破，从而导致上游企业或者下游企业不能正常运转。由于某些企业既是本产业价值链内的一个环节，也是其他产业价值链上不可或缺的环节，在以一个主导产业为核心的领域中，关联度较高的众多企业及其相关支撑机构在地理空间上就产生了企业在某一产业价值链上集聚的现象。这种集聚向上延伸到原材料和零部件及配套服务的供应商；向下延伸到产品的营销网络和顾客；横向扩张到互补产品的生产商及通过技能、技术或由共同投入人联系起来的相关企业，同时集群内还包括政府和多功能公共机构的参与。

在全球化条件下的产业价值链分析主要是对区域产业所处的全球价值链的地位进行分析，同时也分析区域产业价值链的协同效应，并深入分析产业价值链各环节展开后的利润区分布及战略控制点。

（四）雷达图分析法

雷达图可以用于反映产业竞争力一级指标的优势与弱势。每个区域画一个圆，在圆上等角度画出5条半径线，分别表示产业竞争力的5个要素。半径与圆弧的接点处表示该一级指标得分最高、优势最大，半径与圆心的接点处表示该一级指标得分最低、优势最小。如果一个产业的全部5个一级指标都是得分最高、优势最大，就把5条半径与圆弧的接点依次连接，组成一个圆内接正五边形，此时所围面积最大，反映该产业的竞争力总水平最强。用这种方法表示竞争力状况非常直观醒目，不但竞争力总水平的反映非常直观，而且八边形的顶点距离圆心的远近可以反映出该一级指标竞争力的优劣。

四、决策制定工具

产业规划中的决策制定工具主要包括 SCP 模型、关键成功因素法、优先举措排序法等。

（一）SCP 模型

SCP（structure-conduct-performance）模型是由美国哈佛大学产业经济学权威乔·贝恩、谢勒等人于 20 世纪 30 年代建立的。该模型提供了一个既能深入具体环节，又有系统逻辑体系的市场结构-企业行为-经济绩效的产业组织分析范式。SCP 范式的基本含义是，市场结构决定企业在市场中的行为，而企业行为反过来又影响着市场结构及市场运行在各个方面的经济绩效。SCP 模型主要分析影响产业发展（绩效）的内部因素，具体内容见本书第三章。

在产业发展规划的具体 SCP 分析中，S（结构）指发展条件，C（行为）指发展策略和制度安排，P（绩效）指发展效果。发展条件重点分析区位条件、交通条件、人居环境、科研资源、发展空间、竞争态势 6 个方面；发展策略和制度安排重点分析体制（政府机构之间的责、权、利安排）、机制（管委会内部的运作机制）、政策（面向企业的地方性体制）、行政管理（规范政府相关部门的条例）、服务（招商、运营扶持方面的措施和效率）5 个方面；发展效果重点分析经济总量、技术创新、基础设施、产业平台、产业发展、企业集聚、创业创新、人才集聚 8 个方面。在分析的基础上制定产业发展策略。

同时，产业规划中利用 SCP 模型进行产业分析，往往从产业集中度角度分析对象，根据对象的产业集中度确定不同的产业发展策略。

（二）关键成功因素法

关键成功因素（key success factors，KSF）法是信息系统开发规划方法之一，1970 年由哈佛大学教授威廉·詹尼（William Zani）提出。关键成功因素法结合自身特殊能力，对应环境中重要的要求条件，以获得良好的产业发展绩效。

关键成功因素有 7 种确认方法：

一是环境分析法，包括将要影响或正在影响产业或企业绩效的政治、经济、社会等外在环境的力量。

二是产业结构分析法。应用波特所提出的产业结构五力分析框架，作为此项分析的基础。此架构由 5 个要素构成。每一个要素和要素间关系的评估都可为分析者提供客观的数据，以确认及检验产业的关键成功要素。此架构的一个优点是提供了一个很完整的分类，另一个优点就是以图形的方式找出了产业结构要素及其之间的主要关系。

三是产业/企业专家法。向产业专家、企业专家或具有知识与经验的专家请教，除可获得专家累积的智慧外，还可获得客观数据中无法获得的信息，但因缺乏客观的数据会导致实证或验证上的困难。

四是竞争分析法，分析产业中企业应该如何竞争，以了解产业面临的竞争环境和态势。深度的分析能够有更好的验证性，但其发展受到特定的限制。

五是产业领导厂商分析法，对领导厂商进行分析，有助于确认关键成功因素，但对其成功的解释仍会受到限制。

六是产业本体分析法，透过各功能的扫描，确实有助于关键成功因素的发展，但太耗费时间且数据相当有限。

七是突发因素分析法，虽然较主观，却常能揭露一些传统客观技术无法察觉到的关键成功因素，甚至可以获得一些短期的关键成功因素。

（三）优先举措排序法

在实施产业战略以及拟定实施规划的时候，一旦确定了优先发展的产业排序，便可合理地、有目的地配置有限资源，取得最大的效果。

采用产业优先举措排序法对产业进行分析需要使用一个系统的方法。产业包括多种，第一步是要明确其分类；第二步是要确定评估产业标准，一般通过两个维度，每个维度设置一些评估指标；第三步是制定每个维度各评估指标的评判标准；第四步是通过对各个产业逐一分析打分，对各产业进行优先排序。

但应该说明的是，这些工具或模型均为理论工具，只提供了基本的分析逻辑与思路，具体应用到产业发展规划中时，还需要进行必要的修正。

总之，在区域产业规划的分析工具中，可以根据实际情况采用某种或某几种工具。其中，SWOT 分析是最常用的分析工具。

第四节　产业发展规划编制思路

一、传统产业发展规划编制思路

传统的产业规划多作为国民经济和社会发展规划的专项规划进行编制，归属于发改委组织管理，一般结合区域实际现状，并搭建政府规划的平台，对地区产业定位、产业体系、产业结构、空间布局、行动政策、项目策划以及实施期限等进行科学的计划，注重对区域各分行业的发展构想以及空间集聚优化。在编制过程中，尽管参与主体多元化，但在我国长期金字塔式高度集权的管理体制下，产业规划尚呈现大政府小板块的模式，是一种自上而下的主动行政过程，由政府挂帅主持编制，相关部门机构通力合作，规划团队研究分析，政府相关部门负责执行。公众作为产业发展规划中重要的参与者，现实中仅作为一种“旁观者”存在，参与多流于形式，表现为只在规划初期调研时接受相关调查访谈，到规划论证公示时才接触到规划成果，且没有参与规划阶段的成果讨论，这种自上而下的单向式政府规划会使得产业发展规划的制定缺乏对经济社会发展状况的把握，在实施过程中容易导致多方社会力量之间产生矛盾，降低规划的认同度及其执行度。

传统的产业规划编制模式一般呈现政府单向主导模式。在该模式下，政府作为产业规划的背后推手，是规划推进的主要舵手。规划师在产业规划中发挥承上启下的作用，以代言人的角色与公众进行沟通。一方面领会上级政府的规划意图并传达给公众，另一方面从民众和企业处了解各自的发展需求。最后，规划师以政府意识为主导，辅之以公民的意见，进行自上而下的目标式产业发展规划的编制。

传统产业发展规划的编制思路大致如下（见图 11－2）：

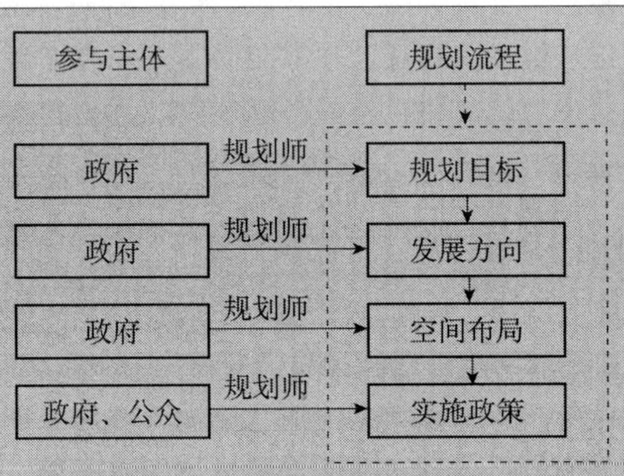

图 11－2 传统产业发展规划编制思路

第一，政府部门与规划师进行初步沟通。政府首先明确产业规划的主导方向，确定产业规划的发展目标，这成为规划师着手编制规划的奠基石，是一切工作开展的前提。在此基础上，规划师结合对产业发展现状及问题的分析，落实政府意见，进一步确定产业发展的战略目标。该过程呈现政府推动、规划师执行、公众旁观的模式，参与主体为政府，协调者为规划师，政府与规划师两者共同确定规划目标。

第二，政府部门与规划师协商，在规划目标明确的基础上，确定产业发展方向，明晰地区产业发展目录及各行业发展引导策略等。规划内容上缺乏对行业重大企业诉求的基本考虑和深入了解，该过程仍然呈现自上而下的以政府和规划师为主体进行拍板钉钉的模式，过于强调政府主导、区域发展的意志，缺乏对公众诉求的剖析，这给规划实施带来了一定的难度。

第三，明确了产业选择目录之后，规划师与政府部门商榷如何将已选择出的相关产业落实到空间上，确定产业布局结构，明确产业发展策略及发展时序。合理的产业布局结构是产业长远发展的重要保障，与各行业及企业的利益密切相关。仅政府和规划师两方商讨确定的产业布局结构很大程度上是一种纸上谈兵的行为，能否得到公众（企业、民众）的认同尚为未知数，因此规划的号召力及执行力相对较弱。

第四，产业规划进入实施阶段，制定的实施政策以满足政府、公众等利益群体为目的。但是，公众能否按照规划的引导落实实施是一个大问题，该产业规划是政府全权参与、自上而下行政决策体制下的产物，审批论证、获得法律效应较容易实现，但规划过程中缺乏对公众意见及需求的考虑，这样做出来的产业规划很可能就成为“纸上画画，墙上挂挂”的样板式规划。

二、公众全程参与的创新型产业发展规划编制思路①

在包容规划、人本规划越来越受到重视的今天，架构超越专家主导的全民参与式的规划制度显得尤为重要。

探索有别于传统的自上而下以政府为主导的目标式产业发展规划编制思路，研究建立以公众需求为前提、以问题导向兼顾目标为方向、公众全程参与的规划编制思路，即将公众参与贯穿产业规划全过程，强调公众的全程参与，在规划初始即引入公众意图，在规划过程中充分引导体现公众意图，规划的实施落实需满足公众需求。

在产业规划中，结合规划推进的流程，积极引导公众全程参与，扩大参与的广度并提升参与的强度。公众不是被动地接受调查、了解宣传信息，而是通过座谈提出规划现状中存在的问题，并在规划编制过程中直接参加方案讨论，充分表达自身意愿，为产业规划提供建设性的建议，加强产业规划中的公正、公平效应。产业规划编制过程中公众参与的技术分析见表 11－2。

表 11－2　产业规划编制过程中公众参与的技术分析

参与阶段	参与内容
现场调研阶段（以公众访谈、问卷发放为调研重点）	在现场调研阶段，采用问卷调查、现场咨询的方法，规划师组织协调不同公众团体间的小组讨论、各利益主体与政府部门的综合讨论等，实现公众、政府、规划师三者之间的有序互动，以了解产业发展存在的问题以及不同利益群体特别是公众对于产业规划的发展诉求及期望，以此为基础，确定规划区域的功能定位及发展目标。
规划大纲制定阶段（立足于公众与政府两个主体考量）	在规划大纲制定阶段，基于对产业规划发展现状的深入了解以及对规划区功能定位及发展目标的基本考量制定规划大纲，大纲中需体现公众及政府两个主体对产业发展现状存在的问题、功能定位、发展方向等方面的基本诉求。
规划思路调整阶段（征求公众意见，体现公众需求）	在规划编制过程中，规划师需协调政府、企业、公众及其他利益单元的关系，多次召开座谈会、研讨会等，在明确问题和寻求解决方案的过程中，将初步的发展方向及发展思路与各利益群体交流，需听取公众的意见，并在多次沟通和调整的过程中将合理的建议引导至规划中，综合各方意见调整规划思路，尽量在规划中体现公众需求，并将调整结果及时反馈给公众。
规划编制审查阶段（多方利益主体评估调整规划方案）	在明确规划思路后，规划师召集政府、企业、民众等各利益主体座谈，将产业选择、产业引导等规划思路呈现出来，注重向规划知识相对缺乏的公众传达规划意图，组织各群体对方案进行讨论评估，并提出修改意见。规划师综合各方意见及实际情况对方案进行调整，取得各利益群体的共识后落实到空间上，通过规划图纸、文字等方式展现各种方案，辅之以规划说明，再次召集企业、民众、政府等主要利益群体协商，传达各企业项目的发展指引以及公众（企业、民众）在规划实施阶段的职责，并征求意见。若有关重大项目调整及建设存在较大分歧，可通过各方利益群体代表共同协商或采用匿名投票等方式做出最终决策。

① 钱前，甄峰．基于公众参与的城市产业规划编制思路与方法研究：以《南京中央门产业发展规划》为例[J]．城市发展研究，2012 (1)：49－56.

续表

参与阶段	参与内容
规划成果公示阶段	通过网站、电视、报刊等媒介公布此次产业规划的文本及图纸，重点展示规划区域的功能定位、产业选择、产业发展引导、产业空间布局及保障政策等内容。
规划实施阶段	在规划实施阶段，公众切身参与规划的落实过程，实施进程接受公众的舆论监督，并对公众在该过程中提出的相关建议予以考虑，使得规划的落实能够满足各方群体的利益，特别是公众的需求，达到人本规划的目的。

公众全程参与的创新型产业发展规划编制思路大致如下（见图 11－3）：

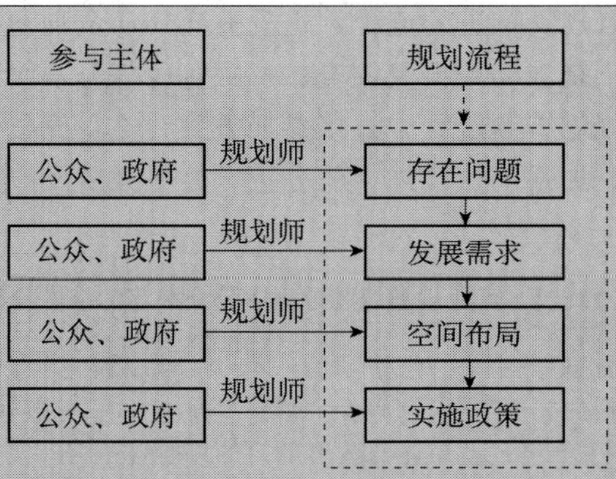

图 11－3　创新型产业发展规划编制思路

第一，规划师通过政府召集区域重大企业及民众代表开展座谈会并进行初步沟通，了解公众（企业、民众）对地区产业发展现状的理解及现状中存在的问题，试图从存在问题入手开展产业规划。从公众视角明晰地区产业存在的问题与直接从政府目标出发进行规划相比，能更好地把握社会及产业继承状况，协调好短期目标与长远目标之间的关系，使得规划能更好地彰显地区产业长远发展的生命力。该过程中参与主体为公众，执行者为规划师，政府在公众与规划师之间起到穿针引线、搭建桥梁的作用，改变了传统政府与公众之间鸿沟甚大的形势。

第二，通过与公众、政府访谈，了解不同参与主体对地区产业发展的不同需求，政府从宏观层面把握地区的产业发展方向，公众从微观层面提供地区产业的发展因子，规划师在此基础上动态考量各利益群体的意见并进行协调，并在公众、政府、规划师三者不断互动协商的过程中明确最终的发展新动力与新方向，基于此明晰地区产业发展目录及各行业发展引导策略等。在沟通与调整的循环过程中，规划师不仅关注政府对产业发展的导向性和引导控制的作用，而且需要关注公众的意愿及实际需求，提升规划中公众的地位，在自上而下与自下而上的双向互动中确定的产业选择和产业引导有着较好的全局性和协调性。

第三，明确产业选择目录之后，规划师根据产业布局现状及产业发展需求、空间整合目的等，将产业发展与地理空间结合，规划地区产业的空间布局，明确产业发展策略及发展时序。在形成初步方案后，与公众、政府及行业专家座谈协商，听取各方参与主体的意见及建议，特别是与自身利益相关的重大企业，企业切实参与规划编制的调整和审查过程，在了解规划师的规划理念的前提下，对自身发展项目的类型进行划分并与规划师进行沟通协调。在各方参与主体的需求特别是重要参与企业的需求获得满足时，规划师将方案描绘在图纸上，并组织专家咨询会议听取相关意见，基于此对方案进行深度修改完善。通过该过程形成的规划方案具有较高的认同度和执行度。

第四，规划进入实施阶段，在公众充分参与下形成的产业规划方案基本上满足了公众对于自身发展的需求，并较好地解决了现状存在的问题。在实施阶段，需要将规划方案落实到公众需求上，将图纸方案现实化，打破传统的政府机械操作，以满足政府需求的样式。

传统的产业发展规划多数基于政府视角展开研究，自上而下模式中的产业发展规划多是政府程序操作下的产物，忽视了公众特别是企业自身成长的需求和机制。随着人本规划、包容规划、社会规划等理念的提出和受到重视，传统的以政府为主导的产业发展规划已渐渐无法适应多元利益主体的多元化发展需求，在实施管理阶段存在较大问题。基于公众参与特别是企业参与的视角，重新思考和审视产业发展规划的编制方法，将公众的参与贯穿于产业发展规划实践中，考虑公众-政府-规划师三者循环式互助合作的组合模式，以应对规划实施过程中各利益主体发生冲突的风险，使之更趋于合理化、科学化、人性化。

《“十三五”国家战略性新兴产业发展规划》是国务院发布的“十三五”产业发展规划，代表了我国产业发展规划的国家水平，很有必要进行学习。

案例分析 11-1

“十三五”国家战略性新兴产业发展规划（摘要）

（国务院 2016 年 11 月 29 日发布）

战略性新兴产业代表新一轮科技革命和产业变革的方向，是培育发展新动能、获取未来竞争新优势的关键领域。“十三五”时期，要把战略性新兴产业摆在经济社会发展更加突出的位置，大力构建现代产业新体系，推动经济社会持续健康发展。根据“十三五”规划纲要有关部署，特编制本规划，规划期为 2016—2020 年。

一、加快壮大战略性新兴产业，打造经济社会发展新引擎

（一）现状与形势。

“十二五”期间，我国节能环保、新一代信息技术、生物、高端装备制造、新能源、新材料和新能源汽车等战略性新兴产业快速发展。2015 年，战略性新兴产业增加值占国内生产总值比重达到 8%左右，产业创新能力和盈利能力明显提升。未来 5～10 年，是全球新一轮科技革命和产业变革从蓄势待发到群体迸发的关键时期。“十三五”时期是我国全面建成小康社会的决胜阶段，也是战略性新兴产业大有可为的战略机遇期。

（二）指导思想。

紧紧把握全球新一轮科技革命和产业变革重大机遇，培育发展新动能，推进供给侧结构性改革，构建现代产业体系，提升创新能力，深化国际合作，进一步发展壮大新一代信息技术、高端装备、新材料、生物、新能源汽车、新能源、节能环保、数字创意等战略性新兴产业，推动更广领域新技术、新产品、新业态、新模式蓬勃发展，建设制造强国，发展现代服务业，为全面建成小康社会提供有力支撑。

（三）主要原则。

坚持供给创新。坚持需求引领。坚持产业集聚。坚持人才兴业。坚持开放融合。

（四）发展目标。

到2020年，战略性新兴产业发展要实现以下目标：

产业规模持续壮大，成为经济社会发展的新动力。战略性新兴产业增加值占国内生产总值比重达到15%，形成新一代信息技术、高端制造、生物、绿色低碳、数字创意等5个产值规模10万亿元级的新支柱，并在更广领域形成大批跨界融合的新增长点，平均每年带动新增就业100万人以上。

创新能力和竞争力明显提高，形成全球产业发展新高地。

产业结构进一步优化，形成产业新体系。

到2030年，战略性新兴产业发展成为推动我国经济持续健康发展的主导力量，我国成为世界战略性新兴产业重要的制造中心和创新中心，形成一批具有全球影响力和主导地位的创新型领军企业。

（五）总体部署。

以创新、壮大、引领为核心，坚持走创新驱动发展道路，促进一批新兴领域发展壮大并成为支柱产业，持续引领产业中高端发展和经济社会高质量发展。立足发展需要和产业基础，大幅提升产业科技含量，加快发展壮大网络经济、高端制造、生物经济、绿色低碳和数字创意等五大领域，实现向创新经济的跨越。着眼全球新一轮科技革命和产业变革的新趋势、新方向，超前布局空天海洋、信息网络、生物技术和核技术领域一批战略性产业，打造未来发展新优势。遵循战略性新兴产业发展的基本规律，突出优势和特色，打造一批战略性新兴产业发展策源地、集聚区和特色产业集群，形成区域增长新格局。把握推进"一带一路"建设战略契机，以更开放的视野高效利用全球创新资源，提升战略性新兴产业国际化水平。加快推进重点领域和关键环节改革，持续完善有利于汇聚技术、资金、人才的政策措施，创造公平竞争的市场环境，全面营造适应新技术、新业态蓬勃涌现的生态环境，加快形成经济社会发展新动能。

二、推动信息技术产业跨越发展，拓展网络经济新空间

实施网络强国战略，加快建设"数字中国"，推动物联网、云计算和人工智能等技术向各行业全面融合渗透，构建万物互联、融合创新、智能协同、安全可控的新一代信息技术产业体系。到2020年，力争在新一代信息技术产业薄弱环节实现系统性突破，总产值规模超过12万亿元。

（一）构建网络强国基础设施。深入推进"宽带中国"战略，加快构建高速、移动、安全、泛在的新一代信息基础设施。

（二）推进"互联网+"行动。促进新一代信息技术与经济社会各领域融合发展，培育"互联网+"生态体系。

（三）实施国家大数据战略。落实大数据发展行动纲要，全面推进重点领域大数据高效采集、有效整合、公开共享和应用拓展，完善监督管理制度，强化安全保障，推动相关产业创新发展。

（四）做强信息技术核心产业。顺应网络化、智能化、融合化等发展趋势，着力培育建立应用牵引、开放兼容的核心技术自主生态体系，全面梳理和加快推动信息技术关键领域新技术研发与产业化，推动电子信息产业转型升级取得突破性进展。

（五）发展人工智能。培育人工智能产业生态，促进人工智能在经济社会重点领域推广应用，打造国际领先的技术体系。

（六）完善网络经济管理方式。深化电信体制改革。加强相关法律法规建设。

三、促进高端装备与新材料产业突破发展，引领中国制造新跨越

顺应制造业智能化、绿色化、服务化、国际化发展趋势，加快突破关键技术与核心部件，推进重大装备与系统的工程应用和产业化，促进产业链协调发展，塑造中国制造新形象，带动制造业水平全面提升。力争到 2020 年，高端装备与新材料产业产值规模超过 12 万亿元。

（一）打造智能制造高端品牌。着力提高智能制造核心装备与部件的性能和质量，打造智能制造体系，强化基础支撑，积极开展示范应用，形成若干国际知名品牌，推动智能制造装备迈上新台阶。

（二）实现航空产业新突破。加强自主创新，推进民用航空产品产业化、系列化发展，加强产业配套设施和安全运营保障能力建设，提高产品安全性、环保性、经济性和舒适性，全面构建覆盖航空发动机、飞机整机、产业配套和安全运营的航空产业体系。到 2020 年，民用大型客机、新型支线飞机完成取证交付，航空发动机研制实现重大突破，产业配套和示范运营体系基本建立。

（三）做大做强卫星及应用产业。建设自主开放、安全可靠、长期稳定运行的国家民用空间基础设施，加速卫星应用与基础设施融合发展。到 2020 年，基本建成主体功能完备的国家民用空间基础设施，满足我国各领域主要业务需求，基本实现空间信息应用自主保障，形成较为完善的卫星及应用产业链。

（四）强化轨道交通装备领先地位。推进轨道交通装备产业智能化、绿色化、轻量化、系列化、标准化、平台化发展，加快新技术、新工艺、新材料的应用，研制先进可靠的系列产品，完善相关技术标准体系，构建现代轨道交通装备产业创新体系，打造覆盖干线铁路、城际铁路、市域（郊）铁路、城市轨道交通的全产业链布局。

（五）增强海洋工程装备国际竞争力。推动海洋工程装备向深远海、极地海域发展和多元化发展，实现主力装备结构升级，突破重点新型装备，提升设计能力和配套系统水平，形成覆盖科研开发、总装建造、设备供应、技术服务的完整产业体系。

（六）提高新材料基础支撑能力。顺应新材料高性能化、多功能化、绿色化发展趋势，推动特色资源新材料可持续发展，加强前沿材料布局，以战略性新兴产业和重大工程建设需求为导向，优化新材料产业化及应用环境，加强新材料标准体系建设，提高新材料应用水平，推进新材料融入高端制造供应链。到2020年，力争使若干新材料品种进入全球供应链，重大关键材料自给率达到70%以上，初步实现我国从材料大国向材料强国的战略性转变。

四、加快生物产业创新发展步伐，培育生物经济新动力

把握生命科学纵深发展、生物新技术广泛应用和融合创新的新趋势，以基因技术快速发展为契机，推动医疗向精准医疗和个性化医疗发展，加快农业育种向高效精准育种升级转化，拓展海洋生物资源新领域，促进生物工艺和产品在更广泛领域替代应用，以新的发展模式助力生物能源大规模应用，培育高品质专业化生物服务新业态，将生物经济加速打造成为继信息经济后的重要新经济形态，为健康中国、美丽中国建设提供新支撑。到2020年，生物产业规模达到8万亿元～10万亿元，形成一批具有较强国际竞争力的新型生物技术企业和生物经济集群。

（一）构建生物医药新体系。加快开发具有重大临床需求的创新药物和生物制品，加快推广绿色化、智能化制药生产技术，强化科学高效监管和政策支持，推动产业国际化发展，加快建设生物医药强国。

（二）提升生物医学工程发展水平。深化生物医学工程技术与信息技术融合发展，加快行业规制改革，积极开发新型医疗器械，构建移动医疗、远程医疗等诊疗新模式，促进智慧医疗产业发展，推广应用高性能医疗器械，推进适应生命科学新技术发展的新仪器和试剂研发，提升我国生物医学工程产业整体竞争力。

（三）加速生物农业产业化发展。以产出高效、产品安全、资源节约、环境友好为目标，创制生物农业新品种，开发动植物营养和绿色植保新产品，构建现代农业新体系，形成一批具有国际竞争力的生物育种企业，为加快农业发展方式转变提供新途径、新支撑。

（四）推动生物制造规模化应用。加快发展微生物基因组工程、酶分子机器、细胞工厂等新技术，提升工业生物技术产品经济性，推进生物制造技术向化工、材料、能源等领域渗透应用，推动以清洁生物加工方式逐步替代传统化学加工方式，实现可再生资源逐步替代化石资源。

（五）培育生物服务新业态。以专业化分工促进生物技术服务创新发展，构建新技术专业化服务模式，不断创造生物经济新增长点。

（六）创新生物能源发展模式。着力发展新一代生物质液体和气体燃料，开发高性能生物质能源转化系统解决方案，拓展生物能源应用空间，力争在发电、供气、供热、燃油等领域实现全面规模化应用，生物能源利用技术和核心装备技术达到世界先进水平，形成较成熟的商业化市场。

五、推动新能源汽车、新能源和节能环保产业快速壮大，构建可持续发展新模式

把握全球能源变革发展趋势和我国产业绿色转型发展要求，着眼生态文明建设和应对气候变化，以绿色低碳技术创新和应用为重点，引导绿色消费，推广绿色产品，大幅提升新能源汽车和新能源的应用比例，全面推进高效节能、先进环保和资源循环利用产业体系建设，推动新能源汽车、新能源和节能环保等绿色低碳产业成为支柱产业，到2020年，产值规模达到10万亿元以上。

（一）实现新能源汽车规模应用。强化技术创新，完善产业链，优化配套环境，落实和完善扶持政策，提升纯电动汽车和插电式混合动力汽车产业化水平，推进燃料电池汽车产业化。到2020年，实现当年产销200万辆以上，累计产销超过500万辆，整体技术水平保持与国际同步，形成一批具有国际竞争力的新能源汽车整车和关键零部件企业。

（二）推动新能源产业发展。加快发展先进核电、高效光电光热、大型风电、高效储能、分布式能源等，加速提升新能源产品经济性，加快构建适应新能源高比例发展的电力体制机制、新型电网和创新支撑体系，促进多能互补和协同优化，引领能源生产与消费革命。到2020年，核电、风电、太阳能、生物质能等占能源消费总量比重达到8%以上，产业产值规模超过1.5万亿元，打造世界领先的新能源产业。

（三）大力发展高效节能产业。适应建设资源节约型、环境友好型社会要求，树立节能为本理念，全面推进能源节约，提升高效节能装备技术及产品应用水平，推进节能技术系统集成和示范应用，支持节能服务产业做大做强，促进高效节能产业快速发展。到2020年，高效节能产业产值规模力争达到3万亿元。

（四）加快发展先进环保产业。大力推进实施水、大气、土壤污染防治行动计划，推动区域与流域污染防治整体联动，海陆统筹深入推进主要污染物减排，促进环保装备产业发展，推动主要污染物监测防治技术装备能力提升，加强先进适用环保技术装备推广应用和集成创新，积极推广应用先进环保产品，促进环境服务业发展，全面提升环保产业发展水平。到2020年，先进环保产业产值规模力争超过2万亿元。

（五）深入推进资源循环利用。树立节约集约循环利用的资源观，大力推动共伴生矿和尾矿综合利用、“城市矿产”开发、农林废弃物回收利用和新品种废弃物回收利用，发展再制造产业，完善资源循环利用基础设施，提高政策保障水平，推动资源循环利用产业发展壮大。到2020年，力争当年替代原生资源13亿吨，资源循环利用产业产值规模达到3万亿元。

六、促进数字创意产业蓬勃发展，创造引领新消费

以数字技术和先进理念推动文化创意与创新设计等产业加快发展，促进文化科技深度融合、相关产业相互渗透。到2020年，形成文化引领、技术先进、链条完整的数字创意产业发展格局，相关行业产值规模达到8万亿元。

（一）创新数字文化创意技术和装备。适应沉浸式体验、智能互动等趋势，加强内容和技术装备协同创新，在内容生产技术领域紧跟世界潮流，在消费服务装备领域建立国际领先优势，鼓励深度应用相关领域最新创新成果。

（二）丰富数字文化创意内容和形式。通过全民创意、创作联动等新方式，挖掘优秀文化资源，激发文化创意，适应互联网传播特点，创作优质、多样、个性化的数字创意内容产品。

（三）提升创新设计水平。挖掘创新设计产业发展内生动力，推动设计创新成为制造业、服务业、城乡建设等领域的核心能力。

（四）推进相关产业融合发展。推动数字文化创意和创新设计在各领域应用，培育更多新产品、新服务以及多向交互融合的新业态，形成创意经济无边界渗透格局。

七、超前布局战略性产业，培育未来发展新优势

以全球视野前瞻布局前沿技术研发，不断催生新产业，重点在空天海洋、信息网络、生命科学、核技术等核心领域取得突破，高度关注颠覆性技术和商业模式创新，在若干战略必争领域形成独特优势，掌握未来产业发展主动权，为经济社会持续发展提供战略储备、拓展战略空间。

（一）空天海洋领域。显著提升空间进入能力。加快发展新型航天器。加快航空领域关键技术突破和重大产品研发。发展新一代深海远海极地技术装备及系统。

（二）信息网络领域。构建未来网络新体系。加强关键技术和产品研发。推动电子器件变革性升级换代。

（三）生物技术领域。构建基于干细胞与再生技术的医学新模式。推进基因编辑技术研发与应用。加强合成生物技术研发与应用。

（四）核技术领域。加快开发新一代核能装备系统。发展非动力核技术。

八、促进战略性新兴产业集聚发展，构建协调发展新格局

立足区域发展总体战略，围绕推进“一带一路”建设、京津冀协同发展、长江经济带发展，根据各地产业基础和特色优势，坚持因地制宜、因业布局、因时施策，加快形成点面结合、优势互补、错位发展、协调共享的战略性新兴产业发展格局。

（一）打造战略性新兴产业策源地。支持创新资源富集的中心城市形成以扩散知识技术为主要特征的战略性新兴产业策源地。发挥策源地城市科研人才密集、学科齐全、国际交流频繁等优势，支持建设一批国际一流的大学和科研机构，强化重点领域基础研究，大力促进新兴学科、交叉学科发展，支持建设新兴交叉学科研究中心，推进信息、生命、医疗、能源等领域原创性、颠覆性、支撑性技术开发，推动产学研用联动融合，形成引领战略性新兴产业发展的“辐射源”。

（二）壮大一批世界级战略性新兴产业发展集聚区。依托城市群建设，以全面创新改革试验区为重点，发展知识密集型战略性新兴产业集群，打造10个左右具有全球影响力、引领我国战略性新兴产业发展的标志性产业集聚区，推动形成战略性新兴产业发展的体制机制创新区、产业链创新链融合区、国际合作承载区。

（三）培育战略性新兴产业特色集群。充分发挥现有产业集聚区作用，通过体制机制创新激发市场活力，采用市场化方式促进产业集聚，完善扶持政策，加大扶持力度，培育百余个特色鲜明、大中小企业协同发展的优势产业集群和特色产业链。

九、推进战略性新兴产业开放发展，拓展合作新路径

贯彻国家开放发展战略部署，构建战略性新兴产业国际合作新机制，建设全球创新发展网络，推动产业链全球布局，拓展发展新路径。

（一）积极引入全球资源。抓住“一带一路”建设契机，推进国际产能合作，构建开放型创新体系，鼓励技术引进与合作研发，促进引进消化吸收与再创新。积极引导外商投资方向，鼓励外商投资战略性新兴产业，推动跨国公司、国际知名研究机构在国内设立研发中心。加大海外高端人才引进力度，畅通吸纳海外高端人才的绿色通道，为海外人才来华工作和创业提供更多便利。

（二）打造国际合作新平台。积极建立国际合作机制，推动签署落实政府间新兴产业和创新领域合作协议。推动双边互认人员资质、产品标准、认证认可结果，参与国际多边合作互认机制。以发达国家和“一带一路”沿线国家为重点，建设双边特色产业国际合作园区，引导龙头企业到海外建设境外合作园区。创新合作方式，提升重点领域开放合作水平。加强国际科技成果转化和孵化、人才培训等公共服务体系建设。

（三）构建全球创新发展网络。建立健全国际化创新发展协调推进和服务机制，加强驻外机构服务能力，利用二十国集团（G20）、夏季达沃斯等平台开展新经济交流，充分发挥有关行业协会和商会作用，搭建各类国际经济技术交流与合作平台。引导社会资本设立一批战略性新兴产业跨国并购和投资基金，支持一批城市对接战略性新兴产业国际合作，建设一批国际合作创新中心，发展一批高水平国际化中介服务机构，建立一批海外研发中心，构建全球研发体系，形成政府、企业、投资机构、科研机构、法律机构、中介机构高效协同的国际化合作网络。支持企业和科研机构参与国际科技合作计划、国际大科学计划和大科学工程，承担和组织国际重大科技合作项目。鼓励企业积极参与国际技术标准制定。

（四）深度融入全球产业链。推动产业链全球布局，在高端装备、新一代信息技术、新能源等重点领域，针对重点国家和地区确定不同推进方式和实施路径，推动产业链资源优化整合。支持企业、行业协会和商会、地方政府和部门创新方式开展战略性新兴产业国际产能合作，推动国内企业、中外企业组团共同开拓国际市场，支持产业链“走出去”，将“走出去”获得的优质资产、技术、管理经验反哺国内，形成综合竞争优势。推动高端装备、新一代信息技术等领域龙头企业海外拓展，与国际大企业开展更高层次合作，实现优势互补、共赢发展。

十、完善体制机制和政策体系，营造发展新生态

加快落实创新驱动发展战略，深入推进政府职能转变，持续深化重点领域和关键环节改革，强化制度建设，汇聚知识、技术、资金、人才等创新要素，全面营造有利于战略性新兴产业发展壮大的生态环境。

（一）完善管理方式。推进简政放权、放管结合、优化服务改革。营造公平竞争市场环境。加强政策协调。

（二）构建产业创新体系。深入开展大众创业万众创新。强化公共创新体系建设。支持企业创新能力建设。完善科技成果转移转化制度。

（三）强化知识产权保护和运用。强化知识产权保护维权。加强知识产权布局运用。完善知识产权发展机制。

（四）深入推进军民融合。构建军民融合的战略性新兴产业体系。加强军民融合重大项目建设。

（五）加大金融财税支持。提高企业直接融资比重。加强金融产品和服务创新。创新财税政策支持方式。

（六）加强人才培养与激励。培养产业紧缺人才。鼓励科技人才向企业流动。充分利用全球人才。

各地区、各有关部门要高度重视战略性新兴产业发展工作，加强组织领导，加快工作进度，切实抓好本规划实施工作，加强各专项规划、地方规划与本规划的衔接。

附件：重点任务分工方案（略）

本章小结

产业发展战略与规划对于产业发展具有重要指导作用。因地制宜地选择主导产业和建立产业发展体系，明确主导产业发展方向和产业发展路径，形成有竞争力的、可持续的产业集群，谋划重点任务和措施，有利于带动整体经济的发展。

产业发展战略包括战略指导思想、战略目标、战略内容、战略重点和战略措施。从在整个产业发展战略中所处地位来看，战略指导思想是依据，战略目标是灵魂，战略内容是核心，战略重点是关键，战略措施是手段。

产业发展战略主要有8种模式，即初级产品出口发展战略、进口替代发展战略、出口替代发展战略、进口替代与出口替代相结合的发展战略、优先发展重工业的战略、优先发展轻工业的战略、平衡发展战略、非均衡发展战略或不平衡发展战略。

产业发展规划的主要内容包括产业发展环境分析、产业发展的规划目标、产业发展的主要任务、产业发展空间布局、产业发展保障措施。

规划分析方法主要有归纳分析法、专家咨询法、实地调研法、模型分析法。

环境分析工具主要有PEST分析法、钻石模型、SWOT分析法。产业分析工具主要有专业化部门分析法、投入产出分析法、产业价值链分析法、雷达图分析法。决策制定工具主要有SCP模型、关键成功因素法、优先举措排序法。

基于公众参与特别是企业参与的视角，重新思考和审视产业发展规划的编制方法，将公众的参与贯穿于产业发展规划实践中，探索有别于传统的自上而下以政府为主导的目标式产业发展规划编制思路，研究建立以公众需求为前提、以问题导向兼顾目标为方向、公众全程参与的规划编制思路。

复习思考题

1. 阐述产业发展战略的概念和主要内容。

2. 产业发展战略模式有哪些？比较分析进口替代发展战略与出口替代发展战略。
3. 阐述产业发展规划的概念和主要内容。
4. 试应用波特的钻石模型分析一个你感兴趣的地区的产业。
5. 试应用 SWOT 分析法分析一个你感兴趣的地区的产业发展前景。
6. 试应用专业化部门分析法分析一个地区的优势产业。

参考文献

1. 方创琳．区域发展规划论［M］．北京：科学出版社，2000.

2. 高秀艳，刘平．辽宁环保产业发展的 SWOT 分析［J］．沈阳大学学报（社会科学版），2014（6）.

3. 赫希曼．经济发展战略［M］．北京：经济科学出版社，1991.

4. 黄幸婷，胡汉辉．产业发展规划的范式研究［J］．科学学与科学技术管理，2012（9）.

5. 康敬．对产业发展规划编制的若干思考［J］．城市，2011（5）.

6. 康莉，杨警非．后奥运时代中国体育文化产业发展分析［J］．体育与科学，2013（1）.

7. 蓝庆新．区域产业规划方法与案例研究［M］．北京：知识产权出版社，2011.

8. 刘瑞，武少俊．社会经济发展战略与规划：理论，实践，案例［M］．北京：中国人民大学出版社，2006.

9. 宁吉喆．关于“十三五”经济社会发展战略问题［J］．宏观经济管理，2016（3）.

10. 钱前，甄峰．基于公众参与的城市产业规划编制思路与方法研究：以《南京中央门产业发展规划》为例［J］．城市发展研究，2012（1）.

11. 隋博文．广西北部湾经济区物流产业集群发展研究：基于 PEST 分析模型［J］．钦州学院学报，2012（4）.

12. 徐成里．福建会展业竞争力的“钻石模型”［J］．商务周刊，2010（9）.

13. 于光远．关于“战略”的概念［J］．管理现代化，1982（4）.

14. 于文波．天津会展物流的 SWOT 分析［J］．物流技术，2015（4）.

15. 赵东霞，李赖志．独生子女时代我国养老产业发展的 SWOT 分析［J］．财经问题研究，2013（1）.

16. 周建标．泉州发展文化旅游业的 SWOT 分析［J］．重庆交通大学学报（社会科学版），2015（2）.

17. 邹戬．中国纺织产业国际竞争力研究［D］．上海：东华大学，2014.

18. J. Terrados，G. Almonacid，L. Hontoria. Regional Energy Planning through SWOT Analysis and Strategic Planning Tools：Impact on Renewables Development［J］．*Renewable and Sustainable Energy Reviews*，2007（6）.

第十二章

产业规制

内容提要

20世纪90年代以来，我国经济学界在产业规制的研究中，通过引进、吸收发达市场经济国家的理论和实践经验，并结合我国的实际，在理论创新和实践运用中取得了丰硕成果。本章主要介绍了产业规制的内涵、依据与规制目标，初步分析了西方三种规制模式；描述了政府规制、经济性规制、社会性规制的含义和相关内容；在发达国家对自然垄断产业放松规制的基础上，介绍了我国自然垄断产业的价格规制和进入规制的历程。

本章重点

- 产业规制的内涵与目标
- 政府规制的含义、类型
- 社会性规制的含义与内容
- 西方三种规制模式的内容
- 经济性规制的含义与内容
- 自然垄断产业的定义、基本特征和主要内容

第一节　产业规制概述

一、产业规制的内涵与起源

规制一词源于《新唐书·韦述传》，指规则、制度，具有规范、矫正之意，与我国经

济学界引入的英语、日语原词意义相同。产业规制是指政府或社会对经济主体及其活动进行的微观干预。其本质是依据法律、法规和制度实施的管理行为，具有一定的强制约束性、制度依赖性、有限理性、成本-收益性和规制主体约束性等特征。其目的是维持正当的市场经济秩序、限制市场势力、提高资源配置效率，从而保护大多数社会公众的利益，使之不受少数人的侵犯；其作用是治理市场失灵，完善市场机制。按照产业规制实施主体的不同，可分为政府规制、社会规制和行业自律规制。①

产业规制的前提是市场失灵，而自由放任经济的理念是不承认市场失灵的。产业规制的实践和理论不会出现在亚当·斯密的时代，究其根本，是因为当时的技术进步以及与此相应的专业分工尚不足以形成明显的自然垄断、人为垄断、产业壁垒和外部环境等问题。18 世纪开始的第一次工业革命推动了科技在生产领域的广泛应用，极大地解放了生产力，尤其是铁路运输的发明和推广，对自由放任的市场经济产生了重大冲击。人们逐渐发现，在具有自然垄断特征的产业以及公共产品、外部性、不正当竞争等方面存在着市场失灵。正是由于上述市场失灵现象，美国在 19 世纪 80 年代开始成立政府规制部门，对其铁路行业和地方长途电信业实施政府规制，并很快涵盖了电力、民航及金融等领域。这段历史表明政府干预经济由来已久，同时也说明了市场失灵与产业规制在实践中存在着相关性。自 19 世纪以来，美国、英国等国家针对基础产业的规制实践大致经历了规制-放松规制-再规制三个阶段，与规制实践相对应，规制理论也经历了传统规制理论、规制放松理论、激励性规制理论的变迁过程。② 传统规制理论包括公共利益理论、规制俘获理论和规制经济理论。③ 规制放松理论包括新自然垄断理论、可竞争市场理论、规制失灵理论。激励性规制理论主要在委托-代理框架下，针对非对称信息情形下出现的逆向选择和道德风险等问题，研究如何设计激励框架和激励机制。④

二、产业规制的依据与目标

（一）产业规制的依据

产业规制的依据包括经济原因和社会原因两个方面。经济原因是政府必须对市场失灵做出反应和给出应对措施，产业规制是克服市场配置资源缺陷的一种不可或缺的制度安排。自然垄断、信息不对称、外部性、公共产品、不完全竞争等因素的存在使得市场机制要么根本无法克服市场失灵，要么成本过高，而政府规制具有自己的优势，如权威性、节约交易成本、强制征税权等，在这种情况下，政府规制是合理和必需的。社会原因主要是指社会公平和意识形态方面的原因。例如通过对垄断的限制，削弱垄断企业过分强大的经济和政治权力；通过劳动、就业等方面的规制维护机会方面的公平；直接干预收入分配，维护分配方面的公平；规制与社会环境有关的市场交易。

---

① 苏东水．产业经济学［M］．3 版．北京：高等教育出版社，2010：306．
② 阎星宇，吕春成．规制制度变迁的理论基础［J］．山西财经大学学报，2003（6）：8－13．
③ 张红凤．规制经济学的变迁［J］．经济学动态，2005（8）：72－77．
④ 樊建强．基础产业经济性规制理论变迁［J］．长安大学学报（社会科学版），2012（2）：68－72．

（二）产业规制的目标

产业规制的目标就是克服市场失灵，致力于解决外部性内部化、信息不对称、垄断等问题，保护和实现公众利益。

1. 确保社会资源的有效配置

由于垄断价格高于边际成本，不能使资源配置达到帕累托最优，所以必须对自然垄断产业中的企业实行规制，限制自然垄断企业滥用其垄断力量支配市场和制定垄断价格，力求维护市场的公平竞争。

2. 促进企业收支平衡，以维护企业的发展潜力

自然垄断企业具有投资额大、投资回报期长的特点，而且随着国民经济的发展，对自然垄断产业的需求有一种加速增长的趋势，因而，政府的规制部门在进行规制时，必须考虑到使企业具有一定的自我积累、不断进行大规模投资的能力。

3. 解决外部性和信息不对称问题

对于外部性，仅仅依靠市场机制和个人行为是难以解决的，必须依靠政府将其纳入产业规制目标。（1）激励正外部活动。经济主体的活动可能对社会产生正的外部效果，增进社会福利。（2）保障信息劣势方的权益。对于信息不对称的劣势方而言，由于信息优势方为实现自身利益最大化，可能会对信息劣势方构成威胁，使其应有的权益受到侵害，如出现不安全、不健康等问题，因此，各国在产业规制过程中都将信息劣势方权益保护作为重要目标，以立法的形式规定产品服务的质量标准、从业人员的执业标准以及劳动场所安全标准等，力争保障在交易双方的交易过程中，确保信息劣势群体的权益。

三、当代西方产业规制的三种模式

当代西方产业规制可以分为三种主要模式。①

（一）政府主导型产业规制

政府主导型产业规制是指在企业、市场、政府三者关系中，政府既调节市场，同时也直接引导企业，并将侧重点放在后者上的一种产业规制模式。它突出强调的是企业与政府之间的协调，因而，政府这只“看得见的手”往往对企业实施直接干预。企业决策既受市场支配，又受政府影响，具有双重决策参数，而最终决策在长时间内很难与政府意图相左，有可能导致市场机制配置资源的作用下降。属于这种模式的国家主要有日本、韩国，从一定程度上说还有法国和瑞典等，当然，法国、瑞典在具体方面又与日本的情况有所不同。

（二）民间主导型产业规制

民间主导型产业规制是指在企业、市场、政府三者关系中，政府调节市场，市场引

① 聂亚珍．产业经济学［M］．北京：光明日报出版社，2011：241.

导企业的一种规制模式。它比较强调自由企业制度，企业在市场经济活动中拥有比较完整、充分的权利，企业决策基本服从于市场调节，通常是在企业目标的框架内，由企业自行决定生产什么、生产多少和怎么生产。政府一般较少直接干预企业的经济活动，而是通过市场引导企业。作为政府与企业两要素中介的市场，也更多地保持着其在运行过程和资源配置过程中的既有地位。政府、市场和企业在市场经济运行中的地位与活动一般都有明确的法律规定。这种模式的核心和运行的最显著特征是保障企业作为微观经济活动主体的权利，以及保证企业作为微观经济主体的有效性。目前，属于这种模式的国家主要有美国、英国、加拿大和意大利等。

（三）政府民间平衡型产业规制

政府民间平衡型产业规制是指在企业、市场、政府三者关系中，政府保障市场，市场主导企业，同时又以社会因素为保证的一种产业规制模式。这种模式将宏观调控的侧重点放在保障市场自由与有效上，在强调市场自由原则的同时，又突出强调社会的均衡原则。政府民间平衡型产业规制强调保证健全的市场机制运转状态，政府的职责是保证、保护市场内在的效力，由市场去引导企业，政府一般并不直接规制企业的活动。社会资源的配置通过健全的市场机制来实现。宏观调控的目标是物价稳定、经济稳定和社会稳定。政府民间平衡型产业规制是一种比较特殊的规制类型，目前只有德国在实行。

第二节 政府规制

一、政府规制的含义

政府以实现某些社会经济目标为目的，对经济主体采取的限制、约束、规范以及为督促经济主体行为采取的行动和措施，称为政府规制。规制的主体是政府。规制的客体是企业和消费者，但主要是企业。规制是有成本和社会效益的。

二、政府规制的类型

（一）直接规制和间接规制

根据政府对市场活动主体行为的限制程度和方式，分为直接规制和间接规制。①

直接规制是政府行政管理机构实施的规制行为，如对自然垄断产业和金融业的规制。它主要包括经济性规制和社会性规制。经济性规制是对特定市场中企业定价和进入等方面的控制，它直接影响企业的生产决策、供应方式等。一般地，公用事业如电力、城市燃气、自来水等，以及交通运输业等都在进入或价格上受到控制。社会性规制是政府为

① 苏东水．产业经济学［M］．3版．北京：高等教育出版社，2010：313－314.

控制负外部性和可能会影响人身安全健康的风险而采取的行动和措施，一般包括对制药业、工作安全、产品安全、污染的排放、就业服务、教育等的规制。

间接规制是政府有关部门通过法律规定的程序所实施的规制行为，如对产品质量和工作环境安全的规制，以及对环境污染的规制。目前世界上各个国家间接规制的基本形式是，以反垄断法为中心的竞争促进政策和以处理信息不对称为目的的政策。

（二）法律规制和行政规制

依据政府运用的规制手段，分为法律规制、行政规制、价格规制、审计规制、会计规制、金融规制、计划规制和财政税收规制。① 在西方市场经济发达的国家，政府规制以法律规制为主。

1. 法律规制

法律规制就是政府在市场经济体系下运用法律手段，制定和实施具有法律意义的限制、约束、规范，督促经济主体遵守这些限制、约束、规范而采取的行为和措施。法律规制具有纲领性、强制性、系统性、效益性、制约性、适应性等特征。

法律规制是当前最重要的政府规制，对经济发展的作用体现在以下方面：（1）法律规制推动了产业体制改革。国家通过有关立法，对产业经济体制改革的方向和任务做了明确的规定，使产业经济体制改革受到法律的确认和保护。（2）法律规制提升了产业的科技创新能力。国家通过立法形式规定了科技活动的准则，以法律形式鼓励创新，保护创新者的权益，提高了创新者的积极性，有利于科学技术转化为生产力。（3）法律规制有效维护了市场秩序。通过规定市场活动主体的经济权利和义务，制定了市场经济活动主体的活动准则。经济法规通过奖励、禁止和惩罚等措施维护市场秩序。

我国自改革开放以来，对产业的规制手段逐渐由行政计划手段转为经济和法律手段，目前包括反垄断法在内的经济立法成效显著，促进了社会主义市场经济体系的构建。在产业发展方面，有制造业立法、农业立法、商业立法、交通运输业立法、基础产业立法、建筑业立法；在企业方面，有市场主体法、市场行为法、市场秩序法、市场中介组织法以及政府行为法等。

专栏 12-1

《中华人民共和国反垄断法》

《中华人民共和国反垄断法》由中华人民共和国第十届全国人民代表大会常务委员会第二十九次会议于 2007 年 8 月 30 日通过，自 2008 年 8 月 1 日起施行。最新反垄断法全文包括总则，垄断协议，滥用市场支配地位，经营者集中，滥用行政权力排除、限制竞争，对涉嫌垄断行为的调查，法律责任，以及附则，共八章五十七条。该法的制定为预防和制止垄断行为，保护市场公平竞争，提高经济运行效率，维护消费者利益和社会公共利益，促进社会主义市场经济健康发展提供了有效的法律依据。

---

① 苏东水．产业经济学［M］．3 版．北京：高等教育出版社，2010：313－314.

2010 年 12 月 31 日，国家工商总局公布了《工商行政管理机关禁止垄断协议行为的规定》《工商行政管理机关禁止滥用市场支配地位行为的规定》《工商行政管理机关制止滥用行政权力排除、限制竞争行为的规定》三个《反垄断法》配套实体规章。国家工商总局作为国务院反垄断执法机关之一，制定反垄断法配套规章，是确保《反垄断法》顺利实施的必然要求，也是建立法治工商的重要内容。三个规章进一步完善了工商行政管理机关反垄断执法的依据，有利于进一步积极稳妥有序地深化反垄断执法工作。

2021 年 11 月 9 日，第十三届全国人大常委会第三十一次会议对《中华人民共和国反垄断法（修正草案）》进行了审议，并于 10 月 23 日向社会公开征求意见。该草案深入贯彻落实习近平总书记关于强化反垄断和防止资本无序扩张的重要指示精神和党中央、国务院决策部署，针对反垄断法实施中存在的突出问题，进一步完善反垄断相关制度，为强化反垄断和防止资本无序扩张提供更加明确的法律依据和更加有力的制度保障。

2. 行政规制

行政规制是国家以其行政权作为规制运作基础，将权力机制移栽入经济活动过程，规制社会经济活动、促进国民经济协调发展的各种行为和措施。行政规制较之于其他规制手段具有强力性、速效性、直接性的特征。[①] 特别是对于某些突发事件，行政规制往往比法律规制更快捷有效。

在我国完善市场经济体制的改革过程中，一方面要缩小行政规制的作用范围，另一方面又必须实施行政规制，保证改革的顺利进行。行政规制的作用主要有两方面：(1) 促进市场发育，增强市场机制的调节作用。党的十九大报告指出，建设现代化经济体系，“构建市场机制有效、微观主体有活力、宏观调控有度的经济体制”[②]。经济体制改革必须以完善产权制度和要素市场化配置为重点，实现产权有效激励、要素自由流动、价格反应灵活、竞争公平有序、企业优胜劣汰。政府可以对整个产业规制体制进行全方位扫描，在洞察一切经济环节和要素的基础上，经过缜密思考和广泛论证，借助于自身的行政权威和一切手段实施规制。(2) 进行宏观产业指导，规范市场行为。党的十九大报告指出，“使市场在资源配置中起决定性作用，更好发挥政府作用，推动新型工业化、信息化、城镇化、农业现代化同步发展，主动参与和推动经济全球化进程，发展更高层次的开放型经济，不断壮大我国经济实力和综合国力。”[③] 经济体制改革是一项复杂的工程，行政规制可以灵活应对体制改革过程中可能发生的阻碍改革、重复建设等一系列问题。从东西方产业规制的实践看，行政规制主要适用于战争时期、供求严重失衡时期、自然垄断产业、后发优势国家制定赶超战略等，具有应急性和补充性的特点。

专栏 12－2

加快完善社会主义市场经济体制

党的十九大报告强调加快完善社会主义市场经济体制。要完善各类国有资产管理体制，改革国有资本授权经营体制，加快国有经济布局优化、结构调整、战略性

① 苏东水．产业经济学［M］．3 版．北京：高等教育出版社，2010：320－321.

②③ 习近平．决胜全面建成小康社会 夺取新时代中国特色社会主义伟大胜利：在中国共产党第十九次全国代表大会上的报告［M］．北京：人民出版社，2017：30，22.

重组，促进国有资产保值增值，推动国有资本做强做优做大，有效防止国有资产流失。深化国有企业改革，发展混合所有制经济，培育具有全球竞争力的世界一流企业。全面实施市场准入负面清单制度，清理废除妨碍统一市场和公平竞争的各种规定和做法，支持民营企业发展，激发各类市场主体活力。深化商事制度改革，打破行政性垄断，防止市场垄断，加快要素价格市场化改革，放宽服务业准入限制，完善市场监管体制。

资料来源：习近平．决胜全面建成小康社会 夺取新时代中国特色社会主义伟大胜利：在中国共产党第十九次全国代表大会上的报告［M］．北京：人民出版社，2017：33－34.

三、政府规制的成本与收益

无论是何种规制方式，都会有一定的成本（或者代价），只有成本而无收益的规制也是行不通的。政府规制的成本-收益分析的基本原理是当规制取得的总收益超过总成本时，就可以确定规制政策能否实施。成本-收益分析提供了一种透明的评估政策视角，它对规制过程中涉及的众多不同因素，甚至不同属性和种类的要素进行不同程度的量化和货币化，根据成本和收益对规制政策得出肯定或否定的结论。自 20 世纪 90 年代以来，在美国的规制体系中，政府规制的方式逐渐从“命令-控制”模式转变为“成本-收益”模式，即在政府规制过程中引入成本-收益分析作为规制政策有效性的基本分析工具，从而为其他国家在市场经济条件下探索政府规制改革提供了新的视角。

因为规制成本涉及的因素较复杂，因此，对规制成本的测算较为困难。美国审计总署（GAO）在 1997 年提出了两种划分规制成本的方法：一是将规制成本划分为直接成本和间接成本；二是将规制成本划分为完全成本和增加成本。① 应该指出的是，经济学中的成本不是会计意义上的成本，而是指机会成本。政府规制的机会成本包括实际支出和隐性成本。实际支出成本一般比较容易获取，争议的焦点在于对隐性成本的测算。由于隐性成本发生的范围远超过被规制者本身，需要考虑到诸如生产者、消费者、生产效率、资源转移等因素，从而造成成本估算结果差异较大。机会成本的计量往往通过对其替代性因素的变化所引发的成本来间接描述。

一定程度上讲，政府对社会经济的规制意图是提供某种收益。规制产生的短期收益可直接进行评估，而规制产生的长期收益需要通过贴现将未来收益折算成现值，以评估未来各年度的收益。当规制政策影响到公众或职业健康、安全或环境时，还必须对有关风险进行评估，以作为收益分析的一部分，因而规制收益的范围不仅包括经济收益，而且包括安全收益、健康受益和环境受益。

我国从 20 世纪 90 年代开始逐步引入政府规制的相关理论，并结合中国的国情运用和发展了政府规制理论，提出了许多真知灼见。目前，理论和实践探索的焦点已经从要不要政府规制的问题转变到如何提高政府规制的效率上来，能否提高政府规制的有效性

① 石涛．政府规制的成本收益分析作用、内涵及其规制效应评估［J］. 上海行政学院学报，2010（1）：69.

已经成为当前规制改革的核心问题。随着市场经济体制改革的深化，应尽快引入成本-收益分析理念，以提高政府规制的有效性；应高度重视因成本-收益不平衡引发的问题，采取积极措施保证规制顺利实施。

第三节 经济性规制

一、经济性规制的概念

经济性规制是政府干预市场的一种主要模式。对于经济性规制的定义，一般认为，日本经济学家植草益提出的概念比较全面、准确：经济性规制是在存在着垄断和信息不对称问题的部门，以防止无效率的资源配置的发生和确保需要者的公平利用为主要目的，通过被认可和许可的各种手段，对企业的进入、退出、价格、服务的质量，以及投资、财务、会计等方面的活动所进行的规制。①

综合而言，经济性规制就是以政府为干预主体、产业（企业）行为为管制对象，为了克服信息不对称和自然垄断等造成的市场失灵，通过约束企业进入和退出行业或产业、企业定价行为，以维护公平竞争，提高资源配置效率，保护消费者利益和服务的公平供给为目的的一种干预方式。经济性规制关注的焦点在于政府在约束企业定价、进入与退出等方面应该发挥什么样的作用。主流的观点认为，经济性规制的重点领域是具有自然垄断、信息不对称等特征的行业，经济性规制的目的就是保证资源的有效配置和服务的公平供给。

二、经济性规制的内容

（一）进入规制

如前所述，进入规制是政府直接规制的重要手段之一。进入规制是指在自然垄断产业和某些竞争行业中，只允许特定的一家企业或极少数几家企业加入，或者为了防止过度竞争，由规制机构视整个产业的供求平衡情况限制新企业进入。同时，为了保证产品供给的稳定性，限制企业任意退出产业。② 一般而言，政府实施进入规制主要通过发放许可证、实行审批制或制定较高的进入标准来实现。

（二）价格规制

在政府实施的经济性规制中，价格规制是最常见和最重要的规制方式。价格规制就是政府从资源有效配置的角度出发，对价格水平或价格体系进行规制。价格规制的作用

---

① 植草益．微观规制经济学［M］．北京：中国发展出版社，1992：27；史铭鑫．经济性规制的放松和社会性规制的加强［J］．北方经济，2005（9）：54－55.

② 肖兴志．产业经济学［M］．北京：中国人民大学出版社，2012：254－256.

在于让价格能够真实地反映市场供求关系和资源的稀缺程度，并使其真正成为一种激励因素，成为经济主体沟通信息的有效方式。价格规制的内容如下。

1. 对垄断行业的价格规制

垄断及自然垄断行业的企业在追求自身利益最大化时，会以垄断价格获取垄断利润，从而损害垄断行业和消费者的利益。因此，政府需对垄断行业实行价格规制，即由政府确定垄断企业产品或服务的价格。

2. 对保护行业的价格规制

为使得生产周期长的大宗商品价格相对稳定，政府需要对一些农产品和矿产品的生产行业实行保护性的价格规制，由政府以专项资金和专门储备制度为基础，对这类商品设定最高价格和最低价格作为指导价格。

3. 对通货膨胀的价格规制

通货膨胀是一种宏观经济现象，但治理通货膨胀往往需要从微观上采取一些措施，价格规制就是其中较强硬的一种。当通货膨胀发生时，政府对各类商品、服务和生产要素采取的价格规制包括：冻结全部或部分物价、实行最高限价、规定价格上涨率等。

4. 对公共服务组织实施收费时的规制

很多公共服务组织向消费者提供产品或服务时需要进行收费，此时，为了阻止这些组织乱收费，政府对收费实行规制，规定这些组织按平均成本确定收费水平，并严格监督其执行情况。

5. 对不正当价格行为的规制

由于存在信息不对称，市场上还经常出现不正当价格行为，如价格欺诈。对此，需由政府制定物价管理法规，对物价的一般水平和浮动幅度加以限制，对价格欺诈行为进行处罚，采取措施来解决信息不对称问题。

（三）投资规制

政府既要鼓励企业投资，以满足不断增长的产品或服务需求，又要防止企业间过度竞争，重复投资，还要对投资品的最优组合进行规制，以保证投资效率和效益。

（四）质量规制

许多产品或服务的质量具有综合性，并不容易简单定义和直观认定。因此，在一些被规制产业中，往往不单独实行质量规制，而是把质量和价格相联系，即在价格规制中包括质量规制，如果被规制企业没有达到质量标准，或者消费者对质量投诉太多，政府就要降低规制价格水平。

在上述四个方面中，价格规制和进入规制是最基本的规制内容。①

---

① 尹栾玉．社会性规制的经济学分析［D］．长春：吉林大学，2005：14.

第四节　社会性规制

一、社会性规制的概念

社会性规制是指政府以保障国民生命安全、提高健康水平、进行文化教育、保护环境、防止灾害为目的，通过制定和实施一系列法律法规，对企业和个人等市场主体的活动进行强制性干预的行为。社会性规制主要是针对负外部性、信息不对称和非价值物品问题。20世纪70年代前，在政府规制领域中，社会性规制和经济性规制并没有完全分开。自20世纪70年代以来，美国经济学界提出了健康、安全、环境（health，safety，environmental，HSE）规制，即关注公众健康、安全和环境问题的规制，并设立了大量的社会性规制部门，如美国环境保护署、美国消费品安全委员会。日本学者植草益在其《微观规制经济学》中，将社会性规制的内涵扩展到四大类：确保居民生命健康、卫生，确保安全，防止公害、保护环境，确保教育、文化、福利。每一大类中还包含若干小类。[1] 植草益将教育、文化、福利问题归入社会性规制的观点被国内众多学者认可。

与经济性规制相比，社会性规制一般具有以下几个特点：一是社会性规制的对象比较广泛，但很少针对特定的产业，而大多针对具体的行为。二是社会性规制的手段也较为广泛，既包括对某些行为的直接禁止或限制，又包括对市场准入、产品或服务质量、特定生产经营行为、生产设备和产量等方面的一系列以标准、资格等形式做出的限制性规定。三是社会性规制以纠正在市场失灵条件下发生的资源配置的非效率性和分配的不公正性为目的，但同时要维持包括治安等在内的社会秩序及经济社会的稳定，从本质上讲，社会性规制的目的是增进社会福利。[2]

现代意义上的社会性规制与经济性规制是有显著区别的，主要表现在以下几个方面：（1）规制领域不同。经济性规制的范围主要是自然垄断、信息不对称等领域，而社会性规制的范围是发生外部性（特别是负外部性）或内部性的领域。与经济性规制相比较，社会性规制不是以特定产业为研究对象，而是围绕一定的社会目标，实行跨产业、全方位的规制，是政府针对特定企业行为的一种横向制约机制。可以说，任何一个行业的任何一个企业行为，如果不利于个人的健康、安全，不利于提高环境质量，损害了社会福利，都要受到相应的政府规制。（2）规制目的不同。经济性规制的目的主要是防止资源配置的低效率，确保使用者对产品和服务的公平利用，同时防止由于信息不对称给消费者利益带来损害。而社会性规制的目的在于确保劳动者和消费者的安全、健康以及环境质量。与经济性规制相比，它注重的不是经济活动的效率与效益，而是确保公民的基本权利和生活质量，更加关注以人为本及经济社会的和谐发展。（3）规制内容不同。经济性规制的内容主要是市场的进入和退出规制、价格规制、产品质量规制、投资规制等。

---

① 植草益．微观规制经济学［M］．北京：中国发展出版社，1992：282-284.

② 尹栾玉．社会性规制的经济学分析［D］．长春：吉林大学，2005.

而社会规制的主要内容是环境保护、医药卫生、安全生产等方面的规制。①

专栏 12-3

美国的社会性规制和经济性规制机构

社会性规制机构	经济性规制机构
● 消费品安全委员会（CPSC），负责实施联邦安全标准	● 联邦通信委员会（FCC），负责国内外通信，包括无线电、电话电信、电视等
● 食品药品监督管理局（FDA），实施联邦食品法，负责药品实验和安全、化妆品安全等	● 联邦能源管理委员会（FERC）
● 联邦航空管理局（FAA），负责规范和提升航空运输安全，以及机场管理和飞行员执照管理	● 联邦存款保险公司（FDIC），负责银行储蓄保险、审批合（兼）并案，以及审计银行业务
● 美国国家公路交通安全管理局（NHTSA）	● 货币监理署（OCC）
● 职业安全与健康管理局（OSHA），制定和实施与改善工作条件有关的联邦标准和规范	● 联邦储备体系（FED），负责银行管理、货币发行等。
● 环境保护署（EPA），负责制定和实施排污标准	● 证券交易委员会（SEC），落实联邦法有关证券买卖条款

资料来源：美国社会管理研究网站。

二、社会性规制产生的原因

20 世纪 20 年代，在发达市场经济国家出现了社会性规制行为。到 20 世纪 70 年代，社会性规制成为一股“社会新浪潮”。这种政府规制与传统的经济性规制相比，其行政干预的波及面是前所未有的，它几乎涉及各种行业。社会性规制产生并呈现出快速发展的趋势有如下原因。②

首先，社会性规制的产生和发展具备了一定的社会背景：(1) 随着经济的快速增长，出现了大量的环境、健康和社会安全问题，发生这些外部性与信息不对称的现象与市场活动中微观经济主体的经济行为有密切关系。例如，生产过程中的环境污染、消费行为造成的公害，由私人企业趋利行为造成的产品质量问题等。(2) 随着生活水平的提高，人们不仅关注自己的生命价值和生活质量，而且关注环境、安全、健康、教育、文化等问题。(3) 非价值物品的有效供给。在成熟的市场经济条件下，资源的配置是有效率的，但是竞争性市场也会产生一些社会不希望出现的结果，如毒品、武器、麻药都是可以市场化的，但这并非社会所希望和倡导的。因此，越来越多的人希望对这些方面的危害实

① 钟庭军，刘长全．论规制、经济性规制和社会性规制的逻辑关系与范围 [J]．经济评论，2006 (2)：146-157.

② 尹栾玉．社会性规制的经济学分析 [D]．长春：吉林大学，2005：14.

行公共规制。

其次，社会性规制具备了经济理论的支撑。在20世纪70年代以前的经济理论体系中，对市场失灵的外部性问题和交易问题已经有了一些研究成果，但是还没有开展社会性规制的专门研究。外部经济（外在性）问题的解决是庇古在其《福利经济学》一书中发展和完善的一项成果，他试图将外部性问题内部化，通过使社会成本内部化来解决外部不经济问题，比如通过征税和补贴进行干预。但在现实中，既难以测度外部性导致的社会福利损失，也难以合理确定税负的度。尤其是在食品药品安全、工作过程中的职业安全和健康安全、环境保护和生态平衡、自然资源的有效利用等问题上，庇古税无法达到预期的规制目标。科斯的交易理论认为，存在外部性时，在交易费用为零的世界里，不论产权的初始安排如何，政府不干预，有关各方自愿谈判仍然可以解决外部性问题，将会达到资源的有效配置。但在实际交易中，不仅存在交易费用，而且费用很高，以致不能达到交易。换言之，若产权调整或重组后的产值增加量远远小于产权交易所产生的成本，那么这种产权调整就不会发生。20世纪80年代后，美国和日本的经济学家在环境的规制、产品和作业安全规制等问题上做了大量的研究，将规制研究的理论背景扩展到福利经济学、公共财政学和不确定条件下的决策科学领域，政府规制的研究有了丰硕的成果，从而形成了社会性规制的理论基础，推动了社会性规制的发展。

从趋势来看，目前经济性规制越来越趋向于放松，但是社会性规制的力度越来越大，且覆盖的范围和影响力越来越广。因为社会性规制直接把关注的焦点放在人身安全和产品质量上，体现着以人为本、可持续发展的核心理念，得到了广泛的群众基础和社会支持。对中国而言，社会性规制需要进一步强化，一些属于社会性规制的问题还缺乏规制经济学的系统研究，目前我国比较突出的需要社会性规制来制约的领域有医药市场、食品安全、矿业安全、环境保护和排污权交易等，这些都需要通过更为合理和科学的社会性规制来加以解决。

三、社会性规制的内容

社会性规制所关注的是如何通过社会性规制手段解决市场失灵问题。社会性规制的主要内容包括针对外部不经济的规制和针对内部不经济的规制。

1. 针对外部不经济的规制

外部不经济现象产生的根本原因是生产厂商以损害消费者利益或提高社会成本为代价生产产品或提供服务以获得额外的收益。针对外部不经济的规制是在受害者和施害者之间不存在契约关系的条件下，对社会外部性损害的规制。目前对付外部不经济的社会性规制的主要手段有产权领域的相关规制、生态环境保护的规制以及自然资源合理利用的规制等。

2. 针对内部不经济的规制

内部不经济是指已经签订了交易合同而在合同中体现的市场失灵。由于信息不对称、计量困境等，已经签署的契约并没有保证产品质量和工作场所安全，于是需要对这些由契约规定了的产品质量和工作场所安全的隐患问题进行规制。现代企业理论认为，导致企业内部不经济的因素主要有：（1）在存在风险的条件下签订意外性合约的成本；（2）当合约者行为不能被完全观察到时所发生的观察或监督成本；（3）交易者收集他人信息和公开自身所占有的信息时发生的成本。因此必须通过更加明确合约内容，对合约履行过程以及承担的责任等实施更加严格的规制手段。①

在我国社会性规制的最终目标是贯彻以人民为中心的新发展理念。以人民为中心的发展目标主要体现为通过规制保证人民对美好生活的需要。党的十九大报告指出，“人民美好生活需要日益广泛，不仅对物质文化生活提出了更高要求，而且在民主、法治、公平、正义、安全、环境等方面的要求日益增长。”② 从可持续发展的角度来看，应使绿色发展理念融入社会生产和消费的各个方面。党的十九大报告强调，必须要“坚持人与自然和谐共生。建设生态文明是中华民族永续发展的千年大计”③。因此要处理好人口、资源和环境之间的内在矛盾。其具体内容包括如下几个方面：一是按照生态文明建设总思路和具体要求，在绿色发展理念指引下，制定并实施以保护自然环境以及维护生态平衡为目的的规制。二是保护弱势群体，制定并实施以维护社会安全和提高人们健康水平为目的的规制。三是创造公平的竞争环境，保护消费者利益，制定并实施以提高社会正外部性为目的的规制等。

第五节　自然垄断产业规制和放松规制

一、自然垄断产业的定义与基本特征

（一）自然垄断产业的定义

当代意义上的自然垄断产业的定义来自鲍莫尔。鲍莫尔认为，自然垄断产业就是多家企业同时生产某一产品的成本高于一家垄断性生产企业的成本的产业。④ 自此以后，关于自然垄断产业的研究进一步细化，从识别到规制再到放松规制的这一路径不断深化。国内学者主要沿用了鲍莫尔的相关定义，并在此基础上进一步丰富和具体刻画了自然垄断产业的定义。

自然垄断产业是指其主要业务具有规模经济效益、需要大规模固定资本投资、边际成本下降、具有网络效益的产业，一般称为公共事业或基础设施产业，如铁路、航空、电力、电信、城市燃气、自来水等。⑤ 也就是说，自然垄断产业具有成本次可加性的技术

---

① Littlechild，S. C. The Problem of Social Cost. in *New Directions in Austrian Economics*，Louis M. Spadaro，ed. Kansas City，1978：77-93.

②③ 习近平．决胜全面建成小康社会 夺取新时代中国特色社会主义伟大胜利：在中国共产党第十九次全国代表大会上的报告［M］．北京：人民出版社，2017：11，23.

④ Baumol，William J. On the Proper Cost Tests for Natural Monopoly in a Multiproduct Industry. *American Economic Review*，1977（67）：809-822.

⑤ 苏东水．产业经济学［M］．3版．北京：高等教育出版社，2010：327.

特点，从而造成了一家企业或少数几家企业生产的市场结构。自然垄断产业基于规模经济、范围经济而存在，但是它仍然需要政府加强宏观和微观两个层次的规制。

（二）自然垄断产业的基本特征

自然垄断产业具有复杂的技术、经济特征，它是政府制定与实施管制政策的基础。

1. 自然垄断产业的技术特征

（1）具有显著的规模经济和范围经济效益。在既定的市场需求下，一家厂商足以提供和满足大部分甚至全部市场需求。（2）具有显著的关联经济效益。在具体的产业组织中，往往需要全程全网的联合作业和兼容性，以保证产供销的协调，从而节约交易成本。（3）网络性。具有完整统一的网络，才能将产品或服务从生产领域转移到消费领域，实现最终消费。如电信、电力、铁路运输、航空、邮政、自来水和燃气供应等，均属于自然垄断产业。（4）具有大量的沉没成本。建立与形成电信网、电网、铁轨网、航线、邮路、自来水管网和燃气管道网络等往往需要巨大的投资，投资回报期较长，资产专用性强，沉没成本大。

2. 自然垄断产业的经济特征①

经济学家对自然垄断产业的经济特征具有不同的认识。如肯尼斯·W. 克拉克森等认为，自然垄断的基本特性是生产函数一般呈规模报酬递增状态，即生产规模越大，单位产品的成本就越小。在一定的产出范围内，若由一家企业生产，随着产量的增加，单位成本将持续下降。而沃特森认为，自然垄断是这样一种状况：单家企业能比两家或两家以上的企业更有效率地向市场提供相同数量的产品。夏基和鲍莫尔则认为，自然垄断最显著的特征是其成本函数的弱增性。成本弱增性关注是一家企业提供整个产业的产量成本更低，还是这家企业与另外的企业共同提供相同产量的成本更低。如果一家企业能比两家或两家以上的企业以更低的成本生产一定数量的某种产品或一组产品，则存在成本弱增性，相应地，企业所在的产业就是自然垄断产业。

严格的成本弱增性所强调的是，在产量区间内的任一产出水平上都存在平均成本递减的情况，其成本函数具有严格的劣加性。成本弱增性可以通过成本函数表达如下。如果对任意的产出量 y_1，y_2，…，y_k（$0<i\leqslant k$，$0<y_i<y$，$y_i\neq y$），都有 $C(y_1+y_2+\cdots+y_i)<C(y_1)+C(y_2)+\cdots+C(y_i)$ 成立，则成本函数 $C(y)$ 在产出水平 y 上具有严格的成本弱增性。

成本弱增性理论比较全面地分析了自然垄断行业的经济特征，证明了如下命题：（1）对单一产品的自然垄断性而言，规模经济是自然垄断的充分条件，但不是必要条件，即只要规模经济存在，就具有自然垄断性。但是，自然垄断不一定必须要求存在规模经济，在规模不经济的情况下，只要成本弱增性存在，也同样存在自然垄断。（2）对多产品的自然垄断性而言，规模经济既不是自然垄断的充分条件，也不是自然垄断的必要条件。决定自然垄断性的是成本弱增性，而多产品的成本弱增性取决于联合生产的经济性，

---

① 王俊豪．产业经济学［M］．2版．北京：高等教育出版社，2012：240－244.

通常可用范围经济性来表示。（3）根据自然垄断的成本弱增性程度，我们可以将自然垄断分为强自然垄断和弱自然垄断这两种类型，对于不同类型的自然垄断，政府应采取相应的进入管制与价格管制政策。

二、自然垄断产业规制的理由与主要规制内容

（一）自然垄断产业规制的理由[①]

1. 制止企业制定垄断价格，更好地维护社会分配效率

当企业处于独家垄断地位时，如果不存在任何外部约束，它就成为市场价格的制定者，而不是价格接受者。它可能会制定出大大高于成本的价格，以取得垄断利润，其结果必然扭曲分配效率，这就需要实行政府规制。实行政府规制可以通过以下几种方式提高社会分配效率：（1）政府按照边际成本决定管制价格和相应的产量，其亏损额由政府的税收来弥补。（2）政府按照平均成本决定管制价格和相应的产量，企业就不会发生亏损，不需要政府补贴。（3）政府运用特许投标竞争手段，拍卖某种产品或服务的独家经营权，使价格接近于平均成本与边际成本相交时的价格水平。

2. 防止破坏性竞争，保证社会生产效率和供应稳定

自然垄断产业的显著特点是需要巨额投资，投资回报期长，资产专用性强，规模经济非常显著。因此，由一家或极少数几家企业垄断经营能使社会生产效率极大化。政府从进入和退出两个层面上对垄断行业进行规制，其作用有两点：（1）为了避免破坏性竞争造成的社会资源浪费，需要政府通过设置进入壁垒，抑制企业过度进入，以保证社会生产效率。（2）为了生产供应的稳定性，需要政府对关系国计民生的垄断产业进行规制，设置退出壁垒，控制企业在无利可图或者在更好的投资业务吸引下任意退出市场的行为，以免造成特定社会产品或服务供应的不稳定性。

3. 制约自然垄断企业的不正当竞争行为

自然垄断产业的业务领域可能涉及自然垄断和竞争性并存的业务。经营自然垄断业务的企业往往同时经营竞争性业务，这就为垄断企业采取不正当竞争行为提供了条件。在没有规制的情况下，垄断企业完全有可能在垄断业务领域制定垄断高价，而在竞争性领域制定低价，通过内部业务间的交叉补贴行为排斥竞争者。同时，在自然垄断产业中，也存在少数垄断企业采取合谋行为以共同获取垄断利润的可能性。

4. 解决垄断产业的外部性问题

垄断产业的许多活动具有正外部性，但某些活动也具有负外部性。这要求政府通过宏观规划和具体的管制活动，以促进这种有利于社会经济发展的正外部性。政府规制应该让提供这些产品和服务的企业得到成本补偿，并取得正常利润。除了正外部性外，垄断产业的某些活动也会产生负外部性问题。例如，如果自来水生产企业提供的自来水未

---

① 王俊豪．产业经济学［M］．2 版．北京：高等教育出版社，2012：244－246.

达到卫生标准，就会影响消费者的身体健康。将未经完全处理的污水排入江河、海洋则会污染水源。这些都产生了对社会有害的负外部性。这就需要政府采取收取排污费、制定处罚政策等管制手段，以尽可能减少甚至消除自然垄断产业的各种负外部性问题。

（二）自然垄断产业的主要规制内容

1. 价格管制政策

价格管制是政府对垄断产业管制的核心内容。垄断产业的价格管制目标主要有三点：（1）通过价格管制促进社会分配效率。这是政府制定价格管制政策的第一个目标。（2）通过价格管制刺激企业生产效率。政府通过采取一定的管制政策措施，建立一种类似于竞争机制的体制，以刺激企业优化生产要素组合，不断进行技术革新和管理创新，努力实现最大生产效率。这是政府制定价格管制政策的第二个目标。（3）维护企业发展潜力。政府在制定垄断产业管制价格时还需要注重企业实现自我积累、不断进行大规模投资的能力。这是政府制定价格管制政策的第三个目标。①

2. 进入管制政策

自然垄断产业一般是自然垄断业务和竞争性业务并存的产业，需要政府根据具体业务领域的情况分别制定进入管制政策。对于竞争性业务领域，应采取放开竞争政策，但适当控制进入壁垒，以保持实现规模经济与竞争活力相兼容的有效竞争。对于自然垄断业务领域应严格控制，逐步放松进入壁垒，以保证有效竞争。如果在垄断产业实行一定程度的放松进入管制政策，就会遇到产业内原有主导性和垂直一体化企业阻碍新企业进入的问题。因此，政府可对原有主导性企业和新企业实行不对称管制政策，对新企业采取一定的优惠政策等来培育市场竞争力量。②

3. 联网管制政策

联网管制在电信产业中具有典型性，它是政府管制的一项重要内容。在网络市场上的竞争是一种不完全竞争，即某个网络经营企业具有市场垄断地位的情况下，具有垄断优势的企业为了保持其市场垄断地位，它只希望通过自身的网络向本企业的顾客提供服务。垄断企业完全有能力通过拒绝与其他竞争企业联网而排斥竞争者。因此，联网条件的决定权应当纳入政府管制的范围。政府通过制定联网管制价格和联网条件，从政策上保证相关企业具有同等权利，并以合理的价格使用网络，使网络成为自然垄断产业的公共通道。

4. 质量管制政策

政府管制的一个重要目标是保护消费者利益，这不仅要求企业所提供的产品或服务价格低，而且质量要高。如果不控制质量，被管制企业在最高限价制约下，为了减少成本就自然会降低质量水平。因此，政府在管制价格的同时，必须管制质量。政府为促进自然垄断企业提高服务质量而采取的管制政策措施是多方面的，包括在价格管制模型中考虑服务质量参数，将企业的最高限价与质量水平挂钩，对低质量的服务进行经济制裁等。

---

①② 王俊豪．产业经济学［M］．2版．北京：高等教育出版社，2012：247，250.

专栏 12－4

英国自来水服务规制中的“服务标准保证方案”

英国自来水服务（管制）办公室为维护自来水产业消费者利益，在 1997 年制定了一个“服务标准保证方案”，主要服务标准包括：遵守与顾客的约定、答复顾客的账单疑问、对顾客意见进行反馈、中断自来水供应、安装水表、排除溢水和处理自来水低压问题等。如果自来水经营企业不能满足这些标准，顾客则有权要求经济赔偿，企业每次不能履行服务标准的赔偿额一般为 10 英镑，企业应该主动向顾客提供赔偿。如果企业和顾客发生赔偿纠纷，则双方都可以要求自来水服务（管制）总监作出仲裁。这一方案无疑能促进企业提高服务质量。英国的这些政府管制经验非常值得中国借鉴。

资料来源：王俊豪．产业经济学［M］．2 版．北京：高等教育出版社，2012：251.

5. 对企业内部业务间交叉补贴行为的管制政策①

在被管制的自然垄断产业中，企业内部业务间交叉补贴行为是普遍存在的。如果允许对业务实行垂直一体化经营，企业就会采取内部业务间交叉补贴战略行为抑制竞争，同时使接受垄断性服务的消费者承担过高的价格，而使接受竞争性服务的消费者享受过低的价格，由此造成收入再分配效应，扭曲社会分配效率。对此，可采取对垄断业务和竞争性业务相分离的政策，根据垂直一体化经营的范围经济性，对垂直一体化经营企业采取不同业务间财务上的分离，也可采取“经营权”上的分离。

但是，企业内部业务间交叉补贴行为有时也有合理的一面，主要体现为服务价格的空间公平性。比如，电信行业为了考虑社会分配的公平性，就不能根据实际平均成本分别针对农村和山区、城市和平原地区的消费者制定差别很大的价格。所以，政府应正确区分这种类型的企业内部业务间交叉补贴行为和不正当竞争，并采取相应的管制政策。

三、自然垄断产业的放松规制

（一）放松规制的含义

放松规制是指政府取消或放松对自然垄断和其他产业的进入、价格等的行政、法律规制，是对直接规制的放松，是走向间接规制的一种过渡形式。细分起来，放松规制有两方面的含义：（1）完全撤销对受规制产业的各种价格、进入、投资、服务等方面的限制，使企业处于完全自由竞争的状态，比如，原来受到政府严格规制的汽车运输业的各种经济规制性法规被全部取消，新企业可以自由地加入这些产业与原来的企业竞争，其行车路线、货物运费都由企业自己确定。（2）部分取消规制，即有些方面的限制性规定被取消，而有些规定继续保留，或者原来较为严格、烦琐、苛刻的规制条款变得较为宽

① 王俊豪．产业经济学［M］．2 版．北京：高等教育出版社，2012：251－252.

松开明，如在进入规制中，审批制改为登记制。①

（二）放松规制的原因

放松规制是在原有规制政策导致腐败横行、规制成本增加、企业内部人浮于事、技术创新缓慢等严重问题基础上的自然选择。施蒂格勒一贯反对把政府所宣布的规制目标等同于规制的实际效果，他在20世纪40年代的研究主要揭示了规制的副作用很可能会与所期望的正作用形成共生，甚至成为主要作用。1962年，施蒂格勒发表了著名的论文《管制者能管制什么》，通过对比受管制和不受管制的供电企业，指出管制可能根本没有收到预期的效果。② 20世纪80年代以来，无论是主观上还是客观上的原因，市场经济发达国家和一些发展中国家都采取了针对自然垄断产业的放松规制政策措施。究其原因有以下几点。

1. 技术的需求变化削弱了经济性规制的依据

技术进步可能使企业的最小有效规模降低，需求扩大也将改变成本劣加性的边界，于是由独家垄断企业提供某产品全部需求或劳务的合理性正在消失，而由两家或多家企业服务于市场更有效率。另外，随着技术的发展和需求的细分，自然垄断产业的某些业务变成了可竞争业务，从而可以从其他业务中分离出来，放松规制已实现了一定的市场竞争。

2. 产业间替代竞争加剧

即使是受规制的垄断产业，也存在着与替代产品之间的竞争，需要在投资、价格、生产、服务等方面做出新决策。但是规制延缓了受规制的垄断产业反应时间，往往使其在竞争过程中处于被动地位。这种存在着替代部分的产业被称为结构性竞争产业，如铁路、航空、公路等产业就属于结构性竞争产业，各个国家最先放松规制的就是这类产业。

3. 产业融合改变了规制范围

产业融合通过技术革新和放宽限制降低了产业间的壁垒，加强了各产业间的竞争合作关系，于是产业间的界限变得模糊，各企业并存于相互竞争的状态之中，需要政府以维护市场的正常秩序和保护市场的公平竞争为主要目标。

4. 规制失灵引发放松规制

规制成本及关联费用不断升高；规制导致企业内部低效率；规制机构的自由裁决导致寻租行为泛滥；规制时滞与瞬息万变的市场环境不适应，造成企业和消费者遭受损失；规制过多或不当可能造成资源配置无效率。

5. 经济全球化的迫切需要

经济全球化要求国际贸易、跨国投资、战略联盟等国际合作有一个开放、公平、自由的环境，但规制对经济运行的人为限制和干预不利于国际人、财、物、信息的交流。因此，首先是发达国家之间在市场准入方面达成妥协，共同放松规制，提倡公平竞争，

---

① 苏东水．产业经济学［M]．3版．北京：高等教育出版社，2010：327.

② 崔惠民．西方国家自然垄断行业政府规制实践变迁与理论演化［J]．经济研究导刊，2011（3）：9-11.

进而放松规制延伸到发展中国家，形成世界性浪潮。

（三）放松规制的实践

1. 借鉴

由于实行规制和放松规制始于美国和英国，简要了解美国和英国放松规制的历史将有助于进一步加深对自然垄断产业规制的理解。

（1）美国规制的历史大体分为三个时期：第一时期是19世纪80年代—20世纪初对铁路、电力、煤气、电话等产业领域的规制。第二时期是20世纪30—40年代以经济大萧条为背景确立的规制，如1933年以银行、1934年以证券和广播、1935年以卡车和输送管道、1936年以海运、1938年以航空和电力等产业为主要对象。第三时期是20世纪50年代后主要以能源领域为对象，被规制对象进一步扩大到天然气（1954年）、输油管道（1960年）、石油（特别是汽油，1973年）。①

20世纪70年代末，美国开始放松规制，相继对航空、铁路、公路运输、能源、银行、电信等产业在价格、进入、退出、投资、财务、会计等方面放松规制，以更多地发挥市场机制的作用。例如，美国在1978年通过了《航空放松规制法案》，决定撤销民用航空局，大多数限制条件被取消或者变得宽松。从1982年起，所有符合基本条件的公司都可以自由地进入航空业。1983年，所有的价格限制全部取消，航空公司可以根据自己的经营自由定价。

（2）英国对电信产业进入规制的放松。② 在1980年以前，英国的电信产业一直由英国邮政局垄断。1981年，具有国有性质的英国电信（BT）公司从邮政局分离出来。1982年，英国电信设备审批委员会成立。由于英国政府同意麦克瑞公司成立第二个基本电信网，与英国电信公司形成竞争态势，至此，英国电信业独家垄断的局面被打破。1983年，英国政府将持有的英国电信公司的股份（51%）卖掉，英国电信公司成为一家股份制公司。此后，许多公司获得了经营电信业务的许可证，进入蜂窝网络、移动无线网、无线寻呼增值数据等电信业务领域。英国政府采取的放松规制政策在保证消费者的利益、促进公平竞争、促进效率与经济性等方面发挥了重大作用。

2. 中国的实践

（1）价格规制与放松价格规制的历程。在经济体制改革前，我国自然垄断产业的产品价格完全由政府部门制定，全国实行统一的价格。这种方式主要有四种：第一，由行政区制定或中央与各工业部门共同制定。如20世纪50年代初，中央财政经济委员会与各工业部门共同制定了国营工业主要产品的全国统一出厂价格。第二，中央、国务院下发文件定价。如1962年10月6日，规定城市职工主要生活必需品的价格和房租等的收费标准，包括水电、交通、邮电等18类商品的价格基本不动。第三，政策定价。如1956年，国家对重工业的出厂价格进行了全面调整，其中将电力的价格调低了4%。第四，主管部门申报，国务院批准。如1971年，国务院批准了中国民用航空局降低航空客运票

---

① 赵京国．20世纪末美国政府规制改革历程及启示［J］．行政与法，2012（4）：15-19.

② 杨舜贤．英国电信业放松规制研究及对我国的借鉴［J］．特区经济，2008（7）：98-99.

价和专包机、专业飞行收费标准，将原来不分航程远近、每客公里收取同费率的办法改为递远递减的收费方式。

在实行经济体制改革后，自然垄断产业的价格仍然变化不大，这些产业的企业普遍处于亏损状态，为了扭转这种局面，对自然垄断企业的价格规制措施也发生了一些变化。1980年，为了实现“以话养话”，加快电信业的发展，允许电信企业对申请安装电话的用户收取电话初装费、提高市内电话月租费、收取电话费话费之外的附加费等。从1982年开始，电力工业取消了部分地区及部分工业用电的优惠价格。从1985年5月开始，实行多种电价。1985年，铁路开始提高客运票价，结束了30年票价固定不变的历史；同年调整了燃气、自来水的价格。综上所述，在自然垄断产业的价格规制方面所采取的改革办法主要有两个方面的特点：定价方式不再是直线单一价格，而是改进为包括高峰定价、多部收费的非线性定价；逐步取消了对自然垄断产业的中央财政补贴。

(2) 进入规制与放松进入规制历程。中华人民共和国自成立以来，对自然垄断产业基本实行政府直接投资、垄断经营的规制体制。由于自然垄断产业是国民经济的基础，是政府实现政策目标的杠杆和调节工具，因此，对这些产业实行了严格的进入规制。可以说，除了由国家的财政投资组建国有垄断企业外，没有其他的所有制形式。近年来，随着改革开放的不断深入，对自然垄断产业的进入规制开始放松。虽然铁路的建设仍然以国家投资为主，但为了缓解运力不足的局面，在地方支线、专用线路等领域实行了较为灵活的投资方式，允许地方政府和企业以不同投资形式组建铁路运输企业。国家对电信业长期以来都是实行严格的进入规制，但在电信网（市内电话、长途电话、移动通信）的进入方面，1994年中国联通的进入打破了独家经营的局面，形成了双寡头垄断的市场结构。2001年，信息产业部又对中国电信进行南北分拆，形成了中国电信、中国移动、中国网通、中国铁通、中国卫通、中国联通六家竞争的格局。

中国改革开放以来，垄断产业是一个改革相对滞后的领域。虽然从20世纪90年代以来，在中国电信、电力等领域实行了一定程度的改革，但传统管制体制的不少弊端还不同程度地存在，垄断问题还比较严重。因此，中国要从根本上消除垄断产业的低效率问题，就必须进一步放松管制，在垄断产业建立与市场经济体制相适应的管制体制，尽可能发挥市场机制的积极作用，以提高垄断产业的经济效率。

2021年中央经济工作会议指出，改革开放政策要激活发展动力。要抓好要素市场化配置综合改革试点，全面实行股票发行注册制，完成国企改革三年行动任务，稳步推进电网、铁路等自然垄断行业改革。调动地方改革积极性，鼓励各地因地制宜、主动改革。扩大高水平对外开放，推动制度型开放，落实好外资企业国民待遇，吸引更多跨国公司投资，推动重大外资项目加快落地。推动共建“一带一路”高质量发展。由此可见，我国国企改革的任务任重而道远，自然垄断行业也进入了深层次改革的新阶段。

案例分析 12-1

三星遭中国反垄断调查或面临巨额罚款

近日，中国开始对存储三巨头进行反垄断调查，三星、海力士、美光这三家可能会被巨额罚款。

据了解，2018年5月31日，中国反垄断机构派出多个工作组，分别对三星、海力士、美光展开突击调查与现场取证，内容可能涉及三家厂商近年来在动态随机存取存储器（DRAM）市场的价格飞涨以及业界反映的产品搭售问题。

三星手机note7在全球范围内发生爆炸事件，导致不得不被大量召回。牌子也砸了，损失数十亿美元，这么大的损失，当然得找地方收回来。三星区别对待中国，硬说国内手机没问题，最后也出现了爆炸事件，迫于政府压力才不得不召回。

而内存制造厂也时不时爆出仓库失火等事故，然后宣布减产，联合海力士集体抬价，之后内存条价格迅速暴涨，2个月涨了70%，三星这次可以说赚得盆满钵满，不仅把note7的损失赚回来了，而且大发其财。国家于是开始介入，如果顶格处罚，金额将达到80亿美元。

2017年12月，曾有手机厂商因为存储器价格上涨和供应不畅，向国家发改委检举了三星。2018年4—5月，也曾有美国消费者对三星等厂商进行了指控，称其操控内存行业零售价格。

2018年5月，中国反垄断机构相继约谈三星、美光。当时DRAM价格已经持续七个季度连续上涨，国家发改委方面表示，已注意到行业价格的飙升，将会更多关注未来可能由行业“价格操纵”行为引发的问题，可能存在多家公司协同行动，推高芯片价格，谋求获利最大化的行为。

自2016年三季度进入涨价通道后，存储芯片的涨价持续至今，已接近两年。中国是全球最主要的存储芯片消费国，2017年，中国进口存储芯片889.21亿美元，比2016年增长39.56%。

根据有关数据，2017财年，美光、三星、海力士三家公司的半导体业务在中国的营收分别为103.88亿美元、253.86亿美元、89.08亿美元，总计446.82亿美元，同比2016财年的321亿美元增长约39%。2018年一季度，三星、海力士、美光三家厂商在DRAM产业的市场占有率分别为44.9%、27.9%及22.6%，合计占有95.4%的市场份额。业内人士指出，在目前三家DRAM厂商独占市场的局面下，DRAM市场价格上扬的态势还将进一步持续。

值得注意的是，价格垄断行为在寡头垄断行业属于常见市场行为。2005—2006年间，美国司法部曾裁定三星、海力士、英飞凌、尔必达、美光在1999—2002年间存在价格垄断行为，对前四家公司处以总计7.29亿美元罚款，美光因率先认罪并协助调查而免于处罚。7.29亿美元罚款中，三星的销售处罚为2.4亿美元，占该公司在1999—2002年美国12亿美元销售额的20%。

这次反垄断调查标志着中国存储芯片即将吹响反攻的号角。

资料来源：金融界官网。

思考题：

1. 如何理解“值得注意的是，价格垄断行为在寡头垄断行业属于常见市场行为”“这次反垄断调查标志着中国存储芯片即将吹响反攻的号角”这两句话？这一案例可能采取什么类型的规制？

2. 根据“2018年一季度，三星、海力士、美光三家厂商在DRAM产业的市场占有率分别为44.9%、27.9%及22.6%，合计占有95.4%的市场份额”这句话，能否判断存在垄断行为？如何判断可以实施规制的垄断行为？

案例分析12-2

国务院明确要求电信企业7月1日起取消流量漫游费

按照国务院部署，近年来网络提速降费成效明显。下一步围绕促进经济升级和扩大消费，督促电信企业加大降费力度，2018年7月1日起取消流量漫游费。确保2018年流量资费降幅达到30%以上，推动家庭宽带降价30%、中小企业专线降价10%～15%，进一步降低国际及港澳台漫游资费。

同时，加快高速宽带城乡全覆盖，2018年提前实现98%的行政村通光纤，重点支持边远地区等第四代移动通信基站建设，推动飞机上互联网接入业务，支持在酒店、机场、车站等扩大免费上网范围。

2018年《政府工作报告》提出，取消流量漫游费，移动网络流量资费年内至少降低30%，让群众和企业切实受益。

随后，中国移动、中国联通、中国电信三大运营商纷纷表态，坚决贯彻落实加大网络提速降费力度的相关要求，确保相关举措全面尽快落地实施。

资料来源：腾讯新闻。

思考题：

1. 请你谈谈国务院的这一明确要求是否属于产业规制行为？若是，请问属于什么类型的规制行为？为何做出这种规制？其意义何在？

本章小结

产业规制是指政府或社会对经济主体及其活动进行的微观干预。规制理论经历了传统规制理论、规制放松理论、激励性规制理论的变迁过程。产业规制的目标就是克服市场失灵，致力于解决外部性内部化、信息不对称、垄断等问题，保护和实现公众利益。当代西方产业规制可以分为三种主要模式，包括政府主导型产业规制、民间主导型产业规制、政府民间平衡型产业规制。根据政府对市场活动主体行为的限制程度和不同方式，分为直接规制和间接规制；依据政府运用的规制手段，分为法律规制、行政规制、价格规制、审计规制、会计规制、金融规制、计划规制和财政税收规制。在西方市场经济发达国家，政府规制以法律规制为主。

政府规制的成本-收益分析的基本原理是：当确定了规制取得的总收益是否超过总成本时，就可以确定规制政策能否实施。

经济性规制就是以政府为干预主体、产业（企业）行为为管制对象，为了弥补信息不对称和自然垄断等市场失灵现象，通过约束企业进入和退出行业或产业、企业定价行为，以维护公平竞争，提高资源配置效率，保护消费者利益和服务的公平供给为目的的一种干预方式。经济性规制的重点领域是具有自然垄断、信息不对称等特征的行业，经济性规制的目的就是保证资源的有效配置和服务的公平供给。经济性规制的内容包括进入规制、价格规制、投资规制、质量规制。

社会性规制是指政府以保障国民生命安全、提高健康水平、进行文化教育、保护环境、防止灾害为目的，通过制定和实施一系列法律法规，对企业和个人等市场主体的活动进行强制性干预的行为。社会性规制所关注的是如何通过社会性规制手段解决市场失灵问题。社会性规制的主要内容包括针对外部不经济的规制和针对内部不经济的规制。

自然垄断产业具有复杂的技术、经济特征，它是政府制定与实施管制政策的基础。自然垄断产业的主要规制内容包括价格管制政策、进入管制政策、联网管制政策、质量管制政策。20 世纪 80 年代以来，无论是主观上还是客观上的原因，市场经济发达国家和一些发展中国家都采取了对自然垄断产业的放松规制政策措施。

复习思考题

1. 简述经济性规制的基本内容。
2. 简述社会性规制的基本内容。
3. 简述自然垄断产业的基本特征。
4. 简述对自然垄断产业进行规制的依据与主要规制内容。
5. 如何判断垄断产业管制政策的效果?
6. 请分析中国对自然垄断产业放松管制的利弊。

参考文献

1. 崔惠民．西方国家自然垄断行业政府规制实践变迁与理论演化 [J]. 经济研究导刊，2011 (3).

2. 樊建强．基础产业经济性规制理论变迁 [J]. 长安大学学报（社会科学版），2012 (2).

3. 聂亚珍．产业经济学 [M]. 北京：光明日报出版社，2011.

4. 石涛．政府规制的成本收益分析作用、内涵及其规制效应评估 [J]. 上海行政学院学报，2010 (1).

5. 史铭鑫．经济性规制的放松和社会性规制的加强 [J]. 北方经济，2005 (9).

6. 苏东水．产业经济学 [M]. 3 版．北京：高等教育出版社，2010.

7. 王俊豪．产业经济学 [M]. 2 版．北京：高等教育出版社，2012.

8. 肖兴志．产业经济学 [M]. 北京：中国人民大学出版社，2012.

9. 亚瑟・赛斯尔・庇古．福利经济学 [M]. 上海：上海财经大学出版社，2009.

10. 阎星宇，吕春成．规制制度变迁的理论基础 [J]. 山西财经大学学报，2003 (6).

11. 尹栾玉．社会性规制的经济学分析［D］. 长春：吉林大学，2005.

12. 臧旭恒．现代产业经济学前沿问题研究［M］. 北京：经济科学出版社，2006.

13. 张红凤．规制经济学的变迁［J］. 经济学动态，2005（8）.

14. 植草益．微观规制经济学［M］. 北京：中国发展出版社，1992.

15. 钟庭军，刘长全．论规制、经济性规制和社会性规制的逻辑关系与范围［J］. 经济评论，2006（2）.

16. Arnold C. Harberger. Monopoly and Resource Allocation. *The American Economic Review*，1954（2）.

17. Baumol，William J. On the Proper Cost Tests for Natural Monopoly in a Multiproduct Industry. *American Economic Review*，1977，67.

18. Buchanan，James M. Public Finance in Democratic Process：Fiscal Institutions and Individual Choice. *Library of Economics and Liberty*，1999.

19. Buchanan，James M. Rent Seeking，Non-compensated Transfers，and Laws of Succession. *Journal of Law and Economics*，1983，26.

20. Jean-Jacques Laffont，Jean Tirole. The Politics of Government Decision-Making：A Theory of Regulatory Capture. *The Quarterly Journal of Economics*，1991（4）.

21. Joseph P. Kalt，Mark A. Zupan. Capture and Ideology in the Economic Theory of Politics. *The American Economic Review*，1984（3）.

22. Littlechild，S. C. The Problem of Social Cost. In *New Directions in Austrian Economics*，Louis M. Spadaro，ed. Kansas City，1978.

23. Paul L. Joskow，Roger Noll，William Niskanen，Elizabeth E. Bailey. Economic Regulation. In *American Economic Policy in the 1980s*，University of Chicago Press，1994.

24. Posner，R. A. Theories of Economic Regulation. *Bell Journal of Economics*，1974（2）.

25. Sam Peltzman. Toward a More General Theory of Regulation. *Journal of Law and Economics*，1976（2）.

26. Stigler，George. The Theory of Economic Regulation. *The Bell Journal of Economics and Management Science*，1971（1）.

27. William W. Sharkey. *The Theory of Natural Monopoly*，Cambridge University Press，1982.

28. W. J. Baumol. On the Proper Cost Tests for Natural Monopoly in a Multiproduct Industry. *American Economic Review*，1977（12）.

第十三章

产业政策

内容提要

产业政策对世界现代经济增长的促进作用日益凸显，各国政府愈加重视对产业政策的设计与运用。经济学界对产业政策理论和实践的研究使产业政策学逐步趋于理性化和自觉化。本章首先介绍了产业政策的内涵与起源、作用与局限性、目标与手段、类型与特征、演变与趋势政策评估的类型与方法；在此基础上，然后分别阐述了产业组织政策、产业结构政策、产业布局政策、产业技术政策的主要内容。

本章重点

- 产业政策的内涵和目标
- 产业政策的类型
- 产业政策的评估方法
- 产业组织政策的概念和内容
- 产业结构政策的概念与类型
- 支柱产业扶持政策的手段
- 产业布局政策的内涵和手段
- 产业技术政策的内涵和类型

第一节　产业政策概述

政策科学的特征是以行动为取向，体现着理论与实践的统一，产业政策也不例外。

在产业经济学的研究框架中，产业政策是产业经济理论的落脚点，是产业组织理论、产业结构理论和产业布局理论的具体实践，其中存在“实然和应然”的辩证关系。尤其是在当代全球经济一体化的发展过程中，产业政策的实践为各国产业经济理论研究的深度和广度不断提供新的素材，同时也在逐步形成自身的体系。

一、产业政策的内涵、起源与发展

（一）内涵的要义

1. 产业政策的定义

由于各个国家实行了不同的经济制度，基于不同的经济价值观和经济发展速度，各国学者对产业政策的定义给出了范围不同的界定。欧美和日本学者的观点可归纳为以下几点：产业政策是旨在促进并优化本国产业发展的政府经济政策；产业政策对于改善资源在产业及企业间的配置效率是必要和可行的；产业政策主要是为了弥补市场机制可能造成的失误，而由政府采取的一些补救政策；产业政策对促进本国经济增长、促进民族经济振兴具有重要功效。国内学者根据以上几点，提出了比较流行的产业政策定义。产业政策是政府为实现一定的经济目标和社会目标对产业活动进行干预而制定的各种政策的总和。[①] 本节在以下的讨论中采用了这个定义。

2. 产业政策的要素

一般而言，产业政策要素包括：产业政策的主体、客体和运行环境。（1）产业政策的主体是指产业政策制定、执行、评估和监控环节的承担者。（2）产业政策的客体是指产业政策所发生作用的对象，包括产业关系、产业运行和产业发展。产业政策一般覆盖微观、中观和宏观各个层面。（3）产业政策的运行环境是指影响政策产生、存在和发展的一切因素的综合。政策环境包括自然环境和社会环境两大部分，其中经济社会状况、体制和制度条件、国际环境三个因素对产业政策的影响最大。

3. 产业政策与其他经济政策的关系

经济政策作为一种政府调节经济的基本手段，每项具体政策所能达到的目标和所起的作用是有显著差异的。以财政政策、货币政策和产业政策为例，就影响一国经济结构而言，三大政策是不同的。几个世纪以来，经济学家已经认识到财政政策（政府的税收和支出计划）的分配作用。[②] 财政政策能够影响投资主体的投资方向和存量资产的重新组合，进而促进产业结构优化升级。货币政策是通过金融手段来推动产业结构优化升级，其过程可归纳为货币政策→影响储蓄和投资→影响资金流量结构→影响生产要素分配→影响资金存量结构→影响产业结构。[③] 产业政策则是政府通过直接干预、间接诱导和法律规制等手段，形成合理的产业组织，促进产业结构高度化和合理

---

① 苏东水．产业经济学［M］．2版．北京：高等教育出版社，2005：278.

② 萨缪尔森．宏观经济学［M］．19版．北京：人民邮电出版社，2012：125.

③ 刘吉发．产业政策学［M］．北京：经济管理出版社，2004：12.

化，优化产业布局。从上述分析可以看出，三大政策既紧密联系，同时又是实现同一政策目标的工具。

（二）产业政策的起源与发展

1. 产业政策的“萌芽”时期

农牧业文明的开始和国家的诞生催生了古代的产业政策思想。经过几千年的历史孕育，产业政策思想已成为世界文明史上的一颗硕果。我国最早具有产业政策思想的“经济政策”是春秋战国时期越王勾践的休养生息政策，后来三国时期的“屯田制”、北魏和唐初的“均田制”，也具有“经济政策”的特性。古埃及统一管理全国水利系统和开凿新水渠、扩大耕地面积的政策，以及古巴比伦严格保护私有财产的《汉谟拉比法典》，都被一些欧美学者认为是产业政策的原始表现形式。① 虽然相对于现代意义上的产业政策来说，当时并不存在独立的产业政策，但是其思想和实践对推动一国的经济发展起到了重大作用。②

2. 现代产业政策的产生

(1) 现代产业政策的思想及其实践产生于大工业发展时期，但还未形成独立的产业政策体系。17 世纪 40 年代，英国政府为维护其世界霸主地位，制定了一系列的贸易保护政策。其主要政策措施是：实行高额关税，限制外国商品的输入；保护航运业，航海贸易必须使用英国船舶；扶助出口工业；禁止优秀技工擅自离开国境；鼓励人口增长等。相对于英国的后发国家如美国、德国、法国、意大利等欧美国家也采取过类似的政策。在英国完成工业革命后，这些国家曾先后处于后发国地位，都在不同时期实行过贸易保护，这就是当时的产业政策。③

(2) 产业政策体系构建于现代信息文明时期。被称为世界产业经济学主流学派的哈佛学派、芝加哥学派、新产业组织理论学派、新奥地利学派在构架自己的产业经济学（又称产业组织学）理论体系中，都注重对公共政策的研究。这些研究成果不仅为后来的产业政策研究奠定了基础，而且是各国制定产业政策的理论依据。产业政策发展为独立的政策体系始于日本。1970 年，日本通产省代表在经济合作与发展组织（OECD）大会上，正式提出“产业政策”一词及相关概念，使得有关产业政策体系的研究进入一个新阶段。

(3) 我国产业政策的实践始于中华人民共和国成立初期，发展于改革开放后。在《论十大关系》等理论思想的指导下，我国第一至第六个五年计划分别提出了对农业、轻工业、重工业诸项产业的发展措施，为中华人民共和国的经济发展奠定了政策基础。1978 年改革开放后，产业政策逐渐成为一项重要的国家经济政策。1986 年，在第七个五年发展计划中，首次列出了产业政策专章。20 世纪 90 年代初，我国制定了《90 年代国家产业政策纲要》《汽车工业产业政策》等一系列政策。在“十二五”产业发展规划中，

---

① 孙健．中国经济通史：上卷［M］．北京：中国人民大学出版社，2000：300，366，375，408.
② 简新华．产业经济学［M］．武汉：武汉大学出版社，2003：157.
③ 吴敬琏．社会主义市场经济全书［M］．北京：新华出版社，1993：343.

产业政策已成为一个较为完备的政策体系。

（三）产业政策的理论依据

1. 基于传统理论的依据

传统的产业政策理论主要遵循市场失灵理论、比较优势理论、结构转换理论和规模经济理论的基本原则，但不同流派对产业政策有不同的理论解释。哈佛学派认为，有效的产业政策首先应着眼于形成和维护有效竞争的市场结构。而芝加哥学派则原则上反对政府以各种形式干预市场结构，该学派的研究重点是反垄断政策，使反垄断政策在提高企业生产效率和保护消费者福利上正确发挥作用。新产业组织理论学派的企业进退无障碍理论认为，政府的竞争政策应该着重于保证充分的潜在竞争压力，消除人为的进入和退出障碍，而不是只重视市场结构的反垄断政策和规制政策。新奥地利学派认为社会福利的提高源于生产效率而非配置效率，该学派全面否定反垄断政策和规制政策的必要性。日本学者推动了规模经济理论的研究。其理论基点之一是：产业内容客观上存在着工厂规模和企业规模的区别。前者决定生产费用，后者决定竞争秩序。在赶超阶段，当两者发生矛盾时，国家应当利用产业政策首先保证工厂规模达到最优。其理论基点之二是：当某一产业的国际或国内市场已经被外国企业垄断时，为了本国的长远利益，政府应当通过产业扶持政策负担本国产业的振兴费用。其理论基点之三是：在通信、交通运输等最优规模很大的产业，由于达到最优规模前的社会收益率远高于企业收益率，政府在一段时期内直接投资或直接创设国有企业是有必要的。这些理论成果在各国产业政策理论和实践的创新中发挥了重大作用。

2. 基于国际竞争力理论的依据

在当前世界经济处于竞争与合作之中的趋势下，各国都面临新的机遇和挑战，各国政府都迫切需要以产业政策为基本工具，增强本国产业的国际竞争力，从而维持或争取本国产业在经济全球化过程中的优势地位。“战略赶超论”“国际竞争论”较好地解释了当今各国都在致力于推行产业政策的深层原因。能够实现战略赶超是由于后发优势的存在，“发展中国家完全可能通过制定和推行合理的产业政策，实现经济的超常规发展，缩短追赶先发国家所需时间。”[①] 而国际竞争论的主张是：一个国家在任何时点上的最优产业结构，是能够让该国经济在国内市场和国际市场实现最强竞争力的产业结构。而这一最优的产业结构是由该国的比较优势决定的，而比较优势又由该时点上经济的禀赋结构决定。在产业发展的过程中，如果经济服从比较优势，那么它的产业在国内和国际市场上都将实现最强的竞争力。从而，这些产业将占有最大可能的市场份额，获取最多的潜在剩余，资本投资也将获得最大可能的回报。“所以增长的关键问题就转变为如何确保经济能够按照与比较优势一致的方式增长。”[②]

---

① 苏东水．产业经济学［M］．2版．北京：高等教育出版社，2005：278－281.

② 林毅夫．新结构经济学［M］．北京：北京大学出版社，2012：83.

二、产业政策的作用与局限性

（一）作用

根据产业政策的特征和理论依据，产业政策的作用主要有以下几个方面。

1. 弥补市场失灵的缺陷

应用政府这只“看得见的手”弥补市场机制的缺陷和不足，可以有效地防止垄断、不正当竞争、基础设施投资不足、环境污染、资源浪费等现象的发生与蔓延，这已被各国实施产业政策的实践所证明。政府通过制定科学合理的产业政策，充分发挥政府和市场机制的双重作用，就能把市场失灵所带来的产业效率损失减少到最小限度，诱导经济向既定目标发展。

2. 促进超常规发展

首先，后发国家在经济起飞初期，都会遇到基础设施和基础工业薄弱等“瓶颈”制约，而这些“瓶颈”部门的外部性却较强，对整个经济发展具有重大的促进作用，必须运用产业倾斜政策聚集资本，加快“瓶颈”部门的发展。其次，有秩序地扩大对外开放、制定和实施出口导向型产业政策，能够有效地促进本国产业参与国际分工，充分发挥比较优势和后发优势，低成本地引进国外的先进生产和管理技术，在技术、管理领域较快地接近国际先进水平，增加收入，积累资本，为产业结构的升级创造条件。[①]

3. 增强国际竞争力

对一个国家而言，形成本国产业国际竞争力的主导因素是资源的国际比较优势、骨干企业的生产力水平、技术创新能力和国际市场开拓能力。（1）在产业政策的诱导下，能够充分利用本国资源的比较优势，以培育新的优势出口产业。（2）通过对国内弱势产业的保护，以及对主导产业和支柱产业的扶持，能够提高这些产业产品出口的竞争力。

4. 实现资源优化配置

产业政策最主要的作用是尽可能地实现资源的优化配置。资源的优化配置包括资源在产业之间和产业内部企业之间的合理分配和有效利用，这两方面分别是产业结构政策和产业组织政策的根本任务。产业结构政策能够促进产业结构优化升级，减少或避免资源的闲置和浪费；产业组织政策能够促进产业组织合理化，提高企业资源使用的效果。

（二）局限性

1. 产业政策并非对任何产业都具有同等作用

产业政策只对需求收入弹性值高、生产效率好、在国际贸易上有发展前途的产业有明显效果，而对其他产业并非如此。[②] 产业政策对绝大多数产业的发展来说是一种外在变

---

① 简新华．产业经济学［M］．武汉：武汉大学出版社，2001：157．

② 苏东水．产业经济学［M］．2版．北京：高等教育出版社，2005：282．

量。产业政策只有对产业的内生变量（技术、资金、人才等生产要素）的投入和运作发生积极影响时，才能促进产业更好地发展。

2. 实施产业政策需要一定的成本和代价

实施产业政策是一种政府行为，无论采取何种政策手段，都需要一定的政策性投入，力度越大，投入成本越高。能否成功地实施某项产业政策的重大制约因素之一是国家的财力和融资能力。因此，就任何一项产业政策而言，都应该对实施产业政策所涉及的各种成本和收益进行预期的综合评价，最后以政策总成本和总收益比率来判别产业政策实施的可行性。另外，还存在一个“机会成本”的问题，在某些情况下，实施一项产业政策必定以丧失部分市场功能为代价，通过产业政策解决产业发展和优化问题不一定比通过市场机制解决的成本低，应两利相权取其重。

3. 实施产业政策存在失败的可能性

产业政策的制定者和执行者有可能存在信息局限性和利益局限性，从而将会出现确定政策目标违背客观经济规律、政策措施与目标不配套、手段不合理、政策环境发生不可预见的变化等问题，使得产业政策的效果事与愿违，甚至适得其反。要避免政策失败，就要对产业政策的制定、实施、检验等过程进行严格控制。

三、产业政策的目标与手段

（一）产业政策的目标

现代产业经济学研究结果证明了一个事实：一个国家的产业政策目标与该国国情、经济制度、经济发展阶段和文化差异是密切相关的。从当前各国产业政策的特点可以看出：美国、德国、英国、法国等先行发达国家以反垄断和中小企业政策为主，以完善市场自我调节机制、增强经济活力为目标；日本、韩国等后起发达国家以结构政策和组织政策为主，一开始就以提高规模经济水平为目标；发展中国家则主要以优化产业结构、实现经济振兴和经济赶超为目标。然而，在经济全球化过程中，增强本国产业的国际竞争力是21世纪各个国家产业政策的总目标之一。近十年来，我国产业政策的重心是大力提升优势产业的国际竞争力。

（二）产业政策的手段

产业政策的手段是指政策主体为完成一定政策目标而采取的各种措施和方法。产业政策的手段主要有：直接干预、间接诱导、法律规制。

直接干预是指政府以配额制、许可证制、审批制和政府直接投资经营等方式，干预某产业的资源分配与运行态势，及时纠正产业活动中与产业政策相抵触的各种违规行为，以保证预定产业目标的实现。

间接诱导主要是指通过提供行政指导、信息服务、税收减免、融资支持、财政补贴、关税保护、出口退税等方式，诱导企业在有利可图的情况下自主决定服从政府的产业政策目标。

法律规制是各国政府利用法律推行产业政策的常见做法，例如反垄断法、反不正当竞争法等实际上都起着规范产业活动、引导产业发展的作用，随着法治原则的普及，法律规制将成为产业政策手段的主要形式。

四、产业政策的类型与特征

（一）产业政策的类型

产业政策分类一方面有助于理解各种产业类型的政策差异，另一方面有助于在政策执行过程中促进各种政策之间的协调。根据各国产业政策的比较研究，产业政策按照其功能，可分为产业组织政策、产业结构政策、产业布局政策和产业技术政策；根据政策的实施对象，可分为农业政策、能源政策、对外贸易政策、环保政策等。

（二）产业政策的特征

产业政策作为政策体系的一个组成部分，具有政策的共同特征，如客观性、政治性、权威性、制约性、时效性、指导性、体系的协调性等，同时，它还有以下特征。

1. 时代性

产业政策随时代的发展而演变，具有鲜明的时代特征。工业化初期的产业政策必然有别于发达工业化时代和后工业化时代的产业政策。目前人类社会正在向知识经济时代迈进，产业政策面临着一系列全新的课题，各国尤其是发展中国家都需要适应知识化、信息化、全球化的挑战，必须迅速调整本国的产业结构，加快知识化、信息化进程，实现产业结构优化升级，更好地参与国际分工，提高本国产业的国际竞争力。

2. 民族性

首先，大量事实证明产业政策是维护民族经济利益的工具，不存在与民族经济利益相脱节的产业政策，各国的产业政策都力图维护自身的民族利益。后发的德国、法国、日本在实现赶超目标的过程中，对弱小的民族工业普遍采用过保护和扶植的政策。保护制度是使落后国家在文化上取得与优势国家同等地位的唯一方法。① 其次，产业政策必须同具体国情相适应。各国所处的经济发展阶段不同，产业发展的条件、状况、存在的问题和面临的任务也不完全相同，产业政策的内容和效果必然要受国情的制约，因此制定产业政策必须从国情出发，否则就不可能发挥应有的作用。最后，决策者的偏好、利益集团的力量对比关系等因素也会对制定和执行产业政策产生主观影响，从而形成各国产业政策的独特性。

3. 市场功能弥补性

强调产业政策的“市场功能弥补性”，是由于在现实的市场经济活动中，存在着市场失灵的可能性。产业政策的重要功能之一在于弥补市场机制的缺陷和不足，能够有效地

---

① 李斯特．政治经济学的国民体系［M］．北京：商务印书馆，1961：298.

解决市场失灵问题。日本通产省（现经济产业省）官员曾经对日本产业政策的成功经验做出精辟的概括："日本产业政策的基本理念是以市场自由竞争原理为基础。所以，我们最关心的是寻找如何通过最有效地保障市场功能来充分发挥个人和企业的创造性与活力的方法。"①

五、产业政策的演变与趋势

（一）演变规律

随着各国对产业政策理论和实践研究的不断深入，产业政策的演变呈现出以下几个特征：政策制定由零星分散向系统化、规范化发展；政策目标从单一化向多元化发展；政策对象从局部产业向全体产业扩展；政策手段从直接干预为主向间接干预为主转变；政府推行方式从日常行政为主向法治化方向转变；产业政策的决策方式向民主化、科学化转变。②

（二）发展趋势

由于经济全球化快速推进，各国在经济贸易领域的关系日趋紧密，利益得失交织，使得各国产业政策朝着趋同化方向发展。(1) 各国对产业政策的功能定位正在趋向一致，即都在向"弥补市场缺陷"方向靠拢。(2) 产业政策对象的趋同，即企业制度改革都在向所有权与经营权分离、建立和完善现代企业制度方向演变。(3) 产业目标与手段的趋同，即各国的产业政策都以维护本国经济利益、增强本国产业的国际竞争力为基本目标，而采取大致相同的行政、经济和法律手段。(4) 产业政策内容的趋同，即政府目标、企业制度等方面彼此接近和利害关系上的一致性加速了经济共同体的形成。(5) 产业政策的独特性，上述发展趋势最终要受到各国体制、国家利益、基本经济制度的限制，不可能形成适应于任何国家的统一产业政策。③

（三）新时期中国产业政策发展趋势

产业政策是实现市场力量与政府力量有机结合的重要工具，对于国家发展至关重要。产业政策的多重属性决定了其不仅可以用于消除市场失灵，而且是实现国家战略、形成竞争优势、保障产业安全的手段。新时期中国的发展形势、战略目标、主要任务与以往已有很大不同，产业政策应以建设产业强国为目标，以改善营商环境为核心，结合对特定产业、领域与对象的结构性安排，消除发展中的约束因素，增强创新能力、国际竞争力和可持续发展能力，促进资源配置效率和社会福利水平的提升，遵循"围绕国家发展战略，弥补市场缺陷，强化功能性政策，优化选择性政策，兼顾政策协调性，实现共赢国际化"④ 等原则，根据形势变化，适时做出调整。

---

① 苏东水．产业经济学 [M]．2 版．北京：高等教育出版社，2005：282.

②③ 巨荣良．现代产业经济学 [M]．济南：山东人民出版社，2009：356-357.

④ 魏际刚，赵昌文．新时期中国产业政策调整思路 [R] //国务院发展研究中心调查研究报告，2018.

六、产业政策评估

一个完整的产业政策运行过程，除了科学合理地制定和有效地执行外，还需要对政策执行以后的效果进行判断，以确定政策的价值，这种活动就是产业政策评估。产业政策评估不仅是产业政策运行过程的重要一环，而且是促进产业政策决策科学化、民主化的圭臬。

（一）政策效果与评估标准

1. 政策效果

产业政策效果是政策执行后对客体及政策环境所产生的影响和效应。一项产业政策投入运行后，其成败是由效果来检验的。政策效果主要有以下几种：（1）直接效果，即实施产业政策对实现预期目标的作用直接而显著。（2）附带效果，即产业政策实施结果可能超过政策制定者原来的目标和期望，成为一项产业政策的副产品。（3）意外效果，即一项产业政策在推行中的投入很多，期望很高，但收效甚微，或产生高于期望值的效果。（4）潜在效果，即有的政策明显有助于改善眼前状况，产生短期效应，有些则不能，这种潜在的效果虽然不易测定，却很值得注意和考量。①

2. 评估标准

产业政策评估实质上是一种价值判断。要进行价值判断，必须有价值尺度，这个价值尺度就是评估标准。

（1）生产力标准。生产力标准是产业政策评估中的根本标准。因为无论各国的政治体制、经济制度、历史文化差异有多大，生产力水平都可以成为统一的衡量标准。各国制定和推行产业政策的首要目的是提高生产力水平，而是否有利于提高生产力水平，已经成为衡量产业政策优劣与成败的最重要尺度。“对生产力标准我们应该有全面的认识。生产力既有量的区分，也有质的规定性。因此，对生产力标准应当附加伦理尺度。”②

（2）效益标准。产业政策效益是指达到政策目标的程度。这个标准关注政策的实际效果是否与理想目标相符，在多大程度上相符，还有什么距离和偏差。要具体运用这个标准必须考虑：产业政策目标是否明确而具体；构成产业政策的综合效益指标体系是否完善，即正副效益、主从效益、经济效益和非经济效益等具体检测指标设置是否合理，以便对产业政策的综合效益进行客观而全面的评估。

（3）国际竞争力标准。在经济全球化过程中趋利避害，保障国家经济安全，这是产业政策近十几年间表现出来的全新功能。当前各国产业政策的特点是保持本国产业处于最优的竞争状态，在参与国际分工的大背景下，能够获取更多的利益。这一新的趋势使得各国政府十分重视产业政策对提升国际竞争力的作用，并不断完善其功能。然而，对

---

① 陈振明．政策科学［M］．北京：中国人民大学出版社，1998：343－345.

② 苏东水．产业经济学［M］．2版．北京：高等教育出版社，2005：291－292.

产业政策提升国际竞争力贡献率的测度还需要运用相应的指标体系和计量分析技术。[①]

（二）产业政策评估类型与方法

1. 评估类型

从评估组织活动形式上看，可分为正式评估和非正式评估；从评估机构的地位看，可分为内部评估和外部评估；从评估工作在产业政策过程中所处的阶段来看，可分为事前评估、执行评估和事后评估。

在产业政策评估活动中，以事前评估、执行评估和事后评估这一类型较为常见。事前评估旨在正确制定出新的产业政策；执行评估旨在及时纠正产业政策的偏差并合理调整其目标与措施，从而改善其效果；事后评估则以总结现有产业政策的经验教训为主要目的。

2. 评估方法

主要有前后对比法、专家判断法、对象评定法、自评法。

前后对比法通过对比产业政策实施前后的有关情况，使人们对政策实施前后产生的变化进行把握。

专家判断法通过组织专家对各项相关政策进行记录，观察政策的执行情况，对政策执行对象进行调查，与执行人员及其工作人员交换意见，最后撰写评估报告，鉴定政策的成效。

对象评定法指由政策执行对象亲身感受和了解，从而对政策及其效果予以评定的方法。

自评法指政策执行人员对政策的影响和达成预定政策目标的进展情况进行评估。

具体的计算方法有层次分析法、统计抽样分析法、模糊综合分析法、灰色评价法、成本-效益分析法等。

在新时期，应积极发展第三方评估体系，即引入独立的专业评估机构对政策实施效果进行全方位评估，对政策实际效果或存在问题做出客观、公正的判断，并据此对政策进行修改和完善。

案例分析 13 - 1

高新技术产业政策评估体系实证研究

当前，高新技术产业已经成为世界各国经济发展的动力。高新技术产业的发展水平决定着一个国家国际竞争力的高低，各国都积极推动本国高新技术产业的发展来抢占世界经济发展的制高点。因此，许多国家纷纷制定和实施高新技术产业政策，不断加大政府投入力度，改善高新技术产业发展环境。如美国的“信息高速公路”、欧洲的“尤里卡计划”等就体现了对发展高新技术产业的重视。从 20 世纪 80 年代

① 苏东水．产业经济学［M］．2 版．北京：高等教育出版社，2005：291 - 292.

中期以来，我国也相继出台了一系列推动高新技术产业发展的政策，在一定程度上推动了高新技术产业的发展。随着我国高新技术产业的深入发展，对高新技术产业政策进行评估的必要性和迫切性已提上议事日程，我国的政策研究机构及专家学者也越来越重视对高新技术产业政策评估的研究。

高新技术产业政策评估是对高新技术产业政策的价值及绩效进行判断，是高新技术产业政策运行过程的重要阶段。高新技术产业政策评估体系是由高新技术产业政策评估范畴内各个相互联系、相互衔接的要素共同构成的一个整体，是研究和实施高新技术产业政策评估的重要基础。在高新技术产业政策理论的基础上，可构建高新技术产业政策评估体系，并系统设计高新技术产业政策评估内容，以及与评估阶段特征相契合的科学、合理的政策评估要素。

1. 高新技术产业政策评估体系构建

科学、客观、有效地评估某项政策，必须针对该项政策设计指标体系，以使其中的各项指标能够更加全面、准确地反映该项政策的实施效力。为了简便易行，需要精选最能说明问题的指标构成评估指标体系。遵循高新技术产业政策评估指标体系设计原则，在对政策制定、执行和绩效全过程影响因素分析的基础上，综合考察高新技术产业政策的效果、效率和水平，结合高新技术产业发展与管理的特点，可建立由目标层、准则层和指标层构成的高新技术产业政策效力评估指标体系，如表 13－1 所示。

表 13－1　高新技术产业政策效力评估指标体系

目标	准则	指标
高新技术产业政策评估	政策绩效 A	国家（或地方政府）R&D 支出占 GDP 的比重 A_1
		高新技术企业 R&D 支出占销售额的比重 A_2
		高新技术企业发明专利申请增长率 A_3
		高新技术产业技术成果转化率 A_4
		高新技术企业科技人员占职工总数比重 A_5
		高新技术产业工业总产值增长率 A_6
	政策执行效率 B	高新技术产业政策执行度 B_7
		高新技术产业政策接受度 B_8
		高新技术产业政策监督机制与约束力 B_9
	政策制定水平 C	高新技术产业政策制定的必要性 C_{10}
		高新技术产业政策目标的合理性 C_{11}
		高新技术产业政策方案的科学性 C_{12}

2. 指标选取

根据已经建立的高新技术产业政策效力评估指标体系，选取高新技术产业政策效力评估指标。选取的原则是：对于定量指标中的相对型数量指标，其指标值是评估期内的平均值；对于定量指标中的增长型指标，其指标值是评估期末相对评估期初的几何平均增长率。定性指标的评价值主要是专家小组在充分讨论的基础上按照细化后的评分标准对评估期内高新技术产业政策效力进行分组打分而获得的。选取评估期为1996—2003年，在此期间，我国政府为大力促进高新技术产业发展而进行政策干预的力度最大。选取的政策为黑龙江省关于高新技术企业设立及高新技术产品认定等相关政策和配套政策，共3个。其中，高新技术产业政策目标根据黑龙江省高新技术产业发展程度、政策规划目标等确定，以国内具有中上等高新技术产业发展程度的省份为标准。依据统计信息，得到高新技术产业政策作用结果的初始信息，如表13-2所示。

表13-2　1996—2003年黑龙江省高新技术产业政策评估指标信息

评估指标	含义	指标	目标	权重
A_1	R&D/GDP比例（%）	0.45	1.00	W_1
A_2	企业R&D比例（%）	1.50	3.00	W_2
A_3	发明专利增长率（%）	14.00	25.00	W_3
A_4	科技成果转化率（%）	10.00	25.00	W_4
A_5	科技员工比例（%）	20.00	45.00	W_5
A_6	产值增长率（%）	22.25	40.00	W_6
B_7	执行度	根据专家组评价确定评价分值	选取评价等级中的最高等级	W_7
B_8	接受度			W_8
B_9	监督机制与约束力			W_9
C_{10}	必要性			W_{10}
C_{11}	合理性			W_{11}
C_{12}	科学性			W_{12}

3. 综合评估

（1）经计算，指标综合权重为：

$$\mathbf{W}=(W_1, W_2, W_3, W_4, W_5, W_6, W_7, W_8, W_9, W_{10}, W_{11}, W_{12})$$
$$=(0.053, 0.102, 0.053, 0.102, 0.053, 0.165, 0.088, 0.049, 0.069, 0.027, 0.069, 0.170)$$

（2）依据经过规范化处理的指标数据，确定样本评判矩阵**C**；经过灰色分析，确定模糊权矩阵**R**。（此处计算结果不再详述，请查阅该文献。）

（3）计算综合评价值和模糊综合评判向量**B**。

$$\mathbf{B}=\mathbf{WR}=(0.177, 0.222, 0.293, 0.298, 0)$$

将模糊综合评判向量**B**归一化，得到向量$\mathbf{B}_1$。即

$$\mathbf{B}_1=(0.179, 0.224, 0.296, 0.301, 0)$$

计算高新技术产业政策效力评估的综合评价值Z。由$\mathbf{V}=(5, 4, 3, 2, 1)$，$\mathbf{B}_1=(0.179, 0.224, 0.296, 0.301, 0)$，可得

$$Z=\mathbf{BV}^T=(0.179, 0.224, 0.296, 0.301, 0)(5, 4, 3, 2, 1)^T=3.281$$

效力发挥程度为

$$\frac{3.281}{5}\times100\%=65.62\%$$

与评价等级分值及向量 **V**=（5，4，3，2，1）（好，较好，一般，较差，差）相比较，得到政策实际效力程度为 65.62%，综合结果为“一般”等级，属于中下等水平。

4. 结语

通过对黑龙江省高新技术产业政策效力评估的实证分析，可以看出，高新技术产业政策效力是通过高新技术产业政策的效果、效率和水平综合评价得到的，其中的效果指标是政策评估的关键指标。黑龙江省高新技术产业政策的效力较低，这与该省的高新技术产业政策不系统、不完善，并且未能得到顺利实施的现状是相符合的。

经济与科技全球化和振兴东北老工业基地战略的实施为黑龙江省高新技术产业的发展提供了难得的历史机遇，也提出了挑战。在高新技术产业政策方面，黑龙江省要面向世界、面向未来、科学规划，尤其在政策的导向上要明确、重点要突出，增强政策的协调性和适应性。注意在实施中发挥政策的激励功能、引导功能、协调功能和控制功能，实现政策效果、效率及水平的全过程最优。

资料来源：綦良群，于渤．高新技术产业政策评估体系设计［J］．工业技术经济，2010（2）：12－15；于澎田．基于灰色分析和模糊评价的高新技术产业政策效力评估：以黑龙江省为例［J］．科技与管理，2007，44（4）：38－41.

第二节　产业组织政策

一、产业组织政策概述

（一）概念与分类

1. 产业组织政策的概念界定

产业组织政策是指政府为了获得一定的经济绩效，而制定和采用的调整市场结构、规范企业行为的政策。其核心是政府通过协调规模经济与竞争的关系，以建立正常的市场秩序，既降低垄断等企业行为对市场经济运行造成的危害，又保持一定的规模经济水平，从而形成市场的有效竞争态势，提高经济绩效。

2. 产业组织政策的分类

产业组织政策按照导向作用可划分为两大类：（1）促进竞争政策，其目的是鼓励竞争，限制垄断，维护正常的市场秩序，主要有反垄断和反不正当竞争政策。（2）产业组织合理化政策，其目的是限制过度竞争，主要有直接规制政策、中小企业政策等。

产业组织政策根据实施对象又可划分为两大类：（1）市场结构控制政策，其目的是从市场结构方面禁止或限制垄断，如控制市场集中度，降低市场进入壁垒等。（2）企业行为控制政策，其目的是从企业行为角度防范或制止妨碍竞争、不公平交易以及诈骗行贿等不道德商业行为。

（二）产业组织政策的目标

1. 产业组织政策的一般目标

产业组织政策的一般目标就是促进市场的有效竞争，实现产业内部及企业之间资源的合理配置，并达到预期的经济绩效。

2. 产业组织政策的具体目标

产业组织政策的具体目标是指一般目标在不同时期和阶段的细分化。贝恩于 1959 年出版了第一部产业经济学经典著作《产业组织论》，其中将产业组织政策的具体目标分为六个方面。根据 SCP 范式，产业政策的具体目标应该是促进产业达到如下状态：（1）企业应达到并有效地利用规模经济，市场的供给主要应由达到经济规模的企业承担，企业应有较高的开工率。（2）不应出现某些产业或企业长期获得超额利润或长期亏损的情况，从较长时间看，各产业的资本利润率应是比较均等的。（3）较快的技术进步，主要指技术革新活动有效且比较充分。（4）不存在过多的销售费用。（5）产品的质量和服务水平较高，并具有多样性，以适应提高大众福利和消费水平的要求。（6）能够有效地利用自然资源。

（三）产业组织政策的手段

1. 市场结构调控

主要措施包括：（1）改善市场结构的措施。分割处于垄断地位的企业，以降低卖方集中度；适当降低进入壁垒；减少不合理的产品差别。（2）预防形成垄断性市场结构的措施。如建立企业合并的预审制度，对中小企业实行必要的扶植等。（3）在某些产业如资源开发产业实施限制政策，以防过度竞争损害资源配置效率和社会福利。（4）对于适合大批量生产体制、经济规模显著的产业，为防止过度竞争造成资源浪费，在政策上应鼓励适当集中。

2. 企业行为调节

主要措施包括：（1）禁止和限制竞争者的共谋、卡特尔及不正当的价格歧视。（2）通过政府和公益组织以及大众媒介，对卖方的价格、质量进行广泛交流和监督。（3）对欺骗、行贿、中伤竞争者的各种不正当行为进行限制和必要的惩处。

3. 改善资源配置

主要措施包括：（1）政府直接补助初期盈利不高的新兴产业；（2）用立法或行政垄断形式禁止滥用稀缺资源；（3）对高污染等外部不经济明显的企业予以限制和处罚；

（4）政府财政直接投资于某项重大公共工程或某一产业。

二、产业组织政策的内容

（一）反垄断政策

自 1879 年起，伴随美国经济的快速发展，在石油工业、机械工业、化工产业、采矿业等产业中，出现了大量的托拉斯（trust）组织。这种联盟组织通过固定价格、瓜分市场、瓜分原料产地等方式获取高额垄断利润，严重损害了消费者的利益。在这种背景下，美国于 1890 年通过了《谢尔曼法》，这是世界上第一部反垄断法，是世界各国反垄断法产生的渊源。19 世纪 60—70 年代，在德国、俄国、法国等国家相继出现了卡特尔（源自法语 cartel）、辛迪加（源自法语 syndicat）、康采恩（concern）等垄断组织，在垄断组织国际化的过程中，卡特尔成为一种重要的垄断组织形式。在《谢尔曼法》的影响下，大部分资本主义国家都制定了反垄断法，以维护经济的正常运行。我国在借鉴各国反垄断立法和执法经验的基础上，于 2007 年 8 月 30 日通过了《中华人民共和国反垄断法》，并于 2008 年 8 月 1 日执行。

其实，反垄断法并不是一部法律，而是一套法律体系。反垄断法通常由一部基础性的法律和若干专门性或解释性法律法规、执法指南和法院的司法判例组成。反垄断法非常重要，因为它是规范市场秩序的利器，是维护并促进经济民主化的法律保障。在市场经济体制下，竞争是一种不可缺少的机制，但竞争的结果也可能造成垄断，排斥竞争，市场机制本身没有自发维护公平竞争和自由竞争的内在功能。垄断产生的基本原因是进入壁垒。一般来说，进入壁垒有三个形成原因：垄断资源、政府管制、生产流程。垄断企业实质上是以超经济手段占有他人的劳动，这是违背民主原则的。① 如美国、中国、日本等国家均提出，为确保经济民主和社会稳定，促进技术进步，必须排除过度集中的经济力量，活跃竞争，禁止垄断。虽然各国的法规形式和具体内容不同，但究其实质，具有以下三个方面的共同点。

1. 禁止私人垄断和卡特尔协议

私人垄断是指个人、公司或财团通过兼并、收购或低价倾销等手段，把其他竞争对手从市场上排挤出去，从而确立自己在市场上的垄断地位，并以此支配市场。反垄断法坚决制止这种行为。卡特尔协议是指多个企业以垄断市场、获取高额利润为共同目的，在一定时期内就瓜分市场、规定产量、确定价格而达成的正式的或非正式的协议。卡特尔协议又分为纵向卡特尔协议和横向卡特尔协议。对于第一种协议，在有些国家一般并不予以禁止。对于第二种协议，由于它限制了企业的生产能力，破坏了市场竞争，并有可能形成市场垄断，所以各国的反垄断法原则上都是禁止的。

2. 禁止市场过度集中

高度市场集中（即少数厂商或市场份额的不均等性）有助于市场中的合谋，从而能

---

① 曼昆．经济学原理［M］．5 版．北京：北京大学出版社，2009：315．

够使企业接近垄断地位。市场集中度越高，越是如此。这是由于对产量的垄断限制和高度集中导致了利润损失，需要用积极的反垄断政策加以限制或降低市场集中的程度。另外，实现市场集中的主要途径是企业兼并，而不当的企业兼并会引起市场高度集中。[①]"我们可以预期，高集中度产业中企业之间的非价格竞争会更激烈。"[②] 其原因是：竞争对手间的兼并使一些本来处于支配地位的企业能更有效地操纵市场；兼并会增加其他企业进入市场的障碍，减少潜在竞争者进入市场的机会；兼并通常与驱除对手定价或掠夺性定价行为同时出现。各国的反垄断法和反不正当竞争法对于可能形成市场过度集中的企业兼并是加以禁止的。因此，大多数国家对大企业间的兼并都有一系列具体的法规或"兼并指导线"来限制这类兼并行为。

3. 禁止滥用市场势力

滥用市场势力是指在市场上居于支配地位的大企业凭借自身的市场地位对其他企业施加影响，迫使它们按自己的意愿行事，从而妨碍公平竞争。例如美国的《克莱顿法》（1914 年）对价格歧视、独家交易、搭配销售、维护转售价格、限定销售区域、公司董事交叉任职等一些滥用市场势力的行为是予以禁止的。我国的反垄断法强调"保护公平的竞争，维护消费者和社会公众的利益"，通过促进公平、公正竞争制度的建立，创造公平竞争的良好环境，使市场在资源配置中的决定性作用能够充分发挥，以保证市场经济健康发展，弥补市场机制本身的缺陷。反垄断法通过法律的强制性作用排除各种对竞争机制作用的干扰，保护市场主体参与市场竞争的权利，维持合理的市场结构，提高资源配置效率。

（二）禁止不正当竞争政策

不正当竞争是采用假冒伪劣、坑蒙拐骗、囤积居奇、欺行霸市等违法的、不正当的手段展开竞争，它破坏市场运行的正常秩序，使市场竞争机制不能真正发挥作用，优不胜、劣不汰，与垄断行为相同，也会给社会经济造成极大的危害。

反不正当竞争规定的内容主要有：（1）禁止欺诈行为。欺诈行为包括欺骗性广告，虚假的合格验证，盗用的商标名称、商号名称等。（2）禁止给予酬金和回扣的不正当销售行为。（3）禁止贸易限制。贸易限制是指两个或更多的人（或企业）之间存在损害自由竞争的协议或共谋行为，如瓜分市场、维持垄断高价、削减生产设备、限产量及分配销售额等。（4）其他禁止行为。诸如非法使用竞争对手的商标、商号、专利，败坏竞争对手的商誉，行贿、收买竞争对手的职员或代理人，窃取对方情报等均属不正当竞争行为，均在禁止之列。

（三）产业组织合理化政策

产业组织合理化政策是旨在促进规模经济形成，改善产业组织结构，建立大批量生产方式和增加产业利润，实现产业振兴的政策。产业组织合理化政策不仅在一些工业化

---

① 劳杰·克拉克．工业经济学［M］．北京：经济管理出版社，1990：110.

② 多纳德·海．产业经济学与组织：上册［M］．北京：经济科学出版社，2001：441.

先行国家发挥过重要作用，而且是后发国家实施赶超战略的基本政策。日本的产业组织合理化政策是世界上最系统、最广泛和最富有成效的政策体系。[①] 日本在1983年之前就出台了《企业合理化促进法》《中小企业法》等55个产业合理化法规。各国产业组织政策体系的内容主要有以下三个方面：企业兼并政策、企业联合政策和规模经济政策。本节将重点讨论企业兼并政策。

企业兼并政策是政府抑制企业间过度竞争、适度提高市场集中度、实现规模经济的重要手段。各国尤其是后发国家的企业兼并政策大体有以下几个方面：（1）组织重点产业的兼并。凡是有反垄断法的国家，都对企业的规模上限有要求，但对于重点发展产业，政府相关产业政策往往明确号召企业通过兼并扩大规模。（2）特别贷款支持兼并。企业兼并涉及经营重组和生产重组，因而需要大量资金。有些国家的政府为了推动兼并，对目标产业给予资金支持。（3）放松对兼并与合并的限制。许多国家在制定企业规模上限时，对重点支持的产业都有特别规定，以利于产业内企业的适度兼并。[②]

三、中小企业政策

进入21世纪以来，经济全球化的趋势日益强化，高新技术产业的发展使国际分工不断深化，由于中小企业数量多、规模小、分布广、机制活，在各国经济参与国际分工中发挥着不可替代的作用。其作用主要表现在：中小企业对各国经济的贡献率在不断上升；中小企业能满足多样化的市场需求；中小企业可吸纳大量劳动力；中小企业在制度创新和技术创新方面具有较多优势；中小企业有利于保持产业组织内部的活力。中小企业的不可替代性引起了各国的广泛重视，在产业组织结构政策体系中，中小企业政策占有较大比重。

（一）中小企业类型划分

制定中小企业优惠政策，首要的是对中小企业进行划型。各个国家一般从中小企业的从业人员数、资产总额、营业收入、投资额度、年产值等指标中，选择单一指标或组合指标确定中小企业类型。

1. 国外主要的类型

（1）使用从业人员数单一指标的国家主要有：美国、瑞士、巴西、哥伦比亚等。（2）使用资产总额单一指标的国家主要有：印度、新加坡、巴基斯坦等。（3）使用从业人员数和投资额复合指标的国家主要有：印度尼西亚、马来西亚、韩国、日本等。（4）使用从业人员数、资产总年产值等复合指标的国家和地区主要有：欧盟、菲律宾等。

2. 我国中小微型企业划分标准

2011年6月，我国出台了《关于印发中小企业划型标准规定的通知》，将中小企业划分为中型、小型、微型三种类型，具体标准根据企业从业人员、营业收入、资产总额等指标，结合行业特点制定。《关于印发中小企业划型标准规定的通知》明确了16类行

---

① 苏东水．产业经济学［M］．2版．北京：高等教育出版社，2005：298.

② 刘吉发．产业政策学［M］．北京：经济管理出版社，2004：12－24.

业的中小企业划分标准，同时废止了原国家经贸委、原国家计委、财政部和国家统计局2003年颁布的《中小企业标准暂行规定》。

2017年，国家统计局对2011年制定的相关划分办法再次进行修订。修订保持原有的分类原则、方法、结构框架和适用范围，将所涉及的行业按照《国民经济行业分类》（GB/T 4754—2011）和《国民经济行业分类》（GB/T 4754—2017）的对应关系进行相应调整，形成《统计上大中小微型企业划分办法（2017)》。[①]

专栏13-1

统计上大中小微型企业划分办法（2017）

一、根据工业和信息化部、国家统计局、国家发展改革委、财政部《关于印发中小企业划型标准规定的通知》（工信部联企业〔2011〕300号），以《国民经济行业分类》（GB/T 4754—2017）为基础，结合统计工作的实际情况，制定本办法。

二、本办法适用对象为在中华人民共和国境内依法设立的各种组织形式的法人企业或单位。个体工商户参照本办法进行划分。

三、本办法适用范围包括：农、林、牧、渔业，采矿业，制造业，电力、热力、燃气及水生产和供应业，建筑业，批发和零售业，交通运输、仓储和邮政业，住宿和餐饮业，信息传输、软件和信息技术服务业，房地产业，租赁和商务服务业，科学研究和技术服务业，水利、环境和公共设施管理业，居民服务、修理和其他服务业，文化、体育和娱乐业等15个行业门类以及社会工作行业大类。

四、本办法按照行业门类、大类、中类和组合类别，依据从业人员、营业收入、资产总额等指标或替代指标，将我国的企业划分为大型、中型、小型、微型等四种类型。具体划分标准见附表。

五、企业划分由政府综合统计部门根据统计年报每年确定一次，定报统计原则上不进行调整。

六、本办法自印发之日起执行，国家统计局2011年印发的《统计上大中小微型企业划分办法》（国统字〔2011〕75号）同时废止。

附表

统计上大中小微型企业划分标准

行业名称	指标名称	计量单位	大型	中型	小型	微型
农、林、牧、渔业	营业收入（Y）	万元	$Y\geqslant 20\ 000$	$500\leqslant Y<20\ 000$	$50\leqslant Y<500$	$Y<50$
工业*	从业人员（X）	人	$X\geqslant 1\ 000$	$300\leqslant X<1\ 000$	$20\leqslant X<300$	$X<20$
	营业收入（Y）	万元	$Y\geqslant 40\ 000$	$2\ 000\leqslant Y<40\ 000$	$300\leqslant Y<2\ 000$	$Y<300$
建筑业	营业收入（Y）	万元	$Y\geqslant 80\ 000$	$6\ 000\leqslant Y<80\ 000$	$300\leqslant Y<6\ 000$	$Y<300$
	资产总额（Z）	万元	$Z\geqslant 80\ 000$	$5\ 000\leqslant Z<80\ 000$	$300\leqslant Z<5\ 000$	$Z<300$

① 国家统计局官网。

续表

行业名称	指标名称	计量单位	大型	中型	小型	微型
批发业	从业人员（X）	人	X≥200	20≤X<200	5≤X<20	X<5
	营业收入（Y）	万元	Y≥40 000	5 000≤Y<40 000	1 000≤Y<5 000	Y<1 000
零售业	从业人员（X）	人	X≥300	50≤X<300	10≤X<50	X<10
	营业收入（Y）	万元	Y≥20 000	500≤Y<20 000	100≤Y<500	Y<100
交通运输业*	从业人员（X）	人	X≥1 000	300≤X<1 000	20≤X<300	X<20
	营业收入（Y）	万元	Y≥30 000	3 000≤Y<30 000	200≤Y<3 000	Y<200
仓储业*	从业人员（X）	人	X≥200	100≤X<200	20≤X<100	X<20
	营业收入（Y）	万元	Y≥30 000	1 000≤Y<30 000	100≤Y<1 000	Y<100
邮政业	从业人员（X）	人	X≥1 000	300≤X<1 000	20≤X<300	X<20
	营业收入（Y）	万元	Y≥30 000	2 000≤Y<30 000	100≤Y<2 000	Y<100
住宿业	从业人员（X）	人	X≥300	100≤X<300	10≤X<100	X<10
	营业收入（Y）	万元	Y≥10 000	2 000≤Y<10 000	100≤Y<2 000	Y<100
餐饮业	从业人员（X）	人	X≥300	100≤X<300	10≤X<100	X<10
	营业收入（Y）	万元	Y≥10 000	2 000≤Y<10 000	100≤Y<2 000	Y<100
信息传输业*	从业人员（X）	人	X≥2 000	100≤X<2 000	10≤X<100	X<10
	营业收入（Y）	万元	Y≥100 000	1 000≤Y<100 000	100≤Y<1 000	Y<100
软件和信息技术服务业	从业人员（X）	人	X≥300	100≤X<300	10≤X<100	X<10
	营业收入（Y）	万元	Y≥10 000	1 000≤Y<10 000	50≤Y<1 000	Y<50
房地产开发经营	营业收入（Y）	万元	Y≥200 000	1 000≤Y<200 000	100≤Y<1 000	Y<100
	资产总额（Z）	万元	Z≥10 000	5 000≤Z<10 000	2 000≤Z<5 000	Z<2 000
物业管理	从业人员（X）	人	X≥1 000	300≤X<1 000	100≤X<300	X<100
	营业收入（Y）	万元	Y≥5 000	1 000≤Y<5 000	500≤Y<1 000	Y<500
租赁和商务服务业	从业人员（X）	人	X≥300	100≤X<300	10≤X<100	X<10
	资产总额（Z）	万元	Z≥120 000	8 000≤Z<120 000	100≤Z<8 000	Z<100
其他未列明行业*	从业人员（X）	人	X≥300	100≤X<300	10≤X<100	X<10

说明：

1. 大型、中型和小型企业须同时满足所列指标的下限，否则下划一档；微型企业只需满足所列指标中的一项即可。

2. 附表中各行业的范围以《国民经济行业分类》（GB/T 4754—2017）为准。带*的项为行业组合类别，其中，工业包括采矿业，制造业，电力、热力、燃气及水生产和供应业；交通运输业包括道路运输业，水上运输业，航空运输业，管道运输业，多式联运和运输代理业、装卸搬运，不包括铁路运输业；仓储业包括通用仓储，低温仓储，危险品仓储，谷物、棉花等农产品仓储，中药材仓储和其他仓储业；信息传输业包括电信、广播电视和卫星传输服务，互联网和相关服务；其他未列明行业包括科学研究和技术服务业，水利、环境和公共设施管理业，居民服务、修理和其他服务业，社会工作、文化、体育和娱乐业，以及房地产中介服务、其他房地产业等，不包括自有房地产经营活动。

3. 企业划分指标以现行统计制度为准。（1）从业人员，是指期末从业人员数，没有期末从业人员数的，采用全年平均人员数代替。（2）营业收入，工业、建筑业、限额以上批发和零售业、限额以上住宿和餐饮业以及其他设置主营业务收入指标的行业，采用主营业务收入；限额以下批发与零售业企业采用商品销售额代替；限额以下住宿与餐饮业企业采用营业额代替；农、林、牧、渔业企业采用营业总收入代替；其他未设置主营业务收入的行业，采用营业收入指标。（3）资产总额，采用资产总计代替。

（二）中小企业政策内容

中小企业政策是对中小企业采取的综合性扶持政策。由于各国的经济发展水平及社会背景的差异，中小企业政策也各有特色，但可以大体划分为以所有中小企业为对象的一般政策、以特定中小企业为对象的特定政策。

1. 一般政策

主要包括：（1）金融政策。包括有关支持中小企业的专门金融机构贷款和信用保证制度。（2）交易公开化政策。对大企业运用市场支配能力加以限制，帮助中小企业组织起来，提高应变能力。（3）劳动政策。帮助中小企业进行职业培训和能力开发，协助中小企业提高人员素质。（4）诊断、指导政策。为中小企业提供技术、市场、经营等信息，为中小企业提供诊断和咨询服务。

2. 特定政策

特定政策以特定产业或特定中小企业群为政策对象。以特定产业为对象的政策实际上是结构政策在中小企业政策上的延伸，包括不同产业的现代化政策、衰退产业的调整政策。以特定的中小企业群为对象的政策实际上是规模经济政策在中小企业政策上的延伸。需要强调的是，转包制也属于特定政策的一种。为了防止大企业利用其有利地位，将风险和压力转嫁给中小企业，采取不正当手段与中小企业进行交易，故要通过政策与法令来限制其不合理的行为。

（三）中小企业政策措施①

主要包括：（1）在金融方面，建立针对中小企业的专门金融机构和信用制度，通过政策性投入贷款向中小企业提供低息贷款。（2）在税收方面，减轻中小企业的法人纳税负担，对采用现代化设备的中小企业采取特别折旧制度，用特别减税措施来支持。（3）在财政方面，给予中小企业专项财政补助金。（4）在行政规制方面，限制大企业滥用市场支配权力，防止大企业干预中小企业。（5）在信息服务方面，对中小企业提供技术、市场、经营等方面的信息。（6）在政府采购方面，政府对中小企业产品优先采购，保证中小企业有平等地接受政府采购的机会。

（四）中国“十四五”时期中小企业政策②

我国高度重视中小企业对国民经济和社会发展具有的重要战略意义，为促进其发展，出台了一系列扶持政策。为贯彻落实《中华人民共和国中小企业促进法》《中华人民共和国国民经济和社会发展第十四个五年规划和 2035 年远景目标纲要》，促进中小企业实现高质量发展，工业和信息化部、国家发改委等 19 个部委于 2021 年发布了《“十四五”促

① 促进中小企业发展规划（2016—2020 年）［EB/OL］. 工业和信息化部网站，2016-07-05.

② “十四五”促进中小企业发展规划［EB/OL］. http：//www.gov.cn/zhengce/zhengceku/2021-12/17/content_56616 55.htm.

进中小企业发展规划》（以下简称《规划》）。

《规划》提出了“十四五”时期促进中小企业发展的指导思想、基本原则、发展目标、主要任务、重点工程与保障措施，明确了以推动中小企业高质量发展为主题，以改革创新为根本动力。《规划》把握中小企业面临的政策机遇、市场机遇、环境机遇和创新机遇，将培育壮大市场主体、构建企业梯度培育体系、提升企业创新能力和专业化水平等作为“十四五”时期中小企业工作重点。

1. 促进中小企业发展的发展目标

（1）整体发展质量稳步提高。中小企业在提升产业基础高级化和产业链现代化水平方面的作用更加突出，人均营业收入增长18%以上。

（2）创新能力和专业化水平显著提升。规模以上小型工业企业研发经费年均增长10%以上，专利申请数年均增长10%以上，有效发明专利数年均增长15%以上。中小企业数字化网络化智能化绿色化转型步伐明显加快。推动形成100万家创新型中小企业、10万家“专精特新”中小企业、1万家专精特新“小巨人”企业。

（3）经营管理水平明显提高。质量管理水平、合规经营水平和国际化水平持续提升，品牌影响力、核心竞争力和抗风险能力明显增强。

2. 促进中小企业发展的主要任务

（1）培育壮大市场主体。落实就业优先政策，大力弘扬创业精神，继续举办各类中小企业创新创业活动，积极营造大众创业社会氛围。总结推广“小升规、规改股、股上市”等经验做法，打造中小企业集群、园区等载体。

（2）健全政策支持体系。全面实施《中华人民共和国中小企业促进法》，提高财政支持的精准度和有效性，强化政府采购支持中小企业政策机制，落实有利于小微企业发展的税收政策和行政事业性收费清费降费政策。

（3）建立高效服务体系。建立健全横向集聚政府公共服务、市场化服务、社会化公益服务各类服务资源，纵向贯穿国家、省、市、县四级的网络化、智慧化、生态化服务体系。

（4）完善公平竞争环境。加大反垄断监管力度，防止资本无序扩张，优化公平竞争政策顶层设计，为中小企业发展营造公平有序的竞争环境。

（5）提高融资可得性。综合运用货币、财政等政策工具及差异化监管措施，引导金融机构加大对小微企业信贷支持力度，促进形成敢贷、愿贷、能贷、会贷的长效机制。

（6）加强合法权益保护。依法保护中小企业及其出资人的财产权和其他合法权益，保护企业经营者人身和财产安全。

（7）提升创新能力和专业化水平。深入实施创新驱动发展战略，发挥市场在创新资源配置中的决定性作用，完善中小企业创新服务体系，营造鼓励和保护创新的制度环境，激发企业创新内生动力。

3. 实施的9大重点工程

9大重点工程包括：优质中小企业培育工程、中小企业创新能力和专业化水平提升工程、中小企业数字化促进工程、中小企业绿色发展促进工程、中小企业质量品牌提升工程、中小企业服务机构能力提升工程、中小企业融资促进工程、中小企业合法权益维护工程、中小企业国际化促进工程。

第三节　产业结构政策

一、产业结构政策概述

（一）产业结构政策的概念与类型

产业结构政策是指政府依据本国的产业结构演化趋势，为推进产业结构优化升级而制定的产业政策。产业结构政策按照政策目标和措施的不同，可以划分为多种不同的类型，主要有主导产业选择政策、战略产业支持政策、支柱产业扶持政策、幼小产业扶植与保护政策、衰退产业调整政策。主导产业及相关政策在前文中已有论述，本节将对后三种政策和中国“十四五”时期的产业结构政策等内容展开讨论。

（二）产业结构政策的特点

> **知识讲解**
>
> 以下视频节选自新疆财经大学“产业经济学”慕课，可登录中国大学慕课网站搜索查看完整视频。
>
> **视频 13－1：产业结构政策的概念与类型**

1. 产业结构政策是国家重要的战略性政策

一系列研究表明，在一国现代经济增长过程中，产业结构转换会使整个国民经济产生基础性、深层次、长期性的质的变化，产业结构的优化升级已成为一国社会经济发展的重要标志。各国政府之所以积极地制定和推行产业结构政策，正是由于在产业政策体系中，产业结构政策始终占有中心和主导地位。[①]

2. 产业结构政策指向的是产业结构的现存问题

产业结构政策既要体现产业结构演进的规律，又要符合本国实际。产业结构政策是针对本国产业结构的突出问题而制定的，其目的是解决结构性问题。它的主要任务是调整不合理的产业结构，纠正失衡的比例关系，弥补短线产业，缩短长线产业，克服“瓶颈”制约，正确选择主导产业、战略产业和支柱产业，扶植弱小产业，改造传统产业，淘汰落后产业，发展高新技术产业，提高产业发展的层次和技术水平，实现产业结构合理化、高度化目标。

3. 产业结构政策的实质在于改善资源配置效率

“在经济发展的每一个阶段，竞争性市场都是一个经济体资源配置的最优机制。”[②] 所以，采取市场机制来配置资源是遵循比较优势的必要条件。大多数企业是为追求利润而生的。如果市场相对价格能够反映禀赋结构中各种要素的相对稀缺性，企业在技术和产

---

① 苏东水．产业经济学［M］．2 版．北京：高等教育出版社，2005：301.

② 林毅夫．新结构经济学［M］．北京：北京大学出版社，2012：87－88.

业选择上就会遵循经济的比较优势。而这个条件仅能在竞争性市场经济中成立，因此，健全竞争性市场资源配置的基础机制，是制定产业结构政策时要解决的深层次问题。[①]

（三）产业结构政策的作用

1. 推动产业结构转换

实现产业结构转换主要靠市场机制和政府干预。在市场机制的作用下，产业结构也可以自发地实现其功能转换与层次升级，但市场机制下的产业结构对需求结构的反应是滞后的，调整也要有一个过程。由于产业内垄断、技术和资本壁垒的存在，市场机制调节作用受阻乃至失灵，产业结构转换缓慢。因此，政府往往通过调整、保护、扶植、改造、淘汰等措施，加速产业结构的合理转换。

2. 协调产业发展

产业结构政策的核心内容是：依据不同产业的地位、作用、现状和发展趋势，分清轻重缓急和主次，选择产业发展顺序。即政府首先依照一定的基准，确定若干优先发展的产业，再施以各种支持，使之得到较为迅速、有效的发展。一般而言，这种重点发展产业的选择范围大致包括主导产业、瓶颈产业和支柱产业。政府对重点产业发展顺序的安排一般以瓶颈产业为先，而后是主导产业和支柱产业。并且，无论是发展顺序还是重点发展产业的选择，都会随着经济增长和结构变动而呈现出特定的时限性。对此，每个政策期都会有不同的选择。

3. 推动产业技术创新

技术进步是产业结构升级的内在动力。产业结构政策可以通过各种诱导和影响措施，推动技术创新和高新技术的普及运用，提高产业的技术集约化程度，以高新技术改造传统产业，促使劳动密集型产业结构向技术密集型、资本集约型产业结构转变，从而实现产业结构的高级化。

二、支柱产业扶持政策

（一）支柱产业的内涵

支柱产业是指构成当前和未来经济总量和国民收入主要来源的产业。在一国的工业化过程中，产业发展是一个动态过程。支柱产业随着经济发展所处的不同阶段而有所变换。与所有产业一样，支柱产业也有其发展的上升期（朝阳阶段）、发展期（成熟阶段）、衰落期（夕阳阶段）。[②] 所以，各国在其工业化的过程中，尤其注重支柱产业的交替，并努力保持支柱产业的发展领先于国民经济的增长，在新技术的基础上改造传统支柱产业，并着手培育下一时期的支柱产业，这也是各国工业化过程中的一个共有特征。

---

① 林毅夫．新结构经济学［M］．北京：北京大学出版社，2012：87－88.

② 刘瑞．国民经济管理学概论［M］．北京：中国人民大学出版社，2004：237.

（二）扶持政策的目标与主要内容

1. 扶持政策的目标

支柱产业扶持政策的目标要与国民经济总体目标衔接，并且要根据支柱产业各个发展阶段的状况进行必要的调整。（1）能够使支柱产业迅速有效地吸收创新成果，并获得与新技术相关联的新的生产函数，推动支柱产业升级。（2）保证支柱产业具有巨大的市场潜力，可望获得持续的高速增长。（3）强化支柱产业与其他相关产业的联系，消除支柱产业发展滞后所带来的瓶颈作用，使其能够带动相关产业的发展。[①]

2. 扶持政策的主要内容

美国、日本和中国支柱产业扶持政策的内容大体包括：（1）推动农业基础设施建设，加大农业科技及其成果转化，保证粮食稳定增产、有效供给和粮食安全。（2）加大能源、交通通信等基础工业与基础设施建设的科技与资金投入，增强支柱产业实力，发挥其经济发展后劲与推动作用。（3）创建国家和区域创新系统，提高支柱产业技术创新能力，鼓励企业形成自主知识产权，并通过各种措施推动高科技产业发展。

（三）扶持政策的手段

与其他产业政策相同，支柱产业扶持政策的实施手段也有直接和间接两大类。直接措施包括直接的行政规制，如价格补贴、配额规制和直接贸易保护、技术引进规制、政府直接投资和财政直接支持等；间接措施包括税收减免、融资支持、信息与技术援助、间接诱导等。这些措施不仅体现了政府对支柱产业的支持、保护或逐步调整的意图，而且表现出政府通过政策倾斜、鼓励产业创新、激发产业内在活力、利用产业关联效应带动整个产业结构高级化的长远战略构想。

三、幼小产业扶植与保护政策

（一）幼小产业的内涵

这里所说的幼小产业是指具有生命力的弱势产业。幼小产业从长期看具有收入弹性大、技术进步快、劳动生产率提高快、发展潜力大的特点，有可能成为未来的主导或支柱产业，但在目前比较弱小、发展不成熟、没有比较优势，需要政府扶植和帮助。幼小产业扶植与保护政策是指政府制定的支持和帮助幼小而有发展前途、短缺而又重要的产业壮大的政策，对幼小产业的保护反映了产业政策的超前性。

（二）扶植与保护政策的主要内容

1. 传统的幼小产业扶植与保护

对传统的幼小产业一般采取国际贸易保护政策和国内生产扶植政策。

---

① 刘瑞．国民经济管理学概论［M］．北京：中国人民大学出版社，2004：237.

（1）国际贸易保护政策。其实质在于通过限制有关产品进口，或削弱进口产品在本国市场上的竞争力，从而为本国幼小产业的成长创造一个良好的市场环境。主要的国际贸易保护政策包括：第一，关税保护。关税保护是后发国家对幼小产业进行保护时最常采用的手段。通过关税对幼小产业进行保护，其效果是相当显著的。然而，近年来双边贸易谈判使得各国实施关税保护政策受到严格限制，因此，各国竞相采取更加隐蔽的非关税保护政策，限制商品进口，以抵消关税大幅下降所造成的不利影响。第二，非关税壁垒。非关税壁垒是指除关税以外的直接和间接限制国外产品进口的各种法律和行政措施。具体措施有：进口配额制、进口许可证制、关税配额制、外汇管制、设置复杂的海关手续以及对某些进口商品征收国内税等。

（2）国内生产扶植政策。其实质是政府在实行贸易保护的有限的期间内，将资源向幼小产业倾斜，以达到迅速增强本国幼小产业扩大生产、参与国际竞争的能力。主要包括：第一，财政扶植政策。对受保护企业实行特别税收制度；进行直接财政补贴；建立特别折旧制度；政府在基础设施方面的直接投资为幼小产业的发展提供必要的基础保证，使其能获得较多的外部经济效应。第二，金融扶植政策。常见的金融扶植政策为：建立国家专业投资银行，为幼小产业发展提供融资渠道。第三，技术扶植政策。制定有关幼小产业技术发展规划，为其技术进步提供导向；组建政府与企业合作的技术开发体系，或政府直接投资某技术开发领域，分担幼小产业的技术开发风险，促进其技术进步；积极推进有关幼小产业引进技术和消化吸收政策。第四，直接规制扶植政策。采取强制性的管制政策，对受保护企业的经济规模水平、技术进步程度做出规定，以保证其实现成长目标。

2. 加入WTO后的幼小产业扶植与保护政策

后发和发展中国家一般采取的政策是：充分利用WTO对发展中国家幼小产业的保护政策，以WTO的有关协议为准则，调整贸易保护措施的组合；强化进口配额和许可证的分配环节；灵活运用政府采购、反倾销、反补贴等措施。

四、衰退产业调整政策

在一国或地区的经济体系中，使衰退产业逐步转移、退让和淘汰，是产业结构演进规律的客观要求，也是在技术进步和经济全球化条件下促进产业结构高度化和合理化发展的要求，更是提升产业国际竞争力的必然选择。衰退产业调整政策是在产业结构高度化过程中，帮助衰退产业实行有次序的收缩、退让，并使其资本存量向高增长率产业部门转移的政策。

（一）实施调整政策的必要性

1. 实现有计划的退让秩序

产业结构高度化本身就意味着随着经济技术的发展，会不断出现新的产业，同时，也会有一些产业退出市场。如果听任市场支配，势必会出现当某一产业退出市场时，集中淘汰该产业的固定资产，并造成大量人员的失业，从而造成资源的大量浪费。而实际上，任何一个产业的衰退都不是突然的和整体性的。一般的情况是，首先表现为产品结构的变化和产业布局的改变，然后才是产业规模的萎缩和在国民经济中相对比例的降低。通过产业政策的指导，可以有计划地制定和实施逐步退出方案，实现积极退让。

2. 降低退让成本

通过产业政策有计划地退让，淘汰落后资产，回收部分投资资产，经过企业间的生产能力重组，充分利用经过组合的优良资产，缩小原有生产规模，继续开展更有效率的生产，仍然能获得一部分效益，以降低退让成本。

3. 维持经济和社会稳定

在无计划的情况下，产业的退让会把释放出来的生产能力引向其他产业，造成其他产业生产能力的变化，改变原有经济秩序，造成不稳定。产业退让伴随的另一个问题就是劳动力的转移困难，这会导致大量失业，影响社会稳定。如果实施产业政策，有计划地进行产业退让，那么进行产业转移规划和劳动力转移培训将会大大减少退让带来的冲击。

（二）调整政策的主要措施

1. 促进转产和转移

即减少或停止生产某些产品的衰退产业部门，协助其选择适宜的转产方向，通过提供转产贷款、减免税和发放转产补贴等方法，促进衰退产业的资本转移。

2. 消除就业者退出障碍

具体措施包括建立健全劳动力市场，构建社会保障制度，提供就业信息，进行转产培训和技能指导，对录用失业者的企业予以补贴等。

3. 加速设备折旧

政府通过制定和实施衰退产业设备的报废量、报废时间表和提前折旧率的规定，采取促进折旧的特别税制，对因设备报废而产生的损失提供部分补偿，加速设备折旧，减少转产损失。

4. 采取援助措施

政府通过税负、价格补贴等方式缓和衰退产业生产量和利润的急剧下降，为其生产调整、资本与劳动力转移创造时机。但这类措施不宜长期使用，否则易产生消极后果。

5. 劳动力援助

为了减少衰退产业调整引起的社会经济震荡，政府有必要建立并完善社会化援助体系，帮助衰退产业职工转岗就业。劳动力援助措施主要有就业服务、转岗培训、消除劳动力流动的制度障碍等。

五、中国“十四五”时期的产业结构政策①

“十三五”时期是全面建成小康社会决胜阶段。经济运行总体平稳，产业结构持续优

---

① 中华人民共和国国民经济和社会发展第十四个五年规划和 2035 年远景目标纲要［EB/OL］. http://www.gov.cn/xinwen/2021-03/13/content_5592681.htm.

化，国内生产总值突破100万亿元。“十三五”规划目标任务胜利完成，我国经济实力、科技实力、综合国力和人民生活水平跃上新的大台阶，全面建成小康社会取得伟大历史性成就，中华民族伟大复兴向前迈出了新的一大步，社会主义中国以更加雄伟的身姿屹立于世界东方。“十四五”时期的产业结构政策主要包括：坚持农业农村优先发展，全面推进乡村振兴；深入实施制造强国战略；发展壮大战略性新兴产业；促进服务业繁荣发展；构建实体经济、科技创新、现代金融、人力资源协同发展的现代产业体系。

（一）坚持农业农村优先发展，全面推进乡村振兴

走中国特色社会主义乡村振兴道路，全面实施乡村振兴战略，强化以工补农、以城带乡，推动形成工农互促、城乡互补、协调发展、共同繁荣的新型工农城乡关系，加快农业农村现代化。持续强化农业基础地位，深化农业供给侧结构性改革，强化质量导向，推动乡村产业振兴。把乡村建设摆在社会主义现代化建设的重要位置，优化生产生活生态空间，持续改善村容村貌和人居环境，建设美丽宜居乡村。建立健全城乡要素平等交换、双向流动政策体系，促进要素更多向乡村流动，增强农业农村发展活力。建立完善农村低收入人口和欠发达地区帮扶机制，保持主要帮扶政策和财政投入力度总体稳定，实现巩固拓展脱贫攻坚成果同乡村振兴有效衔接。

（二）深入实施制造强国战略

坚持自主可控、安全高效，推进产业基础高级化、产业链现代化，保持制造业比重基本稳定，增强制造业竞争优势，推动制造业高质量发展。实施产业基础再造工程和重大技术装备攻关工程，健全产业基础支撑体系，在重点领域布局一批国家制造业创新中心，完善国家质量基础设施，提升产业链供应链现代化水平。深入实施智能制造和绿色制造工程，发展服务型制造新模式，推动制造业高端化智能化绿色化。深入实施质量提升行动，推动制造业产品“增品种、提品质、创品牌”。

专栏13-2

《2021中国制造强国发展指数报告》

《2021中国制造强国发展指数报告》（以下简称《报告》）总结了我国2015—2020年制造强国建设进程及经验。《报告》指出，五年间，我国制造强国发展指数由105.78增长到116.02。我国制造业总体趋势稳中向好，实现了市场快速响应，体现出对各类生产要素的强大动员组织能力，呈现出迎难而上、愈战愈勇的“韧性”，制造强国建设进程基本按照预期目标前进。制造强国战略已成为引领我国制造业转型升级和创新发展的一面旗帜。“十四五”期间，我国制造业发展要着力扭转我国经济发展“脱实向虚”导致的要素价格扭曲和资源错配现象；要进一步强化国家战略科技力量，努力构建完善与中国制造业完整产业体系相匹配、满足制造业转型升级重大需求的创新体系；要加快进行产业基础能力评估，不断夯实产业基础。此外，要着力打造一批核心竞争力强、带动作用明显、具有国际影响力的大型综合企业集团；要加快推进制造业节能降耗和绿色低碳转型；要不断提高产品质量与可靠

性，鼓励优秀制造企业“走出去”参与国际合作，全力打造知名品牌，加速推动制造强国阶段性战略目标实现。

资料来源：2021中国制造强国发展指数报告［EB/OL］. http：//www. people. com. cn/n1/2021/1229/c32306－32320091. html.

（三）发展壮大战略性新兴产业

着眼于抢占未来产业发展先机，培育先导性和支柱性产业，聚焦新一代信息技术、生物技术、新能源、新材料、高端装备、新能源汽车、绿色环保以及航空航天、海洋装备等战略性新兴产业，加快关键核心技术创新应用，增强要素保障能力，培育壮大产业发展新动能，推动战略性新兴产业融合化、集群化、生态化发展，战略性新兴产业增加值占GDP比重超过17％。

（四）促进服务业繁荣发展

聚焦产业转型升级和居民消费升级需要，扩大服务业有效供给，提高服务效率和服务品质，构建优质高效、结构优化、竞争力强的服务产业新体系。以服务制造业高质量发展为导向，推动生产性服务业向专业化和价值链高端延伸，加快发展研发设计、现代物流、法律服务等服务业，推动现代服务业同先进制造业、现代农业深度融合，加快推进服务业数字化。以提升便利度和改善服务体验为导向，推动生活性服务业向高品质和多样化升级，加快发展健康、养老、托育、文化、旅游、体育、物业等服务业，加强公益性、基础性服务业供给。

第四节　产业布局政策

一、产业布局政策概述

（一）产业布局政策的含义

产业布局政策是国家根据国民经济发展的不同阶段、区域经济差异状况，为实现产业合理化的空间分布而制定的产业政策。准确把握产业布局政策的含义，应注意以下两个方面的特点：（1）均衡与非均衡性。在经济不发达阶段，政府的产业布局政策通常更强调产业布局的非均衡性，即强调优先发展某些地区，通过这些地区经济的超常规增长，带动其他地区以及整个国家经济的增长；而当经济较为发达之后，产业布局政策则从维护经济公平和社会稳定等目标出发，偏重于强调地区经济的均衡性，对经济落后地区进行重点扶持。（2）空间布局与合理化。产业空间分布的合理化实质上是地区分工协作的合理化、资源在区域配置和利用上的合理化。国家通过制定产业布局战略选择重点发展区域，产业集中发展战略主要是通过政府直接规划、建立产业开发区等进行产业布局。

（二）产业布局政策的目标

产业政策总是围绕某些特定目标而制定，产业布局政策的目标一般可归纳为经济增长、社会稳定、生态平衡三大方面的内容。经济增长包括：提高综合国力，平衡产业地理分布，协调区域间经济利益；社会稳定包括：民族团结，消灭贫困，充分就业，国防安全；生态平衡包括：对自然生态环境的保护，对社会聚居环境的改善。

（三）产业布局政策的手段

产业布局政策的手段主要是规划性的，同时也包括一定意义上的政府直接干预。（1）政府通过制定产业布局规划，确定各地区产业发展的目标和重点，指导各地区产业的选择、调整、发展，避免重复建设，防止地区产业结构趋同，实现产业总体布局的合理化；政府还可通过发布有关产业布局信息，尽可能克服由信息不对称带来的盲目性，引导产业在各地区的发展。（2）政府通过财政拨款、发行国家债券、引进外资等方式筹集资金，根据产业布局的要求，选择投资地区，直接投资兴建基础设施和国有企业，调整产业分布格局；政府还可采用税收、金融、采购、工资、就业等手段，通过影响各地区和企业的利益得失，间接地引导产业在某些地区的扩张、收缩、进退，从而调整产业布局。（3）政府通过法律制度、政策规定、行政方法，直接限制某些产业和地区的布点，强行收缩过度膨胀的产业，淘汰过剩的生产能力。

二、中国“十四五”时期的产业布局政策①

“十五”至“十三五”期间，国家先后提出振兴东北老工业基地、中部地区崛起等战略，同时深入实施西部大开发战略、支持中西部地区加快发展战略，统筹规划产业结构政策和地区布局政策，以及产业集聚和产业转移，促进了区域协调发展和产业结构优化。20年期间，实施区域发展总体战略取得了显著成效。“十四五”规划从我国发展的新阶段、新形势、新格局出发，构建高质量发展的区域经济布局和国土空间支撑体系。

1. 推进西部大开发形成新格局

强化举措推进西部大开发，切实提高政策的精准性和有效性。深入实施一批重大生态工程，开展重点区域综合治理。积极融入“一带一路”建设，强化开放大通道建设，构建内陆多层次开放平台。推进成渝地区双城经济圈建设，打造具有全国影响力的重要经济中心、科技创新中心、改革开放新高地、高品质生活宜居地，提升关中平原城市群建设水平，促进西北地区与西南地区合作互动。支持新疆建设国家“三基地一通道”，支持西藏打造面向南亚开放的重要通道。

① 中华人民共和国国民经济和社会发展第十四个五年规划和2035年远景目标纲要［EB/OL］. http://www.gov.cn/xinwen/2021-03/13/content_5592681.htm.

2. 推动东北振兴取得新突破

从维护国家国防、粮食、生态、能源、产业安全的战略高度，加强政策统筹，实现重点突破。加快转变政府职能，深化国有企业改革攻坚，着力优化营商环境，大力发展民营经济。打造辽宁沿海经济带，建设长吉图开发开放先导区，提升哈尔滨对俄合作开放能级。加快发展现代农业，打造保障国家粮食安全的“压舱石”。加大生态资源保护力度，筑牢祖国北疆生态安全屏障。改造提升装备制造等传统优势产业，培育发展新兴产业，大力发展寒地冰雪、生态旅游等特色产业，打造具有国际影响力的冰雪旅游带，形成新的均衡发展产业结构和竞争优势。

3. 开创中部地区崛起新局面

着力打造重要先进制造业基地、提高关键领域自主创新能力、建设内陆地区开放高地、巩固生态绿色发展格局，推动中部地区加快崛起。做大做强先进制造业，在长江、京广、陇海、京九等沿线建设一批中高端产业集群，积极承接新兴产业布局和转移。推动长江中游城市群协同发展，加快武汉、长株潭都市圈建设，打造全国重要增长极。夯实粮食生产基础，不断提高农业综合效益和竞争力，加快发展现代农业。支持淮河、汉江生态经济带上下游合作联动发展。加快对外开放通道建设，高标准高水平建设内陆地区开放平台。

4. 鼓励东部地区加快推进现代化

发挥创新要素集聚优势，加快在创新引领上实现突破，推动东部地区率先实现高质量发展。加快培育世界级先进制造业集群，引领新兴产业和现代服务业发展，提升要素产出效率，率先实现产业升级。更高层次参与国际经济合作和竞争，打造对外开放新优势，率先建立全方位开放型经济体系。支持深圳建设中国特色社会主义先行示范区、浦东打造社会主义现代化建设引领区、浙江高质量发展建设共同富裕示范区。深入推进山东新旧动能转换综合试验区建设。

5. 加快推动京津冀协同发展

紧抓疏解北京非首都功能“牛鼻子”，实施一批标志性疏解项目。高标准高质量建设雄安新区，推动管理体制创新。高质量建设北京城市副中心，促进与河北省三河、香河、大厂三县市一体化发展。推动天津滨海新区高质量发展，支持张家口首都水源涵养功能区和生态环境支撑区建设。提高北京科技创新中心基础研究和原始创新能力，发挥中关村国家自主创新示范区先行先试作用，推动京津冀产业链与创新链深度融合。

6. 全面推动长江经济带发展

坚持生态优先、绿色发展和共抓大保护、不搞大开发，协同推动生态环境保护和经济发展，打造人与自然和谐共生的美丽中国样板。持续推进生态环境突出问题整改，推动长江全流域按单元精细化分区管控，实施城镇污水垃圾处理、工业污染治理、农业面源污染治理、船舶污染治理、尾矿库污染治理等工程。深入开展绿色发展示范，推进赤水河流域生态环境保护。实施长江十年禁渔。围绕建设长江大动脉，整体设计综合交通运输体系，疏解三峡枢纽瓶颈制约，加快沿江高铁和货运铁路建设。发挥产业协同联动整体优势，构建绿色产业体系。

7. 积极稳妥推进粤港澳大湾区建设

加强粤港澳产学研协同发展，完善广深港、广珠澳科技创新走廊和深港河套、粤澳横琴科技创新极点“两廊两点”架构体系，推进综合性国家科学中心建设，便利创新要素跨境流动。加快城际铁路建设，统筹港口和机场功能布局，优化航运和航空资源配置。深化通关模式改革，促进人员、货物、车辆便捷高效流动。扩大内地与港澳专业资格互认范围，深入推进重点领域规则衔接、机制对接。

8. 提升长三角一体化发展水平

瞄准国际先进科创能力和产业体系，加快建设长三角 G60 科创走廊和沿沪宁产业创新带，提高长三角地区配置全球资源能力和辐射带动全国发展能力。加快基础设施互联互通，实现长三角地级及以上城市高铁全覆盖，推进港口群一体化治理。打造虹桥国际开放枢纽，强化上海自贸试验区临港新片区开放型经济集聚功能，深化沪苏浙皖自贸试验区联动发展。推进生态环境共保联治，高水平建设长三角生态绿色一体化发展示范区。

9. 扎实推进黄河流域生态保护和高质量发展

加大上游重点生态系统保护和修复力度，筑牢三江源“中华水塔”，提升甘南、若尔盖等区域水源涵养能力。创新中游黄土高原水土流失治理模式，积极开展小流域综合治理、旱作梯田和淤地坝建设。推动下游二级悬河治理和滩区综合治理，加强黄河三角洲湿地保护和修复。开展汾渭平原、河套灌区等农业面源污染治理，清理整顿黄河岸线内工业企业，加强沿黄河城镇污水处理设施及配套管网建设。合理控制煤炭开发强度，推进能源资源一体化开发利用，加强矿山生态修复。优化中心城市和城市群发展格局，统筹沿黄河县城和乡村建设。实施黄河文化遗产系统保护工程，打造具有国际影响力的黄河文化旅游带。建设黄河流域生态保护和高质量发展先行区。

10. 支持特殊类型地区发展

统筹推进革命老区振兴，因地制宜发展特色产业，传承弘扬红色文化，支持赣闽粤原中央苏区高质量发展示范，推进陕甘宁、大别山、左右江、川陕、沂蒙等革命老区绿色创新发展。推进生态退化地区综合治理和生态脆弱地区保护修复，支持毕节试验区建设。推动资源型地区可持续发展示范区和转型创新试验区建设，实施采煤沉陷区综合治理和独立工矿区改造提升工程。推进老工业基地制造业竞争优势重构，建设产业转型升级示范区。推进兴边富民、稳边固边，完善沿边城镇体系，支持边境口岸建设，加快抵边村镇和抵边通道建设。推动边境贸易创新发展。加大对重点边境地区发展精准支持力度。

11. 积极拓展海洋经济发展空间

坚持陆海统筹、人海和谐、合作共赢，协同推进海洋生态保护、海洋经济发展和海洋权益维护，加快建设海洋强国。围绕海洋工程、海洋资源、海洋环境等领域突破一批关键核心技术。培育壮大海洋工程装备、海洋生物医药产业，推进海水淡化和海洋能规模化利用，提高海洋文化旅游开发水平。优化近海绿色养殖布局，建设海洋牧场，发展可持续远洋渔业。建设一批高质量海洋经济发展示范区和特色化海洋产业集群，全面提高北部、东部、南部三大海洋经济圈发展水平。

第五节 产业技术政策

一、产业技术政策概述

（一）产业技术政策的内涵

产业技术政策是国家及地方政府为促进产业技术进步而制定的引导或影响产业技术开发和转移的产业政策。正是由于产业技术进步的特性，产业技术政策成为一种不可或缺的产业政策。当技术进步节约了某种生产要素时，就会促进该生产要素在产业间的重新配置，从而导致产业结构的变动；当有重大的技术进步或技术革命时，通常意味着将产生新兴的产业部门，其影响将直接波及其他相关产业。

（二）实施产业技术政策的必要性

1. 促进技术进步是政府本身的职能要求

技术、知识具有公共产品的属性，政府应当是公共产品的重要提供者，因此政府有责任积极参与经济发展过程中的技术进步活动，保证和促进这种公共产品的供给。

2. 单纯依靠市场机制分配资源难以满足技术发展的需要

原因如下：（1）技术开发的成本与技术进步的收益之间存在非对称性，个人成本高，但个人收益往往低于社会收益，影响私人技术开发投资的积极性；（2）技术开发存在较大的商业风险和技术风险，这种风险一般难以通过加价等方式转移，使得一些生产者宁愿等待别人的开发成果而不愿意自己开发；（3）技术开发过程一般不可分割，需要一定的投入规模，政府有必要为满足技术发展的要求而干预资源分配，进行必要的投入。

3. 基础科学技术的研究需要国家的投入和组织

（1）基础科学技术研究和开发投资多、周期长、见效慢，很难成为直接获取收益的经济活动，而中小企业往往不愿从事基础研究，需要国家出面组织，投入资金。（2）引进、消化、吸收、改造国外先进技术，是低成本采用先进技术、加快本国技术进步的捷径，需要政府制定正确的技术政策，采取相应的措施。

4. 在知识经济、信息经济时代，产业技术的重要性日益突出

这是由于：（1）产业技术越来越高风险化和大规模化，所需的投资额空前增加，其投资风险无法由企业独立承担。从技术开发成本或技术安全看，国家对技术的管理和投入显得更为重要。（2）技术进步依赖于新技术的发明，也取决于新技术的推广。[①] 当今技

---

① 梯若尔．产业组织理论［M］．北京：中国人民大学出版社，1997：534.

术领域中的国际竞争日趋激烈，如果发展中国家政府不积极采取相应措施，本国在国际竞争中将处于不利地位，将会拉大与发达国家的差距，更难跟上世界知识经济发展的步伐。

（三）产业技术政策的主要类型

主要类型包括：产业技术开发政策和产业技术转移政策。后者又分为产业技术引进政策和产业技术扩散政策。

1. 产业技术开发政策

（1）技术开发的鼓励和保护政策，如鼓励新技术的发明和创造政策、知识产权保护政策、专利政策、促进新技术传播和扩散的政策。（2）协调基础研究、应用研究和发展研究的政策。（3）促进高新技术开发的政策。（4）提高新技术、新工艺、新产品普及率的政策。

2. 产业技术转移政策

（1）产业技术引进政策。技术引进的全过程包括引进、消化、改进、扩散。产业技术引进政策必须鼓励适当引进，强调消化吸收，提倡改造创新。相配套的政策措施有：加强政府在技术引进方面的指导作用；以税收、外贸、外汇等优惠政策支持多种方式的引进；用经济、法规和必要的行政手段鼓励引进关键技术，做好引进技术的消化吸收工作。（2）产业技术扩散政策。技术扩散是技术进步的最后阶段，也是最有影响力的阶段。在先行国家、后发国家和发展中国家采用的产业技术扩散政策虽有差异，但对其重要性的认识是相同的。

（四）产业技术政策的手段

政府实施产业技术政策的手段可分为直接干预和间接干预两大类。（1）直接干预是政府依据有关产业技术进步的各种法规实行干预，包括政府对引进技术实行鼓励和管制，直接投资于产业技术开发和应用推广，主持和参与重点技术攻关、特定产业技术开发项目等。（2）间接干预主要是政府对产业技术的发展前景、战略目标、项目重点等提供指导；健全和发展技术市场，发挥市场对技术进步的促进作用；完善企业技术进步的内在机制，鼓励企业建立内部技术开发体系，设立技术开发基金，重视技术设备的更新改造；对产业技术开发提供补助金、委托费、税制优惠和融资支持。

二、中国当前的产业技术政策

2006年，我国颁布并实施《国家中长期科学和技术发展规划纲要（2006—2020年）》，以此为标志，我国进入了提高自主创新能力、建设创新型国家的阶段。此后，我国又颁布了《国家中长期教育改革和发展规划纲要（2010—2020年）》《国家中长期人才发展规划纲要（2010—2020年）》。这三个纲要作为相互支撑的有机整体，确立了我国现代化建设全局中科技、教育、人才三个“优先发展”的战略。党的十九大报告进一步要求，“要瞄准世界科技前沿，强化基础研究，实现前瞻性基础研究、引领性原创成果重大突破。”① 三个纲要和党的十九大报告的主要产业技术政策可归纳为五个重点。

（一）深化科技体制改革，加强建设国家创新体系

1. 加快建设现代技术创新体系

深化科技体制改革，建立以企业为主体、市场为导向、产学研深度融合的技术创新体系，加快建立企业主导产业技术研发创新的体制机制，加强对中小企业创新的支持，使企业成为技术创新决策、研发投入、科研组织和成果应用的主体，完善市场导向的创新格局。

2. 完善知识创新体系

全面推进国防科技创新体系、区域创新体系和科技中介服务体系建设，加强基础研究、应用研究、技术创新和应用推广的有机衔接，促进科技资源开放共享，加强统筹协调和协同创新，提高国家创新体系整体效能。深化科研院所分类改革，增强科研院所、高等学校创新和服务能力。积极支持科技型中小企业发展，提高“专、新、特、精”水平。

（二）强化基础研究、前沿技术研究，抢占科技发展战略制高点

党的十九大报告提出，“加强应用基础研究，拓展实施国家重大科技项目，突出关键共性技术、前沿引领技术、现代工程技术、颠覆性技术创新，为建设科技强国、质量强国、航天强国、网络强国、交通强国、数字中国、智慧社会提供有力支撑。”② 围绕增强原始创新、集成创新和引进消化吸收再创新能力，强化基础性、前沿性技术和共性技术研究平台建设，建设和完善国家重大科技基础设施，加强相互配套、开放共享和高效利用。在重点学科和战略高技术领域新建若干重大科学中心、国家（重点）实验室，构建国家科技基础平台；在关键产业技术领域建设一批国家工程实验室，优化国家工程中心布局；加强企业技术中心建设，支持面向企业的技术开发平台和技术创新服务平台建设；深入实施全民科学素质行动计划，加强科普基础设施建设，强化面向公众的科学普及。

（三）把增强自主创新能力作为战略基点，推动经济发展方式转变及机构和结构调整

围绕产业发展需求部署创新链，完善科技有效支撑和引领产业发展的机制。实施国家科技重大专项，并根据形势需要不断调整充实，着力突破重大技术瓶颈，充分发挥国家科技计划、示范应用工程等的引领带动作用，充分发挥国家自主创新示范区、高新产业开发区等的核心载体作用，实现从研究开发到产业化的有机衔接。加快发展战略性新兴产业，加快新技术、新产品、新工艺研发应用，加强技术集成和商业模式创新，加快共性技术突破和成果转移转化，促进传统产业升级改造。推进科技服务业创新发展，不断完善现代服务技术支撑体系，促进科技与文化融合，运用现代科技加强和创新社会管

---

①② 习近平．决胜全面建成小康社会 夺取新时代中国特色社会主义伟大胜利：在中国共产党第十九次全国代表大会上的报告［M］．北京：人民出版社，2017：31.

理，加大发展关系民生的科学技术。

（四）完善科技创新支持政策环境，集聚全社会的智慧和力量

1. 强化支持企业创新和科研成果产业化的财税金融政策

保持财政科技经费投入稳定增长，加大政府对基础研究的投入，深化科研经费管理制度改革。全面落实企业研发费用加计扣除等促进技术进步的税收激励政策。实施知识产权质押等鼓励创新的金融政策。

2. 优化知识产权发展环境

实施知识产权战略，完善知识产权法律制度，加强知识产权的创造、运用、保护和管理，加大知识产权执法力度。鼓励采用可推广、具有自主知识产权的技术标准。完善科技成果评价奖励制度，加强科研诚信建设。

3. 培养创新人才及创新团队

党的十九大报告提出，“培养造就一大批具有国际水平的战略科技人才、科技领军人才、青年科技人才和高水平创新团队”①，为产业技术创新提供智慧和力量。

（五）扩大科技开发合作，在共享创新机遇中推进自主创新

支持企业、地方与高新区提高引进消化吸收再创新水平，鼓励企业到海外建立研发机构；支持国际学术组织、跨国公司等来华设立研发机构，吸引全球优秀科技人才来华创新创业；围绕战略需求积极参与国际大科学计划和工程，鼓励我国科学家发起和组织国际科技合作计划；与各国加强在能源、粮食安全、人口健康、气候变化等全球性问题上的科技合作，共同应对人类面临的挑战。

专栏 13-3

习近平同志有关产业技术创新的重要讲话

党的十八大以来，习近平总书记一直把创新摆在国家发展全局的核心位置，高度重视科技创新，多次就科技及产业技术创新发表振奋人心、催人奋进的重要讲话，为新时代产业技术创新发展指明了方向。

大力推进产业结构优化升级，要从实际出发，着眼于全球产业发展和变革大趋势，瞄准世界产业发展制高点，以提高技术含量、延长产业价值链、增加附加值、增强竞争力为重点，发展战略性新兴产业，发展先进制造业，发展以生产性服务业为重点的现代服务业，推动工业化和信息化深度融合，尽快形成结构优化、功能完善、附加值高、竞争力强的现代产业体系。抓这件事情，就抓住了转变经济发展方式的关键。

——在广东考察工作时的讲话（2012 年 12 月 7—11 日）

---

① 习近平．决胜全面建成小康社会 夺取新时代中国特色社会主义伟大胜利：在中国共产党第十九次全国代表大会上的报告［M］．北京：人民出版社，2017：31.

企业是创新主体，掌握了一流技术，传统产业也可以变为朝阳产业。

——在山东考察期间的讲话（2013 年 11 月 25 日）

推动能源技术革命，带动产业升级。就是要立足我国国情，紧跟国际能源技术革命新趋势，以绿色低碳为方向，分类推动技术创新、产业创新、商业模式创新，并同其他领域高新技术紧密结合，把能源技术及其关联产业培育成带动我国产业优化升级的新增长点。

——在中央财经领导小组第六次会议上的讲话（2014 年 6 月 13 日）

企业持续发展之基、市场制胜之道在于创新，各类企业都要把创新牢牢抓住，不断增加创新研发投入，加强创新平台建设，培养创新人才队伍，促进创新链、产业链、市场需求有机衔接，争当创新驱动发展先行军。

——在浙江调研时的讲话（2015 年 5 月 25—27 日）

世界经济加速向以网络信息技术产业为重要内容的经济活动转变。我们要把握这一历史契机，以信息化培育新动能，用新动能推动新发展。要加大投入，加强信息基础设施建设，推动互联网和实体经济深度融合，加快传统产业数字化、智能化，做大做强数字经济，拓展经济发展新空间。

——在中共中央政治局第三十六次集体学习时的讲话（2016 年 10 月 9 日）

要以智能制造为主攻方向推动产业技术变革和优化升级，推动制造业产业模式和企业形态根本性转变，以“鼎新”带动“革故”，以增量带动存量，促进我国产业迈向全球价值链中高端。

——在中国科学院第十九次院士大会、中国工程院第十四次院士大会上的讲话（2018 年 5 月 28 日）

关键核心技术是国之重器，对推动我国经济高质量发展、保障国家安全都具有十分重要的意义，必须切实提高我国关键核心技术创新能力，把科技发展主动权牢牢掌握在自己手里，为我国发展提供有力科技保障。

——在中央财经委员会第二次会议上的讲话（2018 年 7 月 13 日）

人工智能是引领这一轮科技革命和产业变革的战略性技术，具有溢出带动性很强的“头雁”效应。加快发展新一代人工智能是我们赢得全球科技竞争主动权的重要战略抓手，是推动我国科技跨越发展、产业优化升级、生产力整体跃升的重要战略资源。

——在中共中央政治局就人工智能发展现状和趋势举行的第九次集体学习时的讲话（2018 年 10 月 31 日）

专栏 13－4

习近平发表《加快建设科技强国 实现高水平科技自立自强》

《求是》杂志 2022 年第 9 期发表了习近平总书记的重要文章《加快建设科技强国 实现高水平科技自立自强》。文章指出，新一轮科技革命和产业变革突飞猛进，科学研究范式正在发生深刻变革，学科交叉融合不断发展，科学技术和经济社会发展加速渗透融合。科技创新广度显著加大，宏观世界大至天体运行、星系演化、宇宙起源，微观世界小至基因编辑、粒子结构、量子调控，都是当今世界科技发展的最前沿。科技创新深度显著加深，深空探测成为科技竞争的制高点，深海、深地探测为人类认识自然不断拓展新的视野。科技创新速度显著加快，以信息技术、人工智能为代表的新兴科技快速发展，大大拓展了时间、空间和人们认知范围，人类正在进入一个"人机物"三元融合的万物智能互联时代。生物科学基础研究和应用研究快速发展。科技创新精度显著加强，对生物大分子和基因的研究进入精准调控阶段，从认识生命、改造生命走向合成生命、设计生命，在给人类带来福祉的同时，也带来生命伦理的挑战。

文章强调，经过多年努力，我国科技整体水平大幅提升，我们完全有基础、有底气、有信心、有能力抓住新一轮科技革命和产业变革的机遇，乘势而上，大展宏图。同时，也要看到，我国原始创新能力还不强，创新体系整体效能还不高，科技创新资源整合还不够，科技创新力量布局有待优化，科技投入产出效益较低，科技人才队伍结构有待优化，科技评价体系还不适应科技发展要求，科技生态需要进一步完善。这些问题很多是长期存在的难点，需要继续下大气力加以解决。

文章指出，党的十九大确立了到2035年跻身创新型国家前列的战略目标，党的十九届五中全会提出了坚持创新在我国现代化建设全局中的核心地位，把科技自立自强作为国家发展的战略支撑。立足新发展阶段、贯彻新发展理念、构建新发展格局、推动高质量发展，必须深入实施科教兴国战略、人才强国战略、创新驱动发展战略，完善国家创新体系，加快建设科技强国，实现高水平科技自立自强。

同时，文章从五个方面提出了具体的要求和举措：第一，加强原创性、引领性科技攻关，坚决打赢关键核心技术攻坚战。第二，强化国家战略科技力量，提升国家创新体系整体效能。第三，推进科技体制改革，形成支持全面创新的基础制度。第四，构建开放创新生态，参与全球科技治理。第五，激发各类人才创新活力，建设全球人才高地。

资料来源：习近平．加快建设科技强国 实现高水平科技自立自强［J］．求是，2022（9）.

案例分析 13-2

中国反垄断第一大案：高通反垄断案

一、案情

2013年11月底，国家发改委根据两家美国公司的举报启动了对高通公司的反垄断调查；对高通在北京和上海的两个办公地点调取了相关文件资料，并对数十家国内外手机生产企业和基带芯片制造企业进行了深入调查；获取了高通公司实施价格垄断等行为的相关证据，充分听取了高通公司的陈述和申辩意见，并就高通公司相关行为构成《中华人民共和国反垄断法》禁止的滥用市场支配地位行为进行了研究论证。

经过15个月的调查取证和分析论证，国家发改委在网站上发布的对高通垄断案的《决定书》中指出，高通公司在CDMA、WCDMA、LTE[①]无线专利许可市场和基带芯片市场具有市场支配地位，实施了以下滥用市场支配地位的行为：(1)收取不公平的高价专利许可费；(2)没有正当理由搭售非无线通信标准必要专利许可；(3)在基带芯片销售中附加不合理条件。高通公司的上述行为违反了《中华人民共和国反垄断法》关于禁止具有市场支配地位的经营者以不公平的高价销售商品、没有正当理由搭售商品和在交易时附加不合理条件的规定。国家发改委在责令高通公司停止违法行为的同时，依法对高通公司处以2013年度在我国市场销售额8%的罚款，共计60.88亿元。在反垄断调查过程中，高通公司配合调查，提出了五个方面的一揽子整改措施。对上述结果，高通表示接受，既不申请行政复议，也不提起行政诉讼，并于3日内缴清罚款。

二、分析

从2013年11月底立案调查开始，备受各界学者关注的中国反垄断第一大案——高通垄断案历经15个月，最终随着《决定书》的正式公布落下帷幕。但其带来的后续影响远没有结束：国家发改委对高通公司反垄断的处罚终结了高通依靠其市场支配地位，在业内强力推动的“免费反向授权”的专利模式。这对改善国内市场的竞争环境有着到现在还无法估量的深远影响。同时，对高通垄断案的查处凸显了我国反垄断执法机构深入执法、维护消费者权益、树立执法自信、塑造执法部门公正执法形象的决心和成果。其不仅具有国际示范价值，而且表明我国反垄断执法向高、精、尖领域推进，进一步明确了我国对滥用知识产权垄断行为规制的态度。

然而，也有专家学者对此次处罚结果表示遗憾，例如：这次处罚尽管彰显了国家发改委执行《中华人民共和国反垄断法》的决心，但并没有改变高通的盈利模式；另有反垄断法专家指出，高通垄断“七宗罪”之一——将整机作为计算专利许可费的基础，在这次处罚结果中只是得到了部分解决；行业内期望的改变高通盈利模式——将专利许可费的基准由整部设备改为手机的一些部件——并没有实现；另外，《决定书》虽然指出高通公司5%比例的收费过高，但并未明确定义按照怎样的比例收费才是合理的，超过怎样的比例就会违反《中华人民共和国反垄断法》等。

虽然此次执法仍有需要改进之处，但由于有效地决定了高通的许可费水平，国家发改委已经比其他国家的反垄断执法机构走得更远。这些瑕疵与遗憾也恰恰表明，高通垄断案处罚决定宣布后，我国反垄断执法将继续前进，绝不简单地移植西方的一套，而是在借鉴他国成功经验的基础上，结合我国国情，因地制宜地制定与完善我国反垄断执法的行政法规。同时，本案也留给我们对中国未来反垄断执法的更多期待。

资料来源：靳雨露．中国反垄断第一大案：高通垄断案评析[J]．决策与信息·下旬刊，2015(12)：34-35.

① CDMA (Code Division Multiple Access) 是第三代移动通信网络，即3G网络的主要技术。中国电信为CDMA 2000、中国联通为WCDMA。LTE (Long Term Evolution，长期演进) 是3G的演进，是3G与4G技术之间的一个过渡，可以被看作“准4G”技术。

本章小结

产业政策是政府为了实现一定的经济和社会目标对产业经济活动进行干预而制定的各种政策的总和。产业政策是伴随着国家对经济活动的干预而产生的，现代产业政策是在第二次世界大战后的社会经济背景下，在经济发展的实践中逐步形成的。产业政策具有客观性、有序性、动态性、体系的协调性、指导性、时代性、民族性、市场功能弥补性等特征。它的理论依据有市场失灵理论、比较优势理论、结构转换理论、规模经济理论。它具有弥补市场失灵、促进超常规发展、增强本国产业的国际竞争力、实现资源优化配置的作用。产业政策不仅对社会经济发展具有巨大的作用，而且具有相当的局限性。产业组织政策是指政府为了获得理想的市场绩效而制定的干预产业市场结构和市场行为的政策。其实质是政府通过协调规模经济与竞争的矛盾以建立正常的市场秩序，提高市场绩效。产业结构政策是指政府依据本国的产业结构演化趋势，为优化升级而制定的经济政策，其实质是从推动产业结构的合理演进中求得经济增长和资源配置效率的改善。产业布局政策、产业技术政策一般包含于产业发展政策中。

复习思考题

1. 什么是产业政策？如何理解产业政策的作用和局限性？
2. 产业政策的实施手段有哪些？
3. 如何理解产业政策的特征？
4. 产业政策评估的标准是什么？
5. 产业组织政策的目标和手段有哪些？反垄断政策的重要性是什么？
6. 我国“十三五”时期中小企业政策的内容有哪些？
7. 产业结构政策的特点是什么？
8. 支柱产业发展的动态过程有哪些？
9. 幼小产业扶植与保护政策的主要内容是什么？
10. 实施衰退产业调整政策的必要性有哪些？
11. 中国“十三五”时期产业布局调整的重点是什么？
12. 实施产业技术政策的必要性是什么？

参考文献

1. 陈佳贵 .2013 年中国经济形势分析与预测 [M]. 北京：社会科学文献出版社，2012.
2. 陈孟熙 . 经济学说史教程 [M]. 2 版 . 北京：中国人民大学出版社，2003.
3. 陈振明 . 政策科学 [M]. 北京：中国人民大学出版社，1998.
4. 多纳德·海 . 产业经济学与组织 [M]. 北京：经济科学出版社，2001.